Dieselmotorn
Servicehandbok

Christopher Rogers

Haynes handbok för service och underhåll av dieselmotorer i:

Austin/Rover, Citroën, Fiat, Ford, Land Rover, Mercedes-Benz,

Peugeot, Renault, Opel och Volkswagen personbilar och lätta lastbilar

(3533 - 368/3286)

© J H Haynes & Co. Ltd. 1998

En bok i **Haynes serie Gör-det-själv handböcker**

ISBN 978 0 85733 692 7

British Library Cataloguing in Publication Data
En katalogpost för denna bok finns tillgänglig från British Library

J H Haynes & Co. Ltd.
Haynes North America, Inc

www.haynes.com

Innehåll

Kapitel 5 Ford motorer

Innehåll

Innehåll

Syftet med denna handbok är att erbjuda den erfarne mekanikern all den information som behövs för att utföra service på de mest populära typerna av dieselmotorer, i synnerhet rutinunderhållsarbetet som specificerats av tillverkarna samt all information som behövs för att underhålla komponenterna i varje enskild motors bränslesystem.

Det förutsätts att mekanikern är väl förtrogen med underhåll av bensinmotorer och kan överföra den kunskapen på dieselmotorer vid byte av komponenter som är vanliga på båda motortyperna, exempelvis topplock, vevaxel etc.

Listan nedan är en guide till de motortyper som behandlas i denna handbok, samt vilka bilmodeller de finns i. För mer detaljerad information som tillverkarnas motorkoder osv, se *"Specifikationer"* i början av del A i varje kapitel.

Bilmodell	År	Motorkapacitet
Austin/Rover Maestro och Montego	1986 till 1993	1994cc
Citroën AX	1987 till 1994	1360cc och 1527cc
Citroën BX/Visa/C15	1984 till 1996	1769cc och 1905cc
Citroën ZX	1991 till 1993	1769cc och 1905cc
Citroën Xantia	1993 till 1995	1905cc
Fiat Punto	1994 till 1996	1698cc
Ford Fiesta, Escort, Orion	1984 till 1996	1608cc
Ford Fiesta, Escort, Orion och Mondeo	1984 till 1996	1753cc
Ford Transit	1986 till 1995	2496cc
Land Rover Series IIA & III, 90, 110 och Defender	1958 till 1995	2286cc
Land Rover Discovery, 90, 110 och Defender	1983 till 1995	2495cc
Mercedes-Benz 200D 123-serien	1976 till 1985	1988cc
Mercedes-Benz 200 124-serien	1985 till 1993	1997cc
Mercedes-Benz 240D & TD 123-serierna	1976 till 1985	2399cc
Mercedes-Benz 240D 123-serien	1976 till 1985	2404cc
Mercedes-Benz 250 124-serien	1985 till 1993	2497cc
Mercedes-Benz 300 124-serien	1985 till 1993	2996cc
Mercedes-Benz 300D & TD 123-serierna	1976 till 1985	2998cc
Peugeot 106	1991 till 1996	1360cc och 1527cc
Peugeot 205, 305, 306, 309, 405	1982 till 1996	1769cc
Peugeot 305, 306, 309, 405	1982 till 1996	1905cc
Renault Clio och 19	1989 till 1996	1870cc
Renault Espace	1985 till 1996	2068cc
Renault Laguna	1994 till 1996	2188cc
Opel Corsa och Combo	1982 till 1996	1488cc
Opel Astra, Ascona och Vectra	1982 till 1996	1598cc/1686cc/1699cc
Volkswagen Golf och Vento	1992 till 1996	1896cc

Reservdelar

Köp endast reservdelar från biltillverkaren eller annan välrenommerad reservdelstillverkare. Piratdelar, ofta av okänt ursprung, når oftast inte upp till biltillverkarens standard vad gäller måttangivelser och kvalitet.

Stora delar eller komponentenheter (topplock, startmotorer, insprutningspumpar) kan finnas tilgängliga på "utbytesbasis". Rådfråga en reservdelshandlare angående tillgång och villkor. Isärtagna eller svårt skadade enheter kanske inte accepteras i utbyte.

När du köper motordelar, var beredd på att uppge motornumret. Detta finns instämplat i motorblocket, exakt var beror på motortyp.

Observera att när en bils bränslesystem är tillverkat av CAV RotoDiesel (som är en del av Lucas gruppen) så kan systemets komponenter och utbytesdelar vara märkta med något av följande namn: 'Lucas', 'Lucas CAV', 'CAV', 'ConDiesel' eller 'RotoDiesel'. Vi har i den här boken valt att genomgående använda benämningen 'Lucas'. Huvudkomponenterna kanske inte kan servas (oberoende av vilket system som monterats i en viss bilmodell), men om allt underhållsarbete på bränslesystemet utförs korrekt och vid specificerade intervall, så ska inga problem behöva uppstå vid normal användning.

Att arbeta på din bil kan vara farligt. Den här sidan visar potentiella risker och faror och har som mål att göra dig uppmärksam på och medveten om vikten av säkerhet i ditt arbete.

Allmänna faror

Skållning

• Ta aldrig av kylarens eller expansionskärlets lock när motorn är het.
• Motorolja, automatväxellådsolja och styrservovätska kan också vara farligt varma om motorn just varit igång.

Brännskador

• Var försiktig så att du inte bränner dig på avgassystem och motor. Bromsskivor och -trummor kan också vara heta efter körning.

Lyftning av fordon

• Vid arbete nära eller under ett lyft fordon, använd alltid extra stöd i form av pallbockar eller använd ramper. *Arbeta aldrig under en bil som endast stöds av en domkraft.*
• När muttrar

eller skruvar med högt åtdragningsmoment skall lossas eller dras, bör man lossa dem något innan bilen lyfts och göra den slutliga åtdragningen när bilens hjul åter står på marken.

Brand och brännskador

• Bränsle är mycket brandfarligt och bränsleångor är explosiva.
• Spill inte bränsle på en het motor.
• Rök inte och använd inte öppen låga i närheten av en bil under arbete. Undvik också gnistbildning (elektrisk eller från verktyg).
• Bensinångor är tyngre än luft och man bör därför inte arbeta med bränslesystemet med fordonet över en smörjgrop.
• En vanlig brandorsak är kortslutning i eller överbelastning av det elektriska systemet. Var försiktig vid reparationer eller ändringar.
• Ha alltid en brandsläckare till hands, av den typ som är lämplig för bränder i bränsle- och elsystem.

Elektriska stötar

• Högspänningen i tändsystemet kan vara farlig, i synnerhet för personer med hjärtbesvär eller pacemaker. Arbeta inte med eller i närheten av tändsystemet när motorn går, eller när tändningen är på.

• Nätspänning är också farlig. Se till att all nätansluten utrustning är jordad. Man bör skydda sig genom att använda jordfelsbrytare.

Giftiga gaser och ångor

• Avgaser är giftiga. De innehåller koloxid vilket kan vara ytterst farligt vid inandning. Låt aldrig motorn vara igång i ett trångt utrymme, t ex i ett garage, med stängda dörrar.
• Även bensin och vissa lösnings- och rengöringsmedel avger giftiga ångor.

Giftiga och irriterande ämnen

• Undvik hudkontakt med batterisyra, bränsle, smörjmedel och vätskor, speciellt frostskyddsvätska och bromsvätska. Sug aldrig upp dem med munnen. Om någon av dessa ämnen sväljs eller kommer in i ögonen, kontakta läkare.
• Långvarig kontakt med använd motorolja kan orsaka hudcancer. Bär alltid handskar eller använd en skyddande kräm. Byt oljeindränkta kläder och förvara inte oljiga trasor i fickorna.
• Luftkonditioneringens kylmedel omvandlas till giftig gas om den exponeras för öppen låga (inklusive cigaretter). Det kan också orsaka brännskador vid hudkontakt.

Asbest

• Asbestdamm kan ge upphov till cancer vid inandning, eller om man sväljer det. Asbest kan finnas i packningar och i kopplings- och bromsbelägg. Vid hantering av sådana detaljer är det säkrast att alltid behandla dem som om de innehöll asbest.

Speciella faror

Flourvätesyra

• Denna extremt frätande syra bildas när vissa typer av syntetiskt gummi i t ex O-ringar, tätningar och bränsleslangar utsätts för temperaturer över 400 °C. Gummit omvandlas till en sotig eller kladdig substans som innehåller syran. *När syran väl bildats är den farlig i flera år. Om den kommer i kontakt med huden kan det vara tvunget att amputera den utsatta kroppsdelen.*
• Vid arbete med ett fordon, eller delar från ett fordon, som varit utsatt för brand, bär alltid skyddshandskar och kassera dem på ett säkert sätt efteråt.

Batteriet

• Batterier innehåller svavelsyra som angriper kläder, ögon och hud. Var försiktig vid påfyllning eller transport av batteriet.
• Den vätgas som batteriet avger är mycket explosiv. Se till att inte orsaka gnistor eller använda öppen låga i närheten av batteriet. Var försiktig vid anslutning av batteriladdare eller startkablar.

Airbag/krockkudde

• Airbags kan orsaka skada om de utlöses av misstag. Var försiktig vid demontering av ratt och/eller instrumentbräda. Det kan finnas särskilda föreskrifter för förvaring av airbags.

Dieselinsprutning

• Insprutningspumpar för dieselmotorer arbetar med mycket högt tryck. Var försiktig vid arbeten på insprutningsmunstycken och bränsleledningar.

⚠️ *Varning: Exponera aldrig händer eller annan del av kroppen för insprutarstråle; bränslet kan tränga igenom huden med ödesdigra följder*

Kom ihåg...

ATT

• Använda skyddsglasögon vid arbete med borrmaskiner, slipmaskiner etc, samt vid arbete under bilen.

• Använda handskar eller skyddskräm för att skydda händerna.

• Om du arbetar ensam med bilen, se till att någon regelbundet kontrollerar att allt står väl till.

• Se till att inte löst sittande kläder eller långt hår kommer i vägen för rörliga delar.

• Ta av ringar, armbandsur etc innan du börjar arbeta på ett fordon - speciellt med elsystemet.

• Försäkra dig om att lyftanordningar och domkraft klarar av den tyngd de utsätts för.

ATT INTE

• Ensam försöka lyfta för tunga delar - ta hjälp av någon.

• Ha för bråttom eller ta osäkra genvägar.

• Använda dåliga verktyg eller verktyg som inte passar. De kan slinta och orsaka skador.

• Låta verktyg och delar ligga så att någon riskerar att snava över dem. Torka upp olje- och bränslespill omgående.

• Låta barn eller husdjur leka nära en bil under arbetets gång.

När service, reparationer och renoveringar utförs på en bil eller bildel bör följande beskrivningar och instruktioner följas. Detta för att reparationen ska utföras så effektivt och fackmannamässigt som möjligt.

Tätningsytor och packningar

Vid isärtagande av delar vid deras tätningsytor ska dessa aldrig bändas isär med skruvmejsel eller liknande. Detta kan orsaka allvarliga skador som resulterar i oljeläckage, kylvätskeläckage etc. efter montering. Delarna tas vanligen isär genom att man knackar längs fogen med en mjuk klubba. Lägg dock märke till att denna metod kanske inte är lämplig i de fall styrstift används för exakt placering av delar.

Där en packning används mellan två ytor måste den bytas vid ihopsättning. Såvida inte annat anges i den aktuella arbetsbeskrivningen ska den monteras torr. Se till att tätningsytorna är rena och torra och att alla spår av den gamla packningen är borttagna. Vid rengöring av en tätningsyta ska sådana verktyg användas som inte skadar den. Små grader och repor tas bort med bryne eller en finskuren fil.

Rensa gängade hål med piprensare och håll dem fria från tätningsmedel då sådant används, såvida inte annat direkt specificeras.

Se till att alla öppningar, hål och kanaler är rena och blås ur dem, helst med tryckluft.

Oljetätningar

Oljetätningar kan tas ut genom att de bänds ut med en bred spårskruvmejsel eller liknande. Alternativt kan ett antal självgängande skruvar dras in i tätningen och användas som dragpunkter för en tång, så att den kan dras rakt ut.

När en oljetätning tas bort från sin plats, ensam eller som en del av en enhet, ska den alltid kasseras och bytas ut mot en ny.

Tätningsläpparna är tunna och skadas lätt och de tätar inte annat än om kontaktytan är fullständigt ren och oskadad. Om den ursprungliga tätningsytan på delen inte kan återställas till perfekt skick och tillverkaren inte gett utrymme för en viss omplacering av tätningen på kontaktytan, måste delen i fråga bytas ut.

Skydda tätningsläpparna från ytor som kan skada dem under monteringen. Använd tejp eller konisk hylsa där så är möjligt. Smörj läpparna med olja innan monteringen. Om oljetätningen har dubbla läppar ska utrymmet mellan dessa fyllas med fett.

Såvida inte annat anges ska oljetätningar monteras med tätningsläpparna mot det smörjmedel som de ska täta för.

Använd en rörformad dorn eller en träbit i lämplig storlek till att knacka tätningarna på plats. Om sätet är försedd med skuldra, driv tätningen mot den. Om sätet saknar skuldra bör tätningen monteras så att den går jäms med sätets yta (såvida inte annat uttryckligen anges).

Skruvgängor och infästningar

Muttrar, bultar och skruvar som kärvar är ett vanligt förekommande problem när en komponent har börjat rosta. Bruk av rostupplösningsolja och andra krypsmörjmedel löser ofta detta om man dränker in delen som kärvar en stund innan man försöker lossa den. Slagskruvmejsel kan ibland lossa envist fastsittande infästningar när de används tillsammans med rätt mejselhuvud eller hylsa. Om inget av detta fungerar kan försiktig värmning eller i värsta fall bågfil eller mutterspräckare användas.

Pinnbultar tas vanligen ut genom att två muttrar låses vid varandra på den gängade delen och att en blocknyckel sedan vrider den undre muttern så att pinnbulten kan skruvas ut. Bultar som brutits av under fästytan kan ibland avlägsnas med en lämplig bultutdragare. Se alltid till att gängade bottenhål är helt fria från olja, fett, vatten eller andra vätskor innan bulten monteras. Underlåtenhet att göra detta kan spräcka den del som skruven dras in i, tack vare det hydrauliska tryck som uppstår när en bult dras in i ett vätskefyllt hål

Vid åtdragning av en kronmutter där en saxsprint ska monteras ska muttern dras till specificerat moment om sådant anges, och därefter dras till nästa sprinthål. Lossa inte muttern för att passa in saxsprinten, såvida inte detta förfarande särskilt anges i anvisningarna.

Vid kontroll eller omdragning av mutter eller bult till ett specificerat åtdragningsmoment, ska muttern eller bulten lossas ett kvarts varv och sedan dras åt till angivet moment. Detta ska dock inte göras när vinkelåtdragning använts.

För vissa gängade infästningar, speciellt topplocksbultar/muttrar anges inte åtdragningsmoment för de sista stegen. Istället anges en vinkel för åtdragning. Vanligtvis anges ett relativt lågt åtdragningsmoment för bultar/muttrar som dras i specificerad turordning. Detta följs sedan av ett eller flera steg åtdragning med specificerade vinklar.

Låsmuttrar, låsbleck och brickor

Varje infästning som kommer att rotera mot en komponent eller en kåpa under åtdragningen ska alltid ha en bricka mellan åtdragningsdelen och kontaktytan.

Fjäderbrickor ska alltid bytas ut när de använts till att låsa viktiga delar som exempelvis lageröverfall. Låsbleck som viks över för att låsa bult eller mutter ska alltid byts ut vid ihopsättning.

Självlåsande muttrar kan återanvändas på mindre viktiga detaljer, under förutsättning att motstånd känns vid dragning över gängen. Kom dock ihåg att självlåsande muttrar förlorar låseffekt med tiden och därför alltid bör bytas ut som en rutinåtgärd.

Saxsprintar ska alltid bytas mot nya i rätt storlek för hålet.

När gänglåsmedel påträffas på gängor på en komponent som ska återanvändas bör man göra ren den med en stålborste och lösningsmedel. Applicera nytt gänglåsningsmedel vid montering.

Specialverktyg

Vissa arbeten i denna handbok förutsätter användning av specialverktyg som pressar, avdragare, fjäderkompressorer med mera. Där så är möjligt beskrivs lämpliga lättillgängliga alternativ till tillverkarens specialverktyg och hur dessa används. I vissa fall, där inga alternativ finns, har det varit nödvändigt att använda tillverkarens specialverktyg. Detta har gjorts av säkerhetsskäl, likväl som för att reparationerna ska utföras så effektivt och bra som möjligt. Såvida du inte är mycket kunnig och har stora kunskaper om det arbetsmoment som beskrivs, ska du aldrig försöka använda annat än specialverktyg när sådana anges i anvisningarna. Det föreligger inte bara stor risk för personskador, utan kostbara skador kan också uppstå på komponenterna.

Miljöhänsyn

Vid sluthantering av förbrukad motorolja, bromsvätska, frostskydd etc. ska all vederbörlig hänsyn tas för att skydda miljön. Ingen av ovan nämnda vätskor får hällas ut i avloppet eller direkt på marken. Kommunernas avfallshantering har kapacitet för hantering av miljöfarligt avfall liksom vissa verkstäder. Om inga av dessa finns tillgängliga i din närhet, fråga hälsoskyddskontoret i din kommun om råd.

I och med de allt strängare miljöskyddslagarna beträffande utsläpp av miljöfarliga ämnen från motorfordon har alltfler bilar numera justersäkringar monterade på de mest avgörande justeringspunkterna för bränslesystemet. Dessa är i första hand avsedda att förhindra okvalificerade personer från att justera bränsle/luftblandningen och därmed riskerar en ökning av giftiga utsläpp. Om sådana justersäkringar påträffas under service eller reparationsarbete ska de, närhelst möjligt, bytas eller sättas tillbaka i enlighet med tillverkarens rekommendationer eller aktuell lagstiftning.

Kapitel 1
Dieselmotorn

Innehåll

1 Historia

Rudolf Diesel uppfann den första kommersiellt framgångsrika dieselmotorn i slutet av 1800-talet. Jämfört med förgasarmotorn hade dieseln fördelarna med lägre bränsle-konsumtion, möjligheten att använda billigare bränsle samt potential till mycket större kraft. Under de följande två till tre decennierna användes sådana motorer mycket i stationära maskiner och marina fordon, men bränsle-insprutningssystemen som användes var inte kapabla till att arbeta vid höga hastigheter.

Denna hastighetsbegränsning, samt den avsevärda tyngden på den luftkompressor som behövdes för att driva insprutnings-komponenterna, gjorde de första diesel-motorerna olämpliga i väggående fordon.

På 1920-talet utvecklade den tyska ingenjören Robert Bosch in-line insprutnings-pumpen, en anordning som fortfarande används i stor utsträckning. Utnyttjandet av hydraulsystem för trycksättning och insprut-ning av bränslet gjorde en separat luft-kompressor onödig och mycket högre hastigheter blev möjliga. Den så kallade höghastighets-dieselmotorn blev allt popu-lärare i fordon som användes för varu-transporter och kollektivtrafik, men av ett antal

anledningar (bl a specifik uteffekt, flexibilitet och låga produktionskostnader) fortsatte förgasarmotorn att dominera på marknaden för personbilar och lättare transportfordon.

På 50- och 60-talen blev dieselmotorer allt populärare för användning i taxi- och skåpbilar, men det var inte förrän de kraftiga oljeprishöjningarna kom på 70-talet som dieselmotorn gjorde sitt egentliga intåg på personbilsmarknaden.

På senare år har den lilla dieselmotorn i bilar och lätta kommersiella fordon ökat alltmer i popularitet, inte bara p g a bränsle-ekonomi och hållbarhet, utan även av miljöskäl. Alla större europeiska biltillverkare erbjuder nu minst en modell med dieselmotor.

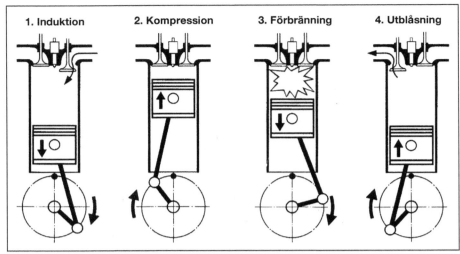

1. Induktion   2. Kompression   3. Förbränning   4. Utblåsning

2.1 Fyrtaktsmotorns arbetscykel
© Robert Bosch Limited

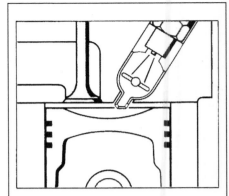

Insprutning i för-förbränningskammare

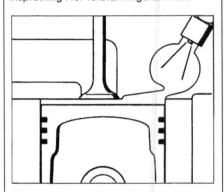

Insprutning i virvelkammare

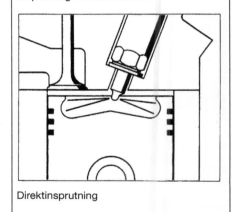

Direktinsprutning

2.6 Direkt och indirekt insprutning
© Robert Bosch Limited

2 Funktionsprinciper

1 Alla dieselmotorer som täcks i den här boken är av den välkända fyrtaktstypen, med induktion, kompression, förbränning och utblåsning **(se bild)**. Tvåtaktsdieselmotorer existerar och kan i framtiden komma att bli viktiga, men används idag inte i lätta fordon. De flesta har fyra cylindrar, vissa större motorer har sex, och det finns även fem- och trecylindriga motorer.

Induktion och tändning

2 Den största skillnaden mellan diesel- och bensinmotorer är sättet på vilket bränsle/luft-blandningen kommer in i cylindern och sedan antänds. I bensinmotorn blandas bränslet med den inkommande luften innan det kommer in i cylindern, och blandningen antänds sedan i rätt ögonblick av ett tändstift. Under alla förhållanden, utom vid fullgas, reducerar gaslänkageventilen luftflödet och cylinderfyllningen är ofullständig.

3 I dieselmotorn dras endast luft in i cylindern och komprimeras. På grund av dieselns höga kompressionsgrad (normalt 20 : 1) blir luften mycket varm när den trycks ihop – upp till 750°C. När kolven närmar sig slutet av kompressionstakten sprutas bränsle in i förbränningskammaren under mycket högt tryck i form av ett finfördelat spray. Lufttemperaturen är hög nog att antända det insprutade bränslet när det blandas med luften. Blandningen förbränns sedan och skapar energi som driver kolven nedåt i arbetstakten.

4 Vid kallstart kan det förekomma att temperaturen på den komprimerade luften i cylindern inte är hög nog. Förvärmnings-systemet löser detta problem. Samtliga motorer i denna bok har automatiska

förvärmningssystem med elektriska glödstift som värmer upp luften i förbrännings-kammaren precis före och under igång-sättningen.

5 På de flesta dieselmotorer finns det ingen trottelventil i insugsröret. Undantagen är de få motorer som har en luftstrypningsklack, som är beroende av att det skapas ett undertryck i grenröret. I sällsynta fall kan en trottelventil användas till att skapa grenrörsundertryck för bromsservofunktion, även om det är vanligare att en separat vakuumpump används för detta syfte.

Direkt och indirekt insprutning

6 I praktiken är det svårt att få en jämn förbränning i en motor med liten slagvolym om bränslet sprutas in direkt i för-bränningskammaren. Ett mycket populärt sätt att komma runt detta problem är tekniken med indirekt insprutning. Vid indirekt insprutning sprutas bränslet in i en för-förbrännings- eller virvelkammare i topp-locket, intill förbränningskammaren **(se bild)**.

7 Motorer med indirekt insprutning är inte lika effektiva som de med direktinsprutning och behöver också mer förvärmning vid kallstart, men dessa nackdelar överskuggas av jämnare och tystare gång.

Mekanisk konstruktion

8 Kolvar, vevaxel och lager på en dieselmotor är i allmänhet av mer robust konstruktion än en bensinmotor av jämförbar storlek, och skälet till detta är den högre belastningen som beror på högre kompressionsgrad och förbränningsprocessens natur. Detta är en anledning till att dieselmotorn håller längre. Andra anledningar är att dieselbränsle har en smörjande effekt på cylinderloppen samt det faktum att dieselmotorer i allmänhet behöver arbeta mindre än sina bensindrivna mot-svarigheter eftersom de har mycket bättre

åtdragningsmomentegenskaper vid låga hastigheter och lägre maxfart.

Avgasdriven turbokompression

9 Avgasdrivna turbokompressorer har länge varit i bruk i stora dieselmotorer och blir allt vanligare i små. Turbokompressorn använder energin från de utgående avgaserna till att driva en turbin som trycksätter luften i insugsröret. Luften tvingas in i cylindrarna istället för att bara sugas in. Om det finns mer luft kan mer bränsle förbrännas och mer kraft utvecklas från en motor av samma storlek **(se bild)**.

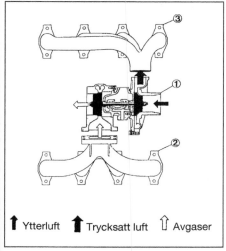

Ytterluft   **Trycksatt luft**   ⇧ Avgaser

2.9 Turbokompressionens princip
© Robert Bosch Limited

1 Turbokompressor
2 Avgasgrenrör
3 Insugsgrenrör

10 Avgasdriven turbokompression ger mer effekt om den trycksatta luften kyls ned innan den kommer in i motorn. Detta görs med hjälp av en luft-till-luftvärmeväxlare som kallas mellankylare eller laddluftskylare (CAC). Den nedkylda luften är tätare och innehåller mer syre i en given volym än varm luft direkt från turbokompressorn **(se bilder)**.

Avgasutsläpp

11 Eftersom förbränningen i en korrekt fungerande dieselmotor nästan alltid sker under förhållanden med syreöverskott så finns det bara lite eller ingen koloxid (CO) i avgaserna. En annan fördel ur miljösynpunkt är att det inte finns något extra bly i dieselbränsle.
12 I skrivandets stund behövs inga komplicerade avgasreningssystem på dieselmotorer, även om enkla katalysatorer har börjat dyka upp i testbilar. Allt strängare avgasregulationer kan dock resultera i att avgasåtercirkulationssystem (EGR) och kolpartikelfilter börjar användas **(se bild)**.

Knackningar och rök

13 Dieselmotorn hade under många år rykte om sig att vara bullrig och rökig, och i viss utsträckning var det sant. Det är värt att undersöka anledningarna till knackningar och rök, både för att se hur dessa problem har reducerats på moderna motorer och förstå vad som kan orsaka att problemen förvärras.
14 Det blir oundvikligen en liten fördröjning (ca 0,001 till 0,002 sek) mellan det att bränsleinsprutningen startar och själva förbränningen kommer igång. Denna fördröjning är längre när motorn är kall och går på tomgång. De karakteristiska dieselknackningarna orsakas av ett plötsligt ökat

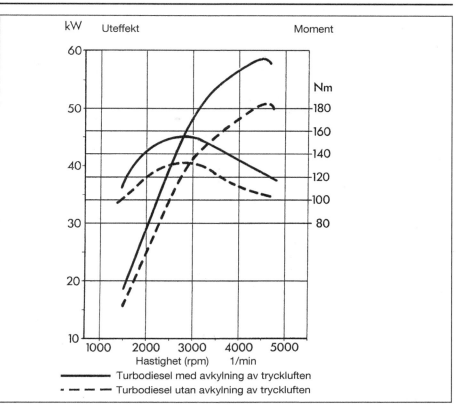

2.10a Kraft- och momentuteffekt från en turboförsedd motor med och utan kylning av den trycksatta luften

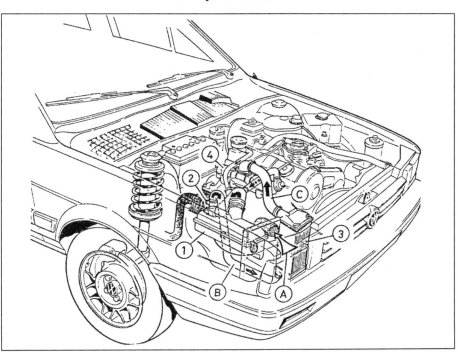

2.10b Den inducerade luftens flöde i en turboförsedd motor med avkylning

1 Luftrenare
2 Turbokompressor
3 Mellankylare
4 Insugsrör

A Inducerad luft
B Trycksatt luft innan avkylning
C Trycksatt luft efter avkylning

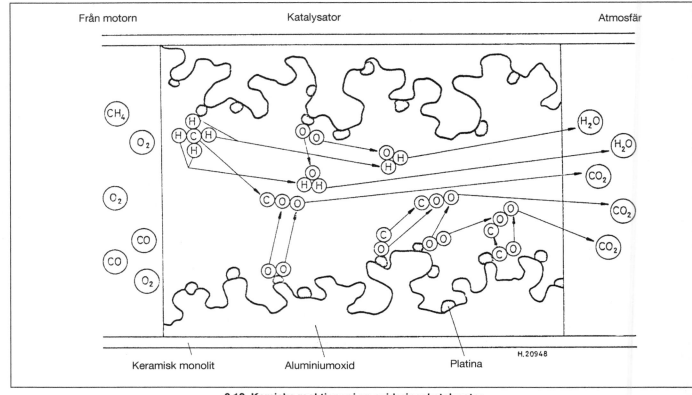

Från motorn   Katalysator   Atmosfär

Keramisk monolit   Aluminiumoxid   Platina

H.20948

2.12 Kemiska reaktioner i en oxideringskatalysator

cylindertryck, som uppstår när det insprutade bränslet har blandats med den varma luften och börjar förbrännas. De är därför en ofrånkomlig del av förbränningsprocessen, även om de har reducerats avsevärt genom förbättringar av utformningen av förbrännings-kammare och insprutningssystem. En defekt bränsleinsprutare (som inte fördelar bränsle som den ska för optimal förbränning) gör också att motorn knackar.

15 Rök orsakas av felaktig förbränning, men till skillnad från knackningar är det ganska lätt att förhindra. Under start och uppvärmning kan vit eller blå rök synas, men under normala körförhållanden ska avgaserna vara rena. Den tjocka, svarta rök som bara är alltför bekant hos gamla eller dåligt underhållna bilar orsakas av brist på luft till förbränning, antingen därför att luftintaget är strypt (igensatt luftrenare) eller därför att för mycket

bränsle har sprutats in (defekta insprutare eller pump). Orsaker till rök behandlas mer i detalj i kapitel 12.

3 Bränslematning och insprutningssystem

Bränslematning

1 Bränslematningssystemets uppgift är att leverera rent bränsle, fritt från luft, vatten och andra föroreningar, till insprutningspumpen. Det består alltid av en bränsletank, ett vattenlås och ett bränslefilter (som kan kombineras i en enhet), samt tillhörande rör. Något slags arrangemang för att returnera utläckt bränsle från insprutningspumpen och insprutarna till tanken måste också finnas **(se bild)**.
2 En bränslelyftpump sitter mellan tanken och filtret på bilar som har en in-line insprutnings-pump, eller då bränsletankens utlopp sitter betydligt lägre än insprutningspumpen. Om en fördelarinsprutningspump finns monterad och tankens utlopp sitter ungefär i jämnhöjd med insprutningspumpen (vilket är fallet för många personbilar), finns ingen separat bränslelyftpump. I detta fall finns ofta en handmanövrerad snapsningspump som används vid avluftning av bränslesystemet.
3 Ytterligare utrustning kan påträffas. Exempelvis kan det finnas en bränslevärmare,

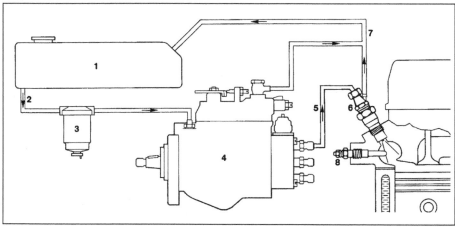

3.1 Bränslecirkulation – typiskt system för en personbil
© Robert Bosch Limited

1 Bränsletank
2 Bränslematningsledning
3 Bränslefilter/vattenlås
4 Insprutningspump med inbyggd matningspump
5 Insprutarrör
6 Insprutare
7 Bränslereturledning
8 Glödstift

som antingen sitter som en del av filtret eller
på den sidan av filtret som tanken sitter, för
att förhindra att vaxkristaller bildas i bränslet
när det är kallt ute. En varningslampa på
instrumentpanelen för "vatten i bränslet" kan
tändas av en mekanism i vattenlåset när
vattnet når en viss nivå.

4 Vattenlåset och bränslefiltret är mycket
viktiga komponenter för att bränsleinsprut-
ningssystemet ska arbeta tillfredsställande.
Vattenlåset kan ha en glasskål i vilken man
kan se om det har kommit in vatten, eller så
kan den, som redan nämnts, ha en elektrisk
mekanism som gör föraren uppmärksam på
eventuell vattenansamling. Oavsett om dessa
extrakomponenter finns monterade eller inte
så måste vattenlåset tappas av vid
specificerade intervall, eller oftare om man
märker att det behövs. Om vatten kommer in i
bränslepumpen kan det snabbt orsaka
korrosion, särskilt om fordonet inte används
på under en längre period.

5 Bränslefiltret kan antingen vara av
engångstyp i papper eller bestå av ett
utbytbart element inne i en metalltank. Ibland
finns ett grövre för-filter monterat före
huvudfiltret. Oberoende av vilken typ som
används måste filtret bytas ut vid specifi-
cerade intervall. Om man betänker hur illa
insprutningsutrustningen kan skadas av även
mycket små smutspartiklar som kommer in, är
det inte värt att använda ett billigt utbytesfilter,
som kanske inte håller samma kvalitet som de
från välkända tillverkare **(se bild)**.

Bränsleinsprutningspump

6 Pumpen är en mekanisk konstruktion som
sitter ihop med motorn **(se bilder)**. Dess
uppgift är att med rätt tryck mata bränsle till
insprutarna, i rätt ögonblick i förbrännings-
processen och så länge som det behövs för
att säkra effektiv förbränning. När gaspedalen

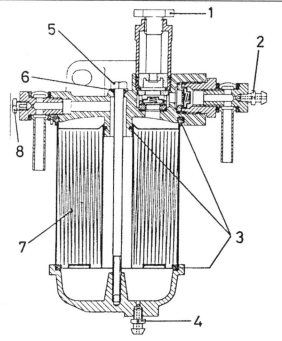

**3.5 Ett typiskt bränslefilter i
genomskärning**

1 *Handsnapsningspumpens
   kolv*
2 *Bränsleavtappningsskruv
   (på utloppsanslutning)*
3 *Tätningar*
4 *Vattenavtappningskran*
5 *Genomgående bult*
6 *Tätning för genomgående
   bult*
7 *Filterelement*
8 *Avluftningsskruv (på
   inloppsanslutning)*

trycks ned svarar pumpen med att öka på
bränslematningen, inom de begränsningar
som ges av styrmekanismen. Den kan också
till en viss gräns spärra bränslematningen när
motorn ska stängas av.

7 Till insprutningspumpen hör någon typ av
styrmekanism, antingen integrerad med den
eller monterad intill den. Alla styrmekanismer
på bilmotorer reglerar bränslematningen för
att styra tomgångshastighet och maxfart;
styrmekanism med varierad hastighet reglerar
även hastigheten däremellan. Styrmeka-
nismen kan vara mekanisk eller hydraulisk,
eller kan styras av undertryck i grenröret.

8 Andra konstruktioner i eller intill pumpen är
en kallstartinsprutningsreglerings- eller snabb-
tomgångsenhet, turbobränsletillskottets
tryckgivare samt en mekanism för tomgångs-
begränsning.

9 Bränsleinsprutningspumpar är oftast
mycket tillförlitliga. Om de inte skadas av
smuts, vatten eller felaktig justering kan de
mycket väl hålla längre än motorn den är
monterad till.

Bränsleinsprutare

10 En bränsleinsprutare är monterad på varje
cylinder. Bränsleinsprutarens uppgift är att

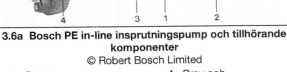

**3.6a Bosch PE in-line insprutningspump och tillhörande
komponenter**
© Robert Bosch Limited

1 *Pump*
2 *Styrmekanismens hus*
3 *Lyftpump*
4 *Drev och
   förställningsmekanism*

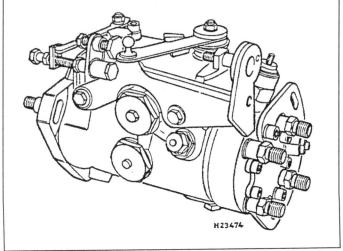

3.6b Lucas fördelarinsprutningspump typ DPC

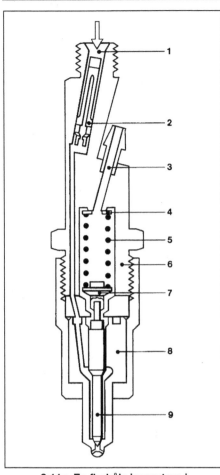

3.11a En flerhåls insprutare i genomskärning
© Robert Bosch Limited

1	Bränsleinlopp	5	Fjäder
2	Inbyggt filter	6	Hus
3	Bränsleretur	7	Spindel
4	Mellanlägg för	8	Munstycke
	tryckjustering	9	Munstycksnål

spruta in jämnt fördelad bränslespray i förbrännings- eller för-förbränningskammaren när bränsletrycket överstiger ett visst värde, samt att stoppa bränsleflödet när trycket faller. Fördelningen uppnås genom att en fjäderinspänd nål vibrerar med hög hastighet mot sin stödyta när trycksatt bränsle passerar den. Nålen och stödytan tillsammans kallas för insprutningsmunstycke.

11 Insprutare i direktinsprutade motorer är vanligen av flerhålstyp **(se bild)**, medan de i indirekt insprutade motorer är av tapptyp **(se bild)**. "Trotteltapp"-insprutaren ger en progressiv insprutningsökning, vilket är värdefullt för att uppnå jämn förbränning.

12 Insprutarspetsarna är utsatta för förbränningsprocessens temperaturer och tryck, så det är inte konstigt att de i sinom tid utsätts för kolavlagringar och slutligen eroderar och bränns. Deras livslängd varierar beroende på faktorer som bränslekvalitet och arbetsförhållanden, men under normala omständigheter bör man rengöra och efterkalibrera en uppsättning insprutare efter ca 80 000 km och kanske byta ut eller renovera dem efter 160 000 km.

Insprutarrör

13 Insprutarrören är en mycket viktig del av systemet och får inte förbises. Storleken på rören är viktiga och man ska inte anta att bara för att ändfästena är likadana innebär det att rör från en annan motor kan användas som ersättning. Fästclipsen måste sitta hårt och motorn ska inte köras utan dem, eftersom skador orsakade av vibrationer eller bränsle-kavitation annars kan uppstå.

4 Utvecklingen i framtiden

1 Utvecklingen av dieselmotorn, och särskilt bränsleinsprutningssystemen, har varit relativt långsam i jämförelse med framstegen som gjorts på bränslesystem och motor-styrningssystem i bensinmotorer. Nya system som 'EPIC' (Electronically Programmed Injection Control) från Lucas och EDC

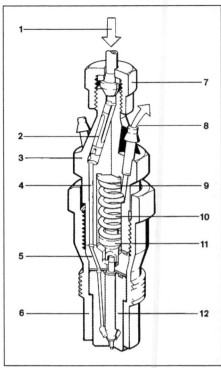

3.11b En tappinsprutare i genomskärning
© Robert Bosch Limited

1	Bränsleinlopp	8	Bränsleretur
2	Inbyggt filter	9	Mellanlägg för
3	Hus		tryckjustering
4	Tryckpassage	10	Fjäder
5	Hylsa	11	Spindel
6	Munstyckshållare	12	Munstycke
7	Anslutnings-mutter		

(Electronic Diesel Control) från Bosch är dock redan under tillverkning eller i ett sent forskningsstadium. Dessa system kommer att bidra till ytterligare förbättringar gällande jämn körning, ekonomi och reducerade avgas-utsläpp.

2 Det råder ingen tvekan om att dagens kombination av höga bränslepriser och ökad miljömedvetenhet kommer att stimulera till ökade förbättringar inom en snar framtid.

Kapitel 2
Austin/Rover 1994cc motor

Del A: Rutinunderhåll och service

Innehåll

Motortyp

1994cc (Perkins Prima) motor .... Austin/Rover Maestro och Montego – 1986 till 1993

Specifikationer

Oljefilter

Typ .... Champion B103

Ventilspel (kalla)

Insug:
    Kontroll .... 0,20 till 0,40 mm
    Justering .... 0,25 till 0,35 mm
Avgas:
    Kontroll .... 0,30 till 0,50 mm
    Justering .... 0,35 till 0,45 mm

Kamrem

Typ .... Tandad rem
Spänning (mätt med Rover verktyg KM 4088 AR -
    mitt emellan kamaxeldrevet och bränsleinsprutningspumpens drev):
      Använd rem .... 6 måttenheter
      Ny rem .... 6,5 till 7,5 måttenheter

Kamaxel

Max axialspel .... 0,51 mm

Drivremmar till hjälpaggregat

Typ .... Kilrem
Avböjning:
    Kylvätskepump/generator .... 7,0 till 12,0 mm – mitt emellan vevaxelns och generatorns remskivor, under 44 N belastning
    Servostyrningspump .... 7,0 till 12,0 mm – mitt emellan pumpens och kamaxelns remskivor. Nominalvärde

Luftfilter

Typ .... Champion W227

Bränslefilter

Typ .... Champion L111

Glödstift

Typ .... Champion CH88 eller CH137

Atdragningsmoment

	Nm
Kamaxelkåpa	22
Kamaxeldrevets mittbult	85
Kamaxeldrevets navbult	22
Kamremsspännare	43
Sumpens avtappningsplugg	30
Transmissionskåpans bultar:	
M5	3
M6	6
M8	10
Bränslefiltrets banjobult	30
Anslutningsmuttrar för bränsleinsprutningens högtrycksrör	22
Glödstift	20
Generatorns justerlänk	22
Generatorns fäst-/pivåbult	27
Skruvar mellan EGR-ventil och rör	22
Skruvar mellan EGR-ventil och insugsrör	22

Smörjmedel, vätskor och volymer

Komponent eller system	Smörjmedel eller vätska	Volym
Motor	Multigrade motorolja, viskositet SAE 10W/40 till 15W/50, till specifikation API SG/CD	5,25 liter, med filter
Kylsystem	Etylenglykolbaserad frostskyddsvätska. 50% vätska/50% vatten	7,5 liter
Bränslesystem	Kommersiellt dieselbränsle för väggående fordon	50 liter, utom Van / 54 liter, Van

Austin/Rover dieselmotor – underhållsschema

Följande underhållsschema är i stort sett det som rekommenderas av tillverkaren. Serviceintervallen bestäms av antal körda kilometer eller förfluten tid – detta för att vätskor och system slits såväl med ålder som med användning. Följ tidsintervallen om inte kilometerantalet uppnås inom den specificerade perioden.

Bilar som används under krävande förhållanden kan behöva tätare underhåll. Med krävande förhållanden menas bl a extrema klimat, användning som bogserbil eller taxi, körning på dåliga/obelagda vägar och många korta resor. Användning av lågkvalitativt bränsle kan orsaka förtida försämring av motoroljan. Rådfråga en Austin/Rover återförsäljare angående dessa saker.

Var 400:e km, varje vecka eller innan en långresa
- [ ] Kontrollera motoroljenivån och fyll på vid behov (avsnitt 3)
- [ ] Kontrollera kylvätskenivån och fyll på vid behov (avsnitt 4)
- [ ] Kontrollera avgasröken (avsnitt 5)
- [ ] Kontrollera att glödstiftens varningslampa fungerar (avsnitt 6)

Var 20 000:e km eller varje år
- [ ] Byt motorolja och filter (avsnitt 7)
- [ ] Kontrollera drivremmarnas skick och spänning
- [ ] Kontrollera kylvätskans koncentration
- [ ] Kontrollera skick och säkerhet för kylsystemets slangar
- [ ] Kontrollera EGR-systemets komponenter (avsnitt 8)
- [ ] Byt bränslefilter (avsnitt 9)
- [ ] Kontrollera skick och säkerhet för bränslesystemets slangar och rör
- [ ] Kontrollera avgasutsläpp (avsnitt 10)
- [ ] Kontrollera skick och säkerhet för tryckavkännande slangar och vakuumrör

Varje 40 000:e km eller vartannat år
- [ ] Kontrollera skick och säkerhet för vevhusets ventilationsslangar
- [ ] Kontrollera vevhusventilationens PCV-ventil
- [ ] Byt kylvätska
- [ ] Byt luftfilter

Var 60 000:e km eller vart 3:e år
- [ ] Kontrollera ventilspel (avsnitt 11)

Var 80 000:e km eller vart 4:e år
- [ ] Rengör bränslelyftpumpens sil (avsnitt 12)

Var 120 000:e km eller vart 6:e år
- [ ] Byt kamrem (avsnitt 13)

Under motorhuven på 1992 Maestro med turbodieselmotor

1 Hastighetsmätarvajer
2 Bromsvätskebehållare
3 Termostathus
4 Bränslelyftpump
5 Självjusterande kopplingsvajer
6 EGR ventil
7 Bromsvakuumpump
8 Bränslefilter och hus
9 Vindrutespolarvätskebehållare
10 EGR modulatorventil
11 Luftrenare och -hus
12 Batteri
13 Luftinsugsslang
14 Gasvajer
15 Filterlock till motorolja
16 Vevhusventilationens PCV ventil
17 Motoroljans mätsticka
18 Bränsleinsprutningspump
19 Gaslänkagets potentiometer
20 Snabbtomgångssolenoid
21 Kylarens övre slang
22 Transmissionskåpa
23 Kylsystemets expansionskärl
24 Höger motorfäste
25 Framfjädringens övre fäste

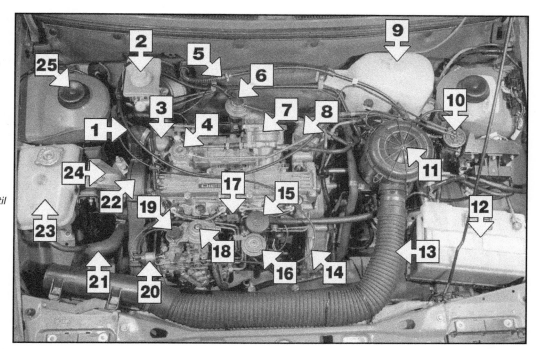

Underhållsarbeten

1 Inledning

1 Detta kapitel är till för att hjälpa hemma-mekanikern att hålla hans/hennes motor vid bästa prestanda, driftsekonomi och livslängd.
2 Kapitlet innehåller ett underhållsschema, följt av avsnitt som behandlar vart och ett av de olika momenten i schemat. Visuella kontroller, justeringar, komponentbyten och andra användbara arbetsområden är inkluderade. Se också bilden av motorrummet för lokalisering av de olika komponenterna.
3 Underhåll av motorn enligt de kilometer-/tidsintervall som anges i schemat och följande avsnitt ger ett planerat underhålls-program, vilket bör resultera i lång och pålitlig tjänstgöring. Detta är ett totalomfattande program, vilket innebär att om man under-håller vissa delar men hoppar över andra, uppnår man inte samma resultat.
4 När du arbetar med din motor kommer du att upptäcka att många arbeten kan, och bör, utföras samtidigt på grund av arbetets art eller därför att två annars orelaterade komponenter sitter nära varandra.
5 Det första steget i detta underhållsschema är att förbereda dig själv innan själva arbetet

påbörjas. Läs igenom alla relevanta avsnitt, gör en lista över och införskaffa alla delar och verktyg som kommer att behövas. Om du stöter på problem, rådfråga en Austin/Rover återförsäljare eller annan specialist.

2 Intensivunderhåll

1 Om serviceschemat följs noggrant från det att bilen är ny, och täta kontroller görs av vätskenivåer och slitdelar, kommer motorn att hållas i relativt gott skick och behovet av extra arbeten minimeras.
2 Det är möjligt att motorn periodvis går sämre på grund av brist på regelbundet underhåll. Detta är särskilt troligt med en begagnad bil som inte fått tätt och regelbundet underhåll. I sådana fall kan extra arbeten behöva utföras, utöver det normala underhållet.
3 Om motorn misstänks vara sliten kan ett kompressionsprov ge värdefull information om de inre huvuddelarnas allmänna pres-tanda. Ett sådant prov kan användas som beslutsunderlag när man avgör omfattningen av det arbete som måste utföras. Om ett kompressionsprov t ex indikerar kraftig inre

förslitning i motorn, kommer inte konven-tionellt underhåll beskrivet i detta kapitel att förbättra prestandan nämnvärt, utan kan visa sig vara slöseri med pengar och tid om inte mycket omfattande renoveringsarbeten görs först.
4 Följande arbeten är de som oftast krävs för att förbättra prestandan hos en motor som går allmänt dåligt:

I första hand

a) Rengör, undersök och testa batteriet
b) Kontrollera alla motorrelaterade vätskor
c) Kontrollera drivremmarnas skick och spänning
d) Kontrollera luftfiltrets skick och byt ut det om så behövs
e) Kontrollera bränslefiltret
f) Kontrollera skicket på alla slangar och leta efter läckor
g) Kontrollera tomgångsinställningar
5 Om ovanstående moment inte ger tillfredsställande resultat, gör följande:

I andra hand

a) Kontrollera laddningssystemet
b) Kontrollera förvärmningssystemet
c) Kontrollera bränslesystemet

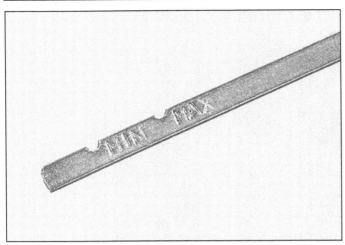

3.4 Märken på motoroljans nivåmätsticka

3.5 Påfyllning av olja

400 km service

3 Motoroljenivå – kontroll

1 Se till att bilen står på plan mark. Kontrollera oljenivån innan bilen körs eller minst 5 minuter efter det att motorn har stängts av.
2 Se bilden av motorrummet och leta reda på mätstickan och oljepåfyllningslocket.
3 Dra ut mätstickan och torka av den med en ren trasa. Stick in stickan i röret så långt det går och dra ut den igen.
4 Kontrollera att oljenivån är mellan det övre MAX-märket och det nedre MIN-märket på stickan (se bild).
5 Olja fylls på genom påfyllningslockets öppning. En tratt underlättar arbetet och minskar spillet. Fyll på olja långsamt och kontrollera nivån på stickan. Fyll inte på för mycket (se bild).

4 Kylvätskenivå – kontroll

1 Kontrollera kylvätskenivån genom att inspektera expansionskärlet. Lokalisera expansionskärlet med hjälp av bilden av motorrummet.
2 Var försiktig så att du inte skållar dig om systemet är hett. Placera en tjock trasa över expansionskärlets lock och vrid locket moturs, långsamt för att lätta på trycket. Vrid därefter av locket helt och ta bort det.
3 Titta i kärlet och kontrollera att kylvätskan precis täcker nivåvisaren (se bild).
4 Om så behövs, fyll på kärlet med frostskyddsblandning av rätt typ och koncentration (se bild). I nödfall kan rent vatten användas men detta tunnar ut frostskyddet i systemet. Fyll inte på kallt vatten i en överhettad motor eftersom detta kan orsaka skador.

5 Sätt tillbaka expansionskärlets lock när nivån är korrekt. Om påfyllning behövs regelbundet tyder detta på läckor vilka i så fall måste åtgärdas. Under normala förhållanden är förlusten av kylvätska minimal.

5 Avgasrök – kontroll

1 Starta motorn och titta på avgasutsläppet. Rök i avgaserna indikerar ett av följande problem:

Vit rök i avgaserna

a) Felaktig insprutarinställning
b) Låg kompression
c) Kylvätska i cylindrarna

Svart rök i avgaserna

a) Igensatt luftrenare
b) Defekt(a) bränsleinsprutare

Blå rök i avgaserna

a) Motorolja i cylindrarna
b) Defekt(a) bränsleinsprutare

2 Om problem upptäcks måste dessa åtgärdas omgående.

6 Varningslampa – kontroll

1 Varningslampan för glödstiften i instrumentpanelen skall slockna ca 5 sekunder efter det att tändningen slagits på. Om den inte gör det, anta att det föreligger ett fel i kretsen eller i ett av stiften och vidta nödvändiga åtgärder.

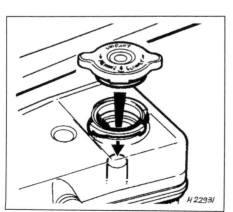

4.3 Kylvätskans nivåvisare (vid pilen)

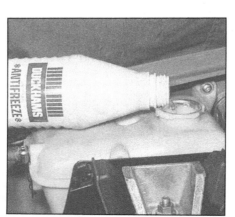

4.4 Påfyllning av kylvätska

20 000 km service

7 Motorolja och filter – byte

Avtappning av olja

1 Motoroljan skall tappas av just efter det att bilen körts, eftersom smuts då lättare åker ut.
2 Parkera bilen på plan mark. Placera ett avtappningskärl av passande volym under oljesumpen. Torka rent runt avtappnings-pluggen och ta bort den. Var försiktig om oljan är mycket het. Tappa inte bort avtappnings-pluggens bricka (där sådan är monterad).
3 Ta bort oljepåfyllningslocket för att på-skynda avtappningen. Låt oljan rinna ut i minst 15 minuter. Undersök avtappnings-pluggens bricka och byt ut den om så behövs.
4 När avtappningen är gjord, sätt tillbaka avtappningspluggen med brickan och dra åt den till specificerat moment. Innan motorn fylls på med olja, byt oljefiltret enligt beskriv-ningen nedan.

Byte av filter

5 Placera avtappningskärlet under oljefiltret. Skruva loss filtret och ta bort det. Ett oljefilterverktyg kommer förmodligen att behövas **(se bild)**. Om filtret inte går att skruva loss kan en skruvmejsel drivas genom filtret och användas som en hävstång. Var beredd på kraftigt oljespill om detta görs. Ett visst spill är oundvikligt när filtret tas loss.

6 Torka rent runt filtersätet på motorn och kontrollera att inga tätningsringar har lämnats kvar. Smörj tätningsringen på det nya filtret med motorolja eller fett och skruva sedan in filtret på plats. Om inte annat anges i filtertillverkarens instruktioner, dra endast åt filtret för hand. Vanligtvis är det tillräckligt att dra åt filtret två tredjedelars varv efter den punkt där tätningsringen kommer i kontakt med sätet.

Oljepåfyllning och motorkontroller

7 Fyll på motorn med ny olja av specificerad typ genom påfyllningslockets öppning. En tratt reducerar spillet. Häll i oljan långsamt och kontrollera med täta mellanrum nivån på mätstickan. Fyll inte på för mycket. Se till att oljenivån är minst upp till MIN-markeringen på stickan.
8 Sätt tillbaka påfyllningslocket och starta motorn. Det tar några sekunder innan oljetrycksvarningslampan slocknar eftersom filtret måste fyllas med olja. Rusa inte motorn förrän lampan har slocknat.
9 Med motorn igång, leta efter läckor runt filtret och avtappningspluggen. Dra åt hårdare om så behövs. Stäng av motorn och undersök om läckor fortfarande förekommer.
10 Ge oljan några minuter att rinna tillbaka ner i sumpen och kontrollera därefter nivån igen. Vid behov, fyll på till MAX-märket. Det nya filtret absorberar ca 0,5 liter olja.
11 Lägg det gamla filtret i en behållare som

kan förslutas väl och kassera det på ett säkert sätt.

8 EGR-systemets komponenter – kontroll

1 Avgasåtercirkulationens (EGR) styrenhet matas med information om motorhastighet, motorbelastning och EGR-ventilens öppning. Utifrån detta avgör enheten vilken signal den skall sända till vakuummodulatorn, vilken i sin tur styr hur mycket vakuum som läggs på EGR-ventilen. Motorhastighetsinformationen tas från generatorn och gaslänkagets läge övervakas av en potentiometer. EGR-ventilen innehåller en potentiometer, så styrenheten är hela tiden medveten om graden av ventillyft och kan jämföra det med önskat lyft.
2 Kontrollera att alla komponenter är rena och ordentligt fästa.
3 Undersök om systemets kabelage är skadat eller slitet. Se till att ledningarna är korrekt dragna och att de inte är i vägen för några heta eller rörliga delar. Koppla loss batteriets jordpol och därefter varje kompo-nents ledningsanslutning. Undersök alla anslutningskontakter för att se om de är smutsiga eller korroderade och rengör dem om så behövs **(se bilder)**.
4 Undersök systemets alla vakuumslangar för att se om de är spruckna, skadade eller slitna. Se till att varje slang är korrekt dragen och inte är i vägen för några heta eller rörliga delar. Om någon slang är misstänkt måste denna bytas ut omgående.
5 EGR-ventilen skall nu tas loss för rengöring. Fortsätt enligt följande:
6 Koppla loss batteriets jordledning (minus).
7 Koppla försiktigt loss multikontakten uppe på ventilen.
8 Ta bort vakuumslangen uppe på ventilen.
9 Skruva loss och ta bort bultarna som fäster återcirkulationsröret till EGR-ventilen **(se bild)**.
10 Ta loss bultarna som fäster EGR-ventilen till insugsröret.
11 Dra bort EGR-ventilen från insugs- och återcirkulationsrören, ta vara på packningarna **(se bild)**.

7.5 Oljefiltret lossas med hjälp av ett oljefilterverktyg

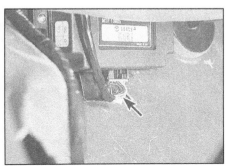
8.3a EGR styrenhetens multikontakt (vid pilen)

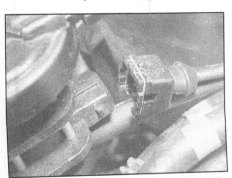
8.3b EGR modulatorventilens multikontakt

8.9 Demontering av återcirkulationens bultar rör-till-EGR ventil

8.11 Demontering av EGR-ventilen

9.2a Demontering av bränslefiltret

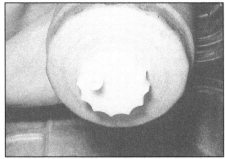

9.2b Bränslefiltrets avtappningskran i botten på filtret

9.6 Lossa avluftningsskruven på bränslefilterlocket

12 Använd en liten stålborste, ta bort alla sotavlagringar från ventilöppningarna och från fogytorna på ventilen, återcirkulationsröret och insugsröret. Rengör också ventilens yttre ytor. Var försiktig så att inte ventilens membran skadas.
13 Använd en skruvmejsel, tryck ner ventilen mot membranet och undersök om ventilsätet har sotavlagringar.
14 För att undersöka membranet, anslut vakuum till porten och se till att ventilen rör sig från och tillbaka mot sitt säte som den ska.
15 Montering av EGR-ventilen sker i omvänd ordning mot demontering. Använd nya packningar och dra åt alla bultar till specificerat moment.

9 Bränslefilter – byte

⚠️ **Varning: Försök inte tappa av bränslesystemet genom att bogsera bilen. Insprutningspumpen kan skadas allvarligt om den dras runt utan att det finns något bränsle i den.**
1 Rengör området runt bränslefilterlocket.
2 Placera trasor under filtret för att absorbera spillt bränsle och skruva sedan loss filtret från locket med hjälp av ett oljefilterverktyg. Håll filtret upprätt, dra bort det från locket och häll bränslet i en lämplig behållare **(se bilder).**
3 Smörj tätningen på det nya filtret med rent

bränsle. Om tillräckligt mycket bränsle finns till hands, fyll det nya filtret. Montera filtret och dra åt det för hand.
4 Avlufta bränslesystemet enligt följande:

"Snapsning" och avluftning av bränslesystemet
5 Kontrollera att den handmanövrerade pumpstickan på bränslelyftpumpen kan flyttas genom hela sitt slag. Om inte, vrid vevaxeln ett helt varv med hjälp av en hylsa på vevaxelremskivans bult. Detta omplacerar bränslepumparmen på sin manövreringskam och låter därmed stickan gå genom hela sitt slag.
6 Lossa avluftningsskruven på bränslefilterlocket med hjälp av en skruvmejsel eller en nyckel **(se bild).**
7 Aktivera den handmanövrerade pumpstickan på bränslelyftpumpen **(se bild).** När bränsle utan bubblor kommer ut ur avluftningsskruvens öppning, dra åt skruven.
8 Lossa matningsrörets anslutningsbult på insprutningspumpen, fortsätt att aktivera stickan tills bränsle utan bubblor kommer ut ur högtrycksanslutningarna. Dra åt anslutningsbulten ordentligt.
9 Lossa på alla högtrycksanslutningsmuttrar vid insprutarna tillräckligt mycket för att bränsle ska rinna ut.
10 Tryck ner gaspedalen helt och dra runt motorn på startmotorn till dess att bränsle utan bubblor kommer ut ur högtrycksanslutningarna.

9.7 Aktivera den handmanövrerade pumpstickan på bränslelyftpumpen

11 Dra åt anslutningsmuttrarna till specificerat åtdragningsmoment och torka upp spillt bränsle.
12 Starta motorn och låt den gå tills den tänder på alla cylindrar.

10 Avgasutsläpp – kontroll

1 Denna kontroll bör omfatta en inspektion av alla komponenter som har att göra med avgasutsläpp, inklusive avgasåtercirkulationssystemet (EGR) och katalysatorn (där tillämpligt). Eftersom specialutrustning krävs bör inspektionen utföras av en VW-återförsäljare.

60 000 km service

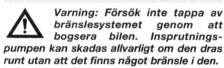

11.3 Ta bort skruven som håller den inre transmissionskåpan till kamaxelkåpan

11 Ventilspel – kontroll

Observera: För detta arbetsmoment krävs inställningsstift (eller 6,75 mm borrar), kamaxelfästklämmor och, på modeller utan servostyrning, ett kamaxelspärrverktyg.

Kontroll av ventilspel
1 Ventilspelen skall kontrolleras och justeras med kall motor. Koppla först loss batteriets jordledning (negativ).

2 Se avsnitt 13 och demontera transmissionskåpan.
3 Ta bort skruven som håller den inre transmissionskåpan till kamaxelkåpan **(se bild).**
4 Skruva loss täckskruven uppe på kamaxelkåpan, vrid sedan vevaxeln med hjälp av en hylsa på vevaxelremskivans bult tills inställningshålet i kamaxeln är i linje med hålet i kamaxelkåpan (detta är ÖD-läge för kolv nr 1). Sätt i stift (eller 6,75 mm borrar) i kamaxeln och även i svänghjulet, genom inställningshålet i motorblocket (se bilder – avsnitt 13).

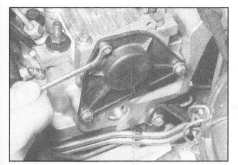

11.5 Ta loss kamaxelns bakre kåpa

11.7a Hemmagjord kamaxelspärrverktyg, monterat på kamaxeln

11.11a Kamaxelkåpans fästbultar i två olika längder

5 På modeller före 1989 och på modeller utan servostyrning, skruva loss och ta bort kamaxelns bakre kåpa **(se bild)**.

6 Skruva loss muttern som fäster gasvajerns stödfäste till kamaxelkåpan och flytta fästet åt sidan.

7 På modeller före 1989 och på modeller utan servostyrning, montera ett kamaxelspärrverktyg för att hålla ner den bakre änden av kamaxeln medan kamaxelkåpan demonteras. Rover tillhandahåller verktyg nr 18G 1548 för

detta ändamål. Ett liknande verktyg kan tillverkas av en platt metallstång **(se bilder)**.

8 Skruva loss muttern som håller det främre vajerstödfästet till topplocket, lossa fästet från topplocket och hastighetsmätarvajern och flytta fästet åt sidan.

9 På modeller med servostyrning från 1989 och framåt, skruva loss skruven som håller servostyrningspumpens inre drivremskåpa till kamaxelkåpan.

10 Skruva loss och ta bort bränslelyftpumpen

och bromsvakuumpumpen från kamaxelkåpan.

11 Skruva stegvis loss kamaxelkåpans fästbultar i omvänd ordning mot den som visas för åtdragning och lyft sedan av kåpan från topplocket. Notera var bultarna sitter – de är av olika längd **(se bild)**. Om kåpan sitter fast, använd en trä- eller gummiklubba till att knacka loss den **(se bild)**. Se till att den halvcirkelformade brickan stannar kvar i kåpan.

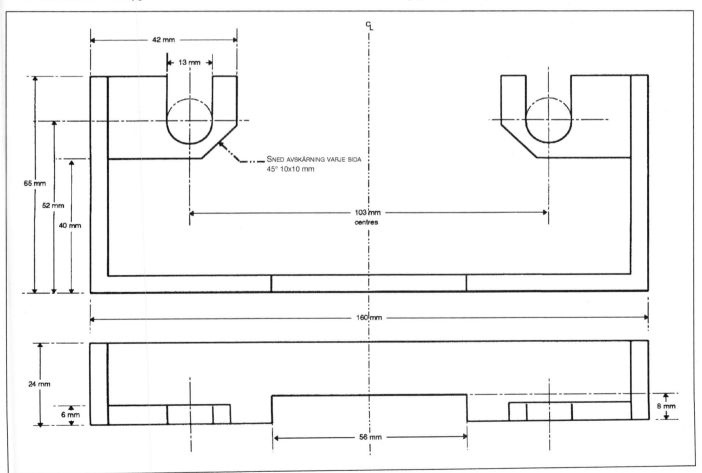

11.7b Dimensioner för hemmagjort kamaxelspärrverktyg

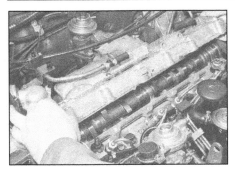

11.11b Lyft av kamaxelkåpan från topplocket

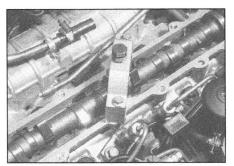

11.12a Kamaxelns mittklämma på plats

12 Montera de tre kamaxelklämmorna eller alternativt de hemmagjorda verktygen **(se bilder)**. Om Rovers verktyg används, se till att tryckklossarna följer konturen på tapparna och att de är helt urskruvade.

13 Dra åt klämbultarna eller tryckklossarna tills kamaxeltapparna sätter sig lätt i topplocket.

14 Ta bort kamaxelspärrverktyget om ett sådant har monterats.

15 Rita upp ventilpositionerna på ett papper och numrera dem 1 till 8 från motorns kamremssida **(se bild)**. Markera ventilpositionerna med ett "In" för insugsventil och med ett "Av" för avgasventil. Placeringarna för insugs- och avgasventilerna är enligt följande:

1	2	3	4	5	6	7	8
Av	In	In	Av	Av	In	In	Av

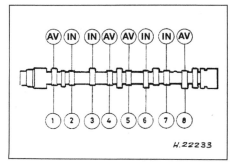

H.22233

11.15 Ventilordning – numrerade från kamremssidan av kamaxeln

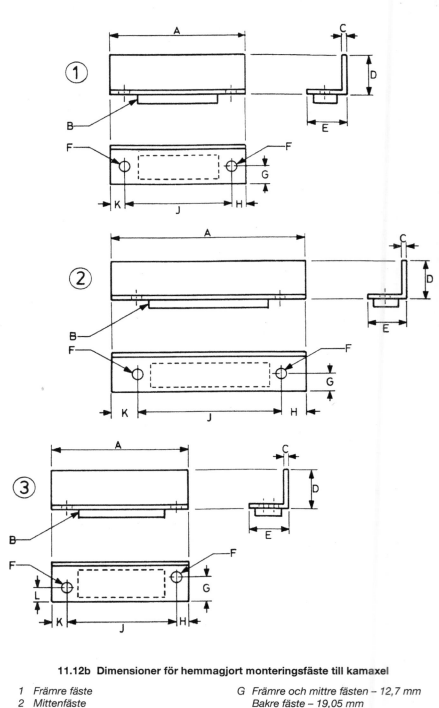

11.12b Dimensioner för hemmagjort monteringsfäste till kamaxel

1 Främre fäste
2 Mittenfäste
3 Bakre fäste
A Främre och bakre fästen – 101,6 mm
   Mittenfäste – 146,05 mm
B Plywood eller annat mjukt material placerat på mitten av fästets bas
C 3,175 mm
D 30,162 mm
E 30,162 mm
F 7,937 mm

G Främre och mittre fästen – 12,7 mm
   Bakre fäste – 19,05 mm
H Främre fästet – 11,112 mm
   Mittenfäste – 19,05 mm
   Bakre fäste – 9,525 mm
J Främre och bakre fästen – 79,37 mm
   Mittenfäste – 107,95 mm
K Främre fästet – 11,112 mm
   Mittenfäste – 19,05 mm
   Bakre fäste – 12,7 mm
L 11,112 mm

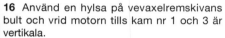

11.17 Dra åt tryckklossarnas låsmuttrar

11.18 Kontroll av ventilspel med vinklat bladmått

11.29a Skruva ur kamaxeldrevets/navets mittbult

11.29b Inställningsstift (vid pilen) i kamaxelns ände

16 Använd en hylsa på vevaxelremskivans bult och vrid motorn tills kam nr 1 och 3 är vertikala.

17 Om Rovers verktyg används, dra varje tryckkloss till 7 Nm och dra sedan åt låsmuttrarna **(se bild)**.

18 Stick in ett bladmått av korrekt specificerad tjocklek mellan kam nr 1 och ventilskaft nr 1 och kontrollera att det har snäv glidpassning. Om inte, stick in olika bladmått tills rätt passning hittas. Anteckna spelet. Observera att ett vinklat bladmått underlättar den här kontrollen **(se bild)**.

19 Utan att rubba kamaxeln, kontrollera spelet för ventil nr 3 på samma sätt och anteckna det.

20 Lossa tryckklossarnas bultar på Rovers verktyg, eller lossa lätt de bultar som håller det hemmagjorda verktyget till topplocket.

21 Vrid vevaxeln tills kam nr 4 och 7 är vertikala. Dra åt verktygets bultar så att kamaxeltapparna sätter sig i topplocket. Anteckna spelet för ventil nr 4 och 7.

22 Upprepa momentet för ventil nr 6 och 8 och därefter nr 2 och 5.

Justering av ventilspel

23 Om ventilspelen har minskat med mer än 0,11 mm under standardinställningen kan skador ha uppstått på ventilsätena, ventilerna, kamaxelns kam- och lyftarytor. Om så är fallet måste topplocket demonteras och ventilerna tas ut och undersökas.

24 För att kunna justera ventilspelen måste man först demontera kamaxeln för att kunna

ta loss lyftarna och mellanläggen. Lossa först verktygets bultar och vrid vevaxeln medurs tills kamaxelns inställningshål är uppåt (i läge "kl 12"). Skruva loss och ta bort kamaxelhållare och klämmor.

25 Demontera kamaxeln enligt följande:

26 Demontera kamremmen, se avsnitt 13.

27 Demontera kamaxeldrevet enligt följande:

28 Om kamaxeldrevet är en enda enhet, håll drevet stilla med hjälp av ett verktyg liknande det som används för tvådelat drev, skruva sedan loss och ta bort mittbulten. Dra av drevet från änden på kamaxeln. Det finns ingen styrpinne i änden av kamaxeln som på tvådelad typ.

29 Om kamaxeldrevet är av tvådelad typ, markera navets, drevets och ventilkåpans förhållande till varandra. Håll drevet stilla med hjälp av ett passande spärrverktyg, skruva sedan loss och ta bort mittenbulten som håller navet till kamaxeln **(se bild)**. Lita inte på att inställningsstiftet skall hålla kamaxeln stilla. Dra bort drevet och navet från kamaxeln. Notera styrpinnen i änden på kamaxeln **(se bild)**.

30 På modeller med servostyrning från och med 1989, demontera servostyrningens drivremsskiva och ta bort drivremmens inre kåpa.

31 Använd skjutmått, mät och anteckna monteringsdjupet för oljetätningarna i båda ändar av kamaxeln.

32 Lyft ut kamaxeln och demontera främre och bakre oljetätningar.

33 Lyftarnas mellanlägg måste nu bytas för att man skall kunna korrigera ventilspelen.

34 Arbeta med den första ventilen, ta bort

lyftaren från topplocket och dra ut mellanlägget med en liten skruvmejsel **(se bilder)**. Mät tjockleken på mellanlägget med en mikrometer. Välj nytt mellanlägg med hjälp av följande formel:

$A + B - C$ = Mellanläggstjocklek som krävs
Där A = Ventilspel mätt med bladmått
B = Tjocklek på det mellanlägg som tagits bort
C = Önskat ventilspel

35 Placera det nya mellanlägget i lyftaren, olja in lyftaren och placera den i topplocket.

36 Ändra de kvarvarande mellanläggen på samma sätt som ovan.

37 Med alla ventilspel justerade, montera kamaxeln enligt följande:

38 Smörj kamaxeltapparna och kamloberna med ren motorolja och sänk sedan ned kamaxeln i topplocket med inställningshålet i läge "kl 12" **(se bild)**.

11.34a Demontera alla lyftare ...

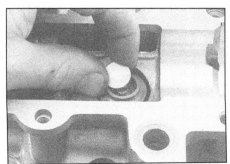

11.34b ... och mellanlägg

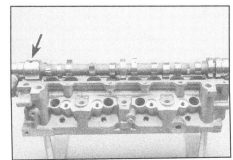

11.38 Nedsänkning av kamaxeln på topplocket (inställningshålet vid pilen)

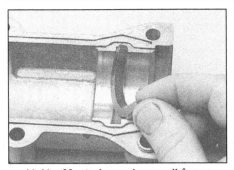

11.41a Montering av kamaxelkåpans tryckbricka

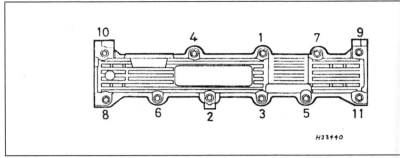

11.41b Åtdragningsföljd för kamaxelkåpans bultar

39 Se till att kolv nr 1 är i ÖD med svänghjulets inställningsstift eller borr monterad.
40 Ta bort all gammal tätningsmassa från kamaxelkåpans och topplockets fogytor. Se till att all tätningsmassa tas bort från spåren i kåpan.
41 Montera kamaxelkåpan (tillsammans med den halvcirkelformade tryckbrickan), utan att lägga på tätningsmassa än så länge. Sätt i och dra stegvis åt bultarna till specificerat moment och i den ordning som visas **(se bilder)**.
42 Anslut en mätklocka till änden av topplocket, med sonden vidrörande kamaxeländen. Flytta kamaxeln så långt det går mot topplockets ventilkåpsände och nollställ mätklockan. Flytta nu kamaxeln så långt det går åt motsatt håll och mät axialspelet.
43 Om noterat axialspel överskrider det specificerade måste en ny tryckbricka monteras.
44 Demontera kamaxelkåpan och lägg på en sträng passande silikontätning i dess spår och på dess yttre fogytor **(se bild)**. Sätt omedelbart tillbaka kåpan på topplocket. Dra stegvis åt bultarna till specificerat moment, i rätt ordning.

45 Stick in ett inställningsstift (eller en borr) genom kamaxelkåpan och in i kamaxeln.
46 Rengör oljetätningarnas sätesytor fram och bak på kamaxeln. Smörj lite ren olja på tätningsläppen på de nya tätningarna. Placera varje oljetätning över kamaxeln och driv dem på plats med hjälp av en hylsa eller ett metallrör av passande diameter, tills de når det tidigare noterade monteringsdjupet **(se bilder)**.
47 På alla modeller som inte har servostyrning och alla modeller tillverkade före 1989, montera kamaxelns bakre kåpa på topplocket och dra åt bultarna.
48 På modeller med servostyrning från och med 1989, montera drivremmens inre kåpa och dra åt bultarna. Med inställningsstiftet (eller borren) på plats, montera navet och remskivan på änden av kamaxeln och dra åt bultarna. Montera servostyrningens drivrem.
49 Sätt i och dra åt den övre bulten som håller ventilkåpan till kamaxelkåpan.
50 Montera kamaxeldrevet.
51 På drev som består av en enda enhet, sätt i mittbulten och dra åt den med fingrarna.
52 På tvådelade drev, placera navet på kamaxeln och se till att styrpinnen är

ordentligt isatt. Placera drevet på navet, se till att de tidigare gjorda inställningsmärkena är i linje. Sätt i mittbulten och bultarna som håller till kamaxeln och dra åt dem tillräckligt för att hålla drevet och navet på plats. Lägg mothåll på drevet med det specialverktyg som används vid demontering av kamremmen, dra sedan åt mittenbulten helt till specificerat åtdragningsmoment. Om så behövs, ställ på nytt in märkena på drevet och navet och dra åt bultarna med fingrarna. Bultarna dras åt helt under momentet för montering och justering av kamremmen.
53 Montera kamremmen och kåpan enligt beskrivning i avsnitt 13.
54 Montera bromsvakuumpumpen och bränslelyftpumpen på kamaxelkåpan.
55 Avlufta bränslesystemet enligt beskrivning i avsnitt 9.
56 Montera det främre kabelstödfästet på topplocket.
57 Montera gasvajerstödfästet på kamaxelkåpan.
58 Återanslut batteriets jordledning (den negativa ledningen).

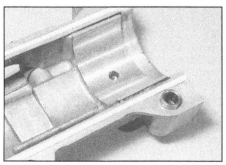

11.44 Lägg på silikontätning på kamaxelkåpan

11.46a Använd en drevbult till att montera ny främre (höger) oljetätning

11.46b Driv in en ny bakre (vänster) kamaxeloljetätning

12.1 Ta bort fästskruven till bränslelyft-
pumpens lock

12.2 Demontera bränslesilen

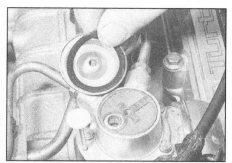

12.5 Montering av ny tätning till
bränslelyftpumpens lock

80 000 km service

12 Bränslelyftpumpens sil – kontroll

1 Skruva loss fästskruven och ta bort bränslelyftpumpens lock. Var beredd på ett visst bränslespill (se bild).
2 Ta loss och rengör bränslesilen (se bild).
3 Rengör också slamsamlaren.

4 Sätt tillbaka bränslesilen.
5 Sätt tillbaka pumplocket. Använd en ny tätning om så behövs (se bild).
6 Avlufta bränslesystemet vid filterlocket, se avsnitt 9.

120 000 km service

13 Kamrem – byte

Observera: *Inställningsstift (eller 6,75 mm borrar) och en spänningsmätare (Rover verktyg KM 4088 AR) krävs för följande arbete.*

13.7 Demontering av kamremmens
åtkomstlock

Demontering av transmissionskåpa

Modeller före 1989 utan turbo

1 Dra åt handbromsen, lyft upp framvagnen och stöd den på pallbockar. Demontera det högra hjulet.
2 Ta loss plastpanelen under hjulhuset för att skapa åtkomlighet.
3 Demontera kylvätskepumpens/generatorns drivrem.
4 Skruva loss remskivan från kylvätske-pumpens drivfläns.
5 Ta bort åtkomstlocket uppe på transmissionskåpan, bänd det försiktigt utåt för att få loss fästklackarna och lyft uppåt.
6 Skruva loss fästskruvarna, lossa fjäderclipsen (om monterade) och ta bort kåpan.

Turbomodeller och modeller från och med 1989

Övre kåpa
7 Ta bort åtkomstlocket uppe på

transmissionskåpan, bänd den försiktigt utåt för att lossa fästklackarna och lyft uppåt (se bild).
8 Skruva loss fästskruven som sitter under åtkomlighetskåpans öppning, lossa fjäder-clipsen och ta bort den övre kåpan (se bilder).
Nedre kåpa
9 Demontera den övre kåpan.
10 Dra åt handbromsen, lyft upp framvagnen och stöd den på pallbockar. Demontera det högra hjulet.
11 Demontera plastpanelen under hjulhuset för att skapa åtkomlighet.
12 Demontera kylvätskepumpens/-gene-ratorns drivrem.
13 Skruva loss remskivan från kylvätske-pumpens drivfläns.
14 Skruva loss fästbultarna och skruvarna, lossa fjäderclipsen och ta bort den nedre kåpan (se bilder).

Demontering av kamrem

15 Koppla loss batteriets jordledning (negativ).

13.8a Skruva loss fästskruven . . .

13.8b . . . lossa fjäderclipset . . .

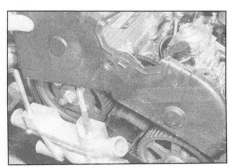

13.8c . . . och demontera den övre
transmissionskåpan

13.14a Demontera den nedre bulten . . .

13.14b . . . de två nedre skruvarna (vid pilarna) . . .

13.14c . . . och ta loss den nedre transmissionskåpan

16 Tappa av kylsystemet.
17 Ta loss kylvätskeslangarna från kylvätske-pumpen.

Turbomodeller och modeller från och med 1989

18 Demontera kylsystemets expansionskärl.
19 Stöd motorns vikt med en garage-domkraft och ett träblock placerade under sumpens högra sida.
20 Skruva loss bultarna som håller det högra motorfästet till hjulhuset och karossen.
21 Skruva loss de två bultar och de två muttrar som håller det högra motorfästet upptill på kylvätskepumpen och ta bort hela den högra motorfästesenheten (se bild).
22 Håll vevaxeln stilla, skruva sedan loss och ta bort vevaxelremskivans mittenbult. Om remskivan har hål kan ett hemmagjort klyk-

verktyg, tillverkat av två längder platt metallstång med långa bultar i ändarna, användas till att hålla remskivan på plats (se bild). Om inga hål finns i remskivan är en alternativ metod att demontera startmotorn och använda en bredbladig skruvmejsel som hakas i startmotorns krondrev. Rovers spärrverktyg för vevaxeln bultas fast i remskivan med de existerande fyra bultarna. Om så behövs kan ett liknande verktyg tillverkas.
23 Använd en insexnyckel, skruva loss bultarna som håller remskivan till vevaxel-drevet och dra bort remskivan (se bild).

Alla modeller

24 Skruva loss täckpluggen från höger sida av kamaxelkåpan (se bild), vrid sedan vevaxeln medurs tills inställningsstiftshålet i

kamaxeln är i linje med hålet i kåpan. I detta läge är kolv nr 1 (närmast motorns kamremsände) i övre dödpunkt (ÖD) i kompressionstakten.
25 Stick in ett inställningsstift (eller en 6,75 mm borr) genom hålet i kamaxelkåpan, så att den går in i hålet i kamaxeln (se bild).
26 Använd två passande bultar, lås insprutningspumpens drev genom att dra in bultarna i pumpens fästbygel genom två diagonalt motsatta ogängade hål (de gängade hålen är till för att dra av drevet). Notera också att inställningsmärkena på drevet och fästbygeln skall vara i linje med varandra (se bilder).
27 Där kamaxeldrev i en enda del används, håll drevet stilla och lossa kamaxeldrevets fästbult ett eller två varv.
28 Där kamaxeldrev i två delar används, håll

13.21 Ta bort hela den högra motorfästesenheten

13.22 Lossa vevaxelns remskivas mittbult

13.23 Demontera bultarna som håller remskivan till vevaxeldrevet

13.24 Skruva loss täckpluggen från kamaxelkåpan

13.25 En 6,75 mm diameter borr håller kamaxeln på plats

13.26a Två bultar sätts in genom insprutningspumpens drev, in i fästbygeln

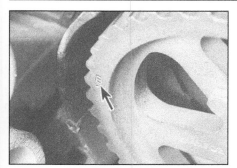

13.26b Inställningsmärke (vid pilen) på insprutningspumpdrev (turbomodell visad)

13.28 Lossa fyra bultar som håller drevet till navet

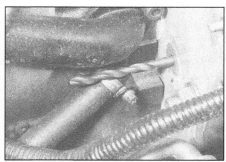

13.29 6,75 mm borr sätts in genom växellådans tillsatsplatta baktill på topplocket och in i svänghjulets inställningshål

13.31a Skruva loss den spårade låsmuttern . . .

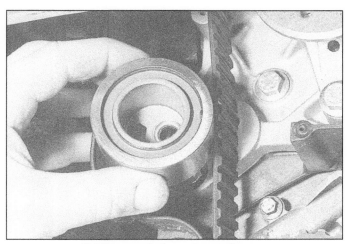

13.31b . . . och demontera spännaren

drevet stilla och lossa de fyra bultarna som håller drevet till navet ett varv var. Kamaxeldrevet kan hållas på plats med hjälp av ett hemmagjort verktyg **(se bild)**. Lita inte på att inställningsstiftet ensamt ska hålla kamaxeln.
29 Stick in ett inställningsstift (eller en 6,75 mm borr) genom växellådans tillsatsplatta baktill på topplocket och in i inställningshålet i svänghjulet **(se bild)**. Vrid inte vevaxeln med kamremmen demonterad och topplocket på plats – kolvarna kan kollidera med ventilerna.
30 Kontrollera om kamremmen är markerad med normal rotationsriktning. Om så behövs, markera med en krita.
31 Skruva loss den spårade muttern på spännaren och ta bort kamremsspännarens remskiva **(se bilder)**.
32 På turbomodeller och modeller från och med 1989, skruva loss och ta bort mellanremskivan **(se bild)**.
33 Lyft försiktigt bort kamremmen från dreven och ta bort den.
34 Där kamdrev i en enda del är monterat, dra åt mittenbulten för hand om inte en ny kamrem monteras på en gång.
35 Rengör alla drev, oljepumphuset och ventilkåporna och torka dem torra.

Montering av kamrem

36 Kontrollera att inställningsmärkena på insprutningspumpen fortfarande är korrekt inriktade och att inställningsstiften fortfarande sitter på plats.
37 På turbomodeller och modeller från och med 1989, montera mellanremskivan och dra åt bulten.
38 Placera kamremmen runt vevaxel- och mellanremskivor och se till att rotationsriktningsmärkena är vända åt rätt håll. Placera

remmen på insprutningspumpens och kamaxelns drev och centrera den mitt på drevkuggarna.
39 Sätt tillbaka spännarremskivan och skruva sedan loss bultarna som håller insprutningspumpens drev.
40 På turbomodeller och modeller från och med 1989, montera vevaxelremskivan och dra åt bultarna.
41 Justera kamremsspänningen enligt följande:
42 Det enda precisa sättet att bestämma

13.32 Ta bort kamremmens mellanremskiva

13.42 Kontrollera remspänningen genom att vrida remmen 45°

kamremsspänningen är med hjälp av en Rover spänningsmätare. Om ett sådant instrument inte finns tillgängligt är en alternativ (ungefärlig) metod att vrida remmen med måttligt fingertryck. Det ska vara möjligt att vrida den 45° **(se bild)**.

43 Montera spänningsmätaren mitt emellan kamaxeldrevet och bränsleinsprutningspumpens drev **(se bild)**.

44 Lossa spännarens fästbult, använd sedan en insexnyckel till att vrida spännaren tills specificerad spänning uppnås. Vrid spännaren medurs för att spänna remmen.

45 Dra åt fästbulten. Om spännaren roterar över centrum, skruva loss spännarbulten och sätt in den i det inre av de två fästhålen.

46 Ta bort spänningsmätaren.

47 Håll kamaxeldrevet stilla och dra åt drevets fästbult (drev i en enda del) eller navbultarna (drev i två delar) till specificerat åtdragningsmoment.

48 Kontrollera att inställningsstiften fortfarande är helt isatta (vilket garanterar att inställningen fortfarande är korrekt) och ta sedan bort dem. Sätt tillbaka kamaxelkåpans täckplugg.

49 Använd en hylsa på vevaxelremskivans bult och rotera vevaxeln två hela varv för att kontrollera att vevaxeln inte stöter i någonting.

50 Kontrollera och justera vid behov bränsleinsprutningspumpens inställning.

51 På turbomodeller och modeller från och med 1989, montera det högra motorfästet och expansionskärlet. Sänk ner domkraften.

52 Montera transmissionskåpan i omvänd ordning mot demonteringen. Montera och spänn kylvätskepumpens/generatorns drivrem enligt specifikationerna.

53 Sätt tillbaka kylvätskeslangarna till kylvätskepumpen.

54 Fyll på kylsystemet och återanslut batteriet.

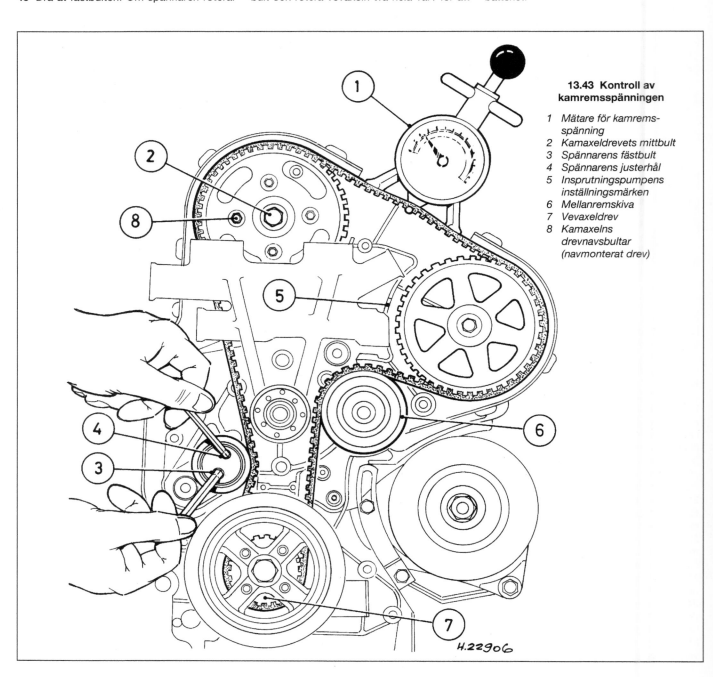

13.43 Kontroll av kamremsspänningen

1 Mätare för kamremsspänning
2 Kamaxeldrevets mittbult
3 Spännarens fästbult
4 Spännarens justerhål
5 Insprutningspumpens inställningsmärken
6 Mellanremskiva
7 Vevaxeldrev
8 Kamaxelns drevnavsbultar (navmonterat drev)

H.22906

Kapitel 2
Austin/Rover 1994cc motor

Del B: Underhåll av bränslesystem

Innehåll

Specifikationer

Glödstift

Typ	Champion CH88 eller CH137
Spets börjar glöda	5 sekunder
Inledande strömförbrukning	25 amp
Strömförbrukning efter 20 sekunder	12 amp
Nominell arbetsspänning	11 volt

Bränsleinsprutare

Maestro 500 och 700 Van (1986 till 1988)	Lucas 4-håls
Maestro 500 and 700 Van (1989 och framåt):	
Utan turbo	Lucas 4-håls
Med turbo	Lucas 5-håls
Montego turbo (1989 till 1991)	Lucas 5-håls
Maestro kombi-kupé (1990 till 1992)	Lucas 4-håls, 2-stegs
Montego turbo (från ID nr 606579 högerstyrd, ID nr 606709 vänsterstyrd) (1991 och framåt)	Bosch 4-håls, 2-steg
Maestro turbo och Montego (from VIN 635617) (1992 och framåt)	Bosch 5-håls, 2-stegs

Bränslelyftpump

Typ	AC/YD
Statiskt tryck (ingen matning)	41 till 69 kPa

Bränsleinsprutningspump

Typ	Bosch EPVE
Statisk inställning (kolv nr 1 i ÖD i kompressionen):	
Maestro 500 och 700 Van (1986 till 1988)	1,37 mm kolvlyft
Maestro 500 och 700 Van (1989 och framåt):	
Utan turbo	1,37 mm kolvlyft
Med turbo	1,00 mm kolvlyft
Montego turbo med 1-stegs insprutare (1989 till 1991) ...	1,00 mm kolvlyft
Maestro kombi-kupé (1990 till 1992).	1,00 mm kolvlyft
Montego turbo med 2-stegs insprutare (från ID nr 606579 högerstyrd, ID nr 606709 vänsterstyrd) (1991 och framåt)	1,20 mm kolvlyft
Maestro turbo och Montego (från ID nr 635617) (1992 och framåt) ..	1,20 mm kolvlyft

Tomgångshastighet

Maestro 500 och 700 Van (1986 till 1988)	900 till 950 rpm
Alla övriga modeller	800 till 850 rpm

Snabbtomgångshastighet

Maestro 500 och 700 Van (1986 till 1988)	1050 till 1075 rpm
Alla övriga modeller	950 till 975 rpm

Maximal hastighet utan belastning

Alla modeller	4500 rpm

Atdragningsmoment

	Nm
Muttrar mellan EGR-rör och avgasgrenrör	22
Skruvar mellan EGR-ventil och EGR-rör	22
Skruvar mellan EGR-ventil och insugsrör	22
Bränslelyftpump	22
Glödstift 20	
Mutter för insprutningspumpens drev/remskiva	60
Bultar för insprutarklämmor	43
Muttrar för insprutningens högtrycksrörsanslutningar	22

1 Gasvajer – justering

1 Med gaspedalen helt uppsläppt, justera vajerspänningen med hjälp av de två låsmuttrarna **(se bild)** tills sidorörelsen för innervajern vid en punkt mitt emellan insprutningspumpens styrarm och vajerns ytterhölje är mellan 8,0 och 10,0 mm. Dra åt låsmuttrarna när justeringen är korrekt.
2 Låt en medhjälpare trycka ned gaspedalen helt och kontrollera att styrarmen kommer i kontakt med maxhastighetsskruven. Kontrollera sedan att, med pedalen helt uppsläppt, styrarmen är i kontakt med tomgångs-justerskruven.

2 Tomgångshastighet – kontroll och justering

1 Den typ av varvräknare som känner av tändsystemets högspänningspulser via en induktiv upptagare kan inte användas på dieselmotorer, såvida inte en anordning som t ex Sykes-Pickavant tillsats för tändin-ställningslampa finns till hands (se kapitel 13). Alternativt kan en optisk eller pulskänslig varvräknare användas.
2 Den optiska varvräknaren registrerar ett passerande färgmärke eller (mer vanligt) en remsa reflektiv folie placerad på vevaxelr-emskivan. Den är inte så behändig att använda som en elektronisk eller en pulskänslig typ eftersom den måste hållas så att den kan se remskivan. Den har dock fördelen att den kan användas på vilken motor som helst – bensin eller diesel, med eller utan diagnosuttag.

3 Den pulskänsliga varvräknaren använder en omvandlare liknande den som behövs för en tändinställningslampa. Denna omvandlar hydrauliska eller mekaniska pulser i ett insprutarrör till elektriska signaler, vilka återges på varvräknaren som motorhastighet.
4 Viss dynamisk tändinställningsutrustning för dieselmotorer har ett sätt att visa motorhastighet. Om sådan utrustning finns till hands behövs ingen separat varvräknare.
5 Den ägare/hemmamekaniker som endast vill kontrollera tomgångshastigheten på en motor då och då, kan tycka att inköp av en speciell varvräknare inte är rättfärdigat. Förutsatt att nätansluten belysning finns till hands är användning av en stroboskopisk skiva ett billigt alternativ. Principen är känd för alla som någon gång har använt en sådan skiva för att kontrollera hastigheten på en skivspelartallrik.
6 En skiva måste tillverkas av styvt papper eller kartong för att kunna sättas på vevaxelns remskiva (eller kamaxelremskivan om så är tillämpligt – men kom ihåg att denna roterar med halva farten). Skivan bör vara vit eller ljus och indelad i regelbundna segment, gjorda med en gradskiva, med tjocka svarta linjer (se kapitel 13). Antalet segment som krävs beror på önskad tomgångshastighet och växelströmsmatningens frekvens. För 50 Hz matning, vilket är det vanliga i större delen av Europa, är siffrorna följande:

Hastighet (rpm)	Antal segment	Vinkel per segment
706	17	21° 11'
750	16	22° 30'
800	15	24°
857	14	25° 43'
923	13	27° 42'

7 Demontera det högra hjulet och åtkomstpanelen i hjulhuset. Fäst skivan på

vevaxelremskivan och placera bilen så att skivan kan ses med hjälp av endast artificiell belysning. Ett lysrör är bäst, men om detta inte finns ger en svag vit glödlampa bättre resultat än en stark.
8 Skivan ska observeras med motorn på tomgång. Om motorhastigheten motsvarar den uträknade skivhastigheten ser det ut som om segmenten på skivan står stilla. Om hastigheten är en annan kommer det att se ut som om segmenten rör sig i motorns rotationsriktning (för snabb) eller mot dess rotationsriktning (för sakta). Segmenten t verkar också stå stilla vid multipler eller submultipler av den uträknade hastigheten – dubbla eller halva hastigheten och så vidare – så ett visst sunt förnuft måste man använda.
9 Låt motorn nå normal arbetstemperatur och anslut en varvräknare (eller passande alter-nativ) till den. Kylfläkten måste ha varit igång minst en gång. Låt inte motorn gå i ett oventilerat utrymme utan möjlighet att leda ut avgaserna.
10 Koppla loss ledningen från snabb-tomgångens solenoid.
11 Låt motorn gå på tomgång, kontrollera hastigheten och jämför den med den specificerade.
12 Om justering behövs, lossa låsmuttern och vrid tomgångsjusterskruven **(se bild)**. Dra åt låsmuttern när justeringen är korrekt.
13 Kontrollera justeringen av snabbtom-gångens solenoid enligt följande: Anslut 12 volts matning till solenoiden. Accelerera motorn något för att låta solenoidkolven sträcka ut, släpp sedan upp gaspedalen och kontrollera att snabbtomgångshastigheten motsvarar specifikationerna. Om justering krävs, skruva kolvjusteraren in eller ut. Koppla bort 12-voltsmatningen och kontrollera att tomgångshastigheten återgår till den normala.
14 Stanna motorn och återanslut ledningen till snabbtomgångens solenoid. Koppla bort varvräknaren.

3 Stoppsolenoid – demontering och montering

Demontering

1 Skruva loss och ta bort bränsleinsprut-ningspumpens bakre stödplatta för att förbättra åtkomligheten.
2 Försäkra dig om att tändningen är avslagen, skruva sedan loss solenoidens polmutter och koppla loss ledningen **(se bild)**.

1.1 Justera vajerspänningen med låsmuttrarna

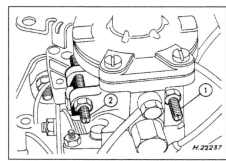

2.12 Tomgångsjusterskruv (1) och skruv för max. motorhastighet utan belastning (2)

3.2 Stoppsolenoid (vid pilen)

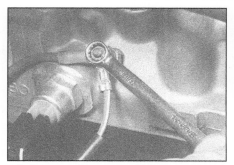

4.2 Demontering av huvudströmmatningsledningen från glödstift nr 4

4.4 Demontering av ett glödstift

3 Rengör området runt solenoiden. Skruva loss den från pumpen och ta vara på tätningsbrickan. Aktivera den handmanövrerade pumpstickan på bränslelyftpumpen när solenoiden tas bort, för att spola bort eventuell smuts.

Montering

4 Montering sker i omvänd ordning mot demonteringen.

4 Glödstift – demontering och montering

 Varning: Om glödstiften precis har aktiverats i motorn eller om motorn just har varit igång, kan stiften vara mycket heta.

Demontering

1 Se till att tändningen är avslagen.
2 Skruva loss fästmuttern och koppla loss strömmatningsledningen från varje glödstift (se bild). Notera att huvudmatningsledningen också är fäst till glödstift nr 4. Ta vara på eventuella polmutterbrickor.
3 Borsta eller blås bort smuts runt glödstiften.
4 Skruva loss och ta bort glödstiften från topplocket med hjälp av en djup hylsa (se bild).
5 Om glödstiften inte ska sättas tillbaka på en gång, plugga eller täck över öppningarna i topplocket.

Montering

6 Börja monteringen med att lägga lite kopparbaserat antikärvningsmedel på gängorna på varje glödstift.
7 Om öppningarna i topplocket pluggades igen efter demontering, öppna dessa och kontrollera att stiftsätena är rena.
8 Sätt i glödstiften i sina hål och dra åt dem för hand till att börja med.
9 Dra därefter åt dem till specificerat moment. Var försiktig så att du inte drar åt dem för hårt eftersom detta både kan förstöra gängan och skada glödstiftet genom att minska gapet mellan elementet och dess omgivning.
10 Återanslut och säkra strömmatningsledningarna.

5 Bränsleinsprutare – kontroll, demontering och montering

 Varning: Utsätt aldrig händer, ansikte eller någon annan del av kroppen för insprutarspray. Det höga trycket kan göra att bränslet går genom huden vilket kan få dödlig utgång.

Kontroll

1 En defekt insprutare som orsakar knackande ljud kan identifieras enligt följande.
2 Rengör runt insprutarnas bränslerörsanslutningar. Låt motorn gå på snabb tomgång så att knackningen kan höras. Använd en passande ringnyckel, lossa och dra åt varje insprutaranslutning en i taget. Täck över anslutningen med en trasa för att suga upp bränslespill.
3 När anslutningen som matar den defekta insprutaren är lossad kommer knackningen att upphöra. Stanna motorn och ta loss insprutaren så att den kan undersökas.
4 Balansen mellan insprutare kan kontrolleras på liknande sätt, förutsatt att en varvräknare finns till hands. Med motorn gående på tomgång, lossa varje anslutning en i taget och anteckna varvminskningen. Varje insprutare

som har en mycket större eller mindre minskning i varv/min när dess anslutning lossas måste betraktas med misstänksamhet.
5 Med utrustning som t ex Dieseltunes insprutarprovare är det möjligt att kontrollera insprutarens öppningstryck och interna läckage utan att demontera insprutaren från motorn. Detta är naturligtvis en tidsbesparande metod om man endast önskar verifiera att trycket är korrekt, eller lokalisera en defekt insprutare.
6 Testning av spraymönstret genom att dra runt motorn eller låta den gå med en insprutare demonterad från sitt hål och ansluten till sitt bränslerör, bör inte göras. Det är frestande att använda denna metod eftersom den är snabb och inte kräver någon specialutrustning, men riskerna för brand och blodförgiftning från insprutarsprayen gör att den inte kan rekommenderas.

Demontering

7 För att demontera insprutarna, börja med att koppla loss batteriets jordledning (den negativa).
8 Skruva loss och ta bort banjobultarna som håller returrören till insprutarna (se bild). Ta vara på tätningsbrickorna. Observera att när insprutare nr 2 eller 3 demonteras måste returröret tas bort från båda insprutarna.

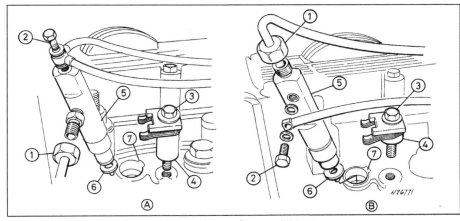

5.8 Ett-stegs (A) och två-stegs (B) insprutare

1 Insprutarrörsanslutning	3 Klämbultsenhet	6 Sätesbricka
2 Returrörets banjo-anslutningsbult	4 Sockel	7 Styrring
	5 Insprutare	

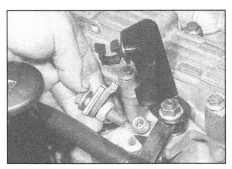

5.11 Demontering av insprutarklämmor och sockelkomponenter

5.12a Demontering av insprutare

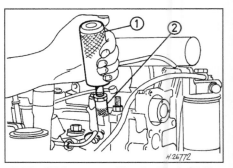

5.12b Glidhammare (1) och tillsats (2) för demontering av insprutare

5.13a Demontering av insprutarens styrring . . .

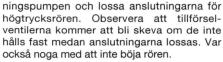

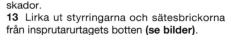

5.13b . . . och sätesbricka

9 Håll emot tillförselventilerna på insprutningspumpen och lossa anslutningarna för högtrycksrören. Observera att tillförselventilerna kommer att bli skeva om de inte hålls fast medan anslutningarna lossas. Var också noga med att inte böja rören.

10 Skruva loss anslutningarna vid insprutarna och ta bort högtrycksrören.

11 Anteckna hur insprutarklämmor och socklar är monterade, skruva loss bultarna och ta loss klämmorna och socklarna **(se bild)**.

12 Borsta eller blås bort eventuellt skräp runt insprutarna och ta sedan bort dem från topplocket **(se bild)**. Sotavlagringar kan göra att en insprutare fastnar i sitt urtag. I detta fall kan en insprutarutdragare eller en liten glidhammare användas **(se bild)**, eller också kan det vara möjligt att lossa insprutaren genom att bända den försiktigt. Försök inte

lossa en kärvande insprutare genom att dra runt motorn med startmotorn – insprutaren kan slungas ut med en sådan fart att den kan orsaka allvarliga person- eller materiella skador.

13 Lirka ut styrringarna och sätesbrickorna från insprutarurtagets botten **(se bilder)**.

14 Undersök om klämmorna är skadade, speciellt armarna. Om någon av dessa är skadade måste klämman bytas ut.

15 Torka insprutarsätena i topplocket rena.

Montering

16 Placera nya sätesbrickor längst ner i insprutarhålen.

17 Sätt i nya styrringar, placera sedan insprutarna i topplocket.

18 Montera insprutarklämmorna och socklarna där de satt förut (enligt anteckningarna). Dra åt bultarna med fingrarna. Se till att

klämarmarna är placerade rakt på insprutarskuldrorna.

19 Montera högtrycksrören och dra åt anslutningarna vid insprutningspumpen till specificerat moment. Se till att det ligger mothåll på tillförselventilerna. Lämna anslutningarna vid insprutarändarna lösa tills vidare.

20 Dra åt klämbultarna till specificerat moment.

21 Avlufta bränslesystemet enligt beskrivning i del A av detta kapitel.

22 Montera returrören på insprutarna med nya tätningsbrickor, dra sedan åt banjobultarna ordentligt.

23 Anslut batteriets jordledning.

24 Starta motorn och se efter om bränsle läcker någonstans.

6 Bränsleinsprutningspump – demontering och montering

Demontering

1 Koppla loss batteriets jordledning (den negativa).

2 Demontera kamremmen enligt beskrivning i del A av detta kapitel. Om så önskas är det inte absolut nödvändigt att ta bort remmen helt, i vilket fall kylsystemet inte heller ska tappas av och vevaxelremskivan inte demonteras.

3 Koppla loss gasvajern från insprutningspumpen.

4 Koppla loss ledningarna från stoppsolenoiden, snabbtomgångssolenoiden och automatförställningsenheten **(se bilder)**.

5 Koppla loss ledningen från gaslänkagets potentiometer (där monterad). Där så är tillämpligt, skruva loss anslutningsbulten och koppla loss grenrörets tryckledning från kompensatorn uppe på insprutningspumpen **(se bilder)**.

6 Lägg trasor under bränsleinsprutningspumpen, skruva loss bränsleinloppsslangens anslutningsbult och ta vara på tätningsbrickorna. Alternativt, lossa clipset och koppla loss bränsleinloppsslangen från anslutningstillsatsen på insprutningspumpen. Plugga slangarna för att förhindra bränsleförlust.

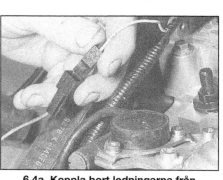

6.4a Koppla bort ledningarna från snabbtomgångssolenoiden

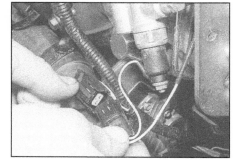

6.4b Koppla bort automatförställningsenheten och stoppsolenoidkabelaget

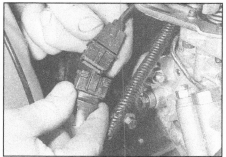

6.5a Koppla bort ledningarna till gaslänkagets potentiometer

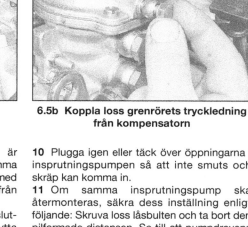

6.5b Koppla loss grenrörets tryckledning från kompensatorn

6.7 Lossa returröret från anslutningstillsatsen

7 Notera hur bränslets huvudreturrör är draget så att det kan sättas tillbaka på samma sätt (dragningen varierar mellan modeller med och utan turbo). Lossa sedan returröret från anslutningstillsatsen **(se bild)**.

8 Skruva loss bränslereturrörets banjoanslutningsbult medan tillsatsen hålls stilla. Flytta slangen åt ena sidan och ta vara på tätningsbrickorna. Alternativt, lossa returslangen bak på insprutningspumpen och plugga igen slangen **(se bild)**.

9 Identifiera högtrycksrören så att de kan monteras tillbaka på samma plats. Skruva sedan loss högtrycksledningarnas anslutningsmuttrar och ta bort rören från insprutningspumpen och insprutarna. Håll alltid emot på tillförselventilerna när högtrycksrörens anslutningar lossas vid insprutningspumpen **(se bild)**.

10 Plugga igen eller täck över öppningarna i insprutningspumpen så att inte smuts och skräp kan komma in.

11 Om samma insprutningspump ska återmonteras, säkra dess inställning enligt följande: Skruva loss låsbulten och ta bort den pilformade distansen. Se till att pumpdrevens inställningsmärken är korrekt inriktade, sätt sedan tillbaka och dra åt låsbulten för att låsa insprutningspumpens axel **(se bilder)**.

12 Håll emot insprutningspumpens remskivedrev **(se bild)**, skruva sedan loss muttern och ta bort brickan.

13 Skruva loss och ta bort de två inställningsbultarna som håller drevet till insprutningspumpens fästbygel.

14 Använd en passande avdragare och dra loss drevet/remskivan från insprutningspumpens drivaxel. Rovers verktyg består av

ett runt metallblock som bultas till drevet, genom vilken en bult skruvas in i mitten. Bulten pressar mot drivaxeln och tvingar av drevet. En alternativ avdragare kan tillverkas av en 9 mm tjock metallstång med de mått som visas **(se bild)**. Två 8 mm diameter (M8) bultar skruvas sedan in i hålen i drevet och en 12 mm diameter (M12) bult i det mittre hålet drar av drevet **(se bild)**.

15 Om så behövs, ta bort styrkilen från drivaxeln.

16 Markera insprutningspumpens fläns och fästbygeln i förhållande till varandra, som referens för montering av pumpen.

17 Om samma insprutningspump ska monteras tillbaka, skruva loss och ta bort de två fästbultarna som håller den mindre bakre fästbygeln till huvudfästet. Bultarna är lite svåråtkomliga men genom att ta loss dessa

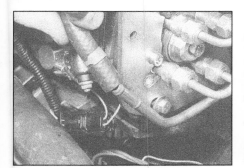

6.8 Lossa returslangen bak på insprutningspumpen

6.9 Skruva loss högtrycksledningarnas anslutningsmuttrar . . .

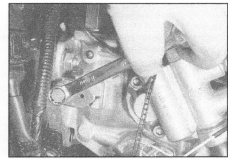

6.11a Skruva loss låsbulten. . .

6.11b . . . och ta bort den pilformade distansen från insprutningspumpen

6.11c Pumpdrevens inställningsmärken (vid pilarna)

6.12 Ta bort insprutningspumpens remskivedrevs låsmutter

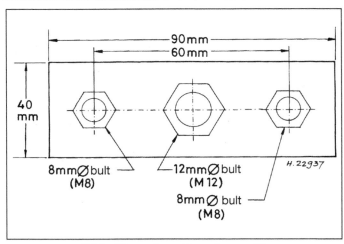

6.14a Dimensioner för avdragare till
insprutningspumpdrev/remskiva

6.14b Insprutningspumpdrevet/remskivan lossas från drivaxeln
med hemmagjord avdragare

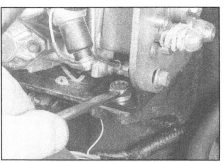

6.17 Skruva ur dessa bultar om samma
insprutningspump ska monteras tillbaka

bultar istället för att ta bort bakre stödplattans bultar, behåller man pumpens tidsinställning för monteringen (se bild).

18 Om en ny insprutningspump ska monteras, skruva loss de två nedre bultarna som håller den bakre stödplattan till det lilla fästet. Bultarna sitter precis nedanför högtryckstillförselventilerna.

19 Skruva loss muttrarna som håller pumpflänsen till fästbygeln, dra sedan ut insprutningspumpen och ta bort den från motorrummet (se bilder).

20 Om en ny insprutningspump monteras, flytta över den bakre stödplattan till den nya pumpen och dra åt fästbultarna ordentligt. Flytta också över stoppsolenoiden till den nya pumpen.

21 Om så behövs, skruva loss insprutningspumpens fästbygel från motorblocket och skruva loss det lilla fästet från huvudfästet.

Montering

22 Börja med att montera huvudfästbygeln på motorblocket (om den demonterats) och dra åt bultarna.

23 Där tillämpligt, sätt fast det lilla fästet på huvudfästet och dra åt bultarna med fingrarna.

24 Placera insprutningspumpen i fästbygeln. Där så är tillämpligt, placera den i mitten på den rörelsesträcka som tillåts av urtagen och dra åt muttrarna med fingrarna i detta läge. Sätt i de bakre fästbultarna och fingerdra även dessa (se bild).

25 Dra åt de två bultarna som håller det mindre fästet till huvudfästet helt.

26 Om den tagits bort, sätt tillbaka styrkilen i spåret i insprutningspumpens drivaxel.

27 Placera drevet/remskivan på insprutningspumpens drivaxel med rätt inställningsmärken uppriktade och sätt sedan brickan och muttern på plats. Se till att drevet/remskivan

hakar i ordentligt i kilen och inte trycker ut den ur sitt spår. Håll drevet/remskivan stilla med specialverktyget, dra sedan åt muttern till specificerat moment. Montera de två temporära inställningsbultar.

28 Se till att kamaxelns och svänghjulets inställningsstift fortfarande sitter på plats, kontrollera sedan att insprutningspumpens inställningsmärken är upriktade.

29 Skruva loss inställningslåsskruven på sidan av insprutningspumpen och sätt tillbaka den pilformade distansen, dra sedan åt skruven till specificerat moment.

30 Montera kamremmen och justera dess spänning enligt beskrivning i del A av detta kapitel. Försök inte vrida motorn förrän efter det att inställningsstiften och insprutningspumpdrevets hållbultar har tagits bort.

31 Kontrollera och justera insprutningspumpens tidsinställning, dra sedan åt pumpflänsens muttrar helt och även de två bultarna till bakre stödplattan. Om originalpumpen monteras, rikta in de tidigare gjorda markeringarna som utgångspunkt.

32 Återanslut högtrycksrören till insprutningspumpen och insprutarna (se bild). Håll emot tillförselventilerna och dra åt högtrycksrörens anslutningar vid insprutningspumpen till specificerat moment. Dra inte åt

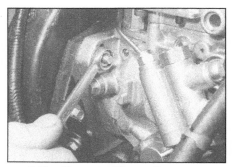

6.19a Skruva ur flänsmuttrarna . . .

6.19b . . . och demontera
insprutningspumpen

6.24 Urtag (vid pilarna) i
insprutningspumpens fästbygel

anslutningarna för hårt – tillförselventilerna kan bli skeva. Lämna anslutningarna vid insprutarändarna lösa tills vidare.

33 Sätt tillbaka och dra åt returanslutningens banjobult och insprutarnas returrör (se till att anslutningsbulten med OUT inetsat används). Byt ut tätningsbrickorna av aluminium om så behövs och se till att röret dras rätt. Om slangen baktill på pumpen lossades vid demonteringen, anslut denna och sätt tillbaka clipset **(se bild)**.

34 Montera bränsleinloppsslangen eller anslutningen (beroende på vad som demonterats). Byt ut kopparanslutningens tätningsbrickor om så behövs. Observera att inloppsanslutningens bult identifieras av att den har tre stora hål.

35 Där tillämpligt, anslut ledningen till gaslänkagets potentiometer.

36 Anslut ledningarna till automatförställningsenheten, snabbtomgångssolenoiden och stoppsolenoiden.

37 Montera gasvajern till insprutningspumpen och justera den.

38 Återanslut batteriet.

39 Avlufta bränslesystemet enligt beskrivning i del A av detta kapitel.

40 Dra avslutningsvis åt högtrycksrörens anslutningar vid insprutarna till specificerat moment.

7 Bränsleinsprutningspump – inställning

Observera: *En mätklocka (indikatorklocka) behövs för detta arbetsmoment.*

1 För att erhålla optimal motorprestanda måste en noggrant kontrollerad mängd bränsle matas av bränslepumpen till insprutaren för varje cylinder, så att bränsle sprutas in när kolven når en förutbestämd punkt före ÖD i kompressionstakten. Om inställningen är felaktig kommer motorn att visa olika symptom som t ex att avge rök, kraftförlust, knackande ljud etc. Följaktligen måste inställningen kontrolleras och vid behov justeras närhelst bränsleinsprutningspumpen har demonterats, eller om några andra inställningskomponenter har bytts ut.

2 För hemmamekanikern gäller att

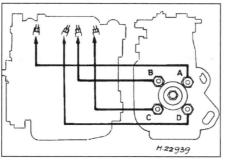

6.32 Högtrycksrörets anslutningar till insprutare och insprutningspump

insprutningsinställningen kontrolleras statiskt. Vissa verkstäder kan ha specialutrustning för dynamisk kontroll av inställningen. I skrivande stund anger varken Rover eller Perkins dynamiska inställningsvärden.

3 Börja med att koppla loss batteriets jordledning (den negativa).

4 Skruva loss täckskruven på höger sida av kamaxelkåpan, låt sedan en medhjälpare rotera motorn sakta medurs med hjälp av en hylsa på vevaxelremskivans bult, medan du tittar genom hålet i kamaxelkåpan. När inställningshålet i kamaxeln blir synligt, ställ in det i linje med hålet i kåpan och stick in ett inställningsstift (eller en 6,75 mm borr) för att låsa den. Det är lättare att komma åt vevaxelremskivans bult om högra sidan av framvagnen lyfts upp och hjulet och det inre hjulhusskyddet tas bort. Se bilder i del A av detta kapitel (demontering av kamrem).

5 Sätt in ett annat inställningsstift genom adapterplattan in i svänghjulet. Om detta stift inte vill gå in måste man demontera kamremskåpan och lossa kamaxeldrevets mittre fästbult (drev som består av en del) eller kamaxeldrevets navbultar (drev i två delar), så att vevaxeln kan flyttas lite till ÖD-läget. Dra åt mittbulten eller navbultarna, med ett passande verktyg som mothåll på kamaxeldrevet.

6 Demontera transmissionskåpan och kontrollera att inställningsmärket på insprutningspumpens drev är uppriktat med märket på den inre transmissionskåpan. Notera att där finns två inställningsmärken, ett på var sida om drevet. Märket A är för modeller utan turbo och märket B för modeller med turbo.

7 Torka rent baksidan av insprutnings-

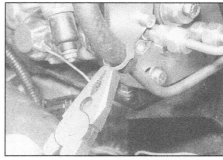

6.33 Dra åt returslangen baktill på insprutningspumpen

pumpen. Skruva loss täckskruven **(se bild)** och ta bort brickan från insprutningspumpens baksida. Var beredd på ett visst bränslespill. Se till att inte damm eller skräp kommer in i pumpen.

8 Montera mätklocka, tillsats och sond så att sonden går in i åtkomsthålet och klockan visar pumpkolvens rörelse **(se bilder)**. Förbelasta temporärt mätklockan med 2 mm.

9 Ta bort båda inställningsstiften, vrid sedan vevaxeln sakta moturs tills mätklockans visare når sin lägsta avläsning (pumpens kolv i nedre dödpunkt). Nollställ mätklockan i detta läge.

10 Rotera vevaxeln sakta medurs tills inställningsstiftet kan sättas in i svänghjulets inställningshål.

11 Notera kolvens rörelse på mätklockan och jämför värdet med det specificerade. Om rörelsen avviker mer än 0,03 mm från specificerat värde måste inställningen justeras enligt följande:

12 Lossa högtrycksrörens anslutningar vid insprutarna. Håll emot på tillförselventilerna, skruva loss högtrycksrörens anslutningar vid pumpen och koppla loss rören.

13 Lossa de två nedre bultarna som håller den bakre stödplattan till det lilla fästet. Bultarna sitter just under högtryckstillförselventilerna.

14 Lossa muttrarna som håller pumpflänsen till fästbygeln.

15 Om kolvrörelsen är för låg, flytta överdelen av insprutningspumpen mot motorn (medurs sett från vänster sida av motorn, svänghjulssidan) till dess att avläsningen är korrekt. Observera att vänster och höger alltid ses från förarsätet.

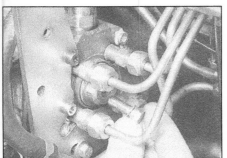

7.7 Demontera täckskruven baktill på insprutningspumpen

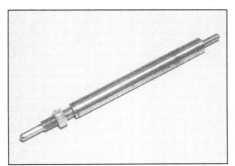

7.8a Hemmagjord sond för montering baktill på insprutningspumpen

7.8b Mätklocka och sond monterade baktill på insprutningspumpen

8.3 Skruva loss anslutningsmuttrarna och koppla loss inlopps- och utloppsrören

16 Om kolvrörelsen är för hög, flytta överdelen av insprutningspumpen bort från motorn (motors sett från vänster sida av motorn, svänghjulssidan) till dess att avläsningen är korrekt.
17 När kolvrörelsen är korrekt, dra åt pumpflänsmuttrarna och bultarna till den bakre stödplattan.
18 Ta bort inställningsstiftet från svänghjulet och vrid vevaxeln ett kvarts varv moturs. Vrid därefter vevaxeln medurs till dess att inställningsstiftet kan sättas in i kamaxelns inställningshål.
19 Kontrollera att kolvrörelsen motsvarar den specificerade. Om inte, kontrollera kamremmens spänning och kontrollera insprutningspumpens inställning igen.
20 Ta bort inställningsstiftet och sätt tillbaka täckskruven på höger sida av kamaxelkåpan.
21 Ta bort mätklockan och tillsatsen, sätt sedan tillbaka blindskruven och brickan. Dra åt skruven ordentligt.
22 Återanslut högtrycksrören och dra åt anslutningarna vid insprutningspumpen. Glöm inte att hålla emot på tillförselventilerna. Lämna högtrycksrörens anslutningar vid insprutarna lösa tills vidare.
23 Återanslut batteriet.
24 Avlufta bränslesystemet enligt beskrivning i del A av detta kapitel.
25 Avslutningsvis, dra åt högtrycksrörens anslutningar vid insprutarna till specificerat moment.

8 Bränslelyftpump – demontering och montering

Demontering

1 Koppla loss batteriets jordledning (den negativa).
2 Skruva loss och ta bort inställnings täckskruven på höger sida av kamaxelkåpans hus, vrid sedan motorn med hjälp av en hylsa på vevaxelremskivans bult till dess att ÖD-inställningshålet i kamaxeln är i linje med hålet i kåpan. Denna procedur är nödvändig för att excentern på kamaxeln ska placeras bort från bränslelyftpumpen. Sätt tillbaka och dra åt inställningsskruven.
3 Skruva loss anslutningsmuttrarna och koppla loss inlopps- och utloppsrören från pumpen **(se bild)**. Lite bränsle kommer att rinna ut när rören tas bort, så lägg trasor under dem först. Plugga ändarna på rören så att inte damm och smuts kan komma in i bränslesystemet.
4 Skruva loss fästbultarna och dra bort bränslelyftpumpen från kamaxelkåpans hus. Ta vara på packningen **(se bilder)**.

Montering

5 Rengör fästytorna på pumpen och kamaxelkåpans hus.
6 Placera bränslelyftpumpen på kamaxelkåpans hus och se till att manöverarmen sätter sig korrekt på plats på kamaxelns excenter.
7 Lägg lite låsvätska på gängorna på fästbultarna.
8 Håll bränslelyftpumpen i rät vinkel mot kamaxelkåpshusets yta med en ny packning på plats, sätt sedan in fästbultarna och dra åt dem stegvis till specificerat moment.
9 Anslut bränsleinlopps- och utloppsrören och dra åt anslutningsmuttrarna.
10 Lossa avluftningsskruven på bränslefiltret, aktivera kolven på bränslepumpen tills bränslet som kommer ut är fritt från bubblor. Dra åt avluftningsskruven.
11 Anslut batteriet.

9 Förvärmnings- och kallstartsystem – kontroll

1 Den enklaste utrustning som krävs för detta moment är en 12 volts provlampa. En mer detaljerad test kräver en multimeter med passande mätområden för spänning och ström. För en ingående kontroll av glödstiften måste dessa tas till en Rover-återförsäljare eller dieselspecialist som kan kontrollera dem i en glödstiftstestare.

Kontroll av spänningsmatning med provlampa eller voltmätare

2 Anslut provlampan eller voltmätaren mellan glödstiftens matningsledning och passande jord **(se bild)**. Låt inte den spänningsförande sidans anslutningar vidröra jord. Låt en medhjälpare aktivera förvärmningssystemet. Provlampan skall lysa klart, eller voltmätaren skall visa minst 10 volt.
3 Om där inte är någon spänning alls indikerar detta ett fel, som t ex en trasig säkring, en lös ledning, ett defekt relä eller en defekt kontakt. En trasig säkring kan vara ett tecken på ett underliggande fel, som kortslutning i kabelaget eller ett glödstift som har gått sönder och orsakat en kortslutning.
4 Om spänningen är låg och batteriet OK tyder detta på en dålig anslutning någonstans i kabelaget, eller möjligtvis ett defekt relä.

Kontroll av glödstift med provlampa eller multimeter

5 Ett enkelt kontinuitetstest kan göras om man kopplar loss ledningarna från glödstiften (tändningen avslagen), ansluter provlampan mellan batteriets positiva pol och alla glödstiftspoler en i taget **(se bild)**. Alternativt, mät motståndet mellan varje glödstiftspol och jord. Lampan ska lysa klart, eller mätaren avläsa ett mycket litet motstånd (1 ohm eller mindre).
6 Om lampan inte lyser eller mätaren visar ett stort motstånd har glödstiftet haft ett kretsbrott och måste bytas.
7 Ovannämnda test är endast ungefärligt och det kommer inte att upptäcka ett glödstift som har gått sönder och på så sätt orsakat en kortslutning, eller ett som inte längre värms upp ordentligt även om dess motstånd fortfarande är mer eller mindre korrekt. Mer precis testning kräver användning av en amperemätare med mätområde 0 till 25 eller 0 till 30 ampere. Den måste ha någon typ av överbelastningsskydd, antingen inbyggt i själva instrumentet eller med hjälp av en säkring i ledningen.
8 Anslut amperemätaren mellan batteriets positiva pol och ett av glödstiften (glödstiften måste fortfarande vara bortkopplade från varandra). Notera strömförbrukningen under 20 sekunder. Typexemplet är att en inledande strömvåg på 25 ampere eller mer faller över

8.4a Skruva loss fästbultarna . . .

8.4b . . . och dra bort bränslelyftpumpen

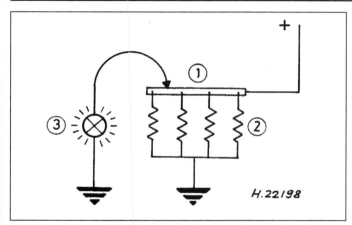

9.2 Kontrollera glödstiftens spänningsmatning med testlampa

1 Glödstiftens matnings-   2 Glödstift
   ledning   3 Testlampa

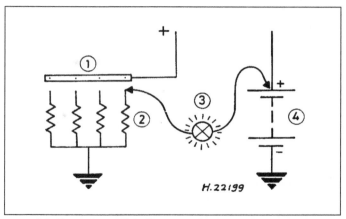

9.5 Kontroll av glödstiftens kontinuitet med testlampa

1 Glödstiftens   2 Glödstift
   matningsledning   3 Testlampa
   (bortkopplad)   4 Batteri

20 sekunder till en stadig förbrukning av 12 ampere. En väldigt hög förbrukning indikerar en kortslutning, medan 0 ampere tyder på ett kretsbrott.

9 Fortsätt strömförbrukningstestet på de andra glödstiften och jämför resultaten. Uppenbara skillnader är inte svåra att upptäcka. En skillnad i den hastighet med vilken strömmen sjunker är också viktig och kan indikera att glödstiftet i fråga inte längre värms upp i spetsen först.

10 Glödstiftens fysiska skick är också viktig. För att kunna fastställa detta måste man demontera dem och undersöka om de är brända eller eroderade. Skador kan orsakas av en defekt som resulterar i för lång eftervärmningstid men det beror oftare på ett fel i en insprutare. Om skadade glödstift upptäcks ska insprutarna i cylindrarna i fråga tas ut och undersökas. Ta dem till en Rover-återförsäljare eller en bränslesystemspecialist som har den utrustning som behövs för att testa spraymönster och kalibrering.

11 Som en slutlig kontroll kan man aktivera glödstiften medan de är utanför motorn och undersöka att de värms upp jämnt, att spetsen glöder först och att de inte har några punkter som är överhettade eller kalla. Man måste stötta glödstiftet på något sätt medan det testas och strömmatningsledningen måste vara försedd med en säkring eller ett inbyggt överbelastningsskydd. Allra helst skall en speciell glödstiftsprovare med en värmetestkammare användas.

12 Byt ut glödstift som behöver längre tid än den specificerade för att dess spets skall börja glöda eller som värms upp ojämnt.

Kontroll av styrkrets

13 Förvärmningens styrenhet (och på 1-stegs insprutning, resistorn) är placerade på vänster innerskärm, bakom batteriet.

14 Systemet fortsätter att lägga spänning på glödstiften (via resistorn om monterad) i upp till 90 sekunder efter kallstart.

15 Kontroll av komponenterna sker genom att man byter ut dem mot fungerande enheter. Alternativt kan kretsanordningen kontrolleras av en Rover-återförsäljare.

Kalltomgångs- och kallstartanordningar

16 Med kall motor, slå på tändningen och tryck ner gaspedalen en gång. Kontrollera därefter att snabbtomgångssolenoiden har flyttat styrarmen på insprutningspumpen till snabbtomgångsläget **(se bild)**. Om inte, anslut 12 volts matning till solenoiden. Om fortfarande ingen rörelse kan noteras, kontrollera att där finns 12 volts matning vid temperaturkontakten på termostathuset. Om det finns spänning vid temperaturkontaktens ingångspol men inte vid dess utgångspol, är kontakten defekt och måste bytas ut. Om det inte finns någon spänning vid kontakten, kontrollera tillhörande kabelage.

17 Om motorn är varm och kylvätske-temperaturen över 30°C kommer inte snabbtomgångssolenoiden att matas.

18 Automatförställningsenheten som är placerad framtill på insprutningspumpen **(se bild)** kan bara testas tillfredsställande med hjälp av specialutrustning. Det kan tyda på ett fel i enheten om motorn är svårstartad när den är kall, eller om det kommer mycket vit rök från avgasröret vid start. I detta fall kan det vara så att enheten inte har ändrat tändinställningen för kallstart. Om motorn ger ifrån sig oljud när den är varm eller om den saknar kraft, har enheten eventuellt inte återställt tändningen till den normala efter en kallstart.

9.16 Snabbtomgångssolenoid

9.18 Automatförställningsenheten placerad framtill på insprutningspumpen

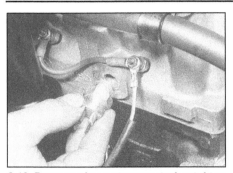

9.19 Demontering av temperaturkontakten för automatförställningsenheten på topplocket

19 För att kontrollera den elektriska matningen till automatförställningsenheten, anslut en 12 volts provlampa mellan enheten och dess frånkopplade ledning. Med kall motor och tändningen påslagen skall lampan förbli släckt. Med varm motor skall lampan tändas. Om något av detta inte stämmer, kontrollera temperaturkontakten på den framåtvända sidan av topplocket, vid oljepåfyllningsröret. Om så behövs, koppla loss ledningen och skruva loss kontakten från topplocket **(se bild)**.

10 Bränsleförångnings- separator – demontering och montering

Observera: *Bränsleförångningsseparatorn är inte monterad på alla modeller.*

Demontering

1 Skruva loss fästbulten och lyft ut EGR modulatorventilen och fästet från motorrummets vänstra sida, utan att koppla loss några ledningar eller vakuumslangar.
2 Identifiera slangarna så att du vet var de ska sitta, lossa sedan clipsen och koppla loss slangarna från bränsleförångningsseparatorn **(se bild)**.
3 Skruva loss fästbultarna och ta ut enheten.

Montering

4 Montering sker i omvänd ordning.

10.2 Bränsleförångarseparator och -slangar

11 EGR styrenhet – demontering och montering

Demontering

1 Koppla loss batteriets jordledning (den negativa).
2 Med vänster passagerardörr öppen, dra bort mattan från torpedväggen för att komma åt EGR styrenheten.
3 Koppla försiktigt loss flerstiftskontakten längst ner på enheten.
4 Skruva loss de två stjärnskruvarna och dra bort styrenheten från torpedväggen **(se bild)**.

Montering

5 Montering sker i omvänd ordning.

12 EGR-ventil – demontering, rengöring och montering

1 Se del A av detta kapitel – avsnitt 8, paragraf 5 till 15.

13 EGR modulatorventil – demontering och montering

Demontering

1 Koppla bort batteriets jordledning (den negativa).

11.4 Demontering av EGR styrenheten från torpedväggen

2 Koppla bort flerstiftskontakten på sidan av ventilen **(se bild)**.
3 Identifiera slangarnas positioner och koppla loss dem från modulatorventilen.
4 Skruva loss fästskruvarna och ta bort modulatorventilen från fästet på sidan av det främre fjädertornet.

Montering

5 Montering sker i omvänd ordning.

13.2 Koppla bort flerstiftskontakten på sidan av modulatorventilen

Kapitel 3
Citroën 1360cc, 1527cc, 1769cc och 1905cc motorer

Del A: Rutinunderhåll och service

Innehåll

Motortyper

1360cc och 1527cc motorer .... Citroën AX – 1987 till 1994
1769cc och 1905cc motorer .... Citroën BX/Visa/C15 – 1984 till 1996
1769cc och 1905cc motorer .... Citroën ZX – 1991 till 1993
1905cc motor .... Citroën Xantia – 1993 till 1995

Tillverkarens motorkoder

Citroën AX

1360cc K9A
1527cc .... VJZ och VJY

Citroën BX/Visa/C15

1765cc ej turbo (Visa, BX och C15) XUD7 (161A)
1765cc turbo (BX) XUD7TE/L (A8A)
1905cc ej turbo (BX) .... XUD9 (162B) eller XUD 9A/L (D9B)

Citroën ZX

1769cc ej turbo XUD7 (A9A)
1905cc ej turbo, ej katalysator (före 1993) XUD9A (D9B)
1905cc ej turbo, ej katalysator (1993 och framåt) XUD9A/L (D9B)
1905cc ej turbo, katalysator .... XUD9/Y (DJZ)
1905cc turbo, ej katalysator XUD9TE/L (D8A)
1905cc turbo, katalysator .... XUD9TE/Y (DHY eller DHZ)

Citroën Xantia

1905cc ej turbo .... XUD9 A/L (D9B)
1905cc turbo .... XUD9 TF/L (D8B)
1905cc turbo .... XUD9 TF/Y (DHX)

Specifikationer

Oljefilter

Alla motorer . . . .   Champion F104

Ventilspel (kall)

	Insug	Avgas
Citroën AX	0,15 ± 0,075	0,30 ± 0,075 mm
Citroën BX/Visa/C15:		
1765cc ej turbo	0,10 till 0,25 mm	0,25 till 0,40 mm
1765cc turbo	0,15 ± 0,08 mm	0,30 ± 0,08 mm
1905cc ej turbo	0,15 till 0,25 mm	0,35 till 0,45 mm
Citroën ZX	0,15 ± 0,05 mm	0,30 ± 0,05 mm
Citroën Xantia	0,15 ± 0,08 mm	0,30 ± 0,08 mm

Kamrem

Typ . . . .   Tandad rem
Spänning:
   AX . . . .   25 enheter på Citroën specialverktyg
   Alla andra motorer . . . .   Automatisk fjädringsspännare

Drivrem till hjälpaggregat, spänning

AX, BX, Visa och C15:
   Med eller utan luftkonditionering . . . .   5,0 mm avböjning, halvvägs mellan remskivorna på längsta sträckan
ZX och Xantia:
   Utan servostyrning eller luftkonditionering . . . .   5,0 mm avböjning, halvvägs mellan remskivorna på längsta sträckan
   Med servostyrning eller luftkonditionering . . . .   90° roterande rörelse, halvvägs mellan remskivorna
   Med servostyrning och luftkonditionering . . . .   Automatisk spännare

Luftfilter

Citroën AX:
   1360cc motor . . . .   Champion U543/W117
   1527cc motor . . . .   Champion V414
Citroën BX/Visa/C15:
   BX (före mitten av 1987 – rund typ) . . . .   Champion W117
   BX (efter mitten av 1987 – fyrkantig typ) . . . .   Champion U543
   Visa och C15 . . . .   Champion W117
Citroën ZX:
   Ej turbo . . . .   Champion W233
   Turbo . . . .   Champion V433
Citroën Xantia . . . .   Champion U543

Bränslefilter

Citroën AX . . . .   Champion L113
Citroën BX och C15:
   Lucas . . . .   Champion L132
   Bosch . . . .   Champion L135
Citroën Visa:
   Lucas . . . .   Champion L131 eller L137
   Bosch . . . .   Champion L136
Citroën ZX och Xantia . . . .   Champion L141

Glödstift

Citroën AX . . . .   Champion CH147
Citroën BX/Visa/C15 . . . .   Champion CH68
Citroën ZX och Xantia:
   Ej turbo . . . .   Champion CH68
   Turbo . . . .   Champion CH163

Tomgångshastighet

Citroën AX

Alla modeller . . . .   775 ± 25 rpm

Citroën BX/Visa/C15

Lucas insprutningspump:
   BX . . . .   775 ± 25 rpm
   Visa . . . .   750 rpm
   C15 . . . .   800 ± 50 rpm
Bosch insprutningspump:
   Automatväxellåda . . . .   825 ± 25 rpm
   Manuell växellåda . . . .   775 ± 25 rpm

Tomgångshastighet (fortsättning)

Citroën ZX

Manuell växellåda:
Utan luftkonditionering	800 + 50 rpm
Med luftkonditionering	850 + 50 rpm

Automatväxellåda:
Utan luftkonditionering	850 + 50 rpm
Med luftkonditionering	900 + 50 rpm

Citroën Xantia

Utan luftkonditionering	800 +0 -50 rpm
Med luftkonditionering	850 +0 -50 rpm

Snabbtomgångshastighet

Citroën AX

Lucas insprutningspump	950 ± 50 rpm
Bosch insprutningspump	850 till 900 rpm

Citroën BX/Visa/C15

Bosch insprutningspump:
Före 1987 – automatväxellåda	1150 till 1250 rpm
BX – efter tidigt 1993	900 till 1000 rpm
C15 – efter tidigt 1993	950 ± 50 rpm

Lucas insprutningspump:
C15 – efter tidigt 1993	950 ± 50 rpm

Citroën ZX

1769cc motor	1050 ± 50 rpm
1905cc motor	950 ± 50 rpm

Citroën Xantia

1905cc motor	950 ± 50 rpm

Tomgångsbegränsning

Citroën AX

Med 1,0 mm mellanlägg/bladmått instucket	1600 ± 50 rpm

Citroën BX/Visa/C15

Lucas insprutningspump:
Med 3,0 mm mellanlägg/bladmått instucket	900 ± 100 rpm

Bosch insprutningspump:
Med 1,0 mm mellanlägg/bladmått instucket:
Automatväxellåda	875 ± 25 rpm
Manuell växellåda	825 ± 25 rpm

Citroën ZX

Lucas bränsleinsprutningspump:
XUD7 (A9A) och XUD9A (D9B) motorer med 4,0 mm mellanlägg ...	1500 ± 100 rpm
XUD9A/L (D9B) motor med 3,0 mm mellanlägg	900 ± 100 rpm

Bosch bränsleinsprutningspump:
XUD7 (A9A), XUD9A (D9B), XUD9Y (DJZ), XUD9TE/L (D8A) och XUD9TE/Y (DHY och DHZ) motorer med 1,0 mm mellanlägg	800 + 20 till 50 rpm
XUD9A/L (D9B) motor med 3,0 mm mellanlägg	1250 ± 100 rpm

Citroën Xantia

Varvtal   1500 ±100 rpm
Tjocklek på mellanlägg:
Lucas	4,0 mm
Bosch	3,0 mm

Åtdragningsmoment

Nm

Citroën AX

Vevaxelns remskiva-till-drev	16

Transmissionskåpans bultar
Alla utom övre kåpa till topplockskåpa	8
Övre kåpa till topplockskåpa	5
Kamremsspännarens remskivemutter	23

Atdragningsmoment (fortsättning)   Nm

Citroën BX/Visa/C15
Vevaxelns remskivebult:
    Steg 1 40
    Steg 2 .... Dra åt ytterligare 60°
Kamremsspännare 18
Transmissionskåpa, nedre 12
Oljeavtappningsplugg 3
Motorfäste, nedre höger 18
Motorfäste, övre höger:
    Till motor 35
    Till monteringsgummi 28
Bränslefiltrets genomgående bult 10

Citroën ZX och Xantia
Vevaxelns remskivebult*:
    Steg 1 40
    Steg 2 .... Dra åt ytterligare 50°
Transmissionskåpans bultar 8
Kamremsspännarens justerbult 18
Kamremsspännarens styrmutter 18
En ny bult måste användas vid montering

Smörjmedel, vätskor och volymer

Komponent eller system	Smörjmedel eller vätska	Volym
Citroën AX		
Motor	Multigrade motorolja, viskositet SAE 10W/40, 15W/40 eller 15W/50, till specifikation API SG/CD	3,5 liter – 1360cc motor utan filter 4,5 liter – 1527cc motor utan filter
Kylsystem	Etylenglykolbaserat frostskydd. 50% vätska/50%vatten	4,8 liter
Bränslesystem	Kommersiellt dieselbränsle för väggående fordon (DERV)	43,0 liter
Citroën BX/Visa/C15		
Motor	Multigrade motorolja, viskositet SAE 15W/40, till specifikation API SG/CD	5,0 liter – med filter
Vakuumpump – endast Visa	Multigrade olja, viskositet SAE 10W/30	**Information ej tillgänglig**
Kylsystem	Etylenglykolbaserat frostskydd. 50% vätska/50% vatten	7,0 liter – BX ej turbo 6,5 liter – BX turbo 7,5 liter – Visa/C15
Bränslesystem	Kommersiellt dieselbränsle för väggående fordon (DERV)	52,0 liter – BX före tidigt 1993 förutom turbo och TZD ej turbo 60,0 liter – BX TZD ej turbo 66,0 liter – BX efter tidigt 1993, och alla turbo 43,0 liter – Visa 47,0 liter – C15
Citroën ZX		
Motor	Multigrade motorolja, viskositet SAE 10W/40 till 15W/50, till specifikation API SG/CD	4,5 liter – Ej turbo utan filter 4,8 liter - Turbo utan filter
Kylsystem	Etylenglykolbaserat frostskydd. 50% vätska/50% vatten	8,5 liter – Ej turbo, manuell växellåda 9,0 liter – Ej turbo, automatväxellåda 9,0 liter – Turbo
Bränslesystem	Kommersiellt dieselbränsle för väggående fordon (DERV)	56,0 liter
Citroën Xantia		
Motor	Multigrade motorolja, viskositet SAE 10W/40 till 15W/50, till specifikation API SG/CD	4,8 liter – utan filter
Kylsystem	Etylenglykolbaserat frostskydd. 50%vätska/50% vatten	7,5 liter – Ej turbo, utan luftkonditionering 8,5 liter – Ej turbo, med luftkonditionering 9,0 liter – Turbo
Bränslesystem	Kommersiellt dieselbränsle för väggående fordon (DERV)	65,0 liter

Citroën dieselmotor – underhållsschema

De underhållsscheman som följer är vad som rekommenderas av tillverkaren. Service-intervallen bestäms av antal tillryggalagda kilometer eller hur lång tid som passerat. Följ tidsintervallen om rätt kilometerantal inte täcks inom specificerad period.

Fordon som används under speciella förhållanden kan behöva tätare underhåll. Med speciella förhållanden menas bl a extrema klimat, bogsering eller taxikörning på heltid, körning på obelagda vägar samt en hög andel korta körsträckor. Användning av

bränsle av dålig kvalitet kan orsaka tidig nedbryning av motoroljan. Rådfråga en Citroën-återförsäljare om du är osäker.

Var 400:e km, varje vecka eller inför en lång resa – alla modeller
- [ ] Kontrollera oljenivån och fyll på om det behövs (avsnitt 3)
- [ ] Kontrollera kylvätskenivån och fyll på om det behövs (avsnitt 4)
- [ ] Kontrollera avgasröken (avsnitt 5)
- [ ] Kontrollera att glödstiftets varningslampa fungerar (avsnitt 6)

Var 10 000:e km eller en gång om året – Citroën AX
- [ ] Byt motorolja och filter (avsnitt 7)
- [ ] Tappa av vatten från bränslefiltret (avsnitt 8)
- [ ] Kontrollera att motorrummets slangar sitter säkert och inte läcker

Citroën specificerar att bränslefiltret ska bytas vid den första 10 000 km servicen. Efter det rekommenderar de att filtret byts var 20 000:e km och att vattnet töms från filtret vid den mellanliggande 10 000 km servicen.

Var 10 000:e km eller var 6:e månad – Citroën BX/Visa/C15
- [ ] Byt motorolja och filter (avsnitt 9)
- [ ] Rengör motoroljans påfyllningslock (avsnitt 10)
- [ ] Tappa av vatten från bränslefiltret (avsnitt 11)
- [ ] Kontrollera att motorrummets slangar sitter säkert och inte läcker

Underhållsintervallet för modeller före 1989 är 7500 km. Tidsintervallet är fortfarande 6 månader.

Var 10 000:e km ellervar 6:e månad – Citroën ZX
- [ ] Byt motorolja och filter (avsnitt 12)
- [ ] Tappa av vatten från bränslefiltret (avsnitt 13)
- [ ] Kontrollera att motorrummets slangar sitter säkert och inte läcker

Var 10 000:e km eller en gång om året – Citroën Xantia
- [ ] Byt motorolja och filter (avsnitt 14)
- [ ] Tappa av vatten från bränslefiltret (avsnitt 15)
- [ ] Kontrollera att motorrummets slangar sitter säkert och inte läcker
- [ ] Kontrollera självdiagnostikens minnen (avsnitt 16)

Var 20 000:e km – Citroën AX
- [ ] Kontrollera motorns tomgångshastighet och tomgångsbegränsning (avsnitt 17)
- [ ] Kontrollera avgasreningssystemet (avsnitt 18)
- [ ] Byt bränslefilter (avsnitt 19)
- [ ] Kontrollera skick och spänning på drivrem(mar) för hjälpaggregat

Var 20 000:e km – Citroën BX/Visa/C15
- [ ] Kontrollera motorns tomgångshastighet och tomgångsbegränsning (avsnitt 20)
- [ ] Byt bränslefilter (avsnitt 21)
- [ ] Kontrollera skick och spänning på drivrem(mar) för hjälpaggregat
- [ ] Kontrollera vakuumpumpen – endast Visa (avsnitt 22)

Underhållsintervallet för modeller före 1989 är 15 000 km. Tidsintervallet är 12 månader.

Var 20 000:e km – Citroën ZX och Xantia
- [ ] Kontrollera motorns tomgångshastighet och tomgångsbegränsning (avsnitt 23 och 24)
- [ ] Kontrollera avgasreningssystemet (avsnitt 25)
- [ ] Kontrollera skick och spänning på drivrem(mar) för hjälpaggregat

Citroën dieselmotor - underhållsschema (forts)

Var 30 000:e km eller var 18:e månad – Citroën ZX
☐ Byt luftfilter
☐ Byt bränslefilter (avsnitt 26)

Var 30 000:e km – Citroën Xantia
☐ Byt bränslefilter (avsnitt 27)

Var 40 000:e km – Citroën AX
☐ Byt luftfilter

Var 40 000:e km – Citroën BX/Visa/C15
☐ Byt luftfilter
Underhållsintervallet för modeller före 1989 är 30 000 km. Tidsintervallet är 2 år.

Var 45 000:e km – Citroën BX/Visa/C15
☐ Byt motorns kylvätska

Var 60 000:e km – Citroën AX
☐ Byt kamrem (avsnitt 28)
Citroën rekommenderar byte av kamremmen i intervall på 120 000 km. Det rekommenderas starkt att detta intervall halveras för fordon som används intensivt, dvs främst används för kortare körsträckor eller utsätts för mycket stopp-start körning. När man byter kamremmen är därför mycket upp till den individuelle ägaren, men kom ihåg att den orsakar svåra motorskador om den brister.

Var 60 000:e km – Citroën Xantia
☐ Byt hjälpaggregatens drivrem – justera remmen manuellt
☐ Byt luftfilter
☐ Byt kamrem (avsnitt 29)
Citroën rekommenderar byte av kamremmen i intervall på 120 000 km. Det rekommenderas starkt att detta intervall halveras för fordon som används intensivt, dvs främst används för kortare körsträckor eller utsätts för mycket stopp-start körning. När man byter kamremmen är därför mycket upp till den individuelle ägaren, men kom ihåg att den orsakar svåra motorskador om den brister.

Var 60 000:e km eller vartannat år – Citroën ZX
☐ Byt motorns kylvätska

Var 80 000:e km – Citroën BX/Visa/C15
☐ Byt kamrem (avsnitt 30)

Var 80 000:e km – Citroën ZX
☐ Byt kamrem (avsnitt 31)

Var 120 000:e km – Citroën Xantia
☐ Byt drivrem för hjälpaggregat – remmen justeras automatiskt

Vartannat år (oberoende av kilometerantal) – Citroën Xantia
☐ Byt motorns kylvätska

Under motorhuven på en Citroën AX med 1360cc dieselmotor

1 Motoroljans påfyllningslock
2 Motoroljans mätsticka
3 Batteriets jordpol (negativ)
4 Huvudcylinder/bromsvätske-
   behållare
5 Extra säkringsdosa
6 Bränsleinsprutningspump
7 Kylarens påfyllningslock
8 Bromssystemets vakuumpump
9 Spolarvätskebehållarens
   påfyllningslock
10 Bromssystemets
   vakuumservoenhet
11 Förvärmningens styrenhet
12 Relädosa
13 Fjäderbenets övre fäste
14 Luftrenarhus
15 Pumpkudde till bränsle-
   systemets snapsningspump

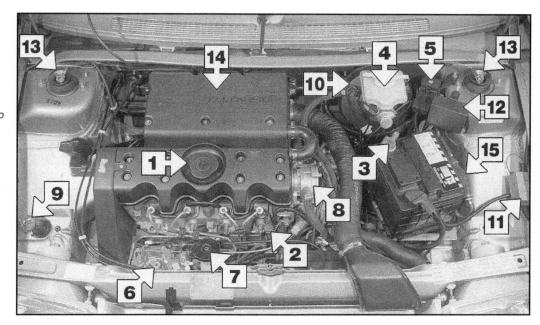

Under motorhuven på en Citroën AX med 1527cc dieselmotor

1 Motoroljans påfyllningslock
2 Motoroljans mätsticka
3 Batteriets jordpol (negativ)
4 Huvudcylinder/bromsvätske-
   behållare
5 Extra säkringsdosa
6 Bränsleinsprutningspump
7 Expansionskärlets påfyllnings-
   lock
8 Bromssystemets vakuumpump
9 Spolarvätskebehållarens
   påfyllningslock
10 Bromssystemets vakuumservo-
   enhet
11 Relädosa
12 Fjäderbenets övre fäste
13 Luftrenarhus
14 Pumpkudde till bränsle-
   systemets snapsningspump

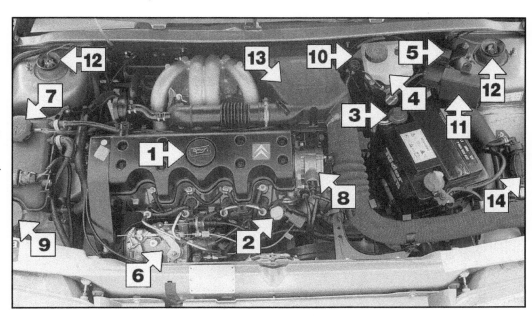

Under motorhuven på en Citroën BX med dieselmotor - luftrenaren demonterad

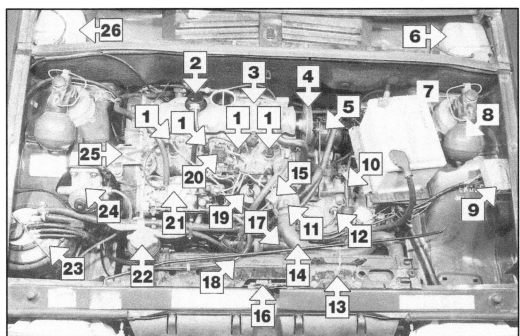

1 Bränsleinsprutare
2 Oljepåfyllningslock och ventilationsslang
3 Ventilkåpa
4 Drivrem till hydraulisk pump
5 Hydraulisk pump
6 Vattenbehållare
7 Batteri
8 Framfjädringens hydraulenhet
9 Glödstiftsrelä
10 Kopplingsvajer
11 Termostatkåpa
12 Backlampskontakt
13 Kylare
14 Övre slang
15 Snabbtomgångens termoenhet
16 Huvlås
17 Startmotor
18 Gasvajer
19 Motoroljans mätsticka
20 Diagnostikuttag
21 Insprutningspump (Lucas)
22 Kylvätskepåfyllningslock
23 Hydraulsystemets behållare
24 Bränslefilter
25 Höger motorfäste
26 Spolarbehållare

Under motorhuven på Citroën BX med turbodieselmotor - mellankylaren demonterad

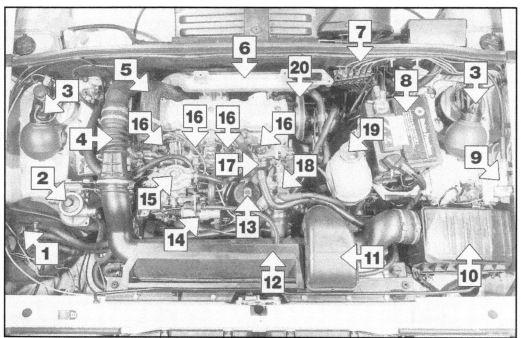

1 LHM vätskebehållare
2 Bränslefilter
3 Fjädringsenheter
4 Trumma mellan luftrenare och turbo
5 Trumma mellan mellankylare och turbo
6 Insugsrör
7 Bromsrörsanslutningar
8 Batteri
9 ABS styrblock
10 Luftrenare
11 Luftintag
12 Mellankylarens luftintags-trumma
13 Motoroljans påfyllning/ mätsticka
14 Kallstartaccelerator
15 Berikningsbegränsare
16 Bränsleinsprutare
17 Vevhusventilationens oljefälla
18 Termostathus
19 Expansionskärlets lock
20 Hydraulpumpens drivremskiva

Under motorhuven på en Citroën Visa med dieselmotor - luftrenaren demonterad

1 Kylvätskans påfyllningslock och expansionskärl
2 Bränsleinsprutare
3 Gasvajer
4 Bromsvakuumpump
5 Säkringsdosa
6 Servoenhet
7 Hastighetsmätarvajer
8 Bromsvätskebehållare
9 Spolarpump
10 Spolarvätskebehållare
11 Framfjädringens övre fäste
12 Bromshuvudcylinder
13 Batteri
14 Glödstiftsrelä
15 Kopplingsvajer
16 Backljuskontakt
17 Övre slang
18 Kylare
19 Snabbtomgångens termoenhet
20 Motoroljans mätsticka och påfyllningslock
21 Startmotor
22 Oljepåfyllning
23 Insprutningspump (Bosch)
24 Generator
25 Bränslefilter
26 Höger motorfäste

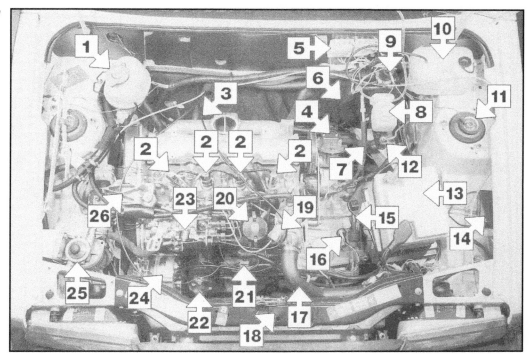

Under motorhuven på en Citroën ZX med 1905cc turbodieselmotor

1 Spolarvätskebehållarens påfyllningslock
2 Fjäderbenets övre fäste
3 Pumpkudde till bränsle-systemets snapsningspump
4 Bromsvätskebehållare
5 Mellankylare
6 Batteriets negativa pol
7 Kopplingsdosa
8 Kylarens övre slang
9 Bränslefilterhus
10 Termostathus
11 Bränslesystemets vattenavtappningsslang
12 Gasvajer
13 Oljans mätsticka och påfyllningslock
14 Oljefilter
15 Bränsleinsprutningspump
16 Generator
17 Kylsystemets (expansions-kärlets) påfyllningslock
18 Identifikationsnummerplåt
19 Servostyrningens vätskebehållare
20 Höger motorfäste

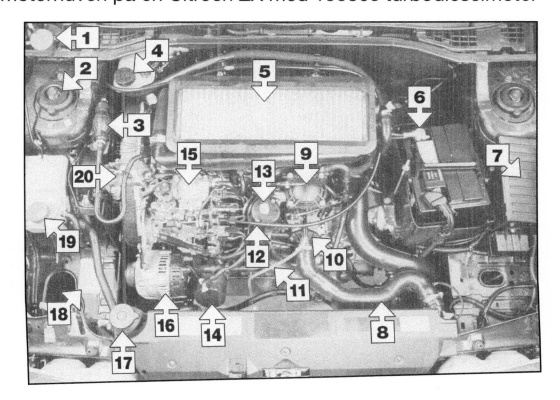

Under motorhuven på en Citroën Xantia med 1905cc turbodieselmotor

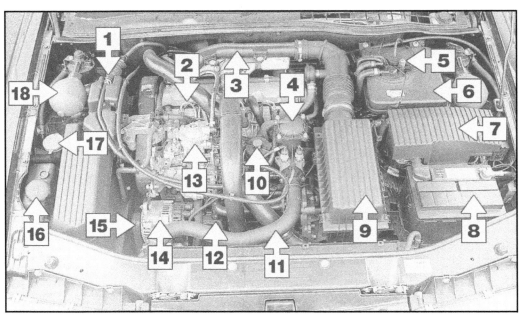

1 Bränslesystemets snapsnings-
   pump
2 Insprutarrör
3 Lufttrumma till turboaggregat
4 Bränslefilterhus
5 Nivåindikator för LHM hydraul-
   vätskenivå
6 LHM hydraulvätskebehållare
7 Säkrings-/reläkåpa
8 Batteri
9 Luftrenarhus
10 Motoroljans påfyllningslock/
   mätsticka
11 Övre kylvätskeslang
12 Motoroljekylare och filter
13 Bränsleinsprutningspump
14 Generator
15 Drivrem till extrautrustning
16 Expansionskärlets
   påfyllningslock
17 Påfyllningslock till vindrute-
   /bakrutespolarbehållare
18 Kudde till LHM hydraulvätske-
   behållare

Underhållsarbeten

1 Inledning

Se kapitel 2, del A, avsnitt 2.

2 Intensivunderhåll

Se kapitel 2, del A, avsnitt 2.

400 km service – alla modeller

3 Motoroljenivå – kontroll

1 Se kapitel 2, del A, avsnitt 3 **(se bilder)**.

4 Kylvätskenivå – kontroll

1 Se kapitel 2, del A, avsnitt 4 samt observera följande:

2 På Visa-modeller ska kylvätskan nå upp till nivåplattan som syns genom expansions-kärlets påfyllningshals **(se bild)**.
3 På BX-modeller, ta ut det svarta plaströret från kylarens påfyllningshals och kontrollera att kylvätskenivån går upp till den övre gränsen av den gängade delen **(se bild)**.

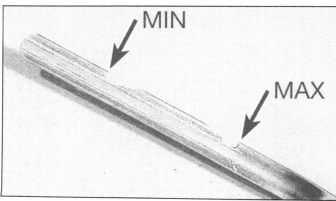

3.1a **Markeringar på motoroljans mätsticka –**
Xantia visad, övriga liknande

3.1b **Påfyllning av motorolja – Citroën ZX visad**

4.2 Kylsystemets expansionskärl – Citroën Visa

4.3 Kylvätskans nivårör tas bort – Citroën BX

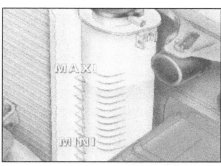

4.4a Kylvätskans nivåmärken – Citroën ZX

4 På alla andra modeller är expansionskärlet genomskinligt, så kylvätskenivån kan kontrolleras utan att påfyllningslocket tas bort. Beroende på årsmodell kan kärlet antingen sitta som en del av kylaren, på höger sida, eller som en separat enhet monterad i motorrummet. Kylvätskenivån ska vara mellan MAX- (varm) och MIN- (kall) märkena på sidan av kärlet. Om nivån är under MIN-märket, ta bort locket och fyll på med kylvätska upp till MAX-märket **(se bilder).**

5 Avgasrök – kontroll

1 Se kapitel 2, del A, avsnitt 5.

6 Varningslampa – kontroll

1 Se kapitel 2, del A, avsnitt 6.

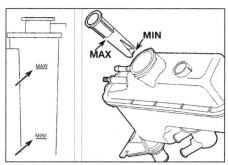

4.4b Kylvätskans nivåmärken – Citroën Xantia

10 000 km service – Citroën AX

7 Motorolja och filter – byte

1 Se kapitel 2, del A, avsnitt 7 **(se bilder).**

8 Bränslefilter – avtappning av vatten

1 Följ beskrivningarna i avsnitt 13 samt observera följande:
  a) Snapsningspumpens gummikudde sitter på det vänstra fjäderbenstornet eller i närheten av batteriet.

  b) Till skillnad från den automatiska avluftningsventilen på Citroën ZX så finns det en avluftningsskruv uppe på bränslefiltret/termostathuset. Denna skruv måste lossas för att underlätta avluftning av bränslesystemet.
  c) Om det inte finns någon avluftningsskruv, lossa på den utgående anslutningen, antingen vid filter/termostathuset eller vid insprutningspumpen.

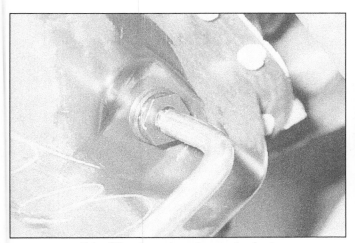

7.1a Oljeavtappningspluggen tas bort

7.1b Demontering av oljefiltret

10 000 km service – Citroën BX/Visa/C15

9 Motorolja och filter – byte

1 Se kapitel 2, del A, avsnitt 7.

10 Motoroljans påfyllningslock – rengöring

Observera: *Detta moment är endast tillämpligt på modeller som har oljepåfyllningslocket monterat på ventilkåpan.*
1 Ta av oljepåfyllningslocket från uppe på ventilkåpan, lossa sedan clipset och koppla ifrån vevhusventilationens slang **(se bild)**.
2 Rengör nätfiltret i fotogen och låt det torka.
3 Om locket är igensatt med slam, byt ut hela lockenheten.
4 Återanslut slangen till locket och sätt tillbaka locket på ventilkåpan.

11 Bränslefilter – avtappning av vatten

1 Placera en liten behållare under bränslefiltret.
2 Lossa på avtappningsskruven i botten på filtret så att vattnet rinner ned i behållaren. Där tillämpligt, lossa även på avluftningsskruven på filterhuvudet eller inre anslutningens bult **(se bild)**.
3 Dra åt den nedre avtappningsskruven när

det inte längre finns något vatten i bränslet som rinner ut. Där tillämpligt, dra åt avluftningsskruven.
4 Snapsa bränsleinsprutningssystemet, beroende på modelltyp, på följande sätt:

Snapsning och avluftning av bränslesystemet

Tidiga modeller

5 Lossa på avluftningsskruven på bränslefiltrets huvud två eller tre varv. På Lucas filter kan ett avtappningsrör i plast vara anslutet till avluftningsskruven.
6 Aktivera pumpen tills bränslet som kommer ut från avluftningsskruven är fritt från luftbubblor. På vissa av Lucas filterhuvuden måste pumpen först skruvas ur en bit och kan komma att lossna från innerkolven. Om detta händer, skruva loss huset och tryck tillbaka kolven på pumpen. Sätt tillbaka huset och pumpa långsamt.
7 Dra åt avluftningsskruven.
8 Vrid på tändningen så att stoppsolenoiden tar emot ström och aktivera sedan pumpen tills motstånd kan kännas.
9 Där tillämpligt på Lucas filter, skruva åt pumpen igen.
10 Vrid tändningen till 'M' och vänta tills varningslampan för förvärmning slocknat.

11 Tryck ned gaspedalen helt och starta motorn. Startmotorn kan behöva gå runt några extra varv tills bränslesystemet är helt avluftat innan motorn startar.

Senare modeller

12 Senare modeller är utrustade med en handdriven pumpkudde av gummi som sitter på högra sidan i motorrummet. När man trycker ihop kudden tvingas bränsle in i bränslefilterhuset och sedan genom en dubbel ventil. Ventilen trycker först bränslet i riktning mot bränsleinsprutningspumpen och tar sedan tillbaka eventuellt överskott, tillsammans med bränsle som returneras från insprutarna, till bränsletanken.
13 Snapsa bränsleledningarna genom att trycka ihop pumpkudden flera gånger så att eventuell luft tvingas tillbaka till bränsletanken.
14 Avluftning av själva insprutningspumpen och insprutarna görs när motorn dras runt av startmotorn. Processen kan påskyndas genom att man tillfälligt lossar ett rör i taget vid insprutarändarna tills bränsle kommer ut samtidigt som motorn dras runt. Observera att bränslet kan spruta ut under avsevärt tryck när man gör detta och säkerhetsföreskrifter ska följas så att personskador kan förhindras.

10.1 Oljepåfyllningslock och ventilationsslang – Citroën BX

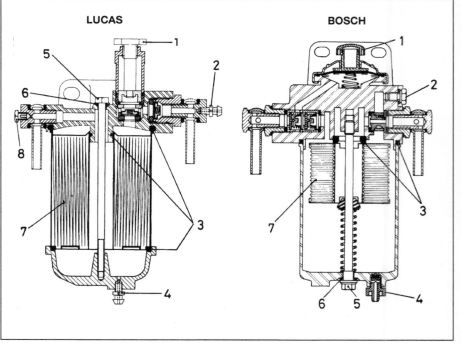

LUCAS

BOSCH

11.2 Bränslefiltrets delar

1	Snapsningskolv	4	Vattenavtappningsskruv	7	Patron/element
2	Bränsleavtappningsskruv	5	Genomgående bult	8	Avluftningsskruv
3	Tätningar	6	Tätning till bult		

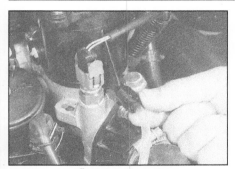

13.3 Öppna bränslefiltrets avtappningsplugg

13.7 Bränslesystemets automatiska avluftningsventil (vid pilen)

13.8 Bränslesystemets snapsningspump

10 000 km service – Citroën ZX

12 Motorolja och filter – byte

1 Se kapitel 2, del A, avsnitt 7.

13 Bränslefilter – avtappning av vatten

1 En avtappningsplugg och ett rör finns vid bränslefilterhusets bas.
2 Placera en lämplig behållare under avtappningsröret och täck över kopplingens balanshjulkåpa.
3 Öppna avtappningspluggen genom att vrida den moturs. Låt vatten och bränsle rinna ut tills bränslet som kommer ur änden på röret inte innehåller något vatten (se bild). Stäng avtappningspluggen.
4 Gör dig av med det avtappade bränslet på ett säkert sätt.
5 Starta motorn. Om det uppstår problem, avlufta bränslesystemet på följande sätt:

Snapsning och avluftning av bränslesystemet

6 En handdriven snapsningspump finns monterad och består av en pumpkudde som sitter på högra sidan i motorrummet.
7 Det finns även en automatisk avluftningsventil, som avluftar lågtrycksbränslekretsen när denna snapsas (se bild).
8 För att snapsa systemet, vrid på tändningen så att stoppsolenoiden aktiveras. Kläm på pumpkudden tills ett motstånd kan kännas, vilket innebär att luften har evakuerats från bränsleinsprutningspumpen (se bild). Man ska kunna höra bränslet cirkulera genom pumpen när all luft försvunnit.
9 Om luft kommit in i insprutarna måste högtryckskretsen avluftas enligt följande:
10 Placera rena trasor runt bränslerörets anslutningar till insprutarna för att absorbera spillt bränsle och lossa sedan på anslutningarna.
11 Dra runt motorn på startmotorn tills det kommer bränsle från anslutningarna, stanna sedan motorn och dra åt anslutningarna. Torka upp eventuellt spillt bränsle.
12 Starta motorn med gaspedalen helt nedtryckt. Startmotorn kan behöva gå runt några extra varv tills systemet är helt avluftat innan motorn startar.

10 000 km service – Citroën Xantia

14 Motorolja och filter – byte

1 Se kapitel 2, del A, avsnitt 7

15 Bränslefilter – avtappning av vatten

1 Följ beskrivningen i avsnitt 13. När bränslesystemet avluftas, observera att istället för en automatisk avluftningsventil som på Citroën ZX finns här en avluftningsskruv monterad i anslutningsbulten till insprutningspumpens insugsrör. Denna skruv måste lossas för att underlätta avluftningen av bränslesystemet.

16 Självdiagnostikminne – kontroll

1 Denna kontroll kan endast utföras av en Citroën-verkstad med särskild diagnostikutrustning. Kontrollen avslöjar eventuella fel som lagrats i den elektroniska styrenheten (ECU). Koderna visar exakt var varje fel finns.

20 000 km service – Citroën AX

17 Tomgångshastighet och tomgångsbegränsning – kontroll

1 Den vanliga typen av varvräknare, som arbetar med pulser från tändsystemet, kan inte användas på dieselmotorer. Ett diagnostikuttag finns, vilken kan användas med Citroëns testutrustning, men sådan finns oftast inte att tillgå för hemmamekanikern. Om man inte tror sig kunna justera tomgångshastigheten med vägledning av motorljudet måste man hyra eller köpa en lämplig varvräknare, eller alternativt låta en Citroën-verkstad göra jobbet.
2 Innan några justeringar utförs, värm upp motorn till normal arbetstemperatur och försäkra dig om att gasvajern är korrekt justerad.

Tomgångshastighet

3 Kontrollera att motorn går på specificerad tomgång. Om det behövs kan justeringar göras genom att man vrider på tomgångshastighetens justerskruv på insprutningspumpen.
4 Lossa låsmuttern och justera sedan skruven tills man hittat en position då motorn går på rätt tomgång (se bilder). När skruven är korrekt justerad, dra åt låsmuttern noga.

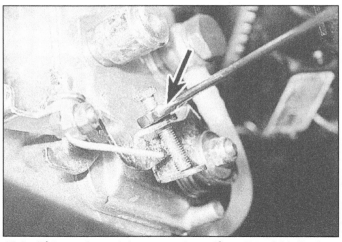

17.4a På Lucas insprutningspump, lossa låsmuttern (vid pilen) . . .

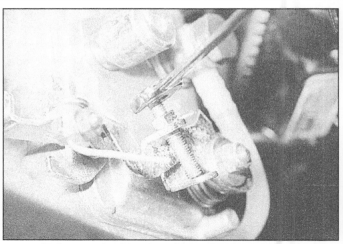

17.4b . . . och vrid sedan på tomgångsjusterskruven

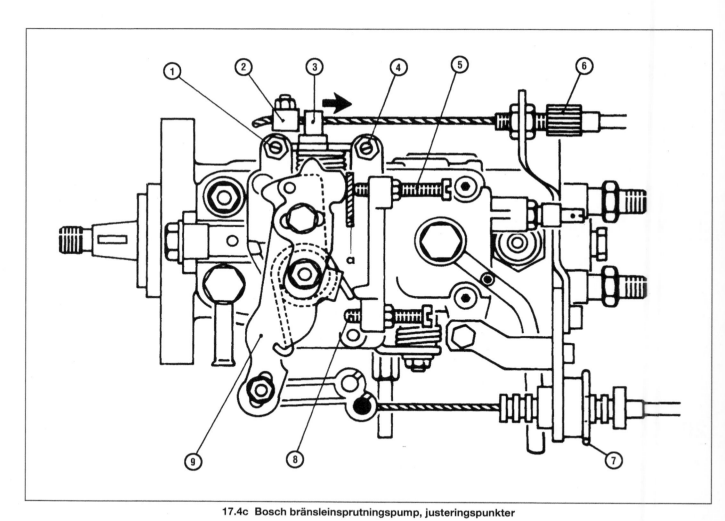

17.4c Bosch bränsleinsprutningspump, justeringspunkter

1 Justerskruv snabbtomgång
2 Vajerändinfästning
3 Snabbtomgångsarm
4 Justerskruv tomgång
5 Justerskruv tomgångs-
  begränsning
6 Snabbtomgångsvajerns
  justeringsbeslag
7 Gasvajerns justeringsbeslag
8 Justerskruv max hastighet
9 Kontroll- (gas) arm
a Mellanlägg för justering av
  tomgångsbegränsning

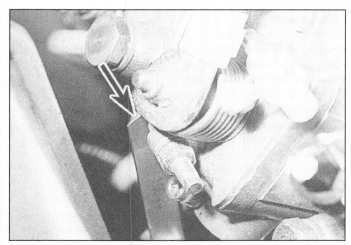

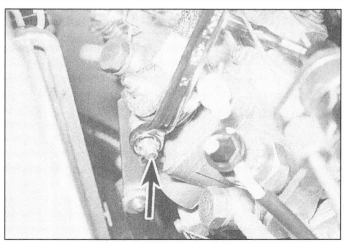

17.7 På Lucas insprutningspump, sätt in ett bladmått (vid pilen) mellan tomgångsbegränsningens skruv och gaslänkagearmen . . .

17.9 . . . lossa sedan låsmuttern och vrid skruven (vid pilen) för att ställa in hastigheten för tomgångsbegränsning

5 Kontrollera justeringen av tomgångs-begränsningen enligt följande:

Tomgångsbegränsning

Lucas insprutningspump

6 Med tomgångshastigheten korrekt justerad, stäng av motorn.
7 Lägg in ett mellanlägg eller bladmått av specificerad tjocklek mellan pumpens gas-länkagearm och tomgångsbegränsningens justerskruv (se bild).
8 Starta motorn och låt den gå på tomgång. Motorn ska nu gå på specificerad hastighet för tomgångsbegränsning.
9 Om justering behövs, lossa låsmuttern och vrid tomgångsbegränsningens justerskruv tills hastigheten är korrekt (se bild). Håll skruven i denna position och dra åt låsmuttern ordentligt.
10 Ta bort mellanlägget eller bladmåttet och kontrollera sedan tomgångshastigheten igen.
11 Rör på gaslänkagearmen och öka motor-varvtalet till ca 3000 rpm och släpp sedan armen snabbt. Fartminskningen ska pågå under 2,5 till 3,5 sekunder och motorvarvtalet ska sjunka till ca 50 rpm lägre än tomgång.
12 Om fartminskningen sker för snabbt och motorn tjuvstannar, skruva tomgångs-begränsningens justerskruv en kvarts varv mot gaslänkagearmen. Om fartminskningen är för långsam, vilket orsakar sämre motor-bromsning, skruva ur den ett kvarts varv från armen. Justera efter behov och dra sedan åt låsmuttern ordentligt.
13 Kontrollera tomgångshastigheten igen och justera vid behov.
14 Med motorn på tomgång, kontrollera att den manuella stoppmekanismen fungerar genom att vrida stopparmen moturs. Motorn måste stanna omedelbart.
15 Där tillämpligt, koppla ifrån varvräknaren sedan arbetet avslutats.

Bosch insprutningspump

16 Justera tomgångshastigheten och stäng sedan av motorn.

17 Lägg in ett mellanlägg eller bladmått av specificerad tjocklek mellan pumpens gaslänkagearm och tomgångsbegräns-ningens justerskruv.
18 Starta motorn och låt den gå på tomgång. Motorn ska nu gå på specificerad hastighet för tomgångsbegränsning.
19 Om den behöver justeras, lossa lås-muttern och vrid tomgångsbegränsningens justerskruv som det behövs. Dra åt lås-muttern.
20 Ta bort mellanlägget eller bladmåttet och låt motorn gå på tomgång.
21 För snabbtomgångsarmen helt framåt mot svänghjulsänden på motorn och kontrollera att motorvarvtalet ökar till snabbtomgångshastighet. Om det behövs, lossa på låsmuttern och vrid på snabb-tomgångens justerskruv och dra sedan åt låsmuttern.
22 Med motorn på tomgång, kontrollera att den manuella stoppmekanismen fungerar genom att vrida stopparmen moturs. Motorn måste stanna omedelbart.
23 Där tillämpligt, koppla ifrån varvräknaren sedan arbetet avslutats.

18 Avgasreningssystem – kontroll

1 En detaljerad kontroll av förgasnings-och/eller avgasreningssystemen (som tillämpligt) ska överlåtas till en Citroën-verkstad.

19 Bränslefilter – byte

1 Bränslefiltret är fastskruvat på undersidan av filter-/termostathuset på den vänstra sidan på topplocket. För att lättare nå filtret,

demontera batteriet och alla ingående ledningar.
2 Täck över kopplingens balanshjulkåpa med en bit plast för att skydda kopplingen från bränslespill.
3 Placera en lämplig behållare under änden på bränslefiltrets avtappningsslang. Öppna avtappningsskruven längst ned på filtret och låt allt bränsle rinna ut.
4 Med filtret avtappat, stäng avluftnings-skruven och skruva loss filtret med hjälp av en lämplig filteravdragare (se bild).
5 Demontera filtret och gör dig av med det på ett säkert sätt. Var noga med att tätningsringen följer med filtret och inte fastnar på filtrets/termostathusets kontaktyta.
6 Stryk på lite ren dieselolja på filtrets tätningsring och torka rent husets kontaktyta. Skruva på filtret tills tätningsringen nuddar husets kontaktyta, dra sedan åt ytterligare trekvarts varv.
7 Snapsa bränslesystemet enligt beskrivning i avsnitt 13.
8 Öppna avtappningsskruven tills det kommer rent bränsle ur slangen och stäng sedan skruven och ta bort behållaren.
9 Återanslut batteri och ledningar och starta sedan motorn.

19.4 Ett filterverktyg med kedja används till att demontera bränslefiltret

20 000 km service – Citroën BX/Visa/C15

20 Tomgångshastighet och tomgångsbegränsning – kontroll

Tomgångshastighet

1 Den vanliga typen av varvräknare, som använder pulseringar från tändsystemet, kan inte användas på dieselmotorer. Ett diagnostikuttag finns vilken kan användas med Citroëns testutrustning, men sådan finns oftast inte att tillgå för hemmamekanikern. Om man inte tror sig kunna justera tomgångshastigheten med vägledning av motorljudet finns följande alternativ:

a) *Hyra eller köpa en lämplig varvräknare.*

b) *Överlåta jobbet till en Citroën-verkstad eller annan specialist.*

c) *Använda en tändinställningslampa som drivs av en bensinmotor som går i den hastighet man vill uppnå. Om tändinställningslampan riktas mot ett märke på kamaxelns pumpremskiva kommer märket att verka stå stilla när de två motorerna går i samma hastighet (eller multipler av den hastigheten). Remskivan kommer att rotera hälften så fort som vevaxeln, men detta påverkar inte justeringen. I praktiken har det visat sig omöjligt att använda den här metoden på vevaxelns remskiva på grund av den snäva synvinkeln.*

2 Värm upp motorn till normal arbetstemperatur och kontrollera att motorns tomgångshastighet är den specificerade.

Lucas insprutningspump

3 Om justering är nödvändig, lossa på låsmuttern på snabbtomgångsarmen och vrid sedan justerskruven som det behövs och dra åt låsmuttern. Justera inställningen för tomgångsbegränsning.

Bosch insprutningspump

4 Om justering är nödvändig, lossa först på låsmuttern och skruva ur tomgångsbegränsningens justerskruv så att den inte rör vid gaslänkagearmen. Lossa på låsmuttern och vrid tomgångshastighetens justerskruv som det behövs, dra sedan åt låsmuttern – se bild 17.4c. Justera inställningen för tomgångsbegränsning.

Tomgångsbegränsning

Lucas insprutningspump

5 Värm upp motorn till normal arbetstemperatur och stäng sedan av den.

6 Sätt in ett 3,00 mm mellanlägg eller bladmått mellan gaslänkagearmen och tomgångsbegränsningens justerskruv.

7 Vrid stopparmen medurs tills den inte är i kontakt med hålet i snabbtomgångsarmen och sätt sedan in en 3,00 mm dubb eller spiralborr **(se bild)**.

8 Starta motorn och låt den gå på tomgång. Motorvarvtalet ska vara enligt specifikationerna.

9 Om justering är nödvändig, lossa på låsmuttern och vrid tomgångshastighetens justerskruv som det behövs, dra sedan åt låsmuttern.

10 Ta bort bladmåttet och spiralborren och justera tomgångshastigheten igen.

11 Rör på gaslänkagearmen och öka motorvarvtalet till ca 3000 rpm och släpp sedan armen snabbt. Om fartminskningen sker för snabbt och motorn tjuvstannar, skruva i tomgångsbegränsningens justerskruv en kvarts varv moturs (sett från svänghjulsänden på motorn). Om fartminskningen är för långsam, vilket orsakar sämre motorbromsning, skruva ett kvarts varv medurs.

12 Justera och dra åt låsmuttern, kontrollera sedan tomgångshastigheten.

13 Med motorn på tomgång, kontrollera att

den manuella stoppmekanismen fungerar genom att vrida stopparmen medurs. Motorn måste stanna omedelbart.

14 Stäng av motorn och koppla ifrån eventuella redskap och instrument.

Bosch insprutningspump

15 Kör motorn till normal arbetstemperatur. Notera det exakta tomgångsvarvtalet och stäng sedan av motorn.

16 Sätt in ett 1,00 mm mellanlägg eller bladmått mellan gaslänkagearmen och tomgångsbegränsningens justerskruv – se bild 17.4c.

17 Starta motorn och låt den gå på tomgång. Motorvarvtalet ska vara enligt specifikationerna.

18 Om justering är nödvändig, lossa på låsmuttern och vrid tomgångshastighetens justerskruv som det behövs. Dra sedan åt låsmuttern.

19 Ta bort bladmåttet och låt motorn gå på tomgång.

20 För snabbtomgångsarmen helt framåt mot svänghjulsänden av motorn och kontrollera att motorvarvtalet stiger till 950 ± 50 rpm. Om nödvändigt, lossa på låsmuttern och vrid stoppjusterskruven som det behövs och dra sedan åt låsmuttern igen.

21 Med motorn på tomgång, kontrollera att den manuella stoppmekanismen fungerar genom att vrida stopparmen medurs. Motorn måste stanna omedelbart.

22 Stäng av motorn och koppla ifrån eventuella redskap och instrument.

21 Bränslefilter – byte

Observera: *Även om det inte är nödvändigt är det alltid en god idé att byta bränslefilter*

20.3 Justerskruv för tomgångshastighet (vid pilen) – Lucas insprutningspump

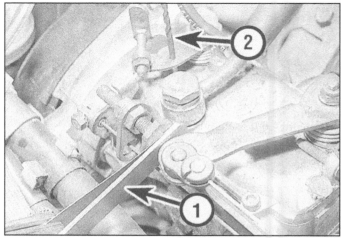

20.7 Justering av tomgångsbegränsning. Bladmått (1) och borr (2) – Lucas insprutningspump

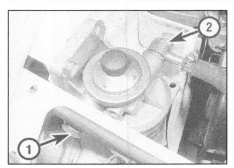

21.2 Inlopps- (1) och utlopps- (2) anslutningar – Bosch bränslefilter

21.3 Demontering av Lucas filterhuvud och själva filtret

21.4 Skruva loss den genomgående bulten . . .

precis före vintern, oberoende av hur långt bilen gått.

Alla modeller utom C15

Demontering

1 Detta arbete kan utföras med filterhuvudet kvar på plats. På grund av begränsad åtkomst och risken för att bränsle spills ned i motorn, rekommenderas att filterhuvudet demonteras tillsammans med filtret.

2 Skruva loss anslutningsbultarna och koppla ifrån in- och utgående bränsleledningar från filterhuvudet **(se bild)**. Ta vara på anslutningsbrickorna.

3 Ta loss filterhuvudet från fästet och ta ut det tillsammans med själva filtret **(se bild)**.

4 Med enheten i en behållare för att fånga upp utspillt bränsle, skruva loss den genomgående bulten **(se bild)**.

5 På Lucas filter kommer detta att lossa

ändkåpan så att filtret och tätningarna kan demonteras **(se bild)**.

6 På Bosch filter, demontera kammaren följd av element och tätningar. Purflux filter som finns på vissa modeller liknar Bosch filter.

Montering

7 Rengör filterhuvud och ändkåpa eller kammare.

8 Sätt de nya tätningarna på plats och montera sedan det nya filtret eller elementet i omvänd ordning mot demonteringen.

9 Snapsa bränslesystemet enligt beskrivning i avsnitt 11.

Citroën C15

Observera: *Om bränsle tillåts komma ut ur filterhuset och in i motorn, kommer det att hamna i kopplingen och eventuellt skada beläggen.*

Demontering

10 Från och med tidigt 1993 ser bränslefiltren annorlunda ut. Den kylvätskeuppvärmda filterbotten finns inte längre och bränslefiltret har flyttats och sitter i ett hus på topplocket, ovanför termostaten och topplockets kylvätskeutloppshus. Det nya huset har en vattendetektor och en vattenavtappningsplugg i botten på huset. Det finns en yttre handpumpskudde för snapsning och ett retursystem med dubbla ventiler.

11 För att ta bort filtret, tappa först av huset genom att lossa på avtappningspluggen. Ett plaströr sitter ihop med pluggen så att bränslet kan ledas ned i en behållare **(se bild)**.

12 Med bränslet avtappat, skruva ur kåpans bultar, ta bort kåpan och lyft ut filtret **(se bilder)**.

13 Demontering av vattendetektorn är ett okomplicerat arbete **(se bilder)**.

21.5 . . . och ta bort filterpatronen (Lucas)

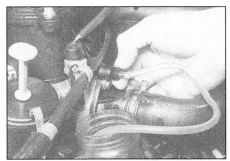

21.11 Avtappning av bränsle från filterhuset

21.12a Skruva loss kåpans bultar . . .

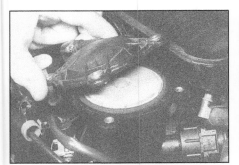

21.12b . . . ta bort kåpan . . .

21.12c . . . och ta bort filtret

21.13a Dra ur kontakten . . .

21.13b . . . och ta bort vattendetektorn (vid pilen)

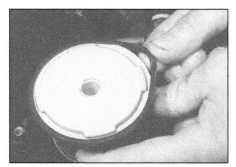

21.14 Undersök tätningsgummit

22.1 Vakuumpumpens påfyllnings-/ nivåplugg (vid pilen)

Montering

14 Undersök tätningsgummit innan filtret monteras **(se bild)**.

22 Vakuumpump – kontroll (endast Visa)

Oljenivå

1 Med bilen på jämn mark, skruva ur vakuumpumpens påfyllnings-/nivåplugg och kontrollera att oljenivån är upp till nederänden

på pluggen **(se bild)**. Om inte, fyll på med rätt typ av olja, sätt tillbaka och dra åt pluggen.

Drivrem

2 Tryck ned drivremmen halvvägs mellan remskivorna. Om avböjningen inte är enligt specifikationerna, lossa på pivå- och justerbultarna, sätt tillbaka vakuumpumpen och dra sedan åt bultarna.

20 000 km service – Citroën ZX och Xantia

23 Tomgångshastighet och tomgångsbegränsning – kontroll, Citroën ZX

1 Den vanliga typen av varvräknare, som använder pulser från tändsystemet, kan inte användas på dieselmotorer. Ett diagnostik-uttag finns, vilken kan användas med Citroëns testutrustning, men sådan finns oftast inte att

tillgå för hemmamekanikern. Om man inte tror sig kunna justera tomgångshastigheten med vägledning av motorljudet finns följande alternativ:

a) Hyra eller köpa en lämplig varvräknare.
b) Överlåta jobbet till en Citroën-verkstad eller annan specialist.
c) Använd en tändinställningslampa som drivs av en bensinmotor som går i den hastighet man vill uppnå. Om

tändinställningslampan riktas mot ett märke på kamaxelns pumpremskiva kommer märket att verka stå stilla när de två motorerna går i samma hastighet (eller multipler av den hastigheten). Remskivan kommer att rotera hälften så fort som vevaxeln, men detta påverkar inte justeringen. I praktiken har det visat sig omöjligt att använda den här metoden på vevaxelns remskiva på grund av den snäva synvinkeln.

2 Innan några justeringar görs, värm upp motorn till normal arbetstemperatur. Försäkra dig om att gasvajern är korrekt justerad.

Tomgångshastighet

3 Kontrollera att motorns tomgång är enligt specifikationerna. Om det behövs, justera på följande sätt:

Lucas bränsleinsprutningspump

4 Lossa på låsmuttern på tomgångens justerskruv. Vrid på skruven som tillämpligt och dra åt låsmuttern igen **(se bild)**.

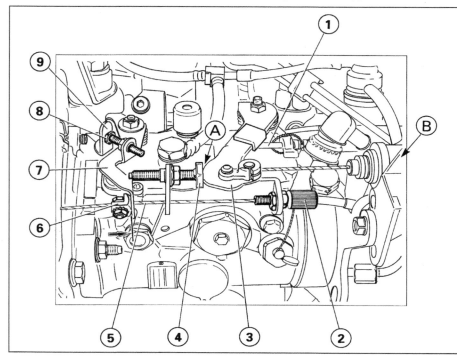

23.4 Lucas bränsleinsprutningspump – justeringspunkter

1 Justerskruv för max hastighet
2 Snabbtomgångsvajerns justerbeslag
3 Pumpstyrarm
4 Justerskruv för tomgångsbegränsning
5 Snabbtomgångsvajer
6 Snabbtomgångsvajerns ändinfästning
7 Snabbtomgångsarm
8 Justerskruv för tomgångshastighet
9 Manuell stopparm
A Mellanlägg för justering av tomgångsbegränsning
B Gasvajerns justerbeslag

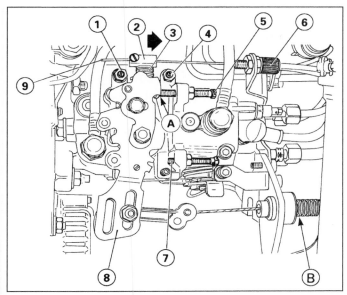

23.7a Bosch bränsleinsprutningspump, justeringspunkter – motor utan turbo

1 Snabbtomgångsarmens stoppskruv
2 Snabbtomgångsvajerns ändinfästning
3 Snabbtomgångsarm
4 Justerskruv tomgångshastighet
5 Justerskruv tomgångsbegränsning
6 Snabbtomgångsvajerns justerbeslag
7 Justerskruv max hastighet
8 Pumpstyrarm
9 Snabbtomgångsvajer
A Mellanlägg för justering av tomgångsbegränsning
B Gasvajerns justerbeslag

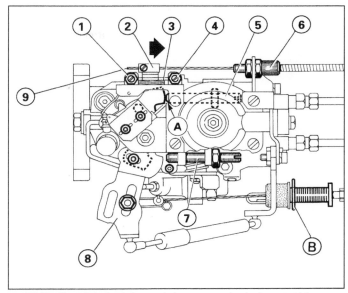

23.7b Bosch bränsleinsprutningspump, justeringspunkter – turbomotorer

1 Snabbtomgångsarmens stoppskruv
2 Snabbtomgångsvajerns ändinfästning
3 Snabbtomgångsarm
4 Justerskruv tomgångshastighet
5 Justerskruv tomgångsbegränsning
6 Snabbtomgångsvajerns justerbeslag
7 Justerskruv max hastighet
8 Pumpstyrarm
9 Snabbtomgångsvajer
A Mellanlägg för justering av tomgångsbegränsning
B Gasvajerns justerbeslag

5 Kontrollera justeringen av tomgångsbegränsningen.
6 Stäng av motorn och koppla ifrån varvräknaren, där tillämpligt.

Bosch bränsleinsprutningspump

7 Lossa på låsmuttern och skruva ur tomgångsbegränsningens justerskruv tills den går fri från pumpens styrarm **(se bilder)**.
8 Lossa på låsmuttern och vrid på tomgångens justerskruv som tillämpligt, dra sedan åt låsmuttern igen.
9 Kontrollera justeringen av tomgångsbegränsningen.
10 Stäng av motorn och koppla ifrån varvräknaren, där tillämpligt.

Tomgångsbegränsning

11 Försäkra dig om att motorn har normal arbetstemperatur, notera sedan tomgångshastigheten och stäng av motorn.

Lucas bränsleinsprutningspump

12 Sätt in ett mellanlägg eller bladmått av specificerad storlek mellan pumpens styrarm och tomgångsbegränsningens justerskruv.
13 Starta motorn och låt den gå på tomgång. Motorvarvtalet ska vara enligt specifikationerna.
14 Om justering är nödvändig, lossa på låsmuttern och vrid tomgångsbegränsningens justerskruv som det behövs, dra sedan åt låsmuttern.

15 Ta bort mellanlägget eller bladmåttet och kontrollera tomgångshastigheten.
16 Rör på pumpens styrarm och öka motorvarvtalet till ca 3000 rpm och släpp sedan armen snabbt. Fartminskningen ska pågå i 2,5 till 3,5 sekunder och motorvarvtalet ska sjunka till ca 50 rpm lägre än tomgång.
17 Om fartminskningen sker för snabbt och motorn tjuvstannar, skruva tomgångsbegränsningens justerskruv en kvarts varv mot styrarmen. Om fartminskningen är för långsam, vilket orsakar sämre motorbromsning, skruva ett kvarts varv bort från armen.
18 Dra åt låsmuttern sedan den justerats. Kontrollera sedan tomgångshastigheten igen och justera om det behövs.
19 Med motorn på tomgång, kontrollera att den manuella stoppmekanismen fungerar genom att vrida stopparmen medurs **(se bild)**. Motorn måste stanna omedelbart.
20 Där tillämpligt, koppla bort varvräknaren när arbetet är avslutat.

Bosch bränsleinsprutningspump

21 Sätt in ett mellanlägg eller bladmått av specificerad storlek mellan pumpens styrarm och tomgångsbegränsningens justerskruv.
22 Starta motorn och låt den gå på tomgång. Motorvarvtalet ska vara enligt specifikationerna för tomgångsbegränsning.
23 Om justering är nödvändig, lossa på

låsmuttern och vrid tomgångsbegränsningens justerskruv som det behövs, dra sedan åt låsmuttern.
24 Ta bort mellanlägget eller bladmåttet och låt motorn gå på tomgång.
25 För snabbtomgångsarmen så långt det går mot motorns svänghjulsände och kontrollera att motorvarvtalet ökar till det som specificerats för snabbtomgång. Om det behövs, lossa på låsmuttern och vrid justerskruven för snabbtomgång tills den blir rätt. Dra sedan åt låsmuttern igen.
26 Med motorn på tomgång, kontrollera att den manuella stoppmekanismen fungerar genom att vrida stopparmen medurs **(se bild)**. Motorn måste stanna omedelbart.

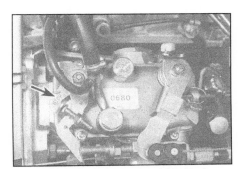

23.19 Manuell stopparm (vid pilen) – Lucas pump

23.26 Manuell stopparm (vid pilen) – Bosch pump

27 Där tillämpligt, koppla bort varvräknaren när arbetet är avslutat.

24 Tomgångshastighet och tomgångsbegränsning – kontroll, Citroën Xantia

1 Den vanliga typen av varvräknare, som använder pulser från tändsystemet, kan inte användas på dieselmotorer. Ett diagnostikuttag finns, vilken kan användas med Citroëns testutrustning, men sådan finns oftast inte att tillgå för hemmamekanikern. Om man inte tror sig kunna justera tomgångshastigheten med vägledning av motorljudet måste man antingen köpa eller hyra en lämplig varvräknare, alternativt låta en Citroën-verkstad eller annan lämpligt utrustad specialist göra jobbet.

2 Innan några justeringar utförs, kör motorn tills den når normal arbetstemperatur och kontrollera att gasvajern och snabbtomgångsvajrarna är korrekt justerade.

Lucas bränsleinsprutningspump

3 Sätt in ett mellanlägg av specificerad storlek mellan pumpens styrarm och tomgångsbegränsningens justerskruv – se bild 23.4.

4 För tillbaka den manuella stopparmen till sitt stopp och håll den på plats genom att sätta in ett 3 mm inställningsstift/borr genom hålet i snabbtomgångsarmen.

5 Motorvarvtalet ska vara det som specificeras för tomgångsbegränsning.

6 Om justering är nödvändig, lossa på låsmuttern och vrid tomgångsbegränsningens justerskruv som det behövs, dra sedan åt låsmuttern.

7 Ta bort inställningsstiftet/borren och

mellanlägget och kontrollera att motorn håller specificerad tomgångshastighet.

8 Om justering är nödvändig, lossa låsmuttern på tomgångsjusterskruven. Vrid skruven som det behövs och dra sedan åt låsmuttern igen.

9 Rör på pumpens styrarm och öka motorvarvtalet till ca 3000 rpm och släpp sedan armen snabbt. Fartminskningen ska pågå i 2,5 till 3,5 sekunder och motorvarvtalet ska sjunka till ca 50 rpm lägre än tomgång.

10 Om fartminskningen sker för snabbt och motorn tjuvstannar, skruva tomgångsbegränsningens justerskruv en kvarts varv mot styrarmen. Om fartminskningen är för långsam, vilket orsakar sämre motorbromsning, skruva ett kvarts varv bort från armen.

11 Dra åt låsmuttern sedan den justerats. Kontrollera sedan tomgångshastigheten igen och justera om det behövs enligt beskrivning ovan.

12 Med motorn på tomgång, kontrollera att den manuella stoppmekanismen fungerar genom att vrida stopparmen medurs. Motorn måste stanna omedelbart.

13 Där tillämpligt, koppla bort varvräknaren när arbetet är avslutat.

Bosch bränsleinsprutningspump

Modeller utan turbo

14 Lossa på låsmuttern och skruva ur tomgångsbegränsningens justerskruv så långt att den inte kommer i kontakt med pumpens styrarm – se bilderna 23.7a och 23.7b.

15 Lossa på låsmuttern och vrid tomgångsjusterskruven så mycket som behövs, dra sedan åt låsmuttern.

16 Sätt in ett mellanlägg eller bladmått av specificerad storlek mellan pumpens styrarm och tomgångsbegränsningens justerskruv.

17 Starta motorn och låt den gå på tomgång. Motorvarvtalet ska vara enligt specifikationerna för tomgångsbegränsning.

18 Om justering är nödvändig, lossa på låsmuttern och vrid tomgångsbegränsningens justerskruv som det behövs, dra sedan åt låsmuttern.

19 Ta bort mellanlägget eller bladmåttet och låt motorn gå på tomgång.

20 För snabbtomgångsarmen helt så långt det går mot motorns svänghjulsände och kontrollera att motorvarvtalet ökar till det som specificerats för snabbtomgång. Om det behövs, lossa på låsmuttern och vrid

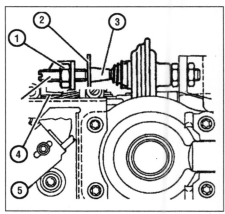

24.24 Bränsleinsprutningspumpens dämparjustering – turbomotorer

1 Låsmutter   4 Justerskruv
2 Mellanlägg   5 Pumpens styrarm
3 Dämparstag

justerskruven för snabbtomgång tills den blir rätt. Dra sedan åt låsmuttern igen.

21 Med motorn på tomgång, kontrollera att den manuella stoppmekanismen fungerar genom att vrida stopparmen medurs. Motorn måste stanna omedelbart.

22 Där tillämpligt, koppla bort varvräknaren när arbetet är avslutat.

Modeller med turbo

23 Utför momenten beskrivna i paragraf 14 till 19 ovan.

24 Lossa på låsmuttern och skruva ur styrarmsdämparens justerskruv, som sitter på den bakre delen av armen, och sätt in ett mellanlägg eller bladmått mellan dämparstaget och justerskruven (se bild). Se till att pumpens styrarm är i tomgångsläge och sätt sedan justerskruven så att bladmåttet/mellanlägget precis kan föras in mellan skruven och dämparstaget. Håll skruven i detta läge och dra åt dess låsmutter ordentligt.

25 Utför momenten i paragraf 19 till 22.

25 Avgasreningssystem – kontroll

1 En detaljerad kontroll av avgascirkulationssystemet och/eller korrektionssystem för atmosfärstryck bör överlåtas åt en Citroën-verkstad.

30 000 km service – Citroën ZX

26 Bränslefilter – byte

1 Bränslefiltret sitter i ett plasthus i fören på motorn.

2 Där tillämpligt, täck över kopplingens balanshjulkåpa med en bit plast för att skydda kopplingen från bränslespill.

3 Placera en lämplig behållare under utloppet på bränslefiltrets avtappningsslang. Öppna avtappningsskruven i framdelen på filterhuset och låt allt bränsle rinna ut.

4 Dra åt avtappningsskruven ordentligt och lossa sedan filterhuslockets fästskruvar och ta av locket (se bild).

5 Ta ut filtret ur huset (se bild). Var noga med att gummitätningsringen följer med filtret och inte fastnat på huset eller locket.

6 Ta bort alla tecken på smuts o dyl från

insidan av filterhuset och sätt i det nya bränslefiltret; var noga med att tätningsringen kommer rätt.

7 Täck gängorna på filterlockets fästskruvar med gänglåsningsmedel, sätt sedan tillbaka locket och fäst det med skruvarna.

8 Snapsa bränslesystemet enligt beskrivning i avsnitt 13.

9 Öppna avtappningsskruven och låt den vara öppen tills rent bränsle kommer ut ur slangen. Stäng sedan avtappningsskruven och ta undan behållaren under slangen.

26.4 Ta av bränslefilterlocket . . .

26.5 . . . och lyft ut filtret ur huset

30 000 km service – Citroën Xantia

27 Bränslefilter – byte

Se avsnitt 26.

60 000 km service – Citroën AX

28 Kamrem – byte

Observera: *I skrivandets stund fanns endast begränsad information om dieselmotorn med gjutjärnsblock, som introducerades i juli 1994.*

28.5 Demontera den övre transmissionskåpan

Därför gäller informationen nedan endast aluminiumblockmotorn. Närhelst kamremmen byts är det en mycket god idé att samtidigt undersöka kylvätskepumpen och leta efter tecken på kylvätskeläckage. Detta kan göra att man slipper demontera kamremmen igen vid ett annat tillfälle om kylvätskepumpen skulle gå sönder.

Demontering

1 Koppla bort batteriets minuspol.

2 Demontera den högra strålkastaren för att komma åt lättare.

3 Tre bultar på 8 mm i diameter och ett inställningsstift eller en borr på 6 mm i diameter kommer att behövas för att låsa fast vevaxelns, kamaxelns och bränsleinsprutningspumpens drev på plats.

4 För inställning av denna motor anger ÖD (övre dödpunkt) positionen för kolv nr 4 i slutet på kompressionstakten. Kolv nr 4 sitter i kamremsänden på motorn.

5 Demontera övre transmissionskåpan

genom att ta loss fästbultarna och lyfta av kåpan från topplocket **(se bild)**.

6 Demontera den mittre kåpan genom att först vrida hjulen så långt det går åt höger och sedan ta ut gummipluggen som sitter under det främre, högra hjulhuset. Skruva ur kåpbultarna som kan nås genom hålet på insidan av vingen. Skruva ur de andra fästbultarna från mitten på kåpan och manövrera sedan ut den **(se bilder)**.

7 Vevaxeln måste nu vridas tills de tre bulthålen i kamaxelns och insprutningspumpens drev (ett hål i kamaxeldrevet och två i insprutningspumpdrevet) är i linje med motsvarande hål i topplocket och insprutningspumpens monteringsfäste. Vevaxeln kan vridas med hjälp av en skiftnyckel på remskivans bult, detta sedan glödstiften demonterats så att motorn kan vridas lättare. Remskivebulten kan nås lättare om man höjer bilens främre högra hörn med en domkraft och tar bort hjulet och hjulhusskydden.

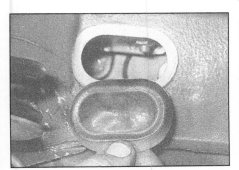

28.6a Ta bort gummipluggen . . .

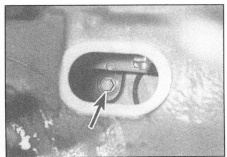

28.6b . . . för att komma åt transmissionskåpans bult (vid pilen)

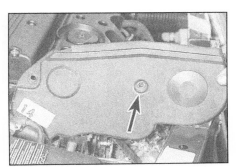

28.6c Skruva loss kvarvarande bult (vid pilen) och ta bort mittkåpan

28.8 Sätt in en 6 mm borr (vid pilen) genom hålet i topplockets fläns och in i svänghjulets inställningshål

28.9a Sätt in en 8 mm bult (vid pilen) genom inställningshålet i kamaxeldrevet och in i topplocket ...

8 Sätt in ett inställningsstift eller en borr med 6 mm diameter genom hålet i topplockets vänstra fläns (precis ovanför ÖD-givarens plats). Om nödvändigt, vrid försiktigt på vevaxeln i endera riktningen tills inställningsstiftet går in i ÖD-hålet i svänghjulet (se bild).
9 Sätt in tre M8 bultar i hålen i kamaxelns och bränsleinsprutningspumpens drev och skruva sedan in dem i motorn med fingrarna (se bilder).
10 Vevaxeln, kamaxeln och insprutningspumpen är nu låsta i sitt läge med kolv nr 4 vid ÖD.

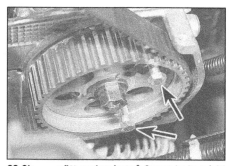

28.9b ... sätt sedan in två 8 mm bultar (vid pilarna) i hålen insprutningspumpens drev och in i fästkonsolen

11 Lossa fästmuttern till kamremsspännarens remskiva. Vrid remskivan medurs med en fyrkantsnyckel monterad i hålet i remskivenavet och dra sedan åt fästmuttern.
12 Ta av remmen från drev, tomgångsdrev och spännare.

Montering och spänning

13 Rengör kamremsdreven grundligt. Kontrollera att spännarremskivan roterar fritt, utan tecken på kärvning. Om nödvändigt, byt ut spännarremskivan. Var noga med att spärrverktygen håller sig på plats.
14 Sätt den nya remmen på plats, se till att pilarna på remmen pekar i rotationsriktningen (medurs sett från motorns högra ände) (se bild).
15 Vrid inte remmen nämnvärt när den monteras. Börja med att placera remmen över vevaxeldrevet, mata den sedan vidare till kylvätskepumpens drev, tomgångsdrevet och insprutningspumpens drev, se till att remmen hålls spänd (se bild). Placera remmens bakre del under spännrullen och montera sedan fast den över kamaxeldrevet. Var noga med att remtänderna monteras mitt på dreven.
16 Lossa spännarremskivans fästmutter. Vrid remskivan moturs för att eliminera allt fritt spel från kamremmen och dra sedan åt muttern igen (se bild).

17 Citroën-verkstäder använder ett av två specialverktyg för att spänna kamremmen. Ett av dessa verktyg monteras på remmen mellan insprutningspumpens och kamaxelns drev och remmen spänns tills verktyget mätare visar 25 enheter.
18 Det andra verktyget består av en stav och vikt som ansluts till spännarens remskiva (se bild). Ett liknande verktyg kan tillverkas med en lämplig fyrkantsstav ansluten till en arm. Ett hål ska borras i armen, 80 mm från mitten på fyrkantsstaven. Sätt in verktyget i hålet i spännarremskivan, verktygsarmen ska hållas så horisontell som möjligt, och häng en 2 kg vikt i hålet i verktyget. Om du inte kan få tag på något föremål av rätt vikt kan en fjäderbalans användas för att få rätt tryck, fjäderbalansen ska hållas i 90° vinkel från verktygsarmen (se bild). Lossa remskivans fästmutter och låt vikten eller fjädertrycket (beroende på metod) pressa spännarremskivan mot remmen.
19 Ta bort låsverktygen från kamaxeldrevet, insprutningspumpdrevet och svänghjulet.
20 Använd lämplig hylsa och förlängningsstag på vevaxelns drevbult och vrid vevaxeln tio hela varv medurs (sett från motorns högra ände). Vevaxeln får aldrig under några omständigheter vridas moturs.

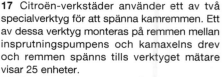

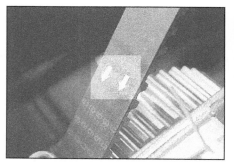

28.14 Pilar på remmen som visar rotationsriktning

28.15 Kamremmen läggs på dreven

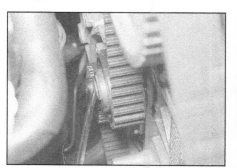

28.16 Eliminera allt spel från remmen och dra sedan åt spännarremskivans mutter

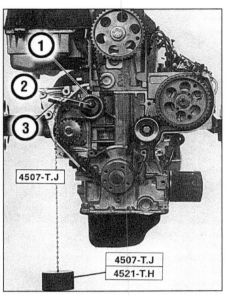

28.18a Citroëns specialverktyg används
till att spänna kamremmen

1 Spännarrulle
2 Remskivans
   fästmutter
3 Specialverktyg
   monterat på
   spännarrullen

21 Lossa spännarens remskivemutter, spänn remmen igen på det sätt som just beskrivits och dra sedan spännarens remskivemutter till specificerat moment.
22 Låt vevaxeln rotera ytterligare två varv medurs och kontrollera att både kamaxel-drevets och svänghjulets inställningshål är korrekt i linje.
23 Om allt är som det ska, montera kam-remskåporna i omvänd ordning från demon-tering.
24 Återanslut batteriets minuspol.
25 Sätt tillbaka den högra strålkastaren om den demonterats.

28.18b Ett hemmagjort verktyg och
fjäderbalans används till att spänna
kamremmen

60 000 km service – Citroën Xantia

29 Kamrem – byte

1 Se avsnitt 31, men observera att det kan förekomma vissa skillnader vid demon-teringen av transmissionskåporna, beroende på modellår.

80 000 km service – Citroën BX/Visa/C15

30 Kamrem – byte

Demontering

1 På Visa-modeller, dra åt handbromsen.
2 På BX-modeller, klossa bakhjulen och lägg ur handbromsen. Handbromsen arbetar på framhjulen.
3 På modeller med manuell växellåda, lyft upp bilens främre högra hörn med en dom-kraft så att hjulet precis lyfter från marken. Stöd bilen på pallbockar och lägg i fjärde eller femte växeln. Det gör att motorn lätt kan dras runt genom att man snurrar på det högra hjulet.
4 På modeller med automatväxellåda, sätt en öppen blocknyckel på vevaxelns remskive-bult.

5 Demontera motorns stänkskydd från under det främre högra hjulhuset.
6 Koppla bort batteriets minuspol.
7 Lossa generatorns styr- och justerbultar och skruva sedan ur spännarbulten så mycket att det är möjligt att dra av drivremmen från remskivorna.
8 På modeller med manuell växellåda, lägg i fjärde eller femte växeln och be en med-hjälpare trycka ned bromspedalen, skruva sedan ur vevaxelns remskivebult. På BX-modeller kan handbromsen läggas i istället för att bromspedalen trycks ned för att hålla vevaxeln stilla. På modeller med automat-växellåda, ta bort växellådskåpan och lås startmotorns krondrev.
9 Dra av remskivan från vevaxeln. Skruva ur bultarna, ta bort den nedre transmissionskåpan.
10 Stöd motorn med en lyft eller en garagedomkraft.

11 Skruva ur muttrarna och demontera motorns högra monteringsfäste **(se bild)**.
12 Ta loss det främre clipset (tidiga modeller), lossa de två fjäderclipsen och ta ut transmissionskåpans två delar **(se bilder)**. Observera att det inte finns några fjäderclips på senare modeller, som har annorlunda kåpa och fästen.
13 Vrid runt motorn genom att snurra på det högra hjulet eller vevaxelns remskivebult tills de tre bulthålen i kamaxelns och insprut-ningspumpens drev är i linje med mot-svarande hål i motorns frontplatta.
14 Sätt in en metalldubb eller borr med 8 mm diameter genom det särskilda hålet i den vänstra bakre flänsen på topplocket vid startmotorn. Vrid sedan motorn försiktigt åt endera hållet tills inställningsstiftet går in i ÖD-hålet i svänghjulet.

30.11 Motorns högra monteringsfäste

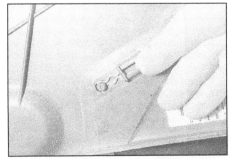

30.12a Transmissionskåpans främre clips
(tidiga modeller) . . .

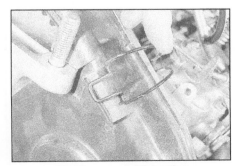

30.12b . . . och fjäderclips

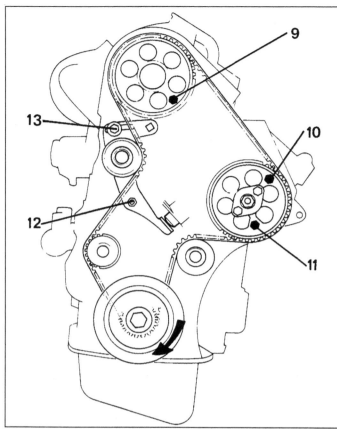

30.15 Kamaxelns och insprutningspumpens drev hålls på plats med M8 bultar

9, 10 och 11 M8 bultar   13 Spännarens justerbult
12 Spännarens pivåmutter

30.19a Kamremmen placeras över insprutningspumpens drev . . .

30.19b . . . kamaxeldrevet . . .

15 Sätt in tre M8 bultar genom hålen i kamaxelns och insprutningspumpens drev och skruva in dem i motorns frontplatta med fingrarna (se bild).
16 Lossa kamremsspännarens styrmutter och justerskruv och vrid sedan fästet moturs för att lätta på spänningen. Dra åt justerbulten så att spännaren hålls slapp. Om tillgängligt, sätt en 3/8 tums fyrkantsförlängning i hålet och vrid fästet mot fjäderspännaren.
17 Demontera kamremmen från kamaxelns,

30.19c . . . och kylvätskepumpens drev

insprutningspumpens, kylvätskepumpens och vevaxelns drev.

Montering och spänning

18 Sätt på den nya remmen på vevaxeldrevet, var noga med att rotationspilen pekar i rätt riktning.
19 Håll fast remmen på vevaxeldrevet och mata den över rullen och upp på insprutningspumpens, kamaxelns och kylvätskepumpens drev och över spännrullen. För att försäkra dig om att remmen hamnar rätt, lägg på den på insprutningspumpdrevet med endast halva bredden på drevet. Mata sedan kamremmen vidare till kamaxeldrevet, håll remmen spänd och helt fastsatt på vevaxeldrevet. Sätt fast kamremmen ordentligt på alla drev (se bilder).
20 Med styrmuttern lös, lossa på spännarens justerskruv samtidigt som du håller fästet mot fjäderspänningen. Lossa fästet långsamt tills rullen trycks mot kamremmen. Dra åt justerskruven.
21 Demontera bultarna från kamaxelns och insprutningspumpens drev. Demontera metalldubben från topplocket.
22 Rotera motorn två hela varv i dess

normala riktning. Dra inte motorn baklänges eftersom kamremmen måste hållas spänd mellan vevaxelns, insprutningspumpens och kamaxelns drev.
23 Lossa på spännarens justerskruv så att fjädringsspännaren trycker rullen mot kamremmen och dra sedan åt både justerbulten och styrmuttern.
24 Kontrollera motorinställningen igen och ta sedan bort metalldubben.
25 Montera transmissionskåpans tre delar och fäst med specialclips och fjäderclips.
26 Montera tillbaka motorns högra monteringsfäste och dra åt muttrarna.
27 Ta bort garagedomkraften eller lyften.
28 Sätt på remskivan på framdelen på vevaxeln.
29 Applicera tre droppar låsvätska på gängorna på vevaxelns remskivebult. Sätt in bulten och dra åt till specificerat moment medan vevaxelns hålls stilla.
30 Montera och spänn generatorns drivrem.
31 Återanslut batteriets negativa anslutning.
32 Montera motorns stänkskydd under det högra, främre hjulhuset.
33 Sänk ned bilen på marken.

31.3 Demontera den högra transmissionskåpan

31.4 Demontera den vänstra transmissionskåpan

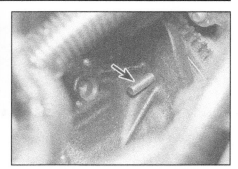

31.6 Stift (vid pilen) instucket genom motorblocket in i ÖD-hålet i svänghjulet

80 000 km service – Citroën ZX

31 Kamrem – byte

Observera: *Närhelst kamremmen byts är det en mycket god idé att samtidigt undersöka kylvätskepumpen och leta efter tecken på kylvätskeläckage. Detta kan göra att man slipper demontera kamremmen igen vid ett annat tillfälle om kylvätskepumpen skulle gå sönder.*

Demontering

1 Observera att det behövs tre bultar med 8 mm diameter och ett inställningsstift eller en borr med 8 mm diameter för att låsa fast vevaxelns, kamaxelns och bränsleinsprutningspumpens drev på plats.

2 För inställning av denna motor anger ÖD (övre dödpunkt) positionen för kolv nr 1 i slutet på kompressionstakten. Kolv nr 1 sitter i svänghjulets/drivplattans ände på motorn.

3 Demontera den övre, högra transmissionskåpan genom att först demontera konsolen mellan motorns högra fäste och karossen.

Detta gör det mycket lättare att komma åt. Lossa det övre fjäderclipset från kåpan. Lossa den nedre fästet med en skruvmejsel och lyft sedan kåpan uppåt och bort från motorn **(se bild)**.

4 Demontera den övre, vänstra transmissionskåpan genom att lossa de två fästclipsen, lirka kåpan över pinnbultarna framtill på motorn och lyft den sedan uppåt och ut **(se bild)**. Utrymmet är begränsat och om man vill kan åtkomsten förbättras genom att man demonterar motorns fästkonsol.

5 Vevaxeln måste nu vridas tills de tre bulthålen i kamaxelns och insprutningspumpens drev (ett hål i kamaxeldrevet och två i insprutningspumpdrevet) är i linje med motsvarande hål motorns frontplatta. Vevaxeln kan vridas med hjälp av en skiftnyckel på remskivans bult.

6 Sätt in ett inställningsstift eller en borr med 8 mm diameter genom hålet i motorblockets vänstra fläns vid startmotorn. Om nödvändigt, vrid försiktigt på vevaxeln i endera riktningen tills inställningsstiftet går in i ÖD-hålet i svänghjulet **(se bild)**.

7 Sätt in tre M8 bultar i hålen i kamaxelns och bränsleinsprutningspumpens drev och skruva sedan in dem i motorn med fingrarna **(se bilder)**.

8 Vevaxeln, kamaxeln och insprutningspumpen är nu låsta i sitt läge med kolv nr 1 vid ÖD.

9 Demontera vevaxelns remskiva.

10 Lossa kamremsspännarens styrmutter och justerbult och vrid sedan spännarfästet moturs för att lätta på spänningen. Dra åt justerbulten så att spännaren hålls slapp. Om tillgängligt, sätt en 3/8 tums fyrkantsförlängning i hålet och vrid fästet mot fjäderspännaren **(se bild)**.

11 Ta av kamremmen från dreven.

Montering och spänning

12 Börja monteringen med att försäkra dig om att M8 bultarna fortfarande är fästa vid kamaxelns och insprutningspumpens drev, och att inställningsstiftet eller borren sitter i ÖD-hålet i svänghjulet.

13 Sätt på den nya remmen på vevaxeldrevet, se till att rotationspilen pekar i rätt riktning.

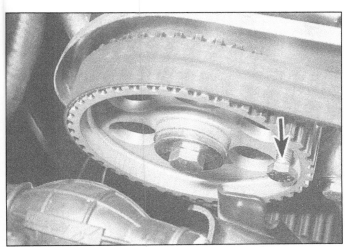

31.7a M8 bult (vid pilen) instucken genom ÖD-hålet i kamaxeldrevet

31.7b M8 bultar (vid pilarna) instuckna genom ÖD-hålen i bränsleinsprutningspumpens drev

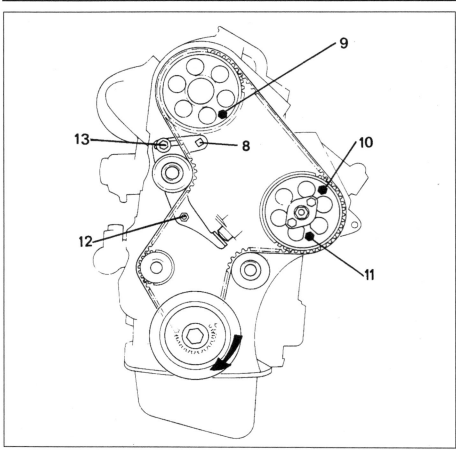

31.10 Demontering av kamremmen

8 *Fyrkantigt hål*	12 *Spännarens pivåmutter*
9, 10 och 11 *M8 bultar*	13 *Justerbult*

31.15 Halva kamremmen ihakad i kamaxeldrevet

14 Se till att remmen sitter som den ska. Håll den på plats och mata remmen över de andra dreven i följande ordning:

a) *Mellanrulle*
b) *Bränsleinsprutningspump*
c) *Kamaxel*
d) *Spännarrulle*
e) *Kylvätskepump*

15 Var noga med att inte vrida remmen eller låta den sno sig. För att vara säker på att den hamnar rätt, placera endast halva bredden på insprutningspumpens drev innan remmen matas vidare till kamaxelsdrevet, håll remmen spänd och helt på plats på vevaxeldrevet. Sätt på remmen helt på samtliga drev **(se bild)**.

16 Ta bort bultarna från kamaxelns och bränsleinsprutningspumpens drev. Ta ut inställningsstiftet eller borren från ÖD-hålet i svänghjulet.

17 Med styrmuttern lös, lossa på spännarens justerbult samtidigt som fästet hålls mot fjäderspänningen. Släpp långsamt på fästet tills rullen trycks mot kamremmen. Dra åt justerbulten och styrmuttern igen.

18 Vrid vevaxeln två hela varv i normal arbetsriktning (medurs). Vrid inte vevaxeln bakåt, eftersom kamremmen måste hållas spänd mellan vevaxel- bränsleinsprutnings- och kamaxeldreven.

19 Lossa på spännarens justerbult och styrmuttern så att fjädringsspännaren trycker rullen mot kamremmen, dra sedan åt både justerbulten och styrmuttern till specificerade moment.

20 Kontrollera att kolv nr 1 är vid ÖD genom att sätta in drevets låsbultar och inställningsstiftet eller borren i ÖD-hålet i svänghjulet. Om kolv nr 1 inte är vid ÖD har kamremmen blivit felaktigt monterad (förmodligen sitter en tand fel på ett av dreven). Om så är fallet, upprepa monteringsproceduren från början.

21 Sätt tillbaka transmissionskåporna. Sänk inte ned bilen på marken förrän konsolen mellan motorns fäste och karossen har monterats. Avsluta med att montera vevaxelns remskiva och sätt tillbaka och spänn drivremmen till hjälpaggregaten.

Kapitel 3
Citroën 1360cc, 1527cc, 1769cc och 1905cc motorer

Del B: Underhåll av bränslesystem

Innehåll

Specifikationer

Glödstift
Citroën AX	Champion CH147
Citroën BX/Visa/C15	Champion CH68
Citroën ZX och Xantia:	
Ej turbo	Champion CH68
Turbo	Champion CH163

Bränsleinsprutare
Typ (alla modeller)	Tapp
Öppningstryck:	
Citroën AX och Visa:	
Lucas	115 ± 5 bar
Bosch	130 bar
Citroën C15:	
Lucas insprutningspump efter tidigt 1993:	
Grön krage	138 till 143 bar
Grön krage och grön prick	142 till 147 bar
Alla andra modeller	130 bar
Citroën BX:	
Lucas insprutningspump efter tidigt 1993:	
161-A XUD7/L 052 – R8444 – B030A	118 ± 5 bar
A8A XUD7TE/L 056 – R8443 – B941A	143 ± 5 bar
Alla andra modeller	130 bar
Citroën ZX:	
Lucas insprutningspump:	
Ingen markering på insprutaren	113 till 118 bar
Grön markering på insprutaren	117 till 122 bar
Rosa markering på insprutaren	123 till 128 bar
Rosa och grön markering på insprutaren	127 till 132 bar
Bosch insprutningspump:	
Alla motorer utan turbo	130 bar
Motorer med turbo	175 bar

3B•2 Citroën: Underhåll av bränslesystem

Citroën Xantia:
  Lucas bränsleinsprutningspump:
    Rosa markering på insprutaren .... 123 till 128 bar
    Grön/rosa markering på insprutaren .... 127 till 132 bar
  Bosch bränsleinsprutningspump (turbomotorer)
    Blå markering på insprutaren .... 175 bar

Bränsleinsprutningspump

Rotationsriktning (alla modeller) .... Medurs från drevänden

Citroën AX

Typ:
  1360cc motor .... Lucas eller Bosch
  1527cc motor .... Lucas
Statisk inställning:
  Motorns läge .... Kolv nr 4 vid ÖD
  Pumpens läge:
    Lucas .... Värdet visas på pumpen
    Bosch .... 0,80 mm (END på pump)
  Motsvarande statisk förställning:
    1360cc motor .... 11° 30' FÖD
    1527cc motor .... 14° FÖD
Dynamisk inställning vid normal arbetstemperatur:
  1360cc motor .... 12° FÖD
  1527cc motor .... Ej tillgänglig

Citroën BX – Bosch typ före tidigt 1993

Typ	D9B XUD9A/L BVM XUD201 – R425/1	D9B XUD9A/L BVA XUD201 – R425/3
Statisk inställning (pump END)	1,07 mm	0,98 mm

Citroën BX – Lucas typ före tidigt 1993

Typ	161-A XUD7/L 052 R8444 – B030A	A8A XUD7TE/L 056 R8443 – B941A
Statisk inställning	dimension X markerad på pumpen på pumpen	dimension X markerad
Dynamisk inställning	14° ± 1°	-

Citroën BX och Visa – Lucas typ

Statisk inställning .... 2,26 ± 0,05 mm FÖD (motsvarar 16° FÖD)
Dynamisk inställning:
  Visa och BX17 .... 14 ± 1° FÖD vid 800 rpm
  BX19 med insprutningspumpkod DPCR 844 3161 A .... 17 ± 1° FÖD vid tomgång
  BX19 med insprutningspumpkod DPCR 844 3261 C .... 14 ± 1° FÖD vid tomgång

Citroën BX och Visa – Bosch typ före 1987

	Statisk inställning	Dynamisk inställning
Visa	0,72 ± 0,03 mm FÖD	14 ± 1° FÖD vid 800 rpm
BX17	0,80 ± 0,03 mm FÖD	14 ± 1° FÖD vid 800 rpm
BX19	0,57 ± 0,03 mm FÖD	13 - 14° FÖD vid tomgång

Citroën BX och Visa – Bosch typ efter 1987

Inställningsvärden vid ÖD (se text):

Motorkod	Pump kod	Inställningsvärde
XUD 7 (oktober 1987 och framåt)	VER 171-1	0,90 mm
XUD 7 (tidigt 1993 och framåt)	VER R171-3	0,89 mm
XUD 9A (april 1987 t o m april 1988)	VER 272-1	0,83 mm
XUD 9A (april 1988 och framåt)	VER 272-2	0,90 mm
XUD 7TE	-	0,80 mm

Citroën C15:

	Typ	Statisk inställning
Bosch typ efter tidigt 1993	523 (R171-3)	(pumpen END) 0.89 mm
Lucas typ efter tidigt 1993	047 (R 8443B 930 A)	dimension X markerad på pumpen

Citroën ZX – Lucas typ

Statisk inställning:
  Motorns position .... Kolv nr 4 vid ÖD
  Pumpens position .... Värdet visar på pumpen
Dynamisk inställning vid tomgång:
  XUD7 (A9A) motor .... 12° ± 1°
  XUD9A (D9B) motor .... 14,5° ± 1°
  XUD9A/L (D9B) motor .... 12,5° ± 1°

Citroën ZX – Bosch typ

Statisk inställning:

Motorns position . . . . Kolv nr 4 vid ÖD

   Pumpens position:

      XUD7 (A9A) motor . . . . 0,90 mm END

      XUD9A (D9B) och XUD9A/L (D9B) motorer . . . . 1,07 mm END

      XUD9Y (DJZ) motor . . . . 0,77 mm END

      XUD9TE/L (D8A) och XUD9TE/Y (DHY och DHZ) motorer . . . . 0,66 mm END

Citroën ZX – Bosch typ (fortsättning)

Dynamisk inställning vid tomgång:

   XUD7 (A9A) motor . . . . 15,5° ± 1°

   XUD9A (D9B) och XUD9A/L (D9B) motorer . . . . 17,5° ± 1°

   XUD9Y (DJZ) motor . . . . 14° ± 1°

   XUD9TE/L (D8A) och XUD9TE/Y (DHY och DHZ) motorer . . . . 12,5° ± 1°

Citroën Xantia – Lucas typ, D9B motor

Statisk inställning:

   Motorns position . . . . Kolv nr 4 vid ÖD

   Pumpens position . . . . Värdet visas på pumpen

Dynamisk inställning vid tomgång . . . . 12° ± 1°

Citroën Xantia – Bosch typ, D8B motor

Statisk inställning:

   Motorns position . . . . Kolv nr 4 vid ÖD

   Pumpinställningsmätning . . . . 0,66° 0,02 mm

Dynamisk inställning vid tomgång . . . . 12,5° ± 1°

Snabbtomgångshastighet
se specifikationerna i kapitel 3A

Maximal motorhastighet

Citroën AX

Maximal motorhastighet utan belastning:

   1360cc motor . . . . 5500 rpm

   1527cc motor . . . . 5450 rpm

Citroën BX – efter tidigt 1993 Bosch insprutningspump

Maximal motorhastighet med belastning: 4600 rpm

Citroën BX – efter tidigt 1993 Lucas insprutningspump

Maximal motorhastighet med belastning:

   161-A XUD7/L 052 - R8444 - B030A . . . . 4600 rpm

   A8A XUD7TE/L 056 - R8443 - B941A . . . . 4300 rpm

Citroën BX – alla andra modeller

Maximal motorhastighet utan belastning . . . . 5100 ± 100 rpm

Citroën C15 och Visa

Maximal motorhastighet utan belastning . . . . 5100 ± 100 rpm

Citroën ZX

Ingen belastning:

   1.7 liters motor . . . . 5100 ± 125 rpm

   1.9 liters motorer utan turbo . . . . 5150 ± 125 rpm

   1.9 liters motorer med turbo . . . . 5050 ± 125 rpm

Full belastning:

   Alla motorer utan turbo . . . . 4600 ± 80 rpm

   Motorer med turbo . . . . 4500 ± 80 rpm

Citroën Xantia

D9B motorer utan turbo . . . . 5150 ± 125 rpm

D8B motorer med turbo . . . . 5100 ± 80 rpm

Åtdragningsmoment
Nm

Citroën AX

Glödstift 22

Insprutningspump:

   Anslutningsbultar till matnings- och returslang 25

   Främre fästesmuttrar 18

   Bakre fästesbultar 23

Insprutningsrörets anslutningsmuttrar 20

Bränsleinsprutare 70

Citroën BX/Visa/C15

Topplockets täckplugg	30
Glödstift	22
Insprutningspump:	
Fästesmuttrar	18
Täckplugg (Bosch)	20
Drevmutter	50

Citroën BX/Visa/C15 (fortsättning)

Insprutningsrörets anslutningsmuttrar	20
Bränsleinsprutare:	
Bosch	90
Lucas	130

Citroën ZX och Xantia

Bränslerörets anslutningsbultar	20
Glödstift	22
Insprutningspump:	
Drevmutter	50
Bultar till drevavdragare	10
Fästesmuttrar/-bultar	20
Inställningshålets täckplugg:	
Lucas	6
Bosch	15
Bränsleinsprutare till topplock	90
Fjärde cylinderns ÖD täckplugg	30
Stoppsolenoid:	
Lucas	15
Bosch	20

1 Gasvajer – justering

1 Ta bort fjäderclipset från gasvajerns skårade ytterbeslag **(se bild)**. Försäkra dig om att styrarmen är mot sitt stopp och dra sedan försiktigt ut vajern ur sin genomföring så långt att allt fritt spel eliminerats från innervajern.
2 Håll vajern i detta läge, sätt tillbaka fjäderclipset i den sista synliga skåran på ytterbeslaget framför gummigenomföringen och brickan. När clipset har satts tillbaka ska det endast finnas ett litet spel i innervajern.
3 Be en medhjälpare trycka ned gaspedalen och kontrollera att styramen öppnar helt och smidigt återvänder till sitt stopp.

2 Maximal motorhastighet – kontroll och justering

Varning: Justerskruven för maximal motor-hastighet är plomberad av tillverkarna på

1.1 Ta bort fjäderclipset från gasvajern

fabriken med färg eller låstråd och en blyplomb. Rör inte skruven om bilen fortfarande har en gällande fabriksgaranti, annars blir garantin ogiltig. Justering kan endast utföras med hjälp av en varv-räknare.
1 Kör motorn till normal arbetstemperatur.
2 Om bilen inte har en varvräknare, anslut ett lämpligt instrument enligt tillverkarens instruktioner.
3 Be en medhjälpare trycka ned gaspedalen helt och kontrollera att den maximala hastigheten är enligt specifikationerna. Låt inte motorn gå på maxfart mer än 2-3 sekunder.
4 Om justering är nödvändig, stäng av motorn och lossa sedan låsmuttern, justera skruven för maximal motorhastighet efter behov och dra slutligen åt låsmuttern igen **(se bilder)**.
5 Upprepa proceduren i paragraf 3 för att kontrollera justeringen.
6 Stäng av motorn och koppla ifrån varv-räknaren om sådan använts.

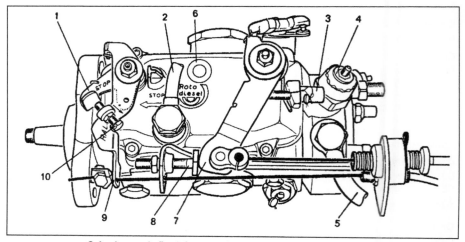

2.4a Lucas bränsleinsprutningspump – justeringspunkter

1	Manuell stopparm	4	Stoppsolenoid
2	Bränslereturrör	5	Bränsleinlopp
3	Justerskruv för maximal hastighet	6	Åtkomstplugg
		7	Styr- (gaslänkage-) arm

8	Justerskruv för tomgångsbegränsning
9	Snabbtomgångsarm
10	Justerskruv för tomgångshastighet

2.4b Bosch bränsleinsprutningspump – justeringspunkter

1 Justerskruv för snabbtomgång
2 Vajerns ändbeslag
3 Snabbtomgångsarm
4 Justerskruv för tomgångshastighet
5 Justerskruv för tomgångsbegränsning
6 Justerskruv för snabbtomgångsvajer
7 Justerskruv för gasvajer
8 Justerskruv för maximal motorhastighet
9 Styr- (gaslänkage-) arm
a Mellanlägg för justering av
   tomgångsbegränsning

7 Montera aktiveraren med hjälp av lämplig tätningsmassa eller en ny bricka, som tillämpligt, och dra åt den.
8 För in justerbeslaget i fästet på bränsle-insprutningspumpen och skruva på lås-muttern med fingrarna.
9 För in innervajern genom snabbtomgångs-armen och sätt på ändbeslaget på vajern, men dra inte åt klämskruven eller muttern (beroende på vad som finns).
10 Justera vajern enligt följande:

3 Snabbtomgångsstyrning – demontering, montering och justering

Observera: *En ny tätningsbricka måste användas vid montering av den termostatiska aktiveraren.*

Demontering

1 Koppla bort batteriets minuspol.
2 Tappa av kylsystemet delvis.
3 Lossa klämskruven eller muttern och ta bort ändbeslaget från innervajern vid bränsle-insprutningspumpens snabbtomgångsarm **(se bilder).**
4 Skruva ur låsmuttern och demontera justerbeslaget och vajerhöljet från fästet på insprutningspumpen **(se bilder).**
5 Skruva ur aktiveraren ur sitt hus och ta vara på tätningsbrickan **(se bilder).**

Montering

6 Om tätningsmassa från början använts för att montera aktiveraren i stället för en bricka, rengör aktiverare och hus mycket noggrant och ta bort alla spår av gammal tätnings-massa. Ingen tätningsmassa får lämnas kvar i de inre kylvätskegångarna i huset.

Justering

Citroën AX

11 När motorn är kall, tryck snabbtomgångs-armen så långt det går (mot pumpens bakre del). Håll den i detta läge och för vajerns ändbeslag längs vajern tills det kommer i kontakt med snabbtomgångsarmen eller fästet (som tillämpligt) och dra sedan åt dess klämmutter ordentligt **(se bild).**

3.3a Klämmutter för snabbtomgångs-vajerns ändbeslag – Lucas pump

3.3b Lossa klämskruven för snabbtom-gångsvajerns ändbeslag – Bosch pump

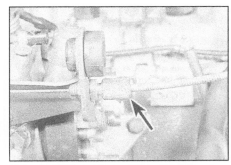
3.4a Snabbtomgångsvajerns justerbeslag – Lucas pump

3.4b Dra av snabbtomgångsvajern från justerbeslaget – Bosch pump

3.5a Skruva loss den termostatiska aktiveraren från topplocket . . .

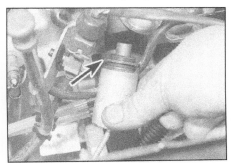
3.5b . . . och ta bort den tillsammans med brickan (vid pilen)

3.11 Justering av snabbtomgångsvajern

3.13 Finjustering av snabbtomgångsvajern

4 Stoppsolenoid – demontering och montering

⚠️ **Varning: Låt inte smuts komma in i bränsleinsprutningspumpen under följande arbete.**

Demontering

1 Koppla bort batteriets minuspol.
2 På Citroën ZX och Xantia modeller som har en Bosch bränsleinsprutningspump, kan det vara nödvändigt att ta ur bultarna och ta bort snabbtomgångsvajerns stödfäste från sidan på pumpen för att komma åt bättre.
3 Ta bort gummiskyddet (där tillämpligt) och skruva sedan ur fästmuttern och koppla bort ledningen från uppe på solenoiden **(se bilder)**.
4 Gör försiktigt rent runt solenoiden och skruva sedan ur och ta ut solenoiden, ta vara på tätningsbricka eller O-ring (som tillämpligt) **(se bild)**. Ta vara på solenoidkolven och fjädern om de sitter kvar i pumpen **(se bild)**. Aktivera den handdrivna snapsningspumpen när solenoiden demonteras, för att spola bort eventuell smuts.

Montering

5 Montering sker i omvänd ordning mot montering, använd ny tätningsbricka eller O-ring.
6 Om snabbtomgångsvajern kopplats loss, återanslut den enligt beskrivning i avsnitt 3.

12 Starta motorn och värm upp den till normal arbetstemperatur. Medan motorn värms upp ska snabbtomgångsvajern sträckas ut så att snabbtomgångsarmen återvänder till sitt stopp.
13 Stäng av motorn när kylfläkten har startat och mät spelet mellan snabbtomgångsarmen och vajerns ändbeslag. Det ska vara ett mellanrum på ca 0,5 till 1 mm. Om inte, lossa på klämmuttern, flytta ändbeslaget till rätt läge och dra sedan åt skruven eller muttern igen. Observera att finjustering av vajern kan utföras med justerbeslaget på monteringsfästet **(se bild)**.
14 Sedan vajern justerats korrekt, låt motorn svalna. Medan den svalnar ska snabbtomgångsvajern dras tillbaka in i ventilen och föra tillbaka snabbtomgångsarmen till sitt stopp.

Alla andra modeller

15 Med kall motor, för snabbtomgångsarmen helt mot svänghjulsänden på motorn. Se till

att vajerns ändbeslag nuddar armen och dra åt klämskruven eller muttern.
16 Placera justerbeslaget så att snabbtomgångsarmen nuddar sitt stopp och dra sedan åt beslagets låsmutter.
17 Mät den synliga delen av innervajern.
18 Fyll på kylsystemet och kör motorn till normal arbetstemperatur.
19 Kontrollera att snabbtomgångsgvajern är slack. Om inte är det troligt att givaren är defekt.
20 När motorn är varm, kontrollera att den synliga längden på innervajern har ökat med minst 6,00 mm, vilket tyder på att termostatgivaren fungerar som den ska.
21 Kontrollera att motorvarvtalet ökar när snabbtomgångsarmen trycks mot svänghjulsänden på motorn. När armen är mot sitt stopp ska snabbtomgångshastigheten vara enligt specifikationerna, se del A i detta kapitel.
22 Stäng av motorn.

5 Lägesbrytare för belastningsarm (Bosch pump, BX/Visa/C15) – justering

Observera: Denna information gäller endast Bosch insprutningspumpar av senare modell.
1 Märk den inre gasvajern 11,0 mm från kanten på vajerhöljet **(se bild)**.
2 Flytta på belastningsarmen tills märket på innervajern möter kanten på vajerhöljet. Håll armen i detta läge.
3 Lossa kontaktens monteringsskruvar och vrid sedan brytaren tills de inre kontakterna öppnar med ett klick **(se bild)**.
4 Dra åt monteringsskruvarna med brytaren i detta läge och släpp sedan armen.

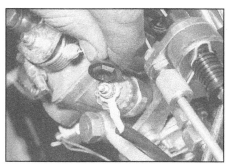

4.3a Ta bort gummiskyddet . . .

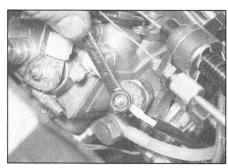

4.3b . . . skruva sedan ur fästmuttern och koppla loss solenoidens ledning

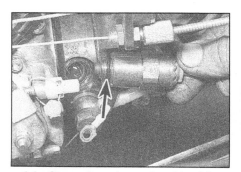

4.4a Skruva loss stoppsolenoiden från pumpen och ta vara på o-ringen (vid pilen)

4.4b Ta bort solenoiden och dra ut kolven och fjädern (vid pilen)

5.1 Märk innervajern 11,0 mm från änden på vajerhöljet

5.3 Lägesbrytare för belastningsarm

5 Rör på armen igen och kontrollera att kontakterna arbetar när märket på innervajern når kanten på vajerhöljet.

6 Glödstift – demontering, inspektion och montering

Varning: Om förvärmningssystemet just har aktiverats, eller om motorn har varit påslagen, kan glödstiften vara mycket varma.

Citroën ZX

Demontering

1 Koppla bort batteriets minuspol.
2 För att komma åt bättre, demontera mellankylaren (turbomotorer) eller luftfördelarhuset (XUD9/A - D9B motor), som tillämpligt. Koppla på liknande sätt bort luftslangen som ansluter luftrenarenheten till toppen på insugsröret, där tillämpligt.
3 Ta bort muttrarna från glödstiftsterminalerna och ta vara på brickorna. Observera att huvudmatarkabeln är ansluten till ett av glödstiften (vanligen cylinder nr 2 eller 3) och fäst med en Nyloc mutter. Demontera den mellangående ledningen från toppen på glödstiften **(se bilder)**.
4 Flytta försiktigt eventuella rör och ledningar som ligger i vägen till ena sidan för att få tillgång till glödstiften.
5 Skruva ur glödstiften och ta bort dem från topplocket **(se bild)**. Observera att på vissa modeller är tillgången till fjärde cylinderns glödstift extremt begränsad och stiftet demonteras lättast med hjälp av en ledbar skiftnyckel. Alternativt kan det vara möjligt att demontera stiftet sedan det först har lossats med två skruvmejslar.

Inspektion

6 Undersök om glödstiften visar tecken på yttre skada. Brända eller eroderade glödstift kan orsakas av ett dåligt insprutnings-spraymönster. Se till att bränsleinsprutarna blir undersökta om denna typ av skada upptäcks.
7 Om glödstiften verkar vara i gott skick, undersök dem elektriskt med hjälp av en 12 volts testlampa eller kontinuitetsmätare enligt beskrivning i avsnitt 15.
8 Glödstiften kan aktiveras genom att man matar 12 volt genom dem och kontrollerar att de värms upp jämnt och inom utsatt tid. Observera följande säkerhetsföreskrifter.
  a) *Stöd glödstiftet genom att klämma åt det i en skruvtving eller självläsande tång. Kom ihåg att stiftet kommer att bli glödhett.*
  b) *Se till att strömmatningen eller testkabeln har en säkring eller maximalutlösare som skyddar mot skador vid en kortslutning.*
  c) *Låt glödstiftet svalna i flera minuter efter testet innan du försöker handskas med det.*
9 Ett glödstift i god kondition börjar bli rödglödgat i toppen efter att ha dragit ström i ungefär 5 sekunder. Om ett glödstift tar mycket längre tid på sig att börja glöda, eller om det börjar glöda på mitten istället för i toppen, är det defekt.

Montering

10 Montering sker i omvänd arbetsordning mot demontering. Applicera ett lager kopparbaserat antikärvningsmedel på gängorna och dra åt glödstiften till specificerat moment. Dra inte åt för hårt eftersom det kan skada glödstiftens element.

Citroën AX

11 Följ beskrivningen för Citroën ZX samt observera följande:
  a) *Bortse från alla specifika referenser gällande tillgång till glödstiften, men där så är tillämpligt, flytta försiktigt eventuella rör eller ledningar åt sidan för att komma åt relevant glödstift.*
  b) *Observera att huvudmatarkabeln är ansluten till den första cylinderns glödstift och att en mellangående ledning finns monterad mellan de fyra stiften.*

Citroën BX/Visa/C15

12 Följ beskrivningen för Citroën ZX samt observera följande:
  a) *Bortse från alla specifika referenser gällande tillgång till glödstiften, men för att komma åt bättre på BX modeller, demontera luftkanalen mellan luftrenaren och insugsröret.*
  b) *Dra av plastclipsen så att glödstiftens terminalmuttrar kan demonteras* **(se bild)**.
  c) *Observera att huvudmatarkabeln är ansluten till den första cylinderns glödstift (svänghjulsänden) på Visa modeller.*
  d) *Observera att huvudmatarkabeln är ansluten till den andra cylinderns glödstift på BX modeller.*

6.3a Skruva loss fästmuttern . . .

6.3b . . . koppla loss huvudmatarkabeln . . .

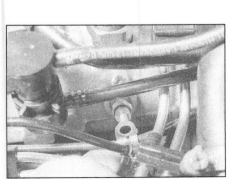

6.3c . . . och den mellangående ledningen från glödstiften

6.5 Demontering av glödstift

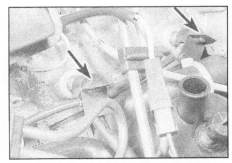

6.12 Plastclips (vid pilarna) på glödstiftens terminaler

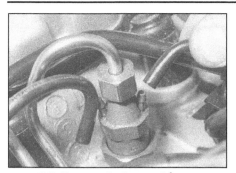

7.5 Ett returrör dras av från en bränsleinsprutare

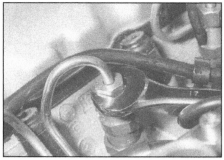

7.7 Skruva loss anslutningsmuttrarna från insprutarrören

7.8 En insprutare skruvas ut ur topplocket

Citroën Xantia

13 Följ beskrivningen för Citroën ZX samt observera följande:

a) För att lättare komma åt glödstiften, demontera luftfördelarhuset. Om nödvändigt, demontera även luftkanalen och koppla ifrån ventilationsslangen från motorns oljepåfyllningsrör.

b) Observera att huvudmatarkabeln är ansluten till den första cylinderns glödstift och att en mellangående ledning finns monterad mellan de fyra stiften.

7 Bränsleinsprutare – testning, demontering och montering

 Varning: Var ytterst försiktig när du arbetar med bränsle-insprutare. Låt aldrig händerna eller någon annan del av

7.9a Ta bort insprutarens kopparbricka . . .

7.9b . . . brandtätningsbricka . . .

kroppen komma i kontakt med insprutar-spray, eftersom det höga trycket kan göra att bränsle penetrerar huden, vilket kan få fatala följder. Det rekommenderas starkt att allt arbete som inbegriper testning av bränsle-insprutarna under tryck överlåts till en verkstad eller bränsleinsprutnings-specialist.

Observera: Var mycket försiktig så att inte smuts kommer in i insprutarna eller bränsle-rören under arbetets gång. Tappa inte insprutarna och var noga med att inte skada nålspetsarna. Bränsleinsprutare är tillverkade och inställda med stor precision och ska inte behandlas vårdslöst. Sätt inte fast dem i ett bänkskruvstäd.

Citroën ZX

Testning

1 Bränsleinsprutare slits med tiden och det är normalt att de kan behöva genomgå service eller bytas ut efter ca 90 000 km. Korrekt testning, reparation och kalibrering av insprutarna måste överlåtas till en specialist. En defekt insprutare som orsakar knackningar eller rök kan identifieras utan isärtagning på följande sätt:

2 Låt motorn gå på snabb tomgång. Lossa på alla insprutningsanslutningar i tur och ordning, lägg trasor runt anslutningarna för att suga upp spillt bränsle och var noga med att inte utsätta huden för bränslespray. När anslutningen till den defekta insprutaren lossas upphör knackningarna och röken.

Demontering

3 För att komma åt bättre, demontera mellankylaren (turbomotorer) eller luftfördelar-

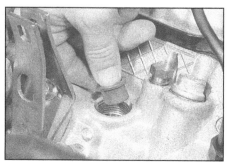

7.9c . . . och hylsa

huset (XUD9/A - D9B motor), som tillämpligt. Koppla på liknande sätt bort luftslangen som ansluter luftrenarenheten till toppen på insugsröret, där tillämpligt.

4 Rengör försiktigt runt insprutarna och insprutarrörens anslutningsmuttrar.

5 Dra av returrören från insprutarna (se bild).

6 Skruva ur muttrarna som fäster insprutar-rören vid bränsleinsprutarpumpen. Håll emot anslutningarna på pumpen när du skruvar ur muttrarna. Täck över öppna anslutningar för att förhindra smutsintrång.

7 Skruva ur anslutningsmuttrarna och koppla bort rören från insprutarna (se bild). Om nödvändigt kan insprutarrören demonteras helt och hållet. Notera omsorgsfullt place-ringen av rörklammorna för senare montering. Täck över insprutarändarna för att förhindra smutsintrång.

8 Skruva ur insprutarna med hjälp av en djup muffskruvnyckel eller hylsnyckel (27 mm) och ta bort dem från topplocket (se bild).

9 Ta ut kopparbrickorna och brandtätnings-brickorna från topplocket. Ta även ut hylsorna om de är lösa (se bilder).

Montering

10 Skaffa nya koppar- och brandtätnings-brickor. Byt också ut hylsorna, om de är skadade.

11 Börja monteringen med att sätta tillbaka hylsorna i topplocket, följt av brandtätnings-brickorna (konvexa sidan uppåt) och koppar-brickorna (se bild).

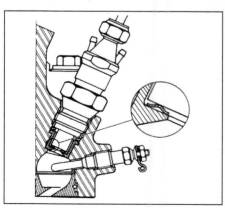

7.11 Se till att brandtätningsbrickans konvexa sida är vänd mot insprutaren

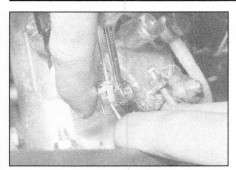

8.6 Lossa klämmuttern och ta bort ändbeslaget från snabbtomgångsvajern

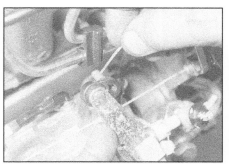

8.7a Lossa innervajern från pumparmen . . .

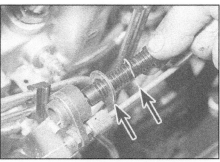

8.7b . . . och dra sedan bort vajerhöljet från fästet. Ta vara på brickan och fjäderclipset (vid pilarna)

12 Skruva i insprutarna och dra dem till specificerat moment.
13 Montera insprutarrören och dra åt anslutningsmuttrarna till specificerat moment. Se till att rörklammorna sitter på de ställen som märkts ut tidigare. Om klammorna sitter fel eller saknas kan man få problem med rör som bryts eller spricker.
14 Koppla tillbaka returrören.
15 Montera mellankylare eller luftfördelarhus, efter tillämplighet.
16 Starta motorn. Om du stöter på problem, avlufta bränsleystemet enligt beskrivning i del A i detta kapitel.

Citroën AX

17 Följ beskrivningen för Citroën ZX samt observera följande:
a) *Bortse från alla specifika referenser för åtkomst av insprutarna.*
b) *Täck över generatorn för att skydda den mot bränslespill.*
c) *Demontera och ta undan insprutarrören från motorn.*

Citroën BX/Visa/C15

18 Följ beskrivningen för Citroën ZX samt observera följande:
a) *Bortse från alla specifika referenser för åtkomst av insprutarna men för att komma åt bättre på BX modeller, demontera luftkanalen mellan luftrenaren och insugsröret.*

Citroën Xantia

19 Följ beskrivningen för Citroën ZX. För att lättare komma åt insprutarna, gör följande:
a) *På turbomodeller, demontera luftfördelarhuset.*
b) *Om nödvändigt, demontera även den ingående luftkanalen och koppla bort ventilationsslangen från motorns oljepåfyllningsrör.*

8 Bränsleinsprutningspump (Citroën AX) – demontering och montering

Observera: Var försiktig så att inte smuts kommer in i bränsleinsprutningspumpen eller bränslerören under arbetets gång.

Demontering

1 Koppla bort batteriets minuspol.
2 Demontera den högra strålkastarenheten för att få mer arbetsutrymme.
3 Demontera transmissionskåporna enligt beskrivning i del A i detta kapitel.
4 Ställ ÖDs inställningshål i linje enligt beskrivning i del A i detta kapitel (byte av kamrem) och lås vevaxeln samt kamaxelns och insprutningspumpens drev på plats. Försök inte vrida runt motorn medan låsverktygen är på plats.
5 Demontera insprutningspumpens drev.
6 Lossa klämmuttern och koppla bort snabbtomgångsvajerns ändbeslag från insprutningspumpsänden på innervajern **(se bild)**. Lösgör snabbtomgångsvajern från fästet eller armen (som tillämpligt) på bränsleinsprutningspumpen.
7 Lösgör den inre gasvajern från pumparmen och dra sedan ut vajerhöljet från sitt monteringsfäste bestående av en gummigenomföring. Ta av den släta brickan från vajeränden och demontera fjäderclipset **(se bilder)**.
8 Torka rent bränslematnings- och returrörsanslutningarna på insprutningspumpen. Täck över generatorn för att skydda den mot bränslespill.
9 Demontera bränslematningsslangens anslutningsbult från pumpen. Ta vara på tätningsbrickan från båda sidorna om slanganslutningen och för undan slangen från pumpen. Skruva tillbaka anslutningsbulten på pumpen för att ha den i säkert förvar och täck

över både slangänden och anslutningsbulten för att förhindra att smuts kommer in i bränslesystemet.
10 Koppla bort bränslereturslangen från pumpen enligt beskrivning i föregående paragraf **(se bild)**. Observera att anslutningsbultarna till insprutningspumpens matnings- och returslang inte är utbytbara sinsemellan.
11 Torka rent röranslutningarna och lossa sedan på anslutningsmuttern som fäster insprutarrören till toppen på varje bränsleinsprutare samt de fyra anslutningsmuttrar som fäster rören till den bakre delen av insprutningspumpen. Medan pumpens anslutningsmuttrar lossas, håll fast mellansockeln med en lämplig skiftnyckel för att förhindra att den skruvas loss från pumpen. När alla anslutningsmuttrar har lossats, demontera insprutarrören från motorn (rören demonteras i par) **(se bild)**.
12 Ta bort gummilocket (där sådant finns) och lossa sedan fästmuttern och koppla bort kabelaget från insprutningspumpens stoppsolenoid.
13 Använd en ritsspets eller lämplig markeringspenna och gör uppriktningsmärken mellan insprutningspumpens främre fläns och det främre monteringsfästet. Dessa markeringar är till för att man ska vara säker på att pumpen monteras tillbaka på rätt ställe. För att lättare komma åt pumpen, lossa de två skruvarna och demontera huvpanelen på högra sidan på kylaren.

8.10 Skruva loss bränslereturslangens anslutningsbult och ta vara på brickorna på var sida om slanganslutningen

8.11 Demontering av insprutarrör medan mellansockeln hålls på plats

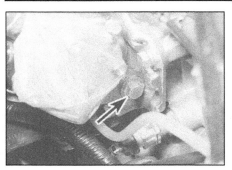

8.14 Skruva loss bakre fästets bult (vid pilen) . . .

14 Skruva ur bulten som fäster bakre delen av insprutningspumpen till sitt monteringsfäste på topplocket **(se bild)**.
15 Demontera de tre muttrar och brickor som håller pumpen vid dess främre monteringsfäste och lirka sedan loss pumpen från fästet och ut ur motorrummet **(se bilder)**.

Montering

16 Om en ny pump ska monteras, kopiera uppriktningsmärkena från den gamla pumpen på monteringsflänsen på den nya pumpen.
17 Lirka pumpen på plats och montera sedan dess tre främre brickor och fästesmuttrar, samt den bakre fästesbulten. Se till att märkena som gjordes innan demonteringen är i linje och dra sedan åt fästmuttrarna och bultarna ordentligt.
18 Montera insprutningspumpens drev. Rikta upp inställningshålen i drevet med dem i monteringsplattan och lås drevet i det läget med de två låsverktygen.
19 Kontrollera att vevaxelns, kamaxelns och insprutningspumpens drev är i rätt läge och montera sedan kamremmen och spänn den enligt beskrivning i del A i detta kapitel. Med kamremmen korrekt monterad, ta bort låsverktygen från dreven.
20 Justera inställningen på insprutningspumpen enligt beskrivning i avsnitt 11.
21 Med pumpen rätt inställd, återanslut kabelaget till stoppsolenoiden och dra åt fästskruven ordentligt. Montera gummidamasken.
22 Koppla tillbaka bränslematnings- och returslangarna till pumpen, glöm inte filtret till matningsslangens anslutning. Sätt en ny

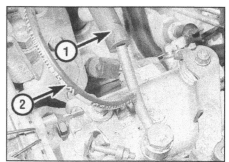

9.9 Huvudbränslereturrör (1) och insprutarreturrör (2) – Lucas pump

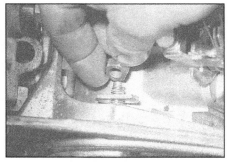

8.15a . . . skruva sedan loss främre muttrar och brickor . . .

tätningsbricka på var sida om båda anslutningsmuttrarna och dra åt bultarna till specificerat moment.
23 Montera insprutarrören och dra åt anslutningsmuttrarna till specificerat moment.
24 Moppa upp utspillt bränsle och ta sedan bort det som du täckt över generatorn med.
25 Återanslut och justera gasvajern.
26 Återanslut och justera snabbtomgångens ventilvajer.
27 Montera tillbaka högra sidans strålkastarenhet.
28 Koppla tillbaka batteriets minuspol.
29 Avlufta bränslesystemet enligt beskrivning i del A i detta kapitel.
30 Avsluta med att starta motorn och justera tomgångshastighet och tomgångsbegränsning enligt beskrivning i del A i detta kapitel.

9 Bränsleinsprutningspump (Citroën BX/Visa/C15) – demontering och montering

Observera: *Var försiktig så att inte smuts kommer in i bränsleinsprutningspumpen eller bränslerören under arbetets gång.*

Motorer utan turbo

Demontering

1 Koppla bort batteriets minuspol.
2 Täck över generatorn som en säkerhetsåtgärd mot bränslespill.
3 På Visa modeller, lägg i handbromsen. På

9.11 Insprutarrörens anslutningsmuttrar på Lucas pump

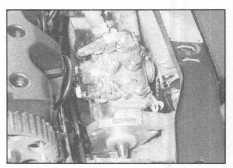

8.15b . . . och ta bort insprutningspumpen från motorn

BX modeller, klossa bakhjulen och lägg ur handbromsen.
4 På modeller med manuell växellåda, lyft upp främre högra hörnet på bilen med en domkraft tills hjulet precis lyfter från marken. Stöd bilen på pallbockar och lägg i fyran eller femman. Detta gör att motorn lätt kan dras runt genom att man snurrar på hjulet. På modeller med automatväxellåda måste motorn vridas med en skiftnyckel på vevaxelns remskivebult. Det kan vara en fördel av ta bort glödstiften.
5 Demontera transmissionskåporna enligt beskrivning i del A i detta kapitel.
6 Öppna gasvajern på insprutningspumpen och koppla ifrån vajern genom att föra ut den genom den speciella skåran. Koppla bort vajerns justerbeslag från fästet.
7 Notera hur ändstoppet sitter på snabbtomgångsvajern och lossa sedan skruven och koppla ifrån innervajern. Skruva ur justerlåsmuttern och demontera vajer och beslag från fästet.
8 Lossa clipset och koppla bort bränslematningsslangen.
9 Koppla bort det stora bränslereturröret och insprutarreturröret från anslutningsröret **(se bild)**.
10 Koppla bort ledningen från stoppsolenoiden.
11 Skruva ur anslutningsmuttrarna som fäster insprutarrören till insprutningspumpen **(se bild)**.
12 På BX modeller, demontera clipset som håller hydraulrören vid motorns frontplatta.
13 Vrid runt motorn tills de två bulthålen i insprutningspumpens drev är i linje med motsvarande hål i motorns frontplatta.
14 Sätt i två M8 bultar i hålen och handdra dem. Bultarna måste hålla fast drevet medan insprutningspumpen demonteras, vilket gör det onödigt att demontera kamremmen.
15 Märk insprutningspumpen i förhållande till monteringsfästet med en ritsspets eller filtpenna **(se bild)**. Detta säkerställer korrekt justering vid montering. Om en ny pump ska monteras, kopiera märket från den gamla pumpen för en ungefärlig inställning.
16 Skruva ur de tre fästesmuttrarna och ta bort brickorna. Skruva ur den bakre fästesbulten och stöd insprutningspumpen på ett träblock **(se bilder)**.

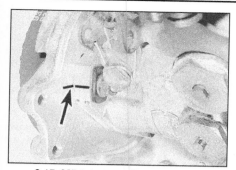

9.15 Märk insprutningspumpen i förhållande till fästet (vid pilen)

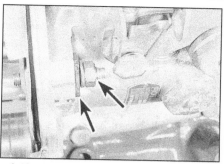

9.16a Insprutningspumpens fästmutter och bricka (vid pilarna)

9.16b Insprutningspumpens fästbult (vid pilen)

17 Skruva ur drevmuttern så långt att konan går fri från drevet. Muttern fungerar som en avdragare, tillsammans med brickan som bultats fast vid drevet. Från sent 1992 finns inte den här avdragningsmekanismen i bränsleinsprutningspumpens drevbult. För att lösgöra drevet från konan på insprutningspumpens axel, måste en fläns bultas fast till drevet innan bulten skruvas ur. Det idealiska vore att ta en fläns från ett gammalt drev och använda den till att demontera den nya typen av drev. Alternativt kan en fläns tillverkas av en stålplatta.

18 Fortsätt att skruva ur drevmuttern och ta loss insprutningspumpen från monteringsfästet. Ta vara på Woodruff-kilen från axelspåret om den sitter löst.

Montering

19 Montera Woodruff-kilen i axelspåret (om den tagits bort).

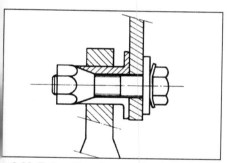

9.26 Tvärsnitt av insprutningspumpens bakre fäste

20 Skruva ur bultarna och ta bort avdragarbrickan från insprutningspumpens drev.

21 Sätt in insprutningspumpen från bakom drevet, var noga med att axelkilen går in i spåret i drevet. Skruva på muttern och dra åt den för hand.

22 Sätt på fästesmuttrarna tillsammans med deras brickor och fingerdra dem.

23 Dra åt drevmuttern till specificerat moment och montera sedan avdragarbrickan och dra åt bultarna.

24 Ta bort de två bultarna från insprutningspumpens drev.

25 Om den gamla insprutningspumpen sätts tillbaka, justera de ritsade märkena i linje och dra åt fästesmuttrarna. Om en ny pump monteras måste den ställas in enligt beskrivning i avsnitt 12.

26 Montera den bakre fästesbulten **(se bild)**.

27 På BX modeller, montera clipset som fäster de hydrauliska rören.

28 Montera insprutarrören till insprutningspumpen och dra åt anslutningsmuttrarna.

29 Återanslut ledningen till stoppsolenoiden.

30 Återanslut bränslematnings- och returrören.

31 Montera snabbtomgångsvajern och gasvajern och justera dem.

32 Montera transmissionskåporna.

33 Ställ ned bilen på marken och lägg i handbromsen (BX modeller).

34 Ta bort skyddet över generatorn och återanslut batteriets minuspol.

35 Snapsa bränslekretsen genom att först slå på tändningen för att aktivera stoppsolenoiden och låt sedan pumpen på

bränslefiltret arbeta tills ett motstånd kan kännas. På tidiga modeller som har ett Lucasfilter, måste pumpkolven först skruvas ur och sedan snapsningen utförts skruvas åt igen.

36 Slå på tändningen till läge M och vänta tills förvärmningens varningslampa har slocknat. Starta motorn och justera tomgångshastigheten, se del A i detta kapitel.

Motorer med turbo

37 Insprutningspumpen som finns monterad på turbomotorer liknar den på motorer utan turbo men med följande tillägg:

Lucas pump

a) En bränsletillskottsanordning kontrollerar hur mycket bränsle som sprutas in beroende på turbons tillskottstryck. Trycket kan kännas genom en slang som är ansluten till insugsröret **(se bild)**.

b) Ett elektromagnetiskt tidsinställningssystem gör att insprutningen sker tidigare när motorn är kall. Systemet stängs av med en kontakt som aktiveras av rörelser i snabbtomgångsarmen **(se bilder)**.

c) Dessa extra anordningar kan inte kontrolleras eller justeras av en hemmamekaniker.

Bosch pump

a) En berikningsbegränsare ersätter bränsletillskottsanordningen som just beskrivits och en kallstartaccelerator ersätter det elektromagnetiska tidsinställningssystemet **(se bilder)**.

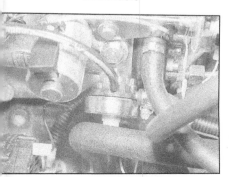

9.37a Bränsletillskottsanordning – Lucas pump

9.37b Elektromagnetiskt tidsinställningssystem (vid pilen) – Lucas

9.37c Elektromagnetisk tidinställnings- kontakt på snabbtomgångsarmen

9.37d Berikningsbegränsare – Bosch pump

b) Kallstartacceleratorn har en egen kylvätskematning. Eftersom den är en mekanisk anordning måste den kopplas ifrån när pumpens insprutningstid ställs in.

Demontering

38 Följ beskrivningen för motorer utan turbo, men koppla även bort turbotryckslangen från bränsletillskottsanordningen eller berikningsbegränsaren.

39 På Bosch pump måste kylvätskeslangarna kopplas bort från kallstartacceleratorn. Om kylsystemet först tryckutjämnas genom att man tar bort expansionskärlets lock (systemet kallt) och man pluggar igen de frånkopplade slangarna, kan kylvätskeförlusten hållas till ett minimum.

Montering

40 Montering sker i omvänd arbetsordning. Om nödvändigt, kontrollera pumpinställningen och fyll på kylvätska.

10.9a Koppla loss banjoanslutningen till bränslepumpens matningsslang. Notera tätningsbrickorna – Bosch pump

10.10 Banjoanslutning till insprutningspumpens bränslereturrör – Bosch pump

9.37e Kallstartaccelerator – Bosch pump

---

10 Bränsleinsprutningspump – demontering och montering (Citroën ZX och Xantia)

Observera: Var försiktig så att det inte kommer in smuts i bränsleinsprutningspumpen eller insprutarrören under arbetets gång. Nya tätningsringar ska användas till bränslerörens banjoanslutningar vid monteringen.

Citroën ZX

Demontering

1 Koppla bort batteriets negativa anslutning.
2 Täck över generatorn med en plastpåse så att det inte kommer bränsle på den.
3 För att komma åt bättre, demontera mellankylaren (turbomotorer) eller luftfördelar-

10.9b Sätt tillbaka banjobulten med en liten bit bränsleslang (vid pilen) för att undvika smutsinträng

10.11 Ta loss bränsleinsprutningspumpens kontakt – Bosch pump

lådan (XUD9/A - D9B motor), där tillämpligt. Koppla på liknande sätt bort luftslangen från insugsröret, där tillämpligt.

4 På modeller med manuell växellåda, lyft upp främre högra hörnet på bilen med en domkraft tills hjulet precis lyfter från marken. Stöd bilen på pallbockar och lägg i fyran eller femman. Detta gör att motorn lätt kan dras runt genom att man snurrar på hjulet. På modeller med automatväxelllåda måste motorn vridas med en skiftnyckel på vevaxelns remskivebult. Det kan vara en fördel av ta bort glödstiften.

5 Demontera de övre transmissionskåporna, se beskrivning i del A i detta kapitel.

6 På motorerna XUD9/Y (DJZ), koppla bort slangarna från vakuumomvandlaren i änden på bränsleinsprutningspumpen.

7 Koppla bort gasvajern från bränsleinsprutningspumpen. På modeller med automatväxellåda, koppla även bort kickdownvajern.

8 Koppla bort snabbtomgångsvajern från bränsleinsprutningspumpen.

9 Lossa på clipset eller banjoanslutningen och koppla ifrån bränslematningsslangen. Ta vara på tätningsbrickorna från banjoanslutningen, där tillämpligt. Täck över den öppna änden på slangen och täck också banjobulten för att hålla smuts borta **(se bilder)**.

10 Koppla bort det stora bränslereturrörret och insprutningsreturrörets banjoanslutning **(se bild)**. Ta vara på tätningsbrickorna från banjoanslutningen. Återigen, täck över slangens öppna ände och banjobulten för att hålla smuts borta. Var försiktig så att inte de ingående och utgående banjoanslutningarna blandas ihop.

11 Koppla bort allt relevant kabelage från pumpen. Observera att på vissa Bosch pumpar kan man göra detta genom att helt enkelt lossa ledningsanslutningarna vid pumpens fästen **(se bild)**. På vissa pumpar är man tvungen att koppla bort ledningarna från varje enskild komponent (vissa anslutningar kan täckas av gummiskydd).

12 Skruva ur anslutningsmuttrarna som fäster insprutarrören till bränsleinsprutningspumpen och insprutarna. Håll emot på anslutningarna på pumpen medan

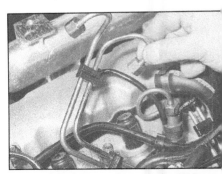

10.12 Demontering av bränslerör

10.14 Sätt in M8 bultar i inställningshålen i insprutningspumpdrevet

10.15 Märk pumpens förhållande till monteringsfästet (vid pilen)

10.16a En av pumpens främre fästmuttrar skruvas ur – Bosch pump

anslutningsmuttrarna för rör till pump skruvas ur. Demontera rören tillsammans. Täck över anslutningar för att hålla smuts ute **(se bild)**.
13 Vrid vevaxeln tills de två bulthålen i bränsleinsprutningspumpens drev är i linje med motsvarande hål i motorns frontplatta
14 Sätt i två M8 bultar i hålen och handdra dem. Bultarna måste hålla fast drevet medan insprutningspumpen demonteras, vilket gör det onödigt att demontera kamremmen. **(se bild)**.
15 Märk insprutningspumpen i förhållande till monteringsfästet med en ritsspets eller filtpenna **(se bild)**. Detta säkerställer korrekt justering vid montering.
16 Skruva ur de tre fästesmuttrarna och ta bort brickorna. Skruva ur den bakre fästes-muttern och bulten, observera hur brickorna sitter, och stöd insprutningspumpen på ett träblock **(se bilder)**.
17 Lossa insprutningspumpens drev från pumpaxeln. Observera att drevet kan lämnas ihakat med kamremmen då pumpen lossas från sitt monteringsfäste. Montera M8 bultarna för att hålla drevet på plats när pumpen demonteras.
18 Ta försiktigt ut pumpen. Ta vara på Woodruff-kilen från änden på pumpaxeln om den sitter löst och ta sedan ut bussningen från bak på monteringsfästet **(se bilder)**.

Montering

19 Montera Woodruff-kilen i axelskåran (om demonterad).
20 Lyft upp pumpen mot monteringsfästet och stöd den på ett träblock, som vid demonteringen.

21 Anslut pumpaxeln till drevet och montera drevet. Var noga med att Woodruff-kilen inte faller ut ur axeln när drevet sätts på.
22 Se till att märkena på pumpen och monteringsfästet är i linje före demonteringen. Om en ny pump monteras, kopiera märket från den gamla pumpen för att få en ungefärlig inställning.
23 Montera pumpens fästesmuttrar och -bultar och dra åt dem lätt.
24 Justera insprutningstiden.
25 Montera och återanslut insprutarnas bränslerör.
26 Återanslut allt relevant kabelage till pumpen.
27 Återanslut bränslematnings- och returrör och dra åt anslutningarna. Använd nya tätningsbrickor till banjoanslutningarna.
28 Återanslut snabbtomgångsvajern och justera den enligt beskrivning i avsnitt 3.
29 Återanslut och justera gasvajern, se beskrivning i avsnitt 1. Återanslut även kickdown-vajern där sådan finns.
30 På XUD9/Y (DJZ) motorer, sätt tillbaka slangarna till vakuumomvandlaren.
31 Montera de övre transmissionskåporna.
32 Sänk ned bilen till marken.
33 Där tillämpligt, montera mellankylaren eller luftfördelarhuset.
34 Ta bort plastpåsen som skyddat generatorn.
35 Återanslut batteriets minuspol.
36 Avlufta systemet enligt beskrivning i del A i detta kapitel.
37 Starta motorn och kontrollera justeringen för tomgångshastighet och tomgångs-

begränsning, se beskrivning i del A i detta kapitel.

Citroën Xantia

38 Utför arbetsmomenten beskrivna för Citroën ZX. För att lättare kunna nå bränsleinsprutningspumpen, gör följande:
 a) På modeller med luftkonditionering, demontera generatorn och monteringsfästet. Demontera även spännaren till drivremmen för hjälpaggregaten.
 b) Demontera luftfördelarhuset.
 c) Om nödvändigt, demontera även luftkanalen och koppla ifrån ventilationsslangen från motorns oljepåfyllningsrör.

11 Bränsleinsprutningspump (Citroën AX) – inställning

Observera: *Vissa bränsleinsprutnings-pumpars inställnings- och åtkomstpluggar har anslutits av tillverkaren med låstråd och blyplombering. Rör inte dessa förseglingar om bilens fabriksgaranti fortfarande gäller, annars upphör den.*
Observera: *Nedan följer en arbetsbeskrivning som innebär kontroll av insprutnings-inställningen med hjälp av Citroëns särskilda verktyg och monteringsfästen (Citroën verktyg nr. 4093-T för Lucas pumpar och verktyg nr. 7010-T och 2438-T för Bosch pumpar). Utan tillgång till denna utrustning (eller liknande verktyg designade för arbete på just den*

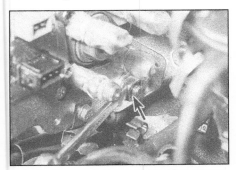

10.16b En av pumpens bakre fästmuttrar (vid pilen) skruvas ur – Bosch pump

10.18a Demontering av Bosch insprutningspump

10.18b Ta vara på bussningen bak på pumpfästet

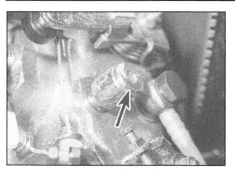

11.7 Insprutningspumpens åtkomstplugg (vid pilen)

insprutningspump det är fråga om), ska inställning av insprutningspumpar överlåts till en Citroën-verkstad.

1 Se avsnitt 13, paragraf 1 till 3.

2 Om dynamisk inställningsutrustning används ska motorn gå med normal arbetstemperatur så att man är säker på att tomgångshastigheten är korrekt. På Bosch insprutningspump innebär normal arbetstemperatur även att kallförställningssystemet är ur funktion.

3 Statisk inställning görs på följande sätt:

4 Om insprutningsinställningen kontrolleras med pumpen på plats på motorn istället för som en del av arbetet med montering av pumpen, koppla bort batteriets minuspol och täck över generatorn så att den skyddas från bränslespill.

5 Demontera insprutarrören.

6 Se del A i detta kapitel (byte av kamrem), placera motorns ÖD-inställningshål i linje och lås sedan fast vevaxeln genom att sätta in låsverktyget i svänghjulet. Sätt inte in kamaxelns och insprutningspumpens låsverktyg. Ta bort låsverktyget och vrid vevaxeln bakåt (moturs) ca ett kvarts varv. Motorn kan vridas mycket lättare om glödstiften är demonterade.

7 På Lucas pumpar, skruva ur åtkomstpluggen från styrningen på ovansidan av

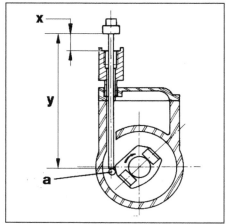

11.8a Inställningsverktyg för Lucas insprutningspump

a Inställningsstycke
x Inställningsvärde (på skiva eller etikett)
y 95,5 ± 0,1 mm
Sondens diameter = 7,0 mm

pumpen och ta vara på tätningsbrickan **(se bild)**. På Bosch pumpar, skruva ur täckpluggen från änden på pumpen (mellan insprutarrörens anslutningar).

8 Rengör verktygsstyrningen och kontaktytan på pumpen och sätt sedan på mätklockan och fästet på pumpen. På Lucas pump, var noga med att sonden sitter korrekt mot ytan på styrningens tätningsbricka **(se bilder)**. Inställningssonden måste sitta mot ytan på styrningens tätningsbricka och inte mot styrningens övre kant för att mätningen ska bli rätt.

9 Sätt mätklockan så att dess kolv är i mitten av dess rörelsesträcka och nollställ mätaren.

10 Vrid vevaxeln långsamt i rätt rotationsriktning (medurs) tills vevaxelns låsverktyg kan sättas in igen.

11 Med vevaxeln fastlåst i rätt position, läs av mätklockan. Avläsningen ska överensstämma

med värdet markerat på pumpen (med en variation på ± 0,04 mm) eller med informationen given i specifikationerna. Inställningsvärdet kan vara markerat på en plastskiva framtill på pumpen, eller också på en etikett på pumpens gaslänkagearm **(se bild)**.

12 Om justering är nödvändig, lossa på pumpens främre fästesmuttrar och den bakre fästesbulten och vrid sedan sakta på pumpen tills spetsen sitter där det specificerade värdet uppnås på mätklockan. När pumpen sitter rätt, dra åt både de främre muttrarna och den bakre bulten till specificerade moment. För att lättare komma åt pumpmuttrarna, lossa de två skruvarna och demontera huvpanelen (där sådan finns) från sidan på kylaren, om detta inte redan gjorts.

13 Ta bort vevaxelns låsverktyg. På Lucas pump, dra tillbaka inställningssonden så att den går fri från pumprotorns pinne. Vrid vevaxeln 1 och 3/4 varv i normal rotationsriktning.

14 För tillbaka inställningssonden på plats (se till att den sitter rätt mot ytan på styrningens tätningsbricka, inte den övre kanten på Lucas pump) och nollställ mätklockan.

15 Vrid vevaxeln långsamt i rätt rotationsriktning tills vevaxelns låsverktyg kan sättas in igen. Kontrollera inställningsvärdet på nytt.

16 Om justering behövs, lossa på pumpens fästesmuttrar och -bult och gör om inställningsproceduren.

17 När pumpen är korrekt inställd, demontera mätklockan och monteringsfästet och ta bort inställningssonden.

18 Montera åtkomstpluggen med tätningsbricka, dra åt den ordentligt.

19 Om detta arbete har utförts som ett steg i monteringen av pumpen, fortsätt enligt beskrivning i avsnitt 8.

20 Om inställningsarbetet gjorts med pumpen monterad på motorn, montera insprutarrören och dra åt anslutningsmuttrarna till specificerat moment.

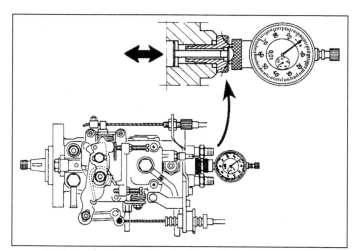

11.8b Inställningsverktyg för Bosch insprutningspump

11.11 Etikett med pumpens inställningsvärde på gaslänkagearmen

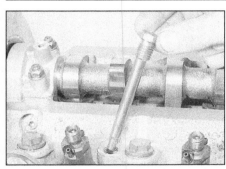

12.7 Täckpluggen tas bort från cylinder nr 4

12.9 Läget för kolv nr 4 ställs in med hjälp av en mätklocka

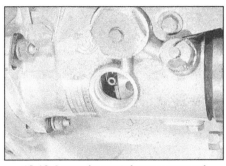

12.12 Lucas insprutningspump med inställningsplugg demonterad

21 Återanslut batteriet och avlufta sedan systemet enligt beskrivning i del A i detta kapitel.

22 Starta motorn och justera tomgångshastigheten och tomgångsbegränsning, se beskrivning i del A i detta kapitel.

12 Bränsleinsprutningspump (Citroën BX/Visa/C15) – inställning

Observera: *Vissa bränsleinsprutningspumpars inställnings- och åtkomstpluggar har anslutits av tillverkaren med låstråd och blyplombering. Rör inte dessa förseglingar om bilens fabriksgaranti fortfarande gäller, annars upphör den.*

1 Se avsnitt 13, paragraf 1 till 3.

Lucas pump

Före mitten av 1987

2 Koppla bort batteriets minuspol och täck över generatorn så att den skyddas från bränslespill.

3 På Visa modeller, lägg i handbromsen. På BX modeller, klossa bakhjulen och lägg ur handbromsen.

4 På modeller med manuell växellåda, lyft upp främre högra hörnet på bilen med en domkraft tills hjulet precis lyfter från marken. Stöd bilen på pallbockar och lägg i fyran eller femman. Detta gör att motorn lätt kan dras runt genom att man snurrar på hjulet. På modeller med automatväxellåda måste motorn vridas med en skiftnyckel på vevaxelns remskivebult.

5 Koppla bort ledningen och skruva ur glödstiftet från cylinder nr 4 (kamremsänden). Observera att motorn är inställd med kolv nr 4 vid ÖD i kompressionstakten (d v s kolv nr 1 vid ÖD med vaggande ventiler, se paragraf 29).

6 Två mätklockor (DTIs) behövs nu för att kontrollera läget för kolv nr 4 och för insprutningspumpen. Magnetiska ställ kan vara till hjälp, eller alternativt kan man tillverka fästen som passar tillämpliga lägen för motorn.

7 Demontera täckpluggen från topplocket intill insprutare nr 4 **(se bild)**.

8 Vrid motorn framåt tills cylinder nr 4 är

under tryck, vilket betyder att kolv nr 4 har påbörjat sin kompressionstakt.

9 Placera mätklockan över täckhålet och montera sonden **(se bild)**.

10 Vrid motorn framåt tills maximalt lyft av kolv nr 4 registreras på mätklockan. Vrid motorn lätt bakåt och framåt för att hitta maximallyftets exakta punkt och nollställ sedan mätaren.

11 På BX modeller, demontera clipset som fäster hydraulrören till motorns frontplatta och för över rören till ena sidan.

12 Lossa den nedre av de två stora sidopluggarna på sidan av insprutningspumpen. Placera en liten behållare under pluggen och fånga upp bränslet i den **(se bild)**.

13 Inne i pluggöppningen finns en sondstyrning. Sätt in sonden och anslut den till mätklockan direkt över hålet **(se bild)**. Observera att änden på sonden måste vara spetsig för att helt kunna gå i spåret i pumprotorn **(se bild)**.

14 Vrid motorn bakåt ca en 1/8 varv eller tills kolv nr 4 har flyttats 4 mm nedåt i cylindern. Vrid nu motorn långsamt framåt samtidigt som du tittar på mätklockan på insprutningspumpen. När sonden nått botten på inställningsspåret och sedan rest sig ca 0,01 till 0,02 mm, kontrollera att den övre mätklockan läser 2,26 ± 0,05 mm före ÖD. Om inställningen inte är korrekt, fortsätt på följande sätt:

15 Kontrollera nollställningen för den övre mätklockan genom att upprepa proceduren i paragraf 10.

16 Vrid motorn bakåt ca 1/8 varv eller tills kolv nr 4 har flyttats 4 mm nedåt i cylindern.

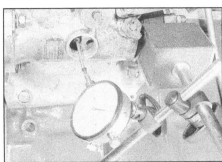

12.13a Inställning av Lucas insprutningspump med en mätklocka

Vrid nu motorn långsamt framåt tills kolv nr 4 är 2,26 ± 0,05 mm före ÖD.

17 Skruva ur anslutningsmuttrarna och koppla bort insprutarrören från insprutningspumpen. Lossa insprutningspumpens fästesmuttrar och bult.

18 Vrid pumpen tills sonden är i botten på inställningsspåret i rotorn. Nollställ mätklockan. Vrid nu pumpen medurs (från insprutarrörsänden) tills sonden har stigit ca 0,01 till 0,02 mm.

19 Dra åt fästesmuttrarna och bultarna, var noga med att mätklockan är stilla.

20 Kontrollera inställningen på nytt enligt beskrivning i paragraf 14.

21 Demontera mätklockorna och sätt tillbaka pluggarna. Återanslut insprutarrören och dra åt anslutningsmuttrarna.

22 Montera hydraulrörsclipset på BX modeller.

23 Montera glödstiftet och anslut ledningen.

24 Sänk ned bilen på marken och återanslut batteriets minuspol. Ta bort skyddet från generatorn.

25 Snapsa bränslesystemet enligt beskrivning i del A i detta kapitel.

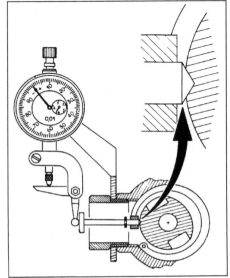

12.13b Kontroll av inställning på Lucas bränsleinsprutningspump

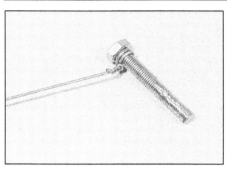

12.27 Hemmagjort verktyg för ÖD-inställning

Efter mitten av 1987

26 Sedan mitten av 1987 finns en förändrad pump monterad. Pumpen kan kännas igen på att den har en vit och blå plastplatta på framsidan. Ett inställningsvärde finns ingraverat på plattan – se bild 13.16a.

27 Pumpinställningen utförs nu vid ÖD. Endast en mätklocka behövs men man måste tillverka ett böjt stag (8 mm i diameter) eller liknande verktyg för att komma in i ÖDs inställningshål. Verktyget som gjordes i Haynes verkstad bestod av en M8 bult med gängorna bortfilade, fäst till en bit svetsstav **(se bild)**.

28 Förbered motorn enligt beskrivning i paragraf 2 till 4.

29 Vrid motorn så att cylinder nr 4 (kamremsänden) hamnar vid ÖD i kompressionstakten. För att avgöra vilken cylinder som är i kompressionstakten kan man antingen demontera glödstiftet till cylinder nr 4 och känna efter om det finns tryck, eller också demontera ventilkåpan och se efter när första cylinderns ventiler svänger (insuget öppnar av utblåsningen stänger).

30 Sätt in ÖD-inställningsverktyget i hålet och vrid motorn lätt fram och tillbaka tills verktyget går in i hålet i svänghjulet. Lämna verktyget på plats.

31 Ta bort inspektionspluggen uppe på pumpen **(se bild)**. Placera mätklockan så att den kan läsa av rörelsen hos en sond som sitter i hålet. Om ett magnetiskt ställ används kommer frånvaron av järnhaltig metall i närheten att orsaka ett problem. En bit stålplatta kan bultas fast på motor-

12.31 Inspektionspluggen på pumpen tas bort

fundamentet eller ventilkåpan för att bära stället.

32 Sätt in en sond i inspektionshålet så att toppen på sonden vilar på rotorns inställningsstycke. Placera mätklockan så att den läser av sondens rörelser.

33 Demontera ÖD-inställningsverktyget. Vrid motorn ca 1/4 varv bakåt. Nollställ mätklockan.

34 Vrid motorn långsamt framåt tills ÖD-inställningsverktyget kan sättas in igen. Läs av mätklockan. Avläsningen ska överensstämma med värdet ingraverat på pumpskivan (± 0,04 mm).

35 Om avläsningen inte är enligt specifikationerna, fortsätt på följande sätt:

36 Koppla bort insprutarrören från pumpen. Lossa pumpens fästesmuttrar och bultar och sväng bort pumpen från motorn. Nollställ mätklockan.

37 Med motorn fortfarande vid ÖD, sväng långsamt tillbaka pumpen mot motorn tills mätklockan visar värdet som finns ingraverat på pumpskivan. Med pumpen i detta läge, dra åt dess fästen och demontera ÖD-inställningsverktyget, kontrollera sedan inställningen igen på det sätt som just beskrivits.

38 När inställningen är korrekt, återanslut insprutarrören, demontera mätklockan och ÖD-inställningsverktyget och sätt tillbaka inspektionspluggen.

39 Montera tillbaka eventuellt demonterade komponenter, ta bort skyddet för generatorn och ställ ned bilen på marken.

Bosch pump

Före oktober 1987

40 Följ beskrivningen i paragraf 2 till 10.

41 Skruva ur anslutningsmuttrarna och koppla bort insprutarrören för cylinder nr 1 och 2 från insprutningspumpen.

42 Skruva ur täckpluggen från änden på insprutningspumpen mellan insprutarrörens anslutningar. Var beredd på viss bränsleförlust.

43 För in sonden och anslut den till mätklockan som placerats precis ovanför hålet. Fixturen som används av Citroën-mekaniker visas i **bild 11.8b**.

44 Vrid motorn bakåt ca 1/8 varv eller tills kolv nr 4 har flyttat sig 4 mm nedåt i cylindern.

45 Nollställ mätklockan på insprutningspumpen.

46 Vrid motorn långsamt framåt tills mätklockan på insprutningspumpen visar 1,30 mm och kontrollera sedan att den övre mätklockan visar följande:

0,72 ± 0,03 mm FÖD för Visa modeller
0,80 ± 0,03 mm FÖD för BX17 modeller
0,57 ± 0,03 mm FÖD för BX19 modeller

47 Om inställningen inte är korrekt, kontrollera nollställningen för den övre mätklockan genom att upprepa proceduren i paragraf 10.

48 Vrid motorn bakåt ca 1/8 varv eller tills kolv nr 4 har flyttat sig 4 mm nedåt i cylindern. Vrid nu motorn långsamt framåt tills den övre

mätklockan visar enligt specifikationerna i paragraf 46.

49 Skruva ur anslutningsmuttrarna och koppla bort återstående insprutarrör från insprutningspumpen. Lossa insprutningspumpens fästesmuttrar och bult.

50 Vrid pumpen moturs (från insprutarrörsänden) och kontrollera att mätklockan är nollställd. Vrid nu långsamt tillbaka pumpen medurs tills mätklockan visar 0,30 mm.

51 Dra åt fästesmuttrarna och bultarna, var noga med att mätklockan är stilla.

52 Kontrollera inställningen, se paragraf 44 till 46.

53 Ta bort mätklockorna och montera pluggarna. Återanslut insprutarrören och dra åt anslutningsmuttrarna.

54 Montera glödstiften och anslut ledningen.

55 Sänk ned bilen på marken och återanslut batteriets minuspol. Ta bort skyddet för generatorn.

56 Snapsa bränslesystemet enligt beskrivning i del A i detta kapitel.

Efter oktober 1987

57 Senare Bosch pumpar är inställda vid ÖD. Se specifikationerna för pumpidentifikation och inställningsvärden. Endast en mätklocka behövs, men man måste tillverka ett ÖD-inställningsverktyg som beskrivet för Lucas pump.

58 Förbered motorn enligt beskrivning i paragraf 2 till 4. På turbomodeller, koppla bort kallstartacceleratorn.

59 Ställ motorn vid ÖD med cylinder nr 4 på kompression och för in ÖD-inställnings-verktyget, se paragraf 29 och 30.

60 Montera mätklockan till den bakre delen av pumpen enligt beskrivning i paragraf 41 till 43.

61 Ta bort ÖD-inställningsverktyget. Vrid motorn ca 1/4 varv bakåt och nollställ mätklockan.

62 Vrid motorn långsamt framåt tills ÖD-inställningsverktyget kan sättas in igen. Läs av mätklockan. Värdet ska vara det som anges i specifikationerna.

63 Om avläsningen inte är enligt specifikationerna, fortsätt på följande sätt:

64 Koppla bort återstående insprutarrör från pumpen. Nollställ mätklockan.

65 Med motorn fortfarande vid ÖD, sväng långsamt tillbaka pumpen mot motorn tills mätklockan visar önskat värde. I detta läge, dra åt pumpens fästen och ta sedan bort ÖD-inställningsverktyget och kontrollera inställningen igen, såsom just beskrivits.

66 När inställningen är korrekt, ta bort mätklockan och ÖD-inställningsverktyget. Återanslut insprutarrören.

67 Montera tillbaka andra eventuellt demonterade komponenter, ta av skyddet från generatorn och sänk ned bilen på marken.

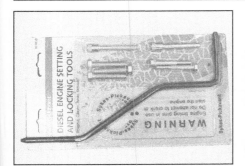

13.3 ÖD-inställnings- och låsverktyg för insprutningsinställning på Citroën dieselmotor

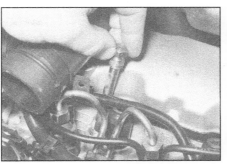

13.9 Täckpluggen tas bort från topplocket

13.11 Ett passande böjt stag sätts in i svänghjulets ÖD-hål

13 Bränsleinsprutningspump (Citroën ZX) – inställning

Observera: *Vissa bränsleinsprutningspumpars inställnings- och åtkomstpluggar har anslutits av tillverkaren med låstråd och blyplombering. Rör inte dessa förseglingar om bilens fabriksgaranti fortfarande gäller, annars upphör den. Dessutom, försök inte göra inställningen själv om inte rätt utrustning finns till hands. Lämpliga specialverktyg för pumpinställning finns hos motorspecialister. En mätklocka kommer att behövas, oberoende av vilken metod som används.*

1 Kontroll av insprutningsinställningen är endast nödvändig sedan bränsleinsprutningspumpen har påverkats.

2 Dynamisk inställningsutrustning existerar, men finns antagligen inte tillgänglig för hemmamekanikern. Om den finns att få tag på, använd den enligt tillverkarens instruktioner.

3 Statisk inställning, som beskrivs i detta avsnitt, ger ett bra resultat om den utförs omsorgsfullt. En mätklocka kommer att behövas, med sonder och tillsatser för rätt typ av insprutningspump **(se bild)**. Läs igenom följande arbetsbeskrivning först, för att veta vad som kommer att krävas.

Lucas pump

4 Koppla bort batteriets minuspol.

5 Täck över generatorn med en plastpåse till skydd mot bränslespill.

6 På modeller med manuell växellåda, lyft upp främre högra hörnet på bilen med en domkraft tills hjulet precis lyfter från marken. Stöd bilen på pallbockar och lägg i fyran eller femman. Detta gör att motorn lätt kan dras runt genom att man snurrar på högra hjulet.

7 På modeller med automatväxelllåda måste motorn vridas med en skiftnyckel på vevaxelns remskivebult.

8 För att komma åt bättre, demontera mellankylaren (turbomotorer) eller luftfördelarlådan (XUD9/A - D9B motor), där tillämpligt. Koppla på liknande sätt bort luftslangen från insugsröret, där tillämpligt.

9 Observera att motorn är inställd med kolv nr 4 vid ÖD i kompressionstakten. Koppla bort matarledningen och skruva ur glödstiftet från cylinder nr 4 (kamremsänden). Alternativt kan täckpluggen demonteras från uppe på topplocket (över cylinder nr 4, bredvid topplocksbulten) **(se bild)**.

10 Pumpinställningen har nu utförts vid ÖD. Vrid motorn så att cylinder nr 4 hamnar Vid ÖD i kompressionstakten. För att avgöra om cylindern är i kompressionstakten, om glödstiftet har demonterats, sätt ett finger över glödstiftshålet. Man ska kunna känna att trycket byggs upp när kolven närmar sig ÖD i kompressionstakten. Alternativt, om täckpluggen har demonterats från topplocket, sondera täckpluggens hål med ett långt stag. Om man vilar staget uppe på kolven ska det

gå att avgöra när kolven närmar sig ÖD vid den övre gränsen av dess rörelsesträcka.

11 Sätt in ett stift eller en borr med 8 mm diameter genom hålet i den vänstra flänsen på topplocket vid startmotorn. Om det behövs, vrid försiktigt på vevaxeln åt något håll så att stiftet går in i ÖD-hålet i svänghjulet **(se bild)**.

12 En mätklocka kommer nu att behövas och om en lämplig specialsond (tillverkad speciellt för Lucas pump och tillgänglig från motorspecialister) inte går att få tag på, ska ett alternativ med rätt dimensioner tillverkas enligt **bild 11.8a**.

13 Ta bort inspektionspluggen uppe på pumpen. Placera mätklockan så att den kan läsa av sondens rörelser i hålet. Observera att en mätare monterad på annan plats än på pumpen även kommer att mäta pumpens rörelser.

14 Sätt in sonden i inspektionshålet så att toppen på sonden vilar på rotorns inställningsstycke. Placera mätklockan så att den läser av sondens rörelser **(se bild)**.

15 Ta bort ÖD-inställningsstiftet eller borren från svänghjulet. Vrid motorn ca 1/4 varv bakåt. Nollställ mätklockan.

16 Vrid motorn långsamt framåt tills ÖD-inställningsverktyget kan sättas in igen. Läs av mätklockan. Avläsningen ska överensstämma med värdet på pumpen. Inställningsvärdet kan finnas på en plastbricka på framsidan av pumpen eller också på en etikett uppe på pumpen, alternativt på pumpens gaslänkagearm **(se bilder)**.

13.14 Mätklocka placerad så att den kan läsa av insprutningspumpens inställning – Lucas pump

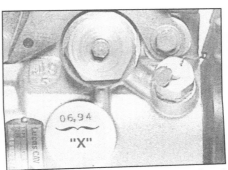

13.16a Pumpinställningsvärde (x) markerat på en plastskiva – Lucas pump

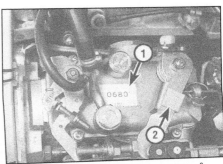

13.16b Pumpinställningsvärden på etiketter (1 och 2) – Lucas pump

13.34 Mätklocka monterad för att avläsa insprutningspumpens inställning – Bosch pump

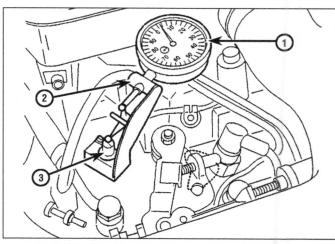

14.6 Citroën mätverktyg (1), monteringsfäste (2) och inställningsstag (3) placerade på pumpen

17 Om avläsningen inte är enligt specifikationerna, fortsätt på följande sätt:
18 Skruva ur anslutningsmuttrarna som fäster insprutarrören vid bränsleinsprutningspumpen. Håll emot anslutningarna på pumpen medan du skruvar ur muttrarna. Täck över alla öppna anslutningar för att hålla smuts borta.
19 Lossa på de fyra muttrarna på pumpfästena (tre fram och en bak) och sväng bort pumpen från motorn. Nollställ mätklockan.
20 Med motorn fortfarande vid ÖD, sväng långsamt tillbaka pumpen mot motorn tills mätklockan visar inställningsvärdet som anges på pumpen. Dra åt pumpfästena i detta läge (avläsningen på mätklockan ska inte ändras när fästena dras åt), ta sedan bort ÖD-inställningsverktyget och kontrollera inställningen igen som just beskrivits.
21 När inställningen är korrekt, återanslut insprutarnas bränslerör och demontera mätklockan. Ta ut sonden från inspektionshålet och sätt tillbaka inspektionspluggen. Demontera ÖD-inställningsverktyget från svänghjulet.
22 Montera glödstiften och anslut ledningen, eller montera täckpluggen uppe på topplocket, som tillämpligt.
23 Återanslut mellankylaren eller luftfördelarhuset, som tillämpligt.
24 Sänk ned bilen på marken och återanslut batteriets minuspol. Ta bort plastpåsen över generatorn.
25 Avlufta bränslesystemet enligt beskrivning i del A i detta kapitel.
26 Kontrollera och, om det behövs, justera tomgångshastigheten och tomgångsbegränsningen enligt beskrivning i del A i detta kapitel.

Bosch pump

27 Utför arbetsmomenten i paragraf 4 till 11.
28 En mätklocka kommer nu att behövas, samt en lämplig specialsond och tillsats att skruva in i hålet bak på pumpen (tillverkad speciellt för Bosch pump och tillgänglig från motorspecialister) – se bild 11.8b.

29 På XUD9/Y (DJZ) motorer, koppla bort vakuumrören från vakuumomvandlaren uppe på bränsleinsprutningspumpen.
30 Skruva ur anslutningsmuttrarna som fäster insprutarrören vid bränsleinsprutningspumpen. Håll emot anslutningarna på pumpen medan du skruvar ur muttrarna. Täck över alla öppna anslutningar för att hålla smuts borta.
31 Skruva ur täckpluggen från änden på insprutningspumpen mellan insprutarrörens anslutningar. Var beredd på viss bränsleförlust.
32 Sätt in sonden och anslut den till mätklockan som placerats precis ovanför hålet.
33 Demontera ÖD-inställningsverktyget från svänghjulet, och vrid motorn ca 1/4 varv bakåt tills nålen på mätklockan inte längre rör sig. Nollställ mätklockan.
34 Vrid motorn långsamt framåt tills ÖD-inställningsverktyget kan sättas in igen. Läs av mätklockan. Avläsningen ska överensstämma med specifikationerna (se bild).
35 Om avläsningen inte är enligt specifikationerna, fortsätt på följande sätt:
36 Lossa på de fyra muttrarna på pumpfästena (tre fram och en bak) och sväng bort pumpen från motorn. Nollställ mätklockan.
37 Med motorn fortfarande vid ÖD, sväng långsamt tillbaka pumpen mot motorn tills mätklockan visar inställningsvärdet som anges på pumpen. Dra åt pumpfästena i detta läge (avläsningen på mätklockan ska inte ändras när fästena dras åt), ta sedan bort ÖD-inställningsverktyget och kontrollera inställningen igen som just beskrivits.
38 När inställningen är korrekt, demontera mätklocka, sond och tillsats och återanslut sedan insprutarnas bränslerör.
39 Montera täckpluggen på änden på pumpen och ta bort ÖD-inställningsverktyget från svänghjulet.
40 Montera glödstiftet och anslut ledningen, eller montera täckpluggen uppe på topplocket, som tillämpligt.
41 Där tillämpligt, återanslut slangarna till

vakuumomvandlaren uppe på insprutningspumpen.
42 Återanslut mellankylaren eller luftfördelarhuset, där tillämpligt.
43 Sänk ned bilen på marken och återanslut batteriets minuspol. Ta bort plastpåsen över generatorn.
44 Avlufta bränslesystemet enligt beskrivning i del A i detta kapitel.
45 Kontrollera och, om det behövs, justera tomgångshastighet och tomgångsbegränsning enligt beskrivning i del A i detta kapitel.

14 Bränsleinsprutningspump (Citroën Xantia) – inställning

Observera: *Vissa bränsleinsprutningspumpars inställnings- och åtkomstpluggar har anslutits av tillverkaren med låstråd och blyplombering. Rör inte dessa förseglingar om bilens fabriksgaranti fortfarande gäller, annars upphör den.*
1 Se avsnitt 13, paragraf 1 till 3.

Lucas pump

2 För att kontrollera inställningen av insprutningspumpen behövs en speciell inställningssond och monteringsfäste (Citroën verktyg nr 4093-TJ). Har man inte tillgång till denna utrustning ska inställning av insprutningspumpen överlåtas till en Citroën-verkstad eller annan lämpligt utrustad specialist.
3 Om inställningen kontrolleras med pumpen på plats på motorn istället för som en del av arbetet med montering av pumpen, koppla bort batteriets minuspol och täck över generatorn så att den skyddas från bränslespill. Demontera insprutarrören.
4 Se del A i detta kapitel (byte av kamrem) och lås fast vevaxeln. Ta bort vevaxelns låsverktyg och vrid sedan vevaxeln bakåt (moturs) ca 1/4 varv.
5 Skruva ur åtkomstpluggen från styrningen

uppe på pumpen och ta vara på tätnings-brickan – **se bild 12.31**. Sätt in den speciella inställningssonden i styrningen, se till att den sitter korrekt mot ytan på styrningens tätningsbricka. Inställningssonden måste sitta mot ytan på styrningens tätningsbricka och inte mot den övre kanten på styrningen för att mätningen ska bli korrekt.

6 Montera fästet på pumpstyrningen (Citroëns verktyg nr 4093-TJ) och montera noggrant fast mätklockan på fästet så att toppen på den kommer i kontakt med fästets länkage **(se bild)**. Placera mätklockan så att kolven är i mitten av sin rörelsebana och nollställ klockan.

7 Vrid vevaxeln långsamt i korrekt rotations-riktning (medurs) tills vevaxelns låsverktyg kan sättas in igen.

8 Med låst vevaxel, läs av mätklockan. Avläsningen ska överensstämma med värdet på pumpen (med en tolerans på ± 0,04 mm). Inställningsvärdet kan vara markerat på en plastplatta framtill på pumpen, eller också på en etikett på pumpens gaslänkagearm – **se bild 13.16a och 13.16b**.

9 Om justering är nödvändig, lossa på pumpens främre fästesmuttrar och den bakre fästesbulten och vrid sedan sakta på pumpen tills spetsen sitter där det specificerade värdet uppnås på mätklockan. När pumpen sitter rätt, dra åt både de främre muttrarna och bakre bulten till specificerade moment. För att lättare komma åt pumpmuttrarna, lossa de två skruvarna och demontera huvpanelen från sidan på kylaren.

10 Dra tillbaka inställningssonden så att den går fri från pumprotorns pinne och ta sedan bort vevaxelns låsstift. Vrid vevaxeln 1 och 3/4 varv i normal rotationsriktning.

11 För tillbaka inställningssonden på plats, se till att den sitter rätt mot ytan på styrningens tätningsbricka, inte den övre kanten, och nollställ mätklockan.

12 Vrid vevaxelns långsamt i rätt rotations-riktning tills vevaxelns låsverktyg kan sättas in igen. Kontrollera inställningsvärdet på nytt.

13 Om justering behövs, lossa på pumpens fästesmuttrar och -bult och gör om inställ-ningsproceduren i paragraf 9 till 12.

14 När pumpen är korrekt inställd, demon-tera mätklockan och monteringsfästet och ta bort inställningssonden.

15 Montera skruv och tätningsbricka till styrningen och dra åt den ordentligt.

16 Om detta arbete har utförts som ett steg i monteringen av pumpen, fortsätt enligt beskrivning i avsnitt 10.

17 Om inställningsarbetet gjorts med pumpen monterad på motor, montera insprutarrören och dra åt anslutnings-muttrarna till specificerat moment.

18 Återanslut batteriet och avlufta sedan systemet enligt beskrivning i del A i detta kapitel.

19 Starta motorn och justera tomgångs-hastigheten och tomgångsbegränsningen, se beskrivning i del A i detta kapitel.

Bosch pump

20 För att kontrollera inställningen av insprutningspumpen behövs en speciell tillsats (Citroëns verktyg nr 4123-T). Har man inte tillgång till denna utrustning ska inställning av insprutningspumpen överlåtas till en Citroën-verkstad eller annan lämpligt utrustad specialist.

21 Om inställningen kontrolleras med pumpen på plats på motorn istället för som en del av arbetet med montering av pumpen, koppla bort batteriets minuspol och täck över generatorn så att den skyddas från bränsle-spill. Demontera insprutarrören.

22 Om detta inte redan gjorts, lossa kläm-skruven och/eller muttern (som tillämpligt) och för snabbtomgångsvajerns ändbeslag längs vajern så att det inte längre är i kontakt med pumpens snabbtomgångsarm (dvs så att armen återvänder till sitt stopp).

23 Se del A i detta kapitel (byte av kamrem) och lås fast vevaxeln. Ta bort vevaxelns låsverktyg och vrid sedan vevaxeln bakåt (moturs) ca 1/4 varv.

24 Skruva ur åtkomstpluggen, som sitter i mitten av de fyra insprutarrörens anslutningar, från den bakre delen på insprutningspumpen. När skruven tas bort, placera en lämplig behållare under pumpen för att fånga upp läckande bränsle. Moppa upp utspillt bränsle med en ren trasa.

25 Skruva i specialtillsatsen på baksidan på pumpen och montera mätklockan – **se bild 11.8b**. Placera mätklockan så att kolven är i mitten av sin rörelsebana och dra åt tillsatsens låsmutter ordentligt.

26 Vrid vevaxeln långsamt fram och tillbaka medan du tittar på mätklockan för att avgöra när insprutningspumpens kolv är i botten av sin rörelsebana (NED). När kolven är i rätt läge, nollställ klockan.

27 Vrid vevaxeln långsamt i korrekt riktning tills vevaxelns låsverktyg kan sättas in igen.

28 Avläsningen på mätaren ska överens-stämma med pumpens inställningsvärde. Om justering är nödvändig, lossa på pumpens främre fästesmuttrar och den bakre fästes-bulten och vrid sedan sakta på pumpen tills spetsen sitter där det specificerade värdet uppnås på mätklockan. När pumpen sitter rätt, dra åt dess främre och bakre muttrar och bultar ordentligt.

29 Vrid vevaxeln 1 och 3/4 varv i normal rotationsriktning. Hitta insprutningspump-kolvens NED och nollställ mätaren.

30 Vrid vevaxeln långsamt i rätt rotations-riktning tills vevaxelns låsverktyg kan sättas in igen (och återställa motorn till ÖD). Kontrollera inställningsvärdet på nytt.

31 Om justering behövs, lossa på pumpens fästesmuttrar och bultar och gör om inställningsproceduren i paragraf 28 till 30.

32 När pumpen är korrekt inställd, skruva ur tillsatsen och demontera mätklockan.

33 Montera skruv och tätningsbricka till pumpen och dra åt den ordentligt.

34 Om detta arbete har utförts som ett steg i monteringen av pumpen, fortsätt enligt beskrivning i avsnitt 10.

35 Om inställningsarbetet gjorts med pumpen monterad på motor, montera insprutarrören och dra åt anslutnings-muttrarna till specificerat moment.

36 Återanslut batteriet och avlufta sedan systemet enligt beskrivning i del A i detta kapitel.

37 Starta motorn och justera tomgångs-hastigheten och tomgångsbegränsningen, se beskrivning i del A i detta kapitel.

38 Justera snabbtomgångsvajern enligt beskrivning i avnitt 3.

15 Förvärmningssystem – testning, demontering och montering av komponenter

Systemtest

1 Om förvärmningssystemet inte fungerar som det ska, innebär ett slutgiltigt test utbyte mot känt fungerande komponenter, men vissa preliminära kontroller kan utföras på följande sätt:

2 Anslut en voltmätare eller en 12-volts testlampa mellan glödstiftens matningskabel och jord (motor- eller fordonsmetall). Se till att den strömförande anslutningen hålls borta från motor och kaross.

3 Be en medhjälpare att slå på tändningen och kontrollera att det går spänning genom glödstiften. Notera hur länge varningslampan är tänd samt den totala tiden för hur länge spänning matas innan systemet stängs av. Stäng av tändningen.

4 Vid en temperatur på 20 °C under huven ska varningslampan normalt vara tänd i ca 5-6 sekunder, följt av ytterligare tio sekunders spänningsmatning sedan lampan slocknat. Tiden då varningslampan är tänd ökar med lägre temperaturer och minskar med högre temperaturer.

5 Om det inte finns någon matning alls är reläet eller anslutande ledningar defekt/a.

6 För att hitta ett trasigt glödstift, koppla bort huvudmatningskabeln och mellangående ledning från glödstiften. Var försiktig så att du inte tappar muttrar och brickor. För att komma åt glödstiften på ZX and Xantia modeller, demontera först mellankylaren (turbomodeller) eller luftfördelarhuset (XUD9/A - D9B motor), där tillämpligt. Om nödvändigt, demontera även det ingående röret och koppla bort ventilationsslangen från motorns oljepåfyllningsrör och luftröret från uppe på insugsröret, där tillämpligt.

7 Anslut en kontinuitetsmätare eller en 12-volts testlampa till batteriets pluspol och kontrollera kontinuiteten mellan varje glöd-stiftsterminal och jord. Motståndet i ett glödstift i god kondition är mycket lågt (mindre än 1 ohm), så om testlampan inte lyser eller om kontinuitetsmätaren visar ett högt motstånd är glödstiftet defekt.

8 Om en amperemätare finns till hands kan

15.10a Förvärmningssystemets styrenhet – Citroën AX

15.10b Glödstiftsstyrrelä på Citroën BX . . .

man undersöka hur mycket ström varje glödstift drar. Efter en inledande ökning på 15 till 20 amp, ska varje glödstift dra 12 amp. Om ett glödstift drar mycket mer eller mindre är det troligen defekt.

9 Som en sista kontroll kan glödstiften demonteras och undersökas enligt beskrivning i avsnitt 6.

Styrenhet

Placering

10 Denna enhet sitter på följande platser, beroende på modelltyp:

Citroën AX – På vänster sida i motorrummet, på innervingens panel (se bild).

Citroën BX/Visa/C15 – På vänster sida i motorrummet, nära batteriet (se bilder).

Citroën ZX – På framsidan av relä/kopplingsdosan, i det främre, vänstra hörnet av motorrummet (se bild).

Citroën Xantia – På vänster sida i motorrummet, nedanför en plastkåpa bakom batteriet.

Demontering

11 Koppla bort batteriets minuspol.

12 Skruva ur fästbultarna/muttrarna och ta loss enheten.

13 Notera hur kabelaget sitter och koppla sedan bort det från enheten.

14 Ta ut enheten ur motorrummet.

Montering

15 Montering sker i omvänd arbetsordning, se till att alla kablar sitter ordentligt på sina ursprungliga platser, vilka noterats under demonteringen.

16 Återcirkulation av avgaser – testning och byte av komponenter

Systemtest

1 Testning av avgasåtercirkulationssystemet (EGR) måste överlåtas till en Citroën-verkstad.

Byte av komponenter

2 I skrivandets stund finns ingen specifik information gällande demontering och montering av systemets komponenter.

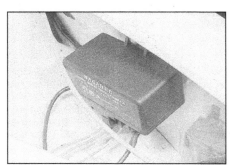

15.10c . . . och Citroën Visa

15.10d Förvärmningssystemets relä/timerenhet – kontakt (1) och fästbult (2) Citroën ZX

Kapitel 4
Fiat 1698cc motor

Del A: Rutinunderhåll och service

Innehåll

Motortyper

1698cc motor . . . .   Fiat Punto – 1994 till 1996

Specifikationer

Oljefilter
Typ   . . . .   Champion C112

Ventilspel (kall)
Insug   . . . .   0,30 ± 0,05 mm
Avgas   . . . .   0,35 ± 0,05 mm

Kamrem
Typ   . . . .   Tandad rem
Spänning . . . .   Se text

Drivrem till hjälpaggregat
Typ   . . . .   Ribbad
Spänning . . . .   5,0 mm avböjning mitt emellan remskivor

Luftfilter
Typ:
  Bosch insprutning . . . .   Champion U579
  Lucas insprutning . . . .   Champion U611

Bränslefilter
Typ   . . . .   Champion L111

Glödstift
Typ   . . . .   Champion CH163

Tomgångshastighet
Bosch och Lucas insprutning . . . .   880 till 920 rpm

Åtdragningsmoment
Vevaxelremskivans bult   190
Bränslefilterfäste till kaross   18
Bränslefilter till fäste   24
Glödstift   15
Kamremsspännare och tomgånsskiva   44

Smörjmedel, vätskor och volymer

Komponent eller system	Smörjmedel eller vätska	Volym
Motor	Multigrade motorolja, viskositet SAE 15W/40 till specifikation API SG/CD	4,95 liter – modell utan turbo 4,84 liter – turbo med filter
Kylsystem	Etylenglykolbaserad frostskyddsvätska. 50% vätska/50% vatten	7,2 liter
Bränslesystem	Kommersiellt dieselbränsle för väggående fordon	47 liter

Fiat dieselmotor – underhållsschema

Följande underhållsschema är i stort sett det som rekommenderas av tillverkaren. Serviceintervallen bestäms av antal körda kilometer eller förfluten tid – detta eftersom vätskor och system slits såväl med ålder som med användning. Följ tidsintervallen om inte kilometerantalet uppnås inom den specificerade perioden.

Bilar som används under krävande förhållanden kan behöva tätare underhåll. Med krävande förhållanden menas extrema klimat, användning som bogserbil eller taxi, körning på dåliga vägar och många korta resor. Användning av lågkvalitativt bränsle kan orsaka förtida försämring av motoroljan. Rådfråga en Fiat-återförsäljare angående dessa saker.

Var 400:e km, varje vecka eller innan en långresa
- [ ] Kontrollera motoroljenivån och fyll på om så behövs (avsnitt 3)
- [ ] Kontrollera kylvätskenivån och fyll på om så behövs (avsnitt 4)
- [ ] Kontrollera avgaserna (avsnitt 5)
- [ ] Kontrollera att glödstiftens varningslampa fungerar (avsnitt 6)

Var 7 500:e km eller var 6:e månad, det som först inträffar
- [ ] Byt motorolja och filter (avsnitt 7)

Var 15 000 km eller varje år
- [ ] Byt luftfilter
- [ ] Kontrollera och justera tomgångshastighet (avsnitt 8)
- [ ] Kontrollera skick och säkerhet för rör och slangar
- [ ] Kontrollera om det förekommer vätskeläckage från motorn
- [ ] Kontrollera avgassystemets och fästenas skick
- [ ] Byt bränslefilter (avsnitt 9)

Var 30 000:e km eller vartannat år
- [ ] Kontrollera skick och spänning för drivrem(mar)
- [ ] Kontrollera ventilspel (avsnitt 10)
- [ ] Kontrollera motorstyrningssystemet (avsnitt 11)

Var 60 000:e km eller vart 3:e år
- [ ] Byt kylvätska
- [ ] Kontrollera kamremmens skick och spänning (avsnitt 12)

Var 90 000:e km eller vart 6:e år
- [ ] Kontrollera skick och funktion för vevhusets avgasreningssystem (avsnitt 13)

Var 105 000:e km
- [ ] Byt kamrem (avsnitt 14)

Underhållsarbeten

1 Inledning

1 Se kapitel 2 del A, avsnitt 1.

2 Intensivunderhåll

1 Se kapitel 2 del A, avsnitt 2.

Under motorhuven på FIAT Punto med turbodieselmotor

1 Motorns oljepåfyllningslock
2 Motoroljands mätsticka
3 Oljefilter
4 Broms-/kopplings-
  vätskebehållare
5 Luftrenarkåpa
6 Servostyrningspump
7 Kylvätskans expansionskärl
8 Vindrutespolarvätskas behållare
9 Främre fjäderbenets övre fäste
10 Bränslefilter-/värmarhus
11 Bränsleinsprutningspump
12 Batteri
13 Servostyrningsvätskans
   behållare

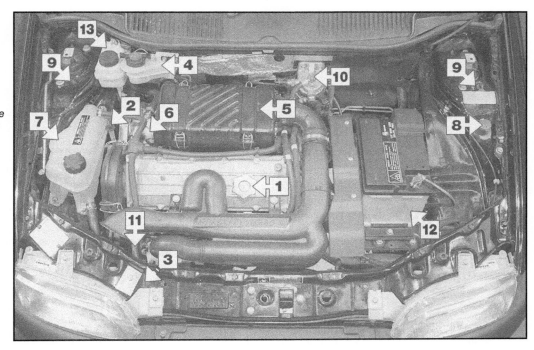

400 km service

3 Motoroljenivå – kontroll

1 Se kapitel 2 del A, avsnitt 3 (se bilder).

4 Kylvätskenivå – kontroll

1 Se kapitel 2 del A, avsnitt 4. Notera att kärlet är genomskinligt, så kylvätskenivån kan kontrolleras utan att man behöver ta av locket. Nivån ska vara mellan MAX (HOT) och MIN (COLD) märkena som finns på sidan av tanken. On den är under MIN märket, ta av locket och fyll på med kylvätska upp till MAX märket (bild).

5 Avgasrök – kontroll

1 Se kapitel 2 del A, avsnitt 5.

6 Varningslampa – kontroll

1 Se kapitel 2 del A, avsnitt 6.

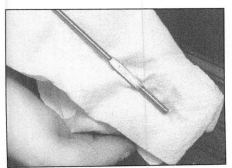

3.1a Torka rent markeringarna på motoroljans mätsticka

3.1b Påfyllning av motorolja

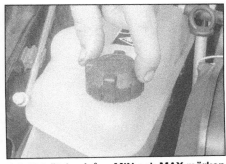

4.1 Kylvätskenivåns MIN och MAX märken är på sidan på tanken nära motorn

7500 km service

7 Motorolja och filter – byte

1 Se kapitel 2 del A, avsnitt 2 **(se bilder)**.

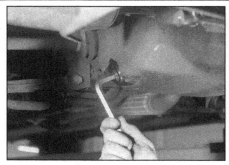

7.1a Skruva ur motoroljans påfyllningsplugg

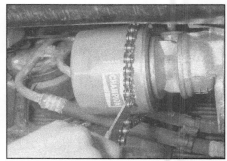

7.1b Använd ett oljefilterverktyg för att ta loss filtret

15 000 km service

8 Tomgångshastighet – kontroll och justering

1 Den vanliga typen av varvräknare, som arbetar utifrån tändsystemets pulser, kan inte användas på dieselmotorer. Ett diagnosuttag finns för användning av Fiats testutrustning, men denna är vanligtvis inte tillgänglig för hemmamekanikern. Om du inte känner att

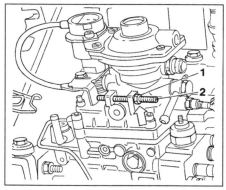

8.4 Justering av tomgångshastigheten

1 Låsmutter   2 Justerskruv

justering av tomgångshastigheten genom att "lyssna" på den är tillfredsställande, köp eller hyr en passande varvräknare eller lämna arbetet åt en Fiat-återförsäljare eller lämpligt utrustad specialist.
2 Innan justeringar görs, värm upp motorn till normal arbetstemperatur. Kontrollera att gasvajern är korrekt justerad.
3 Justering måste göras med all elektrisk utrustning (inklusive kylfläkten) avslagen. Om fläkten startar under justeringen, vänta tills den stängs av automatiskt innan du fortsätter.
4 Tomgångsjusterskruven sitter ovanpå bränsleinsprutningspumpen **(se bild)**. För att justera tomgångshastigheten, lossa låsmuttern, vrid skruven efter behov och dra sedan åt låsmuttern.
5 Stäng av motorn efter avslutat arbete.

9 Bränslefilter – byte

1 Bränslefiltret sitter på motorrummets torpedvägg. En elektriskt styrd värmare finns mellan filtret och huset.
2 Placera en lämplig behållare under bränslefiltret. Lossa avluftningsskruven uppe på filtret

(se bild), lossa sedan kabelaget från vattensensorn och lossa vattenavtappningsskruven i botten på filtret. Låt bränslet rinna ut helt.
3 Dra åt avtappnings- och avluftningsskruvarna, lossa därefter bränslefiltret med ett oljefilterverktyg **(se bild)**.
4 Skruva loss filtret helt och häll resterande innehåll i en behållare. Kontrollera att gummitätningsringen följer med filtret och skruva loss avtappningsskruven i botten på filtret **(se bild)**.
5 Torka av kontaktytorna och smörj lite bränsle på tätningsgummit på det nya filtret.
6 Skruva det nya filtret på plats för hand – använd inga verktyg.

Snapsning och avluftning av bränslesystemet

7 Insprutningspumpen är självsnapsande och inga speciella moment är nödvändiga för att snapsa systemet. Om systemet har tappats av helt är det dock bra att lossa insprutaranslutningarnas muttrar medan motorn dras runt med startmotorn, för att tvinga ut eventuell luft ur systemet.
8 Starta motorn och leta efter tecken på läckage runt det nya filtret.

9.2 Lossa bränslefiltrets avluftningsskruv

9.3 Använd ett oljefilterverktyg för att ta loss bränslefiltret

9.4 Bränslefiltrets avtappningsskruvs komponenter

30 000 km service

10 Ventilspel – kontroll och justering

Kontroll av ventilspel

1 Ventilspelen ska kontrolleras och justeras med kall motor.
2 Dra åt handbromsen, lyft upp höger sida av framvagnen och stöd den på en pallbock. Lägg i 4:ans växel. Motorn kan nu dras runt genom att man roterar höger framhjul.
3 Ta bort alla fyra glödstift.
4 Demontera luftrenarkåpan och lufttrumman och därefter kamaxelkåpan.
5 Varje ventilspel måste kontrolleras när den höga punkten på kammen pekar rakt uppåt, bort från ventillyftaren.
6 Kontrollera ventilspelen i tändföljden 1-3-4-2, där cylinder nr 1 är vid motorns kamrems-ände. Detta minimerar vevaxelrotationen.
7 Stick in ett passande bladmått mellan kammens häl och ventillyftarens mellanlägg för första ventilen (se bild). Om så behövs, ändra tjockleken på bladmåttet tills det har en snäv glidpassning. Anteckna tjockleken – den representerar naturligtvis spelet för just denna ventil.
8 Vrid motorn, kontrollera nästa ventilspel och anteckna det.
9 Upprepa momenten på övriga ventiler och anteckna deras respektive spel.
10 Kom ihåg att spelet för insugs- och avgasventilerna varierar. Sett från motorns transmissionskåpsände är ventilordningen följande:

   Insug 2-4-5-7
   Avgas 1-3-6-8

Justering av ventilspel

11 Om något spel är inkorrekt måste mellanlägget i fråga bytas ut. För att ta bort mellanlägget, vrid vevaxeln tills den högsta punkten på kammen pekar rakt uppåt. Ventillyftaren måste nu tryckas ned så att mellanlägget kan dras ut. Speciella verktyg för

10.7 Bladmått används för att kontrollera ventilspel

detta finns tillgängliga från Fiat-återförsäljare, annars måste du tillverka en gafflad arm som kan placeras på ventillyftarens kant. Detta måste ge tillräckligt med utrymme för att mellanlägget ska kunna lirkas ut med hjälp av urtagen på ventillyftarens kant.
12 När mellanlägget har tagits ut, kontrollera dess tjocklek och byt ut det mot ett tjockare eller tunnare för att ändra det tidigare uppmätta spelet så att det hamnar inom specifikationerna. Om till exempel uppmätt spel är 1,27 mm för stort, krävs ett mellanlägg som är precis så mycket tjockare. Om spelet däremot är 1,27 mm för litet krävs följaktligen ett mellanlägg som är 1,27 mm tunnare.
13 Mellanlägg har tjockleken (i mm) inetsad i dem. Även om den inetsade sidan skall monteras så att den inte syns, får slitage ofta göra att numret raderas. Om så är fallet är den enda möjligheten att fastställa dess tjocklek att mäta den med en metrisk mikrometer (se bild).
14 I praktiken, om många mellanlägg måste bytas ut, kan man ofta byta plats på dem och på så sätt undvika behovet av att köpa fler nya mellanlägg än nödvändigt.
15 Om fler än två eller tre ventilspel är inkorrekta är det bättre att demontera kamaxeln för att lättare kunna ta bort mellanläggen.
16 Om inga spel kan mätas upp, även med det tunnast möjliga mellanlägget på plats,

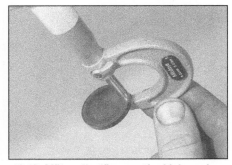

10.13 Mät mellanläggens tjocklek med en mikrometer

måste ventilen demonteras och änden på dess skaft slipas rakt av. Detta minskar dess totala längd med det minimum som krävs för att ett spel ska erhållas. Detta jobb bör överlåtas till en verkstad eftersom det är ytterst viktigt att ventilskaftets ände hålls rak.
17 När arbetet är slutfört, montera kamaxel-kåpan och packningen, luftrenaren och trumman och glödstiftet.
18 Sänk ned bilen på marken.

11 Motorstyrningssystem – kontroll

1 Denna kontroll är en del av tillverkarens underhållsschema och involverar test av motorstyrningssystemet med användning av specialutrustning. Ett sådant test låter testutrustningen avläsa eventuella felkoder som lagrats i den elektroniska styrenhetens minne.
2 Om inte ett fel misstänks är detta test inte väsentligt, men det bör noteras att det rekommenderas av tillverkaren.
3 Om du inte har tillgång till passande testutrustning, gör en noggrann kontroll av alla komponenter, slangar och ledningar i tänd-, bränsle- och avgasreningssystemen. Se till att allting är säkert anslutet och att inga tecken på skador finns.

60 000 km service

12 Kamrem – kontroll och spänning

1 Se avsnitt 14 för beskrivning av hur du kommer åt kamremmen.
2 Vrid motorn med hjälp av vevaxelremskivan och undersök hela kamremmen för att se om den är förorenad med olja eller har slitna

tänder. Leta särskilt efter sprickor.
3 Om det råder någon tveksamhet angående kamremmens skick, byt ut den på en gång.
4 Om kamremmen är i gott skick, se avsnitt 14 och kontrollera dess spänning.

90 000 km service

13 Avgasreningssystem – kontroll

1 En fullständig kontroll av avgasrenings-systemet måste utföras av en Fiat-återförsäljare.

14.3 Demontera den övre transmissionskåpan

14.4 Ta bort den yttre kåpan från vevaxelremskivan

14.6a Skruva loss och ta bort motoroljans mätstickerör . . .

105 000 km service

14 Kamrem – byte

Varning: *Notera markeringarna för rotationsriktning på kamremmen.*

Demontering

1 Lyft upp framvagnen och stöd den på pallbockar. Demontera höger framhjul. Koppla loss batteriets negativa ledning.
2 Skruva loss fästbultarna och flytta kylvätskans expansionskärl åt sidan för att komma åt kamremskåporna. Lossa slangen från clipset på kamaxelkåpan.

14.6b . . . och ta loss det från gummigenomföringen i oljepumphuset

3 Lossa ledclipsen och demontera den övre transmissionskåpan **(se bild)**.
4 Arbeta under hjulhuset, skruva loss och ta bort den yttre kåpan från över vevaxelremskivan **(se bild)**.
5 Lossa generatorns ledbult och justerlåsmutter, vrid sedan justerbulten för att släppa spänningen på drivremmen. Dra av remmen från remskivorna och ta bort den.
6 Skruva loss och ta bort motoroljans mätstickerör, ta sedan loss det från gummigenomföringen i oljepumphuset **(se bilder)**.
7 Med en hylsa på vevaxelremskivans bult, vrid motorn tills ÖD-märket på vevaxelremskivan är i linje med märket på den inre transmissionskåpan. Kolv nr 1 och 4 är nu vid ÖD. Om det är svårt att montera en hylsa på remskivans mittbult på grund av de andra bultarna, skruva loss två diagonalt motställda remskivefästbultar och skruva in längre bultar med några gängor. En hävarm kan nu användas till att rotera motorn.
8 Kontrollera att ÖD-märket på insprutningspumpens remskiva är i linje med märket på den inre transmissionskåpan. Om inte, vrid vevaxeln ett helt varv och kontrollera igen. Kontrollera också att det bakre referensmärket på kamaxelns remskiva är i linje med hålet upptill i den inre transmissionskåpan. Det främre referensmärket på remskivan måste också riktas in med hålet i kåpan.

9 Skruva loss och ta bort den nedre transmissionskåpan från motorblocket **(se bild)**. Notera att en av bultarna sitter på motorns framsida.
10 Skruva loss hylsbultarna och ta bort remskivan framtill på vevaxeln. Ta vara på distansplattan **(se bilder)**.
11 Lossa muttern på spännarremskivan, vrid sedan remskivan moturs för att släppa spänningen på kamremmen. Ta bort remmen från kamaxelns, vevaxelns och insprutningspumpens remskivor, samt från tomgångsskivan och spännarremskivan.
12 Undersök om remmen är förorenad av kylvätska eller smörjmedel. Om detta är fallet, leta reda på källan till föroreningen innan den nya remmen monteras.

Montering

13 Se till att vevaxelns, kamaxelns och insprutningspumpens remskivor fortfarande är i sina ÖD-lägen.
14 Haka i den nya remmen med vevaxeldrevet och placera den sedan runt mellanremskivan och på insprutningspumpdrevet, håll den spänd hela tiden. Fortsätt att placera den runt kamaxeldrevet och slutligen runt spännarremskivan **(se bild)**. Se till att remmens tänder hakar i korrekt i dreven.
15 Spänn remmen genom att vrida den excentriskt monterade spännaren medurs.

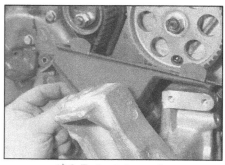

14.9 Ta bort den nedre transmissionskåpan

14.10a Ta bort hylsbultar och distansplatta . . .

14.10b . . . och ta bort remskivan framtill på vevaxeln

14.14 Sätt kamremmen runt spännarremskivan

14.15a Två bultar och en skruvmejsel används till att spänna kamremmen

14.15b Åtdragning av kamremmens spännarmutter

Två hål finns i sidan av spännarnavet för detta. En stadig högervinklad låsringstång passar bra till detta arbete, annars kan två bultar och en lång skruvmejsel användas **(se bilder)**.
16 Vrid motorn två hela varv medurs och kontrollera kamremsspänningen igen. Om så behövs, upprepa spänningsproceduren.
17 Montera remskivan och distansplattan

framtill på vevaxeln och dra åt hylsbultarna till specificerat moment.
18 Montera den nedre transmissionskåpan och dra åt bultarna.
19 Montera motoroljans mätstickerör och dra åt bulten.
20 Sätt tillbaka och spänn drivremmen.
21 Sätt tillbaka vevaxelremskivans yttre kåpa och dra åt bultarna.

22 Montera den övre transmissionskåpan och säkra med ledclipsen.
23 Sätt tillbaka expansionskärlet och dra åt fästbultarna. Säkra slangen på kamaxelkåpan.
24 Montera höger framhjul och sänk ned bilen på marken.
25 Anslut batteriets negativa ledning.

Kapitel 4
Fiat 1698cc motor

Del B: Underhåll av bränslesystem

Innehåll

Specifikationer

Glödstift

Typ . . . . Champion CH163

Bränsleinsprutare

Typ . . . . Tapp
Öppningstryck:
   Bosch . . . . 150 till 158 bar
   Lucas:
      Ny . . . . 124 till 131 bar
      Efter inkörning . . . . 116 till 123 bar

Bränsleinsprutningspump

Bosch VE

Rotationsriktning . . . . Medurs, sett från drevänden
Statisk tidsinställning:
   Motorns position . . . . Kolv nr 1 i ÖD
   Pumpens tidsinställningsmått . . . . 0,93 ± 0,05 mm
Max motorhastighet . . . . 5200 till 5300 rpm

Lucas

Rotationsriktning . . . . Medurs, sett från drevänden
Statisk tidsinställning:
   Motorns position . . . . Kolv nr 1 i ÖD
   Pumpens tidsinställningsmått . . . . 0° ± 1° PSM (*Värdet visas på pumpen*)
Max motorhastighet . . . . 5150 ± 50 rpm

Varvtalsgivare (rpm)

Gap mellan givare och svänghjulets ringdrev . . . . 0,25 till 1,3 mm
Lindningsmotstånd . . . . 680 ± 100 ohm

Åtdragningsmoment

	Nm
Glödstift	15
Bränsleinsprutningspump	25
Bränsleinsprutningspumpens drev	49
Bränsleinsprutningspumpens bakre fäste	29
Övre fästmutter för oljefilterfäste och insprutningspump	98
Nedre fästmutter för oljefilterfäste och insprutningspump	71
Bränsleinsprutare	55
Bränsleinsprutningspumpens anslutning:	
M12x1,5	32
M12x1,25	29

1.1 Ta bort gasvajerns justerclips

2.3 Glödstift nr 4 med matningsledning och förbindelseband

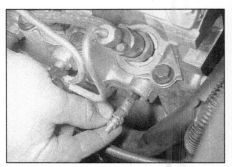

2.5 Demontering av glödstift

1 Gasvajer – justering

1 Ta bort fjäderclipset från gasvajerns hölje **(se bild)**. Försäkra dig om att styrarmen är mot sitt stopp, dra försiktigt ut vajern ur genomföringen tills innervajern är helt sträckt.
2 Håll fast vajern i detta läge och sätt tillbaka fjäderclipset i det sista exponerade spåret framför gummigenomföringen och brickan. När clipset är monterat och du släppt vajerhöljet skall det endast finnas ett litet slack i innervajern.
3 Låt en medhjälpare trycka ner gaspedalen och kontrollera att styrarmen öppnar helt och återgår mjukt till sitt stopp.

2 Glödstift – demontering, kontroll och montering

Varning: Om förvärmningssystemet just har varit aktiverat, eller om motorn har varit igång, kommer glödstiften att vara mycket heta.

Demontering

1 Koppla loss batteriets negativa ledning.
2 Demontera luftintagstrumman från motorns framsida.
3 Skruva loss muttern från relevant(a) glödstiftspol(er) och ta vara på brickorna. Notera att huvudmatningsledningen är ansluten till glödstiftet för cylinder nr 4 och ett

förbindelseband är monterat mellan de fyra glödstiften **(se bild)**.
4 Där så är tillämpligt, flytta försiktigt eventuella rör eller ledningar åt sidan för att komma åt relevant(a) glödstift.
5 Skruva loss glödstiftet/-stiften och ta bort dem från topplocket **(se bild)**.

Kontroll

6 Undersök varje glödstift för att se om det är skadat. Brända eller eroderade glödstiftsspetsar kan orsakas av ett dåligt spraymönster från en bränsleinsprutare. Undersök insprutarna om den här typen av skador förekommer.
7 Om glödstiften är i gott skick, kontrollera dem elektriskt med hjälp av en 12 volts provlampa eller en kontinuitetstestare enligt beskrivning i avsnitt 6.
8 Glödstiften kan aktiveras genom att man ansluter 12 volt till dem för att bekräfta att de värms upp jämnt och inom den tid som specificerats. Observera följande föreskrifter:
a) Stöd glödstiftet genom att klämma fast det i ett skruvstäd eller en självlåsande tång. Kom ihåg att det kommer att bli glödhett.
b) Se till att spänningsmatnings- eller testledningen innehåller en säkring eller ett överbelastningsskydd för att skydda mot skada orsakad av en kortslutning.
c) När testet är slutfört, låt glödstiftet svalna i flera minuter innan du försöker handskas med det.
9 Ett glödstift i gott skick börjar glöda i spetsen efter att det dragit ström i ca 5 sekunder. Glödstift som tar mycket längre tid

än så att börja glöda, eller som börjar glöda i mitten i stället för i spetsen, är defekta.

Montering

10 Montering sker i omvänd ordning mot demonteringen. Lägg ett lager kopparbaserat antikärvningsmedel på stiftens gängor och dra åt glödstiften till specificerat moment. Dra inte åt dem för hårt eftersom detta kan skada glödstiftelementet.

3 Bränsleinsprutare – kontroll, demontering och montering

⚠️ **Varning: Var ytterst försiktig vid arbete med bränsleinsprutare. Utsätt aldrig händerna eller någon annan del av kroppen för insprutarspray – det höga arbetstrycket kan göra att bränslet tränger igenom huden vilket kan innebära livsfara. Vi rekommenderar starkt att du överlåter allt arbete som omfattar testning av insprutarna under tryck till en verkstad eller bränsleinsprutningsspecialist.**

Kontroll

1 Bränsleinsprutare försämras efter lång tids användning och det är rimligt att förvänta sig att de behöver renoveras eller bytas ut efter 90 000 km. Noggrann testning, renovering och kalibrering av insprutarna måste utföras av en specialist. En defekt insprutare som orsakar knackning eller rök kan lokaliseras utan isärtagning enligt följande:
2 Låt motorn gå på snabb tomgång. Lossa varje insprutare i tur och ordning, med en trasa runt anslutningen för att samla upp bränslespill, och var ytterst noga med att inte utsätta huden för spray. När anslutningen på den defekta insprutaren är lossad kommer knackningen eller röken att upphöra.

Demontering

3 Demontera luftintagstrumman från motorns framsida.
4 Rengör försiktigt runt insprutarna och insprutarrörens anslutningsmuttrar.
5 Dra bort returrören från insprutarna **(se bild)**.
6 Skruva loss anslutningsmuttern som håller insprutarrören till bränsleinsprutningspumpen.

3.5 Returröret kopplas bort från en av insprutarna

3.6 Anslutningsmutter skruvas loss från insprutningspump

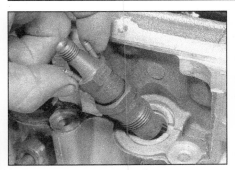

3.8 Demontering av insprutare

3.9 Demontering av brandtätningsbricka

4.2a Demontera insprutningspumpdrevets fästmutter och bricka . . .

Håll emot anslutningarna på pumpen när muttrarna skruvas loss **(se bild)**. För att undvika att smuts tränger in, täck över öppna anslutningar med små plastpåsar eller fingrar avklippta från gamla gummihandskar.

7 Skruva loss anslutningsmuttrarna och koppla loss rören från insprutarna. Om så behövs kan insprutarrören demonteras helt. Anteckna noggrant placeringarna för rörklämmorna så att de kan monteras korrekt. Täck över ändarna på insprutarna för att undvika smutsintrång.

8 Skruva loss insprutarna med en djup hylsa eller hylsnyckel och ta bort dem från topplocket **(se bild)**.

9 Ta reda på brandtätningsbrickorna från topplocket och kassera dem **(se bild)**.

Montering

10 Införskaffa nya brandtätningsbrickor.

11 Var noga med att inte tappa insprutarna eller skada nålarna i toppen på dem. Insprutarna är precisionstillverkade till fina marginaler och får inte behandlas ovarsamt och de får särskilt inte monteras i ett skruvstäd.

12 Påbörja monteringen genom att sätta brandtätningsbrickorna på plats (med den konvexa sidan uppåt).

13 Sätt in insprutarna och dra åt dem till specificerat moment.

14 Sätt tillbaka insprutarrören och dra åt anslutningsmuttrarna. Se till att rörklämmorna sitter på sina ursprungliga platser. Om klämmorna placeras fel eller om de saknas, kan problem uppstå med rör som spricker eller bryts av.

15 Återanslut returrören.

16 Sätt tillbaka lufttrumman.

17 Starta motorn. Om svårigheter uppstår,

avlufta systemet enligt beskrivning i del A av detta kapitel.

4 Bränsleinsprutningspump – demontering och montering

Demontering

1 Demontera kamremmen enligt beskrivning i del A av detta kapitel.

2 Ta bort insprutningspumpdrevet och woodruff-kilen **(se bilder)**.

3 Skruva loss bulten/bultarna från insprutningspumpens bakre stödfäste **(se bild)**.

4 Skruva loss pumpens fästmuttrar/bultar, ta bort specialfästet och ta sedan bort insprutningspumpen från fästbygeln/huset **(se bilder)**.

4.2b . . . dra av drevet från insprutningspumpens axel. . .

4.2c . . .följd av Woodruff-kilen

4.3 Bult skruvas loss från insprutningspumpens bakre stödfäste

4.4a Demontering av insprutningspumpens nedre fästbult

4.4b Demontering av insprutningspumpens speciella fästbygel

4.4c Demontering av insprutningspumpen

4.7 Åtdragning av insprutningspump-drevets fästmutter

Montering

5 Placera insprutningspumpen i fästbygeln, sätt specialfästet på plats och sätt i muttrarna/bultarna löst.
6 Sätt tillbaka det bakre stödfästet och sätt i bultarna löst.
7 Sätt tillbaka woodruff-kilen och insprutningspumpdrevet **(se bild)**
8 Sätt tillbaka och spänn kamremmen.
9 Avslutningsvis, kontrollera och justera insprutningsinställningen enligt beskrivning i avsnitt 5. Insprutningspumpens fästbultar ska nu dras åt.

5 Bränsleinsprutningspump – tidsinställning

Varning: *Vissa av insprutningspumpens inställnings- och åtkomstpluggar kan ha förseglats av tillverkaren, med färg eller låstråd och blyplomber. Bryt inte förseglingarna om fordonet fortfarande har gällande garanti – detta kommer att förverka garantin. Försök inte heller utföra inställninen utan att ha rätt instrument tillgängliga.*
Observera: *För kontroll av insprutningspumpens tidsinställning krävs en speciell sond*

och fästbygel. Om du inte har tillgäng till denna utrustning bör inställning av insprutningspumpen överlåtas till en Fiat-återförsäljare eller annan lämpligt utrustad specialist.
1 Kontrollera insprutningsinställningen endast om insprutningspumpen har rubbats.
2 Dynamisk inställningsutrustning finns, men är troligtvis inte tillgänglig för hemma-mekanikern. Utrustningen omvandlar tryck-pulser i ett insprutarrör till elektriska signaler. Om sådan utrustning finns att tillgå, använd den i enlighet med tillverkarens instruktioner, med hjälp av inställningsmärket på sväng-hjulet **(se bild)**.
3 Statisk tidsinställning så som den beskrivs i detta avsnitt ger bra resultat om den utförs noggrant. En mätklocka behövs, med sonder och tillsatser som passar aktuell typ av insprutningspump. Läs igenom arbets-momenten innan arbetet påbörjas så att du vet vad det omfattar.

Bosch pump

4 Om insprutningsinställningen kontrolleras med pumpen på plats på motorn, snarare än som en del av pumpens monteringsprocedur, koppla loss batteriets negativa ledning och demontera luftinloppstrumman framtill på motorn.
5 Skruva loss anslutningsmuttrarna och koppla loss insprutarrören från pumpen och insprutarna. Håll emot anslutningarna på pumpen medan anslutningsmuttrarna mellan rör och pump skruvas loss. Ta bort röret som en uppsättning. Täck över öppna anslutningar med små plastpåsar för att förhindra smutsintrång.
6 Ställ in motorn till ÖD för cylinder nr 1, enligt beskrivning i del A av detta kapitel (byte av kamrem).
7 Skruva loss åtkomstskruven (placerad mitt emellan de fyra insprutarröranslutningarna) från insprutningspumpens baksida **(se bild)**. När skruven tas bort, placera en lämplig behållare under pumpen för att fånga upp

5.2 Ta bort gummipluggen som avslöjar inställningsmärket på svänghjulet och växellådshuset

spill. Torka upp eventuellt spill med en ren trasa.
8 Skruva in adaptern baktill på pumpen och montera mätklockan i adaptern **(se bild)**. Placera mätklockan så att dess kolv är i mitten av sin rörelsebana och skruva åt adapterns låsmutter ordentligt.
9 Rotera vevaxen sakta bakåt och sedan framåt och observerar mätklockan, för att avgöra när insprutningspumpens kolv är längst ner i sitt slag (ND). När kolven är korrekt placerad, nollställ mätklockan.
10 Rotera vevaxeln sakta i rätt riktning tills ÖD-inställningsmärkena är i linje både på vevaxelremskivan och kamaxeldrevet. Inställningsmärket på kamaxeldrevet kan ses genom det lilla hålet i den inre transmissionskåpan.
11 Avläsningen på mätklockan skall vara lika med pumpens specificerade tidsinställnings-värde. Om justering behövs, lossa de främre och bakre pumpfästmuttrarna/skruvarna och rotera pumpen sakta tills det läge hittas där specificerad avläsning erhålls. När pumpen är korrekt placerad, dra åt både främre och bakre fästmuttrar och bultar ordentligt.
12 Rotera vevaxeln ett och ett tre kvarts varv i normal rotationsriktning. Hitta insprutnings-pumpkolvens nedre dödpunkt och nollställ mätklockan.

5.7 Demontera åtkomstskruven från baktill på insprutningspumpen

5.8 Mätklocka och tillsats

5.23 Skruva loss åtkomstpluggen på pumpen

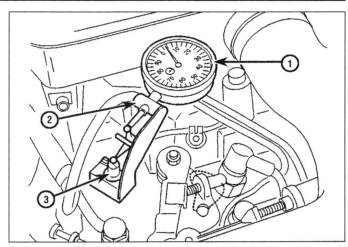

5.25 Mätklocka (1) monteringsfäste (2) och inställningsstag (3) på plats på insprutningspumpen

13 Rotera vevaxeln sakta i korrekt rotationsriktning tills ÖD-märkena är i linje. Kontrollera tidsinställningsmåttet igen.
14 Om justering behövs, lossa pumpens fästmuttrar och bultar och upprepa momenten i paragraf 11 till 13.
15 När pumpinställningen är korrekt, skruva loss adaptern och ta bort mätklockan.
16 Sätt tillbaka skruven och tätningsbrickan på pumpen och dra åt den ordentligt.
17 Montera insprutarrören och dra åt anslutningsmuttrarna till specificerat moment.
18 Anslut batteriet och sätt tillbaka luftintagstrumman.
19 Avlufta bränslesystemet enligt beskrivning i del A av detta kapitel.
20 Starta motorn och justera tomgångshastigheten enligt beskrivning i del A av detta kapitel.

Lucas pump

21 Utför momenten i paragraf 4 till 6.
22 Vrid vevaxeln bakåt (moturs) ca ett kvarts varv.

23 Skruva loss åtkomstpluggen från styrningen uppe på pumpen och ta vara på tätningsbrickan **(se bild)**.
24 Sätt in den speciella tidsinställningssonden i styrningen och se till att den sätter sig korrekt mot tätningsbrickans yta. Observera att för att mätningen ska bli rättvisande, **måste** sonden sätta sig mot styrningstätningsbrickans yta och inte mot styrningens övre läpp.
25 Montera fästet på pumpstyrningen (använd ett adapterverktyg) och fäst mätklockan säkert i fästet så att dess spets är i kontakt med fästeslänkaget **(se bild)**. Placera mätklockan så att dess kolv är i mitten av sin rörelsebana och nollställ klockan.
26 Rotera vevaxeln sakta i rätt rotationsriktning (medurs) tills vevaxeln är i ÖD för kolv nr 1.
27 Med vevaxeln låst i sitt läge, avläs mätklockan. Avläsningen bör motsvara värdet markerat på pumpen (där finns en tolerans på

± 0,04 mm). Tidsinställningsvärdet kan vara markerat på en plastskiva fäst på pumpens framsida, eller alternativt på etiketter fästa på pumpens styrarm **(se bilder)**.
28 Om justering behövs, lossa pumpens främre fästmuttrar/bultar och den bakre fästbulten, rotera sedan pumpen sakta tills det läge nås där specificerad avläsning erhålls på mätklockan (man kommer åt den nedre främre bulten genom hålet i insprutningspumpens drev). När pumpen är korrekt placerad, dra åt både de främre fästmuttrarna/bultarna och den bakre bulten till specificerat moment.
29 Dra ut inställningssonden lite, så att den är ur vägen för pumpens rotorstift. Rotera vevaxeln ett och ett tre kvarts varv i normal rotationsriktning.
30 Skjut tillbaka inställningssonden till ursprungsläget och se till att den sätter sig korrekt mot styrningstätningsbrickans yta, inte mot den övre läppen, och nollställ klockan.

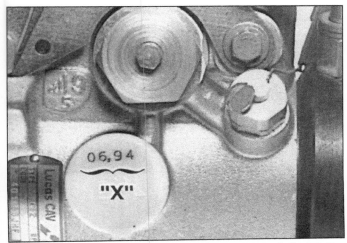

5.27a Pumpens tidsinställningsvärde (x) markerat på plastplatta

5.27b Pumpens tidsinställningsvärden markerade på etiketter (1 och 2)

31 Rotera vevaxeln sakta i rätt rotations-riktning till ÖD-läget och kontrollera tids-inställningen igen.

32 Om justering behövs, lossa pumpens fästmuttrar och bult och upprepa momenten i paragraf 28 till 31.

33 När pumpen är rätt inställd, ta bort mätklockan och fästet och dra bort sonden.

34 Sätt tillbaka skruven och tätningsbrickan på styrningen och dra åt den ordentligt.

35 Utför momenten i paragraf 17 till 20.

6 Förvärmningssystem – kontroll

1 Om förvärmningssystemet inte fungerar innebär en slutgiltig kontroll att man byter ut enheten mot en som man vet fungerar. Några preliminära kontroller kan dock utföras enligt följande:

2 Anslut en voltmätare eller en 12 volts provlampa mellan glödstiftens matnings-ledning och jord (motor- eller karossmetall). Försäkra dig om att den strömförande anslutningen inte kommer i kontakt med motorn eller karossen.

3 Låt en medhjälpare slå på tändningen och kontrollera att spänning läggs på glödstiften. Anteckna hur lång tid varningslampan lyser och även den totala tiden som spänning läggs på innan systemet stängs av. Slå av tändningen.

4 När temperaturen under motorhuven är ca 20°C bör de antecknade tiderna vara 5 eller 6 sekunder för varningslampan, följt av ytterligare 10 sekunders matning efter det att lampan slocknat. Den tid som varningslampan är tänd ökar vid lägre temperaturer och minskar vid högre temperaturer.

5 Om matning saknas helt är reläet eller tillhörande kabelage defekt.

6 För att lokalisera ett defekt glödstift, koppla loss huvudmatningsledningen och för-bindelsebandet längst upp på glödstiften. Var försiktig så att du inte tappar muttrarna och brickorna.

7 Använd en kontinuitetstestare eller en 12 volts provlampa ansluten till batteriets positiva pol för att kontrollera kontinuiteten mellan varje glödstiftspol och jord. Motståndet hos ett glödstift i gott skick är mycket litet (mindre än 1 ohm), så om provlampan inte lyser eller kontinuitetstestaren visar ett stort motstånd är glödstiftet med säkerhet defekt.

8 Om en amperemätare finns till hands kan strömförbrukningen för varje glödstift kontrolleras. Efter en inledande strömvåg på 15 till 20 ampere bör varje glödstift dra ungefär 12 ampere. Om ett glödstift drar mycket mer eller mindre än så är det troligtvis defekt.

7 Förvärmningssystemets styrenhet – demontering och montering

Demontering

1 Koppla loss batteriets negativa ledning.

2 Skruva loss skruvarna och ta bort reläkåpan placerad på vänster sida om motorn.

3 Koppla loss kabelaget och ta loss styrenheten från fästet.

Montering

4 Montering sker i omvänd ordning mot demontering.

Kapitel 5
Ford 1608cc, 1753cc och 2496cc motorer

Del A: Rutinunderhåll och service

Innehåll

Motortyper

1608cc (1.6 liter) motor . . . . Ford Fiesta, Escort och Orion – 1984 till 1996
1753cc (1.8 liter) motor . . . . Ford Fiesta, Escort, Orion, Sierra och Mondeo – 1984 till 1996
2496cc (2.5 liter) motor . . . . Ford Transit – 1986 till 1995

Specifikationer

Oljefilter
1.6 liters motor . . . . Champion C151
1.8 liters motor . . . . Champion C115
2.5 liters motor . . . . Champion E103

Ventilspel (kall motor)

1.6 liters motor
Insug . . . . 0,235 till 0,365 mm
Avgas . . . . 0,435 till 0,565 mm

1.8 liters motor
Insug . . . . 0,30 till 0,40 mm
Avgas . . . . 0,45 till 0,55 mm

2.5 liters motor
Insug . . . . 0,20 mm
Avgas . . . . 0,38 mm

Kamaxeldrivremmens spänning (kall)

1.6 liters motor
Vid återmontering . . . . 8,5 till 10,5
Kontroll i service . . . . 1,0 till 8,0

1.8 liters motor
Automatisk spänning

2.5 liters motor
Automatisk spänning

Hjälpaggregatens drivremmar

Generator

1.6 liters motor

Typ	Kilrem

Spänning (mäts med spänningsmätare):

Ny	350 till 450 N
Begagnad	250 till 350 N

1.8 liters motor – modeller utan turbo och Escort med turbo

Typ	Ribbad rem	
Spänning (kall rem, mätt med spänningsmätare):	**Ny**	**Begagnad**
Utan servostyrning – konventionell remjustering	350 till 450 N	250 till 350 N
Utan servostyrning – kuggstångsjustering	550 till 650N	350 till 450 N
Med servostyrning	550 till 650N	400 till 500 N

1.8 liters motor – Mondeo med turbo

Typ	Ribbad rem från vevaxeln	
	Ny	**Begagnad**
Spänning (avböjning mitt på remmens längsta fria del)	1 till 2 mm	2 till 4 mm

2.5 liters motor

Typ	Ribbad rem
Spänning (avböjning mitt på remmens längsta fria del)	2,5 mm

Servostyrningspump

1.8 liters motor – modeller utan turbo och Escort med turbo
Se ovan

1.8 liters motor – Mondeo med turbo

Typ	Ribbad rem	
	Ny	**Begagnad**
Spänning (avböjning mitt på remmens längsta fria del)	1 till 2 mm	2 till 4 mm

2.5 liters motor – utan luftkonditionering

Typ	Ribbad rem
Spänning (avböjning mitt på remmens längsta fria del)	2,0 mm

2.5 liters motor – med luftkonditionering

Typ	Ribbad rem
Spänning	Automatisk spänning

Luftkonditioneringskompressor

1.6 och 1.8 liters motorer

Typ	Ribbad rem	
	Ny	**Begagnad**
Spänning (avböjning mitt på remmens längsta fria del)	1 till 2 mm	2 till 4 mm

2.5 liters motor

Typ	Ribbad rem
Spänning	Automatisk spännare

Observera: *En begagnad drivrem (kilrem eller ribbad rem) definieras som en som har använts i minst 10 minuter.*
Observera – 1.8 utan turbo och Escort med turbo: *Alla spänningsmätaravläsningar är nominella och är angivna endast som referens där kuggstångsjustering finns.*

Luftfilter

1.6 liters motor

Alla modeller	Champion U515

1.8 liters motor

Fiesta	Champion U557
Escort/Orion – utan turbo	Champion U560
Escort – med turbo	Champion U612
Mondeo – med turbo	Champion U654

2.5 liters motor

Cirkulationsluftrenare monterad på motorn	Champion W184
Luftrenare på sidan av motorn	Champion U634

Bränslefilter

1.6 liters motor
Bosch:
   Tidig typ (separat filterelement) .... Ingen information tillgänglig
   Senare typ (påskruvningsbar patron) .... Champion L111
Lucas .... Champion L131 eller L137

1.8 liters motor
Bosch .... Champion L134
Lucas .... Champion L131 eller L137

2.5 liters motor
Typ .... Champion L209

Glödstift

1.6 liters motor .... Champion CH79
1.8 liters motor .... Champion CH147
2.5 liters motor .... Ingen information tillgänglig

Tomgångshastighet

1.6 liters motor .... 880 rpm
1.8 liters motor .... 850 rpm
2.5 liters motor:
   Utan turbo .... 800 till 850 rpm
   Turbo .... 800 till 900 rpm
Observera: *Tomgångshastigheten kan inte justeras på turbomotorer styrda av Lucas EPIC motorstyrningssystem eftersom detta är en funktion hos systemets elektroniska styrenhet.*

Åtdragningsmoment

Nm

Kamaxeldrivrem – 1.6 liters motor
Kåpans bultar .... 8 till 11
Drevbult .... 27 till 33
ÖD-inställningshålets plugg .... 20 till 25
Spännarens pivåbult .... 27 till 33

Kamaxeldrivrem – 1.8 liters motor
Lageröverfallsbultar 23
Kåpans bultar 4
Oljeskvalpskottets bultar 20

Kamaxeldrivrem – 2.5 liters motor
Kåpans bultar .... 5 till 9
Insprutningspumpdrevets bultar .... 22 till 27
Spännarrullens bult .... 51 till 64
Spännarglidarmens bult .... 21 till 26

Smörjmedel, vätskor och volymer

Komponent eller system	Smörjmedel eller vätska	Volym
Motor – 1.6 liter	Multigrade motorolja, viskositet SAE 10W/30 till 20W/50, till specifikation API SG/CD	5,0 liter – med filter
Motor – 1.8 liter utan turbo	Multigrade motorolja, viskositet SAE 10W/30 till 20W/50, till specifikation API SG/CD	4,5 liter – med filter
Motor – 1.8 liter turbo	Multigrade motorolja, till specifikation API SG/CD och CCMC PD2 Ford Super Motor Oil 15W/40	4,5 liter – med filter (Escort) 5,0 liter – med filter (Mondeo)
Motor – 2.5 liter	Multigrade motorolja, viskositet SAE 5W/50 till 10W/30, till specifikation API SG/CD	6,15 liter – med filter (ej turbo) 6,25 liter – med filter (turbo)
Kylsystem	Etylenglykolbaserad frostskyddsvätska 50% vätska/50% vatten	8,5 liter (Fiesta 1.6) 9,3 liter (Fiesta 1.8, Escort, Orion, Mondeo) 11,5 liter (Transit utan turbo) 12,0 liter (Transit turbo)
Bränslesystem	Kommersiellt dieselbränsle för väggående fordon	Beroende på modelltyp

Ford dieselmotor – underhållsschema

Följande underhållsschema är i stort sett det som rekommenderas av tillverkaren. Serviceintervallen bestäms av antal körda kilometer eller förfluten tid – detta eftersom vätskor och system slits såväl med ålder som med användning. Följ tidsintervallen om inte kilometerantalet uppnås inom den specificerade perioden.

Bilar som används under krävande förhållanden kan behöva tätare underhåll. Med krävande förhållanden menas extrema klimat, användning som bogserbil eller taxi, körning på dåliga vägar och många korta resor. Användning av lågkvalitativt bränsle kan orsaka förtida försämring av motoroljan. Rådfråga en Ford-återförsäljare om dessa saker.

Var 400:e km, varje vecka eller innan en långresa

☐ Kontrollera oljenivån och fyll på vid behov (avsnitt 3)
☐ Kontrollera kylvätskenivån och fyll på vid behov (avsnitt 4)
☐ Kontrollera avgaserna (avsnitt 5)
☐ Kontrollera funktionen hos glödstiftens varningslampa (avsnitt 6)

Var 10 000:e km eller var 6:e månad, det som först inträffar

☐ Byt motorolja och filter (avsnitt 7)
☐ Rengör motoroljepåfyllningslocket – 2.5 liters motor (avsnitt 8)
☐ Kontrollera skick och spänning för hjälpaggregatens drivrem(mar) – 1.6 och 2.5 liters motorer
☐ Tappa av vatten från bränslefiltret (avsnitt 9)
☐ Kontrollera tomgångshastigheten och justera vid behov – 1.6 och 1.8 liters motorer (avsnitt 10)
☐ Kontrollera vevhusventilation och motor angående vätskeläckage
☐ Kontrollera bromsvakuumpumpens funktion – 1.6 och 1.8 liters motorer (avsnitt 11)

Var 20 000:e km eller varje år

Utöver arbetsmomenten i föregående schema
☐ Kontrollera ventilspelen – 2.5 liters motor (avsnitt 12)
☐ Kontrollera avgassystemets säkerhet och skick
☐ Kontrollera skick och spänning för hjälpaggregatens drivrem(mar) – 1.8 liters motor
☐ Kontrollera tomgångshastighet och tomgångsbegränsning och justera vid behov – 2.5 liters motor (avsnitt 13)

Varje år, i början av vintern

☐ Avlufta förvärmningens flamstifts bränslebehållare – 2.5 liters motor (avsnitt 14)

Var 30 000:e km eller vartannat år

Utöver arbetsmoment i föregående scheman
☐ Byt bränslefilter – 1.8 liters motor (avsnitt 15)

Var 40 000:e km eller vartannat år

Utöver arbetsmomenten i föregående scheman
☐ Byt bränslefilter – 1.6 och 2.5 liters motorer (avsnitt 16)
☐ Byt luftfilter
☐ Kontrollera ventilspel – 1.6 liters motor (avsnitt 17)

Var 60 000:e km eller vartannat år

Utöver arbetsmomenten i föregående scheman
☐ Byt kylvätska

Var 60 000:e km eller vart 3:e år

Utöver arbetsmomenten i föregående scheman
☐ Byt kamaxelns och insprutningspumpens drivremmar – 1.8 liters motor (avsnitt 18)
☐ Byt kamaxelns drivrem som en förebyggande åtgärd – 1.6 liters motor (avsnitt 19)

Var 80 000:e km

Utöver arbetsmomenten i föregående scheman
☐ Kontrollera ventilspel – 1.8 liters motor (avsnitt 20)
☐ Byt kamaxelns drivrem – 2.5 liters motor (avsnitt 21)

Under motorhuven på Ford Fiesta med 1.6 liter dieselmotor

1 Vindrutespolarbehållare
2 Kamaxelns drivremskåpa
3 Motoroljans påfyllningslock
4 Fjäderbenstorn
5 Kylvätskans expansionskärl
6 Kylsystemets avluftningsslang
7 Gasvajer
8 Luftrenarkåpa
9 Motorhuvens hake
10 Luftintagsslang
11 Vevaxelns ventilationsslangar
12 Vindrutans torkarmotor
13 Bromshuvudcylinderbehållare
14 Bränslefilterlock
15 Batteri
16 Kylarens övre slang
17 Kylarfläkthölje
18 Servons backventil
19 Kylsystemets avluftningsskruv
20 Vakuumpump
21 Motoroljans nivåsticka
22 Termostathus
23 Insprutarrör
24 Insprutningspump
25 Kylvätskepumpens anslutning

Under motorhuven på Ford Fiesta med 1.8 liter dieselmotor

1 Kylvätskans expansionskärl
2 Fjäderbenstorn
3 Plastdel på insugsröret
4 Bromsmutternyckel
5 Bromsvätskebehållare
6 Kamaxelkåpa
7 Oljepåfyllningslock
8 Luftintagskanal till luftrenare
9 Bränslefilter
10 Bromstrycksregulator
11 Luftrenarkåpa
12 Bränsleinsprutningspump
13 Kylarens kylfläkt
14 Övre slangens avluftningsskruv
15 Vakuumpump
16 Batteri
17 Spolarvätskebehållarlock
18 Motoroljans nivåsticka

Under motorhuven på Ford Escort med 1.8 liter dieselmotor

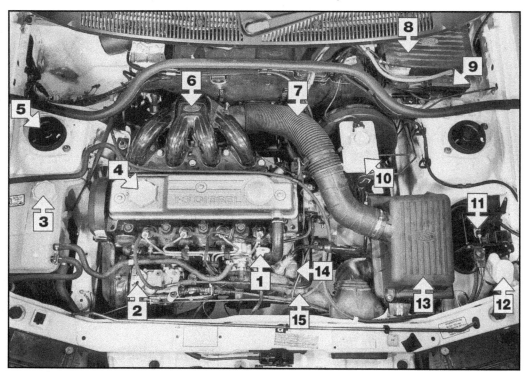

1 *Motoroljans nivåsticka*
2 *Bränsleinsprutningspump*
3 *Kylvätskans expansionskärl*
4 *Motoroljans påfyllningslock*
5 *Fjäderbenstorn*
6 *Plastdel av insugsröret*
7 *Luftintagskanal från luftrenaren*
8 *Batteri*
9 *Motorrummets reläer*
10 *Bromsvätskebehållare*
11 *Tomgångsförhöjningsstyrenhet*
12 *Spolarvätskeehållarens lock*
13 *Luftrenarenhet*
14 *Vakuumpump*
15 *Kylvätskans avluftningsskruv*

Under motorhuven på Ford Escort med 1.8 liter turbodieselmotor

1 *Motoroljans nivåsticka*
2 *Bränsleinsprutningspump*
3 *Kylvätskans expansionskärl*
4 *Motoroljans påfyllningslock*
5 *Fjäderbenstorn*
6 *Luftkylarladdare*
7 *Turboladdarens insugskanal*
8 *Batteri*
9 *Motorummets reläer*
10 *Bromsvätskebehållare*
11 *Servostyrningsvätskans
    behållare*
12 *Spolarväskebehållarens lock*
13 *Luftrenarenhet*
14 *Vakuumpump*
15 *Kylvätskans avluftningsskruv*
16 *Bränslepump och filter*

Under motorhuven på Ford Mondeo med 1.8 liter turbodieselmotor

1 Motoroljans nivåsticka
2 Bränsleinsprutningspump
3 Kylvätskans expansionskärl
4 Motoroljans påfyllningslock
5 Fjäderbenstorn
6 Luftkylarladdare
7 Turboladdarens insugskanal
8 Batteri
9 Motorrummets reläer och
   säkringar
10 Bromsvätskebehållare
11 Servostyrningens
   vätskebehållare
12 Spolarvätskebehållarens lock
13 Luftrenarenhet
14 Vakuumpump
15 Bränslepump och filter

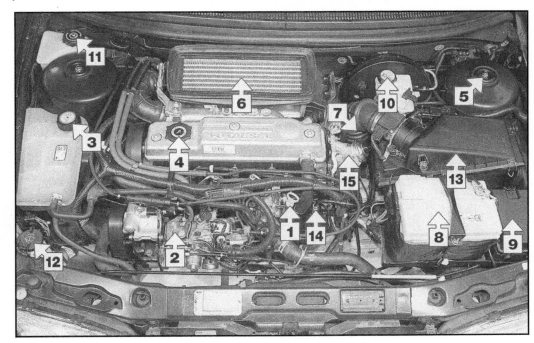

Under motorhuven på 1992 Ford Transit med 2.5 liter dieselmotor

1 Batteri
2 Bromsvätskebehållare
3 Kylvätskans expansionskärl
4 Bränsleinsprutningspump
5 Insugsrör (tvådelad typ)
6 EGR-ventil
7 Oljepåfyllningslock
8 Luftrenarenhet
9 Termostathus
10 Motoroljans nivåsticka
11 Spolarvätskebehållare

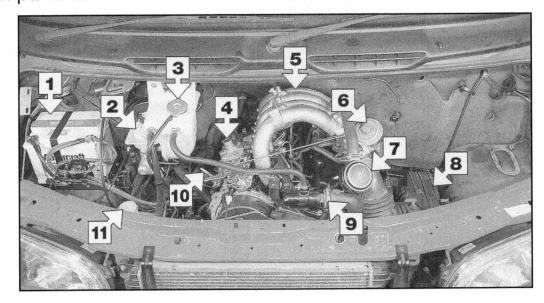

Underhållsarbeten

1 Inledning

Se kapitel 2 del A, avsnitt 1.

2 Intensivunderhåll

Se kapitel 2 del A, avsnitt 2.

400 km service

3 Motoroljenivå – kontroll

1 Se kapitel 2 del A, avsnitt 3 **(se bilder)**.

3.1a Markeringar på motoroljans nivåsticka – Mondeo visad, andra liknande

4 Kylvätskenivå – kontroll

1 Se kapitel 2 del A, avsnitt 4. Observera att kärlet är genomskinligt och kylvätskenivån kan avläsas utan att locket tas bort. Nivån skall vara mellan MAX (VARM) och MIN (KALL) markeringarna ingjutna på sidan av kärlet. Om den är under MIN-markeringen, ta bort locket och fyll på kylvätska till MAX-markeringen **(se bild)**.

3.1b Påfyllning av motorolja på Mondeo

4.1 Kylvätskenivåns MIN och MAX märken – Mondeo visad, andra liknande

5 Avgasrök – kontroll

1 Se kapitel 2 del A, avsnitt 5.

6 Varningslampa – kontroll

1 Se kapitel 2 del A, avsnitt 6.

10 000 km service

7 Motorolja och filter – byte

1 Se kapitel 2 del A, avsnitt 7 **(se bilder)**.

8 Motoroljans påfyllningslock (2.5 liters motor) – kontroll

1 Ta loss och undersök oljepåfyllningslocket. Det ska vara i gott skick och får inte vara igensatt med slam.
2 Koppla loss slangarna vid locket, vid behov, rengör locket genom att borsta det inre nätet med lösningsmedel och blåsa genom det med lätt lufttryck från en luftledning. Byt ut locket om det har kraftiga beläggningar.

9 Bränslefilter – avtappning av vatten

1.6 liters motor

Bosch filter – tidig typ (separat filter)

1 Koppla loss batteriets jordledning.
2 Fäst ett rör till avtappningspluggen längst ner på bränslefiltret. Placera den andra änden av röret i en ren glasburk eller konservburk.

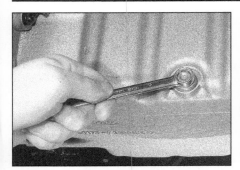

7.1a Demontering av motoroljans avtappningsplugg – Mondeo visad

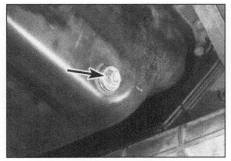

7.1b Motoroljans avtappningsplugg (vid pilen) – Transit visad

7.1c Demontering av motoroljans filter – Mondeo visad, andra liknande

Lägg trasor runt om för att fånga upp eventuellt bränslespill.

3 Öppna avtappningskranen genom att lossa på det räfflade hjulet.

4 Tappa av filtret tills rent bränsle, utan smuts eller vatten, kommer ut ur röret. Om inget bränsle kommer ut, använd metoden beskriven nedan för den senare typen av filter. Stäng avtappningskranen och ta bort röret.

5 Sluthantera det gamla bränslet på ett säkert sätt.

6 Återanslut batteriets jordledning.

Bosch filter – senare typ (påskruvningsbar patron)

7 Koppla loss batteriets jordledning.

8 Anslut ett rör till avtappningspluggen längst ner på bränslefiltret. Placera den andra änden av röret i en ren glasburk eller konservburk. Lägg trasor runt om för att fånga upp eventuellt bränslespill.

9 Öppna avtappningskranen genom att skruva loss det räfflade hjulet.

10 Tappa av filtret tills rent bränsle, utan smuts eller vatten, kommer ut ur röret (ca 100 cc är vanligtvis tillräckligt). Stäng kranen och ta bort röret, behållare och trasor och torka upp eventuellt spillt bränsle.

11 Om, vilket ofta inträffar, inget bränsle kommer ut när kranen öppnas, lossa ventilationsskruven på filterlocket och släpp in tillräckligt mycket luft för att bränslet ska flöda. Om det inte fungerar, ta loss filterpatronen och undersök den noggrant tills orsaken till problemet hittas och kan åtgärdas. Försök inte öppna avtappningskranen genom att peta i den med en metalltråd eller liknande – de små tätningarna i kranen kan rubbas eller skadas. Observera att systemet kan behöva avluftning om ventilationsskruven rubbats eller filtret skruvats isär.

12 Efter avslutat arbete, sluthantera avtappat bränsle på ett säkert sätt och anslut batteriets jordledning. Kontrollera alla rubbade komponenter ordentligt för att försäkra dig om att inga läckor (av luft eller bränsle) uppstår när motorn startas.

Lucas filter

13 Koppla loss batteriets jordledning.

14 Placera en lämplig behållare under avtappningspluggen (där monterad) längst ner på bränslefiltret.

15 Öppna avtappningskranen antingen genom att skruva loss det räfflade hjulet/tumskruven eller genom att använda en nyckel (efter tillämplighet) **(se bild)**.

16 Tappa av filtret tills rent bränsle, utan smuts eller vatten, kommer ut i behållaren (ca 100 cc är vanligtvis tillräckligt). Stäng avtappningskranen och ta bort behållare och trasor och torka upp eventuellt spillt bränsle.

17 Om, vilket händer, inget bränsle kommer ut när avtappningskranen öppnas, aktivera antingen bränslelyftpumpen för att få bränslet att flöda, eller lossa avluftningsnippeln på filtrets utloppsanslutning och släpp in tillräckligt med luft för att bränslet ska börja flöda. Om detta inte fungerar, ta loss filterelementet och undersök det och skålen noggrant tills problemet hittas och kan åtgärdas. I vissa fall verkar det som om avtappningskranens passage inte har gjorts vid tillverkningen. Då måste antingen filterelementet tas ut vid varje avtappning så att vatten och skräp kan tippas ut ur filterskålen, eller så måste nödvändiga reservdelar införskaffas så att avtappningskranen kan användas enligt beskrivningen ovan. Man bör inte peta i kranen med en metalltråd för att försöka undanröja blockeringen – de små tätningarna i avtappningskranen kan rubbas eller skadas. Observera att systemet kan behöva avluftas om avluftningsnippeln lossas eller filtret tas isär.

18 Efter avslutat arbete, sluthantera avtappat bränsle på ett säkert sätt, anslut batteriets jordledning. Undersök noga alla rörda komponenter för att försäkra dig om att inga läckor (luft eller bränsle) uppstår när motorn startas.

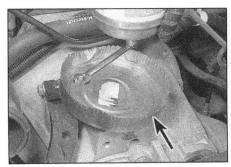

9.15 Avtappning av vatten från Lucas bränslefilter med behållare (vid pilen) för att förhindra spill

1.8 liters motor

Bosch patronfilter med spännbandsfäste

19 Följ beskrivningen för den senare typen av Bosch påskruvningsbara patronfilter monterat på 1.6 liters motor, men notera att på detta filter är ventilationsskruven en enkel (spårad med sexkantshuvud) skruv ovanpå själva filtret. Åtkomligheten av bränslefiltret förbättras på Escort/Orion om trumman från luftrenaren till insugsröret först demonteras.

Lucas filter

20 Denna procedur följer beskrivningen för samma typ av filter monterat på 1.6 liters motorn, men notera att på Escort/Orion modeller med 1.8 liters motor kan åtkomligheten förbättras om trumman från luftrenaren till insugsröret först demonteras.

2.5 liters motor

21 Koppla loss batteriets negativa ledning.

22 Täck över startmotorn med en plastpåse för att skydda den mot skador orsakade av utströmmande bränsle. Placera också en behållare under filtret för att samla upp spill.

23 Lossa avtappningsskruven längst ner på filtret. Om inget bränsle flödar ut, lossa också avluftningsskruven eller bränsleinloppsanslutningen på filterlocket.

24 När rent bränsle, fritt från vatten eller smuts, kommer ut ur avtappningsskruvens hål, dra åt skruven och eventuellt avluftningsskruven eller inloppsanslutningen.

25 Om en bränslelyftpump är monterad på filterlocket, aktivera den till dess att ett motstånd känns. Om en bränslelyftpump inte är monterad kommer bränslesystemet att avlufta sig självt när motorn startas.

26 Ta bort eventuella plastpåsar och behållare och anslut batteriet.

27 Sluthantera avtappat bränsle/vatten på ett säkert sätt.

---

10 Tomgångshastighet (1.6 och 1.8 liters motorer) – kontroll och justering

Alla motorer

1 Den vanliga typen av varvräknare, som arbetar utifrån tändsystemets pulser, kan inte

10.4 Justera tomgångsskruv och låsmutter

användas på dieselmotorer. Om du inte känner att justering av tomgångshastigheten genom att "lyssna" på den är tillfredsställande, måste någon av följande alternativ användas:

a) Köp eller hyr en passande varvräknare.
b) Lämna arbetet till en Ford-återförsäljare eller annan specialist.
c) Tändinställningslampa manövrerad av en bensinmotor gående med önskad hastighet. Om lampan pekas mot ett kritmärke på dieselmotorns vevaxelremskiva kommer märket att verka stå stilla när de två motorerna går med samma hastighet (eller multipler av den hastigheten).
d) Räkna ut förhållandet km per timme/rpm för en speciell växel och låt motorn gå i den växeln, med framhjulen fria. Hastighetsmätaren visar eventuellt inte korrekt avläsning, speciellt inte i låga hastigheter. Stränga säkerhetsåtgärder måste vidtagas.

1.6 liters motor

Bosch insprutningspump

2 Värm upp motorn tills den når normal arbetstemperatur.
3 Anslut varvräknaren om sådan används,

eller arrangera vad som behövs för alternativ metod. Starta motorn och låt den gå på tomgång. Jämför tomgångshastigheten med den specificerade.
4 Om justering behövs, lossa muttern till tomgångshastighetsskruven på bränsle-insprutnings-pumpen **(se bild)**. Vrid skruven medurs för att öka hastigheten, moturs för att minska den. När hastigheten är korrekt, dra åt låsmuttern utan att rubba skruvens läge.
5 Koppla bort varvmätaren (eller andra instrument).

Lucas insprutningspump

Observera: *Ett speciellt (distans) service-verktyg (23-016) behövs för detta moment. Om detta inte finns tillgängligt kan man försiktigt använda distanser.*
6 Låt motorn gå tills den når normal arbets-temperatur och kontrollera tomgångs-hastigheten.
7 Om tomgångshastigheten överskrider 910 rpm, lossa tomgångshastighetsskruvens lås-mutter (C) **(se bild)** och justera skruven tills motorn går på tomgång vid 880 ± 30 rpm. Dra åt låsmuttern.
8 Stick in en 2,0 mm tjock distans mellan justerskruven och tomgångsstopparmen som visat **(se bild)**. Tomgångshastigheten ska falla med ca 100 rpm. Om ingen förändring sker i hastigheten behöver tomgångsbegränsningen justeras.
9 Om tomgångshastigheten när den ur-sprungligen kontrollerades var lägre än 850 rpm, stick in en 2,0 mm tjock distans mellan justerskruven och tomgångsstopparmen. Om hastigheten inte förändras, justera tomgångs-begränsningen. Om hastigheten ändras när distansen sticks in, ställ in tomgångshastig-heten enligt specifikationerna.

1.8 liters motor – ej turbo

Bosch insprutningspump

10 Se först paragraf 1 till 3 i detta avsnitt.

Pumpjusteringarna skall endast rubbas om tomgångshastigheten är opålitlig, eller märk-bart över eller under specifikationerna.
11 Om den noterade tomgångshastigheten var inkorrekt, ställ in den igen till 850 rpm med tomgångshastighetsskruven (B) **(se bild)**. När hastigheten är korrekt, stick in en 0,5 mm tjock distans mellan trottelarmen och juster-skruven för tomgångsbegränsning (A). Tom-gångshastigheten bör inte ändras. Om hastigheten ändras, utför den grundläggande tomgångsinställningen beskriven nedan. Om hastigheten inte ändras, ta bort distansen och ersätt den med en som är 1,0 mm tjock, varpå hastigheten bör öka mycket lite, med ca 10 eller 20 rpm. Om detta sker, kontrollera snabbtomgången enligt beskrivning nedan. Om hastigheten inte ökar, utför den grund-läggande tomgångsinställningen beskriven nedan.

Grundläggande tomgångsinställning

12 Använd tomgångsjusterskruven (B), ställ in tomgångshastigheten till 850 rpm, lossa ändstoppet på vajern till snabbtomgångens vaxtermostat och omplacera det till änden av vajern så att det inte kan ha någon effekt. Sätt in en 0,5 mm tjock distans mellan trottelarmen och tomgångsbegränsningens justerskruv (A), lossa sedan dess låsmutter och vrid skruven moturs (bort från trottelarmen) ett helt varv. Justera in tomgångshastigheten till 850 rpm med tomgångshastighetsskruven. Upprepa proceduren till dess att vridning av tomgångs-begränsningens justerskruv inte har någon effekt på tomgångshastigheten (för att försäkra att motorn inte går på tomgång på tomgångsbegränsningens justerskruv).
13 Ta bort 0,5 mm distansen och ersätt den med en som är 1,0 mm tjock, vrid därefter tomgångsbegränsningens justerskruv tills en motorhastighet på 860 till 870 rpm erhålls och dra åt skruvens låsmutter. Ta bort distansen, anteckna tomgångshastigheten, ersätt den sedan med en som är 0,5 mm tjock.

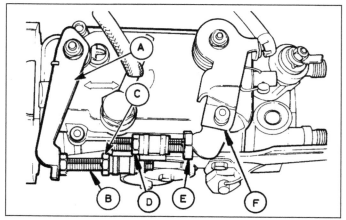

10.7 Justering av tomgångshastighet och tomgångs-begränsning – Lucas bränsleinsprutningspump

A Tomgångsstopparm
B Tomgångens justerskruv
C Låsmutter
D Låsmutter
E Tomgångsbegränsningsskruv
F Gaslänkagearm

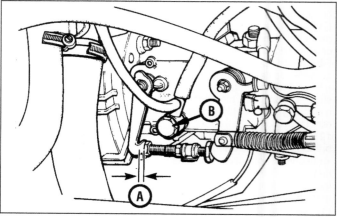

10.8 Justering av tomgångshastighet Lucas bränsleinsprutningspump

A Sätt in en distans mellan tomgångsstopparmen och tomgångens justerskruv vid stället som visas med pilarna
B Bränslereturens banjoanslutning

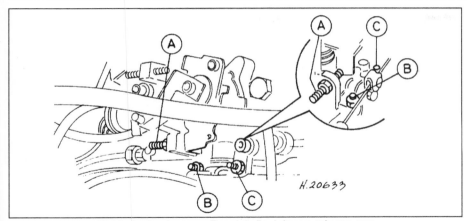

10.11 Justerskruvar – Bosch bränsleinsprutningspump

A Tomgångsbegränsningens
  justerskruv

B Tomgångshastighetens justerskruv
C Snabbtomgångshastighetens justerskruv

Tomgångshastigheten bör inte ändras. Om tomgångshastigheten ändras, upprepa hela momentet. När den grundläggande tomgångsinställningen är korrekt, flytta vaxtermostatens vajerändstopp så att det uppstår ett gap på 1,0 mm mellan tomgångsarmen och snabbtomgångsjusterskruven (C) när motorn är varm (vaxtermostat i läge varm), fortsätt sedan med att kontrollera snabbtomgångshastigheten.

Kontroll av snabbtomgångshastighet

14 För att kontrollera snabbtomgångshastigheten, se till att motorn är riktigt varm, kontrollera sedan att det är ett gap på 1,0 mm mellan tomgångsarmen och snabbtomgångshastighetsskruven (C). Justera vid behov genom att flytta på stoppet i änden på vajern till snabbtomgångens vaxtermostat. Med motorn på tomgång, flytta tomgångsarmen mot snabbtomgångsskruven och kontrollera att hastigheten ökar till 1180 till 1200 rpm. Justera vid behov genom att vrida snabbtomgångsskruven.

Lucas insprutningspump

Observera: *Ett specialverktyg, distans 23-076, behövs Om detta inte finns tillgängligt kan det ersättas med att man försiktigt använder distanser.*
15 Montera specialverktyget, eller alternativet, och ett 1,0 mm tjockt bladmått (till en

total tjocklek på 4,0 mm) mellan tomgångsbegränsningsskruven och trottelarmen, som visat **(se bild)**.
16 Med hjälp av en 20,0 mm tjock distans, håll tomgångshastighetsarmen (A) bort från justerskruven, som visas i bilderna 10.7, 10.8 och 10.15.
17 Lossa låsmuttern (D) och vrid tomgångsbegränsningens justeringsskruv (E) tills en tomgångshastighet på 900 ± 100 rpm erhålls.
18 Ta bort den 20,0 mm tjocka distansen. Tomgångshastighetsstoppets arm måste gå tillbaka och komma i kontakt med justerskruven (B).
19 Ta bort specialverktyget och bladmåttet.

10.22a Kontrollera spelen i vaxtermostatens vajer i pumpänden . . .

Lossa tomgångsjusterskruvens låsmutter och vrid skruven tills en tomgångshastighet på mellan 840 och 870 rpm erhålls.
20 Om problem med långsam nedgång i varv eller motorstopp skulle uppstå, kontrollera igen föregående justering. Om problemet fortsätter kan motorstopp åtgärdas genom att man skruvar på trottelarmens tomgångsbegränsningsskruv (med max ett fjärdedels varv) medurs. För att åtgärda långsam nedgång i varv, vrid trottelarmens tomgångsbegränsningsskruv (max ett fjärdedels varv) moturs.

1.8 liters motor – med turbo

Observera: *Pumpjusteringarna bör endast åtgärdas om tomgångshastigheten är opålitlig eller mycket över eller under specificerat värde.*

Steg 1 – kontroll av tomgångsinställning och tomgångsbegränsning

21 Låt motorn gå på tomgång tills den når normal arbetstemperatur, d v s tills kylfläkten går igång.
22 Kontrollera att det finns 2,0 mm spel på vaxtermostatens vajer i pumpänden. Om så behövs, använd vajerjusteraren till att ändra spelet **(se bilder)**.
23 Anteckna tomgångshastigheten.
24 Stick in ett 4,0 mm bladmått mellan tomgångsbegränsningsskruven och gaslänkagearmen **(se bild)**.
25 Rotera stopparmen medurs och stick in ett 3,0 mm diameters stift genom tomgångsarmen **(se bild)**.

10.22b . . . och, om det behövs, använd vajerjusteraren till att ändra spelet

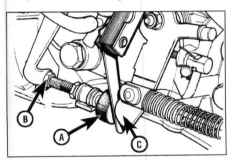

10.15 Montera distans (A) och 1,0 mm bladmått mellan tomgångsbegränsningsskruven (B) och gaslänkagearmen (C)

10.24 Sätt in ett 4,0 mm bladmått mellan tomg.begr.skruven och gaslänkagearmen

10.25 Rotera stopparmen medurs och stick in ett 3,0 mm diameters stift genom tomgångsarmen

26 Notera tomgångsbegränsningshastigheten.
27 Om hastigheterna för tomgång och tomgångsbegränsning är korrekta, kontrollera att motorns retardationstid från max hastighet utan belastning till tomgång inte är mer än 5 sekunder, utan att motorn stannar eller går ner till varvtal under det specificerat för tomgångsbegränsning. Om justering behövs:

Steg 2 – tomgångsinställning

28 Stick in ett 4,0 mm bladmått mellan tomgångsbegränsningsskruven och trottelarmen.
29 Rotera stopparmen medurs och stick in ett 3,0 mm diameters stift genom tomgångsarmen.
30 Justera tomgångsbegränsningsskruven för att erhålla en motorhastighet på 900 ± 100 rpm.
31 Ta bort bladmåttet och stiftet.
32 Vrid tomgångshastighetens justerskruv (bild 10.25), ställ in tomgångshastigheten till 850 ± 50 rpm.
33 Kontrollera nu att motorns retardationstid från max hastighet utan belastning till

tomgång inte är mer än 5 sekunder utan att motorn stannar eller går ner till varvtal under det specificerat för tomgångsbegränsning.
34 Om motorn stannar, vrid tomgångsbegränsningsskruven moturs (sett från pumpens baksida) ett fjärdedels varv.
35 Gör om alla moment från paragraf 28.
36 Om retardationstiden överskrider 5 sekunder, vrid tomgångsbegränsningsskruven medurs (sett från pumpens baksida) ett fjärdedels varv.
37 Gör om alla moment fr o m paragraf 28.

11 Vakuumpump (1.6 och 1.8 liters motorer) – kontroll

1 Undersök om vakuumpumpen läcker olja, och kontrollera skick och säkerhet för slangar och fästen **(se bild)**.
2 Kontrollera pumpens funktion enligt nedan:
3 Med motorn avslagen, tryck ned bromspedalen flera gånger för att bli av med

11.1 Undersök vakuumpumpens slangar för skick och säkerhet

eventuellt överblivet vakuum i servon. Håll bromspedalen nedtryckt och starta motorn. Pedalen ska röra sig nedåt när vakuumpumpen manövrerar servon. Om detta inte sker är det fel på pumpen, servon eller deras anslutande rör (glöm inte backventilen)
4 En defekt vakuumpump måste bytas, inga reservdelar finns tillgängliga.

20 000 km service

12 Ventilspel (2.5 liters motor) – kontroll

1 Demontera topplockets ventilkåpa.
2 Ta bort gummihylsan från vevaxelremskivans framsida. Vrid vevaxeln medurs med hjälp av en nyckel på vevaxelremskivans bult, tills de två första ventilerna i listan nedan är helt öppna. I detta läge, kontrollera att spelet för de två första ventilerna är enligt specifikationerna nedan:

Ventiler helt öppna	Ventiler att justera
1 och 6	4 (In) och 7 (Av)
2 och 3	5 (Av) och 8 (In)
4 och 7	1 (Av) och 6 (In)
5 och 8	2 (In) och 3 (Av)

3 Spel för insugs- och avgasventilerna varierar. Använd ett bladmått av rätt tjocklek för att kontrollera varje spel mellan änden på ventilskaftet och vipparmen **(se bild)**. Bladet ska ha en snäv glidpassning. Om justering

behövs, vrid justerbulten så mycket som behövs med en ringnyckel för att ställa in spelet efter specifikationerna. Justerbultarna är av typen med förstärkta gängor och behöver ingen låsmutter.
4 När spelet är korrekt för det första paret ventiler, rotera vevaxeln medurs igen tills det nästa paret ventiler i listan är helt öppna. Kontrollera/justera det andra paret och upprepa proceduren tills alla ventiler är kontrollerade.
5 När kontrollen är slutförd, sätt tillbaka gummihylsan på vevaxelremskivan och montera ventilkåpan.

13 Tomgångshastighet och -begränsning (2.5 liters motor) – kontroll och justering

Observera: *På turboladdade motorer med Lucas EPIC motorstyrningssystem kontrolleras alla insprutningspumpens parametrar av systemets elektroniska styrenhet och justeringar är inte möjliga. Följande justeringar gäller för vanliga sugmotorer och tidigare turbomotorer utan motorstyrningssystem. Notera också att generellt sett är detta inte ett rutinservicearbete och bör endast kräva tillsyn vid detta serviceintervall om inställningarna misstänks vara inkorrekta.*

1 Den vanliga typen av varvräknare som arbetar utifrån tändsystemets pulser kan inte användas på dieselmotorer. Om du inte känner att inställning av tomgångshastigheten genom att "lyssna" på den är tillfredsställande kan någon av följande metoder användas:
a) Köp eller hyr en lämplig varvräknare.
b) Lämna jobbet åt en Ford-återförsäljare eller annan specialist.

c) Tändinställningslampa manövrerad av en bensinmotor som går med önskad hastighet. Om lampan riktas mot ett märke på vevaxelremskivan kommer märket att verka stå stilla när de två motorerna går med samma hastighet.
2 Innan justeringar görs, värm upp motorn till normal arbetstemperatur. Se till att gasvajern är korrekt justerad.

Tomgångshastighet

3 Med gaspedalen uppsläppt, kontrollera att trottelarmen på bränsleinsprutningspumpen vilar mot sitt stopp.
4 På motorer med en snabbtomgångs termostatgivare, se till att givarvajern är korrekt justerad.
5 Låt motorn gå på tomgång och kontrollera dess hastighet. Om justering behövs, vrid tomgångsjusterskruven tills tomgångshastigheten är korrekt **(se bilder)**.

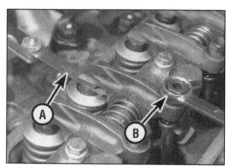

12.3 Kontroll/justering av ventilspel med bladmått och ringnyckel (B)

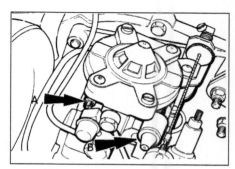

13.5a Justerpunkter på Bosch bränsleinsprutningspump

A Tomgångshastighetens justerskruv
B Justerskruv för maximal motorhastighet (under locket)

Hastighet för tomgångsbegränsning

6 På modeller med en Lucas bränsleinsprutningspump, accelerera motorn och låt den återgå till tomgång. Om den tenderar att stanna eller går ner i varv långsamt, justera tomgångsbegränsningens inställning enligt följande:

7 Ta bort justersäkringen från tomgångsbegränsningsskruven. Lossa på skruvens

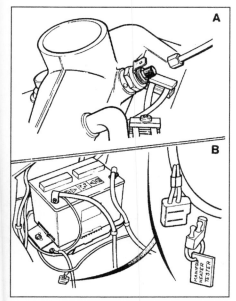

14.2 Tömning av förvärmningssystemets flamstifts bränslebehållare

A Koppla loss bränslematningsröret
B Koppla ihop anslutningspolerna

låsmutter, vrid skruven ett fjärdedels varv medurs, upprepa retardationskontrollen och observera effekten.

8 Fortsätt att justera tomgångsbegränsningsskruven tills retardation och tomgång är rätt inställda, dra sedan åt låsmuttern och sätt på en ny justersäkring. Notera att om motorhastigheten ökar när tomgångsbegränsningsskruven vrids, tyder detta på ett fel i pumpen. Rådfråga en Lucas återförsäljare eller annan specialist.

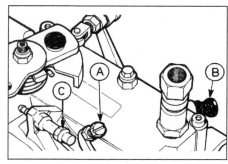

13.5b Justerpunkter på Lucas bränsleinsprutningspump

A Tomgångshastighetens justerskruv
B Tomgångsbegränsningsjustens justerskruv (under locket)
C Justerskruv för maximal motorhastighet (under locket)

Varje år, i början av vintern

14 Förvärmning, flamstiftets bränslebehållare (2.5 liters motor) – avluftning

1 På motorer med förvärmningssystem ska bränslebehållaren tömmas på sommarbränsle i början av vintern. Om detta inte görs kan det bildas vaxkristaller i bränslet i behållaren när det börjar bli kallt.
2 Koppla loss bränslematningsröret från flamstiftet och placera änden av röret i en lämplig behållare **(se bild)**.

3 Förvärmningssystemets testanslutning finns under batteriplåten. Koppla ihop anslutningspolerna med en isolerad kabellänk med två hankontakter.
4 Slå på tändningen i 25 sekunder. Förvärmningens varningslampa kommer att tändas i 5 sekunder och sedan slockna. Slå av tändningen helt kort, slå på den igen i 25 sekunder och slå därefter av den igen.
5 Kassera bränslet som har flödat ut i behållaren. Återanslut bränslematningsröret och ta bort kabellänken från testanslutningen.

30 000 km service

15 Bränslefilter (1.8 liters motor) – byte

Bosch patronfilter med spännbandsfäste

1 Töm filtret helt.
2 Notera noggrant (anteckna) hur bränsleinlopps- och utloppsslangarna och filterventilationsskruven sitter **(se bild)**. Rengör dem ordentligt och skaffa nya slangklämmor och/eller slangar om de som sitter där inte är i gott skick.
3 Lossa klämmorna med en tång, koppla loss bränsleinlopps- och utloppsslangarna från anslutningarna på filtret. Plugga eller täck för slangarna och anslutningarna för att förhindra bränsleförlust och smutsintrång.
4 Lossa spännbandets klämskruv och dra ut filtret från sitt fäste. Var försiktig så att så lite bränsle som möjligt spills.

5 Sätt det nya filtret i fästet, rikta upp anslutningarna mot slangarna enligt anteckningarna och observera eventuella riktningsmarkeringar på filtret. Montera de nya slangarna och/eller klämmorna (om så behövs), anslut sedan slangarna till filtret och fäst dem ordentligt med klämmorna.
6 Dra åt spännbandets klämskruv men var försiktig så att du inte drar åt för hårt (nominellt åtdragningsmoment endast 1,5 till 2,5 Nm) – filtret kan skadas. Kontrollera att avtappningskranen är stängd.
7 Återanslut batteriets jordledning och starta motorn. Motorn kan behöva dras runt med startmotorn ett bra tag för att all luft ska försvinna ur systemet. För att skona batteriet kan denna tid reduceras genom att man fyller filtret med rent bränsle via ventilationsskruvens öppning, men det är viktigt att ingen smuts kommer in i systemet och att inget bränsle hälls över sårbara komponenter när detta görs.

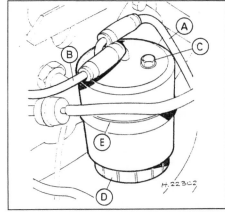

15.2 Bosch patronfilter med spännbandsfäste

A Bränsleinloppsslang   D Avtappningskran
B Bränsleutloppsslang   E Klämma
C Ventilationsskruv

8 Efter avslutat arbete, sluthantera det gamla filtret och det avtappade bränslet på ett säkert sätt. Kontrollera att alla rubbade komponenter sitter säkert och att det inte förekommer några läckor (luft eller bränsle) när motorn startas igen.

Lucas filter

9 Töm filtret helt.
10 Stöd filterskålen och skruva loss den genomgående bulten från filterlocket (se bild). Dra ut filterskålen och filterelementet, var försiktig så att så lite som möjligt av eventuellt kvarvarande bränsle spills ut.
11 Använd en liten spegel och en ficklampa om så behövs, kontrollera att alla tätningar är borttagna från ovanför och under filtret, från den genomgående bulten och från (undersidan av) filterlocket. Exakta detaljer för tätningstyp och placering varierar beroende

15.10 Genomgående bult (vid pilen) på Lucas filter

på motor och modell, och på vilken typ av filterelement som används, men alla dessa tätningar måste bytas ut som en rutinåtgärd innan filtret sätts ihop. De medföljer oftast det nya filterelementet.

12 Torka rent filterlocket och skålen. Kontrollera att avtappningskranen i filterskålen är ren, att dess tätningar är i gott skick och rätt placerade och dra sedan åt den ordentligt.
13 Se till att alla tätningar byts ut och placeras så som de satt innan demonteringen, montera filterelementet till filterlocket, följt av skålen. Försäkra dig om att tätningarna ovanför och under elementet inte rubbas när den genomgående bulten skruvas i och dras åt.
14 Återanslut batteriets jordledning, avlufta systemet och starta motorn.
15 Efter avslutat arbete, sluthantera det gamla filtret och avtappat bränsle på ett säkert sätt. Kontrollera noggrant att alla rubbade komponenter sitter säkert och se till att det inte förekommer några läckor (luft eller bränsle) när motorn startas.

40 000 km service

16 Bränslefilter (1.6 och 2.5 liters motorer) – byte

1.6 liters motor

Bosch filter – tidig typ (separat filterelement)

1 Töm filtret helt. Rengör runt tätningsytan mellan filterlocket och huset.
2 Skruva loss och ta bort filterhuset. Använd ett oljefilterverktyg om det sitter för hårt (se bild). Ta bort och kassera filterelementet och tätningen (se bild).
3 Använd en ren luddfri trasa, torka filterlocket och huset rena. Placera det nya elementet i filterhuset och smörj rent bränsle på tätningsringen. Skruva in filterhuset på plats, dra endast åt det för hand. Se till att avtappningskranen är stängd.
4 Återanslut batteriet och starta motorn. Motorn kan behöva dras runt med startmotorn ovanligt länge för att all luft ska försvinna ur systemet. Filtret kan fyllas med rent bränsle via ventilationspluggen på locket om så önskas, men det är ytterst viktigt att ingen smuts kommer in.

16.2a Ett oljefilterverktyg används till att skruva ur Bosch bränslefilterelement

5 Leta efter läckor från filtertätningen och dra åt det hårdare om så behövs. Stanna motorn och ta bort kopplingshusets skyddsmaterial.

Bosch filter – senare typ (påskruvningsbar patron)

6 Töm filtret helt. Använd ett filterverktyg, skruva loss filterpatronen från filterlocket och ta bort den. Var försiktig så att så lite som möjligt av eventuellt kvarvarande bränsle spills.
7 Kontrollera att båda tätningarna ovanpå den nya filterpatronen sitter korrekt i spåret och hållaren (efter tillämplighet) och se till att avtappningskranen är stängd. Smörj in tätningarna med rent bränsle och skruva på den nya patronen – dra endast åt den för hand eller enligt tillverkarens anvisningar.
8 Anslut batteriets jordledning och starta motorn. Motorn kan behöva dras runt med startmotorn ovanligt länge för att all luft ska försvinna ur systemet. För att skona batteriet kan denna tid reduceras genom att man fyller filtret med rent bränsle via ventilations-

skruvens öppning, men det är viktigt att ingen smuts kommer in i systemet och att inget bränsle hälls över sårbara komponenter när detta görs.
9 Efter avslutat arbete, sluthantera det gamla filtret och det avtappade bränslet på ett säkert sätt. Kontrollera att alla rubbade komponenter sitter säkert och att det inte förekommer några läckor (luft eller bränsle) när motorn startas igen.

Lucas filter

10 Se beskrivning för samma typ av filter monterat på 1.8 liters motorn.

2.5 liters motor

11 Tappa av bränslefiltret.
12 Lossa på vingmuttern på filtrets fästklämma så mycket som möjligt och ta ut det gamla filtret (se bilder). Se till att oljetätningen följer med filtret.
13 Om originalfiltret har en sensor för "vatten i bränslet" skall denna flyttas över till det nya filtret innan det monteras (se bild).

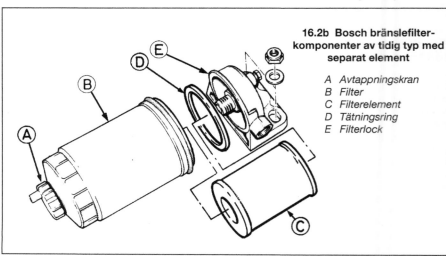

16.2b Bosch bränslefilterkomponenter av tidig typ med separat element

A Avtappningskran
B Filter
C Filterelement
D Tätningsring
E Filterlock

16.12a Lossa på vingmuttern på bränslefiltrets fästklämma (vid pilen) . . .

14 Smörj lite rent bränsle på tätningsringen på det nya filtret. Tryck och skruva in filtret i filterlocket så att det sätts på plats.
15 Dra åt fästklämmans vingmutter och håll filtret på plats tills det sitter ordentligt. Dra inte åt vingmuttern för hårt – filtret kan skadas och läcka.
16 Om en bränslelyftpump är monterad på filterlocket, aktivera denna tills motstånd känns. Om ingen pump är monterad, snapsa systemet genom att dra runt motorn på startmotorn i 10-sekunders intervall tills motorn startar.
17 Låt motorn gå och kontrollera att inga läckor förekommer runt filtret.

---

17 Ventilspel (1.6 liters motor) – kontroll

1 Lossa ventilationsslangarna och demontera kamaxelkåpan. Den är fäst med 10 bultar. Ta vara på brickorna och förstärkningsremsorna och notera hur de sitter. Ta bort packningen, tätningsremsan och pluggen. Om så behövs, skaffa nya inför monteringen.
2 Vrid motorn i normal rotationsriktning tills två kamlober för en cylinder (det spelar ingen roll vilken) pekar uppåt (i förhållande till motorn) i samma vinkel. Det är tillåtet att "studsa" motorn runt på startmotorn för detta, men koppla först bort bränsleavstängnings-solenoiden.

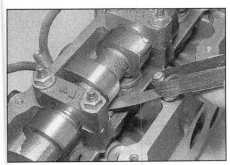

17.3 Mätning av ventilspel

3 Mät spelet mellan baserna på de två kamloberna och de underliggande mellan-läggen med bladmått **(se bild)**. Anteckna tjockleken på de bladmått som behövs för att få en snäv glidpassning. Önskat spel anges i specifikationerna. Notera att spelet för insugs-och avgasventilerna är olika. Från motorns remskiveände är ventilordningen följande:

I-A-I-A-I-A-I-A

4 Om justering behövs, gör enligt följande:
5 Vrid motorn i normal rotationsriktning ca 90°, så att kolvarna är mitt i slaget. Om detta inte görs kommer kolvarna i ÖD att förhindra lyftarna från att tryckas ned och skador kan uppstå. Tryck ned lyftarna. Mellanläggen kan nu tas ut, såvida inte toppen på kamloben är i vägen. Fords verktyg för detta moment är nr 21-106 och 21-107. Vi upptäckte dock att med försiktighet och tålamod kan en öppen blocknyckel eller en skruvmejsel användas till att pressa ned lyftaren medan mellanlägget petas ut med en liten skruvmejsel **(se bild)**.
6 Om ventilspelet är för litet måste ett tunnare mellanlägg monteras. Om spelet är för stort måste ett tjockare mellanlägg monteras. Tjockleken på mellanlägget är ingraverad på den sida som vänd bort från kamaxeln **(se bild)**. Om markering saknas eller inte kan läsas måste en mikrometer användas till att fastställa tjockleken.
7 När mellanläggstjockleken och ventilspelet är fastställda kan tjockleken på det nya mellanlägget räknas ut enligt följande:

16.12b . . . och demontera sedan bränslefiltret

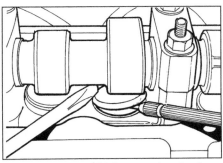

17.5 Tryck ned lyftaren och ta bort mellanlägget

16.13 Komponenter i bränslefiltrets sensor för "vatten i bränslet"

Exempel – för litet spel
Önskat spel (A) = 0,50 mm
Uppmätt spel (B) = 0,35 mm
Tjocklek monterat mellanlägg (C) = 3,95 mm
Tjockl. nytt mellanlägg (D) = C + B - A = 3,80 mm

Exempel – för stort spel
Önskat spel (A) = 0,30 mm
Uppmätt spel (B) = 0,40 mm
Tjocklek monterat mellanlägg (C) = 4,05 mm
Tjockl. nytt mellanlägg (D) = C + B - A = 4,15 mm

8 Med korrekt mellanlägg monterat, ta bort verktyget som håller ner ventillyftaren. Vrid tillbaka motorn så att kamloberna åter pekar uppåt och kontrollera att spelet nu är korrekt.
9 Upprepa proceduren för de övriga ventilerna, vrid motorn varje gång för att få ett par kamlober att peka uppåt.
10 Det är till god hjälp för framtida justering om anteckningar görs över tjockleken på varje mellanlägg som monteras. De mellanlägg som behövs kan köpas i förväg när spelen och existerande mellanläggs tjocklek har fastställts.
11 Det är tillåtet att byta mellanlägg mellan lyftarna för att uppnå rätt spel men kamaxeln bör inte vridas med mellanlägg borttagna eftersom det då finns risk att kamloben fastnar i den tomma lyftaren.
12 När alla spel är korrekta, sätt tillbaka kamaxelkåpan, använd ny packning etc vid behov. Sätt i bultarna med brickorna och förstärkningsremsorna. Dra åt bultarna stegvis till specificerat åtdragningsmoment.
13 Sätt fast ventilationsslangen.
14 Om bränsleavstängningssolenoiden kopplats loss, återanslut denna.

17.6 Mellanläggets tjocklek markerad

60 000 km service

18 Kamaxelns och insprutningspumpens drivrem (1.8 liters motor) – byte

Demontering

1 Börja med att utföra följande förberedande moment:
a) Lyft upp bilens främre högra sida och stöd den på pallbockar.
b) Koppla loss batteriets jordledning (minus).
c) Lossa skölden/sköldarna och/eller kåpan/kåporna **(se bild)**, demontera generatorns/kylvätskepumpens drivrem.
d) På Fiesta modeller (även Escort/Orion beroende på arbetet som ska utföras och vilka verktyg som finns tillgängliga) ska även främre högra hjulet och innerskärmen demonteras.
e) Med motorn fortfarande kvar i bilen blir det förmodligen nödvändigt att demontera generatorn och (om monterad) servostyrningspumpen för att komma åt ÖD-stiftshålets plugg och sätta i ett inställningsstift.
f) Bättre utrymme kan skapas om man skruvar loss kylvätskans expansionskärl och (om monterad) servostyrningsvätskans behållare på Escort/Orion modeller så att dessa kan flyttas åt sidan (utan att de kopplas loss) efter behov. På Fiesta modeller måste luftrenaren demonteras.

g) Där så är tillämpligt, lossa fästmuttern/muttrarna eller bulten/bultarna till motorns lyftögla och sväng den ur vägen för drivremskåpan. Om en trotteldämpare är monterad kommer denna att förhindra demontering av kåpan och måste därför först tas bort.

2 Arbeta under bilen, skruva först loss den främre (vertikala) bulten och den bakre (horisontala) pivåbulten, ta sedan försiktigt loss den nedre drivremskåpan från vevaxelns remskiva/vibrationsdämparen **(se bilder)**.
3 Om den inte redan har demonterats, ta bort bränsleavvisaren av plast från generatorns fästbygel **(se bild)**.
4 Gå tillbaka till motorrummet, lossa de tre fästclipsen till kamaxeldrivremmens kåpa och

skruva loss den enda fästbulten (i mitten), manövrera sedan ut kåpan uppåt och dra ut den **(se bilder)**.
5 Med hjälp av bulten i mitten av vevaxelremskivans vibrationsdämpare, vrid vevaxeln i normal vibrationsriktning tills borrningen i insprutningspumpens fläns (Lucas) eller urtaget (Bosch) är i linje med borrningen i pumphuset. Detta ger ÖD-läge för kolv nr 1 och 4 **(se bilder)**.
6 Lossa remspännaren och ta bort kamaxeldrivremmen. Om insprutningspumpens drivrem ska bytas måste dess spännare demonteras och remmen dras ut.
7 Rikta in kamaxeldrevet och insprutningspumpens drev, så att borrningarna och urtaget i dreven är inriktade med borrningarna i topplocket och pumphuset.

18.1 Ta loss generatorns/-kylvätskepumpens drivremskåpa

18.2a Demontera den nedre drivremskåpans fästskruv . . .

18.2b . . . och sväng kåpan nedåt

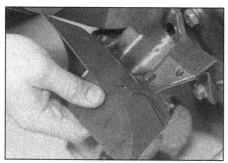
18.3 Ta bort bränsleavvisaren av plast från generatorns fästbygel

18.4a Lossa kamaxelns drivremskåpas fästclips . . .

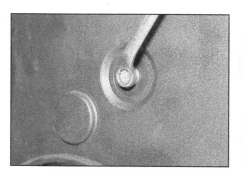
18.4b . . . och skruva loss den enda fästbulten (i mitten)

18.4c Lirka kåpan uppåt och ta ut den . . .

18.4d . . . för att få tillgång till drivremmen

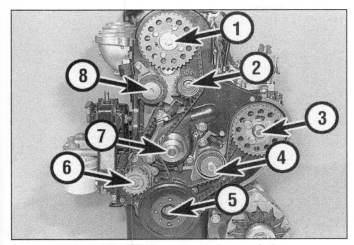

18.5a Identifikation av tandad rem och drev

1 Kamaxeldrev
2 Mellandrev
3 Bränslepumpdrev
4 Bränslepumpens
remspännare

5 Vevaxelns remskivas
vibrationsdämpare
6 Drev till hjälpaxel
7 Kylvätskepumpens drev
8 Kamaxelns remspännare

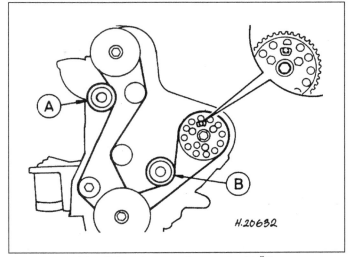

**18.5b Drivremmar med vevaxeln vid ÖD –
kolv nr 1 och nr 4**

A Kamaxelns drivremsspännare
B Bränsleinsprutningspumpens drivremsspännare

8 Ett speciellt stift kommer nu att behövas för att ställa in kamaxeldrevet och insprutningspumpens drev. Om en Lucas pump är monterad kan man använda stift nr 21-019 till att ställa in båda dreven, men om det är en Bosch pump är monterad krävs stift nr 23-029 för pumpdrevet och stift nr 23-019 för kamaxeldrevet.
9 Spiralborrar kan användas som alternativa stift, men de måste vara nya (ej slitna) och vara tillräckligt långa för att gå in i hålen i

pumpen eller topplocket. En borr med 9,5 mm diameter krävs för Bosch pump, plus en med 6,0 mm diameter för kamaxeldrevet.
10 Två borrar med 6,0 mm diameter krävs för Lucas pump (en för kamaxeldrevet och en för pumpen).
11 Stick in aktuella inställningsstift **(se bilder)**.
12 Ta bort pluggen och skruva in ÖD-inställningsstiftet. Se till att vevaxeln är i kontakt med stiftet **(se bilder)**.

Montering och spänning

13 Montera den nya drivremmen till insprutningspumpen så att den är spänd mellan vevaxel- och pumpdreven. Se till att riktningspilarna pekar rätt väg.
14 Lossa insprutningspumpdrevets bult ett halvt varv. Lossa också remspännarens bult ett halvt varv. Låt remspännaren fjädra mot remmen. Dra åt alla lossade bultar men se till att bultarna inte är i änden av sina urtag, annars är ytterligare justering omöjlig.
15 Montera den nya kamaxeldrivremmen med riktningspilarna rätt vända för normal vevaxelrotationsriktning. Remmen skall vara slak på spännarsidan och spänd mellan dreven.
16 Lossa kamaxeldrevets bultar och spännarbulten ett halvt varv. Låt spännaren fjädra mot remmen.
17 Dra åt de lossade bultarna. Ta bort alla inställningsstift och vrid vevaxeln två varv i normal rotationsriktning tills spåret i insprutningspumpdrevet är i dess högsta läge (kl 12).
18 Vrid nu vevaxeln moturs tills spåret i insprutningspumpdrevet är i läge kl 11.
19 Skruva in ÖD-inställningsstiftet.
20 Vrid vevaxeln sakta moturs tills vevaxeln kommer i kontakt med inställningsstiftet.
21 Sätt i inställningsstiften i kamaxelns och insprutningspumpens drev.
22 Lossa bultarna (ett halvt varv) som håller kamaxel- och insprutningspumpdreven och remspännarna.
23 Tryck ned båda drivremmarna på den spända sidan mitt emot spännarna och släpp dem sedan.
24 Dra åt de lossade bultarna.

18.11a Bränslepumpdrevets inställningsstift

18.11b Kamaxeldrevets inställningsstift

18.12a ÖD-stiftshålets plugg

18.12b ÖDs inställningsstift skruvas in

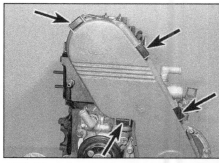

A Kamaxelns inställningsverktyg – gjort av vinkeljärn – dimensioner ca 25 x 25 x 100 mm och 5,0 mm tjockt.
B ÖDs inställningsstift – gjort av en M10 bult, nedslipade till 47,5 mm längd från undersidan av bultskallen till spetsen.

Observera att en vanlig bult inte kan sättas in utan att generatorfästet först demonteras, eftersom det inte finns tillräckligt med utrymme för bulskallen. Därför måste bultskallen slipas ned och en skåra skäras in. Om man stöter på svårigheter med bulten måste den slipas ned de första 36 mm av den gängade änden på bulten till 6,0 mm.

19.0 Hemmagjorda verktyg för ventilinställning

19.3 Clipsa loss kamaxelns drivremskåpa (clips vid pilarna)

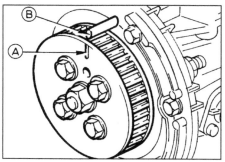

19.4 Pumpens inställningsmärken
A Drevmärken B Transmissionskåpemärken

19.5a Ta bort pluggen från vevhuset . . .

19.5b . . . och sätt in ÖD-inställningsstiftet (vid pilen)

25 Ta bort alla inställningsstift och skruva in ÖD-stifthålets plugg.
26 Montera remkåporna.
27 Montera och spänn generatordrivremmen, sätt sedan tillbaka alla komponenter som har demonterats för åtkomlighet.
28 Återanslut batteriet.

19 Kamaxelns drivrem (1.6 liters motor) – byte

Observera: Två speciella verktyg måste köpas eller tillverkas för detta moment. De behövs för att noggrant placera vevaxeln och kamaxeln i ÖD, när cylinder nr 1 tänder **(se bild)**.

Demontering

1 Koppla loss batteriets jordledning (den negativa).
2 Lossa ventilationsslangarna och demontera kamaxelkåpan. Den är fäst med tio bultar. Ta vara på brickorna och förstärkningsremsorna och anteckna hur de är placerade. Ta bort packningen, tätningsremsan och pluggen, skaffa nya för ihopsättningen om så behövs.
3 Lossa clipsen och ta bort kamaxeldrivremmens kåpa **(se bild)**.
4 Vrid motorn i normal rotationsriktning tills inställningsmärket på insprutningspumpens drev är i linje med märket på transmissionskåpan **(se bild)**.

5 Ta bort pluggen från vevhuset och sätt in ÖD-inställningsstiftet **(se bilder)**. Vrid försiktigt motorn ytterligare tills vevaxelns mellanstycke är i kontakt med stiftet.
6 Sätt in kamaxelns inställningsverktyg så att det har tät passning i kamaxeländen **(se bild)**.
7 Håll emot på kamaxeldrevet och lossa dess bult.
8 Lossa drivremsspännarens pivåbult. Bulten är av torx-typ, så en passande nyckel behövs för att lossa den.
9 Markera drivremmens löpriktning om den ska återanvändas. Dra remmen av dreven och ta bort den.

10 Rotera inte kamaxeln eller vevaxeln med remmen demonterad. Kontakt mellan kolv och ventil kan uppstå.
11 Se till att kamaxeldrevet kan rotera. Om så behövs, knacka loss drevet med en trä- eller plastklubba och sätt tillbaka det löst.

Montering och spänning

12 Placera den nya remmen över dreven, observera dess löpriktning **(se bild)**. Spänn remmen inledningsvis genom att häva spännaren moturs och skruva åt pivåbulten lätt **(se bild)**. En insexnyckel behövs för att häva spännaren.

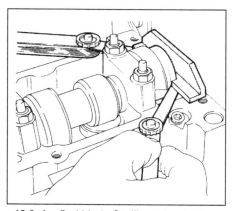

19.6 Använd bladmått för att kontrollera att kamaxelns inställningsverktyg har tät passning i kamaxeländen

19.12a Börja med att placera den nya remmen över dreven

19.12b Spänn remmen inledningsvis genom att häva spännaren moturs och skruva åt pivåbulten lätt

13 Montera spänningsmätaren (verktyg nr 21 - 113) på remmens längsta fria del (se bild), följ instruktionerna som medföljer mätaren. Läs av remspänningen och jämför den med specificerat värde. Justera om så behövs genom att lossa på spännarens pivåbult, flytta på spännaren och dra åt bulten igen. Observera att kamaxeldrevet måste kunna rotera fritt medan spännaren flyttas.

14 Om en remspänningsmätare inte finns till hands kan spänningen uppskattas genom att man vrider remmen med fingrarna i mitten på remmens längsta fria del. En korrekt spänd rem ska inte kunna vridas mer än 90° med måttlig kraft. En rem som är för hårt spänd

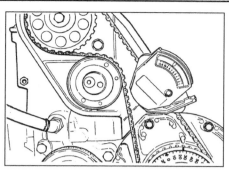

19.13 Montera spänningsmätaren på remmens längsta fria del

kommer att brumma eller gnissla när den används och en för löst spänd rem kommer

19.18a Kamaxelkåpans tätningsremsa

att slitas ut fort eller till och med hoppa över drevtänder. Om spänningen har gjorts på detta ungefärliga sätt är det klokt att låta en Ford-återförsäljare kontrollera den.

15 När spänningen är korrekt, dra åt spännarens pivåbult till specificerat moment.
16 Håll emot kamaxeldrevet och dra åt drevets bult till specificerat moment.
17 Ta bort kamaxelinställningsverktyget och ÖD-inställningsstiftet. Sätt tillbaka inställningshålspluggen och dra åt den till specificerat moment.
18 Sätt tillbaka kamaxelkåpan, använd vid behov ny packning, tätningsremsa och plugg (se bilder). Säkra med bultarna, brickorna och förstärkningsremsorna (se bilder). Dra åt bultarna till specificerat moment.
19 Sätt tillbaka ventilationsslangarna.
20 Anslut batteriets jordledning.

19.18b Kamaxelkåpans tätningsplugg

19.18c Förstärkningsremsa (vid pilen) – remskiveänden, baksidan

19.18d Förstärkningsremsa (vid pilen) – remskiveänden, framsidan

19.18e Förstärkningsremsa (vid pilen) – svänghjulsänden. Denna är markerad TOP

80 000 km service

20 Ventilspel (1.8 liters motor) – kontroll

1 Se avsnitt 17 (kontroll av ventilspel för 1.6 liters motor) och observera följande punkter:
a) Kamaxelkåpan är fäst med tre bultar på alla motorer.
b) När kamaxelkåpan demonteras för att man ska komma åt oljeskvalpskottet (senare modeller utan turbo och turbomodeller) (se bild), skruva loss

fästmuttrarna och dra ut skvalpskottet och sätt sedan tillbaka muttrarna (som också fäster kamaxelns lageröverfall). Dra åt muttrarna till specificerat moment.
c) Kontrollera ventilspelen och jämför med specificerade värden.
d) Skruva loss fästmuttrarna, sätt tillbaka skvalpskottet, dra sedan åt alla tio lageröverfallsmuttrar till specificerat moment och sätt tillbaka kamaxelkåpan.

2 Om justering behövs, se avsnitt 17 och håll tidigare nämnda punkter i åtanke.

20.1 Kamaxelns oljeskvalpskott (vid pilen) monterad på senare motorer

21 Kamaxelns drivrem (2.5 liters motor) – byte

Observera: *Det är klokt att kontrollera om kylvätskepumpen läcker när kamaxeldrivremmen byts ut. Du kan därmed undvika behovet av att demontera remmen igen senare om pumpen skulle haverera.*

Demontering

1 Koppla loss batteriets negativa ledning.
2 Demontera kylaren och viskoskylfläktens koppling.
3 Demontera generatorns/kylvätskepumpens drivrem.
4 Lossa bultarna (fyra på varje) och demontera kylvätskepumpens och fläktens remskivor.
5 Lossa de sju torx-skruvarna som fäster transmissionskåpan till motorn **(se bild)**. För att underlätta demontering av kåpan över vevaxelremskivan, lossa de två små bultarna precis ovanför vevaxelremskivan och tryck stänkskydden uppåt så långt det går i de långa bultspåren **(se bild)**.
6 Vrid den nedre delen av transmissionskåpan nedåt, manövrera sedan kåpan runt vevaxelremskivan och bort från motorn **(se bilder)**.
7 Placera kolv nr 1 i ÖD och lås vevaxelns, kamaxelns och insprutningspumpens drev i sina lägen. För att göra detta behöver du två borrar eller speciella inställningsstift av rätt diameter. Inställningsstift finns tillgängliga som Fords specialverktyg eller som kompletta satser från specialister på dieselinsprutning. Stiftens nummer och deras diameter är enligt följande:

Vevaxel – *Ford verktyg nr 23-020 - 13,0 mm*
Kamaxel – *Ford verktyg nr 21-123 - 8,0 mm*
Insprutningspump:
Lucas och tidiga Bosch – *Ford verktyg nr 23-019 - 6,0 mm*
Bosch med Stanadyne insprutare (1989 års modell och framåt) – *Ford verktyg nr 23-029 - 9,0 mm*

8 Ta bort den stora gummipluggen från vevaxelremskivans framsida.
9 Ta bort plastpluggen från vevaxelns inställ-

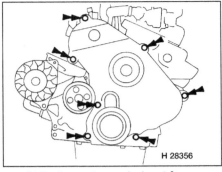

21.5a Lossa transmissionskåpans fästbultar (vid pilarna) . . .

21.6a Vrid ned den nedre delen av transmissionskåpan . . .

lningsstifthål baktill på motorn just ovanför startmotorn. På turbomotorer med Lucas EPIC system är vevaxelns läges-/hastighetsgivare placerad över vevaxelns inställningstifthål. Koppla loss multikontakten, lossa fästbulten och ta bort givaren. Ta vara på mellanlägget (om monterat) bakom givaren.
10 Vrid motorn med hjälp av en nyckel på vevaxelremskivans bult, tills det U-formade urtaget i insprutningspumpens drev är placerat precis före läge klockan 12.
11 Sätt in vevaxelns inställningsstift i hålet, pressa försiktigt på stiftet och vrid motorn sakta fram och tillbaka lite till dess att stiftet hakar i hålet i svänghjulet **(se bild)**.
12 Sätt in insprutningspumpens inställningsstift genom det u-formade urtaget och in i borrningen bakom **(se bild)**.
13 Med kamaxelns inställningsstift, lås kamaxeldrevet genom att sticka in stiftet

21.5b . . . lossa två små bultar precis ovanför vevaxelns remskiva (vid pilen) och tryck stänkskyddet uppåt

21.6b . . . och manövrera sedan kåpan runt vevaxelremskivan

genom hålet i drevet och in i borrningen bakom det.
14 Vevaxeln, kamaxeln och insprutningspumpen är nu låsta i läge, med kolv nr 1 i ÖD.
15 Om motorn ska lämnas så här under en längre tid är det en bra idé att lämna varningslappar inne i bilen och i motorrummet. Detta för att undvika att motorn oavsiktligt dras runt av startmotorn, vilket kan orsaka skador när låsningsverktygen är på plats.
16 Lossa fästbultarna till remspännarens rulle och glidarm och tryck spännaren bakåt (med hjälp av en hävarm om så behövs) för att lätta på spänningen på remmen **(se bild)**. Håll spännaren i detta läge och dra åt fästbultarna.
17 Ta bort remmen från dreven **(se bild)**.
18 Om remmen är förorenad med olja, bränsle eller kylvätska, åtgärda orsaken till läckan.
19 Se till att införskaffa rätt typ av ny rem,

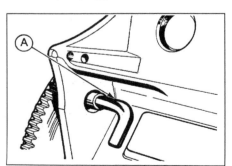

21.11 Vevaxelns inställningsstift (A) i ingrepp med hålet i topplocket och svänghjulet

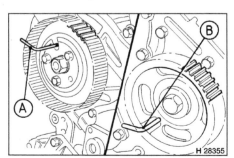

21.12 Insprutningspumpdrevets inställningsstift (A) och kamaxeldrevets inställningsstift (B) i respektive borrning

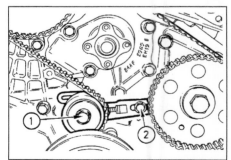

21.16 Kamremmens spännarrulles fästbult (1) och glidarmens fästbult (2)

21.17 Ta loss kamremmen från dreven

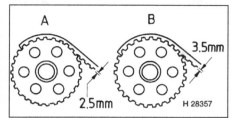

21.19 Detaljer för kamremmens tänder
A Motorer före 1992   B Motorer efter 1992

enligt fordonets modellår. Modeller före 1992 har en rem med 2,5 mm tanddjup. Från och med 1992 ökades tanddjupet till 3,5 mm **(se bild)**.

Montering och spänning

20 Kontrollera att kolv nr 1 fortfarande är i ÖD och att inställningsstiften fortfarande är på plats.

21 Lossa de fyra bultarna till insprutnings-pumpdrevet och vrid drevet så att bultarna är i mitten i sina spår.

22 Placera den nya remmen över vevaxel-drevet, se till att rotationsriktningspilen är vänd åt rätt håll.

23 Håll remmen på plats på vevaxeldrevet, mata den sedan över kamaxeldrevet och insprutningspumpdrevet och håll den spänd. Om så behövs, vrid insprutningspumpdrevet inom bulthålens gränser för att underlätta montering.

24 Dra remmen ner och runt spännaren, lossa sedan spännarens fästbultar och låt spännaren fjädra tillbaka. Dra åt bultarna ordentligt.

25 Dra åt insprutningspumpdrevets fästbultar till specificerat moment.

26 Ta bort alla inställningsstift och rotera vevaxeln 1 och ett 7/8-dels varv medurs.

27 Lossa kamremsspännarens två fästbultar

igen, tryck sedan kraftigt ned på kamremmen i mitten av dess längsta fria del för att aktivera spännaren. Dra åt spännarens bultar till specificerat moment.

28 Vrid vevaxeln 1/8-dels varv medurs tills vevaxelns inställningsstift kan sättas in igen.

29 Kontrollera att insprutningspumpens inställningsstift kan sättas in. Om inte, lossa fästbultarna till insprutningspumpens drev och knacka försiktigt bultarna åt ena hållet tills inställningsstiftet går in. Dra nu åt bultarna till specificerat moment.

30 Ta bort alla inställningsstift och sätt tillbaka plastpluggen i vevaxelns stifthål. På motorer med en vevaxellägesgivare, sätt tillbaka givaren och mellanlägget (om tillämpligt).

31 Sätt transmissionskåpan på plats och sätt tillbaka de sju fästbultarna, dra åt dem till specificerat moment.

32 Dra ner stänkskyddet till sin ursprungliga plats och dra åt de två små bultarna.

33 Sätt tillbaka kylvätskepumpens och fläktens remskivor, dra åt bultarna till specificerat moment.

34 Montera generatorns/kylvätskepumpens drivrem och fläktkopplingen och kylaren.

35 Återanslut batteriet.

Anteckningar

Kapitel 5
Ford 1608cc, 1753cc och 2496cc motorer

Del B: Underhåll av bränslesystem

Innehåll

Specifikationer

Glödstift

1.6 liters motor	Champion CH79
1.8 liters motor	Champion CH147
2.5 liters motor	Ej tillämpligt

Bränsleinsprutare

1.6 liters motor

Bosch:

Typ	Tapp
Öppningstryck	143 ± 7 bar
Tid för internt läckage (från 125 till 100 bar)	Mer än 5 sekunder
Nålsätesläckage	Inga synliga droppar efter 10 sekunder vid 10 bar under öppningstryck

Lucas:

Typ	Tapp
Öppningstryck	120 ± 6 bar
Tid för internt läckage (från 100 till 70 bar)	Mer än 5 sekunder
Nålsätesläckage	Håller 100 bar i 10 sekunder

1.8 liters motor

Typ	Bosch
Nålsätesläckage	Håller 125 bar i 10 sekunder

2.5 liters motor

Typ:

Före 1989	Bosch eller Lucas, 4-håls
1989 och framåt	Bosch eller Lucas, 5-håls Stanadyne typ

Öppningstryck:

Före 1989:

Bosch	250 bar
Lucas	260 bar

1989 och framåt:

Ny	275 bar
Använd	241 bar

Bränsleinsprutningspump

1.6 liters motor

Typ	Bosch VE eller Lucas
Inställning:	
Bosch	0,92 ± 0,01 mm vid ÖD
Lucas	1,40 ± 0,07 mm vid ÖD
Rotationsriktning (sett från drevänden)	Medurs
Drivning	Av drev från vevaxeln

1.8 liters motor

Typ	Bosch VE eller Lucas
Inställning	Med inställningsstift, vid ÖD
Rotationsriktning (sett från drevänden)	Medurs
Drivning	Av tandad rem från vevaxeln

2.5 liters motor

Typ	Bosch eller Lucas
Statisk inställning	11° FÖD, med inställningsstift
Rotationsriktning (sett från drevänden)	Medurs

Tomgångshastighet

1.6 liters motor	880 ± 50 rpm
1.8 liters motor	850 ± 50 rpm
2.5 liters motor:	
Utan turbo	800 till 850 rpm
Turbo	800 till 900 rpm

Maximal hastighet

1.6 liters motor

Ingen belastning	5350 ± 50 rpm

1.8 liters motor

Kontinuerlig	4800 rpm
Periodisk:	
Utan turbo	5350 ± 50 rpm
Turbo	5200 ± 50 rpm

2.5 liters motor

Ingen belastning:	
Bosch insprutningspump	4320 till 4560 rpm
Lucas insprutningspump	4280 till 4480 rpm
Full belastning	4000 rpm

Retardationstid

1.6 liters motor	Max 5 sekunder (ingen belastning vid tomgång)

Åtdragningsmoment

Nm

1.6 liters motor

Bränsleinsprutningspump

Drivremsskiva till pumpdrev	18 till 22
Insprutningsrörens anslutningar	15 till 25
Pumpfäste till motorblock	18 till 22
Pumpaxelns mutter	40 till 50
Pump till transmissionskåpa	18 till 22

1.8 liters motor

Bränsleinsprutningspump

Pumpens remspännare till motorblock	45
Pumpremskivans bultar	20 till 25
Pumpremskiva till fläns	23
Pumpens stödfäste till motorblock	18 till 27
Pump till motorns frontplatta	18 till 28
Pump till bakre stödfäste	18 till 22

Bränsleregleringstermostat

Termostat till termostathus	23

Atdragningsmoment (forts)   Nm

1.8 liters motor (forts)

EGR-system

EGR vakuumregulatorventil till pump, bultar . . . . 2 till 3
EGR-ventilens avgasmatningsrör, bultar . . . . 20 till 25
EGR-ventil till insugsrör, insexbultar . . . . 17 till 22

1.6 och 1.8 liters motorer

Bränslerörens banjoanslutningsbultar . . . . 16 till 20
Bränsleavstängningssolenoid – Lucas pump . . . . 16 till 20
Glödstift 28
Bränsleinsprutare:
    Insprutare till topplock . . . . 60 till 80
    Matningsrörens anslutningar . . . . 15 till 25

2.5 liters motor

Bränsleinsprutningspump

Pumpens främre fästmuttrar och bultar . . . . 21 till 26
Pumpens bakre stödfäste . . . . 21 till 26
Pumpens tandade remskiva, bultar . . . . 22 till 27

Bränsleinsprutare

Insprutarklammornas bultar (Stanadyne insprutare) . . . . 37 till 42
Insprutarklammornas muttrar (modeller före 1989) . . . . 12 till 15
Insprutarnas matningsrörsanslutningar . . . . 18 till 20

Snabbtomgångens termostatgivare

Givare till termostathus . . . . 15 till 20

EGR system

EGR anslutningsslang till ventil och grenrör . . . . 20 till 25
EGR-ventil till trottelhus:
    Sugmotorer . . . . 20 till 25
    Motorer med turbo . . . . 15 till 20

---

1 Gasvajer – justering

1.6 och 1.8 liters motorer

1 Justera gasvajern så att det finns ett litet glapp i innervajern när gaspedalen är uppsläppt.
2 Låt en medhjälpare manövrera pedalen och kontrollera att gaslänkagearmen på insprutningspumpen rör sig genom hela sin rörelsebana (begränsad av skruvarna för tomgång och max hastighet).
3 Om så behövs, justera vajern igen.

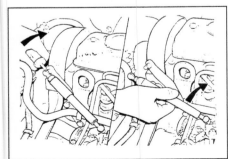

2.2 Demontering av gaslänkagedämparen

2.5 liters motor

4 Låt en medhjälpare trycka ned gaspedalen helt, kontrollera sedan att insprutningspumpens gaslänkagearm är i fullgasläge. Om inte, vrid justeraren på vajerhöljet efter behov.
5 Släpp upp pedalen och kontrollera att gaslänkagearmen återgår till sitt tomgångsläge.

2 Gaslänkagedämpare (1.8 liters motor) – demontering och montering

1 En omarbetad dämpare kan monteras på Escort, Orion och Mondeo modeller utrustade med Bosch bränsleinsprutningssytem, om bilen vanligtvis används i låg hastighet och med lätt gasanvändning, för att förhindra skakningar och ryckighet vid låga hastigheter.
2 Gaslänkagedämparen demonteras genom att man bänder loss den övre kulleden och flyttar dämparen uppåt så att den nedre leden lossas från gaslänkagearmens ände **(se bild)**.
3 När dämparen monteras, pressa in den på plats i de två lederna. Se till att leden med större diameter är monterad uppåt.

3 Tomgångsbegränsning (1.6 liters motor) – kontroll och justering

Observera: *Ett serviceverktyg (23-016) krävs för detta moment. Om det inte finns tillgängligt kan man instället (försiktig) använda distanser.*

1 Följande moment gäller Lucas bränsleinsprutningspump.
2 Låt motorn gå tills den når normal arbetstemperatur. Montera serviceverktyget (23-016) eller alternativet, plus ett 1,0 mm tjockt bladmått (till en total tjocklek på 4,0 mm) mellan tomgångsbegränsningsskruven och gaslänkagearmen **(se bild)**.
3 Sätt in en 3,0 mm tjock distans mellan skallen på tomgångshastighetsskruven och tomgångsstopparmen **(se bild)**.
4 Lossa låsmuttern på tomgångsbegränsningens justerskruv, starta motorn och vrid justerskruven tills motorn går på tomgång vid 900 ± 100 rpm.
5 Ta bort 3,0 mm distansen och kontrollera att tomgångsstopparmen återgår till kontakt med tomgångshastighetsskruvens skalle.
6 Ta bort serviceverktyget eller alternativet.
7 Lossa låsmuttern på tomgångshastighetsskruven och vrid skruven tills motorn går på tomgång vid 880 ± 30 rpm.

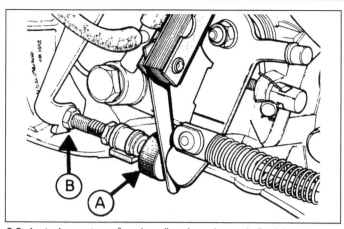

3.2 Justering av tomgångsbegränsning – Lucas bränsleinspr.pump

A   Serviceverktyg 23-016 och 1,0 mm bladmått (total tjocklek 4,0 mm)
    insatt mellan gaslänkagearmen och tomgångsbegränsningsjusteringen
B   Sätt in distans (tjocklek beroende på motor – se text) mellan
    tomgångsstopparmen och tomgångsjusterskruven

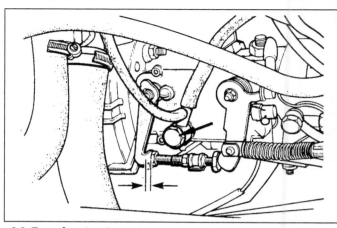

**3.3 Tomgångshastighetsjustering – Lucas bränsleinsprutnings-
pump. Sätt in distans mellan tomgångsstopparmen och
tomgångsjusterskruven på den plats pilarna visar**

Observera: Bränslereturrörets anslutning indikeras av en pil

8 Motorstopp och långsam retardation bör inte uppstå om justeringarna för tomgångshastighet och tomgångsbegränsning har utförts korrekt. Om motorn ändå fortsätter att tjuvstanna, vrid tomgångsbegränsningens justerskruv medurs, max en fjärdedels varv. Om långsam retardation är problemet, vrid justerskruven max en fjärdedels varv moturs.

**4   Tomgångsförhöjning,
styrsystem (1.8 liters motor)
– kontroll, justering och byte**

Kontroll

1 En tomgångsförhöjningsmekanism kan vara monterad på Escort, Orion och Mondeo modeller för att automatiskt höja tomgångshastigheten och förhindra motorstopp när

backväxeln läggs i. Enheten sitter i ett fäste på vänster innerskärmspanel i motorrummet. Glödstiftsreläet har flyttats från sin ursprungliga position och är nu monterat på förhöjningsenhetens fäste (se bilder).
2 Styrenheten arbetar tillsammans med backljuskretsen och bromsvakuumsystemet. Det varierar beroende på bränsleinsprutningssystem (Lucas eller Bosch).
3 För att kontrollera tomgångsförhöjningssystemet, undersök först om systemets ledningar och vakuumslangar är i gott skick och ordentligt anslutna.

Justering

4 Kontrollera att manövervajerns justering är enligt följande beroende på systemtyp:
5 På Lucas system, se till att tomgångsmanövervajern är helt slack och att det inte är något vakuum i servon, kontrollera sedan att

det finns ett spel på 0,5 - 1,0 mm mellan klämman på tomgångsförhöjningens manövervajer och tomgångsarmen (se bild). Om så behövs, lossa på justerklämmans skruv och flytta klämman för att ställa in spelet, dra sedan åt skruven.
6 På Bosch system, dra ut vaxtermostatens manövervajer helt genom att slå på tändningen och lämna den i läge "II" i tre minuter, kontrollera sedan att spelet mellan vajerklämman och tomgångsarmen är 0,5 mm (se bild).
7 Om justering krävs (gäller båda systemen), lossa på vajerklämmans skruv och placera om klämman efter behov.
8 Starta motorn och låt den gå på tomgång i 5 minuter, lägg sedan i backen. Tomgångshastigheten bör öka och sedan jämnas ut inom tre sekunder efter det att backen lagts i. Lägg ur backen och kontrollera att

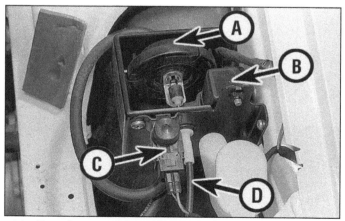

**4.1a Tomgångsförhöjningsmekanismens komponenter – Escort
med Lucas bränsleinsprutningspump**

A   Vakuummembran
B   Glödstiftsrelä
C   Kretsanslutning till backljuskontakt
D   Tomgångsförhöjningens
    backljuskontakt

**4.1b Tomgångsförhöjningsmekanism (sett underifrån bilen) –
Mondeo**

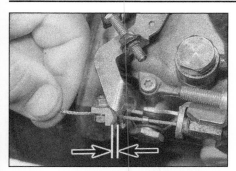

4.5 Justera tomgångsförhöjningens aktiveringsvajer för att få rätt spel mellan klämman och armen

tomgångshastigheten sjunker och jämnas ut inom tre sekunder efter det att växeln lagts ur.

Byte

9 För att demontera tomgångsförhöjnings-enheten, koppla först loss batteriets jord-ledning.
10 Dra ut den elkontakten från enheten.
11 Dra bort det nedre vakuumröret från enheten.
12 Koppla loss vajern från bränsleinsprut-ningspumpen.
13 Ta loss fästbultarna och ta bort enheten från bilen.
14 Montering sker i omvänd ordning. Justera manövervajern enligt beskrivning ovan.

5 Maximal motorhastighet – kontroll och justering

Varning: Justerskruven för maximal motor-hastighet finns bara på vissa bränslein-sprutningspumpar och är förseglad av tillverkaren med färg eller låstråd och blyplomb. Rör inte justerskruven om bilen fortfarande har garanti eftersom denna då kan förverkas.

1 Den vanliga typen av varvräknare, som arbetar utifrån tändsystemets pulser, kan inte användas på dieselmotorer. Om du inte känner att justering av maximal motor-hastighet utan belastning genom att "lyssna"

6.3 Bosch pump sedd från sidan

A Kallstartelement
B Bränsleavstängningssolenoid

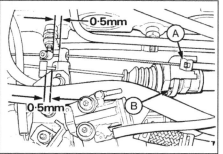

4.6 Tomgångsförhöjningsmekanismens vajerjustering – Bosch insprutningssystem visat

A Tomgångsförhöjningens vajerclips – på vaxtermostatens manövervajerfäste
B Skåra i fästet för demontering och montering av vajern

på den är tillfredsställande, måste någon av följande alternativ väljas:
a) *Köp eller hyr en passande varvräknare.*
b) *Lämna arbetet till en Ford-återförsäljare eller annan specialist.*
c) *Använd en tändinställningslampa som aktiveras av en bensinmotor som går med önskad hastighet. Om lampan pekas mot ett kritmärke på dieselmotorns vevaxel-remskiva kommer märket att verka stå stilla när de två motorerna går med samma hastighet (eller multipler av den hastigheten).*
d) *Räkna ut förhållandet km per timme/rpm för en speciell växel och låt motorn gå i den växeln, med framhjulen fria. Hastighetsmätaren visar eventuellt inte korrekt avläsning, speciellt inte i låga hastigheter. Stränga säkerhetsåtgärder måste vidtagas på grund av risken för person- eller materiella skador om problem uppstår.*

2 Låt motorn gå tills den når normal arbetstemperatur.
3 När maximal motorhastighet, kontrolleras, håll inte motorn vid denna hastighet längre än tre sekunder. Håll dig undan från kylvätske-pumpens/generatorns drivrem och remskivor.
4 Om justering behövs, stanna motorn, lossa justerskruvens låsmutter och vrid skruven så

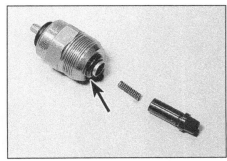

6.5 Solenoid, fjäder och kolv (O-ring vid pilen)

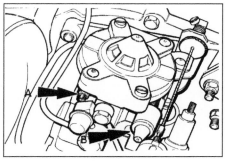

5.4a Justeringspunkter på Bosch bränsleinsprutningspump

A Tomgångshastighetens justerskruv
B Justerskruv för motorns maxhastighet (under locket)

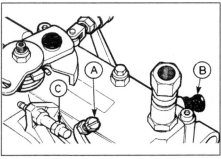

5.4b Justeringspunkter på Lucas bränsleinsprutningspump

A Tomgångshastighetens justerskruv
B Tomgångsbegränsningens justerskruv
C Justerskruv för motorns maxhastighet (B och C under lock)

mycket som behövs. Dra åt låsmuttern igen **(se bilder)**.
5 Motorhastigheten skall sjunka från maximal hastighet till tomgång inom specificerad tid när gaspedalen släpps. Om inte, kontrollera att gaslänkaget inte kärvar eller är hindrat. Om inga problem hittas här, rådfråga en specialist.

6 Bränsleavstängningssolenoid – demontering och montering

Varning: Var noga med att inte låta smuts komma in i bränsleinsprutningspumpen under detta moment.

Demontering

1 Koppla loss batteriets jordledning.
2 Kontrollera att nyckeln inte sitter i tändningslåset.
3 Dra bort gummidamasken (där tillämpligt), koppla sedan loss den elektriska ledningen från solenoiden **(se bild)**.
4 Torka rent runt solenoiden, skruva sedan ut den från bränsleinsprutningspumpen med en djup hylsa eller hylsnyckel. Om solenoiden nyligen har varit aktiverad kan den vara het.
5 Ta vara på fjädern och kolven **(se bild)**. Kassera solenoidens O-ring.

8.2 Placeringen för bränslevärmarens multikontakt (vid pilen)

Montering

6 Montering sker i omvänd ordning. Använd en ny O-ring och dra åt solenoiden till specificerat moment.
7 Efter avslutat arbete, låt motorn gå och kontrollera funktionen.

7 Kallstartelement (1.6 och 1.8 liters motorer) – byte

Demontering

1 Det elektriskt styrda kallstartelementet är inskruvat i förställningsenheten – se bild 6.3. Ingen testinformation finns tillgänglig. Om elementet misstänks kan det bytas enligt följande:
2 Koppla loss batteriets jordledning.

9.2 Glödstiftets matningsledningsanslutning

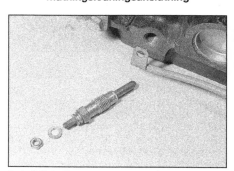

9.4 Glödstiftet demonterat från topplocket

3 Koppla loss den elektriska ledningen från kallstartelementet.
4 Torka rent runt elementet, skruva sedan loss och ta bort det. Om det just har varit aktiverat kan elementet vara hett.

Montering

5 Montera den nya elementet, med en ny tätningsbricka. Dra åt det måttligt.
6 Återanslut elledningen och batteriets jordledning.
7 Låt motorn gå för att kontrollera funktionen.

8 Bränslevärmare (1.8 liters motor) – demontering och montering

Demontering

1 Skaffa en behållare i vilken du kan samla upp bränslespill.
2 Koppla loss batteriets jordledning (den negativa) och sedan multikontakten längst ner på bränslevärmaren (se bild).
3 Lossa bränsleinlopps- och utloppsrörens snabblossande anslutningar till värmaren, fånga upp eventuellt spill.
4 Ta bort de två fästskruvarna och ta loss värmaren från motorn.

Montering

5 Montering sker i omvänd ordning. Efter avslutat arbete, snapsa bränslesystemet och undersök om läckor förekommer efter det att motorn startats.

9.3 Glödstiftets terminalmutter skruvas ur

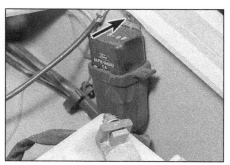

9.8 Glödstiftsrelä – fästskruv vid pilen

9 Glödstift och relä (1.6 liters motor) – demontering och montering

Observera: *Från och med oktober 1986 har ett modifierat styrrelä monterats för att öka glödtiden vid kallstart. Tidigare modeller kan utrustas med den senare typen av relä om kallstart är ett problem, detta förutsatt att insprutningspumpens inställning och alla övriga faktorer (startmotor, bränslematning etc) är korrekta.*

Glödstift

1 Koppla loss batteriets jordledning och glödstiftsreläet.
2 Koppla loss matningsledningen från samlingsskenan (se bild).
3 Skruva loss polmuttern från varje stift som ska demonteras (se bild). Demontera muttrarna, brickorna och samlingsskenan.
4 Rengör runt glödstiftens säten och skruva loss dem (se bild).
5 Vid montering, lägg lite antikärvningsmedel på glödstiftens gängor. Skruva stiften på plats och dra åt dem till specificerat moment.
6 Sätt tillbaka samlingsskenan och brickorna och fäst med muttrarna. Se till att fogytorna är rena.
7 Anslut matningsledningen och batteriets jordledning.

Relä

8 Reläet är placerat på vänster sida av motorrummet. Det är fäst med en enda skruv (se bild).
9 Koppla loss batteriets jordledning, ta sedan bort reläets fästskruv.
10 Dra ner gummiskyddet och koppla loss elkontakten från reläet (se bild).
11 Montering sker i omvänd ordning.

10 Glödstift, relä och säkring (1.8 liters motor) – demontering och montering

1 Se avsnitt 9 men notera att glödstiftsreläet på senare modeller är placerat under domkraftens förvaringsplats.

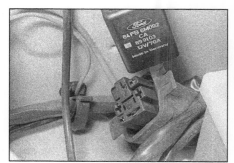

9.10 Elektrisk kontakt bortkopplad från glöstiftsreläet

10.2a Glödstiftsreläets placering (vid pilen) – senare Fiesta

10.2b Glödstiftsreläets placering (vid pilen) – senare Escort utrustad med tomgångsförhöjningssystem

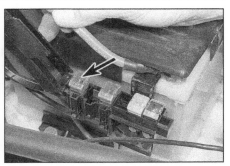

10.3 Placering för glödstiftets säkring – senare modeller

2 På modeller utrustade med ett tomgångs-förhöjningssystem sitter reläet på ett fäste på vänster innerskärmspanel i motorrummet **(se bilder)**.
3 Glödstiftskretsens säkring sitter i det extra säkringsblocket framför batteriet **(se bild)**.

11 Bränsleinsprutare – test, demontering eller montering

⚠️ **Varning: Var ytterst försiktig när du arbetar med bränslinspru-tarna. Exponera aldrig händerna eller någon annan del av krop-pen för insprutarspray – det höga arbetstrycket kan göra att bränsle tränger genom huden vilket kan innebära livsfara. Det rekom-menderas starkt att allt arbete**

11.6 Bortkoppling av bränslereturslang från en insprutare

11.8 Demontering av en insprutare. . .

som omfattar testning av insprutare under tryck överlämnas till en återförsäljare eller specialist på bränsleinsprutning.

Test

Monterad

1 Bränsleinsprutare slits med långvarig användning och man kan förvänta sig att det behöver åtgärdas eller bytas efter 90 000 km. Noggrant test, renovering och kalibrering av insprutarna måste överlämnas till en specialist. En defekt insprutare som orsakar knackningar eller rök kan hittas utan demontering enligt följande:
2 Låt motorn gå på snabb tomgång. Lossa varje insprutaranslutning i tur och ordning. Placera trasor runt anslutningen för att fånga upp bränslespill och var försiktig så att du inte får bränslespray på huden.

Demonterad

3 Att testa en demonterad insprutare är ganska enkelt men det kräver en speciell högtryckspump och mätare. Skulle sådan utrustning finnas tillgänglig, använd den enligt tillverkarens anvisningar och se specifika-tionerna för önskade värden.
4 Defekta insprutare bör bytas eller lagas professionellt.

Demontering

1.6 och 1.8 liters motorer

5 Koppla loss batteriets jordledning. Rengör runt insprutarna och röranslutningarna.

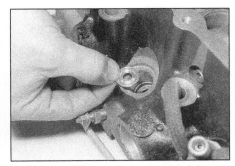

11.9 . . . följd av värmeskyddsbrickan

6 Ta bort bränslereturslangarna från insprut-arna **(se bild)**.
7 Ta bort insprutarrören.
8 Skruva loss och ta bort insprutarna. En 27 mm hylsnyckel eller djup hylsa kommer att behövas **(se bild)**.
9 Ta reda på värmeskyddsbrickorna från insprutarloppen **(se bild)**. Skaffa nya brickor för monteringen.
10 Var försiktig så att du inte tappar insprut-arna eller skadar nålarna i deras ändar.

2.5 liters motor – Bosch eller Lucas insprutare

11 Bränsleinsprutare av typen Bosch eller Lucas är monterade på alla motorer till-verkade före 1989.
12 Koppla loss batteriets negativa ledning.
13 Demontera luftrenaren.
14 Rengör försiktigt runt insprutarna och insprutarrörens anslutningsmuttrar.
15 Lossa bränslematningens anslutnings-muttrar och bränslereturrörens banjobultar. Dra bort rören från insprutarna och plugga eller täck över de öppna anslutningarna. Ta reda på de två kopparbrickorna från varje banjobult **(se bild)**.
16 Skruva loss insprutarklammornas muttrar och ta bort klamman från varje insprutare.

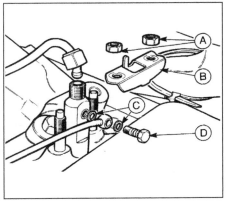

11.15 Bränsleinsprutare på bilmodeller före 1989

A Klämmuttrar
B Klämma
C Banjoanslutnings-brickor
D Banjobult

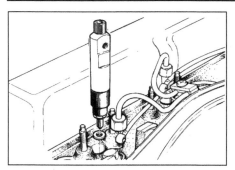

11.17 Dra ut insprutarna från topplocket

11.22 Skruva loss bränslematningsrörens anslutningsmuttrar från insprutarna

11.23 Dra av bränslereturrören (vid pilarna) från insprutarna

17 Dra ut insprutarna från topplocket **(se bild)**. Om de sitter mycket hårt, använd en insprutarutdragare. Ta reda på tätningsbrickorna från insprutarspetsarna eller från hålen i topplocket. Sätt skyddslock på insprutarmunstyckena medan de är demonterade.

2.5 liters motor – Stanadyne "slim-tip" insprutare

18 Stanadyne "slim-tip" bränsleinsprutare är monterade på alla motorer tillverkade efter 1989.
19 Koppla loss batteriets negativa ledning.
20 Demontera luftrenaren.
21 Rengör noggrant runt insprutarna och insprutarrörens anslutningsmuttrar.
22 Skruva loss bränslematningsrörens anslutningsmuttrar från insprutarna **(se bild)**. Om så behövs, använd en andra nyckel till att hålla emot insprutaren när röranslutningen lossas. Plugga eller täck över de öppna anslutningarna.
23 Dra försiktigt av bränslereturrören från insprutarna **(se bild)**.
24 Lossa insprutarklammornas bultar och ta bort plattorna.
25 Dra ut insprutarna ur topplocket. Om de sitter fast, använd Fords demonteringsverktyg 23-030 eller en passande insprutarutdragare. Försök inte bända loss insprutarna **(se bild)**.
26 Ta bort dammtätningarna från insprutarna **(se bild)**. Ta bort PTFE-tätningarna från insprutarspetsarna genom att försiktigt skära dem med en kniv och sedan ta bort dem med en tång. Skaffa nya tätningar för monteringen.

Sätt på skyddslock på insprutarmunstyckena medan de är demonterade.

Montering

1.6 och 1.8 liters motorer

27 Påbörja monteringen med att sätta i nya värmeskyddsbrickor (kupade ytor vända uppåt) i insprutarloppen.
28 Sätt i insprutarna och skruva in dem för hand, dra sedan åt dem till specificerat moment. Ingen yttre tätningsbricka används och insprutarna har konisk passning i topplocket.
29 Anslut bränslereturslangarna. Se till att ett täcklock sitter på den icke använda anslutningen för den fjärde insprutaren.
30 Sätt tillbaka insprutningsrören.
31 Anslut batteriet och låt motorn gå i en minut eller två. Leta efter läckor runt de störda komponenterna.

2.5 liters motor

32 På alla insprutartyper sker montering i omvänd ordning mot demontering, notera följande punkter:
 a) *Använd nya insprutartätningar, PTFE-tätningar och kopparbrickor till banjoanslutningarna, efter tillämplighet.*
 b) *Om du arbetar på Bosch eller Lucas insprutare, notera att insprutarnas returrörsanslutningar är vända mot ventilkåpan och de spetsiga ändarna på insprutarklammorna är vända mot motorns framsida.*
 c) *Om du arbetar på Stanadyne insprutare,*

sätt de nya PTFE tätningsbrickorna på plats med urtagen vända uppåt. Montera brickorna genom att placera dem i handtaget på verktyg 23-030, eller i en hylsa av passande storlek eller ett ansatsförsett rör fäst i ett skruvstäd. Tryck insprutarspetsen genom brickan (se bild).
 d) *Dra åt alla infästningar och anslutningar till specificerat moment. Kontrollera att insprutarrören inte står under någon påfrestning.*
 e) *Snapsa bränslesystemet, starta sedan motorn och se efter om det förekommer något bränsleläckage.*

12 Bränsleinsprutningsrör –
demontering och montering

1.6 och 1.8 liters motorer
Demontering

1 Insprutningsrören ska demonteras som en uppsättning. Individuella rör kan därefter förnyas om så behövs efter det att antiskaller-clipsen lossats.
2 Koppla loss batteriets jordledning. Rengör runt röranslutningarna vid insprutarna och vid pumpen.
3 Skydda generatorn mot bränslespill. Håll emot pumpmellanstyckena och skruva loss rörens anslutningsmuttrar **(se bild)**.
4 Skruva loss insprutarnas anslutnings-muttrar medan du håller emot på insprutarna **(se bild)**.

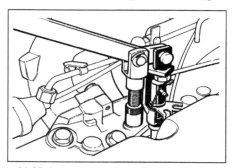

11.25 Insprutarna dras ut ur topplocket med Fords verktyg 23-030

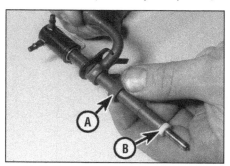

11.26 Demontering av tätningar från insprutare

A Dammtätning   B PTFE tätning

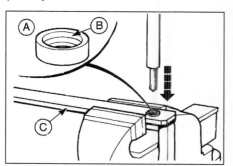

11.32 Korrekt montering av Stanadynes insprutares PTFE tätningsbricka (A)

B Försänkning   C Monteringsverktyg

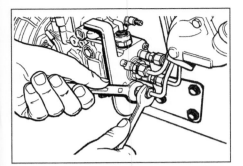

12.3 Håll emot pumpmellanstycket när du lossar eller drar åt en rörmutter

5 Demontera rörenheten. Plugga eller täck över öppna anslutningar för att förhindra bränslespill och smutsintrång.
6 Rören på Bosch och Lucas system ser likadana ut, men de har olika loppstorlekar. För att identifiera ett rör, sätt in en ny spiralborr med specificerad diameter i rörets lopp. Loppstorlekarna är enligt följande:
Bosch rör, inre diameter – 2,0 mm
Lucas rör, inre diameter – 2,5 mm

Montering

7 Vid montering, se till att alla antiskallerclips är på plats **(se bild)**. Se till att inte böja eller påfresta rören. Blås genom rören med tryckluft (från en luftledning eller en fotpump) för att driva ut eventuell smuts.
8 Håll emot pumpmellanstyckena och dra åt pumpanslutningarnas muttrar.
9 Återanslut batteriets jordledning.
10 Dra åt insprutaranslutningarnas muttrar med fingrarna, låt en medhjälpare dra runt motorn på startmotorn i korta intervall tills bränsle kommer ut ur anslutningarna. Dra åt insprutaranslutningarna. Man behöver inte hålla emot på insprutarna.
11 Låt motorn gå i en minut eller två för att bli av med eventuellt kvarvarande luft i systemet. Undersök om de rubbade anslutningarna läcker.

2.5 liters motor

Demontering

12 Koppla loss batteriets negativa ledning.
13 Luftrenaren kan demonteras för bättre åtkomlighet av insprutningspumpen.

13.7a Bränslematarrörets anslutning (vid pilen) vid pumpen

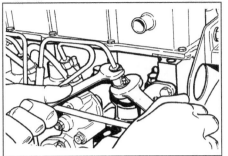

12.4 Håll emot insprutaren när du lossar en röranslutningsmutter

14 Täck över startmotorn med en plastpåse för att skydda den mot bränslespill.
15 Demontera klammorna från insprutarrören, skruva sedan loss röranslutningarna vid insprutarna och bränsleinsprutningspumpen. Använd en andra nyckel till att hålla emot insprutaren om så behövs när röranslutningen lossas. Plugga eller täck över de öppna anslutningarna.
16 Ta försiktigt bort insprutarrören från motorn, var försiktig så att de inte böjs eller skadas när de demonteras.

Montering

17 Montering sker i omvänd ordning, observera följande punkter:
a) *Dra åt alla röranslutningar för hand till att börja med, dra därefter åt dem helt när alla rör är anslutna.*
b) *Dra alla anslutningar till specificerat moment. Se till att insprutarrören inte står under någon påfrestning.*
c) *Snapsa bränslesystemet, starta sedan motorn och undersök om det förekommer bränsleläckage.*

13 Bränsleinsprutningspump (1.6 liters motor) – demontering och montering

Bosch

Demontering

1 Koppla loss batteriets jordledning.
2 Tryckavlasta kylsystemet genom att ta bort expansionskärlets påfyllningslock, men var försiktig om systemet är hett.

13.7b Ta bort returrörets banjoanslutning eller koppla bort slangarna (vid pilarna)

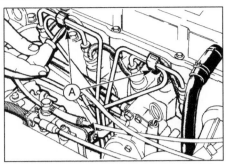

12.7 Insprutarrörets antiskallerclips (A)

3 Koppla loss kylvätskeventilationsslangen från termostathuset och topplocket. Var beredd på kylvätskespill. Flytta ventilationsslangen åt sidan.
4 Det är inte absolut nödvändigt, men åtkomligheten förbättras avsevärt om kylaren och kylfläkten demonteras.
5 Demontera kamaxeldrivremmens kåpa.
6 Ta loss gasvajern från pumpen.
7 Rengör runt anslutningarna, koppla sedan loss bränslematnings- och returslangarna från pumpen **(se bilder)**. Var beredd på bränslespill. Skydda generatorn så att det inte kommer in bränsle i den. Plugga eller täck över slangarna och anslutningarna för att förhindra bränslespill och smutsintrång.
8 Koppla loss elledningarna från bränsleavstängningssolenoiden och kallstartenheten.
9 Demontera insprutningsrören och plugga eller täck över öppna anslutningar.
10 Lossa muttern som håller pumpens drivaxel till dess drev. Skruva ur den till änden av axeln.
11 Rotera motorn tills inställningsmärkena på pumpens tandade remskiva och transmissionskåpan är i linje med varandra.
12 Införskaffa eller tillverka ett ÖD-inställningsstift – se avsnitt 19 i del A av detta kapitel. Ta bort skruvpluggen och sätt in stiftet, vrid sedan motorn medurs tills vevaxelns mellanstycke kommer i kontakt med stiftet.
13 Gör inställningsmärken mellan pumpflänsen och transmissionskåpan, ta sedan bort de tre muttrarna och brickorna som håller pumpen till kåpan. Lossa men ta inte bort pumpfästets bult och mutter **(se bild)**.

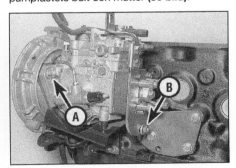

13.13 En av tre flänsmuttrar (A) samt fästets mutter och bult (B)

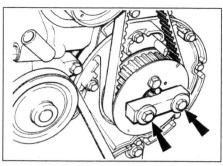

13.14 Lossa pumpens drivaxel. Dra åt bultarna för att lossa axeln. . .

14 Ta bort två motsatta bultar från pumpens tandade remskiva. Använd två längre M8 bultar (inte remskivebultarna), ett lämpligt metallstycke med borrningar och några brickor eller distanser för att lossa pumpaxeln från dess koninfästning i drevet **(se bild)**. Hur långa bultar som krävs beror på hur tjockt metallstycket är. Om de är för långa eller för korta kan skador uppstå på drevet eller transmissionskåpan. Dra åt bultarna **jämnt** för att lossa axeln.
15 Ta bort bultarna, metallstycket etc och placera dem så att de förhindrar pumpens tandade remskiva från att röra sig **(se bild)**. När pumpen är demonterad kommer drevet och remskivan inte att sitta exakt på plats. Om drevet förlorar sin inkuggning med mellandrevet måste transmissionskåpan demonteras för att de ska kunna hakas i igen.
16 Ta bort pumpens drivaxelmutter och fästets mutter och bult. Ta ut pumpen och fästet, var försiktig så att du inte tappar bort woodruff-kilen. Ta vara på packningen.

Montering

17 Påbörja monteringen med att placera en ny packning på transmissionskåpan. Håll upp pumpen mot kåpan, med woodruff-kilen placerad så att den går in i kilspåret i drevet. Var noga med att inte knuffa drevet ur sin position. Sätt i fästmuttrarna och brickorna men dra endast åt dem med fingrarna än så länge. Sätt i fästets mutter och bult löst.
18 Lägg tätningsmassa på skruvgängorna på pumpaxeln. Sätt i axelmuttern och dra försiktigt åt den för att dra axelns kona in i drevet. När axeln har gått in i drevet utan att

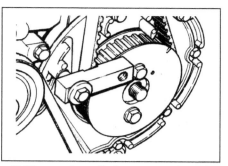

13.15 . . . och använd samma verktyg till att hålla drevet på plats

fastna, dra åt muttern till specificerat moment.
19 Ta bort drevavdragar-/hållarverktyget. Sätt tillbaka och dra åt bultarna till pumpens tandade remskiva.
20 Justera pumpens tidsinställning. Inställningsmärkena som gjordes under demonteringen utgör en startpunkt om originalpumpen ska monteras.
21 Sätt tillbaka insprutningsrören.
22 Återanslut bränsleavstängningssolenoiden, kallstartenheten och gasvajern.
23 Montera kamaxeldrivremmens kåpa.
24 Montera kylaren och fläkten om de demonterats.
25 Anslut kylvätskeventilationsslangen. Fyll på kylsystemet efter behov.
26 Snapsa pumpen genom att hälla eller spruta in rent bränsle i bränsleinlopps- och utloppsmunstyckena. Var försiktig så att inte smuts kommer in i pumpen.
27 Anslut matnings- och returslangarna.
28 Anslut batteriets jordledning.
29 Starta motorn – den kan behöva dras runt på startmotorn ett bra tag. Självavluftningsprocessen kan påskyndas om man lossar varje insprutningsrörsanslutning i tur och ordning medan en medhjälpare drar runt motorn på startmotorn. Dra åt anslutningarna när bränsle kommer in.
30 Låt motorn gå i en minut eller två för att bli av med eventuell kvarvarande luft i insprutningssystemet. Kontrollera de störda komponenterna angående bränsle-, olje- eller kylvätskeläckage.

Lucas

31 Arbetsmomenten följer i stort sett

beskrivningen för Bosch pump, tänk dock på följande:
a) Enligt tillverkaren behöver man inte tappa av kylsystemet eller flytta på kylvätskeventilationsslangen.
b) Det finns ingen separat elektrisk matning till en kallstartenhet.
c) Man måste demontera generatorskölden om en sådan är monterad.
d) Man måste ta bort pumpens bakre stödfäste helt.
e) Före montering, tappa av bränsle från pumpen (om tillämpligt) genom att demontera den nedre av de två pluggarna i sidan av pumpen.
f) Innan det bakre pumpstödfästet monteras, justera pumpens tidsinställning.
g) Snapsa den nya pumpen med rent bränsle via bränslereturens banjoanslutning.
h) Innan motorn startas, snapsa systemet och släpp sedan ut eventuell luft i systemet när motorn har startats.

14 Bränsleinsprutningspump (1.8 liters motor) – demontering och montering

Motor utan turbo – Bosch pump

Demontering

1 Öppna motorhuven och koppla bort batteriet.
2 Skruva försiktigt loss expansionskärlets lock och koppla sedan loss avluftningsröret från kärlet.
3 Lossa fästclips och bult från övre transmissionskåpan.
4 Lyft framvagnen och demontera stänkskyddet under skärmen på höger sida.
5 Skruva loss nedre transmissionskåpans fästbult, lossa kåpans pivåbult och låt kåpan svänga nedåt **(se bilder)**.
6 Sänk ned bilen och demontera den övre kåpan.
7 Koppla loss bränslematnings- och returslangarna från insprutningspumpen. Anslutningar av banjotyp används. Plugga eller täck över öppningarna så att inte smuts kan komma in. Koppla loss insprutarnas högtrycksrör **(se bild)**.

14.5a Skruva loss nedre transmissionskåpans fästbult . . .

14.5b . . . och låt kåpan svänga nedåt

14.7 Bränslereturanslutning vid pumpen

14.11 Bränsleinsprutningspumpens bakre fäste

14.22a Montering av bränsleinsprutningspumpen

14.22b Åtdragning av pumpens fästskruvar

8 Koppla loss elanslutningarna från bränsle-avstängningssolenoiden och (om monterat) från tomgångsförhöjningens vajrar/vaxtermo-statens snabbtomgångsvajrar och kallstart-enheten.

9 Identifiera noggrant de två vakuum-slangarna och ta loss dem från vakuum-regulatorventilen (endast EGR system).

10 Koppla loss gasvajern från manöverarmen på insprutningspumpen, ta sedan loss vajerfästet.

11 Ta bort bultarna från insprutnings-pumpens bakre stödfäste och lossa på bultarna som håller fästet till topplocket (se bild).

12 Lägg i fyrans växel, lyft upp höger framhjul, rotera det och observera samtidigt insprutningspumpens inställningsstiftsspår. När spåret är i läge kl 11, sluta rotera hjulet.

13 Demontera generatorns skyddskåpa.

14 Ta bort vevaxelns ÖD-mätstiftsplugg från motorblocket och skruva in stiftet (se del A av detta kapitel).

15 Med hjälp av hjulet, rotera sakta vevaxeln i dess normala rotationsriktning tills vevaxelns mellanstycke kommer i kontakt med ÖD-stiftet.

16 Sätt in kamaxelns inställningsstift.

17 Lossa insprutningspumpens kamrem-spännare och säkra spännaren på avstånd från remmen.

18 Skruva loss och ta bort insprutnings-pumpens remskivebultar, dra sedan av remskivan och remmen.

19 Stöd pumpens vikt, ta bort fästskruvarna och demontera den från motorn.

Montering

20 Innan en ny pump monteras, ta bort täckpluggarna och snapsa den med rent bränsle, häll i det genom returporten.

21 Rikta upp stifturtagen i pumphuset och drivflänsen.

22 Skruva fast pumpen på plats, se till att fogytorna är rena (se bilder).

23 Skruva fast pumpens bakre stödfäste.

24 Placera remskivan på pumpflänsen men lämna fästbultarna lösa (se bild).

25 Sätt in inställningsstiftet så att den går igenom remskivan, flänsen och pumphuset.

26 Centrera remskivebultarna i mitten av de avlånga spåren genom att vrida på skivan. Dra åt bultarna lätt.

27 Placera den tandade remmen på pump-remskivan, se till att den slacka sidan av remmen hamnar på spännarsidan.

28 Lossa på remskivebultarna.

29 Lossa spännaren och låt den fjädra mot remmen för att ta upp slack.

30 Dra åt spännarens bultar men se till att de inte är i änden av spåren. Om de är det, justera remspänningen för att korrigera läget.

31 Dra åt remskivebultarna till specificerat moment, ta sedan bort inställningsstiftet.

32 Ta bort ÖD-stiftet från vevaxeln.

33 Vrid vevaxeln två hela varv tills spåret på insprutningspumpens remskiva är i läge kl 11.

34 Sätt tillbaka ÖD-stiftet och fortsätt sedan att vrida vevaxeln sakta till dess att vevaxelns mellanstycke kommer i kontakt med ÖD-stiftet.

35 Kontrollera nu att inställningsstiftet går in genom pumpremskivan och in i pumphuset. Om urtagen inte är uppriktade, lossa remskivebultarna och vrid pumpflänsen tills detta uppnås.

36 Dra åt remskivebultarna och ta bort stiftet.

37 Sätt tillbaka elledningar och slangar och anslut snabbtomgångs- och tomgångs-förhöjningsvajrarna.

38 Återanslut insprutarnas högtrycksrör men dra inte åt anslutningarna vid insprutarna helt än. Snapsa systemet så mycket som möjligt.

39 Ta bort ÖD-stiftet och sätt tillbaka pluggen i vevhuset.

40 Montera generatorkåpan.

41 Anslut gasvajern, och se till att tomgångs- och fullgaslägena kan uppnås.

42 Montera remkåporna och stänkskyddet.

43 Anslut expansionskärlets slang och fyll på kylvätska.

44 Återanslut batteriet och lägg ur växeln.

45 Aktivera startmotorn tills bränsle kan ses spruta ut från de ej åtdragna insprutarrören och dra sedan åt dem.

46 Starta motorn och låt den nå normal arbetstemperatur. Kontrollera och justera tomgångshastigheten och (där tillämpligt) kontrollera justeringen av EGR-systemets vakuumregulatorventil.

Motor utan turbo – Lucas pump

Demontering

47 Utför de moment som beskrivs i paragraf 1 till 8, 10 och 13 för Bosch pump, men

observera att endast elledningen för bränsle-avstängningssolenoiden behöver kopplas loss.

48 Ta bort bultarna från insprutnings-pumpens bakre stödfäste och lossa sedan bultarna som håller fästet till motorblocket.

49 Lägg i fyrans växel, lyft höger framhjul, vrid det och observera samtidigt inställnings-stiftspåret i pumpens tandade remskiva. Stanna när det är i läge kl 12. Kamaxeldrevets inställningsstiftspår kommer att vara i läge kl 8.

50 Vrid nu vevaxeln moturs tills pumpens inställningsspår är i läge kl 11.

51 Ta bort pluggen och skruva in vevaxelns ÖD-stift. Rotera vevaxeln sakta tills vevaxelns mellanstycke kommer i kontakt med ÖD-stiftet.

52 Sätt in inställningsstiften i kamaxeln och pumpremskivan.

53 Lossa pumpdrivremmens spännarbult, lätta på remmens spänning och säkra spännaren på avstånd från remmen.

54 Skruva loss och ta bort bultarna från den tandade remskivan. Dra bort remskivan och remmen från pumpen.

55 Skruva loss T40 torxbultarna och demontera bränsleinsprutningspumpen.

Montering

56 Innan en ny pump monteras, ta bort täckpluggarna och snapsa den genom att hälla i rent bränsle.

57 Rikta upp inställningsstiftshålen i pump-huset och drivflänsen.

58 Sätt in ett inställningsstift genom fläns-

14.24 Bultarna till pumpens remskiva sätts på plats

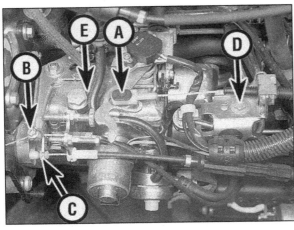

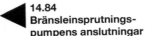

**14.84
Bränsleinsprutnings-
pumpens anslutningar**

A Gasvajerns ändbeslag
B Tomgångsförhöjningsvajerns
   ändklämma
C Vaxtermostatens
   vajergenomföring
D Gasvajerfästets skruv
E Bränslemataranslutning

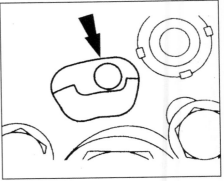

**14.100 Se till att urtaget på pumpflänsen
är i linje med remskivans spår (vid pilen)**

hålet in i hålet i huset. Om det är snävt kan man använda en 5,5 mm borr.

59 Montera pumpen och dra åt torx-bultarna till specificerat moment.

60 Sätt pumpremskivan på plats och skruva i fästbultarna med fingrarna. Kontrollera att inställningsstiftet går genom alla tre hål (remskiva, fläns och pumphus).

61 Centrera remskivebultarna i de avlånga spåren.

62 Haka i drivremmen i pumpremskivan, så att den slacka sidan är mot spännaren.

63 Lossa spännaren så att den fjädrar mot remmen och tar upp eventuellt slack.

64 Dra åt spännarbulten.

65 Dra åt pumpremskivans bult till specificerat moment.

66 Ta bort båda inställningsstiften och ÖD-stiftet.

67 Med hjälp av hjulet, vrid vevaxeln två hela varv tills inställningsstiftshålet på insprutningspumpens remskiva är i läge kl 12 och hålet i kamaxeldrevet är i läge kl 8.

68 Vrid nu vevaxeln moturs tills pumpens inställningshål är i läge kl 11.

69 Sätt tillbaka vevaxelns ÖD-stift och vrid vevaxeln sakta, tills vevaxelns mellanstycke kommer i kontakt med stiftet.

70 Sätt tillbaka stiften i insprutningspumpens remskiva och kamaxeldrevet. Om så behövs, lossa pumpremskivans bultar och justera monteringsflänsen så att stiftet kan stickas in helt i pumphuset. Om denna justering av flänsens läge behöva göras, upprepa momenten beskrivna i paragraf 65 till 70.

71 Ta bort inställningsstiften och ÖD-stiftet. Skruva in vevhuspluggen.

72 Sätt tillbaka insprutningspumpens fäste.

73 Anslut insprutarnas högtrycksrör (dra inte åt dem än) och bränsleslangarna, använd nya kopparbrickor.

74 Anslut gasvajern, tomgångsförhöjningsvajern (om monterad) och bränsleavstängningssolenoidens kabelage.

75 Montera transmissionskåporna och stänkskyddet.

76 Återanslut batteriet. Lägg ur växeln.

77 Snapsa systemet med hjälp av bränslelyftpumpen på filtret.

78 Anslut expansionskärlets slang och fyll på kylvätska.

79 Dra runt motorn genom att aktivera startmotorn till dess att bränsle kommer ut ur de ej åtdragna insprutarrören och dra sedan åt rören.

80 Starta motorn och låt den nå normal arbetstemperatur. Kontrollera och justera tomgångshastigheten enligt tidigare beskrivning.

Motor med turbo

Demontering

81 Koppla loss batteriets jordledning.

82 Demontera generatorns och luftkonditioneringskompressorns (där monterad) drivremmar.

83 Koppla loss bränslerören från pumpen och insprutarna. Täck över alla öppna anslutningar för att förhindra att smuts och fukt kommer in.

84 Ta loss gasvajern från pumpen **(se bild)**.

85 Koppla loss vaxtermostatens och tomgångsförhöjningens vajrar från pumpen.

86 Lossa gasvajerfästets fästskruv och ta loss fästet från pumpen.

87 Koppla loss pumpens elanslutningar genom att dra isär multikontakterna.

88 Ta loss bränslematningsledningen och de kvarvarande rören från pumpen.

89 Ta loss slangen och röret från servostyrningspumpen, demontera pumpdrivremmens kåpor och lossa på låsbulten för att slacka drivremmen. Ta bort drivremmen och drivremsskivan.

90 Lossa sakta på expansionskärlets lock och tappa av kylsystemet.

91 Stöd motorn och demontera höger motorfäste.

92 Lossa kylvätskeslangen för att möjliggöra demontering av transmissionskåporna.

93 Med transmissionskåporna demonterade, ta bort täckpluggen och sätt i ÖD-stiftet i motorblocket – se del A av detta kapitel.

94 Lägg i fyrans växel, lyft upp höger framhjul och vrid det försiktigt för att rotera motorn medurs tills den stoppas av stiftet.

95 Sätt in ett 6,0 mm stift i pumpens inställningsspår.

96 Sätt in kamaxelns inställningsstift.

97 Lossa kamaxelns och bränslepumpens drivremsspännare och ta bort båda remmarna.

98 Ta bort pumpremskivans fästbultar, ta bort inställningsstiftet följt av remskivan och remmen.

99 Stöd pumpens vikt, ta bort de tre fästbultarna och demontera pumpen från motorn.

Montering

100 Montering av pumpen sker i omvänd ordning, notera följande:

  a) Innan en ny pump monteras, ta bort täckpluggarna och snapsa pumpen genom att hälla rent bränsle genom returporten.

  b) Rikta in stifturtagen på pumphuset och drivflänsen innan montering.

  c) Kontrollera att fogytorna är rena innan pumpen skruvas fast.

  d) Se till att urtaget på pumpflänsen är i linje med remskivans spår när skivan monteras **(se bild)**.

  e) Dra åt remskivans fästbultar endast med fingrarna, till dess att drivremmen är spänd.

  f) Med stiftet insatt genom remskivan och med remmen monterad, spänn remmen (se del A av detta kapitel).

  g) Se del A av detta kapitel och montera och spänn kamaxelns drivrem.

  h) Med alla stift borttagna, rotera motorn två hela varv medurs. Sätt tillbaka stiften för att bekräfta inställningen. Om stiften inte kan sättas in, upprepa inställningsproceduren.

  i) Dra åt alla infästningar till specificerade moment.

  j) Rengör alla elanslutningar innan de återansluts.

  k) Efter avslutat arbete, kontrollera att gasvajern fungerar korrekt och att inget läckage förekommer.

15.4a Skruva loss bultarna till bränsle-insprutningspumpens tandade remskiva . . .

15.4b . . . ta sedan bort plattan . . .

15.4c . . . och remskivan

15 Bränsleinsprutningspump (2.5 liters motor) – demontering och montering

Demontering

1 Koppla loss batteriets negativa ledning.
2 På bilar tillverkade efter 1995, frigör värmeelementet från kylsystemets expansionskärl, lossa sedan de två fästbultarna och flytta kärlet åt sidan.
3 Se del A av detta kapitel och demontera kamremmen.
4 Skruva loss bultarna till bränsleinsprutningspumpens tandade remskiva, fortsätt sedan demonteringen med att ta bort plattan och remskivan **(se bilder)**.

5 Om så behövs, demontera luftrenarenheten för att bättre komma åt insprutningspumpen.
6 Täck över startmotorn med en plastpåse för att skydda den mot bränslespill.
7 Koppla loss bränslematningsröret från insprutningspumpen. Ta vara på tätningsbrickorna från banjoanslutningen, där tillämpligt. Täck över den öppna änden av röret och sätt tillbaka och täck över banjobulten för att undvika smutsintrång.
8 Koppla loss huvudbränslereturröret och där monterad insprutarreturrörets banjoanslutning **(se bild)**. Ta vara på tätningsbrickorna från banjoanslutningen. Täck över den öppna änden av slangen och banjobulten.
9 Koppla loss alla relevanta ledningar från pumpen. Observera att på vissa Bosch pumpar kan detta göras genom att man helt

enkelt tar loss kontakterna vid fästena på pumpen. På vissa pumpar måste man koppla loss ledningarna från de individuella komponenterna (vissa anslutningar kan ha gummiskydd). På turbomodeller med Lucas EPIC motorstyrning, koppla loss den stora multikontakten från fattningen bak på pumpen. Täck över öppningen i pumpen.
10 Skruva loss anslutningsmuttrarna som håller insprutarrören till bränsleinsprutningspumpen och insprutarna. Håll emot anslutningarna på pumpen medan muttrarna mellan rören och pumpen skruvas loss. Ta bort rören som en uppsättning. Täck över öppna anslutningar för att förhindra smutsintrång **(se bild)**.
11 Koppla loss gasvajern från insprutningspumpen **(se bilder)**. Där monterad, koppla loss EGR-trottelventilens styrstag **(se bild)**.

15.8 Koppla bort insprutarreturrörets banjoanslutning (vid pilen) från bränsleinsprutningspumpen

15.10 Täck över öppna bränsle-anslutningar med små plastpåsar, eller fingrar klippta från gummihandskar

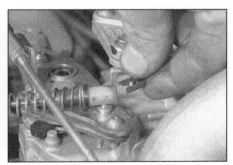

15.11a Ta ut gasvajerns fästclips . . .

15.11b . . . och koppla bort innervajern från insprutningspumpens styrarm

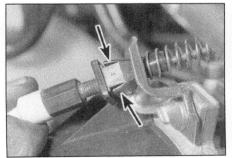

15.11c Tryck ned plastbenen (vid pilarna) och lossa gasvajern från stödfästet

15.11d Koppla loss EGR-trottelventilens styrstag

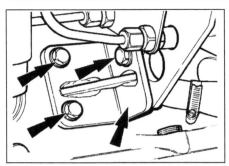

15.13 Skruva loss bultarna till insprutningspumpens bakre stödfäste (vid pilarna)

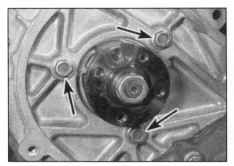

15.14a Lossa de främre monteringsbultarna . . .

15.14b . . . och lyft pumpen uppåt och bort från motorn

12 Där tillämpligt, koppla loss snabbtomgångsvajern från insprutningspumpen.
13 Skruva loss bultarna och demontera insprutningspumpens bakre stödfäste **(se bild)**.
14 Stöd insprutningspumpen och lossa de främre fästmuttrarna eller bultarna. Lyft pumpen upp och bort från motorn **(se bilder)**.

Montering

15 Börja med att montera det bakre stödfästet på pumpen.
16 Placera pumpen på motorn och sätt i de främre fästmuttrarna och bultarna, dra åt dem till specificerat moment. Se till att det bakre stödfästet inte hindrar pumpen från att sätta sig rakt på motorns främre monteringsfläns.
17 Anslut bränslematnings- och returslangarna och dra åt anslutningarna, efter tillämplighet. Använd nya tätningsbrickor på banjoanslutningarna.
18 Sätt tillbaka och återanslut insprutarbränslerören.
19 Fäst insprutningspumpens bakre stödfäste till motorblocket, dra sedan åt bultarna till specificerat moment.
20 Återanslut alla ledningar till pumpen.
21 Montera bränsleinsprutningspumpens remskiva och platta. Se till att fästbultarna är i mitten av spåren i remskivan.
22 Sätt tillbaka och justera kamremmen enligt beskrivning i del A av detta kapitel.
23 Där tillämpligt, anslut snabbtomgångsvajern till bränsleinsprutningspumpen.
24 Anslut gasvajern till bränsleinsprutningspumpen.
25 Montera luftrenaren om de demonterats.
26 Anslut batteriets negativa ledning.

27 Ta bort plastpåsen från startmotorn.
28 Avlufta bränslesystemet.
29 Starta motorn och kontrollera bränsleinsprutningspumpens inställning.

16 Bränsleinsprutningspump (1.6 och 1.8 liter) – tidsinställning

Bosch

1 Detta moment bör endast vara nödvändigt om pumpen har rubbats, när en ny pump har monterats eller om vevaxelremskivans bult har rubbats. Närhelst vevaxelremskivans bult lossas är det möjligt för det drivande drevet att flytta sig lite i förhållande till vevaxeln, vilket gör att man måste kontrollera insprutningspumpens inställning.
2 Två specialverktyg kommer att behövas, ett ÖD-inställningsstift och en mätklocka med passande fäste eller ställ.
3 Lossa pumpens fästen så att den precis kan vridas fram och tillbaka inom gränserna för de avlånga fästhålen.
4 Demontera kamaxeldrivremmens kåpa. Rotera motorn tills inställningsmärket på pumpens tandade remskiva är i linje med pekaren på transmissionskåpan **(se bild)**.
5 Ta bort skruvpluggen och sätt in ÖD-inställningsstiftet. Rotera försiktigt motorn i normal rotationsriktning tills vevaxelns mellanstycke kommer i kontakt med stiftet, vilket visar att kolv nr 1 är i ÖD.
6 Skydda generatorn mot bränslespill, skruva sedan loss och ta bort den mittre pluggen bak på pumpen **(se bild)**.

7 Montera mätklockan så att dess sond går in i plugghålet och ligger an mot kolven inuti. Det är att föredra, även om det inte är absolut nödvändigt, att mätklockan monteras på pumpen och inte på blocket. Beroende på längden på mätklockans sond kan man behöva demontera insprutarrören.
8 Rotera motorn sakta moturs och observera mätklockan. Avläsningen kommer att öka och sedan stabiliseras. Sluta vrida motorn när avläsningen är stabiliserad och nollställ klockan **(se bild)**.
9 Vrid motorn medurs igen tills inställningsstiftet berörs. Avläs mätklockan. Värdet som visas bör motsvara det som specificerats för pumpens tidsinställning. Om inte, vrid pumpen åt något håll tills det gör det.
10 Dra åt pumpfästena. Om mätklockan är monterad på motorblocket kan åtdragning av fästena göra att avläsningen ändras. Detta gör ingenting, förutsatt att mätklockan återställs till noll.
11 Upprepa momenten från paragraf 8 och framåt tills korrekt resultat erhålls med pumpens fästen åtdragna.
12 Ta bort mätklockan och ÖD-inställningsstiftet.
13 Sätt tillbaka alla komponenter som demonterats, glöm inte skruvpluggen för ÖD-stiftshålet.
14 Låt motorn gå i en minut eller två för att släppa ut eventuell luft från bränslet.

Lucas

15 För dessa moment krävs en mätklocka, ett ÖD-mätstift och en fästanordning för mätklockan. Fästanordningen (Ford verktyg nr

16.4 Pumpens remskivas märken är i linje med pekaren på transmissionskåpan

16.6 Ta bort den mittre pluggen bak på pumpen

16.8 Mätklocka med sond i plugghålet

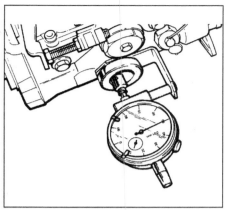

16.20 Kontroll av Lucas bränsle-insprutningspumps (statiska) inställning

21-100) kan man förmodligen klara sig utan om kylaren och kylfläkten demonteras för bättre åtkomlighet.

16 Inställning av insprutningspumpen behövs bara om pumpen har demonterats och monterats, eller om vevaxelremskivans bult rubbats. Närhelst bulten skruvas loss är det möjligt för den tandade remskivan bakom att röra sig lite i förhållande till vevaxeln, varför man då måste kontrollera insprutnings-pumpens tidsinställning.

17 Om inställningen utförs av någon annan anledning än att pumpen har demonterats och monterats, ta ur kamaxeldrivremmens kåpa och generatorskölden och ta bort täck-pluggen från ÖD-mätstifthålet, se del A av detta kapitel.

18 Vrid vevaxeln medurs tills inställnings-märkena på insprutningspumpens tandade remskiva och främre kåpan är i linje.

19 Ta bort den nedre pluggen från pump-husets sida. Var beredd på att fånga upp eventuellt bränslespill och se till att det inte kommer in i generatorn.

20 Sätt ÖD-mätstiftet i hålet, montera sedan mätklockan och dess fästanordning till bränsleinsprutningspumpen **(se bild)**.

21 Vrid vevaxeln medurs tills mätklockan slutar röra sig och nollställ den sedan.

22 Fortsätt vrida vevaxeln tills vevaxeln låses mot ÖD-stiftet. Mätklockan bör visa 1,40 ± 0,07 mm.

23 Om avläsningen är utanför specificerade

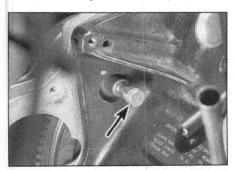

17.7 Sätt in vevaxelns inställningsstift (vid pilen) i dess hål baktill på motorn

värden, lossa på pumpfästesmuttrarna och bultarna och rotera pumpen tills korrekt avläsning erhålls.

24 Vrid nu vevaxeln moturs tills inställnings-märkena på pumpens tandade remskiva och den främre kåpan är i linje. Dra åt pumpens bultar och muttrar.

25 Upprepa momenten beskrivna i paragraf 21 och 22 för att kontrollera inställningen.

26 Ta bort mätklockan, fästanordningen och ÖD-stiftet. Sätt tillbaka pluggen.

27 Montera generatorskölden och kamaxel-drivremmens kåpa där tillämpligt.

17 Bränsleinsprutningspump (2.5 liters motor) – inställning

Observera: *Inställningsstift behövs för följande kontroller och justering. Försök inte rotera motorn när något av dessa stift sitter på plats och använd inte stiften till att förhindra motorn från att rotera när du lossar eller drar åt muttrar eller bultar.*

1 Kontroll av insprutningsinställning behövs bara efter det att insprutningspumpen eller kamremmen har störts. Kontroll och justering görs med hjälp stift för att låsa vevaxeln, kamaxeldrevet och insprutningspumpens tandade remskiva. För kontroll behövs endast stiften till vevaxeln och pumpremskivan.

2 Inställningsstift finns tillgängliga som Fords specialverktyg eller som en komplett sats från specialister på dieselinsprutning. Alternativt kan stänger eller borrar av korrekt storlek användas. Verktygsnumren och deras diameter är:

Vevaxel (Ford verktyg nr 23-020) – 13,0 mm
 Kamaxel (Ford verktyg nr 21-123) – 8,0 mm
Insprutningspump:
 Lucas och tidig Bosch (Ford verktyg nr 23-019) – 6,0 mm
 Bosch med Stanadyne insprutare – 1989 och framåt (Ford verktyg nr 23-029) – 9,0 mm

3 Börja med att koppla loss batteriets negativa ledning.

4 Ta bort täckpluggen från transmissions-kåpan och gummiplattan framtill på vev-axelremskivan **(se bilder)**.

17.4a Ta bort täckpluggen (vid pilen) från transmissionskåpan . . .

17.4b . . . och gummiplattan framtill på vevaxelremskivan

5 Ta bort plastplattan från vevaxelns stifthål baktill på motorn, precis ovanför startmotorn. På turbomotorer med Lucas EPIC system är vevaxelns läges-/hastighetsgivare placerad ovanför vevaxelns stifthål. Koppla loss multikontakten, lossa fästbulten och ta bort givaren. Ta reda på mellanlägget (om monterat) bakom givaren.

6 Vrid motorn med hjälp av en nyckel på vevaxelremskivans bult, tills det u-formade urtaget i insprutningspumpens tandade rem-skiva blir synligt i hålet i transmissionskåpan. Man kan behöva använda en spegel för att ordentligt kunna observera remskivan genom hålet.

7 Sätt in vevaxelns inställningsstift i dess hål, pressa försiktigt på stiftet och vrid motorn sakta fram och tillbaka lite tills stiftet hakar i hålet i svänghjulet **(se bild)**.

8 Med vevaxelstiftet isatt, försök sätta in insprutningspumpens stift genom det u-formade urtaget och in i loppet bakom det **(se bild)**. Om stiftet går in lätt är pumpens inställning rätt. Ta bort stiften, sätt tillbaka pluggarna och gummiplattorna och anslut batteriet. På motorer med en vevaxellages-givare, sätt tillbaka givaren och mellanlägget (om monterat).

9 Om stiftet inte vill gå in måste insprutnings-pumpen inställning justeras enligt följande:

10 Demontera transmissionskåpan.

11 Om det inte redan sitter på plats, sätt in vevaxelns inställningsstift i sitt hål.

12 Använd kamaxelns inställningsstift, lås kamaxeldrevet genom att sätta in stiftet

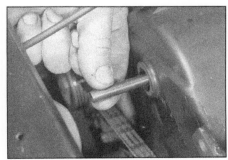

17.8 Sätt in pumpens stift genom det u-formade urtaget och in i loppet bakom det

17.12 Lås kamaxeldrevet genom att sätta in stiftet genom hålet i drevet och in i borrningen bakom

genom hålet i drevet och in i borrningen bakom **(se bild)**.

13 Lossa på insprutningspumpens remskivebultar och knacka försiktigt på en av de lossade bultarna med en mjuk klubba i den riktning som behövs, tills dess att stiftet kan stickas in helt. När stiftet är på plats, dra åt pumpremskivans fästbultar.

14 Om inte tillräcklig rörelse tillåts av spåren på drevet för att stiftet ska kunna sättas in, måste kamremmen tas loss och omplaceras på remskivorna.

15 Ta avslutningsvis bort inställningsstiften och sätt tillbaka alla demonterade komponenter.

18 Bränslesystem – avluftning

Observera: *När du arbetar på 1.8 liters motorn, notera att ventilen monterad mellan filtret och bränsleinsprutningspumpen på senare modeller används i fabriken endast till att fylla på och avlufta systemet vid produktionen. Kontrollera regelbundet att den är ordentligt åtdragen.*

Bosch system

1 Eftersom detta system är avsett att vara självavluftande finns det ingen handsnapsningspump eller separata avluftningsskruvar/-nipplar.

2 När någon del av systemet har rubbats måste luft släppas ut från systemet genom att

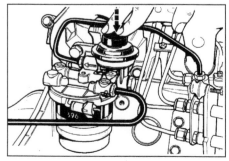

18.5 Handsnapsningspump på Lucas insprutningssystem

motorn dras runt på startmotorn tills den startar. När den har startat, låt motorn gå i ca 5 minuter för att försäkra dig om att all luft har avlägsnats från systemet. För att minska påfrestningen på batteriet och startmotorn när detta görs, dra runt motorn i 10 sekunders intervall med 30 sekunders mellanrum.

3 Beroende på vilket arbete som ska utföras kan det vara möjligt att delvis snapsa systemet för att spara på batteriet, genom att i största möjliga mån minska den tid det tar innan motorn startar. Fyll filtret med rent bränsle via dess ventilationsskruvsöppning. Det är viktigt att ingen smuts kommer in i systemet och att inget bränsle hälls över ömtåliga komponenter när detta görs.

4 Om en handmanövrerad vakuumpump finns till hands kan denna anslutas till pumpens bränslereturanslutning och användas till att suga bränsle genom matningsledningarna och filtret. Detta besparar batteriet en hel del arbete. Om en lång bit genomskinlig plastslang används till att ansluta vakuumpumpen till insprutningspumpens anslutning är det enklare att se när bubbelfritt bränsle kommer ut. Glöm inte att aktivera bränsleavstängningssolenoiden genom att slå på tändningen till läge "II" så att bränsle kan passera genom pumpen.

Lucas system

5 Systemet är utrustat med en handsnapsningspump som aktiveras genom att man upprepade gånger trycker ner den svarta knappen uppe på filterenheten **(se bild)**. Om luft har kommit in i systemet, släpp alltid ut den genom filteravluftningsnippeln först, och därefter (om så behövs) genom pumpanslutningen och insprutarrören. Placera trasor under avluftningspunkten för att samla upp bränslespill. Dieselbränsle får inte komma i kontakt med ömtåliga komponenter, speciellt kopplingen, generatorn och startmotorn.

6 För att avlufta systemet så långt som till bränslefiltret, lossa avluftningsnippeln på filterutloppets anslutning och aktivera handsnapsningspumpen tills bränsle utan luftbubblor kommer ut. Dra åt avluftningsnippeln ordentligt, torka upp spillt bränsle och aktivera snapsningspumpen tills ökat motstånd känns.

7 Om luft har kommit in i bränsleinsprutningspumpen, aktivera bränsleavstängningssolenoiden genom att slå på tändningen till läge "II", lossa pumpens bränslereturanslutning och aktivera handsnapsningspumpen tills bränsle utan luftbubblor kommer ut. Dra åt banjobulten ordentligt, torka upp spillt bränsle och aktivera snapsningspumpen tills ökat motstånd känns. Slå av tändningen.

8 Avslutningsvis, starta motorn och låt den gå i ca 5 minuter för att försäkra dig om att all luft avlägsnats från systemet.

Båda systemen

9 Om luft har kommit in i insprutarrören, lossa varje anslutning vid insprutarna och dra runt motorn tills bränsle kommer ut, dra sedan åt

alla anslutningar ordentligt och torka upp spillt bränsle. Starta motorn och låt den gå i några minuter för att försäkra dig om att all luft har avlägsnats.

19 Förvärmningssystem (1.6 och 1.8 liters motorer) – test

Observera: *Hela förvärmningssystemet är skyddat av en smältlänk som smälter i händelse av kortslutning.*

1 Om förvärmningssystemet inte fungerar innebär en slutgiltig test att man byter ut misstänkta komponenter mot enheter man vet fungerar, men några preliminära kontroller kan göras.

2 Anslut en voltmätare (0 till 20 volt) eller en 20 volts testlampa mellan någon glödstiftspol och jord. Låt en medhjälpare slå på tändningen. Testlampan eller voltmätaren skall ge positivt utslag i flera sekunder, motsvarande förvärmningsperioden, därefter ge en 0-avläsning eller slockna. Om inte är reläet (eller tillhörande kabelage) defekt. Slå av tändningen.

3 Om en amperemätare med passande mätområde (ca 0 till 50 ampere) finns tillgänglig, anslut den mellan glödstiftets matningsledning och samlingsskenan. Under förvärmningsperioden bör amperemätaren visa en strömförbrukning på ca 8 ampere per arbetande stift, d v s 32 ampere om alla fyra stift fungerar.

4 Om ett eller flera stift inte verkar dra ström, ta bort samlingsskenan och kontrollera varje glödstift separat med en kontinuitetstestare. Innan ett stift döms ut, försäkra dig om att problemet inte helt enkelt är en lös eller smutsig anslutning.

20 Snabbtomgångens termostatgivare (2.5 liters motor) – demontering, montering, justering

1 På motorer före 1992 manövrerar en termostatgivare i kylsystemet en snabbtomgångsarm på insprutningspumpen för att öka tomgångshastigheten när motorn är kall. Termostatgivaren är placerad på insidan av termostathuset.

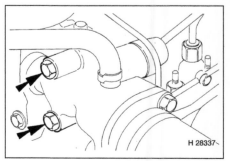

20.5 Bultarna (vid pilarna) som håller termostatgivarenheten till termostathuset

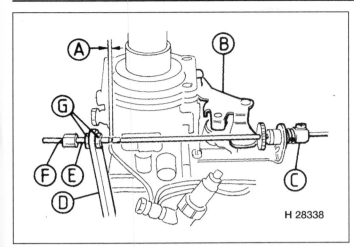

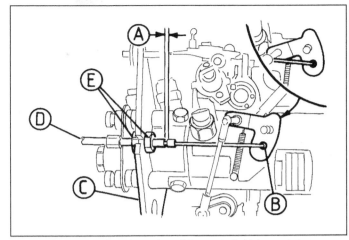

H 28338

20.13a Snabbtomgångsjustering på Bosch bränsleinsprutningspump

A   2 till 3 mm gap
B   Snabbtomgångsstyrarm
C   Fjäderbelastat ändbeslag
D   Stödfäste
E   Justeringsgänga
F   Yttervajer
G   Låsmuttrar

20.13b Snabbtomgångsjustering på Lucas bränsleinsprutningspump

A   2 till 3 mm gap
B   Snabbtomgångsstyrarm
C   Stödfäste
D   Yttervajer
E   Låsmuttrar

(bilden visar snabbtomgångens styrarm i normalt tomgångsläge)

2 På senare motorer utgör givaren en del av insprutningspumpen och kan inte servas.

Demontering

3 Koppla loss batteriets negativa ledning.
4 Tappa av kylsystemet.
5 Lossa de två bultarna som håller termostatgivarenheten till termostathuset **(se bild)**. Dra ut enheten och packningen från dess plats i huset. Observera att en ny packning krävs vid montering.
6 Lossa vajerhöljets låsmuttrar från stödfästet på insprutningspumpen.
7 Lossa innervajerns ändbeslag från insprutningspumpens snabbtomgångsarm. På Bosch insprutningspump lossas innervajern genom att man lossar på skruven som håller vajern till det fjäderbelastade ändbeslaget.
8 Ta bort termostatgivaren och vajerenheten från motorn.

Montering

9 Tvätta noggrant bort alla spår av gammal packning från termostathusets och givarens fogytor, sätt sedan en ny packning på plats.
10 Montera givarenheten och säkra med fästbultarna.
11 Sätt tillbaka vajern i omvänd ordning mot demontering men dra inte åt vajerhöljets yttre låsmuttrar (och fästskruv på det fjäderbelastade ändbeslaget på Bosch pump) – detta för att tillåta justering.
12 Justera vajern enligt beskrivning nedan, fyll sedan på kylsystemet och anslut batteriet.

Justering

13 Flytta snabbtomgångsstyrarmen på insprutningspumpen till snabbtomgångsläget och säkra den temporärt i detta läge **(se bilder)**.
14 På Bosch insprutningspump, tryck det

fjäderbelastade vajerändbeslaget hårt mot snabbtomgångsstoppet och dra åt skruven för att säkra innervajern till ändbeslaget.
15 Justera låsmuttrarnas position så att det uppstår ett 2 till 3 mm gap mellan änden på vajerhöljet och skoningen på innervajern. Dra åt låsmuttrarna.
16 Kontrollera att, med vajerhöljet draget mot bakre delen av motorn för att spänna vajern, det fjäderbelastade ändbeslaget är mot sitt stopp (Bosch insprutningspump), eller snabbtomgångsstyrarmen ligger hårt mot kallmanöverstoppet (Lucas insprutnings-pump).
17 Frigör snabbtomgångsstyrarmen.

---

21 Avgasåtercirkulation (EGR) (1.8 liters motor) – test, demontering och montering

1 Ett avgasåtercirkulationssystem är monterat på vissa 1.8 liters modeller för att försäkra att bilen uppfyller krav i gällande utsläppslagstiftning. Endast fordon med Bosch bränsleinsprutningssystem har denna utrustning. Systemet består av följande komponenter:

a) Den temperaturmanövrerade vakuumkontakten – monterad i termostathuset. Denna är stängd tills kylvätsketemperaturen når 60°C, för att förhindra systemet att arbete medan motorn värms upp.
b) Vakuumregulatorventilen – fäst ovanpå bränsleinsprutningspumpen. Denna reglerar enligt gaslänkagearmens öppning mängden vakuum som läggs på EGR-ventilen.
c) Vakuumfördröjningsreläet – monterat i

vakuumledningen för att styra hastigheten med vilken vakuum läggs på EGR-ventilen.
d) EGR-ventilen – fastskruvad i insugsröret och ansluten via ett matningsrör till avgasgrenröret. Denna öppnar, under kontroll av vakuumkontakten, regulator- och fördröjningsventilerna med hjälp av undertrycket skapat av vakuumpumpen som låter en del av avgaserna flöda upp in i insugsröret och in i förbränningskammaren.

Systemtest

2 Närhelst bränsleinsprutningspumpen demonteras måste vakuumregulatorventilens inställning kontrolleras och vid behov justeras.
3 För att kontrollera systemets funktion, värm upp motorn till normal arbetstemperatur och låt den gå på tomgång. Koppla loss och sätt tillbaka vakuumröret på toppen av EGR-ventilen flera gånger **(se bild)**. Man ska höra ventilen arbeta varje gång.
4 Om EGR-ventilen inte arbetar och vakuum kan kännas i röränden först, kontrollera först inställningen av vakuumregulatorventilen.

21.3 EGR-ventilens vakuumrör (vid pilen

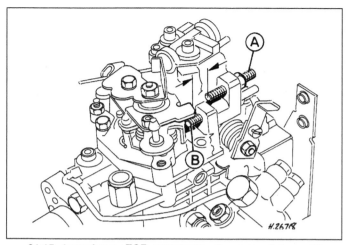

21.15 Justering av EGR-systemets vakuumregulatorventil

A Tredje stoppskruven – sätt in
distanser där visat

B Justerskruv för maximal
motorhastighet

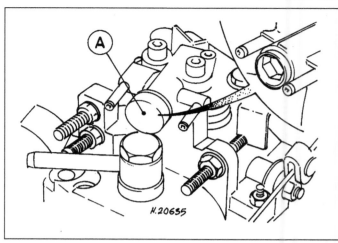

21.18 EGR-systemets vakuumregulatorventil – justerskruv under justersäkringslock (A)

5 Om vakuumregulatorventilen fungerar korrekt måste felet ligga i EGR-ventilen, som då måste bytas. Om ventilen ska bytas är det alltid värt att först pröva vilken effekt det har att avlägsna eventuella sotavlagringar från dess kanaler, för att se om det kan vara detta som orsakar haveriet. Om ventilmembranet är trasigt finns det inget alternativ till att byta ut hela ventilenheten.
6 Om inget vakuum kan kännas, undersök bakåt genom systemet tills läckan eller blockeringen hittas och kan åtgärdas.

Temperaturmanövrerad vakuumkontakt – demontering och montering

7 Denna enhet är inskruvad termostathusets vakuumpumpsida och kan identifieras med hjälp av de två vakuumrören som är anslutna till den.
8 Tappa av kylsystemet, antingen helt eller så långt ner som till termostaten.
9 Koppla loss vakuumrören och skruva ur kontakten.
10 När en ny kontakt monteras, försäkra antingen att en ny tätningsbricka används eller lägg på ett lager passande tätningsmedel på gängorna, efter tillämplighet. Dra åt kontakten ordentligt.
11 Fyll på kylsystemet.

Vakuumregulatorventil – justering

12 Kontroll och justering av vakuumregulatorventilen är endast möjlig om en handmanövrerad vakuumpump/mätare finns tillgänglig.
13 Anslut pumpen/mätaren till inloppsporten (den närmast motorn) på regulatorventilen.
14 Håll gaslänkagearmen i helt öppet läge och aktivera handpumpen hela tiden. Anteckna vakuumavläsningen på mätaren, den bör vara runt 0,6 bar.

15 Placera en 11,8 mm tjock distans mellan gaslänkagearmen och den tredje stoppskruven (A) **(se bild)**.
16 Tryck gaslänkagearmen mot distansen och aktivera sedan vakuumpumpen. Noterat vakuumtryck bör motsvara det tidigare antecknade.
17 Byt ut distansen mot en som är 12,1 mm tjock. Denna distans bör hålla regulatorventilen öppen, så att ingen vakuumavläsning kan erhållas när vakuumpumpen aktiveras.
18 Om regulatorventilen inte uppför sig enligt ovan, ta bort justersäkringslocket (A) **(se bild)**.
19 Håll gaslänkagearmen hårt mot maxhastighetsjusterskruven (B).
20 Vid användning av en vakuumpump skall vakuumtrycket vara mellan 0,6 och 0,7 bar.
21 Placera en 12,0 mm tjock distans mellan gaslänkagearmen och den tredje stoppskruven. Håll gaslänkagearmen i detta läge och aktivera vakuumpumpen.
22 Vrid regulatorjusterskruven för att ställa in vakuumtrycket till 0,35 bar.
23 Kontrollera nu vakuumavläsningarna med hjälp av 11,8 mm och 12,1 mm distanserna enligt tidigare beskrivning.
24 Sätt på ett nytt justersäkringslock, ta bort pumpen och sätt tillbaka slanganslutningarna.

Vakuumregulatorventil – demontering och montering

25 Observera att ventilens inloppsrör (från vakuumpumpen) sitter i anslutningen närmast motorn. Ventilens utloppsanslutning (till EGR-ventilen) är anslutningen närmast kylaren. På senare modeller har detta rör en gul markering.
26 Om inget identifieringsmärke kan hittas, använd färg till att göra ditt eget efter det att röret lossats.
27 Skruva loss och ta bort regulatorventilen.
28 Montering sker i omvänd ordning men om

en ny ventil monteras måste den justeras enligt beskrivningen ovan.

Vakuumfördröjningsventil – demontering och montering

29 I skrivande stund finns ingen information tillgänglig angående den precisa placeringen av denna enhet, eller om den är tillgänglig separat från vakuumrören. Kontakta din lokala Ford-återförsäljare för information.
30 Observera att ventilerna av denna typ vanligtvis är tydligt markerade för att visa vilken väg de ska monteras. Anteckna alla sådana markeringar eller andra kännetecknande detaljer hos enheten innan den tas loss. Se till att ventilen monteras rätt väg, enligt anteckningar från demonteringen, och att vakuumrören sätts fast ordentligt i båda ändarna.

EGR-ventil – demontering och montering

31 Koppla loss batteriets jordledning (den negativa).
32 Koppla loss vakuumröret från toppen av ventilen.
33 Skruva loss de två bultarna som fäster matningsröret till ventilens undersida. Ta bort och kassera packningen.
34 Skruva loss EGR-ventilen från insugsröret och ta bort den. Ta ut och kassera packningen.
35 Om matningsröret någonsin rubbas, byt alltid packningarna i dess övre och nedre ändar. Dra åt bultarna till specificerat moment och se till att fästklämmorna sätts fast säkert vid ihopsättningen.
36 Vid montering, byt alltid ut packningarna och dra åt bultarna till specificerade moment. Anslut vakuumröret till ventilen, starta motorn och kontrollera att systemet fungerar korrekt, enligt beskrivningen ovan.

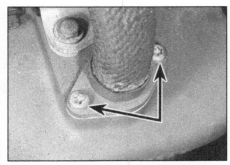

22.8a Lossa de två torx-bultarna (vid pilarna) och lossa EGR anslutningsslang vid avgasgrenröret

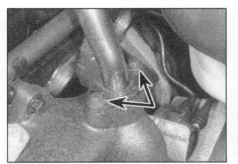

22.8b Alternativ EGR-anslutning rör-till-grenrör på senare modeller . . .

22.8c . . . anslutningsrörets stödfästesbult (vid pilen)

22 Avgasåtercirkulation (EGR) (2.5 liters motor) – test, demontering och montering

1 Avgasåtercirkulationssystemet monterat på 2.5 liters motorer är utformat så att det återcirkulerar små mängder av avgaser in i inloppsindraget och därför in i förbrännings-processen. Detta reducerar kväveoxiderna i de avgaser som till slut släpps ut i atmosfären.
2 Hur mycket av avgaserna som åter-cirkuleras kontrolleras av vakuum (matat från insugsröret nedströms om trottelventilen) via en EGR-ventil fäst på insugsröret eller turboaggregatet. Innan det når EGR-ventilen passerar vakuumet från grenröret till en vakuumventil. Syftet med detta är att modifiera vakuumet som matas till EGR-ventilen enligt motorns arbetsförhållanden.
3 Trottelventilen som är fäst på insugs-grenröret gör att proportionen luft/återcirkulerade avgaser kan kontrolleras. Trottel-ventilen gör det också möjligt för avgaserna att dras in i insugsgrenröret vid tomgång eller under lätt belastning. Utan trottelventilen skulle insugsgrenröret i själva verket stå under atmosfärstryck och vakuumet skapat när motorns inloppsventiler öppnas skulle inte vara tillräckligt för att få avgaserna att cirkulera.
4 På motorer med turbo tillverkade efter 1992 arbetar EGR-systemet tillsammans med Lucas EPIC (Electronic Programmed Injection Control) motorstyrningssystem. EGR-syste-met styrs av EPIC elektroniska styrenhet, vilken får information om motorns arbets-parametrar från en positionsgivare på gaspedalen, en givare för absolut tryck i grenröret, en vevaxelläges-/hastighetsgivare, en kylvätsketemperaturgivare och en givare för inloppsluftens temperatur.
5 Arbetsprinciperna för EGR-systemet monterat på motorer med turbo är i grunden de samma som på sugmotorer, men innan vakuumet från grenröret når EGR-ventilen passerar det till en vakuumflödesreglerare fäst på motorrummets torpedplåt. Syftet med vakuumflödesregleraren är att modifiera vakuumet som matas till EGR-ventilen utifrån

informationen från den elektroniska styr-enheten.
6 Från och med 1995 är vissa turbomodeller utrustade med en EGR-laddningskylare inkluderad i motorns kylvätskekrets.

Systemtest

7 Test och justering av systemet bör över-lämnas till en Ford-återförsäljare.

EGR-ventil (motorer utan turbo) – demontering och montering

8 Lossa de två torx-bultarna eller klämringen och lossa EGR anslutningsslang/rör vid EGR-ventilen och avgasgrenröret. Ta vara på metallpackningen. Där så är tillämpligt, lossa anslutningsslangens/-rörets stödfästesbult (se bilder).
9 Lossa slangclipset och ta loss luftinlopps-slangen från trottelhuset (se bild).
10 Koppla loss trottelns manövreringsarm från trottelventillänkaget.
11 På motorer med insugsgrenrör i ett stycke, koppla loss EGR-ventilens vakuum-slang, skruva loss de två fästbultarna till trottelhuset och ta bort huset, komplett med EGR-ventil, från insugsröret (se bild). Lossa de fyra torx-bultarna och ta loss EGR-ventilen och anslutningsslangen från trottelhuset.
12 På motorer med insugsrör i två delar, skruva loss bulten som håller grenröret till stödfästet. Lossa muttrarna och bultarna och separera grenrörets övre del från den nedre

delen. Ta vara på packningen mellan de två halvorna. Koppla loss EGR-ventilens vakuum-slang, skruva sedan loss de fyra torx-bultarna och ta loss EGR-ventilen och anslutnings-slangen från trottelhuset.
13 Montering sker i omvänd ordning mot demontering. Använd nya packningar vid grenrörets och EGR-ventilens fogytor (efter tillämplighet) och dra åt alla muttrar och bultar till specificerat moment.

EGR-ventil (motorer med turbo) – demontering och montering

14 Lossa slangclipsen och koppla loss luftinloppsröret vid slanganslutningen på insugsgrenröret.
15 Lossa bultarna, ta loss luftinloppsrörets anslutning vid turboaggregatet och ta reda på packningen. Lossa röret från stödfästet och ta bort det från motorn. Stäng av turboaggre-gatets inlopp med ett passande lock eller en ren trasa.
16 Koppla loss EGR-ventilens multikontakt och vakuumslang.
17 Lossa de två torx-bultarna och demontera trottelhuset komplett med EGR-ventil. Lossa de två kvarvarande torx-bultarna och sepa-rera ventilen från huset.
18 Montering sker i omvänd ordning mot montering. Använd nya packningar efter tillämplighet och dra åt alla muttrar och bultar till specificerat moment.

22.9 Lossa slangclipset och ta loss luftinloppsslangen från trottelhuset

22.11 Koppla loss EGR-ventilens vakuum-slang (vid pilen)

EGR laddningskylare (motorer med turbo, 1995 och framåt) – demontering och montering

19 Koppla loss batteriets negativa ledning.
20 Tappa av kylsystemet.
21 Lossa de två bultarna, koppla loss EGR-anslutningsröret vid avgasgrenröret och ta reda på metallpackningen.
22 Lossa klämbulten och dra av klämman som håller den andra änden av EGR-anslutningsröret till laddningskylaren. Ta bort röret.
23 Koppla loss EGR-ventilens multikontakt och vakuumslang.
24 Lossa de två torx-bultarna och demontera trottelhuset komplett med EGR-ventilen. Skruva loss de två kvarvarande torx-bultarna och separera ventilen från huset.
25 Lossa clipset och koppla loss kylvätske-slangarna från laddningskylaren (se bild).
26 Skruva loss hållfästets bultar och fläns-bultarna, demontera sedan laddningskylaren.
27 Montering sker i omvänd ordning, använd nya packningar efter tillämplighet.

23 Lucas EPIC system (2.5 liters motorer) – test, demontering och montering av komponenter

Observera: Innan någon av systemets komponenter tas loss, koppla loss batteriets negativa ledning.
1 Från och med 1992 styrs bränsle- och avgasreningssystemen på turbomotorer av Lucas EPIC motorstyrningssytem (se bild - på motsatt sida).
2 Detta system ger programmerad elektronisk kontroll av bränsleinsprutningspumpen och elektronisk kontroll av avgasåter-cirkulationssystemet via EPIC elektroniska styrenhet (ECU)
3 För att styrenheten ska kunna bedöma bränslesystemets behov under alla arbets-förhållanden finns givare som övervakar gaspedalens position, grenrörets absoluta tryck, vevaxelns hastighet/läge, motorns kylvätsketemperatur och inloppsluftens temperatur. EGR-ventilens funktion styrs också av styrenheten, i samarbete med en vakuumflödesreglerare.
4 En unik egenskap hos detta system är dess trottelstyrning ("drive-by-wire"). I stället för att gasvajern är ansluten till bränsleinsprutnings-pumpen, som det är i det normala mekaniska systemet, är vajern ansluten till pedalpositi-onsgivaren. Denna givare sänder signaler till styrenheten som i sin tur styr bränsleinsprut-ningspumpen elektroniskt.
5 När du arbetar med systemet, observera följande försiktighetsåtgärder:
  a) Koppla loss batteriets negativa ledning innan du demonterar någon av systemets elektriska anslutningar.
  b) När ett batteri installeras, var speciellt försiktig så att du inte förväxlar den positiva och den negativa batteriledningen.

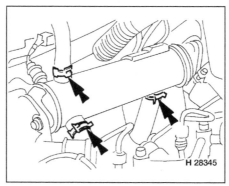

22.25 Lossa clipset (vid pilarna) och koppla loss kylvätskeslangarna från EGR-laddningskylaren

  c) Utsätt inte någon av systemets komponenter för kraftiga stötar under demontering eller montering.
  d) Försök aldrig utföra något arbete på styrenheten, testa den eller öppna dess kåpa.
  e) Se till att inte vatten kommer i kontakt med någon komponent. När motorrummet rengörs, spruta inte på någon av komponenterna eller deras elektriska anslutningar.

Systemtest

6 De olika komponenterna i bränsle- och avgasreningssystemen är så nära samman-länkade att diagnos av fel i en av kompo-nenterna är så gott som omöjligt med traditionella metoder.
7 För att fel ska kunna spåras och åtgärdas snabbt har styrenheten en inbyggd själv-diagnosmekanism som känner av defekter i systemets komponenter. När ett fel uppstår identifierar styrenheten felet, lagrar en motsvarande kod i sitt minne och (i de flesta fall), driver systemet vidare med hjälp av reservvärden förprogrammerade i dess minne. På så sätt bibehålls någon slags körbarhet så att bilen kan köras till en verkstad för undersökning.
8 Precis och noggrann test av systemet kräver användning av Fords testutrustning och en metodisk testprocedur. Detta bör därför överlåtas till en lämpligt utrustad Fordverkstad.

ECU (Elektronisk styrenhet) – demontering och montering

Modeller före 1995

9 Vrid de två fästhakarna inuti handskfacket moturs, tryck styrenhetens bricka lätt framåt och sänk brickan med styrenheten (se bild).
10 Tryck styrenhetens hållfästen inåt för att frigöra den från spåret i brickan och lyft enheten uppåt från brickan.
11 Dra multikontaktens låsclips utåt för att lossa det, haka sedan av den andra änden och koppla loss kontakten. Ta bort styr-enheten.
12 Montering sker i omvänd ordning.

Modeller från 1995 och framåt

13 Lossa de två fästmuttrarna till multikon-taktens gummidamask på motorns torped-plåt, dra damasken bakåt och dra ut kontakten.
14 Använd en skruvmejsel och en skyddande trasa eller liknande och bänd ut förvarings-hyllan längst upp på instrumentbrädan på passagerarsidan.
15 Arbeta genom öppningen efter hyllan, lossa fästbygelns bult och demontera styrenheten.
16 Montering sker i omvänd ordning mot demontering

Vevaxelns läges /hastighetsgivare – demontering och montering

17 Vevaxelns läges-/hastighetsgivare sitter baktill på motorn, precis ovanför startmotorn.
18 Koppla loss multikontakten, lossa fäst-bulten och ta bort givaren. Ta vara på mellanlägget, om monterat, bakom givaren.
19 Montering sker i omvänd ordning, se till att eventuellt mellanlägg är placerat bakom givaren.

Kylvätsketemperaturgivare – demontering och montering

20 Tappa av kylsystemet.
21 Ta loss den elektriska kontakten från givaren, placerad på termostathuset.
22 Skruva loss givaren och ta bort den.
23 Montering sker i omvänd ordning. Lägg på lite tätningsmedel på givarens gängor innan monteringen och fyll på kylsystemet efter avslutat arbete.

Inloppsluftens temperaturgivare – demontering och montering

24 Om så behövs, demontera luftrenaren eller luftinloppstrumman för att komma åt givaren.
25 Dra ut multikontakten, skruva sedan loss givaren från luftrenarhuset.
26 Demontering sker i omvänd ordning.

Gaspedalens positionsgivare – demontering och montering

Modeller före 1995

27 Lossa de två fästmuttrarna och dra ut givarens fästbygel från motorrummet (se bild).

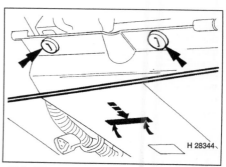

23.9 ECU-brickans fästhakar (vid pilarna) och hållfästes spår

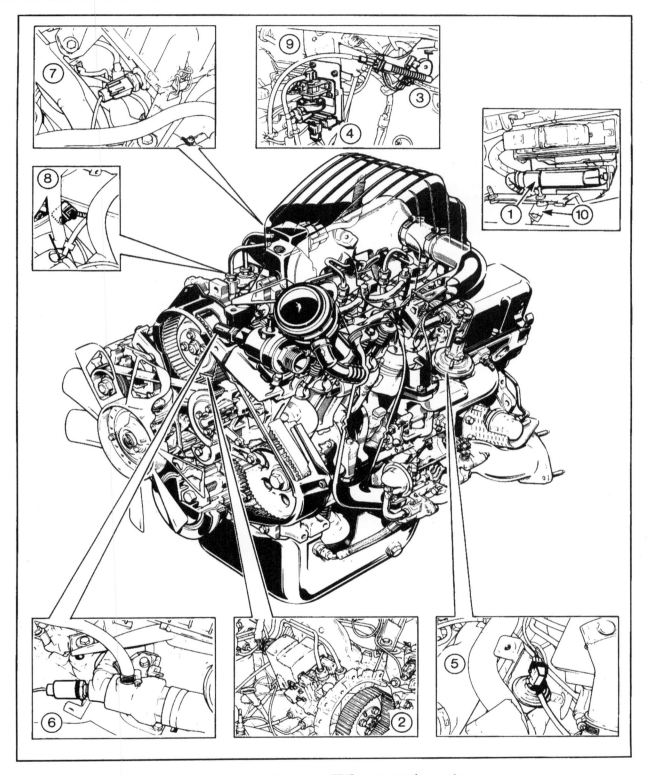

23.1 Sprängskiss över Lucas EPIC motorstyrningssystem

1 Elektronisk styrenhet
2 Bränsleinsprutningspump
3 Gaspedalens positionsgivare

4 Givare för grenrörets
   absoluta tryck
5 Avgasernas återcirkulations-
   ventil

6 Temperaturgivare för
   motorns kylvätska
7 Temperaturgivare för
   insugsluft

8 Vevaxelns läges-
   /hastighetsgivare
9 EGR vakuumflödesstyrning
10 Självtestanslutning

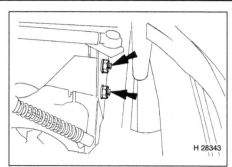

23.27 Lossa fästmuttrarna (vid pilarna) och ta loss gaspedalens lägesgivares monteringsfästesenhet

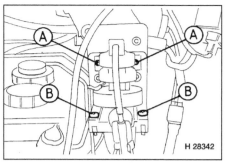

23.32 Fästskruvar (B) till givaren för grenrörets absoluta tryck samt EGR vakuumflödesstyrningens skruvar (A)

28 Koppla loss gasvajern från givarens länktapp.

29 Dra ut multikontakten, lossa sedan de två fästmuttrarna och ta bort givaren från fästbygeln.

30 Montering sker i omvänd ordning.

Modeller från 1995 och framåt

31 På dessa modeller är givaren en del av gaspedalsenheten och demonteras tillsammans med denna.

Givare för grenrörets absoluta tryck (MAP-givare) – demontering och montering

32 Givaren är placerad på ett fäste monterat på torpedplåten baktill i motorrummet **(se bild)**.

33 Lossa fästets bultar och sänk ned fästet.

34 Dra ut multikontakten och lossa vakuumslangen längst ner på givaren.

35 Lossa de två fästskruvarna och dra loss givaren från dess fäste.

36 Montering sker i omvänd ordning.

EGR vakuumflödesreglerare – demontering och montering

37 Vakuumflödesregleraren är monterad, tillsammans med MAP-givaren, på ett fäste på torpedplåten baktill i motorrummet. Demontering och montering är desamma som för MAP-givaren.

Kapitel 6
Land Rover 2286cc och 2495cc motorer

Del A: Rutinunderhåll och service

Innehåll

Alla modeller

Discovery

Defender

IIA & III serierna

Motortyper

2286cc motor	Land Rover IIA & III serier, 90 och 110 samt Defender – 1958 - 1995
2495cc motor	Land Rover Discovery, 90, 110 samt Defender – 1983 - 1995

Tillverkarens motorkoder

Discovery	
2495cc – 200 TDi motor	12L00001
2495cc – 300 TDi motor:	
Manuell växellåda och EDC (Elektronisk dieselstyrning)	17L00001
Manuell växellåda och DETOX system	18L00001
Automatväxellåda och EDC (Elektronisk dieselstyrning)	19L00001
Automatväxellåda och DETOX system	20L00001
Manuell växellåda och EGR (Avgasåtercirkulation)	21L00001
Automatväxellåda och EGR (Avgasåtercirkulation)	22L00001
90, 110 och Defender	
2286 cc - Sugmotor (1983 - 1984)	10J
2495 cc - Sugmotor (1984 - 1986)	12J
2495 cc - Turbo (1986 till september 1990)	19J
2495 cc - Turbo och mellankylare:	
September 1990 - 1994	200 TDi
1994 och framåt	300 TDi

Specifikationer

Oljefilter

Discovery . . . . Champion C105
Defender:
    10J motor . . . . Champion X117
    Alla utom 10J motorn . . . . Champion C105
IIA & III serierna . . . . Champion X117

Ventilspel (kalla)

Discovery (insug och avgas) . . . . 0,20 mm
Defender (insug och avgas):
    10J, 12J och 19J motorer . . . . 0,25 mm
    200 TDi och 300 TDi motorer . . . . 0,20 mm
IIA & III serier (insug och avgas) . . . . 0,25 mm

Kamrem

Typ . . . . Tandad rem

Discovery

Spänning (använd lämplig momentnyckel utan förinställning):
    200 TDi motor . . . . 18 - 20 Nm
    300 TDi motor:
        Ny rem . . . . 14 - 16 Nm
        Begagnad rem . . . . 11 - 13 Nm

Defender

Spänning (använd lämplig momentnyckel utan förinställning):	Ny rem	Begagnad rem
12J and 19J motorer	24 - 29 Nm	19 - 24 Nm
200 TDi motor	19 Nm	17 Nm
300 TDi motor	14 - 16 Nm	11 - 13 Nm

Spänning av drivremmar till hjälpaggregat

Discovery:
    200 TDi motor . . . . 0,5 mm avböjning för 25,0 mm rem. Mät halvvägs mellan remskivorna
    300 TDi motor . . . . Automatisk
Defender – 10J, 12J och 19J motorer:
    Generator/kylvätskepump . . . . 9,0 mm avböjning, halvvägs mellan remskivorna på den längsta sträckan
    Servostyrningspump . . . . 12,0 mm avböjning, halvvägs mellan remskivorna på den längsta sträckan
    Luftkonditioneringens kompressor . . . . 12,0 mm avböjning, halvvägs mellan remskivorna på den längsta sträckan
Defender:
    200 TDi motor:
        Generator/kylvätskepump /servostyrningspump . . . . 0,5 mm avböjning för 25,0 mm rem. Mät halvvägs mellan remskivorna
        Luftkonditioneringens kompressor . . . . 12,0 mm avböjning, halvvägs mellan remskivorna på den längsta sträckan
    300 TDi motor:
        Generator/kylvätskepump /servostyrningspump . . . . Automatisk
        Luftkonditioneringens kompressor . . . . 35 Nm (använd lämplig momentnyckel utan förinställning)
IIA & III serierna . . . . 13,0 mm avböjning, halvvägs mellan remskivorna på den längsta sträckan

Luftfilter

Discovery . . . . Champion W709
Defender:
    19J motor . . . . Champion W709
    200 TDi motor . . . . Champion W710
    Alla andra motorer . . . . Ingen rekommendation i skrivandets stund
IIA & III serierna:
    Typ . . . . Oljefuktad centrifugal av växelströmstyp
    Oljekapacitet . . . . 0,85 liter

Bränslefilter

Discovery	Champion L111
Defender:	
10J och 12J motorer	Champion L131 eller L137
19J och 200 TDi motorer	Champion L111
300 TDi motor	Ingen rekommendation i skrivandets stund
IIA & III serierna	Champion L131 eller L137

Glödstift

Discovery	Champion CH70
Defender:	
Motorer utan turbo	Champion CH63
Turbomotorer	Champion CH70
IIA & III serierna	Champion CH63

Tomgångshastighet

Discovery	720 ± 20 rpm
Defender:	
10J och 12J motorer	650 ± 20 rpm
19J motor	670 ± 20 rpm
200 TDi motor	780 till 800 rpm
300 TDi motor	720 ± 20 rpm
IIA & III serierna	590 ± 20 rpm

Snabbtomgångshastighet

Discovery	Bestäms av tomgångshastigheten – justering ej möjlig

Turbons maximala tillskottstryck

Discovery	0,8 till 1,0 bar
Defender:	
19J motor	0,64 bar
200 TDi motor	0,78 bar
300 TDi motor	0,83 - 1,04 bar

Åtdragningsmoment

	Nm
Discovery	
Kamaxeldrev, bult – 200 TDi motor	45
Kamaxeldrev, bult nav-till-kamaxel – 300 TDi motor	80
Kamaxeldrev -till-kamaxelnav, bultar – 300 TDi motor	25
Kylvätskepump, fästbultar – 200 TDi motor	26
Vevaxelns remskiva, bult – 300 TDi motor:	
Steg 1	80
Steg 2	Vinkeldra ytterligare 90°
Motorns oljeavtappningsplugg:	
200 TDi motor	45
300 TDi motor	35
Bränsleinsprutningspump, bultar drev-till-nav	25
Glödstift	23
Ventillyftare, justermutter:	
200 TDi motor	25
300 TDi motor	16
Transmissionskåpor, bultar	25
Kamremmens tomgångsdrev, mutter	45
Kamrem, spännarbult	45
Defender	
200 TDi och 300 TDi motorer	se Discovery
Motorns oljeavtappningsplugg:	
10J, 12J och 19J motorer	35
IIA & III serierna	
Bränsleinsprutare, fästmuttrar	6 till 8

Smörjmedel, vätskor och volymer

Komponent eller system	Smörjmedel eller vätska	Volym
Discovery		
Motor	Multigrade motorolja, viskositet SAE 5W/30 till 25W/50, till specifikation RES.22.OL.PD-2 eller CCMC PD-2	6,0 liter - 200 TDi utan filter 5,8 liter – 300 TDi utan filter
Kylsystem	Etylenglykolbaserad kylvätska. 50% vätska/50% vatten	11,5 liter
Bränslesystem	Kommersiellt dieselbränsle för väggående fordon (DERV)	81,8 liter – t o m mars 1993 89,0 liter – fr o m april 1993
Defender		
Motor	Multigrade motorolja, viskositet SAE 5W/30 till 25W/50, till specifikation RES.22.OL.PD-2 eller CCMC PD-2	6,0 liter – alla utom 300 TDi utan filter 5,8 liter – 300 TDi utan filter
Kylsystem	Etylenglykolbaserad kylvätska. 50% vätska/50% vatten	10,8 liter – 10J och 12J motorer 11,1 liter- 19J, 200 TDi och 300 TDi
Bränslesystem	Kommersiellt dieselbränsle för väggående fordon (DERV)	79,5 liter – tanken monterad bak 45,5 liter – sidomonterad tank på **kombi** 68,2 liter – sidomonterad tank på alla andra modeller
IIA & III serierna		
Motor	Multigrade motorolja, viskositet SAE 10W/40 till 20W/50, till specifikation API SE eller SF	6,0 liter – utan filter
Kylsystem	Etylenglykolbaserad kylvätska. 50% vätska/50% vatten	10,0 liter – IIA serien 7,8 liter – III serien
Bränslesystem	Kommersiellt dieselbränsle för väggående fordon	45,0 liter – 88-modeller 68,0 liter – 109-modeller

Land Rover dieselmotor – underhållsschema

De underhållsscheman som följer är i stort de som rekommenderas av tillverkaren. Serviceintervallen anges i både körsträcka och tid – detta beror på att vätskor och system slits och försämras med ålder såväl som användning. Följ tidsintervallen om rätt kilometerantal inte täcks inom specificerad period.

Om bilen körs under särskilda förhållanden kan den behöva tätare underhåll. Med särskilda förhållanden menas bl a extrema klimat, bärgning eller taxikörning på heltid, körning på obelagd väg och en stor andel korta körsträckor. Användning av undermåligt bränsle kan orsaka tidig försämring av motoroljan. Rådfråga en Land Rover-handlare vid behov.

Var 400:e km, varje vecka eller före en lång resa – alla modeller

- ☐ Kontrollera motoroljenivån och fyll på vid behov (avsnitt 3)
- ☐ Kontrollera kylvätskenivån och fyll på vid behov (avsnitt 4)
- ☐ Kontrollera avgasröken (avsnitt 5)
- ☐ Kontrollera att glödstiftens varningslampa fungerar (avsnitt 6)

Var 6 000:e km – IIA & III serierna

- ☐ Byt motorolja och filter (avsnitt 7)
- ☐ Byt olja i oljefuktad luftrenare
- ☐ Tappa av vatten från bränslefilter och bränslerenare (avsnitt 8)
- ☐ Kontrollera spänning och skick för drivremmar till hjälpaggregat
- ☐ Tappa av svänghjulshuset (avsnitt 9)

Var 10 000:e km – Discovery

- ☐ Byt motorolja och filter (avsnitt 10)
- ☐ Kontrollera ventilspel* (avsnitt 15)
- ☐ Kontrollera motorns tomgångshastighet* (avsnitt 16)

Kontrollera först vid 10 000 km och sedan i 12 000 km-intervall

Var 10 000:e km – Defender

- ☐ Byt motorolja och filter (avsnitt 10)
- ☐ Kontrollera ventilspel* (avsnitt 22)
- ☐ Kontrollera motorns tomgångshastighet (avsnitt 11)
- ☐ Kontrollera slangarna i motorrummet; fästen och ev läckage
- ☐ Kontrollera spänning och skick för drivremmar till hjälpaggregat
- ☐ Kontrollera bränslerenaren – modeller fr o m 1995 (avsnitt 12)

Kontrollera först vid 10 000 km, därefter vid 20 000 km och sedan i 20 000 km-intervall

Var 12 000:e km – IIA & III serierna
- [ ] Rengör motorns ventilationsfilter (avsnitt 13)
- [ ] Kontrollera ventilspel (avsnitt 14)

Var 20 000:e km – Discovery
- [ ] Kontrollera ventilspel (avsnitt 15)
- [ ] Kontrollera motorns tomgångshastighet (avsnitt 16)
- [ ] Byt bränslefilter (avsnitt 17)
- [ ] Byt luftfilter
- [ ] Rengör motorns ventilationsfilter (avsnitt 18)
- [ ] Kontrollera slangarna i motorrummet; fästen och ev läckage
- [ ] Kontrollera skick och säkerhet för glödstiftskabelaget
- [ ] Kontrollera skicket på luftrenarens snabbtömningsventil – 200 TDi motor (avsnitt 19)
- [ ] Kontrollera spänning och skick för drivremmar till hjälpaggregat
- [ ] Kontrollera säkerhet och skick för avgassystemet
- [ ] Rengör bränslerenaren (avsnitt 20)
- [ ] Tappa av svänghjuls- och kamremshusen (avsnitt 21)

Var 20 000:e km – Defender
- [ ] Kontrollera ventilspel (avsnitt 22)
- [ ] Byt bränslefilter (avsnitt 23)
- [ ] Byt luftfilter
- [ ] Rengör motorns ventilationsfilter (avsnitt 24)
- [ ] Kontrollera skick och säkerhet för glödstiftskabelaget
- [ ] Kontrollera skicket för luftrenarens snabbtömningsventil – 200 TDi motor (avsnitt 25)
- [ ] Kontrollera säkerhet och skick för avgassystemet
- [ ] Rengör bränslerenaren – modeller före 1995 (avsnitt 26)
- [ ] Tappa av svänghjuls- och kamremshus (avsnitt 27)

Var 20 000:e km – IIA & III serierna
- [ ] Kontrollera bränsleinsprutarna (avsnitt 28)
- [ ] Byt bränslefilter (avsnitt 29)
- [ ] Rengör bränslerenaren (avsnitt 30)
- [ ] Rengör bränslerenarskålen (avsnitt 31)

Var 30 000:e km – IIA & III serierna
- [ ] Rengör avgasrenarens flamfälla

Var 40 000:e km – Discovery
- [ ] Kontrollera turbotillskottstrycket (avsnitt 32)

Var 40 000:e km – Defender
- [ ] Kontrollera turbotillskottstrycket (avsnitt 33)
- [ ] Kontrollera ev läckage i bränsleinsprutarna (avsnitt 34)
- [ ] Kontrollera bränsleinsprutarnas spraymönster – 10J, 12J och 19J motorer (avsnitt 35)

Vartannat år - Discovery och Defender
- [ ] Byt motorns kylvätska

Var 80 000:e km – Discovery och Defender
- [ ] Rengör mellankylaren element (avsnitt 36)

Var 100 000:e km eller vart 5:e år – Discovery
- [ ] Byt kamrem (avsnitt 37)

Var 100 000:e km eller vart 5:e år – Defender (12J & 19J motorer)
- [ ] Byt kamrem (avsnitt 38)

Var 120 000:e km eller vart 6:e år – Defender (200 TDi & 300 TDi motorer)
- [ ] Byt kamrem (avsnitt 39)

Var 154 000:e km – Discovery & Defender
- [ ] Byt katalysatorn

Under motorhuven på en Land Rover Discovery med 300 TDi dieselmotor

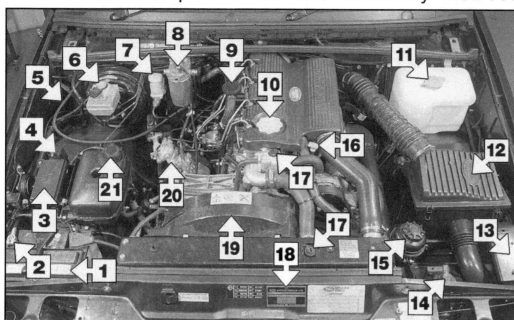

1 Batteri
2 Batteriets negativa ledning
3 Säkringsdosa
4 Förvärmningssystemets relä/timerenhet
5 Gasvajer
6 Bromsvätskebehållare
7 Kopplingsvätskebehållare
8 Bränslefilterenhet
9 Motorns ventilationsfilter
10 Motoroljans påfyllningslock
11 Spolarvätskebehållare
12 Luftrenarhus
13 Hjulkloss
14 Domkraft
15 Servostyrningens vätske-behållare
16 Motoroljans mätsticka
17 Kylsystemets avluftningsskruv
18 Identifikationsplåt
19 Kylfläktskåpa
20 Bränsleinsprutningspump
21 Kylvätskans expansionskärl

Under motorhuven på en Land Rover Defender med 19J dieselmotor

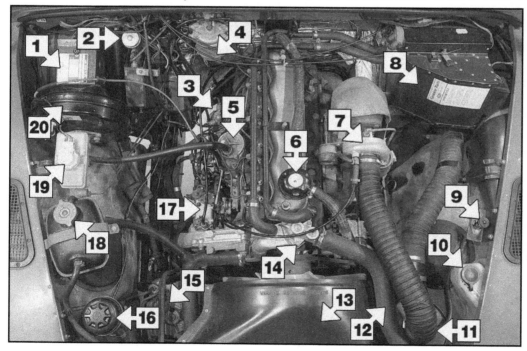

1 Identifikationsplåt
2 Kopplingsvätskebehållare
3 Bränslelyftpump
4 Bränslefilter
5 Bromsvakuumpump
6 Motoroljans påfyllningslock
7 Turboaggregat
8 Värmare
9 Indikator för luftfiltrets skick
10 Spolarvätskebehållare
11 Luftrenare
12 Kylarens övre slang
13 Kylfläktskåpa
14 Termostathus
15 Styrlåda
16 Servostyrningens vätske-behållare
17 Bränsleinsprutningspump
18 Kylvätskans expansionskärl
19 Bromsvätskebehållare
20 Bromsvakuumservo

Underhållsarbeten

1 Inledning

Se kapitel 2, del A, avsnitt 1.

2 Intensivunderhåll

Se kapitel 2, del A, avsnitt 2.

400 km service – alla modeller

3.1a Motoroljemätstickans placering –
IIA och III serierna

3 Motoroljenivå – kontroll

1 Se kapitel 2, del A, avsnitt 3 (se bilder).

4 Kylvätskenivå – kontroll

IIA & III serierna

1 Se kapitel 2, del A, avsnitt 4 och notera följande:
2 På tidiga modeller vars kylsystem inte har ett expansionskärl ska kylvätskenivån inte vara högre än 13,0 mm från kylarpåfyllningshålets mynning.
3 På senare modeller med expansionskärl,

fyll på så mycket kylvätska att den täcker änden på överflödesrören från kylaren (se bild).

Discovery och Defender

4 Se kapitel 2, del A, avsnitt 4 (se bild).

5 Avgasrök – kontroll

1 Se kapitel 2, del A, avsnitt 5.

6 Varningslampa (glödstift) – kontroll

1 Se kapitel 2, del A, avsnitt 6.

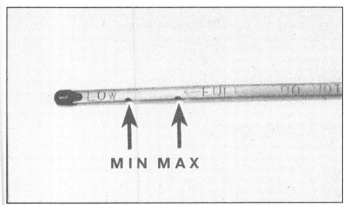

3.1b Nivåmarkeringar på motoroljans mätsticka –
Discovery visad, övriga liknande

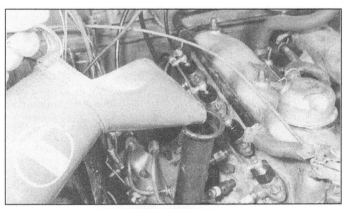

3.1c Påfyllning av motorolja –
IIA och III serierna

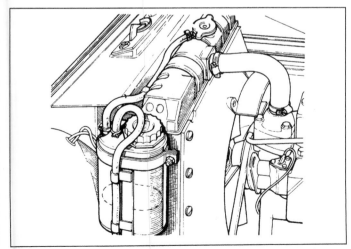

4.3 Expansionskärlets placering – senare IIA och III serier

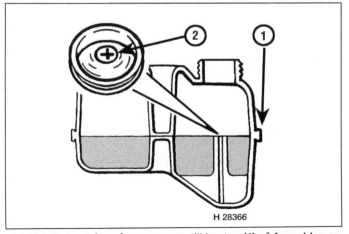

4.4 Kylvätskenivån måste vara upp till kanten (1) på framsidan av expansionskärlet. På senare modeller kan också en nivåvisare (2) synas genom kärlets hals – Discovery och Defender

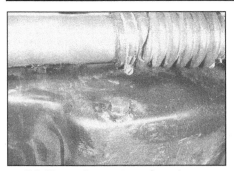

**7.1 Motoroljans avtappningsplugg –
IIA och III serierna**

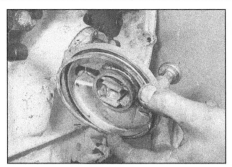

**7.4a Sätt det nya oljefiltrets tätningsring
på plats . . .**

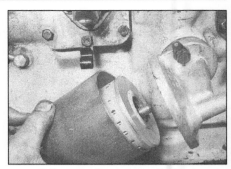

7.4b . . . och montera oljefiltret

6 000 km service – IIA & III serierna

7 Motorolja och filter – byte

Byte av olja

1 Arbetet med byte av motorolja liknar det i kapitel 2, del A, avsnitt 7 (se bild).

Byte av filter

2 Demontera oljefilterhuset genom att skruva ur fästbulten som sitter mitt på huset. När huset tas ut kommer olja som finns inuti att spillas ut, så ha en lämplig behållare till hands för att fånga upp oljan.

3 Kassera filtret och tätningsringarna. Det nya filtret är komplett med nya tätningsringar.
4 Montering sker i omvänd arbetsordning. Smörj alla nya tätningar med ren olja innan de monteras och dra inte åt den mittre fästbulten för hårt (se bilder).

8 Bränslefilter och renare – avtappning

Bränslefilter

1 Huvudbränslefiltret sitter på motorn (tidiga modeller) eller på motorrummets torpedplåt (senare modeller).

2 Tappa ur eventuellt vatten från filtret genom att lossa på pluggen i botten på filtret (se bild).
3 Tappa av vatten och slam i en lämplig behållare tills rent bränsle kommer ut ur filtret.
4 Stäng avtappningspluggen så fort rent bränsle kommer ut. Om man inte gör det kan man komma att behöva avlufta systemet.

Bränslerenare

5 För att tappa av vatten från renaren, följ arbetsbeskrivningen för bränslefiltret.

9 Svänghjulshus – avtappning

1 En plugg kan monteras i oljeavtappningshålet i svänghjulshuset för att täta huset om det är möjligt att fordonet kommer att köras i terräng under mycket leriga förhållanden eller i högt vatten. En lämplig plugg kan skaffas från Land Rover återförsäljare (se bild).
2 Om pluggen är permanent monterad ska den demonteras så att eventuellt ansamlad olja kan tappas av från svänghjulshuset.
3 Rengör pluggen innan den sätts tillbaka igen.

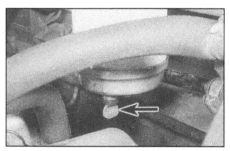

8.2 Bränslefiltrets vattenavtappningsplugg

9.1 Svänghjulshusets avtappningshål och -plugg

10 000 km service – Discovery och Defender

10 Motorolja och filter – byte

1 Se kapitel 2, del A, avsnitt 7 (se bilder).
2 Vid byte av oljefilter på Defender-modeller med 10J motor, se arbetsbeskrivningen för IIA & III serierna i avsnitt 7 i detta kapitel

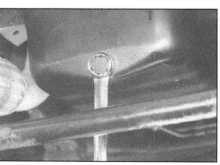

10.1a Lossa på oljeavtappningspluggen

10.1b Oljefiltret lossas med ett filterverktyg av kedjetyp

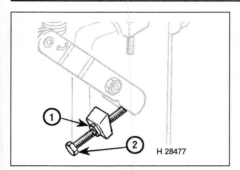

11.4a Tomgångsjusterskruv (1) och låsmutter (2) – 10J motor

11.4b Tomgångsjusterskruv (1) och låsmutter (2) – 19J motor

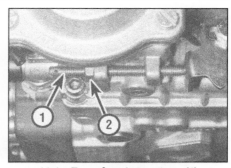

11.4c Tomgångsjusterskruv (1) och låsmutter (2) – 300 TDi motor

10 000 km service – Defender

11 Tomgångshastighet – kontroll

Observera: *Snabbtomgångshastigheten bestäms automatiskt när tomgångshastigheten justeras och kan inte ställas in för sig. Justering av tomgångshastigheten är tillåten vid service, men tillverkarna rekommenderar att all annan justering av bränsleinsprutningpumpen överlåts till auktoriserade Bosch-specialister.*

1 Den vanliga typen av varvräknare, som är beroende av pulser från insprutningssystemet, kan inte användas på dieselmotorer. Om man inte tycker att det är tillräckligt att ställa in tomgångshastigheten med vägledning av motorljudet, kan ett av följande alternativ användas:

a) *Köp eller hyr en lämplig varvräknare.*
b) *Överlåt jobbet till en Land Rover-återförsäljare eller annan specialist.*
c) *Använd en tändinställningslampa (stroboskop) som drivs av en bensinmotor som går med den hastighet man vill uppnå. Om tändinställningslampan riktas mot ett märke på kamaxelns eller insprutningspumpens drev, kommer märket att se ut som att det står stilla när de två motorerna har samma hastighet (eller multipler av den hastigheten). Drevet kommer att rotera med halva vevaxelns hastighet, men detta påverkar inte*

justeringen. I praktiken visade det sig vara omöjligt att använda denna metod på vevaxelns remskiva p g a den alltför snäva synvinkeln.

2 Innan några justeringar görs, värm upp motorn till normal arbetstemperatur. Var noga med att gasvajern är korrekt justerad.

3 Med gaslänkagearmen vilande mot tomgångsstoppet, kontrollera att motorn går på tomgång med specificerad hastighet.

4 Om justering är nödvändig, lossa tomgångsjusterskruvens låsmutter och vrid skruven som det behövs för att ge rätt motorvarvtal **(se bilder)**. Skruven vrids medurs för att öka motorvarvtalet och moturs för att minska motorvarvtalet.

5 Använd gaslänkagearmen till att öka motorvarvtalet under några sekunder och kontrollera sedan tomgångshastigheten på nytt.

6 När rätt inställning är uppnådd, håll justerskruven stadigt och dra åt låsmuttern.

7 Avsluta med att stänga av motorn och koppa bort varvräknaren där sådan använts.

12 Bränslerenare (modeller fr o m 1995) – rengöring

1 Bränslerenaren är till för att förlänga livslängden på bränslefiltret genom att ta bort stora droppar vatten och smuts från bränslet innan det når filtret.

2 Placeringen varierar beroende på modell.

Den sitter vanligen under bilen på ett fäste på chassit, nära bränsletanken.

3 Innan renaren rengörs, tappa av vattnet på följande sätt: Demontera avtappningspluggen i botten på renaren och låt vattnet rinna ut **(se bild)**. När rent bränsle kommer ut ur avtappningshålet, sätt tillbaka och dra åt pluggen.

4 Koppla bort bränslets ingående rör från renaren och lyft upp röret ovanför bränsletankens nivå. Alternativt, plugga igen änden på röret så att bränslet inte rinner ut ur tanken.

5 Stöd bränslerenarskålen och skruva sedan ur bulten i toppen på renaren så att skålen kan demonteras.

6 Demontera renarens hylsring från skålen och ta vara på plastkragen, rengör sedan delarna i ren fotogen.

7 Montera nya tätningar på bränslerenarhuvudet och en ny tätning uppe på skålen, montera sedan på hylsringen på skålen **(se bild)**.

8 Montera först plastkragen på bränslerenarhuvudet, följd av skål-/hylsringsenheten **(se bild)**.

9 Dra åt bulten till skålen.

10 Återanslut bränsleröret och dra åt anslutningen.

11 Lossa på avtappningspluggen i botten på renaren och dra åt pluggen när rent bränsle kommer ut ur hålet.

12 Se del B i detta kapitel och snapsa bränsleystemet.

13 Med motorn på tomgång, kontrollera om det finns bränsleläckor runt renaren.

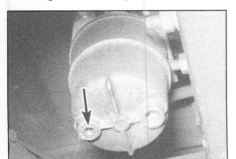

12.3 Låt vattnet rinna ut ur bränslerenarens avtappningshål (vid pilen)

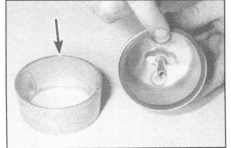

12.7 Montera en ny tätning i bränslerenarhuvudet – hylsa vid pilen

12.8 Plastkragen monteras på bränslerenaren – tätningar vid pilarna

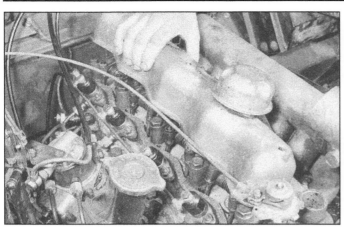

14.1 Demontera ventilkåpan

14.4 Justering av ventilspel

12 000 km service – IIA & III serierna

13 Motorns ventilationsfilter – rengöring

1 Demontera alla ventilationsfilter från motorn och sänk ned dem i ren fotogen för att lösa upp avlagringar som kan ha byggts upp på dem.
2 När filtren är rena, ta upp dem ur fotogenet och torka dem omsorgsfullt. Alla filter måste vara absolut torra innan de monteras.

14 Ventilspel – kontroll

 Varning: Om vevaxeln roterar med för stort ventilspel, finns det risk för att tryckstängerna hamnar fel och skadar ventil-

lyftarnas styrningar. Förhindra risken för skador genom att vrida justerarna så att allt spel elimineras från lösa vipparmar innan vevaxeln vrids och ventilspelen kontrolleras.

1 Demontera ventilkåpa och packning (se bild).
2 Använd en skiftnyckel eller hylsa på vevaxelns remskivebult och vrid vevaxeln tills ventil nr 8 är helt öppen (ventilfjädern helt ihoptryckt). Ventilerna är numrerade från framsidan på motorn. Det blir mycket lättare att vrida motorn om glödstiften först demonteras.
3 Använd ett bladmått med specificerad tjocklek och kontrollera spelet mellan toppen på ventilskaft nr 1 och ventilskaftets kontaktyta på vipparmen.
4 Om spelet inte är enligt specifikationerna, lossa på justerarens låsmutter och vrid ventillyftarnas justerskruv som det behövs för att få rätt spel. Justerskruven vrids medurs för

att minska spelet och moturs för att öka spelet (se bild).
5 När spelet är korrekt, dra åt justerarens låsmutter. Håll justerskruven stilla medan låsmuttern dras åt.
6 När låsmuttern är åtdragen, kontrollera spelet igen och justera om det behövs.
7 Vrid vevaxeln och fortsätt att kontrollera återstående ventilspel i följande ordning:

Ventil helt öppen	Ventilspel som ska kontrolleras
Nr 6	Nr 3
Nr 4	Nr 5
Nr 7	Nr 2
Nr 1	Nr 8
Nr 3	Nr 6
Nr 5	Nr 4
Nr 2	Nr 7

8 När alla ventilspel har kontrollerats, sätt tillbaka ventilkåpan.

20 000 km service – Discovery

15 Ventilspel – kontroll

Se avsnitt 14.

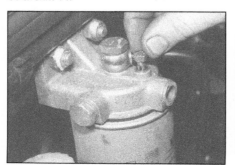

17.2a Lossa på avluftningsskruven . . .

16 Tomgångshastighet – kontroll

Se avsnitt 11.

17.2b . . .och skruva ur avtappningsskruven

17 Bränslefilter – byte

1 Bränslefilterenheten sitter på torpedplåten i motorrummet, till höger om motorn.
2 Innan filtret byts ska filterskålen tappas av på allt vatten enligt följande:
  a) Lossa på avluftningsskruven på toppen på filtret (se bild).
  b) Håll en liten behållare under avtappningsskruven i botten på filtret och skruva ur den ett halvt varv (se bild).
  c) Tappa ur vatten och slam tills rent bränsle kommer ut.
  d) Stäng skruven direkt då bränsle börjar komma ut. Om man inte gör detta kan bränslesystemet komma att behöva avluftas.

3 Rengör området runt filterhuvudet och placera en behållare under filtret.
4 Skruva ur filtret och fånga upp bränslet **(se bild)**. Ett oljefilterverktyg kan användas för att gripa tag om botten på filtret om det behövs.
5 Smörj tätningarna på det nya filtret med lite bränsle.
6 Skruva det nya filtret på plats och dra åt det hårt för hand.
7 Se till att avtappningsskruven i botten på filtret är stängd.
8 Snapsa bränslesystemet genom att aktivera snapsningsarmen på bränslelyftarpumpen tills bränsle som är fritt från luftbubblor kommer ut från avluftningsskruven på filterhuvudet och dra sedan åt avluftningsskruven.
9 Starta motorn och undersök om det finns några läckor runt filtret.

18 Motorns ventilationsfilter – rengöring

Observera: *En ny packning kommer att behövas vid montering av detta filter.*
1 Motorns ventilationsfilter sitter i det bakre högra hörnet på ventilkåpan **(se bild)**.
2 Lossa clipsen som fäster slangarna i toppen och botten på filtret, observera deras placeringar så att de kan monteras tillbaka på rätt ställe.
3 Skruva ur de två bultarna som håller filtret till ventilkåpan och för sedan försiktigt bort filtret från ventilkåpan och ta vara på packningen.
4 Fyll en lämplig behållare med fotogen och sänk ned filtret i fotogenet så att eventuella oljeavlagringar inuti det löses upp.
5 När filtret är rent, ta upp det ur fotogen-badet och torka det ordentligt. Filtret måste vara helt torrt innan det monteras tillbaka på motorn.
6 Montera det nya filtret på ventilkåpan

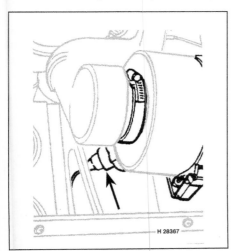

19.3 Snabbtömningsventilens anslutning (vid pilen) – 200 TDi motor

17.4 Demontering av bränslefiltret

tillsammans med en ny tätning och dra åt fästmuttrarna.
7 Återanslut de två slangarna till filtret och se till att clipsen sitter hårt så att de skapar en gastät säkring.

19 Luftrenarens snabbtömningsventil (200 TDi motor) – kontroll

1 Demontera luftfiltret från sitt hus.
2 Rengör locket och insidan på huset mycket grundligt.
3 Tryck ihop luftrenarens snabbtömnings-ventil, som sitter undertill på huset, så att den öppnar sig **(se bild)**. Kontrollera att ventilen är mjuk och i gott skick.
4 Om den behöver rengöras, dra av ventilen från luftrenarhuset. Montera en ny ventil om det behövs.
5 Montera ett nytt luftfilter och var noga med att dess tätningsgummi är mot luftrenar-utloppet.

20 Bränslerenare – rengöring

1 Se arbetsbeskrivningen i avsnitt 12 och notera följande:
 a) *Bränslerenaren sitter under bilen, inombords belägen på höger sida på chassit, framför bakaxeln.*

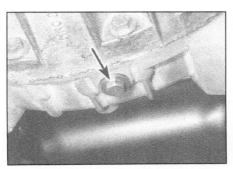

21.1 Svänghjulshusets avtappningsplugg (vid pilen)

18.1 Motorns ventilationsfilter (vid pilen) 300 TDi motor

 b) *Se beskrivningar för 200 TDi och 300 TDi motorerna för snapsning av bränslesystemet.*

21 Svänghjulshus och kamremshus – avtappning

Svänghjulshus

1 Vid tillverkningen monterar man vanligen inte en svänghjulsplugg. En plugg kan dock monteras i oljeavtappningshålet för att täta huset om det är troligt att fordonet kommer att användas i mycket lerig terräng eller köras i högt vatten. En lämplig plugg kan skaffas från en Land Rover återförsäljare **(se bild)**.
2 Om bilen regelbundet används under ogynnsamma förhållanden ska en plugg monteras permanent, men om den i vanliga fall körs på normal väg ska pluggen tas bort.
3 Om pluggen monterats permanent ska den demonteras så att ansamlad olja kan rinna ut ur huset.
4 Rengör pluggen innan den sätts tillbaka.

Kamremshus

5 Se paragraf 1 till 4 men observera att pluggen ska behandlas som en inspektions-plugg. Det ska inte finnas någon olja i kam-remshuset **(se bild)**.
6 Om det finns olja måste orsaken under-sökas omedelbart, eftersom kamremmen kommer att förstöras om den förorenas med olja.

21.5 Kamremshusets inspektionshål (vid pilen)

23.2 Skruva ur den genomgående bulten – 19J motor

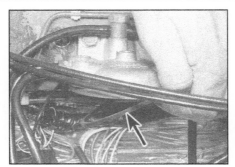

23.5a Montera en ny stor . . .

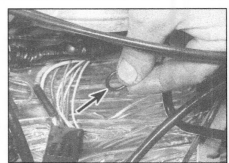

23.5b . . . och liten tätningsring i filterhuvudet – 19J motor

20 000 km service – Defender

22 Ventilspel – kontroll

Se avsnitt 14.

23 Bränslefilter – byte

Alla motorer

1 Se paragraf 1 till 3 i avsnitt 17.

10J, 12J och 19J motorer

2 Skruva ur den genomgående bulten från uppe på filterlocket och ta ut skålen och filtret **(se bild)**.
3 Kassera det gamla filtret och gummi-tätningarna. Nya tätningar följer med det nya filtret.
4 Rengör insidan på filterlocket och skålen noggrant.
5 Montera nya stora och små tätningsringar på filterlocket och tryck sedan det nya filtret på plats i locket med hålen i filtret uppåt **(se bilder)**.
6 Montera en ny tätning på filterskålen,

montera sedan skålen och säkra med den genomgående bulten **(se bild)**.

200 TDi och 300 TDi motorer

7 Se paragraf 4 till 6 i avsnitt 17.

Alla motorer

8 Se paragraf 7 till 9 i avsnitt 17.

24 Motorns ventilationsfilter – rengöring

10J, 12J och 19J motorer

1 Motorns ventilationsfilter sitter som en del av motoroljans påfyllningslock.
2 Koppla bort ventilationsslangen(arna) och demontera påfyllningslocket.
3 Fyll en lämplig behållare med ren fotogen och dränk locket i fotogenet så att alla oljeavlagringar som samlats inuti filtret löses upp.
4 När filtret är rent, ta upp det ur fotogenet och torka det grundligt. Filtret måste vara absolut torrt innan det monteras tillbaka på motorn.
5 Montera tillbaka oljepåfyllningslocket och återanslut ventilationsslangen(arna).

200 TDi och 300 TDi motorer

6 Se avsnitt 18.

25 Luftrenarens snabb-tömningsventil (200 TDi motor) – kontroll

Se avsnitt 19.

26 Bränslerenare (modeller före 1995) – rengöring

Se avsnitt 12.

27 Svänghjulshus och kamremshus – avtappning

1 Se avsnitt 21.
2 Observera att på vissa motorer kan kamremshusets plugg skruvas in i en platta intill avtappningshålet **(se bilder)**.

23.6 Ny tätning placeras i filterskålen

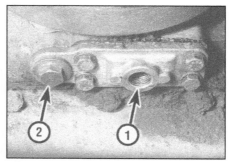

27.2a Kamremshusets inspektionshål (1), pluggens förvaringsplats (2) – 19J motor

27.2b Kamremshusets inspektionshål (vid pilen) – 300 TDi motor

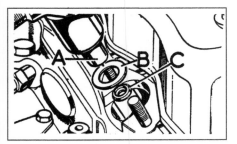

28.6 Insprutarens tätningsbrickor

A Insprutare
B Kopparbricka
C Korrugerad bricka

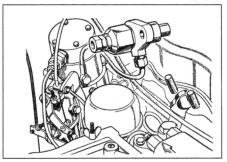

28.9 Test av insprutare på motorn

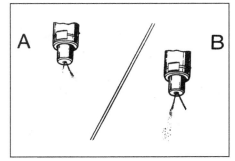

28.12 Bränsleinsprutarspray

A Rätt   B Fel

20 000 km service – IIA & III serierna

28 Bränsleinsprutare – kontroll

 Varning: Iaktta extrem försiktighet när du arbetar med bränsleinsprutare. Låt aldrig någon del av kroppen riskera att komma i kontakt med bränslespray, eftersom arbetstrycket kan göra att bränsle tränger igenom huden vilket kan få fatala följder. Vi rekommenderar starkt att allt arbete som inbegriper testning av insprutarna under tryck utförs av en verkstad eller specialist på bränsleinsprutning.

1 Demontera och testa alla bränsleinsprutare i tur och ordning på följande sätt:

Demontering

2 Demontera luftrenaren.
3 Lossa på bränslerörens anslutningar vid insprutningspumpen och lossa rören helt från insprutaren.
4 Skruva ur och demontera anslutningen som fäster överskottsröret till insprutaren och koppla loss röret. Var försiktig så att du inte tappar bort kopparbrickorna under anslutningen och överskottsrörsfästena.
5 Lossa och ta bort muttrarna (och fästet på tidiga motorer) som håller insprutaren vid topplocket.
6 Lyft försiktigt ut insprutaren från sin plats i topplocket och ta vara på de två brickorna **(se bild)**. Var noga med att ingen bricka glöms kvar i insprutarhuset. Handskas varsamt med insprutaren eftersom den har en liten nålventil i änden som lätt skadas.

Testning

7 Testa alla insprutarna enligt följande:
8 Med insprutaren demonterad, lossa på de ingående bränsleanslutningarna på återstående insprutare.
9 Återanslut det ingående bränsleröret till den demonterade insprutaren och placera den så att bränsleflödet kan observeras **(se bild)**.
10 Placera trasor över motorrummet så att det skyddas från bränslespray.

11 Be en medhjälpare aktivera startmotorn och när motorn går runt, observera sprayet som kommer ut ur insprutaren.
12 Jämför sprayets form med det korrekta som visas här **(se bild)**.
13 När motorn går runt med startmotorns hastighet ska ett fint spray sprutas ut ur sekundärhålet och ytterst lite bränsle ska komma ut ur huvudsprayhålet.
14 Om det utsprutade bränslet mer liknar en vätska än ett spray, eller om för mycket bränsle sprutas ut ur huvudsprayhålet, betyder det att insprutaren behöver bytas ut eller ses över.
15 Det rekommenderas inte att man själv försöker ta isär eller reparera en bränsleinsprutare eftersom detta kräver specialistkunskap och utrustning som inte finns tillgänglig för de flesta hemmamekaniker. Det bästa är att byta ut en defekt insprutare eller få den reparerad av en Land Rover verkstad eller specialist på dieselinsprutning.
16 När testet avslutats, montera tillbaka insprutarna på följande sätt:

Montering

17 Montering sker i omvänd arbetsordning mot demontering, kom ihåg följande:
   a) Använd alltid nya koppar- och ståltätningsbrickor och montera stålbrickorna med korrugeringen uppåt.
   b) Dra åt fästbultarna till specificerade moment.
   c) Snapsa bränslesystemet enligt följande:

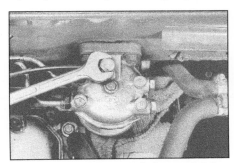

28.18 Bränslefiltrets avluftningsanslutning lossas

Snapsning

18 Snapsa varje bränslefilter på följande sätt:
   a) Lossa på filtrets ventil eller avluftningsrörsanslutningen **(se bild)**.
   b) Arbeta med bränslepumpens manuella snapsningsarm tills bränsle som är fritt från luftbubblor kommer ut ur ventilen eller avluftningsröret.
   c) Fortsätt att pumpa och dra samtidigt åt ventilen eller avluftningsrörets anslutning.
   d) Aktivera den manuella snapsningarmen ytterligare två gånger för att vara säker på att alla luftbubblor försvunnit.
   e) Starta motorn på vanligt sätt och undersök noggrant om det finns bränsleläckage någonstans.
19 Snapsa nu bränsleinsprutaren/fördelarpumpen enligt följande:
   a) Lossa på ventilskruven på sidan på pumpen **(se bild)**.
   b) Arbeta med bränslepumpens manuella snapsningsarm tills bränsle som är fritt från luftbubblor kommer ut ur ventilen.
   c) Fortsätt att pumpa och dra samtidigt åt luftventilskruven.
   d) Lossa på ventilskruven på pumpstyrningens kåpa och upprepa b) och c).
   e) Starta motorn på vanligt sätt och undersök noggrant om det finns bränsleläckage någonstans.

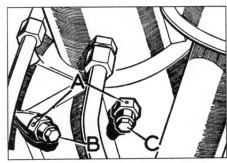

28.19 Bränsleinsprutningspumpens luftventilationsskruv

A Bränslemunstycke
B Luftventilationsskruv på pumphus
C Luftventilationsskruv på kåpan

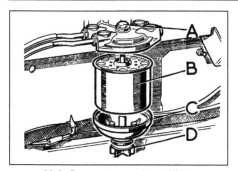

29.9 Senare typ av huvudfilter

A Fästbult
B Själva filter-
   elementet

C Filterelement-
   hållare
D Vattenavtapp-
   ningsplugg

29 Bränslefilter – byte

Tidig typ – på motorn

1 Lossa på pluggen i botten på huvud-bränslefiltret och tappa av bränslet i en lämplig behållare.
2 Skruva ur och demontera returröret högst upp på filterenheten.
3 Stöd filterenheten och demontera lockets fästmutter som sitter i mitten uppe på filtret.
4 Ta ut filtret, komplett med den lilla tätnings-ringen uppe på filterelementet. Ta vara på den stora tätningsringen från undersidan av filterkåpan.
5 Kassera filterelementet och tvätta behål-laren och alla komponenter noggrant i rent dieselbränsle.
6 Undersök tätningsringarna. Om de är slitna eller trasiga måste de bytas.
7 Sätt ett nytt filter på plats i behållaren och montera i omvänd arbetsordning från demon-tering.
8 Snapsa bränslesystemet enligt beskrivning i avsnitt 28.

Senare typ – på torpedplåten

9 Stöd filterhållaren underifrån och skruva ur och demontera fästbulten uppe på huvud-filterenheten (se bild). Ta ut filter och hållare.
10 Kassera filtret och rengör hållaren noggrant i rent dieselbränsle.

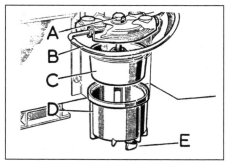

30.1 Bränslerenare

A Fästbult
B Inloppsrör
C Element

D Skål
E Vattenavtapp-
   ningsplugg

11 Undersök tätningsringarna. Om de är slitna eller trasiga måste de bytas.
12 Sätt ett nytt filter på plats på filterenheten med de perforerade hålen uppåt. Montera filterhållaren och fäst med bulten.
13 Snapsa bränslesystemet enligt beskriv-ning i avsnitt 28.
14 Om ett extra filter av samma typ finns bredvid huvudfiltret kan detta demonteras och underhållas på samma sätt. Om det extra filtret är av sedimenterartyp, se avsnitt 30 för underhållsarbeten.

30 Bränslerenare – rengöring

1 Skruva ur och demontera det ingående bränslerörets anslutning och placera röret ovanför bränsletankens nivå för att förhindra att bränslet tappas ut (se bild).
2 Stöd bränslerenarskålen och skruva ur och demontera fästbulten uppe på huvuddelen. Lyft undan skålen och elementet.
3 Rengör noggrant alla komponenter i rent dieselbränsle.
4 Undersök tätningarna och byt om de är slitna eller skadade.
5 Montering sker i omvänd arbetsordning.
6 Snapsa bränslesystemet enligt beskrivning i avsnitt 28.

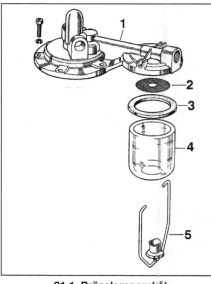

31.1 Bränslerenarskål

1 Pumplock
2 Gasfilterskiva
3 Tätande packning

4 Luftrenarskål
5 Skålhållare

31 Bränslerenarskål – rengöring

1 Följande beskrivning är för tidigare bränslepumpar, som har en glasfilterskål (se bild).
2 Rengör utsidan på pumpen och torka den med en torr, luddfri trasa.
3 Skruva ur skålklammerns fästskruv och sväng bort klammern från skålen medan du håller skålen på plats. Lyft undan skålen, följd av korktätningen och gasfiltret.
4 Undersök korktätningen och se om den är skadad eller 1ihoptryckt och skaffa en ny om det behövs.
5 Rengör skålen noggrant i rent dieselbränsle och undersök om den har några sprickor.
6 Rengör och undersök gasfiltret, se efter om det är skadat eller blockerat och byt om det behövs.
7 Montering av skålen sker i omvänd arbetsordning mot demontering. Dra åt klammerns fästskruv lätt, bara precis för att skapa en bränsletät led; drar man åt för hårt går skålen sönder.

40 000 km service – Discovery

32 Turbotillskottstryck – kontroll

Observera: En tryckmätare som kan registrera 1,0 bar behövs för denna kontroll.

1 Koppla bort slangen som ansluter wastegateaktivatorn till turboaggregatet, vid turboaggregatet.
2 Anslut slangen till ett T-rör och använd sedan en kort bit slang till att ansluta T-röret till turboaggregatet (se bild).

3 Skaffa en bit slang som är lång nog att gå från T-röret till passagerarutrymmet, så att en tryckmätare kan läsas av av förare eller passagerare medan bilen körs. Observera att slangen måste vara lång nog att dras så att den inte kläms när huven stängs.

4 Anslut slangen till T-röret och tryckmätaren. Sänk ned motorhuven försiktigt, var noga med att inte klämma slangen. Stäng inte huven helt (eftersom slangen då kommer att bli klämd) men se till att säkerhetshaken är ikrokad så att det inte finns risk för att huven öppnas när bilen körs. Som en extra säkerhetsåtgärd bör man säkra motorhuven med ett snöre eller en bit kabel.
5 Starta motorn och kör bilen tills normal arbetstemperatur uppnås.
6 När motorn är varm, kör bilen uppför en lämplig flack backe på så sätt att full gas kan upprätthållas med motorvarvtalet på mellan 2500 och 3000 rpm.

32.2 Kontroll av turbotillskottstryck

1 Wastegateaktivatorns slang
2 T-rör och vakuummmätare
3 Slang till turboaggregat

7 Under dessa förhållanden ska det maximala tillskottstrycket vara enligt specifikationerna.
8 Om avläsningen inte är enligt specifikationerna är det troligt att det finns ett fel i turboaggregatets wastegate. Låt i detta fall en Land Rover verkstad undersöka problemet.

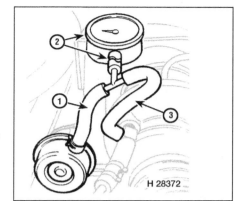

H 28372

40 000 km service – Defender

33 Turbotillskottstryck – kontroll

Se avsnitt 32.

34 Bränsleinsprutarläckage – kontroll

1 Kontrollera området runt bränsleinsprutarna på topplocket och se efter om det finns tecken på bränsleläckage.
2 Kontrollera på liknande sätt bränslematarrörens anslutningar och returrörsanslutningarna.

3 Åtgärda eventuella läckor utan dröjesmål. Dra inte åt anslutningarna för hårt i ett försök att täta läckor.

35 Bränsleinsprutarnas spraymönster – 10J, 12J och 19J motorer

1 Denna kontroll kräver specialutrustning och måste överlåtas till en Land Rover verkstad eller specialist på dieslbränsleinsprutning.

80 000 km service – Discovery och Defender

36 Mellankylarens element – rengöring

1 För att komma åt mellankylarens element, demontera mellankylaren enligt följande:

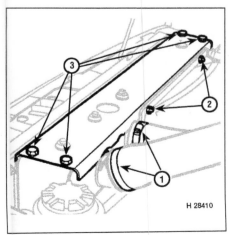

H 28410

36.3 Mellankylarens infästningar

1 Mellankylarens slangclips
2 Muttrar mellan kylfläktskåpa och kylare
3 Bultar till kylarens övre kåpa

200 TDi motor

Discovery

2 Koppla bort batteriets minuspol.
3 Lossa clipset som fäster de två slangarna till mellankylaren och dra försiktigt bort slangarna från mellankylarens anslutningsfästen **(se bild)**.
4 Skruva ur de två muttrar och bultar som fäster den övre kylfläktskåpan till kylaren.
5 Lirka fläktkåpan uppåt för att lossa den nedre delen från fästclipsen och för sedan kåpan mot bilens bakre del över fläktbladen.
6 Demontera de fyra bultar (två på varje sida) som fäster kylarens toppkåpa och ta sedan lossa kåpan.
7 Lyft mellankylaren uppåt från stödramen.

Defender

8 Koppla bort batteriets minuspol.
9 Demontera den viskösa kylfläkten och kopplingen, och sedan fläktkåpan.
10 Lossa clipsen som håller de två slangarna vid mellankylaren och dra sedan försiktigt loss slangarna från mellankylarens anslutningsfästen **(se bild)**.
11 Demontera de fyra bultar (två på varje sida) som hållet kylarens två monteringsfästen till den främre karosspanelen. Ta loss fästena.

12 Demontera de fyra bultar (två på varje sida) som fäster kylarens toppkåpa och ta sedan lossa kåpan.

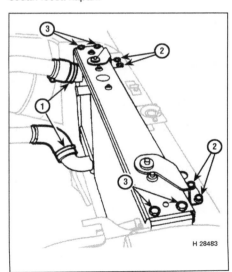

H 28483

36.10 Mellankylarens infästningar – 200 TDi motor

1 Slangclips
2 Bultar till kylarens fästkonsoler
3 Bultar till kylarens toppkåpa

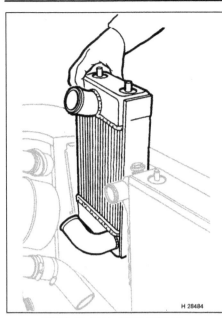

**36.13 Mellankylaren lyfts ut –
200 TDi motor**

13 Lyft mellankylaren uppåt från stödramen **(se bild)**.

300 TDi motor

Discovery

14 Koppla bort batteriets minuspol.
15 Lossa de två clipsen som håller kylfläktskåpan till kylarens toppkåpa.
16 Ta bort de fyra bultar (två på varje sida) som fäster kylarens toppkåpa och ta sedan loss kåpan. **(se bild)**.
17 Skruva ur mutter och bult som håller servostyrningspumpens fäste till karossens främre panel **(se bild)**. Ta vara på brickan.

36.16 Kylarens toppkåpa tas bort

18 Lossa servostyrningspumpens fäste från lokaliseringsflänsen och för sedan fästet och servostyrningens vätskebehållarenhet åt sidan.
19 Dra sidofästet bort från mellankylaren.
20 Lossa de två fästclipsen och koppla bort hylsan som ansluter toppslangen till mellankylaren.
21 Koppla på liknande sätt bort hylsan som ansluter bottenslangen till mellankylaren.
22 Lyft upp mellankylaren så att den går fri från kylfläktshöljet **(se bild)**.

Defender

23 Proceduren är densamma som för 200 TDi motorn, men istället för att demontera den viskösa kylfläkten och kopplingen samt fläkthöljet kan man helt enkelt skruva ur de två muttrar som fäster den övre delen av kylfläktskåpan till kylarens toppkåpa.

Båda motorerna

24 Undersök om elementet är skadad eller slitet. Byt ut det om så behövs.
25 Om originalelementet sätts tillbaks ska det spolas med ICI "Genklene" eller ett lämpligt alternativ, följ instruktionerna på paketet.

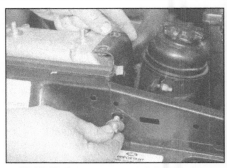

36.17 Ta bort muttern och bulten som håller servostyrningspumpens fästbygel

36.22 Lyft upp mellankylaren och ta bort den från bilen

26 Torka elementet noggrant.
27 Innan det sätts tillbaks, kontrollera skicket på gummiskyddet för mellankylarens lokaliserings i den nedre karosspanelen och kylarens toppkåpa och byt om det behövs. Kontrollera också skicket på skumisoleringskudden och se till att den är säkert fäst vid mellankylaren.
28 Montering sker i omvänd arbetsordning, var noga med att slanghylsorna blir noggrant återanslutna.

100 000 km service – Discovery

37 Kamrem – byte

Observera: *Kamremmar måste förvaras på kant på en ren yta. Böj inte remmen i en snäv vinkel (radie på mer än 50 mm) eftersom det kan orsaka skada eller för tidig förslitning. En flexibel momentnyckel utan förinställning kommer att behövas för att spänna remmen vid montering. En förinställd klickmomentnyckel är inte lämplig. Nya packningar måste användas vid montering och det rekommenderas att man monterar en ny vevaxeldammtätning på kåpan.*

Demontering

1 För att komma åt kamremmen, demontera dess kåpa på följande sätt:

200 TDi motor

2 Demontera vevaxelns remskiva och dämpare. Observera att dämparens fästbult är mycket hårt åtdragen och att både dämparen och bulten är täckta med gänglåsningsmedel. Lämpligt gänglåsningsmedel kommer att behövas till att täcka gängorna på bulten och dämparen vid montering. Gör enligt följande:

a) *Koppla bort batteriets minuspol.*
b) *På modeller med luftkonditionering, demontera kompressorns drivrem och koppla ifrån kabelaget från temperaturgivaren som sitter i termostathuset. Demontera de fyra bultar som håller kompressorn vid motorn och flytta kompressorn åt sidan. Var försiktig så att du inte sträcker kylslangarna och ta inte under några omständigheter loss dem.*
c) *Tappa av kylsystemet.*
d) *Demontera den viskösa kylfläkten och kopplingen.*

e) *Koppla bort lufttrumman från mellankylaren till insugsröret vid insugsröret.*
f) *Demontera kylarens toppkåpa.*
g) *Skruva ur de två muttrar som fäster kylfläktskåpan vid överdelen på kylaren och ta bort kåpan.*
h) *Demontera drivremmarna till generatorn och servostyrningspumpen.*
i) *Skruva ur de fyra bultarna och demontera vevaxelns remskiva från vevaxeldämparen.*
j) *Ett lämpligt verktyg kommer nu att behövas för att hålla dämparen stilla medan dämparbulten lossas. Detta görs lättast genom att man sätter fast ett lämpligt metallstycke på dämparen med bultar i minst två av remskivebultarnas hål.*
k) *Demontera dämparbulten och ta vara på brickan.*
l) *Ta av dämparen från vevaxeln, med en lämplig avdragare om det behövs.*

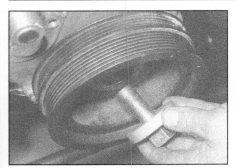

37.11a Ta bort remskivans bult och bricka . . .

3 Koppla bort slangarna från kylvätske-pumpen.
4 Om nödvändigt, håll kylvätskepumpens remskiva stilla genom att vira drivremmen hårt runt remskivan och sedan skruva ur de tre fästbultarna och ta loss remskivan.
5 Skruva ur fästbultarna och ta loss kylvätskepumpen. Ta vara på packningen.
6 Lossa på slangclipsen och ta bort lufttrumman som ansluter luftrenaren till turboaggregatet. Där tillämpligt, koppla bort ventilationsslangen från lufttrumman.
7 Koppla bort kabelaget från generatorn. Skruva loss den genomgående bulten och muttern och demontera generatorn från sitt monteringsfäste.
8 Skruva ur den genomgående bulten och muttern och demontera sedan servo-styrningspumpen från monteringsfästet. Man behöver inte koppla bort vätskeslangarna. Flytta pumpen till ena sidan av arbetsområdet och var försiktig så att inte slangarna belastas.
9 Skruva ur fästbultarna och demontera generatorns/servostyrningspumpens mon-teringsfäste.
10 Skruva ur de nio fästbultarna och demon-tera transmissionskåpan. Notera var varje bult sitter eftersom de är av olika längd. Ta vara på packningen.

300 TDi motor

11 Demontera vevaxelns remskiva. Obser-vera att remskivans fästbult är täckt med gänglåsningsmedel. Lämpligt gänglåsnings-medel kommer att behövas till att täcka gängorna på bulten vid montering. Fortsätt enligt följande:

37.17b Vevaxelns Woodruff-kil i linje med pilen på kamremshuset

37.11b . . . och ta bort remskivan

a) *Koppla bort batteriets minuspol.*
b) *Tappa av kylsystemet.*
c) *Koppla bort kylarens övre slang.*
d) *Demontera lufttrumman som ansluter mellankylaren till insugsröret.*
e) *Demontera den viskösa fläktenheten och kåpan.*
f) *Demontera drivremmen till hjälpaggregaten.*
g) *Håll remskivan stilla genom att lägga i handbromsen, applicera differentiallåset och lägga i den LÅGA växeln i transferväxellådan. På modeller med manuell växellåda, lägg i första växeln i den vanliga växellådan. På modeller med automatväxellåda, för växelspaken till läge P. Ta ut tändnyckeln.*
h) *Lossa på remskivebulten med hjälp av en lämplig hylsa och förlängningsarm.*
i) *Demontera remskivebult och bricka (se bild).*
j) *Ta loss remskivan från vevaxeln, använd en lämplig avdragare om det behövs (se bild).*

12 Ta bort de fjorton bultar som fäster transmissionskåpan till huset. Observera var de olika bultarna sitter, eftersom de har olika längd. Notera också att de två översta bultarna säkrar termostatens kylvätskeslang-clips.
13 Om så önskas kan den viskösa fläktens remskiva tas loss.
14 Ta loss transmissionskåpan och ta vara på packningen. Där tillämpligt, ta även vara på den lilla packningen som sitter runt kåpans mittre fästbultshuvud.

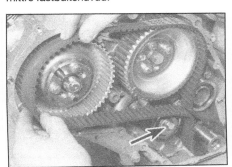

37.19 Lossa kamremsspännarens bult (vid pilen) och dra av kamremmen

37.17a Kamaxeldrevets inställningsmärke i linje med profilen på kamremshuset

Båda motorerna

15 Om kamaxelns drev (drevnav på 300 TDi motorer) av någon anledning ska demonteras, ska drevets/navets fästbult lossas i det här stadiet, innan kamremmen demonteras.
16 Montera tillfälligt tillbaka vevaxelns dämpar-/remskivebult vid änden på vevaxeln och vrid sedan vevaxeln (med en lämplig skiftnyckel eller hylsa på dämpar- /remskive-bulten) för att sätta kolv nr 1 vid ÖD.
17 Kontrollera att inställningsmärkena är uppriktade enligt följande:
a) *Inställningsmärket på kamremsdrevet ska vara i linje med profilen på kamremshuset (se bild).*
b) *Woodruff-kilen i änden på vevaxeln ska vara i linje med pilen på kamremshuset (se bild).*
18 Lossa på remspännarens remskivebult.
19 Dra av kamremmen från dreven (se bild). Vrid inte kamaxeln sedan kamremmen demonterats.
20 Om remmen inte enkelt kan dras av dreven, skruva ur fästmuttern och demontera remmens mellandrev.

Montering och spänning

Observera: *Under monteringen utförs kamremsspänningen i själva verket två gånger. Denna dubbla spänningsprocedur måste utföras enligt arbetsbeskrivningen för att undvika risken för remhaveri och motorskador.*
21 Lossa de tre bultarna som håller insprutningspumpens drev till pumpnavet (se bild).
22 För försiktigt upp remmen över dreven

37.21 Skruva ur bultarna (vid pilarna) som håller insprutningsumpdrevet till navet

37.27 Spänning av kamremmen

och var noga med att rotationsriktnings-
märkena pekar åt rätt håll. Var noga med att
inte flytta på dreven och se till att inställ-
ningsmärkena fortfarande är i linje.
23 Där tillämpligt, montera mellandrevet och
dra åt fästmuttern.
24 Om nödvändigt, justera remmens läge så
att den sitter rätt på dreven med inställ-
ningsmärkena fortfarande i linje.
25 Dra åt remspännarens remskivebult
fingerhårt.
26 Sätt in ett 13,0 mm fyrkantsförläng-
ningsstag i hålet i spännarens remskivas
monteringsplatta.
27 Använd en flexibel momentnyckel utan
förinställning som hålls vertikalt och vrid
förlängningsarmen för att spänna remmen till
specificerat moment. Dra åt spännarens

remskivebult, var noga med att behålla rätt
åtdragning **(se bild)**.
28 Dra åt fästbultarna mellan insprutnings-
pumpens drev och navet till rätt moment.
29 Ta bort pumpens inställningsstift från
insprutningspumpens drev och ta bort
svänghjulslåsverktygets mittstift från skåran i
svänghjulet.
30 Vrid vevaxeln medurs två hela varv tills
inställningsmärkena är i linje igen.
31 Lossa på spännarens remskivebult och
upprepa spännarproceduren.
32 Vrid vevaxeln medurs igen tills
inställningsmärkena är i linje och montera
sedan pumpens inställningsstift genom
pumpnavet in i själva pumpen och sätt in
svänghjulens låsverktyg i skåran i svänghjulet.
Om låsverktygets mittstift inte lätt går i
inställningsskåran i svänghjulet, fortsätt enligt
följande:
33 Ta loss låsverktygets mittstift från skåran i
svänghjulet och vrid sedan vevaxeln som det
behövs tills inställningsstiftet lätt kan föras in i
insprutningspumpen.
34 Lossa på pumpens låsskruv och demon-
tera fästplattan (som sitter framtill på pumpen,
bakom kamremshuset). Dra åt låsskruven så
att pumpspindeln låses på plats.
35 Lossa de tre pumpbultarna drev-till-nav.
36 Vrid vevaxeln till ÖD och sätt in sväng-
hjulets låsverktygs mittstift i inställningsskåran
i svänghjulet.
37 Kontrollera på nytt att pumpens
inställningsstift smidigt går i pumpen.

38 Dra åt pumpbultarna drev-till-nav till
specificerade moment.
39 Lossa pumpens låsskruv och montera
sedan fästplattan och dra åt låsskruven.
40 Demontera inställningsstiftet från pumpen
och ta ut låsverkygets mittstift från skåran i
svänghjulet.
41 Montera transmissionskåpan enligt
följande:

200 TDi motor

42 Ta bort alla spår av gammal packning från
kamremmens och husets kontaktytor.
43 Det rekommenderas att man monterar en
ny vevaxeldammtätning på kåpan, enligt
följande:
   *a) Ta bort den gamla tätningen genom
   öppningen i kåpan med en skruvmejsel.*
   *b) Rengör området i kåpan där tätningen
   suttit.*
   *c) Pressa en ny tätning på plats med lämplig
   hylsa eller rör. Var försiktig så att inte
   tätningsläpparna skadas.*
44 Montera kåpan på huset, använd en ny
packning, och sätt sedan tillbaka fästbultarna
på sina ursprungliga platser, vilka noterades
före demonteringen **(se bild)**. Dra bultarna till
specificerat åtdragningsmoment.
45 Montera generatorns/servostyrnings-
pumpens monteringsfäste och dra åt fäst-
bultarna.
46 Montera servostyrningspumpen och
generatorn till fästet och återanslut
generatorns kabelage.
47 Montera lufttrumman och dra åt fäst-
clipsen.
48 Ta bort alla tecken på gammal packning
från kylvätskepumpens och husets kontakt-
ytor och montera sedan kylvätskepumpen
med ny packning. Dra åt fästbultarna till
specificerat åtdragningsmoment.
49 Montera kylvätskepumpens remskiva och
dra åt bultarna. Håll remskivan med driv-
remmen, som vid demonteringen.
50 Återanslut slangarna till kylvätskepumpen.
51 Montera vevaxelns dämpare och remskiva
enligt följande:
   *a) Ta bort allt gammalt gänglåsningsmedel
   från dämparen och bulten.*
   *b) Smeta in vevaxelns kontaktytor på
   dämparens tapp med gänglåsningsmedel.*
   *c) Montera dämparen till vevaxeln och sätt
   på bricka och bult.*
   *d) Håll dämparen stilla, som vid
   demontering, och dra åt bulten så att
   dämparen dras på plats på vevaxeln.*
   *e) Skruva ur bulten och applicera sedan
   gänglåsningsmedel på bultens gängor.*
   *f) Sätt tillbaka bulten och dra den till
   specificerat moment.*
   *g) Fortsatt montering sker i omvänd ordning
   mot demontering. Avsluta med att dra åt
   vevaxelns remskivebultar ordentligt och
   fyll på kylsystemet.*

300 TDi motor

52 Ta bort alla spår av gammal packning från
kamremmens och husets kontaktytor.

37.44 Transmissionskåpans fästbultar – 200 TDi motor

A *Pinnbultshål*
B *Låspinnshål*
C *25 mm lång bult*
D *80 mm lång bult*
E *90 mm lång bult*

53 Det rekommenderas att man monterar en ny vevaxeldammtätning på kåpan, enligt följande:
a) Ta bort den gamla tätningen genom öppningen i kåpan med en skruvmejsel.
b) Rengör området i kåpan där tätningen suttit.
c) Pressa en ny tätning på plats med lämplig hylsa eller rör. Var försiktig så att inte tätningsläpparna skadas. Observera att tätningarna passar in med läpparna som är vända mot utsidan på transmissionskåpan.
54 Montera kåpan på huset, använd en ny packning, och sätt sedan tillbaka fästbultarna på sina ursprugliga platser, vilka noterades före demonteringen **(se bild)**. Dra bultarna till specificerat åtdragningsmoment.
55 Montering av vevaxelns remskiva sker i omvänd ordning mot demontering, kom ihåg följande:
a) Smörj remskivans tapp lätt före monteringen.
b) Applicera lämpligt gänglåsningsmedel på bultgängorna och dra bultarna till specificerat åtdragningsmoment medan du håller remskivan stilla som under demonteringen.
c) Avsluta med att fylla på kylsystemet.

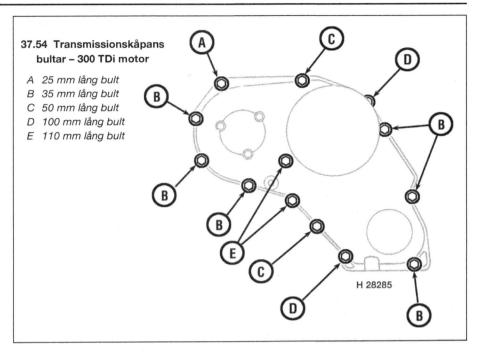

37.54 Transmissionskåpans bultar – 300 TDi motor

A 25 mm lång bult
B 35 mm lång bult
C 50 mm lång bult
D 100 mm lång bult
E 110 mm lång bult

H 28285

100 000 km service – Defender

38 Kamrem (12J och 19J motorer) – byte

Observera: Kamremmar måste förvaras på kant på en ren yta. Böj inte remmen i en snäv vinkel (radie på mer än 50 mm) eftersom det kan orsaka skada eller för tidig förslitning. En flexibel momentnyckel utan förinställning kommer att behövas för att spänna remmen vid montering. En förinställd klickmoment-nyckel är inte lämplig. Nya packningar måste användas vid montering och det rekommenderas att man monterar en ny vevaxeldammtätning på kåpan.

Demontering

1 Ta bort transmissionskåpan på följande sätt:

2 Demontera vevaxelns remskiva på följande sätt
a) Koppla bort batteriets minuspol.
b) På modeller med luftkonditionering, demontera kompressorns drivrem och koppla ifrån kabelaget från temperaturgivaren. Demontera bultarna som håller kompressorn vid motorn och flytta kompressorn till ena sidan. Var försiktig så att du inte sträcker kylslangarna och koppla inte under några omständigheter ifrån slangarna.
c) Demontera kylfläktskåpan och fläkten.
d) Demontera drivrem(mar) till hjälpaggregat.
e) Håll vevaxeln stilla genom att demontera startmotorn och tryck på startmotorns krondrev med en stor skruvmejsel. Skruva ur vevaxelns remskivemutter eller bult. Muttern/bulten sitter mycket hårt!

f) Ta bort remskivans mutter/bult och ta vara på brickan, där sådan finns.
g) Ta loss remskivan från vevaxeln, använd en lämplig avdragare om det behövs **(se bild)**.
3 Demontera kylvätskepumpen.
4 Där tillämpligt, lossa clipsen och lossa kylvätskeslangen från fästet på kåpan.
5 I nederdelen på kåpan, skruva ur de fyra fästbultarna och ta loss ventilationstäck-plattan och gasfiltret **(se bild)**. Ta vara på packningen.
6 Skruva ur kåpans fästbultar och observera var de olika bultarna sitter, eftersom de är av olika längd. Ta vara på brickorna och lossa sedan kåpan **(se bild)**. Kåpan sitter på låspinnar i kamremshuset. Om det behövs kan man bända mellan kåpans och husets kontaktytor för att få loss kåpan, men var

38.2 Vevaxelremskivan tas bort – 19J motor

38.5 Ta bort ventilationstäckplattan och gasfiltret

38.6 Transmissionskåpan tas bort

38.11 Lossa remspännarens bult (vid pilen) och dra av kamremmen – 300 TDi motor visad

försiktig så att inte ytorna skadas. Notera hur fästena som hålls fast av bultarna sitter.

7 Ta vara på packningen. Där tillämpligt, ta även vara på den mindre, runda packningen från mittenkåpans fästbultsfläns.

8 Om kamaxelns drev av någon anledning ska demonteras ska dess fästbult nu lossas. Likaså, om bränsleinsprutningspumpens drev ska demonteras, är det nu som dess fästmutter ska lossas.

9 Montera tillfälligt tillbaka vevaxelns dämpar-/remskivebult vid änden på vevaxeln och vrid sedan vevaxeln (med en lämplig skiftnyckel eller hylsa på dämpar- /remskivebulten) för att placera kolv nr 1 vid ÖD.

10 Lossa på remspännarens remskivebult, eller de två muttrarna, efter tillämplighet.

11 Dra av kamremmen från dreven **(se bild)**. Vrid inte kamaxeln eller vevaxeln sedan kamremmen har demonterats.

Montering och spänning

Observera: *Under monteringen utförs kamremsspänningen i själva verket två gånger. Denna dubbla spänningsprocedur måste utföras enligt arbetsbeskrivningen för att undvika risken för remhaveri och motorskador.*

12 Montera försiktigt på remmen över dreven. Börja med vevaxeldrevet, följt av kamaxelns och bränsleinsprutningspumpens drev, sedan spännaren. Se till att remmens rotationsriktningsmärken pekar åt rätt håll. Var försiktig så att du inte rör på dreven och var noga med att inställningsmärkena fortfarande är i linje. Om det behövs, justera remmens placering så att den sitter rätt på dreven med inställningsmärkena fortfarande i linje. Om remmens tänder inte riktigt passar in i drevens

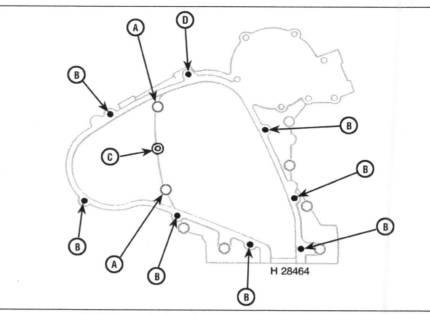

38.22 Transmissionskåpans bultar – 12J och 19J motorer

A 20 mm lång bult   B 25 mm lång bult   C 65 mm lång bult   D 95 mm lång bult

skåror, för kamaxeldrevet (och om nödvändigt även bränsleinsprutningspumpens drev) lätt medurs tills tänderna går i drevens skåror.

13 Dra remspännarens remskivebult eller mutter (vad som finns) fingerhårt.

14 Sätt in en lämplig fyrkantsförlängningsstag i hålet i spännarens remskivas monteringsplatta.

15 Använd en felxibel momentnyckel utan förinställning som hålls vertikalt och vrid förlängningsarmen för att spänna remmen till specificerat moment. Dra åt spännarens remskivebult/mutter och var noga med att behålla rätt åtdragning.

16 Om kamaxelns eller bränsleinsprutningspumpens drev har demonterats, dra varje fästbult (eller mutter) till specificerat moment.

17 Vrid vevaxeln medurs två hela varv tills inställningsmärkena är i linje igen med kolv nr 1 vid ÖD.

18 Lossa på spännarens remskivebult/mutter och upprepa spännarproceduren.

19 Kontrollera bränsleinsprutningspumpens inställning.

20 Ta bort alla spår av gammal packning från kamremmens och husets kontaktytor.

21 Det rekommenderas att man monterar en ny vevaxeldammtätning på kåpan, enligt följande:

a) *Ta bort den gamla tätningen genom öppningen i kåpan med en skruvmejsel.*

b) *Rengör området där tätningen suttit i kåpan.*

c) *Pressa en ny tätning på plats med lämplig hylsa eller rör. Var försiktig så att inte tätningsläpparna skadas.*

22 Montera kåpan på huset, använd en ny packning (och en ny mittflänspackning där tillämpligt) och sätt sedan tillbaka fästbultarna på sina ursprugliga platser, vilka noterades före demonteringen **(se bild)**. Dra bultarna till specificerat åtdragningsmoment.

23 Montera kylvätskepumpen.

24 Montering av vevaxelns remskiva sker i omvänd ordning mot demontering, kom ihåg följande:

a) *Smörj remskivans tapp lätt före monteringen.*

b) *Dra remskivemuttern eller bulten till specificerat åtdragningsmoment.*

c) *Avsluta med att fylla på kylsystemet.*

120 000 km service – Defender

39 Kamrem – byte 200 TDi och 300 TDi motorer

Se avsnitt 37.

Kapitel 6
Land Rover 2286cc och 2495cc motorer

Del B: Underhåll av bränslesystem

Innehåll

Specifikationer

Glödstift
Discovery	Champion CH70
Defender:	
Ej turbo	Champion CH63
Turbo	Champion CH70
IIA & III serierna	Champion CH63

Insprutare

Discovery
Typ	Tapptyp
Öppningstryck:	
Primärt	200 bar
Sekundärt:	
200 TDi motor	280 bar
300 TDi motor	300 bar

Defender
Typ	Tapptyp
Öppningstryck:	
10J och 12J motorer	135 bar
19J motor	135 till 140 bar
200 TDi motor:	
Primärt	200 bar
Sekundärt	280 bar
300 TDi motor:	
Primärt	200 bar
Sekundärt	300 bar

IIA & III serierna
Typ	Lucas

Insprutningspump

Discovery

Pumprotation	Medurs (sett från kamremsänden)
Inställning:	
200 TDi motor	1,54 mm lyft vid ÖD
300 TDi motor:	
Utan elektronisk dieselstyrning eller avgasåtercirkulation (EGR) ..	1,54 mm lyft vid ÖD
Med elektronisk dieselstyrning	0,45 mm lyft vid ÖD
Med avgasåtercirkulation (EGR)	1,40 mm lyft vid ÖD

Defender

Pumprotation:	
10J motor	Moturs (sett ovanifrån)
Alla motorer utom 10J	Medurs (sett från kamremsänden)
Inställning:	
10J motor	Använd specialverktyg RO605863 – se text
12J och 19J motorer	Använd specialverktyg 18G1458 eller mätklocka och sond – se text
200 TDi och 300 TDi motorer	Använd svänghjuls- och pumplåsningsverktyg – se text

IIA & III serierna

Inställning:	
Tidiga modeller	16° FÖD
Senare modeller:	
T o m 1972	15° FÖD
Fr o m1973	13° FÖD

Gasvajer

Discovery och Defender

Fritt spel (max)	1,57 mm

Tomgångshastighet – se specifikationerna i del A

Snabbtomgångshastighet – se specifikationerna i del A

Maximal motorhastighet

Discovery

Utan belastning	4600 (+ 40 / - 120) rpm
Full belastning (bränslestrypningen påbörjas)	4000 rpm

Defender

Utan belastning:	
10J motor	4200 rpm
12J och 19J motorer	4400 ± 80 rpm
200 TDi motor	4180 ± 80 rpm
300 TDi motor	4600 (+ 40 / -120) rpm

IIA & III serierna

Alla motorer	4200 ± 20 rpm

EGR gaslänkagelägesgivare

Discovery och Defender

Motstånd i anslutning 1 och 3	1000 - 1050 ohm
Motstånd i anslutning 1 och 2	850 - 900 ohm

Åtdragningsmoment   Nm

Discovery

Bränsleslang-till-bränslelyftpump, anslutningar:	
200 TDi motor	12
300 TDi motor	33
Bränsleinsprutningspumpens drev-till-nav, bultar	25
Bränsleinsprutarnas klämplatta, muttrar	25
Bränsleinsprutarrör, anslutningar	25
Bränslematningsslang-till-bränsleinsprutningspump, anslutning:	
200 TDi motor	12
300 TDi motor	25
200 TDi motor	2
300 TDi motor	10

Åtdragningsmoment (fortsättning)   Nm

Defender
Bränsleslang-till-bränslefilter, anslutningar:
    200 TDi motor 15
    300 TDi motor 33
Bränsleslang-till-bränslelyftpump, anslutningar 20
Bränslereturrör-till-insprutare, anslutningar 10
Bränsleinsprutningspumpens drevmutter – 12J och 19J motorer 45
Bränsleinsprutningspumpens drev-till-nav, bultar –
    200 TDi och 300 TDi motorer 25
Bränsleinsprutarnas klämplatta, muttrar – 200 och 300 TDi motorer . . . 25
Bränsleinsprutarens fästmuttrar – 10J, 12J och 19J motorer 7
Bränsleinsprutarrör, anslutningar:
    10J, 12J och 19J motorer 17
    200 TDi och 300 TDi motorer 25
Bränslematningsslang-till-bränsleinsprutningspump, anslutning:
    200 TDi motor 12
    300 TDi motor 25

Discovery och Defender
Turbotillskottsrör-till-bränsleinsprutningspump, anslutning 10
EGR matningsrör, bultar 25
EGR-ventil, fästbultar 25
Bränsleinsprutningspumpens främre fästmuttrar 25
Bränsleinsprutningspumpens navtäckplatta, skruvar 25
Bränsleinsprutningspumpens bakre fästesfixtur 25
Bränslereturrör-till-bränsleinsprutningspump, anslutning 25
Bränslelyftpump, fästbultar 25
Glödstift, muttrar till kabelage 2
Glödstift 23

IIA & III serierna
Bränsleinsprutare, fästmuttrar . . . . 6 - 8

---

1 Gasvajer (Discovery och Defender) – justering

Discovery
1 Håll pumpens gaslänkagearm i helt stängt läge.
2 Justera vajern genom att vrida det räfflade justerhjulet för att få specificerat spel i innervajern.
3 Kontrollera att gaslänkagearmen flyttas till fullgasläge när gaspedalen är helt nedtryckt.

Defender
4 Håll insprutningspumpens gaslänkagearm,

eller det externa länkaget, efter tillämplighet, i helt stängt läge.
5 Vrid det räfflade justerhjulet vid fästet på insprutningspumpen så att allt fritt spel försvinner från innervajern **(se bild)**.
6 Demontera klädseln i förarens fotbrunn för att få tillgång till pedalerna.
7 Lossa på låsmuttern på pedalens stopp-skruv.
8 Tryck gaspedalen i botten med handen tills gaslänkagearmen, eller det externa länkaget är i fullgasläge. Håll pedalen i detta läge, vajern får inte vara spänd.
9 Vrid på pedalens stoppskruv tills den precis nuddar torpedplåtspanelen **(se bild)**.
10 Kontrollera på nytt att gasvajern inte är

under tryck och dra sedan, där tillämpligt, åt låsmuttern på pedalens stoppskruv.
11 Montera tillbaka klädsel i fotbrunnen.

2 Gaslänkage (IIA & III serierna) – justering

1 Innan gaslänkaget justeras, se till att det inte finns något fritt spel i styrstagsändarna.
2 Kontrollera att styrarmen på bränsle-insprutningspumpen öppnar helt när gas-pedalen trycks i botten och stänger helt när pedalen släpps upp.
3 Justera länkaget som det behövs genom att skruva ur justerarens låsmutter och vrida styrstaget. Avsluta med att dra åt lås-muttrarna.

3 Insugsrörets spärrventil (IIA & III serierna) – justering

1 Korrekt justering av insugsrörets spärrventil är viktig av två anledningar. För det första, om spärrventilen inte öppnar strax före gas-länkaget kan stora mängder svart rök komma ut ur avgasröret. För det andra, om spärr-ventilen inte stänger strax före gaslänkaget

1.5 Gasvajerns justerhjul (vid pilen) – 19J motor

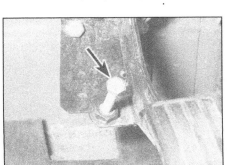

1.9 Gaspedalens stoppskruv (vid pilen)

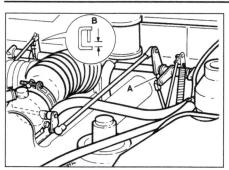

3.2 Justering av insugsrörets spärrventil

A Klämbult
B Gaffelaxelns "förlorade rörelse"

kan bromsservon bli ineffektiv. Spärrventilen justeras på följande sätt:

2 Demontera luftinsugsslangen från insugsröret och kontrollera att spärrventilen är helt stängd när gaslänkaget är i tomgångsläge. Om så inte är fallet ska justering göras vid klämbulten som håller spärrventilens länkage till gaslänkagets tväraxel **(se bild)**.

3 Där justering behövs på tidigare stagstyrt pumplänkage, var noga med att gapet mellan främre och bakre armarna på gaffelaxeln, som aktiverar insprutningspumpens länkage, ger en period av "förlorad rörelse" då gaslänkagets tväraxel roterar men inte pumplänkaget.

4 Denna period av "förlorad rörelse" uppnås på bilar med det senare vajerstyrda pumplänkaget genom att man justerar vajerarmen för att tillåta en liten rörelse i tväraxeln innan vajern sätter igång insprutningspumpen.

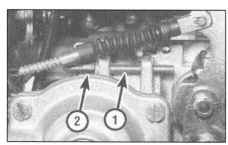

5.3 Maximalhastighetens justerskruv (1) och låsmutterskydd (2) – sett från pumpens baksida

4 Stoppvajer (IIA & III serierna) – justering

Bilar utan rattlås

1 Kontrollera att bränsleinsprutningspumpens avstängningsarm flyttar sig genom hela sin rörelsebana.
2 Justera genom att lossa på vajerändens fixtur. Avsluta med att dra åt vajerfixturen.

Bilar med rattlås

3 Lossa vajerns inre fäste på avstängningsarmen.
4 Dra ut kontrollknoppen helt och placera vajern i motorns stoppläge.
5 För avstängningsarmen på bränsleinsprutar-/fördelarpumpen till stoppläge och dra åt vajerfixturen.
6 Kontrollera att vajern flyttas till startläge när nyckeln vrids till position "II" och att vajern, när nyckeln tagits ur, stannar kvar i stoppläge när den dras ut.

5 Maximal motorhastighet (Discovery och Defender) – kontroll och justering

Varning: Skruven till maximal motorhastighet är förseglad av tillverkarna med färg eller låstråd och en blyplombering. Rör inte skruven om bilen fortfarande står under fabriksgaranti, då slutar garantin att gälla. För denna justering krävs en varvmätare.

Discovery

Konventionella bränsleinsprutningssystem

1 Låt motorn gå tills den har normal arbetstemperatur.
2 Be en medhjälpare trycka gaspedalen i botten och kontrollera att motorns maxhastighet är enligt specifikationerna. Låt inte motorn gå med maximal hastighet mer än två eller tre sekunder.
3 Om en justering är nödvändig, stäng av motorn och lossa sedan låsmuttern, vrid maximalhastighetens justerskruv efter behov och dra sedan åt låsmuttern igen. Observera att låsmuttern kan vara förseglad med ett plastskydd **(se bild)**.
4 Upprepa proceduren i paragraf 2 för att kontrollera justeringen.
5 Stäng av motorn och koppla bort varvräknaren.

Elektroniskt dieselstyrningssystem (EDC)

6 Den maximala motorhastigheten styrs av EDC systemet och justering är inte möjlig.

Defender

7 Följ arbetsbeskrivningen i paragraf 1 till 5 **(se bilder)**.

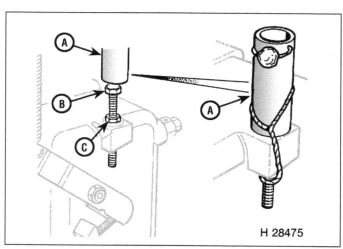

H 28475

5.7a Justerskruv för maximal hastighet – 10J motor

A Skruvskydd
B Maximalhastighetens justerskruv
C Låsmutter

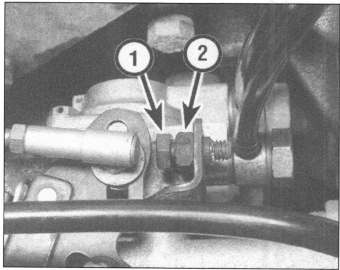

5.7b Justerskruv för maximal hastighet (1) och låsmutter (2) – 19J motor

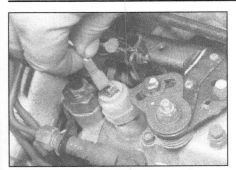

6.2a Koppla loss ledningen från stoppsolenoiden – 19J motor

6 Stoppsolenoid (Discovery och Defender) – demontering och montering

Varning: Var försiktig så att det inte kommer in smuts i insprutningspumpen. En ny tätningsbricka eller o-ring måste användas vid montering.

Demontering

1 Koppla bort batteriets minuspol.
2 Ta bort gummiskyddet (där sådant finns), skruva sedan ur anslutningsmuttern och koppla bort ledningen från uppe på solenoiden (**se bilder**).
3 Gör försiktigt rent runt solenoiden, skruva sedan ur solenoiden och ta vara på tätningsbricka eller o-ring (vad som finns).
4 Ta vara på solenoidens kolv och fjäder om de sitter kvar på pumpen. Arbeta med den manuella snapsningsarmen på bränslelyftpumpen när solenoiden demonterats, för att spola bort eventuell smuts.

Montering

5 Montering sker i omvänd arbetsordning. Använd ny tätningsbricka eller o-ring.

7 Glödstift (Discovery och Defender) – demontering, inspektion och montering

Observera: *Där så är tillämpligt kommer en ny o-ring till vevhusventilationens ventil att behövas vid montering.*

7.4 Glödstiftets ledningsmutter skruvas loss

6.2b Stoppsolenoid (vid pilen) baktill i insprutningspumpen – 300 TDi motor

Varning: Om förvärmningssystemet just har aktiverats, eller om motorn har varit påslagen, kommer glödstiften att vara mycket varma.

Demontering

1 Koppla bort batteriets minuspol.
2 Om glödstiftet till cylinder nr 1 (kamremsänden) ska demonteras på TDi modeller med luftkonditionering, demontera drivremmen till luftkonditioneringens kompressor. För att kunna nå glödstiftet, ta bort de fyra fästbultarna och flytta luftkonditioneringens kompressor till ena sidan. Koppla inte bort kylmedialedningarna från kompressorn.
3 Om glödstiftet till cylinder nr 3 (kamremsänden) ska demonteras på TDi modeller, demontera fästbulten och ta loss vevhusventilationssystemets ventil från ventilkåpan. Flytta ventilen till ena sidan för att komma åt glödstiftet.
4 Skruva ur muttern från relevant glödstiftsterminal och ta vara på brickan (**se bild**).
5 Koppla bort kabelaget, notera ledningsdragningarna om alla glödstiften ska demonteras.
6 Skruva ur glödstiften och demontera dem från topplocket (**se bilder**).

Inspektion

7 Se efter om glödstiften ser skadade ut. Brända eller eroderade glödstift kan orsakas av felaktigt insprutningssprаymönster. Se till att få glödstiften undersökta om denna typ av skada upptäcks.
8 Om glödstiften är i gott fysiskt skick kan de aktiveras genom att man för 12 volt genom

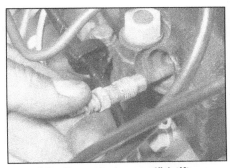

7.6a Demontering av glödstift – 19J motor

dem för att kontrollera att de värms upp jämnt och inom utsatt tid. Observera följande säkerhetsföreskrifter:

a) *Stöd glödstiftet genom att klämma fast det i ett skruvstäd eller en självlåsande tång. Kom ihåg att det kommer att bli glödhett.*
b) *Försäkra dig om att strömmatnings- eller testkabeln har en säkring eller maximalutlösning till skydd mot kortslutning.*
c) *Sedan testet avslutats, låt glödstiftet svalna i flera minuter innan du försöker handskas med det.*

9 Ett glödstift som är i bra skick börjar glöda i toppen sedan det dragit ström i ca fem sekunder. Om ett glödstift tar mycket längre tid på sig att bli varmt, eller om det börjar glöda på mitten istället för toppen, så är det defekt.

Montering

10 Montering sker i omvänd ordning mot demontering, kom ihåg följande:

a) *Applicera ett lager kopparbaserat antikärvningsmedel på stiftens gängor och dra åt glödstiften till specificerat åtdragningsmoment. Dra inte åt för hårt, då kan glödstiftens element skadas.*
b) *Var noga med att glödstiftens kabelage är draget såsom noterades före demonteringen.*
c) *Där tillämpligt, använd en ny o-ring, smord med ren motorolja, när vevhusventilationens ventil monteras tillbaka.*
d) *Där tillämpligt, montera och spänn drivremmen till luftkonditioneringens kompressor.*

8 Glödstift (IIA & III serierna) – demontering, inspektion och montering

Varning: Om förvärmningssystemet just har aktiverats, eller om motorn har varit påslagen, kommer glödstiften att vara mycket varma.

Demontering

1 Koppla bort elledningen från varje glödstift, var försiktig så att mittstiftet inte vrids. På tidiga motorer, sätt två skiftnycklar på varje

7.6b Demontering av glödstift – 300 TDi motor

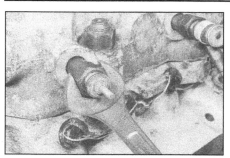

8.2 Glödstift demonteras från topplocket

terminal för att förhindra att isoleringsstaget eller mittröret vrids.

2 Skruva ur och demontera glödstiften från topplocket **(se bild)**.

3 Skrapa loss eventuella kolavlagringar från stiftets fot och elementet. Använd inte vanlig sandblästringsutrustning för tändstift.

Inspektion

4 Se avsnitt 7, paragraf 7 till 9.

Montering

5 Montering av glödstiften sker i omvänd arbetsordning. Dra inte åt för hårt, då kan glödstiftens element skadas.

9 Bränsleinsprutare (Discovery och Defender) – testning, demontering och montering

⚠️ **Varning: Var ytterst försiktig vid arbete på bränsleinsprutare. Utsett aldrig händerna eller någon annan del av kroppen för risken att komma i kontakt med insprutarspray eftersom det höga arbetstrycket kan göra att bränsle tränger igenom huden, vilket kan få fatala följder. Vi rekommenderar starkt att allt arbete som inkluderar testning av insprutarna under tryck utförs av en Land Rover verkstad eller bränsleinsprutningsspecialist.**

Observera: Var försiktig så att det inte kommer in smuts i insprutarna eller bränslerören under demontering och montering. Nya tätningsbrickor måste användas vid montering av insprutarna.

Discovery

Testning

1 Insprutare slits med tiden och det är skäligt att förvänta sig att de behöver genomgå service eller bytas ut efter ca 90 000 km. Korrekt testning, reparation och kalibrering av insprutarna måste överlåtas åt en specialist.

2 En defekt insprutare som orsakar knackningar eller rök kan lokaliseras utan isärtagning: Låt motorn gå på snabb tomgång. Lossa insprutaranslutningarna i tur och ordning, placera trasor runt anslutningarna för att fånga upp utspillt bränsle och var noga med att inte utsätta huden för risken att få spray på sig. När anslutningen på den defekta insprutaren lossas kommer knackningarna och röken att upphöra.

Demontering

3 Där tillämpligt, ta loss motoroljans påfyllningslock och ta bort clipsen och lossa plastkåpan uppe på ventilkåpan.

4 Gör försiktigt rent runt relevant insprutare och insprutarrörens anslutningsmuttrar.

5 Skruva ur banjobulten och koppla bort returröret/rören från insprutaren **(se bild)**.

6 Skruva ur anslutningsmuttern som fäster insprutningsröret till bränsleinsprutaren **(se bild)**. Täck över alla öppna ändar.

7 Håll emot anslutningen på pumpen och lossa på anslutningsmuttern som fäster relevant insprutningsrör vid insprutningspumpen. Man bör inte behöva koppla bort röret från pumpen.

8 Om du arbetar på bränsleinsprutare nr 4 på motorer med elektronisk dieselstyrning (EDC), dela på de två halvorna av bränsleinsprutarens kabelanslutning (EDCs insprut-

ningsinställningsgivare är en del av insprutaren).

9 Skruva ur muttern som fäster insprutarens klämplatta till topplocket **(se bild)**.

10 Ta loss klämplattan och insprutaren från topplocket **(se bilder)**.

11 Ta vara på kopparbrickan från topplocket.

12 Var försiktig så att du inte tappar insprutarna eller skadar nålarna i toppen på dem. Insprutarna är inställda med stor precision och smala marginaler och får inte behandlas ovarsamt. De får i synnerhet inte sättas i ett skruvstäd.

Montering

13 Montera en ny kopparbricka till topplocket, med den konkava sidan mot insprutaren. Brickan kan föras på plats genom att man låter den glida ned längs en skruvmejsel som satts över insprutarhålet i topplocket.

14 Sätt den nya insprutaren på plats, med hålet för returrörets anslutning vänt bort från topplocket, och montera klämplattan genom att sätta den över topplockets pinnbult.

15 Montera klämmuttern och dra åt till specificerat moment.

16 Återanslut insprutningsröret till bränsleinsprutaren och dra åt anslutningen.

17 Dra åt insprutarrörets anslutning vid insprutningspumpen.

18 Återanslut returröret till insprutaren och dra åt banjobulten.

19 Där tillämpligt, sätt ihop de två halvorna av bränsleinsprutarens kabelanslutning.

20 Starta motorn. Om den är svårstartad, avlufta systemet.

21 Där tillämpligt, montera plastkåpan och oljepåfyllningslocket till ventilkåpan.

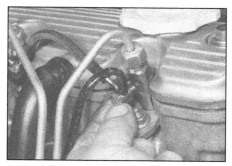

9.5 Koppla loss returrören . . .

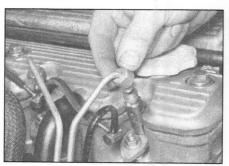

9.6 . . . och insprutarröret från insprutaren

9.9 Skruva loss fästmuttern . . .

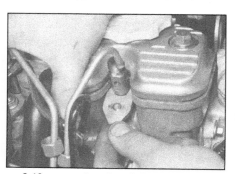

9.10a . . . och ta bort klämplattan . . .

9.10b . . . och insprutaren

9.22a Skruva loss fästmuttrarna . . .

9.22b . . . och ta bort bränsleinsprutaren – 19J motor

Defender

22 Utför momenten beskrivna i paragraf 1 till 21 och observera följande:

a) På modeller med ett enda, fast returrör anslutet till alla insprutarna, koppla bort röret från alla insprutarna och ta bort det. Ta vara på tätningsbrickor och plugga igen öppningarna i insprutarna för att hålla smuts borta.

b) På vissa modeller kan det bli nödvändigt att helt demontera rören mellan insprutarna och insprutningspumpen.

c) På 10J, 12J och 19J motorer, skruva ur de två muttrar (ta vara på brickorna) som fäster insprutaren vid pinnbultarna på topplocket. Lyft försiktigt bort insprutaren från topplocket och ta vara på de två brickorna från botten på insprutaren, eller från fördjupningarna i topplocket, som tillämpligt **(se bilder)**.

d) På 10J, 12J och 19J motorer, montera en ny ståltätningsbricka på topplocket, med den upphöjda korrugeringen uppåt. Smörj lite fett på en ny kopparbricka och montera den vid insprutaren.

e) På 10J, 12J och 19J motorer ska hålet för insprutarrörsanslutningen vara vänt bort från topplocket.

f) På 200 TDi motorer ska hålet för returrörsanslutningen vara vänt mot den bakre delen på motorn.

g) På 300 TDi motorer ska hålet för returrörsanslutningen vara vänt bort från topplocket.

10 Bränsleinsprutare (IIA & III serierna) – testning, demontering och montering

1 Se del A, avsnitt 28.

11 Bränsleinsprutningspump (Discovery) – demontering och montering

Observera: För att kunna demontera bränsleinsprutningspumpen utan att störa kamremmen behöver man Land Rovers specialverktyg LRT-12-045 för att hålla pumpdrevet på plats. Om ett lämpligt verktyg inte finns till hands måste kamremmen

demonteras. Verktyg kommer att behövas för att låsa svänghjulet och bränsleinsprutningspumpens spindel på plats. Land Rovers specialverktyg för att låsa svänghjulet heter LRT-12-044 för modeller med konventionella bränsleinsprutningssystem, eller LRT-12-085 för modeller med elektronisk dieselstyrning. Ett alternativ till det speciella svänghjulslåsverktyget LRT-12-044 kan tillverkas genom att man skaffar en begagnad täckplugg för svänghjulshus och borrar ett hål i dess mitt, så stort att det går att igenom en 3/16" spiralborr. För att låsa bränsleinsprutningspumpens drev behövs specialverktyget LRT-12-045, men ett sådant verktyg kan tillverkas av en kort (ca 50 mm), rund stång med en diameter på 9,5 mm. Vid montering behövs en ny främre pumppackning och en ny täckplattepackning till pumpnavet.

Konventionellt bränsleinsprutningssystem – använd specialverktyg LRT-12-045

Demontering

1 Koppla bort batteriets minuspol.
2 Vrid vevaxeln så att kolv nr 1 hamnar vid ÖD i kompressionstakten och montera verktygen så att vevaxeln och insprutningspumpens spindel låses på plats, enligt följande:
3 På modeller med manuell växellåda, skruva ur täckpluggen från inställningshålet i nederdelen på svänghjulshuset.
4 På modeller med automatväxellåda, skruva ur den större bulten från täckplattan som sitter på motorns bakplatta bakom sumpen. Sväng bort täckplattan från bulthålet.
5 Skruva in korrekt svänghjulslåsverktyg i

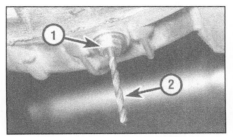

11.5c Improviserat svänghjulslåsverktyg på plats – manuell växellåda
1 Täckplugg 2 3/16 tums borr

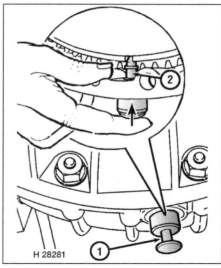

11.5a Specialverktyg LRT-12-044 på plats – manuell växellåda
1 Specialverktyg LRT-12-044
2 Verktygets mittstift

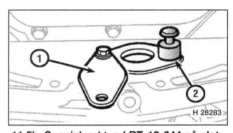

11.5b Specialverktyg LRT-12-044 på plats – automatväxellåda
1 Täckplatta
2 Specialverktyg LRT-12-044

inställningshålet på modeller med manuell växellåda, eller i det större täckplattebulthålet på modeller med automatväxellåda. Sätt inte i låsverktygets mittstift ännu **(se bilder)**.
6 På modeller med luftkonditionering, demontera drivremmen till luftkonditioneringens kompressor. Koppla inte ifrån kylmediaslangarna.
7 Skruva ur de tre skruvarna och ta loss insprutningspumpens navtäckplatta från transmissionskåpan **(se bild)**. Observera att på modeller med luftkonditionering är

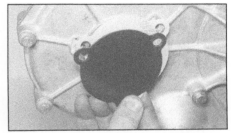

11.7 Ta bort insprutningspumpens navtäckplatta och packning – sett med motorn demonterad

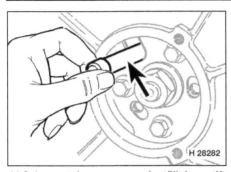

11.8 Insprutningspumpens inställningsstift (vid pilen) på plats

luftkonditioneringens drivremsspännares remskiva fäst vid täckplattan. Ta vara på packningen.

8 Sätt in pumpens inställningsstift (verktyg nr LRT-12-045) eller en hemmagjord motsvarighet, genom den U-formade skåran i pumpnavet och vrid sedan, med hjälp av ett lämpligt verktyg på vevaxelns remskiva-/dämparbult, vevaxeln tills inställningsstiftet kan glida in genom pumpnavet och in i pumpen **(se bild)**. Verktyget ska med lätthet kunna föras på plats.

9 Svänghjulslåsverktygs mittstift ska nu med lätthet gå in i inställningsskåran i svänghjulet. Om verktyget inte lätt sätter sig på plats innebär det att insprutningspumpen är felaktigt inställd **(se bild)**.

10 Motorn är nu låst med kolv nr 1 vid ÖD, fortsätt enligt följande:

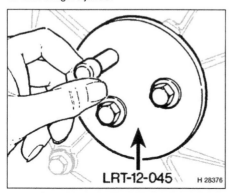

11.14 Specialverktyg LRT-12-045 monterat för att hålla insprutningspumpens drev

11.17a Koppla loss bränslematningsröret från pumpen

11.9 Improviserat svänghjulslåsverktyg med mittstiftet ihakat i svänghjulet – växellådan demonterad

11 Lossa på pumpens låsskruv och demontera fästplattan (som sitter framtill på pumpen, bakom kamremshuset). Dra åt låsskruven för att låsa fast pumpen på plats **(se bilder)**.

12 Ta bort pumpdrevets tre bultar till navet och lossa drevets fästplatta. Lita inte på att pumpspindelns låsskruv ska hålla drevet på plats medan du lossar på bultarna mellan drevet och navet.

13 Ta bort pumpens inställningsstift.

14 Montera drevets fästverktyg (LRT-12-045), med en 1,5 till 2,0 mm tjock, 8,0 mm bricka under varje bultskalle, förutom brickorna som kommer med verktyget. Dra åt de två fästverktygsbultarna och sätt sedan på nytt in inställningsstiftet genom hålet i fästverktygets platta **(se bild)**.

15 Koppla bort kabelaget från stoppsolenoiden.

16 Koppla bort gasvajern från pumpen. På modeller med automatväxellåda, koppla även bort kickdown-vajern från pumpen.

17 Skruva ur banjobulten och anslutningsmuttern och koppla sedan bort bränslematar- och returrören från pumpen **(se bilder)**. Var beredd på bränslespill. Ta vara på tätningsbrickorna från banjoanslutningen. Täck över de öppna ändarna på rören och plugga igen öppningarna i insprutningspumpen så att det inte kommer in smuts (banjobulten kan monteras tillbaka på pumpen och täckas över).

18 Koppla på samma sätt bort bränsletillskottsröret från pumpen.

19 Skruva ur anslutningsmuttrarna och

11.17b Håll emot på anslutningen när bränslereturrörets anslutningsmutter skruvas loss

11.11a Clipsa loss kabelaget (vid pilen) från pumpfästkonsolen . . .

11.11b . . . lossa sedan på skruven (1) och ta bort fästplattan (2) – 300 TDi motor

koppla bort insprutarrören från baktill på pumpen och från insprutarna. Demontera rören. Plugga eller täck över de öppna ändarna på pumpen, rören och insprutarna för att förhindra smutsintrång.

20 Baktill på pumpen, håll emot bultarna och skruva ur de två muttrar som fäster pumpen till det bakre stödfästet **(se bild)**.

21 Skruva ur de tre muttrar som fäster pumpen till pinnbultarna baktill på kamremshuset och ta sedan loss pumpen och ta vara på packningen. Där tillämpligt, observera placeringen för eventuella fästen på pinnbultarna **(se bilder)**.

Montering

22 Rengör grundligt kontaktytorna på pumpflänsen och kamremshuset.

23 Sätt den nya packningen på plats över pumpens monteringspinnbultar.

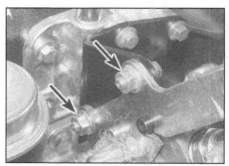

11.20 Skruva loss de två muttrarna och bultarna (vid pilarna) som håller pumpen till den bakre fästkonsolen

11.21a Observera placeringen för eventuella fästen på pinnbultarna

11.21b Bränsleinsprutningspumpen tas bort

24 Om en ny pump ska monteras, fortsätt enligt följande:
a) *Montera inställningsstiftet på pumpen. Om det behövs, vrid på pumpspindeln så att stiftet går i helt.*
b) *Lossa på pumpens låsskruv, demontera fästplattan och dra sedan åt skruven för att låsa pumpen.*
c) *Ta bort inställningsstiftet från pumpen.*

25 Sätt pumpen på plats på monteringspinnbultarna, var noga med att packningen sitter rätt. Dra åt monteringsmuttrarna till rätt åtdragningsmoment.

26 Montera pumpens bakre monteringsfäste till motorblocket men dra inte åt bultarna helt ännu.

27 Sätt tillbaka muttrar och bultar som fäster pumpen vid det bakre monteringsfästet men dra inte åt dessa bultar helt ännu heller.

28 Dra åt bultarna som håller det bakre monteringsfästet till topplocket, följt av bultarna som håller pumpen till monteringsfästet.

29 Montera och återanslut insprutarrören och dra åt anslutningsmuttrarna.

30 Återanslut bränsletillskottsröret till pumpen.

31 Återanslut bränslematar- och returrören till pumpen.

32 Återanslut gasvajern till pumpen och justera vajern enligt beskrivning i avsnitt 1. På modeller med automatväxellåda, koppla även tillbaka och justera kickdown-vajern på följande sätt:
a) *Från under bilen, lossa kickdown-vajerns yttre låsmutter vid vajerns monteringsfäste på växellådan.*
b) *Se till att gaslänkaget på insprutningspumpen är helt stängt.*
c) *Vid växellådsfästet, justera yttervajern genom att vrida justermuttern som det behövs (se bild).*
d) *När gapet är det rätta, dra åt låsmuttern.*
e) *Kontrollera åter att gaslänkaget är helt stängt, kontrollera sedan gapet och justera på nytt om det behövs.*

33 Koppla tillbaka stoppsolenoidens kabelage.

34 Skruva ur fästbultarna och ta bort fästverktyget från insprutningspumpens drev.

35 Montera drevets fästplatta och sätt sedan

tillbaka pumpens inställningsstift genom pumpnavet in i själva pumpen.

36 Sätt tillbaka och dra åt bultarna mellan pumpens drev och navet.

37 Lossa pumpens låsskruv, montera fästplattan och dra åt låsskruven.

38 Ta bort inställningsstiftet från pumpen och ta loss svänghjulslåsverktygets mittstift från skåran i svänghjulet.

39 Vrid vevaxeln två hela varv och sätt sedan på nytt i svänghjulslåsverktygets mittstift i skåran i svänghjulet och kontrollera att pumpens inställningsstift med lätthet kan sättas in.

40 Om inställningsverktyget inte med lätthet kan föras in på plats, fortsätt på följande sätt:

41 Ta bort svänghjulslåsverktygets mittstift från skåran i svänghjulet och vrid sedan vevaxeln så mycket som behövs för att inställningsstiftet med lätthet ska kunna föras in i insprutningspumpen.

42 Lossa på pumpens låsskruv, demontera fästplattan och dra sedan åt skruven för att låsa fast pumpen.

43 Skruva loss pumpdrevets tre bultar till navet.

44 Vrid vevaxeln tillbaka till ÖD och sätt i svänghjulslåsverktygets mittstift i skåran i svänghjulet.

45 Kontrollera på nytt att pumpens inställningsstift lätt glider in i pumpen.

46 Dra åt de tre bultarna mellan pumpdrevet och navet till specificerat moment.

47 Lossa på pumpens låsskruv, montera tillbaka fästplattan och dra sedan åt skruven.

48 Ta bort inställningsstiftet från pumpen och

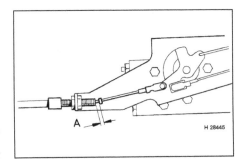

11.32 Justering av kickdown-vajer

A = 0,25 till 1,25 mm

ta bort svänghjulslåsverktygets mittstift från skåran i svänghjulet.

49 Montera täckpluggen eller täckplattebulten, vad som finns, till svänghjulslåsverktygets öppning. På modeller med täckplugg, smörj pluggens gängor med gänglåsningsmedel före monteringen.

50 Montera insprutningspumpens navtäckplatta med en ny packning.

51 Där tillämpligt, montera drivremmen till luftkonditioneringens kompressor.

52 Återanslut batteriets minuspol.

Konventionella bränsleinsprutningssystem – utan specialverktyg LRT-12-045

Demontering

53 Demontera kamremmen enligt beskrivning i del A i detta kapitel.

54 Lossa på pumpens låsskruv och demontera fästplattan (som sitter framtill på pumpen, bakom kamremshuset). Dra åt skruven för att låsa fast pumpspindeln på plats.

55 Ta bort pumpens inställningsstift från pumpdrevet.

56 Ta bort pumpdrevets bultar till navet och ta sedan loss drevets fästplatta och drevet.

57 Fortsätt enligt beskrivning i paragraf 15 till 21.

Montering

58 Fortsätt enligt beskrivning i paragraf 22 till 33.

59 Montera pumpens drev och fästplatta (observera att den U-formade skåran i fästplattan ska vara i linje med skåran i pumpnavet) och sätt sedan tillbaka bultarna mellan drevet och navet. Dra inte åt bultarna helt ännu.

60 Montera pumpens inställningsstift genom drevet och in i pumpen.

61 Lossa på pumpens låsskruv, montera tillbaka fästplattan och dra sedan åt skruven.

62 Montera kamremmen enligt beskrivning i del A i detta kapitel.

Elektroniskt dieselstyrningssystem (EDC)

63 Demontering och montering är som tidigare beskrivits för modeller med konventionella bränsleinsprutningssystem, kom ihåg följande:
a) *Bortse från alla hänvisningar till gasvajern.*
b) *Koppla bort allt relevant kabelage från pumpen och notera hur kablarna är dragna.*

12 Bränsleinsprutningspump (Defender) – demontering och montering

10J motorer

Observera: *En ny pumppackning och packning till inställningsöppningens täckplatta kommer att behövas vid montering.*

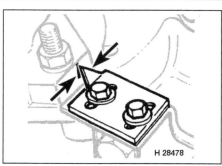

12.7 Markering på pumpflänsen i linje med pumpens inställningsvisare (vid pilarna) – 10J motor

Demontering

1 Koppla bort batteriets minuspol.
2 Demontera motorhuven för att komma åt bättre.
3 Koppla bort kabelaget från stoppsolenoiden.
4 Koppla bort gasvajern från insprutningspumpen.
5 Skruva ur anslutningarna och koppla bort bränslematar- och returrören från pumpen. Var beredd på bränslespill. Där tillämpligt, ta vara på tätningsbrickorna från banjoanslutningen. Täck över rörens öppna ändar och plugga igen öppningarna i insprutningspumpen för att förhindra smutsintrång.
6 Skruva ur anslutningsmuttrarna och koppla bort insprutarrören från pumpen och från insprutarna. Demontera rören, notera hur de sitter för att underlätta monteringen. Plugga igen rören eller täck över öppna ändar på pumpen, rören, och insprutarna för att förhindra smutsintrång.
7 Kontrollera att det finns ett tydligt uppriktningsmärke på pumpflänsen, i linje med pumpens inställningsvisare, som sitter på topplockssidans täckplatta framför pumpen **(se bild)**. Gör ett nytt märke om det behövs.
8 Skruva ur de tre fästmuttrarna, ta vara på brickorna och ta loss pumpen. Ta vara på packningen.
9 Ta loss pumpens drivaxel från drevet.

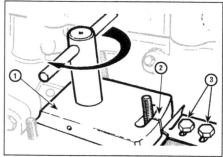

12.18 Mätinstrument RO605863 på plats i insprutningspumpens drevöppning – 10J motor

1 *Mätinstrument RO605863*
2 *Inställningsmärke på instrumentfläns*
3 *Visarens fästbultar*

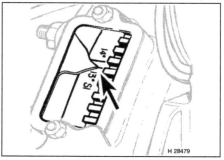

12.12 Inställningsöppningens visare (vid pilen) i linje med 13° märket på svänghjulet – 10J motor

Montering

10 Skruva ur de två fästmuttrarna och ta vara på brickorna som fäster inställningsöppningens täckplatta vid svänghjulshuset på högra sidan av motorn. Lyft bort täckplattan och ta vara på packningen.
11 Se efter om en inställningsvisare är synlig i öppningen. Om inte, kan en lämplig visare skaffas från Land Rover, komponentnummer ERC 2250. Där tillämpligt, montera inställningsvisaren och säkra med två muttrar. Observera att visarpilen ska sitta på växellådssidan av inställningsöppningen.
12 Använd en hylsa eller skiftnyckel på vevaxelns remskivebult och vrid vevaxeln tills 13° märket på svänghjulet är i linje med visaren i inställningsöppningen **(se bild)**.
13 Om vevaxeln av misstag har vridits förbi 13° märket ska man inte vrida tillbaka vevaxeln, utan fortsätta vrida medurs tills märket är exakt i linje med visaren.
14 Titta genom insprutningspumpens drevöppning och kontrollera att styrskåran på pumpens drev är i ca 20° vinkel i förhållande till motorns vevaxel **(se bild)**.
15 Det är möjligt att styrskåran sitter 180° bort från placeringen beskriven i paragrafen ovan. Om så är fallet, vrid vevaxeln ett helt varv så att styrskåran kommer rätt. Kontrollera på nytt att 13° märket på svänghjulet är i linje med inställningsvisaren.
16 Sätt in specialmätinstrument RO605863 i drevet genom drevöppningen.
17 Vrid mätinstrumentets handtag hårt medurs för att eliminera spelrum i inställningsdreven och håll sedan mätinstrumentet i detta läge.
18 Kontrollera att märket på kanten av mätinstrumentet är i linje med pumpens inställningsvisare på motorn. Om inte, lossa på de två bultarna som fäster visaren och flytta lite på den så att den blir i linje med mätinstrumentet och dra sedan åt bultarna **(se bild)**.
19 Demontera mätinstrumentet och montera sedan pumpens drivaxel så att dess styrskåra går i ingrepp med styrskåran på drevet. Observera att änden med de långa skårorna på drivaxeln går i drevet.
20 Sätt en ny pumptätning på plats på det drivande drevets hus.

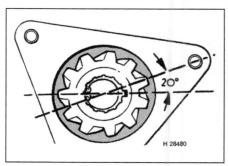

12.14 Styrskåran i insprutningspumpens drev placerad i 20° vinkel i förhållande till vevaxeln – 10J motor

21 Vrid insprutningspumpens spindel så att styrskåran på spindeln blir i linje med styrskåran på drivaxeln och sänk sedan ned pumpen på plats. Vrid pumpen som det behövs så att inställningsmärket på pumpflänsen kommer i linje med pumpens inställningsvisare på motorn.
22 Montera brickorna och pumpens fästmuttrar och dra sedan åt muttrarna. Kontrollera att inställningsmärket på pumpflänsen fortfarande är i linje med visaren på motorn.
23 Montera tillbaka insprutarrören på sina ursprungliga platser och dra åt anslutningsmuttrarna.
24 Återanslut bränslematar- och returrören till pumpen och dra åt anslutningarna.
25 Återanslut kabelaget till stoppsolenoiden.
26 Återanslut gasvajern och kontrollera vajerjusteringen.
27 Montera inställningsöppningens täckplatta på svänghjulshuset, använd en ny packning och dra åt fästmuttrarna.
28 Koppla tillbaka batteriets minuspol.
29 Avlufta bränslesystemet och kontrollera sedan tomgångshastigheten och den maximala motorhastigheten.
30 Avsluta med att montera tillbaka motorhuven.

12J och 19J motorer

Observera: *Om Land Rovers specialverktyg 18G 1457 finns att tillgå kan pumpen demonteras utan att kamremmen behöver störas, arbeta genom åtkomsthålet i kamremskåpan. I skrivandets stund fanns ingen information tillgänglig angående användningen av detta specialverktyg. Följande arbetsbeskrivning är skriven med utgångspunkt från att detta verktyg inte finns tillgängligt så att kamremmen måste demonteras. En ny packning till pumpens främre fäste kommer att behövas vid montering.*

Demontering

31 Demontera motorhuven för att komma åt bättre
32 Demontera kamremmen och bränsleinsprutningspumpens drev.
33 Koppla bort kabelaget från stoppsolenoiden.

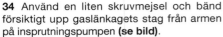

12.34 Bänd upp gaslänkagets stag från armen på pumpen – 19J motor

12.36 Bränsleinsprutarrör kopplas bort från insprutningspumpen – 19J motor

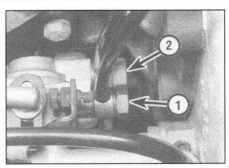

12.38 Koppla loss returröret (1) och tillskottstrycksröret (2) från insprutningspumpen – 19J motor

34 Använd en liten skruvmejsel och bänd försiktigt upp gaslänkagets stag från armen på insprutningspumpen **(se bild)**.

35 Skruva ur anslutningarna och koppla bort bränslematar- och returrören från pumpen. Var beredd på bränslespill. Där tillämpligt, ta vara på tätningsbrickorna från banjo-anslutningen. Täck över de öppna ändarna på rören och plugga igen öppningarna i insprutningspumpen så att det inte kommer in smuts.

36 Skruva ur anslutningsmuttrarna och koppla bort insprutarrören från pumpen och insprutarna. **(se bild)**. Demontera rören, notera hur de sitter för att underlätta monteringen. Plugga eller täck över de öppna ändarna på pumpen, rören och insprutarna för att förhindra smutsintrång.

37 Koppla på liknande sätt bort bränsle-returröret från pumpen.

38 På 19J motorer, skruva ur anslutnings-bulten och koppla bort tillskottstrycksröret från pumpen **(se bild)**.

39 Skruva ur bulten till oljefiltrets tillsatsenhet från topplocket för att få tillräckligt utrymme för att ta ut pumpen. Var beredd på oljespill och ta vara på packningen.

40 Försäkra dig om att det finns ett upp-riktningsmärke på pumpflänsen, i linje med pumpens inställningsvisare (som sitter baktill på kamremshuset). Gör ett lämpligt märke om det är nödvändigt. Om ingen inställningsvisare finns monterad, gör helt enkelt uppriktnings-märken mellan pump-flänsen och kamrems-huset.

41 Skruva ur muttern och bulten som fäster pumpen till det bakre stödfästet.

42 Skruva ur de tre muttrar (ta vara på brickorna) som fäster pumpen på pinnbultarna baktill på kamremshuset och ta sedan ut pumpen och ta vara på packningen.

Montering

43 Börja monteringen med att grundligt rengöra kontaktytorna på pumpflänsen och kamremshuset.

44 Sätt den nya packningen på plats över pumpens monteringspinnbultar.

45 Sätt pumpen på plats över pinnbultarna, se till att packningen sitter rätt, och montera sedan brickor och fästmuttrar. Dra inte åt muttrarna helt ännu. Placera pumpen så att

märket på pumpflänsen är i linje med inställ-ningsvisaren eller märket (vad som finns) på kamremshuset.

46 Montera mutter och bult som håller pumpen till det bakre monteringsfästet. Återigen, dra inte åt helt ännu.

47 Rengör noggrant kontaktytorna på olje-filtrets tillsatsenhet och topplock och montera sedan tillbaka enheten med en ny packning. Dra åt fästbultarna.

48 Montera bränsleinsprutningspumpens drev och kamremmen.

49 Korrigera insprutningspumpens inställ-ning.

50 Med alla pumpens fästen åtdragna, montera insprutarrören och dra åt anslut-ningarna.

51 Koppla in bränslematar- och returrören.

52 Återanslut tillförselröret och, där sådant finns, tillskottstryckröret.

53 Återanslut gaslänkagets stag till armen på pumpen och kontrollera sedan gasvajer-justeringen.

54 Återanslut kabelaget till stoppsolenoiden.

55 Avsluta med att starta motorn och kontrollera tomgångshastighet och maximal motorhastighet. Montera tillbaka motorhuven.

200 TDi och 300 TDi motorer

56 Se avsnitt 11 och följ arbetsbeskrivningen för 200 TDi och 300 TDi motorer med konventionella bränsleinsprutningssystem.

13 Bränsleinsprutningspump (IIA & III serier) – demonte-ring, montering och inställning

Pumpar före 1973

1 Tidiga pumpar har inre inställningsmärken, som man kan se genom ett inspektions-fönster. Senare pumpar, monterade före 1973, identifieras genom att de har DPA Nr 3248760 tryckt på tillverkarens etikett. De har också ett yttre inställningsmärke på den nedre flänsen, vilket används tillsammans med en visare på motorn.

2 För att motorn ska kunna gå med god driftsekonomi är korrekt inställning av bränsleinsprutning/fördelarpump mycket viktigt. Om man noggrant följer instruk-

tionerna nedan ska inga problem behöva uppstå. Om en ny eller renoverad insprut-ningspump ska monteras kommer emellertid Land Rovers specialverktyg nr 605863 att behövas för att få rätt insprutningsinställning. Detta verktyg är endast nödvändigt för insprutningspumpar av senare typ med yttre inställningsmärken.

Demontering

3 Koppla bort batteriets minuspol.

4 Demontera luftrenaren.

5 Koppla bort motorns stoppvajer från insprutningspumpen och demontera stopp-fjädern.

6 Ta loss fästclipset och lyft av gaslänkagets stag från vinkelhävarmen på insprutnings-pumpens övre del.

7 Lossa bränsleinsugsrörens anslutningar vid insprutarna och demontera alla bränslerör från insprutningspumpen. Om det behövs kan man markera deras placering för att under-lätta monteringen **(se bild)**.

8 Markera pumpens monteringsfläns i förhållande till topplocket med en ritsspets eller körnare. Detta är ytterst viktigt eftersom insprutningspumpen måste monteras i exakt samma läge, annars blir insprutningsinställ-ningen felaktig.

9 Ta bort de tre muttrar och brickor som fäster pumpen vid motorn och lyft bort pumpen.

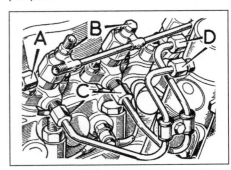

13.7 Bränsleinsprutningspump och bränsleledningar

A Spillrörsanslutning
B Insprutarens spillrörsfixturer
C Bränsleledningar till insprutare
D Bränsleledningar till fördelarpump

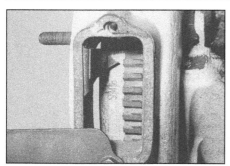

13.12 Rikta in inställningsmärket på svänghjulet mot visaren

Montering och inställning

10 För att montera pumpen, ta bort ventilkåpan och inspektionskåpan till inställningsvisaren på svänghjulshuset.

11 Vrid motorn i normal rotationsriktning tills båda ventilerna på cylinder nr 1 är stängda och det finns ett spelrum mellan ventilspindlarna och vipparmarna.

12 Fortsätt att vrida i normal rotationsriktning tills rätt inställningsmärke är i linje med inställningsvisaren på svänghjulshuset **(se bild)**.

13 På tidiga insprutningspumpar, ställ visaren intill 16° markeringen på svänghjulet.

14 På senare insprutningspumpar monterade på motorer som har 14° och 16° markeringar tryckta på svänghjulet, sätt inställningen på 15°, d v s mitt emellan de två märkena. Om svänghjulet är markerat med 13° och 14°, sätt inställningen på 13°. Var noga med att markeringarna närmar sig visaren i normal rotationsriktning. Om visaren blir passerad, börja om på nytt.

15 Med en gradskiva, ritsa en linje vid 20° i förhållande till horisontalen på bränsleinsprutningspumpens/fördelarpumpens kontaktyta på topplocket **(se bild)**.

16 Observera insprutningspumpens vertikala drevs styrskåra och se till att den är i linje med det ritsade märket **(se bild)**.

17 Om originalpumpen används kan montering nu utföras i omvänd arbetsordning mot demontering. Var noga med att de

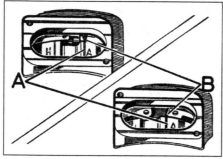

13.18 Inställningsmärken på tidig typ av insprutningspump

A Inställningsmärke på drivplattan
B Ritsat märke eller rak kant, efter tillämplighet, på låsclips

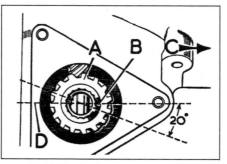

13.15 Vertikala drevets placering

A Vertikalt drev
B Styrskåra vid 20° i förhållande till motorns mittlinje
C Motorns front
D Linje parallell med motorns mittlinje

tidigare gjorda märkena på pumpflänsen och topplocket är i linje innan fästmuttrarna dras åt. Med pumpen på plats och alla inpassningar återanslutna, se paragraf 27 till 30.

18 Om en ny eller omställd pump av tidig modell ska monteras, demontera inspektionskåpan från sidan på pumpen och inspektera drivplattan genom inspektionsfönstret. Rotera spindeln tills linjen markerad med A på drivplattan är i linje med märket på låsringen **(se bild)**.

19 Sätt pumpen på plats på motorn och se till att den går i korrekt ingrepp med styrskårorna. Montera fästmuttrarna och brickorna men dra inte åt helt ännu.

20 Inspektera inställningsmärkena genom fönstret och gör eventuella slutliga justeringar så att de hamnar i linje genom att vrida på pumpen. När du vrider pumpen i normal rotationsriktning, håll drivplattan mot rotationsriktningen för att eliminera spelrum i dreven. Dra nu åt fästmuttrarna helt.

21 Återanslut alla rör och andra inpassningar i omvänd arbetsordning mot demontering och se sedan paragraf 27 till 30.

22 Om en ny eller omställd pump av senare typ ska monteras, demontera den korta drivaxeln från det vertikala drevet och sätt inställningsmätaren (Land Rover verktyg nr 605863) på plats – se bild 12.18.

23 Vrid mätaren medurs för att ta upp eventuellt spelrum i dreven och håll den i

13.25 Bränsleinsprutningspumpens inställningsmärke i linje med visaren

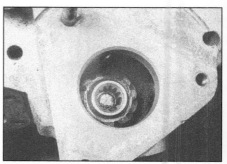

13.16 Vertikala drevets styrskåra vid 20° i förhållande till horisontalen

detta läge. Pilen på inställningsvisaren ska nu vara i linje med märket på inställningsmätaren. Om nödvändigt, lossa på bultarna och ställ om visaren.

24 Demontera inställningsmätaren och montera drevet, den smala delen först.

25 Ställ styrskåran på pumpspindeln så att den är i linje med styrskåran på drevet och sätt pumpen på plats på motorn. För märket på pumpflänsen i linje med visaren och montera och dra åt fästmuttrarna och brickorna helt **(se bild)**.

26 Återanslut alla rör och andra inpassningar i omvänd arbetsordning mot demontering.

27 När alla komponenter är återanslutna, lossa de två avluftningsskruvarna på sidan på pumpen och arbeta med den manuella snapsningsarmen på bränslepumpen tills bränsle som är helt fritt från luftbubblor kommer ut, och dra sedan åt skruvarna.

28 Be en medhjälpare slå på startkontakten så att motorn går runt på startmotorn, och lossa på bränslematarröret till en av insprutarna. När bränsle som är helt fritt från luftbubblor kommer ut, dra åt matarröret.

29 Starta motorn och kontrollera om det finns bränsleläckage någonstans.

30 Om en ny eller omställd pump har monterats, ställ on motorn med styrskruven på pumpen för att ge den långsammast möjliga tomgångshastigheten som motorn

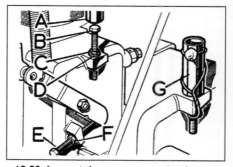

13.30 Insprutningspumpens styrskruvar

A Krage
B Styrskruv för max uteffekt
C Låsmutter
D Skruvhållare
E Låghastighetsskruv
F Locknut
G Skruvkragen plomberad efter inställning

kan gå på och ändå gå jämnt och smidigt. Styrskruven för pumpens maximaleffekt ska ställas in så att den ger en maximal motorhastighet på 4200 rpm. Detta kan bestämmas av ett vägtest, då 4200 rpm motsvarar 77 km/h på tredje växeln **(se bild)**.

Pumpar fr o m 1973

Observera: *Följande arbetsbeskrivning för återinställning av inställningsvisaren kräver att man använder specialverktyg nr MS 67 B, som hemmamekanikern förmodligen inte har tillgång till. Rör därför inte inställningsvisaren.*

Demontering

31 Demontera insprutningspumpen enligt beskrivning i paragraf 3 till 9.

Montering och inställning

32 Demontera motorns ventilkåpa.
33 Bered väg så att du kommer åt visaren och inställningsmärkena på motorns svänghjul.
34 Vrid motorn i normal rotationsriktning tills båda ventilerna på cylinder nr 1 är stängda och kolven är på väg upp i kompressionstakten.
35 Fortsätt att vrida på motorn tills 13° markeringen på svänghjulet är exakt i linje med visaren, sett rakt uppifrån. Om motorn vrids för långt måste momentet upprepas eftersom det är viktigt att denna position nås med motor gående i normal rotationsriktning.
36 Styrskåran på drevet ska nu vara vänd 20° bort från mittlinjen på motorn, sett framifrån. Om den speciella inställningsmätaren inte finns tillgänglig, fortsätt från paragraf 42.
37 Ställ in mätaren (verktyg nr MS 67 B) till

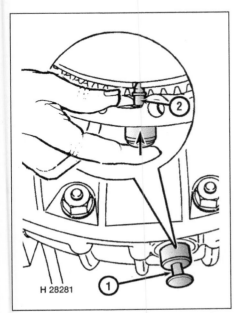

14.3a Specialverktyg LRT-12-044 på plats – 300 TDi motor
1 Specialverktyg LRT-12-044
2 Verktygets mittstift

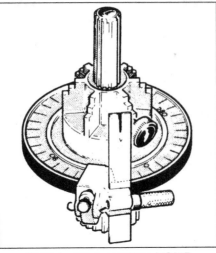

13.37 Inställningsmätare MS67B

22° och lås fast den i detta läge **(se bild)**.
38 Växelrikta nu inställningsmätaren och sätt in den i pumphuset på motorn, se till att den går i ingrepp med insprutningspumpens skåror.
39 För instrumentet nedför mittaxeln och sätt ihop den med insprutningspumpens drevnav. Dra åt fästskruven med räfflat huvud.
40 Vrid instrumentet försiktigt medurs för att ta upp spelrum eller förslitningar i dreven. Håll det i detta läge.
41 Lossa på fästbultarna och justera inställningsvisaren så att den är i linje med visaren på inställningsmätaren. Dra åt bultarna i detta läge och demontera sedan inställningsmätaren.
42 Vrid det drivande drevet på pumpen så att styrskåran kommer i linje med den drivande skåran på motorn och sätt pumpen på motorn; kontrollera att inställningsmärket på själva pumpen är i linje med inställningsvisaren.
43 Dra åt sumpens fästmuttrar.
44 Se arbetsbeskrivningen för pumpar före 1973, montera pumpen och snapsa bränslesystemet.

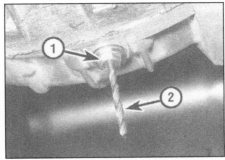

14.3b Improviserat svänghjulslåsverktyg på plats – manuell växellåda
1 Täckplugg
2 3/16 tums borr

14 Bränsleinsprutningspump (Discovery) – inställning

Varning: Den maximala motorhastigheten och insprutningspumpstryckets inställning samt åtkomstpluggarna för inställning, är plomberade av tillverkarna med låstråd och bly. Rör inte tråden om bilen fortfarande står under fabriksgaranti, då slutar den att gälla. Dessutom, försök inte justera inställningar om inte rätt låsningsverktyg finns tillgängliga. En ny packning till insprutningspumpsnavets täckplatta måste användas vid monteringen.

1 Det är endast nödvändigt att kontrollera insprutningsinställningen om insprutningspumpen har blivit störd.
2 Utrustning för dynamisk inställning existerar, men det är inte troligt att den finns att tillgå för hemmamekanikern. Utrustningen omvandlar tryckpulser i ett insprutarrör till elektriska signaler. Om sådan utrustning finns tillgänglig, använd den enligt tillverkarens instruktioner.
3 Statisk inställning kan göras med stor precision, under förutsättning att rätt låsningsverktyg för svänghjulet och insprutningspumpens spindel finns tillgängliga. Land Rovers verktyg som behövs för att låsa svänghjulet har nr LRT-12-044 **(se bild)** för modeller med konventionella bränsleinsprutningssystem, och nr LRT-12-085 för modeller med elektronisk dieselstyrning. Svänghjulets låsningsverktyg (nr LRT-12-044) kan tillverkas av en gammal täckplugg till ett svänghjulshus. Borra ett hål genom pluggens mitt så pass stort att det får igenom en 3/16 tums (ca 4,76 mm) borr. För att låsa bränsleinsprutningspumpens drev behövs specialverktyg nr LRT-12-045. Ett alternativ till detta verktyg kan tillverkas av en kort bit (ca 50,0 mm) av en 9,5 mm diameter rund pinne **(se bilder)**. Fortsätt enligt följande:
4 Koppla bort batteriets minuspol.
5 Vrid vevaxeln så att kolv nr 1 hamnar vid ÖD i kompressionstakten och montera verktygen så att svänghjulet och insprutningspumpens drev låses på plats, som beskrivs i avsnitt 11. Om svänghjulet och

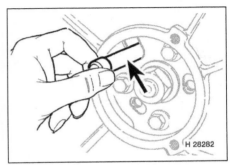

14.3c Insprutningspumpens inställningsstift (vid pilen) kan improviseras med en pinne med 9,5 mm diameter

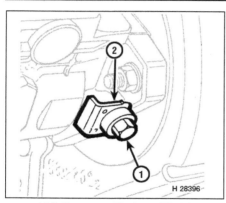

14.8 Pumpens låsskruv (1) och fästplatta (2)

drevet kan hållas fast med verktygen som beskrivet, är inställningen av insprutningspumpen korrekt.

6 Om svänghjulslåsverktygets mittstift inte med lätthet kan passas in i skåran i svänghjulet, fortsätt enligt följande:

7 Ta bort svänghjulslåsverktygets mittstift från skåran i svänghjulet och vrid sedan vevaxeln så mycket som behövs för att inställningsstiftet med lätthet ska kunna föras in i insprutningspumpen.

8 Lossa pumpens låsskruv och demontera fästplattan (som sitter framtill på pumpen, bakom kamremshuset). Dra åt låsskruven för att låsa fast pumpen **(se bild)**.

9 Lossa de tre bultarna mellan pumpens drev och navet.

10 Vrid vevaxeln tillbaka till ÖD och sätt sedan in svänghjulslåsverktygets mittstift i inställningsskåran i svänghjulet.

11 Kontrollera igen att pumpens inställningsstift lätt går in i pumpen.

12 Dra åt de tre bultarna mellan pumpens drev och navet till specificerat moment.

13 Lossa pumpens låsskruv, montera sedan fästplattan och dra åt låsskruven.

14 Ta bort inställningsstiftet från pumpen och ta ut svänghjulslåsverktygets mittstift ur skåran i svänghjulet.

15 Vrid vevaxeln två hela varv och kontrollera att svänghjulets låsverktyg och pumpens

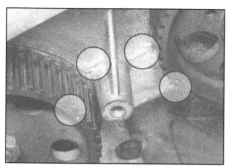

15.10 Bränsleinsprutningspumpens och kamaxeldrevets inställningsmärken i linje med pilar på kamremshuset. Notera att märkena inte ser ut som om de är i linje på grund av synvinkeln – 19J motor

inställningsstift kan sättas in lätt, båda på samma gång.

16 Ta bort inställningsstiftet och svänghjulets låsverktyg.

17 Montera täckpluggen (eller täckplattebulten, vad som finns) i svänghjulets låsverktygsöppning. På modeller med täckplugg, täck gängorna på pluggen med gänglåsningsmedel före montering.

18 Montera insprutningspumpnavets täckplatta, använd en ny packning.

19 Där tillämpligt, montera luftkonditioneringens kompressor och därefter drivremmen.

15 Bränsleinsprutningspump (Defender) – inställning

Varning: Den maximala motorhastigheten och insprutningspumpstryckets inställning samt åtkomstpluggarna för inställning, är plomberade av tillverkarna med låstråd och bly. Rör inte tråden om bilen fortfarande står under fabriksgaranti, då slutar den att gälla. Dessutom, försök inte justera inställningar om inte rätt låsningsverktyg finns tillgängliga. En ny packning till insprutningspumpnavets täckplatta måste användas vid monteringen.

1 Det är endast nödvändigt att kontrollera insprutningsinställningen om insprutningspumpen har blivit störd.

2 Utrustning för dynamisk inställning existerar, men det är inte troligt att den finns att tillgå för hemmamekanikern. Om sådan utrustning finns tillgänglig, använd den enligt tillverkarens instruktioner. Dynamisk inställning ska inte behöva göras på motorn i en Defender.

3 Statisk inställning kan göras med stor precision, under förutsättning att rätt låsningsverktyg finns tillgängliga.

10J motorer

4 Insprutningspumpen måste demonteras när man ska kontrollera inställningen. Inställningen ingår som en del i demonterings- och monteringsarbetet av pumpen i avsnitt 12.

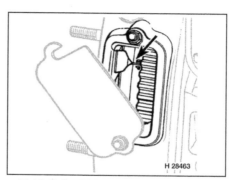

15.11 Svänghjulets E.P. markering (vid pilen) i linje med inställningsvisaren – 10J och tidiga 12J motorer

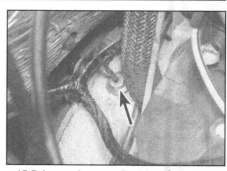

15.5 Improviserat svänghjulslåsverktyg (vid pilen) på plats – 19J motor

Observera att Land Rovers specialverktyg nr RO605863 kommer att behövas.

12J och 19J motorer

5 Inställning kan göras med stor precision, under förutsättning att rätt låsningsverktyg för insprutningspumpens spindel (och där tillämpligt, svänghjulet låsningsverktyg) finns tillgängliga **(se bild)**. Land Rovers verktyg som behövs för att låsa insprutningspumpen har nr 18G 1458. Detta verktyg kan tillverkas av en gammal täckplugg till en insprutningspumps inställningsöppning. Borra ett hål genom pluggens mitt så pass stort att det går att få igenom en 5/32 tums (ca 4 mm) borr. Fortsätt enligt följande:

6 Vrid vevaxeln så att kolv nr 1 hamnar vid ÖD enligt följande:

Tidig 12J motor med inställningsmärken på svänghjulet

Observera: *En inställningsvisare kan komma att behövas för detta arbete och en ny packning till inställningsöppningens täckplatta ska användas vid montering.*

7 Skruva ur de två fästmuttrarna och brickorna och demontera täckplattan från inställningsöppningen uppe på högra sidan i svänghjulet. Ta vara på packningen.

8 Om ingen visare är synlig i inställningsöppningen kan en lämplig visare skaffas från Land Rover återförsäljare (komponent nr ERC 2250). Där tillämpligt, montera inställningsvisaren och fäst med de två muttrarna. Observera att visarpilen ska sitta på växellådssidan av inställningsöppningen.

9 Demontera transmissionskåpan.

10 Sätt ett lämpligt verktyg på vevaxelns remskivebult och vrid vevaxeln tills inställningsmärkena på kamaxelns och bränsleinsprutningspumpens drev är exakt i linje med sina respektive inställningspilar som är gjutna i kamremshuset **(se bild)**.

11 Svänghjulets inställningsvisare ska nu vara i linje med en linje i svänghjulets utkant markerat E.P **(se bild)**.

12 Om vevaxeln råkar vridas längre än till ÖD, vrid inte tillbaka den, utan fortsätt att vrida medurs tills drevets inställningsmärken återigen är i linje och svänghjulets E.P märke är exakt i linje med visaren.

13 Nu är kolv nr 1 vid ÖD.

Senare 12J och 19J motorer med inställningsskåra i svänghjulet

Observera: *Ett lämpligt verktyg kommer att behövas för att låsa fast svänghjulet på plats under arbetet. Land Rovers verktyg som behövs för detta ändamål har nr LRT-12-044. Detta verktyg kan även tillverkas av en gammal täckplugg till ett svänghjulshus. Borra ett hål genom pluggens mitt så pass stort att det går att få igenom en 3/16 tums (ca 4,76 mm) borr.*

14 Skruva ur pluggen från inställningshålet i den övre, högra sidan av svänghjulshuset.
15 Skruva i svänghjulshusets låsverktyg i hålet. Sätt inte in verktygets mittstift ännu.
16 Demontera transmissionskåpan.
17 Sätt ett lämpligt verktyg på vevaxelns remskivebult och vrid vevaxeln tills inställningsmärkena på kamaxelns och bränsleinsprutningspumpens drev är exakt i linje med sina respektive inställningspilar som är gjutna i kamremshuset – se bild 15.10.
18 Svänghjulshusets låsverktygs mittstift ska nu lätt gå in i inställningsskåran i svänghjulet – se bild 15.5.
19 Om vevaxeln råkar vridas längre än till ÖD, vrid inte tillbaka den, utan fortsätt att vrida medurs tills drevets inställningsmärken återigen är i linje och låsverktygets mittstift helt kan gå in i skåran på svänghjulet.
20 Motorn är nu låst med kolv nr 1 vid ÖD.

Båda motorerna

21 Skruva ur inställningsöppningens täckplugg från sidan av insprutningspumpen (**se bild**).
22 Sätt in inställningsverktyg nr 18G 1458 (eller hemmagjort verktyg) i inställningsöppningen och försök skruva in verktyget helt i pumpen så att mittstiftet går i ingrepp med pumpspindeln (eller sätt in borren i hålet i pumpspindeln) och spindeln låses på plats. Tvinga inte in verktyget. För att försäkra dig om att verktygets mittstift har gått in i pumpspindeln, demontera svänghjulets låsverktyg (där tillämpligt) och försök sedan vrida på vevaxeln en aning. Tvinga inte vevaxeln. Det kommer att vara uppenbart när inställningsverktygets mittstift går i hålet i pumpspindeln (**se bild**).
23 Om det är möjligt att sätta in inställningsverktygets mittstift i pumpspindeln med vevaxeln vid ÖD är pumpinställningen korrekt och ingen justering behöver göras.
24 Om det är nödvändigt att vrida vevaxeln bort från ÖD för att inställningsverktygets mittstift ska kunna gå i ingrepp med pumpspindeln, ta bort verktyget från pumpspindeln och vrid sedan vevaxeln i normal rotationsriktning (medurs) tillbaka till ÖD. Där tillämpligt, sätt in svänghjulslåsverktygets mittstift i skåran i svänghjulet. Fortsätt enligt följande:

a) *Skruva ur anslutningsmuttrarna som fäster insprutarrören baktill på pumpen. Håll emot anslutningarna på pumpen medan muttrarna skruvas ur. Täck över öppna anslutningar för att förhindra smutsinträng.*

15.21 Ta bort inställningsöppningens täckplugg från insprutningspumpen – 19J motor

b) *Lossa pumpens bakre monteringsmutter och bult samt de tre främre monteringsmuttrarna.*
c) *Vrid pumpen lätt, tills inställningsverktygets mittstift lätt går in i hålet i pumpspindeln.*
d) *Kontrollera att motorns inställningsmärken fortfarande är i linje. Svänghjulets inställningsmärke/skåra och kamaxel- och bränsleinsprutningspumpens drevmärken ska vara i linje med kolv nr 1 vid ÖD.*
e) *Dra åt pumpens monteringsmuttrar och bultar.*

25 Undersök om det finns en inställningsvisare monterad baktill på kamremshuset, denna visare är borttagen på senare modeller. Visaren sitter på plats med två skruvar och hjälper till att behålla pumpinställningen när pumpen demonteras och monteras.
26 Om en visare finns monterad, undersök om det finns ett motsvarande uppriktningsmärke på pumpflänsen.
27 Om det finns ett märke men det inte är i linje med visaren, lossa visarens två skruvar och flytta visaren tills den är i linje med märket. Dra åt visarens skruvar.
28 Om det inte finns någon märke på pumpflänsen, gör ett lämpligt märke i mitten av det slipade området på flänsen. Lossa visarens två skruvar, för visaren i linje med märket och dra åt skruvarna.
29 Ta bort inställningsverktyget från öppningen i pumpen och montera tillbaka täckpluggen.

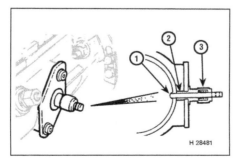

15.22 Inställningsverktyget inskruvat i öppningen i pumpen – 19J motor

1 Hål i pumpspindel
2 Verktygets mittstift
3 Verktygets huvuddel

30 På motorer med inställningsmärken på svänghjulet, demontera inställningsvisaren där sådan finns och montera sedan inställningsöppningens täckplatta med ny packning och dra åt fästmuttrarna.
31 På motorer med inställningsskåra i svänghjulet, demontera inställningsstiftet från svänghjulshuset och montera täckpluggen.
32 Montera transmissionskåpan.

200 TDi och 300 TDi motorer

33 Följ arbetsbeskrivningen i avsnitt 14.

16 Insprutningspumpens filter (IIA & III serierna) – demontering, rengöring och montering

1 Skruva ur och demontera intagsrörets anslutning från bränslefiltret (**se bild**).
2 Skruva loss och ta bort det stora rörets anslutning från uppe på bränsleinsprutningspumpen och ta bort gasfiltret.
3 Tvätta filtret i rent dieselbränsle och, om möjligt, blås genom med en luftledning.
4 Montera tillbaka filtret i den övre delen av pumpen, följt av röranslutningen och intagsrörets anslutning. Innan intagsröret dras åt, aktivera den manuella snapsningsarmen på bränslepumpen tills all luft försvunnit och rent dieselbränsle kommer ut ur anslutningen. Dra åt anslutningen helt samtidigt som du arbetar med snapsningsarmen.

17 Bränslelyftpump (Discovery och Defender) – demontering och montering

Observera: *Ny packning/packningar måste användas när bränslelyftpumpen monteras.*

Demontering

1 Koppla bort batteriets minuspol.
2 Där tillämpligt, demontera luftrenarenheten för att komma åt bättre.
3 På samma sätt, där det är nödvändigt att förbättra åtkomsten, skruva ur anslutningsmuttrarna och koppla bort de två övre bränslerören som ansluter bränsleinsprutarna

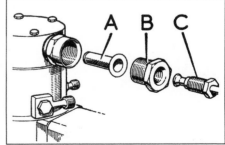

16.1 Bränsleinsprutningspumpens filter

A Filter
B Anslutningsmutter
C Inloppsrör

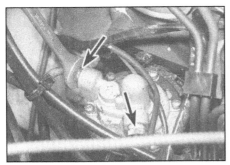

17.4a Ta loss röranslutningarna (vid pilarna) från bränslelyftpumpen – 19J motor

17.4b Slang kopplas loss från bränslelyftpumpen – 300 TDi motor

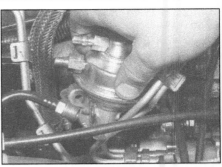

17.5a Demontera bränslelyftpumpen . . .

17.5b . . . och ta vara på packningen – 300 TDi motor

till bränsleinsprutningpumpen, från bränsleinsprutarna. Var beredd på bränslespill och plugga igen de öppna ändarna på insprutarna och rören för att förhindra smutsintrång. Lossa på rörens anslutningar vid bränsleinsprutningpumpen (håll emot anslutningarna på pumpen) och flytta på rören så att du får tillräckligt med plats att demontera bränslelyftpumpen.

4 Skruva ur anslutningarna (återigen, håll emot anslutningarna på pumpen) och koppla bort bränsleslangarna från bränslelyftpumpen **(se bilder)**. Plugga igen eller täck över de öppna ändarna på slangar och pump.

5 Skruva ur de två fästmuttrarna eller bultarna och ta sedan bort pumpen och packningen/-arna **(se bilder)**. Kassera packningen/-arna och observera att vissa modeller kan ha ett plastisoleringsblock mellan två packningar.

6 På alla motorer utom 300 TDi kan (om man vill) bränslelyftpumpens hus tas loss från topplocket genom att man skruvar ur dess bultar. Notera placeringen för eventuella fästen som sitter fast med bultarna. Ta vara på packningen.

Montering

7 Börja med att tvätta bort alla tecken på gammal packning från kontaktytorna på pumpen och huset (och isoleringsblocket, där sådant finns).

8 På samma sätt, där tillämpligt, rengör kontaktytorna på bränslepumphuset och montera huset med en ny packning.

9 Montera pumpen, och isoleringsblocket, där sådant finns, använd ny(a) packning(ar). Se till att pumparmen på korrekt sätt går i

ingrepp med kamaxeln när pumpen monteras.

10 Montera pumpens fästbultar eller muttrar och dra åt dem till specificerat moment.

11 Återanslut bränslerören till lyftpumpen och, där tillämpligt, återanslut insprutarrören till insprutarna. Se till att alla anslutningarna är hårt åtdragna. Montera luftrenarenheten om den demonterats.

12 Återanslut batteriets minuspol och starta motorn. Om den är svårstartad, avlufta bränslesystemet.

18 Bränslepump (IIA & III serierna) – demontering, underhåll och montering

Demontering

1 Demontera luftrenaren.

2 Lossa och ta bort de ingående och utgående bränslerörsanslutningarna från pumpkroppen **(se bild)**.

3 Demontera de två fästmuttrarna och ta bort pumpen och packningen **(se bild)**. Om du får problem med att ta bort de två muttrarna, lossa de fyra bultarna och demontera pumpen, komplett med täckplatta och packning.

Isärtagning

4 Följande arbetsbeskrivning är för pumpar som har en glasskål. Senare pumpar är identiska med undantag för skålen **(se bild)**.

5 Rengör utsidan av pumpen och torka den torr med en luddfri trasa.

6 Använd en fil och gör märken på de övre

och nedre pumpdelarnas flänsar för att försäkra dig om att de är korrekt ihopsatta.

7 Skruva ur skålklammerns tumskruv och sväng bort klammern så att den är ur vägen. Håll i glasskålen så att den inte faller i golvet. Lyft bort filterskålen, följd av korktätningen och gasfiltret. Undersök korktätningen och se efter om den är skadad eller ihoptryckt och skaffa en ny för monteringen.

8 Lossa och ta bort de sex fästskruvarna och fjäderbrickorna och dela på de två halvorna.

9 Vänd på den övre delen, lossa fästplattans två skruvar och ta bort skruvarna, fästplattan, de två ventilenheterna och ventilpackningen.

10 Notera hur läppen på membranet sitter i förhållande till den nedre pumpdelen för att kunna sätta ihop delarna korrekt och demontera sedan membranet genom att vrida det 90° moturs och lyfta bort det från nederdelen och länken.

11 Det rekommenderas att pumpens nedre delar inte tas isär, om inte antingen tätningen eller handsnapsningsarmen armen på länkenheten behöver undersökas.

Undersökning

12 Undersök konditionen för filterskålens korktätningsbricka, om den är hård eller har spruckit måste den bytas. Membranet ska också undersökas och bytas ut om det är defekt. Rengör pumpen grundligt och skaka ventilerna i fotogen eller bensin för att rensa ur dem. Detta kommer även att förbättra kontakten mellan ventiltätningen och ventilen. Undersök pumpkroppen och se efter om det finns sprickor.

18.2 Bränslepump och röranslutningar

18.3 Demontering av bränslepump

Ihopsättning

13 Om den nedre pumpdelen har tagits isär, montera vipparmsenheten som omfattar aktiveringslänk, vipparm, antiskallerfjäder och brickor på sina respektive platser i den nedre pumpdelen. Rikta in hålen i pumpen och sätt in pivotstiftet.

14 Montera låsringarna i spåren i pivotstiftens båda ändar. På senare modeller sitter pivotstiftet på plats med hjälp av två hållare. Sedan pivotstiftet monterats, knacka in hållarna i sina spår och säkra deras positioner genom att lätt kallhamra i änden på skårorna med ett litet stämjärn.

15 Vänd på den övre pumpdelen och montera packningen, ventilerna och ventilfästplattan och dra åt plattans två fästskruvar. De två ventilerna är utbytbara, så man måste vara försiktig så att de monteras åt rätt håll. Den ingående ventilen ska monteras i den förskjutna, grundare delen med dess fjäder vänd mot membranet, medan den utgående ventilen ska sitta i mitten med fjädern vänd bort från membranet.

16 Sätt tätningen och hållaren i den nedre pumpdelen och placera membranets fjäder över dem.

17 Montera membran- och dragstångsenheten med dragstången nedåt och se till att den lilla läppen på membranet sitter så som tidigare noterats, vilket bör vara nära mitten av flänsen och vipparmen.

18 Håll pumpkroppen så att vipparmen är vänd bortåt och tryck ned membranet samtidigt som du vrider ett kvarts varv till vänster. Detta gör att skåran i dragstången går i ingrepp med aktiveringsarmen. Den lilla läppen på membranet ska nu vara i 90° vinkel mot vipparmen och membranet ska sitta fast.

19 Flytta vipparmen tills membranet är i nivå med flänsarna och håll armen i detta läge. Sätt ihop pumpens två delar, var noga med att de tidigare uppgjorda märkena på flänsarna är i närheten av varandra.

20 Sätt in de sex skruvarna och låsbrickorna och dra åt dem fingerhårt.

21 För vipparmen upp och ned flera gånger för att centralisera membranet och dra sedan, med armen hållen nedåt, åt skruvarna ordentligt i diagonal ordningsföljd.

22 Montera gasfiltret, korkbrickan och glasskålen och sätt tillbaka klammerns tumskruv i

19.3 Bränslefiltrets avluftningsskruv (vid pilen) – 300 TDi motor

18.4 Bränslepumpens delar

1 Toppkåpa	19 Handvippa
2 Fästskruvar	20 Korkbrickor
3 Fjäderbricka	21 Vipparmens pivotstift, tidig typ
4 Ventilpackning	
5 Ventiler	22 Manöverlänk
6 Hållare för ventiler	23 Brickor
7 Skruv för hållare	24 Vipparm
8 Gasfilterskiva	25 Returfjäder
9 Tätningspackning	26 Fogbricka
10 Filterskål	27 Oljetätnings-
11 Skålhållare	hållare
12 Membranenhet	28 Oljetätning
13 Membranfjäder	29 Pumpens huvuddel
14 Oljetätnings-	
hållare	30 Vipparmens pivotstift
15 Tätningsbrickor	
16 Pumpens	31 Hållare för pivotstift
huvuddel	
17 Handsnapsningsarm	
18 Returfjäder för handsnapsningsarm	

botten på skålen. Dra endast åt så pass hårt att en bränsletät led skapas, drar man åt för hårt kommer skålen att gå sönder.

Montering

23 Montering sker i omvänd arbetsordning. Var noga med att en ny packning används och avsluta med att snapsa bränslesystemet.

19 Bränslesystem – snapsning och avluftning

Discovery

1 Sedan man kopplat bort delar av bränslematningssystemet eller efter det att man fått bensinstopp, måste man snapsa och avlufta bränslesystemet för att bli av med luft som kommit in i systemets komponenter.

2 Alla modeller är utrustade med en manuellt aktiverad snapsningsarm på bränslelyft-

pumpen. Observera att om motorn har stannat med lyftpumpens arm i helt upphöjt läge på sin kam, kommer det inte att vara möjligt att aktivera snapsningsarmen. Om så är fallet, vrid motorn (med en lämplig skiftnyckel eller hylsa på vevaxelns remskivebult om nödvändigt) tills armen kan aktiveras.

3 För att snapsa systemet lossa avluftningsskruven, som sitter uppe på bränslefiltret **(se bild)**.

4 Arbeta med snapsningsarmen tills bränsle som är fritt från luftbubblor kommer ut ur avluftningsskruven, och dra sedan åt skruven. För att aktivera armen, tryck den nedåt så att den lossnar från sin hake och pumpa den sedan upp och ned.

5 Slå på tändningen så att stoppsolenoiden aktiveras och fortsätt arbeta med snapsningsarmen tills du känner ett fast motstånd, pumpa sedan ett par gånger till.

6 Om det har kommit in mycket luft i bränsleinsprutningspumpen, lägg trasor runt

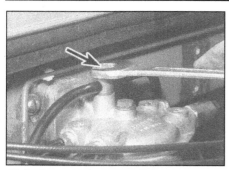

19.9a Lossa bränslereturrörets anslutning uppe på filtret – 19J motor

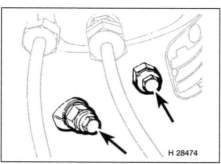

19.9b Insprutningspumpens avluftnings-skruvar (vid pilarna) – 10J motor

19.9c Insprutningspumpens avluftningsskruv (vid pilen) – 19J motor

bränslereturanslutningen på bränsleinsprutningspumpen så att spillt bränsle kan sugas upp, och lossa sedan på anslutningen. Arbeta med snapsningarmen med tändningen påslagen så att stoppsolenoiden är aktiv, eller dra runt motorn på startmotorn i 10-sekunders intervall, tills rent bränsle utan luftbubblor kommer ut ur bränsleanslutningen. Dra åt anslutningen och moppa upp utspillt bränsle.

7 Om det har kommit in luft i insprutarrören, lägg trasor runt insprutarrörsanslutningarna vid insprutarna så att spillt bränsle sugs upp och lossa sedan på anslutningarna. Dra runt motorn på startmotorn tills bränsle kommer ut ur anslutningarna och stoppa sedan motorn och dra åt anslutningarna igen. Moppa upp utspillt bränsle.

8 Starta motorn med gaspedalen tryckt i botten. Motorn kan behöva gå runt några gånger till så att systemet slutgiltigt avluftas innan motorn startar.

Defender

9 Utför momenten beskrivna i paragraf 1 till 8 för 200 TDi och 300 TDi motorerna, och kom ihåg följande:

a) *För att snapsa bränslesystemet på 10J, 12J och 19J motorer, lossa bränslereturrörets anslutningsbult uppe på bränslefiltret (se bild).*

b) *För att avlufta bränslesystemet på 10J motorn, lossa på de två avluftningsskruvarna på sidan på pumpen (se bild).*

20.12 Ta loss kontakten från förvärmningssystemets relä-/timerenhet – 300 TDi motor

c) *För att avlufta bränslesystemet på 12J och 19J motorer, lossa på avluftningsskruven uppe på pumpen (se bild).*

IIA & III serierna

10 Se avsnitt 28 i del A i detta kapitel.

---

20 Förvärmningssystem –
testning av komponenter, demontering och montering

Discovery

Systemtest

1 Om förvämningssystemet inte fungerar som det ska, utförs avgörande test genom att man byter ut misstänkta komponenter mot komponenter som man vet fungerar, men vissa preliminära kontroller kan göras enligt följande:

2 Anslut en voltmätare eller en 12 volts testlampa mellan glödstiftens matningskabel och jord (motor- eller fordonsmetall). Se till att den strömförande anslutningen hålls borta från motor och kaross.

3 Be en medhjälpare slå på tändningen och kontrollera att det går spänning genom glödstiften. Notera hur länge varningslampan är tänd samt den totala tiden för hur länge spänning matas innan systemet stängs av. Stäng av tändningen.

4 Vid en temperatur på 20 °C under huven ska varningslampan normalt vara tänd i ca 5-6 sekunder, följt av ytterligare 4-5 sekunders spänningsmatning sedan lampan slocknat (om startmotorn inte är på). Tiden då varningslampan är tänd ökar med lägre temperaturer och minskar med högre temperaturer.

5 Om det inte finns någon matning alls är reläet eller anslutande ledningar defekt/a.

6 För att hitta ett trasigt glödstift, koppla bort huvudmatningskabeln och mellangående ledning från glödstiften. Var försiktig så att du inte tappar muttrar och brickor.

7 Anslut en kontinuitetsmätare eller en 12-volts testlampa till batteriets pluspol och kontrollera kontinuiteten mellan varje glödstiftsterminal och jord. Motståndet i ett glödstift i gott skick är mycket lågt (mindre än

1 ohm), så om testlampan inte lyser eller om kontinuitetsmätaren visar ett högt motstånd är glödstiftet defekt.

8 Om en amperemätare finns till hands kan man undersöka hur mycket ström varje glödstift drar. Efter en inledande ökning på 15 till 20 amp, ska varje glödstift dra 10 amp. Om ett glödstift drar mycket mer eller mindre är den troligen defekt.

9 Som en sista kontroll kan glödstiften demonteras och undersökas.

Relä/timerenhet – demontering och montering

10 På modeller med 200 TDi motorer sitter relä/timerenheten på höger sida på torpedplåten i motorrummet. På modeller med 300 TDi motorer sitter enheten på höger sida i motorrummet, på ett fäste baktill på säkringsdosan.

11 Koppla bort batteriets minuspol.

12 Ta loss kontakten från relä/timerenheten (se bild).

13 Skruva ur bulten eller muttern och bulten, som tillämpligt, och ta ut enheten.

14 Montering sker i omvänd arbetsordning.

Defender

Systemtest – 10J, 12J och 19J motorer

15 Tidiga modeller har glödstift som är kopplade till matningskabeln i serie. På senare modeller är stiften kopplade parallellt. Om ett stift på en motor med seriekopplade stift går sönder avbryts matningen till alla stiften. När man testar seriekopplade stift får man inte koppla 12 volt till dem direkt, då bränns de.

16 För att testa matningen till glödstiften, anslut en 12 volts testlampa (ca 5 watt) mellan glödstiftens matningskabel och jord (motor- eller fordonsmetall). Var noga med att den strömförande anslutningen hålls borta från motor och kaross.

17 Be en medhjälpare slå på tändningen (läge II) och kontrollera att spänning går genom glödstiften.

18 Om det inte finns någon matning är kabeln eller tillhörande säkring defekt.

19 För att hitta ett trasigt glödstift, koppla bort kabelaget från stiften och testa varje stift individuellt genom att ansluta ett 12 volts batteri till stiftet i serie med en 12 volts (ca 5

watt) testglödlampa. Om den börjar lysa fungerar stiftet.

Systemtest –
200 TDi och 300 TDi motorer

20 Utför momenten i paragraf 1 till 9.

Relä/timerenhet –
200 TDi och 300 TDi motorer

21 Utför momenten i paragraf 10 till 14.

21 Elektronisk dieselstyrning (Discovery) – demontering och montering av komponenter

1 Det elektroniska dieselstyrningssystemet (EDC) ersätter vissa mekaniska system som används för att styra ett konventionellt dieselbränsleinsprutningssystem med elektronisk styrning **(se bild)**.
2 Det mest utmärkande draget för EDC-systemet är att ett vajerdrivet gaslänkage-styrningssystem används, utan något mekaniskt länkage (gasvajer) mellan gaspedalen och bränsleinsprutningspumpen.
3 EDC-systemet matar den exakta mängden bränsle som motorn behöver, beroende på rådande förhållanden. Motorn har ett flertal givare som övervakar motorns arbets-förhållanden och överför data till EDC-systemets elektroniska styrenhet. Styrenheten

bearbetar data från givarna och bestämmer den ideala mängden bränsle som behövs samt insprutningens tidsinställning för rådande förhållanden. Dessutom aktiverar styrenheten bränsleinsprutningspumpens stoppsolenoid och på modeller utrustade med EGR bestämmer den elektroniska styrenheten även graden av avgasåtercirkulation.
4 Systemet har följande givare:
  a) *Insprutningsinställningsgivare – en induktiv givare som sitter som en del av bränsleinsprutare nr 4.*
  b) *Luftflödesgivare – sitter i luftintags-trumman mellan luftrenaren och turboaggregatet.*
  c) *Motorvarvtalsgivare – en induktiv givare som sitter monterad mellan svänghjulshuset och aktiveras av skåror i svänghjulet.*
  d) *Hastighetsgivare – sitter i transfer-växellåda och fungerar också som hastighetsmätargivarenhet.*
  e) *Broms- och kopplingskontakter – sitter i pedallådan.*
  f) *Gaspedallägesgivaren – sitter i pedallådan.*
  g) *Turbons tillskottstryckgivare – sitter på torpedplåten i motorrummet.*
  h) *Kylvätsketemperaturgivare – sitter i topplocket.*
  i) *Lufttemperaturgivare.*

  j) *Bränsletemperaturgivare – sitter i bränsleinsprutningspumpen.*
5 För att styra bränsletillförseln till motorn använder systemet följande aktiverare:
  a) *Bränsletillförselaktiverare – sitter som en del av bränsleinsprutningspumpen.*
  b) *Insprutningsinställningssolenoid – sitter som en del av bränsleinsprutnings-pumpen.*
  c) *EGR styrsolenoid – monterad i det främre vänstra hörnet i motorrummet.*
  d) *Motorns stoppsolenoid – sitter i bränsleinsprutningspumpen.*

6 Säkerhetssystem har byggts in i systemet för att skydda motorn mot överrusningsvarvtal och överhettning. Om en komponent i systemet går sönder aktiverar den elektroniska styrenheten ett "linka hem"-system där ett standardvärde ersätter den defekta komponenten. Detta gör att motorn startar och bilen går framåt, men man kan erfara en betydande förlust i motoreffekt.
7 Elektroniska styrenheter är mycket känsliga komponenter och vissa säkerhetsåtgärder måste vidtas för att undvika skador på det elektroniska dieselstyrningssystemet när man arbetar på bilen. Dessa är följande:
  a) *Om du svetsar någon komponent på bilen, koppla bort batteriet och generatorn.*

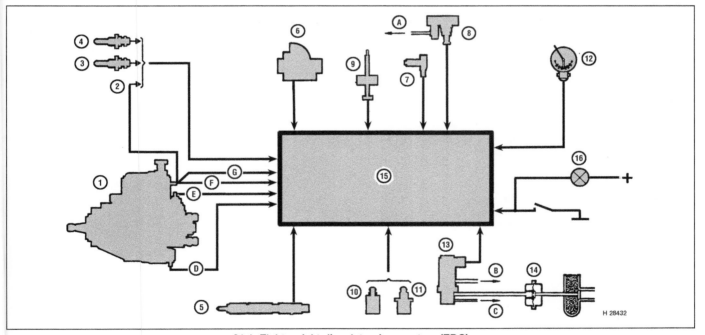

21.1 Elektroniskt dieselstyrningssystem (EDC)

1 *Bränsleinsprutningspump*
2 *Bränsletemperaturgivare*
3 *Lufttemperaturgivare*
4 *Kylvätsketemperaturgivare*
5 *Insprutningsinställningsgivare (Insprutare nr 4)*

6 *Luftflödesgivare*
7 *Motorhastighetsgivare*
8 *Turbons tillskottstrycksgivare*
9 *Bilens hastighetsgivare*
10 *Kopplingskontakt*
11 *Bromskontakt*
12 *Gaspedallägesgivare*

13 *EGR styrsolenoid*
14 *EGR-ventil*
15 *Elektronisk styrenhet*
16 *Diagnostisk indikator*
A *Till turboaggregat*
B *Till luftrenare*

C *Till bromsservovakuum-slangens T-stycke*
D *Insprutningsinställnings-solenoid*
E *Motorstoppsolenoid*
F *Aktiverarström*
G *Bränsletillförselaktiverare*

b) Moduler monterade under huven kan skadas av alltför mycket hetta eller fukt. Om du använder svetsnings- eller högtryckstvättutrustning i närheten av en modul, var noga med att inte rikta hetta eller strålar av vatten eller ånga mot modulen. Om detta inte kan undvikas, demontera modulen från bilen och skydda dess anslutning med en plastpåse.

c) Innan du kopplar bort en ledning eller demonterar en komponent, se alltid till att tändningen är avstängd.

d) Försök inte improvisera feldiagnosticering med en testlampa eller multimätare, eftersom detta kan skada en modul bortom alla reparationsmöjligheter.

e) Sedan arbete utförts på någon av EDC-systemets komponenter, se till att alla anslutningar är rätt kopplade innan batteriet återansluts eller tändningen slås på.

Insprutningsinställningsgivare – demontering och montering

8 Givaren sitter som en del av bränsle-insprutare nr 4.

9 Demontering och montering av bränsle-insprutarna beskrivs i avsnitt 9.

Luftflödesgivare – demontering och montering

10 Givaren sitter i lufttrumman mellan luft-renaren och turboaggregatet **(se bild)**.

11 Koppla bort batteriets minuspol.

12 Där tillämpligt, koppla bort vakuumröret från EGR-ventilen.

13 Koppla bort luftflödesgivarens kontakt.

14 Lossa fästclipsen och koppla bort luft-trumman från luftflödesgivaren.

15 Skruva ur de tre bultarna som fäster luftflödesgivaren vid monteringsfästet och ta loss luftflödesgivaren.

16 Montering sker i omvänd arbetsordning. Se till att kontakten är väl återansluten och att lufttrummans clips är väl tillslutna, för att förhindra luftläckor.

Motorvarvtalsgivare – demontering och montering

17 Givaren sitter i växellådshuset och man kommer åt den underifrån bilen **(se bild)**.

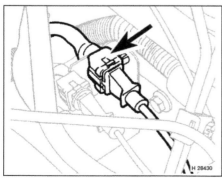

21.20 Motorhastighetsgivarens kontakt (vid pilen)

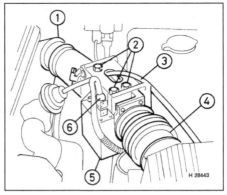

21.10 Luftflödesgivarens placering

1 Luftutloppsslang	4 Luftintagsslang
2 Luftflödesgiva-rens fästbultar	5 Luftflödesgivare
3 EGR-ventilens vakuumrör	6 Ledningskontakt

18 Koppla bort batteriets minuspol.

19 Lyft upp framvagnen och stöd den på pallbockar.

20 Lossa clipsen från givarens lednings-anslutning från uppe på transferväxellådan och dela sedan på anslutningens två halvor **(se bild)**.

21 Skruva ur fästbulten och ta ut givaren från växellådshuset.

22 Montering sker i omvänd arbetsordning.

Bilens hastighetsgivare – demontering och montering

23 Givaren sitter i transferväxellådans hus **(se bild)**.

24 Koppla bort batteriets minuspol.

25 Koppla bort givarens kontakt.

26 Skruva ur givarens fästbult och ta vara på brickan.

27 Ta ut givaren från transferväxellådan.

28 Montering sker i omvänd arbetsordning.

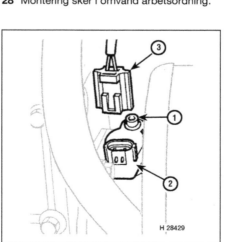

21.23 Bilens hastighetsgivare

1 Fästbult	3 Kontakt
2 Givare	

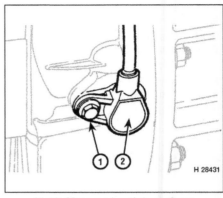

21.17 Motorns hastighetsgivare

1 Fästbult	2 Givare

Broms- och kopplingskontakter – demontering och montering

29 Bromspedalens kontakt finns i pedallådan. Kopplingspedalens kontakt sitter i toppen på kopplingspedalen.

30 Koppla bort batteriets minuspol.

31 Lossa fästclipsen och ta loss den nedre instrumentbrädan på förarsidan för att få tillgång till pedalerna.

32 Koppla bort kabelaget från kontakten.

33 Lossa på låsmuttern baktill på kontakten och skruva sedan ur den främre fästmuttern och ta loss kontakten från fästet.

34 Montering sker i omvänd arbetsordning.

Gaspedallägesgivare – demontering och montering

⚠️ **Varning: Aktivera inte gas-pedalen om givaren sitter löst, då kan givaren skadas.**

35 Givaren sitter i pedallådan **(se bild)**.

36 Koppla bort batteriets minuspol.

37 Lossa fästclipsen och ta loss den nedre

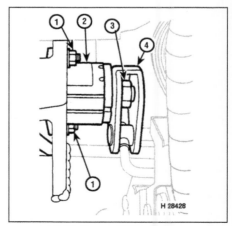

21.35 Gaspedallägesgivare

1 Givarens fäst-muttrar	3 Mutter pedal-kvadrant-till-givare
2 Givare	4 Pedalkvadrant

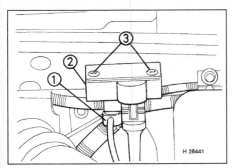

21.42 Turbons tillskottstrycksgivare

1 Banjoanslutning
2 Givare
3 Givarens fäst-skruvar

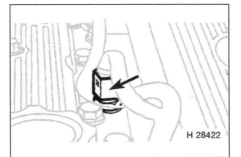

21.48 Kylvätsketemperaturgivare (vid pilen)

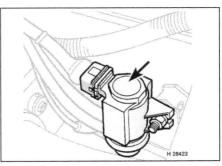

21.58 EGR styrsolenoid (vid pilen)

instrumentbrädan på förarsidan för att få tillgång till pedalerna.
38 I förarsidans fotbrunn, koppla bort kontakten från givaren.
39 Skruva ur muttern som fäster gaspedalens kvadrant vid givaren och koppla bort kvadranten.
40 Skruva ur de två muttrarna som fäster givaren vid pedallådan och ta loss givaren.
41 Montering sker i omvänd arbetsordning.

Turbons tillskottstryckgivare – demontering och montering
42 Givaren sitter på ett fäste på torpedplåten i motorrummet (se bild).
43 Koppla bort batteriets minuspol.
44 Koppla bort givarens kontakt.
45 Skruva ur banjobulten och koppla bort tryckröret från givaren. Ta vara på kopparbrickorna.
46 Demontera de två skruvarna som fäster givaren vid monteringsfästet och ta loss givaren.
47 Montering sker i omvänd arbetsordning. Använd nya kopparbrickor när tryckröret återansluts.

Kylvätsketemperaturgivare – demontering och montering
48 Givaren sitter i den övre, vänstra sidan på topplocket (se bild).
49 Koppla bort batteriets minuspol.
50 Koppla bort givarens kontakt.
51 Skruva ur givaren från topplocket och ta vara på kopparbrickan. Var beredd på kylvätskespill.
52 Montering sker i omvänd arbetsordning. Använd en ny kopparbricka och avsluta med att kontrollera kylvätskenivån.

Lufttemperaturgivare – demontering och montering
53 Givaren sitter baktill på insugsröret.
54 Koppla bort batteriets minuspol och koppla sedan bort kontakten från givaren.
55 Skruva ur givaren från grenröret och, där tillämpligt, ta vara på tätningsringen.
56 Montering sker i omvänd arbetsordning. Där tillämpligt, använd ny tätningsring.

Bränsletemperaturgivare – demontering och montering
57 Bränsletemperaturgivaren är integrerad med bränsleinsprutningspumpen.

EGR styrsolenoid – demontering och montering
58 Solenoiden sitter i det främre vänstra hörnet i motorrummet (se bild).
59 Koppla bort batteriets minuspol.
60 Koppla bort kontakten från solenoiden.
61 Koppla bort de tre vakuumrören från modulatorn, notera hur de sitter så att de kan monteras korrekt.
62 Skruva ur fästmuttern och ta ut solenoiden från karosspanelen.
63 Montering sker i omvänd arbetsordning.

Elektronisk styrenhet – demontering och montering
64 Enheten sitter bakom den högra A-stolpens klädsel (se bild).
65 Demontera A-stolpens klädsel.
66 Koppla bort batteriets minuspol.
67 Lossa fästskruven till styrenhetens kontakt och koppla bort kontakten. Flytta kontakt och kabelage till ena sidan.

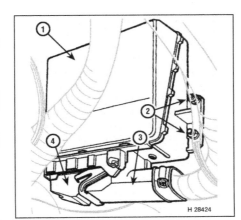

21.64 Elektronisk styrenhet

1 Elektronisk styrmodul
2 Fästmuttrar
3 Ledningskontakt
4 Fästskruv för kontakt

68 Skruva ur fästmuttrarna och ta ut styr-enheten.
69 Montering sker i omvänd arbetsordning.

22 Avgasåtercirkulation (EGR) – testning av komponenter, demontering och montering

Discovery och Defender
1 Avgasåtercirkulationssystemet (EGR) finns på vissa modeller med konventionella bränsleinsprutningssystem och på alla modeller som har elektronisk dieselstyrning (EDC). Systemet återcirkulerar små mängder avgaser till det ingående systemet och förbränningsprocessen. Denna process reducerar den slutgiltiga kväveoxidhalten i de utgående avgaserna som når atmosfären och sänker också förbränningstemperaturen.
2 Mängden avgaser som återcirkuleras bestäms av vakuum, via en solenoidventil. Solenoidventilen styrs på modeller med konventionella bränsleinsprutningssystem av en givare på bränsleinsprutningspumpen och av den elektroniska dieselstyrningen (EDC) på modeller som har detta system.
3 En vakuumstyrd återcirkulationsventil finns monterad i avgasgrenröret för att reglera hur mycket avgaser som återcirkuleras. Ventilen styrs av det vakuum som tillförs via solenoid-ventilen.
4 Mellan tomgång och en förbestämd motor-belastning tillförs energi till solenoidventilen, vilket gör att återcirkulationsventilen öppnar. Vid full belastning är avgasåtercirkulationen avstängd. En extra styrning utgörs av motorns temperaturgivare, som stänger av vakuum-tillförseln tills kylvätsketemperaturen når 40°C och på så sätt hindrar återcirkulationsventilen från att öppna under motorns uppvärmnings-period.

EGR-ventil

Testning
5 Testning av EGR-ventilen bör överlåtas till en Land Rover verkstad.

Demontering
6 Koppla bort batteriets minuspol och sedan, där tillämpligt, kontakten från ventilen.

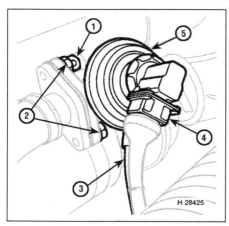

22.7 EGR-ventil

1 Ventilens fäst-
  bultar
2 Fästbultar till
  EGR matningsrör
3 Vakuumslang
4 Kontakt
5 Ventil

7 Koppla bort vakuumslangen från ventilen (se bild).
8 Skruva ur de två bultarna som håller ventilen till avgasgrenröret.
9 Demontera de två bultarna och koppla bort EGRs matningsrör från ventilen.
10 Ta ut ventilen och ta vara på packningarna.

Montering

11 Montering sker i omvänd arbetsordning. Använd nya packningar vid montering av ventilen och återanslut matningsröret.

Kylvätsketemperaturgivare

Testning

12 Systemet använder sig av kylvätsketemperaturmätarens givarenhet. Denna givarenhet sitter inskruvad i termostathuset.
13 Om temperaturmätarnålen stannar vid den kalla änden på skalan med motorn gående, stäng av motorn och koppla bort givarledningen och jorda den till topplocket. Om nålen då viker av när tändningen slås på är givarenheten defekt och ska bytas ut. Om nålen fortfarande inte rör sig, demontera instrumentpanelen och kontrollera kontinuiteten i ledningen mellan givarenheten och mätaren, samt matningen till mätarenheten. Om det finns kontinuitet och felet fortfarande är kvar är mätaren defekt och ska bytas.
14 Om mätarnålen stannar kvar vid den varma änden på skalan, koppla bort givarledningen. Om nålen då återvänder till den kalla änden på skalan när tändningen slås på är givarenheten defekt och ska bytas ut.

Demontering

15 Antingen tappar man delvis av kyl-

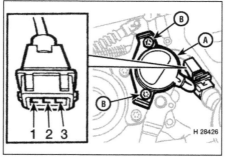

22.24 EGR gaslänkagelägesgivare – kontaktstiftens nummer i infälld bild

A Givare   B Fästskruvar

systemet till precis under givarens nivå, eller så skaffar man en lämplig plugg som kan användas till att plugga igen givaröppningen medan den demonteras. Om du använder en plugg, var försiktig så att givarenhetens gängor inte skadas och använd ingenting som kan orsaka att främmande partiklar kommer in i kylsystemet.
16 Koppla bort batteriets minuspol.
17 Koppla bort ledningen från givaren och skruva sedan ur enheten från termostathuset och ta vara på tätningsbrickan (där sådan finns).

Montering

18 Om givarenheten var monterad med en tätningsbricka, montera en ny bricka. Om det inte finns någon bricka, se till att givarens gängor är rena och applicera lite lämplig tätning på dem.
19 Montera givaren och dra åt ordentligt. Återanslut ledningen.
20 Fyll på kylsystemet.
21 Avsluta med att starta motorn och kontrollera att temperaturmätaren fungerar som den ska. Undersök också om det finns läckor.

Pedallägesgivare

Testning

22 Starta motorn och låt den uppnå normal arbetstemperatur.
23 Stäng av motorn och koppla ifrån pedallägesgivarens kontakt.
24 Anslut en ohmmätare över stift 1 och 3 på kontakten. Avläsningen på ohmmätaren ska vara enligt specifikationerna (se bild).
25 Anslut ohmmätaren över stift 1 och 2 på kontakten. Avläsningen ska vara enligt specifikationerna.
26 Om avläsningarna inte är korrekta, lossa givarens två fästskruvar och vrid givaren så att avläsningen blir rätt. Dra åt skruvarna när detta har uppnåtts.

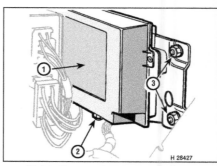

22.34 Elektronisk styrenhet (EGR)

1 Styrenhet   3 Kontakt
2 Fästmuttrar

27 Om rätt avläsningsvärde inte kan uppnås genom att man vrider givaren är den defekt och ska bytas ut.
28 Avsluta med att återansluta kontakten.

Demontering

29 Denna givare används endast på modeller med konventionella bränsleinsprutningssystem och sitter på bränsleinsprutningspumpen.
30 Koppla bort batteriets minuspol och därefter kontakten från givaren.
31 Skruva ur de två fästskruvarna och ta bort givaren.

Montering

32 Montering sker i omvänd arbetsordning. Innan fästskruvarna dras åt, justera givarens position enligt beskrivning ovan.

Elektronisk styrenhet

Testning

33 Den elektroniska styrenheten kan endast testas med specialutrustning. Försök inte testa enheten med en testmätare eller testlampa då det kan orsaka stor skada. Eventuellt misstänkta fel ska överlåtas till en Land Rover verkstad.

Demontering

34 Enheten sitter i passagerarutrymmet, bakom högra sidan på instrumentbrädan (se bild).
35 Lossa de två handskfackshållarna från instrumentbrädan och sväng ned handskfacket helt.
36 Skruva ur styrenhetens plastmuttrar och lossa enheten från sina fästen.
37 Koppla ur kontakten och ta ut enheten.

Montering

38 Montering sker i omvänd arbetsordning.

Kapitel 7
Mercedes-Benz 1988cc, 1997cc, 2399cc, 2404cc, 2497cc, 2996cc och 2998cc motorer

Del A: Rutinunderhåll och service

Innehåll

Motortyper

Tillverkarens motorkoder

Specifikationer

Oljefilter

123-serien . . . .   Champion X104
124-serien . . . .   Champion X103

Ventilspel

123-serien

Kalla:
  Insug . . . .   0,10 mm*
  Avgas:
    Turbo . . . .   0,30 mm
    Utan turbo . . . .   0,35 mm
Varma:
  Insug . . . .   0,15 mm*
  Avgas:
    Turbo . . . .   0,35 mm
    Utan turbo . . . .   0,40 mm
Vid yttertemperaturer under -20°C, lägg till 0,05 mm

124-serien

Max spel mellan kamlob och ventillyftare . . . .   0,40 mm

Kamkedja

Typ . . . .   Duplex
Spänning . . . .   Automatisk hydraulisk spännare

Hjälpaggregatens drivrem

123-serien

	Ny rem	Använd rem
Typ . . . . Kilrem		
Spänning – Gates mätare:		
616, 617.91 motor	50	45 till 50
Spänning – Borroughs mätare:		
Kilrem 9,5 mm (grön zon)	10 till 10,5	9 till 10
Kilrem 12,5 mm (röd zon)	11 till 12	10,5 till 11

124-serien

Typ . . . .   Ribbad
Spänning . . . .   Automatiskt fjädrande spännare

Luftfilter

123-serien . . . .   Champion W149
124-serien:
  2.0 liter . . . .   Champion U516
  2.5 liter utan turbo . . . .   Champion U563
  2.5 liter turbo . . . .   Champion U563
  3.0 liter utan turbo . . . .   Champion U517
  3.0 liter turbo . . . .   Champion W196

Bränslefilter

123-serien . . . .   Champion L105 eller L133
124-serien . . . .   Champion L105 eller L116

Glödstift

123-serien

1988cc motor:
  T o m juli 1980 . . . .   Champion CH61
  Fr o m augusti 1980 . . . .   Champion CH68
2399cc motor:
  Februari 1976 till mars 1979 . . . .   Champion CH61
2404cc motor:
  T o m juli 1980 . . . .   Champion CH61
  Fr o m augusti 1980 . . . .   Champion CH68
2998cc motor:
  Augusti 1980 till november 1985 . . . .   Champion CH68

124-serien

2.0 liter:
T o m januari 1989 .... Champion CH68
Fr o m februari 1989 .... Champion CH156

2.5 liter utan turbo:
T o m januari 1989 .... Champion CH68
Fr o m februari 1989 .... Champion CH156

2.5 liter turbo:
Fr o m maj 1988 .... Champion CH156

3.0 liter utan turbo:
T o m januari 1989 .... Champion CH68
Fr o m februari 1989 .... Champion CH156

3.0 liter turbo:
T o m januari 1989 .... Champion CH68
Fr o m februari 1989 .... Champion CH156

Tomgångshastighet

123-serien

1975 års modell .... 700 till 800 rpm
1976 års modell:
2399cc och 2404cc motorer .... 700 till 780 rpm
2998cc motor .... 680 till 760 rpm
1978 års modell och framåt .... 750 rpm

124-serien

4-cylindrig motor med pneumatisk tomgångsförhöjning .... 750 ± 50 rpm
4-cylindrig motor med elektronisk tomgångsstyrning (ELR) .... 720 ± 20 rpm
5-cylindrig motor med pneumatisk tomgångsförhöjning .... 700 ± 50 rpm
5-cylindrig motor med elektronisk tomgångsstyrning (ELR) .... 680 ± 20 rpm
6-cylindrig motor .... 630 ± 20

Bränsleinsprutningens matningsstart

123-serien:
Med turbo .... 23 till 25° FÖD
Utan turbo:
1988cc .... 26° FÖD
2399cc och 2404cc .... 24° FÖD

Åtdragningsmoment

Nm

123-serien

Kamaxelkåpans bultar 10
Motorns oljeavtappningsplugg .... 26 till 33
Motoroljefiltrets lock, bultar .... 15 till 18
Glödstift 50

124-serien

Hjälpaggregatdrivremmens spännararm, bult 10
Motorns oljeavtappningsplugg:
M12 plugg 30
M14 plugg 25
Lock till motoroljefiltrets hus, muttrar 25
Motoroljefiltrets returrör 25
Glödstift 20

Smörjmedel, vätskor och volymer

Komponent eller system	Smörjmedel eller vätska	Volym
123-serien		
Motor	Multigrade motorolja, viskositet SAE 10W/40 till 15W/50, till specifikation API SG/CD	6,5 liter – ej turbo, med filter 7,5 liter – turbo, med filter
Kylsystem	Etylenglykolbaserad frostskyddsvätska. 50% vätska/50% vatten	11,0 liter
Bränslesystem	Kommersiellt dieselbränsle för väggående fordon	70 liter (ca)
124 -serien		
Motor	Multigrade motorolja, viskositet SAE 10W/40 till 15W/50, till specifikation API SG/CD	6,5 liter – 2.0 liter, med filter 8,0 liter – 2.5 liter turbo, med filter 7,0 liter – 2.5 liter utan turbo, med filter 8,0 liter – 3.0 liter turbo, med filter 7,5 liter – 3.0 liter utan turbo, med filter
Kylsystem	Etylenglykolbaserad frostskyddsvätska. 50% vätska/50% vatten	8,5 liter – 2.0 liters modeller 10,0 liter – 2.5 & 3.0 liter turbo 9,0 liter – 2.5 & 3.0 liter utan turbo
Bränslesystem	Kommersiellt dieselbränsle för väggående fordon	72 liter (ca)

Mercedes-Benz dieselmotor – underhållsschema

Följande underhållsschema är i stort sett det som rekommenderas av tillverkaren. Serviceintervallen bestäms av antal körda kilometer eller förfluten tid – detta eftersom vätskor och system slits såväl med ålder som med användning. Följ tidsintervallen om inte kilometerantalet uppnås inom den specificerade perioden. Bilar som används under krävande förhållanden kan behöva tätare underhåll. Med krävande förhållanden menas extrema klimat, användning som bogserbil eller taxi, körning på dåliga vägar och många korta resor. Användning av lågkvalitativt bränsle kan orsaka förtida försämring av motoroljan. Rådfråga en Mercedes-återförsäljare om dessa saker.

Var 400:e km, varje vecka eller innan en långresa – alla modeller
- [ ] Kontrollera motoroljans nivå och fyll på vid behov (avsnitt 3)
- [ ] Kontrollera kylvätskenivån och fyll på vid behov (avsnitt 4)
- [ ] Kontrollera avgasutsläppen (avsnitt 5)
- [ ] Kontrollera funktionen för glödstiftens varningslampa (avsnitt 6)

Var 7 500:e km – 123-serien
- [ ] Byt motorolja och filter (avsnitt 7)
- [ ] Undersök avgassystemet angående säkerhet och skador

Ändra till 10 000 km serviceintervall på modeller tillverkade efter augusti 1982
Under krävande förhållanden, byt motorolja och filter var 3 750:e km

Var 10 000:e km – 124-serien
- [ ] Byt motorolja och filter (avsnitt 8)

Var 15 000:e km – 123-serien
- [ ] Kontrollera att slangarna under motorhuven sitter säkert och inte läcker
- [ ] Kontrollera ventilspel (avsnitt 9)
- [ ] Kontrollera skick och spänning för hjälpaggregatens drivremmar
- [ ] Kontrollera tomgångshastigheten – modeller före 1980 (avsnitt 10)
- [ ] Rengör luftfiltret
- [ ] Kontrollera tomgångshastighetens justeringsknopp – modeller utan turbo (avsnitt 11)

Ändra till 20 000 km serviceintervall på modeller tillverkade efter augusti 1982

Var 20 000:e km – 124-serien
- [ ] Kontrollera att slangarna under motorhuven sitter säkert och inte läcker
- [ ] Kontrollera skick och spänning för hjälpaggregatens drivrem(mar)
- [ ] Kontrollera tomgångshastigheten (avsnitt 12)
- [ ] Kontrollera avgassystemet angående säkerhet och skador

Var 45 000:e km eller var 30:e månad – 123-serien

☐ Byt kylvätska
☐ Byt bränslefilter och förfilter (avsnitt 13)
☐ Kontrollera tomgångshastigheten – 1980 års modeller och framåt (avsnitt 14)
☐ Kontrollera bränsleinsprutningens matningsstart (avsnitt 15)
☐ Byt luftfilter

Ändra till 60 000 km serviceintervall på modeller tillverkade efter augusti 1982
Under krävande förhållanden, byt luftfilter var 22 500:e km

Var 60 000:e km – 124-serien

☐ Byt luftfilter
☐ Byt bränslefilter och förfilter (avsnitt 16)

Vart 3:e år, oavsett kilometerantal – 124-serien

☐ Byt kylvätska

Under motorhuven på en Mercedes i 123-serien med dieselmotor

1 Batteri
2 Luftfilterhus
3 Ventilationsslang
4 Kamaxelkåpa
5 Gaslänkage
6 Oljefilter
7 Vindrutetorkare
8 Bromshuvudclinder
9 Säkringsdosa
10 Bränslefilterhus
11 Spolarvätskebehållare
12 Strålkastare
13 Oljekylare
14 Servostyrningspump
15 Kylarslang
16 Kylare
17 Oljepåfyllningslock
18 Huvlås
19 EGR-ventil
20 Mätsticka för nivåkontroll-
   system
21 Kylvätskans expansionstank
22 Kylvätskans påfyllningslock

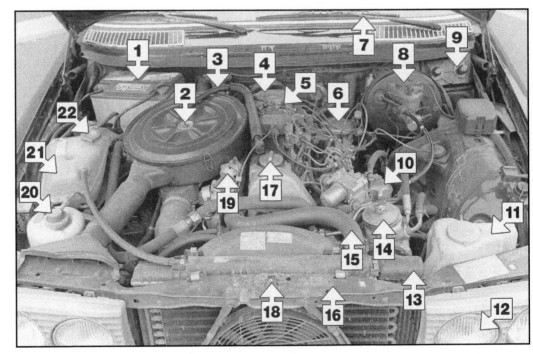

Under motorhuven på en Mercedes i 124-serien med 2.5 liters dieselmotor

1 Motoroljans påfyllningslock
2 Mätsticka för motoroljenivån
3 Batteri
4 Broms- och kopplingsvätske-
   behållare
5 Säkrings-/relädosa
6 Kylvätskans expansionstank
7 Fjäderbenstornets övre fäste
8 Luftfilterhus
9 Bränslefilter
10 Servostyrningspump
11 Glödstiftens styrenhet
12 Oljefilter
13 Spolarvätskebehållare
14 Hydraulenhet för Låsningsfria
   bromsar (ABS)
15 Styrhus

Underhållsarbeten

1 Inledning

Se kapitel 2 del A, avsnitt 1.

2 Intensivunderhåll

Se kapitel 2 del A, avsnitt 2.

400 km service – alla modeller

3 Motoroljenivå – kontroll

1 Se kapitel 2 del A, avsnitt 3 (se bilder).

4 Kylvätskenivå – kontroll

1 Se kapitel 2 i del A i detta kapitel, avsnitt 4. Observera att tidiga modeller i 123-serien eventuellt inte har ett expansionskärl, i vilket fall kylvätskenivån kontrolleras genom att man tar bort kylarlocket och kontrollerar att kylvätskan precis täcker fliken i kylarhalsen (se bild).

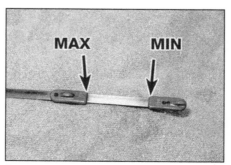

3.1a Markeringar på motoroljans nivåsticka

3.1b Påfyllning av motorolja

4.1 På modeller utan expansionstank ska kylvätskenivån precis täcka fliken i kylarhalsen (vid pilarna)

2 Alla andra modeller har ett genomskinligt expansionskärl så att kylvätskenivån kan kontrolleras utan att kärlets lock behöver tas bort. Nivån ska alltid hållas vid linjen markerad

4.2 Kylvätskenivån måste hållas vid linjen markerad av pilen

av en pil ingjuten på sidan av tanken. Om kylvätskenivån är under denna linje, ta bort locket och fyll på kylvätska **(se bild)**.

5 Avgasrök – kontroll

1 Se kapitel 2 del A, avsnitt 5.

6 Varningslampa – kontroll

1 Se kapitel 2 del A, avsnitt 6

7 500 km service – 123-serien

7 Motorolja och filter – byte

Avtappning av olja
1 Se kapitel 2 del A, avsnitt 7 **(se bilder)**.

Byte av filter
2 Placera trasor runt botten på oljefilterhuset för att samla upp spilld olja.
3 Ta bort fästmuttrarna och lyft av filterhus-locket **(se bild)**.
4 Lyft ut det gamla filterelementet ur huset **(se bild)**.
5 Jämför det gamla filterelementet med det nya för att försäkra dig om att du har rätt typ.
6 Sänk ned det nya filterelementet i huset, se till att det sätter sig ordentligt.
7 Sätt tillbaka locket, se till att packningen sätter sig ordentligt. Sätt tillbaka och dra åt fästmuttrarna.
8 Ta bort alla verktyg och trasor från motorrummet.

Oljepåfyllning och motorkontroller
9 Se kapitel 2 del A, avsnitt 7.

7.1a Motoroljans avtappningsplugg – 123-serien

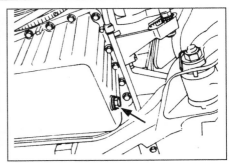

7.1b Motoroljans avtappningsplugg (vid pilen) – 124-serien

7.3 Muttrar (vid pilarna) till motoroljans filterlock

7.4 Oljefiltret lyfts bort från sitt hus

10 000 km service – 124-serien

8 Motorolja och filter – byte

Avtappning av olja
1 Se kapitel 2 del A, avsnitt 7.

Byte av filter

Observera: *En ny O-ring till oljefilterhusets lock behövs vid montering och där tillämpligt även en ny O-ring till oljereturröret.*

2 Oljefilterhuset sitter vid motorns bakre vänstra hörn, bakom insugsröret.

3 Placera trasor runt botten på huset för att samla upp oljespill.
4 Dra av fästclipset eller alternativt ta bort skruven (efter tillämplighet) och dra bort tätningsremsan från torpedplåten baktill i motorrummet för att komma åt oljefilterhuset **(se bild)**.

5 På modeller med ett oljereturrör som sticker ut från mitten av oljefilterhusets lock, skruva loss röret och ta bort det från enheten **(se bild)**. Där tillämpligt, ta vara på O-ringen längst upp på röret och kasta den. En ny O-ring måste användas vid montering.

6 Skruva loss de två fästmuttrarna och lyft av filterlocket – **se bild 7.3**. Släng O-ringen från locket, en ny måste användas vid montering.

7 Lyft ut filterelementet från huset med hjälp av handtaget – **se bild 7.4**.

8 Torka av oljefilterhuset och locket med en ren trasa.

9 Kontrollera att oljereturröret (separat eller som en del av locket) inte är blockerat. Det ska vara möjligt att blåsa genom det lilla hålet längst upp i röret och man ska känna luft komma ut längst ner i röret **(se bild)**. Rengör röret och blås genom det med tryckluft om så behövs.

10 Sätt en ny O-ring i oljefilterhusets lock **(se bild)**.

11 Placera ett nytt oljefilterelement i huset (handtaget uppåt), sätt sedan tillbaka locket och dra åt muttrarna till specificerat moment.

12 Där tillämpligt, sätt en ny O-ring längst upp i oljereturröret, sätt sedan tillbaka röret och dra åt det till specificerat moment.

Oljepåfyllning och motorkontroller

13 Se kapitel 2 del A, avsnitt 7.

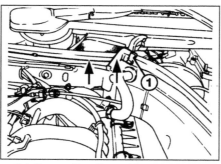

8.4 Dra av fästclipset (1) och dra bort tätningsremsan från torpedplåten

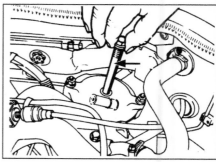

8.5 Skruva loss oljereturröret (vid pilen)

8.9 Kontrollera att det lilla hålet (vid pilen) i oljereturröret inte är blockerat

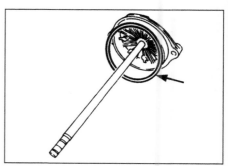

8.10 Sätt en ny O-ring (vid pilen) i oljefilterhusets lock

15 000 km service – 123-serien

9 Ventilspel – kontroll

1 Ta bort ventilationsslangen och vakuum-anslutningarna (om sådana är monterade) från kamaxelkåpan **(se bild)**.

2 Koppla loss gaslänkaget **(se bilder)**.

3 Skruva loss gaslänkaget från kamaxelkåpan och flytta det åt sidan **(se bild)**.

4 Ta bort fästbultarna och lyft av kamaxel-kåpan med packning från motorn.

5 Varje ventilspel mäts mellan vipparmen och kamaxelbasens rundning, med loben placerad mitt emot armen som visat **(se bild)**. Beroende på motortyp, följ den ordning som visas **(se bilder)**.

6 Vrid motorn sakta medurs genom att trä en hylsa över den stora bulten framtill på vevaxeln, tills den första vipparmen och kamaxelloben (detta kommer att vara avgasventilen) är korrekt placerade så att spelet kan mätas. Upprepa denna procedur på varje ventil i tur och ordning – börja framtill på motorn och arbeta bakåt. Håll noga reda på vilka som är avgas- och vilka som är insugsventiler, eftersom spelet skiljer sig mellan de två.

9.1 Ta loss slang och anslutningar från kamaxelkåpan

9.2a Skruvmejsel används till att lossa gaslänkaget

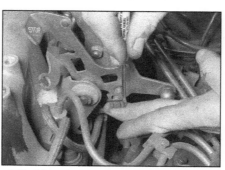

9.2b Liten skruvmejsel används till att ta bort gasläkagets clips på kamaxelkåpan

9.2c Använd en lång, spetsig tång som på bilden till att demontera gaslänkagestiftet

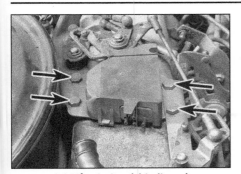

9.3 Kåpebultar (vid pilarna) gaslänkageenhet-till-kamaxel

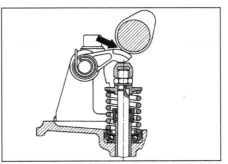

9.5a Mät ventilspelet mellan vipparmen och kamaxelbasens rundning (vid pilen)

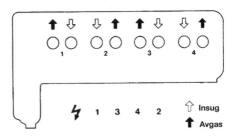

9.5b Ordningsföljd för ventiljustering – 4-cylindrig motor

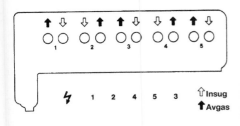

9.5c Ordningsföljd för ventiljustering – 5-cylindrig motor

9.7 Ventilspelet mäts med bladmått

9.8 Ventiljusteringsmutter (A), låsmutter (B) och ventilfjäderkrage (C)

7 Stick in ett bladmått av specificerad tjocklek mellan vipparmen och kamaxeln **(se bild)**. Om bladmåttet går in med lite snäv passning är spelet korrekt och ingen justering behövs.

8 Om bladmåttet inte går in, eller om det sitter löst, använd två nycklar till att lossa justermutterns låsmutter. Man kan också behöva hålla ventilfjäderns krage på plats **(se bild)**.

9 Dra försiktigt åt eller lossa justermuttern tills du kan känna att bladmåttet har en snäv glidpassning när det dras ut.

10 Håll justermuttern med en nyckel för att hindra den från att rotera, dra sedan åt låsmuttern ordentligt **(se bild)**. Kontrollera spelet igen.

11 Efter kontroll (och vid behov justering) av alla ventilspel, montera kamaxelkåpan. Använd en ny kåppackning om den gamla är uttorkad eller skör, och dra åt fästbultarna i diagonal ordning till specificerat moment.

12 Sätt tillbaka gaslänkage och vakuum-ledningsanslutning.

13 Starta motorn och se efter om oljeläckage förekommer runt kamaxelkåpan.

10 Tomgångshastighet –
kontroll och justering (modeller före 1980)

1 Låt motorn gå tills den har normal arbetstemperatur.

2 Vrid tomgångsjusterknoppen så långt det går åt höger.

3 På modeller utrustade med en bränsle-insprutningspump med pneumatisk styrmeka-nism, koppla loss reglerstaget och justera tomgångshastigheten på gaslänkageenheten **(se bild)**.

4 På bränsleinsprutningspumpar med meka-nisk styrmekanism, koppla loss reglerstaget och justera tomgången genom att vrida skruven efter det att låsmuttern lossats **(se bild)**.

5 Efter justering av tomgångshastigheten, kontrollera farthållarens (om sådan finns) Bowden-vajerjustering enligt följande:

9.10 Två nycklar används till att dra åt låsmuttern

10.3 På insprutningsmodeller med pneumatisk styrmekanism, koppla loss reglerstaget (3) och justera tomgångshastighetsskruven (4)

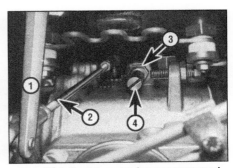

10.4 På bränsleinsprutningspumpar med mekanisk styrmekanism, koppla loss reglerstaget (2) från armen (1), lossa låsmuttern och justera tomgångsskruven (4)

10.5 Justera farthållarens Bowden-vajerspänning sedan justeringslåsmuttern (vid pilen) lossats

11.3 På insprutningspumpar med mekanisk styrmekanism justeras tomgångs-hastighetsknoppen genom att spelet mellan justernippeln eller ringen och fjädern (vid pilen) mäts – modeller före 1979

11.4 Tomgångshastighetsknoppens vajerlåsningsgenomföring (vid pilen) justeringsmutter (2) och gasarm (4) – modeller efter 1980

a) Skjut stopparmen mot regulatorarmen.
b) Vajern ska nu vara fri från spänning och vila mot regulatorarmen.
c) Om så behövs, justera vajern med hjälp av justermuttern (se bild).

11 Tomgångshastighetens justerknopp – kontroll (modeller utan turbo)

1 Vissa modeller utan turbo är utrustade med

en justerknopp för tomgångshastighet som sitter på instrumentpanelen. Denna gör det möjligt att justera tomgångshastigheten manuellt för att underlätta start och körning. Kontrollera tomgångshastighetens justerare enligt följande:
2 På modeller med bränsleinsprutningspump utrustad med pneumatisk styrmekanism, vrid justerknoppen för tomgångshastighet helt medurs, vrid den sedan moturs. Försäkra dig om att det är ett halvt varvs spel innan tomgångshastigheten ökar. Justera lås-muttern på vajern vid fästet efter behov.

3 På insprutningspumpar med mekanisk styrmekanism, vrid justerknoppen helt åt höger och kontrollera att spelet mellan justernippeln eller ringen och fjädern är 1,0 mm (se bild).
4 Med motorn avslagen, tryck ner gas-pedalen medan knoppen vrids så långt det går medurs. Starta motorn och kontrollera att den inte går med mer 1000 rpm, eftersom motorhastigheten annars kan öka till fullgas. Justera genom att vrida justerskruven på änden av innervajern (tidiga modeller) eller justermuttern på vajerändsfästet (se bild).

20 000 km service – 124-serien

12 Tomgångshastighet – kontroll och justering

Kontroll

1 Kontrollera att gasvajerns justering är korrekt.
2 Starta motorn och låt den gå på snabb-tomgång tills den når normal arbets-temperatur, eller kör bilen en sväng. Dra åt handbromsen, ställ växellådan i neutralläge och låt motorn gå på tomgång. Kontrollera att alla elektriska förbrukare är avslagna (inklusive luftkonditionering om sådan finns).
3 Använd en varvräknare för dieselmotorer, kontrollera att motorns tomgångshastighet motsvarar den specificerade. Om justering behövs, följ beskrivningen nedan.

Justering

Motorer med pneumatisk tomgångsförhöjning

4 Lossa på låsmuttern uppe på tomgångs-hastighetens vakuumenhet som sitter på baksidan av insprutningspumpen.
5 Använd en öppen blocknyckel, vrid vaku-umenheten gradvis tills tomgångshastigheten motsvarar den specificerade. Dra sedan åt låsmuttern.

Motorer med ELR tomgångsstyrning

6 Dra ut kontakten från den elektro-magnetiska aktiveraren som sitter baktill på insprutningspumpen.
7 Tomgångsjusterskruven sitter just ovanför den elektromagnetiska aktiveraren. Lossa på låsmuttern och vrid justerskruven tills tom-gångshastigheten motsvarar den specifi-cerade. För att höja hastigheten, vrid skruven

åt vänster – för att sänka den, vrid skruven åt höger.
8 Dra avslutningsvis åt låsmuttern och anslut aktiveraren.

Motorer med EDS elektronisk motorstyrning

9 Följ beskrivningen i paragraf 6 t o m 8, men observera att den grundläggande tomgångs-inställningen också kan justeras elektroniskt med hjälp av en justeringskontakt.
10 Kontakten sitter i tillbehörsutrymmet på höger sida baktill i motorrummet, bakom skyddspanelen.
11 Det resistenta stiftets position kan ändras genom att man drar ut det ur kontakten, vrider det och sätter i det igen. Positionerna indi-keras av nummer från 1 till 7, markerade bak på stiftet.
12 Position nr 1 är liktydigt med ca 600 rpm och position 7 är liktydig med ca 700 rpm.

45 000 km service – 123-serien

13 Bränslefilter och förfilter – byte

1 Två filter är monterade, ett huvudfilter av påskruvningsbar typ monterat till ett hus nära topplockets framsida, samt ett förfilter i bränsleledningen, som är placerat på vänster sida av motorrummet. Båda är av engångstyp.
2 För att minimera bränslespillet, placera en liten behållare under varje filter och lägg absorberande trasor runt om.
3 Koppla loss batteriets negativa kabel och placera den på avstånd från polen.

Huvudfilter

4 Lossa på den stora bulten uppe på filterhuset (se bild).
5 Skruva loss filtret medan du håller bulten stilla (se bild).
6 Sätt i det nya filtret och dra åt bulten.

Förfilter

7 Ta loss filterslangklämman/klämmorna och dra undan dem från filtret (se bild).
8 Notera åt vilket håll förfiltret är monterat och ta loss slangen/slangarna.
9 Montera slangen/slangarna till det nya förfiltret och säkra med klämmorna.

Avluftning av bränslesystemet

10 När filtret/filtren har bytts ut måste systemet avluftas.
11 Lossa på den stora bulten uppe på filterhuset och avlufta bränslesystemet enligt följande tills inga luftbubblor kan ses komma ut.
12 Se till att bränsletanken är full och lossa snapsningspumpens handtag genom att vrida det moturs (se bild).
13 Aktivera pumpen tills luft kan höras (ett väsande ljud) vid avlastningsventilen placerad i bränslefilterhuset.
14 Efter avslutad avluftning, dra åt pumphandtaget.
15 Dra åt filterhusbulten.

14 Tomgångshastighet – kontroll och justering (1980 års modeller och framåt)

1 Tomgångsjustering på bilar tillverkade efter 1980 kräver användning av speciella verktyg och tekniker. Jobbet bör därför överlämnas till en Mercedesverkstad.

15 Bränsleinsprutningens matningsstart – kontroll

Observera: Denna procedur bestämmer bränslematningsstarten för bränsleinsprut-

ningspumpens element nr 1 när kolv nr 1 är i början av kompressionstakten. Innan arbetet påbörjas, införskaffa ett överflödesrör för matningsstart, verktyg nr 636 589 02 23 00, från din återförsäljare.

1 Demontera rörenheten mellan bränsleinsprutningspumpen och insprutarna.
2 Koppla loss vakuumslangen från bränslepumpens vakuumstyrenhet.
3 Koppla loss gaslänkaget från pumpen och använd en bit vajer till att fästa styrarmen i fullbelastningsläge (se bild).
4 Demontera pumpelement nr 1 från pumpen och ta sedan bort matningsventilen och fjädern från elementet (se bilder).
5 Sätt tillbaka elementet utan ventil och fjäder.

13.4 Lossa bränslefiltrets mittbult

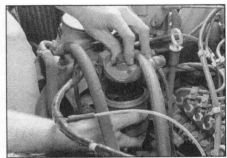

13.5 Håll mittbulten stilla medan du skruvar ur filtret

13.7 Lossa bränsleförfiltrets klämskruvar

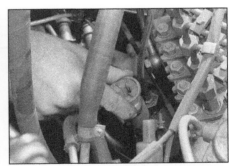

13.12 Lossa snapsningspumpens handtag

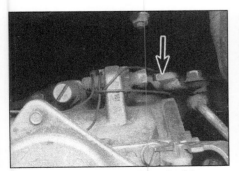

15.3 Pumparmen (vid pilen) i fullbelastningsläge

15.4a Demontera pumpelement nr 1 från pumpen . . .

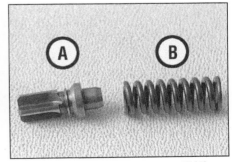

15.4b . . . och demontera ventil (A) och fjäder (B)

15.6 Bränsleinsprutningsstarten på matningsverktyget måste monteras med pipen vänd mot motorn (vid pilen)

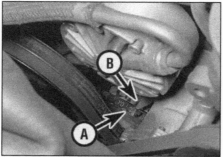

15.7 Motorns inställningsmärken (A) och pekare (B) med motorn vid ÖD

15.8a Lossa bränsleanslutningsbulten (vid pilen)

6 Montera överflödesröret på pumpelement nr 1 med pipen vänd mot motorn **(se bild)**.
7 Vrid motorn för hand i normal rotations-riktning (medurs när man är står vänd mot bilens front) tills början av kompressions-trycket kan kännas. Rotera motorn tills inställningspekaren framtill på motorn är i linje med specificerad matningsstartgrad på utjämnaren **(se bild)**. Ta bort oljepåfyllnings-locket. Kontrollera att båda kamaxelloberna för den främre (nr 1) cylindern är vända uppåt. När detta är gjort är kolv nr 1 i början av kompressionstakten.
8 Lossa bränsleanslutningsbulten uppe på bränslefiltret och släpp ut eventuell luft från systemet genom att aktivera handpumpen tills bränsle fritt från luftbubblor kommer ut uppe på filtret och genom överflödesröret **(se bilder)**.
9 Sluta pumpa Flödet från röret skall nu avta tills en droppe per sekund kan noteras.

15.8b Bränsle utan luftbubblor kommer ut ur matningspipen (vid pilen)

10 Om flödet inte är korrekt, lossa insprut-ningspumpens fästbultar, upprepa proce-duren och rotera pumpen tills en droppe per sekund uppnås **(se bild)**.
11 När korrekt matningsstart uppnås, dra åt

15.10 Rotera bränsleinsprutningspumpen för att uppnå rätt insprutningsstart

pumpens fästbultar, ta bort överflödesröret och sätt tillbaka matningsventilen och fjädern i elementet. Montera bränslerörsenheten och anslut gaslänkaget och vakuumslangen.

60 000 km service – 124-serien

16 Bränslefilter och förfilter – byte

1 Koppla bort batteriets negativa kabel och för undan den från polen.
2 För att minimera bränslespill, placera en liten behållare under filterkanistern och lägg absorberande trasor runt om.
3 Stöd bränslefiltret med en hand, lossa och ta bort banjobulten uppe på filterhuset. Ta vara på båda O-ringstätningarna och kassera dem. Nya tätningar måste användas vid montering **(se bild)**.
4 Ta ut filterkanistern ur motorrummet, håll fogytan uppåt för att minimera spillet.
5 När filtret är demonterat, kontrollera att strypmynningen i bränslereturledningen på fogytan till filterhuset är ren och utan blockering.
6 Fukta gummitätningen på den nya filter-kanistern med lite rent bränsle.

7 För upp filtret mot huset, sätt sedan in banjobulten (använd nya O-ringar) och dra åt den ordentligt.
8 Förfiltret är placerat på vänster sida av bränsleinsprutningspumpen. Kläm åt bränslematningsslangen från bränsletanken nedströms förfiltret, lossa sedan clipset och ta loss bränsleslangarna från var sida om förfiltret. Sätt den nya enheten på plats och dra åt slangclipset ordentligt.
9 Återanslut batteriet, starta motorn och låt den gå på tomgång och kontrollera att inte filtret läcker. Pumpen är självsnapsande men det kan ta några sekunder innan motorn startar.
10 Höj varvtalet till ca 2000 rpm flera gånger, återgå sedan till tomgång. Detta bör pressa ut luftbubblor som finns i filterkanistern. Om tomgången är ojämn eller tveksam, upprepa momentet tills bränslesystemet rensar sig självt.

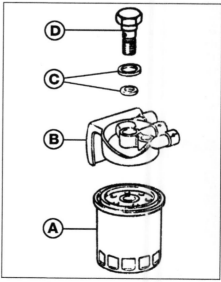

16.3 Bränslefilterenhet – 124-serien

A Bränslefilterkanister C Tätningsbrickor
B Filterhus D Banjobult

Kapitel 7
Mercedes-Benz 1988cc, 1997cc, 2399cc, 2404cc, 2497cc, 2996cc och 2998cc motorer

Del B: Underhåll av bränslesystem

Innehåll

Specifikationer

Glödstift

123-serien

Typ:
  1988cc motor:
    T o m juli 1980 . . . . Champion CH61
    Fr o m augusti 1980 . . . . Champion CH68
  2399cc motor:
    Februari 1976 till mars 1979 . . . . Champion CH61
  2404cc motor:
    T o m juli 1980 . . . . Champion CH61
    Fr o m augusti 1980 . . . . Champion CH68
  2998cc engine:
    Augusti 1980 till november 1985 . . . . Champion CH68

Glödstift (fortsättning)

124-serien

Nominell arbetsspänning .... 11.5 V
Elektriskt motstånd .... 0,75 till 1,5 ohm (ca – vid arbetstemperatur)
Strömförbrukning .... 8 - 15A (per glödstift, efter ca 8 sek aktivitet)
Typ:
  2.0 liter:
    T o m januari 1989 .... Champion CH68
    Fr o m februari 1989 .... Champion CH156
  2.5 liter utan turbo:
    T o m januari 1989 .... Champion CH68
    Fr o m februari 1989 .... Champion CH156
  2.5 liter turbo:
    Fr o m maj 1988 .... Champion CH156
  3.0 liter utan turbo:
    T o m januari 1989 .... Champion CH68
    Fr o m februari 1989 .... Champion CH156
  3.0 liter turbo:
    T o m januari 1989 .... Champion CH68
    Fr o m februari 1989 .... Champion CH156

Bränsleinsprutningspump

123-serien

Matningsstart:
  Turbo .... 23 till 25° FÖD
  Utan turbo:
    1988cc .... 26° FÖD
    2399cc och 2404cc .... 24° FÖD

124-serien

Matningsstart .... 15° EÖD på cylinder nr 1

Tomgångshastighet

123-serien

1975 års modell .... 700 till 800 rpm
1976 års modell:
  2399cc och 2404cc motorer .... 700 till 780 rpm
  2998cc motor .... 680 till 760 rpm
1978 års modell och framåt .... 750 rpm

124-serien

4-cylindrig motor med pneumatisk tomgångsförhöjning .... 750 ± 50 rpm
4-cylindrig motor med elektronisk tomgångsstyrning (ELR) .... 720 ± 20 rpm
5-cylindrig motor med pneumatisk tomgångsförhöjning .... 700 ± 50 rpm
5-cylindrig motor med elektronisk tomgångsstyrning (ELR) .... 680 ± 20 rpm
6-cylindriga motorer .... 630 ± 20

Maximal motorhastighet utan belastning

124-serien .... 5150 ± 50 rpm

Åtdragningsmoment

Nm

123-serien

Glödstift 50
Bränsleinsprutningsledningar 18
Bränsleinsprutare .... 52 till 59

124-serien

Glödstift 20
Glödstiftens elektriska poler 4
Insprutningspump till bakre fästbygel 25
Insprutningspump till främre fäste, bultar 25
Insprutningspumpdrevets bult 45
Plugg för insprutningspumpens inspektionshål 35
Insprutarnas bränslerörsanslutningar 15
Bränsleinsprutare 75

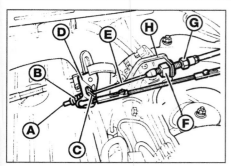

**1.2a Gasvajerlänkage –
4 och 5-cylindriga motorer**

A Gasvajerände   E Inre gasvajer
B Kompressions-   F Plasthållare
    fjäder   G Justeringsmutter
C Fästblock   H Styrfäste
D Styrarm

**1.2b Gasvajerlänkage –
6-cylindriga motorer**

A Gasvajerände   D Styrarm
B Kompressions-   E Inre gasvajer
    fjäder   F Justeringsmutter
C Fästblock

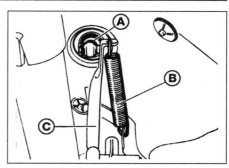

1.3 Vajerjusteringsknopp vid gaspedal

A Justeringsknopp   C Gaspedal
B Returfjäder

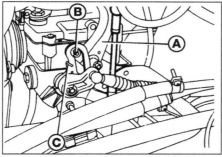

**1.4a Vid tomgång skall rullpivån vila mot
änden (vid pilen) av spåret i hävarmen – 4
och 5-cylindriga motorer visade**

A Reläarm   C Hävarm
B Rullpivot   D Anslutningsstång

**1.4b Vid tomgång skall rullpivån vila mot
änden (vid pilen) av spåret i hävarmen –
6-cylindrig motor visad**

A Reläarm   B Rullpivot   C Hävarm

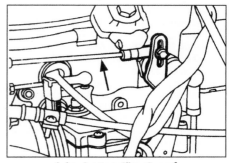

**1.4c Justera längden på
anslutningsstången (vid pilen)**

1 Gasvajer (124-serien) – justering

1 Innan försök görs att justera gasvajern, kontrollera att vajern är dragen så att den inte är veckad eller klämd eller har mycket snäva böjar. Tryck ner gaspedalen så långt det går och kontrollera att inget motstånd känns.

2 Med gaslänkaget i tomgångsläge, kontrollera att fjäderplattan i änden av gasvajern vilar lätt mot kompressionsfjädern, utan spänning **(se bilder)**.

3 Om detta inte är fallet, demontera klädselpanelen ovanför aktuellt fotutrymme för att komma åt det mufförsedda hålet i torpedplåten där gasvajern går från fotutrymmet in i motorrummet **(se bild)**. Vrid justerknoppen vid torpedplåten tills förhållandena i paragraf 2 uppnås.

4 Med överföringsarmen i tomgångsläge skall rullpivån vila mot änden av spåret i hävarmen. Justera längden på anslutningsstången om så behövs **(se bilder)**.

5 Dra gaslänkagets styrarm genom hela sin rörelsebana. Kontrollera att bränsleinsprutningspumpens styrarm vilar mot fullgasstoppet. I detta läge, kontrollera också att överföringsarmens pivå stannar ca 1 mm från änden på spåret i hävarmen **(se bild)**.

6 Om detta inte är fallet, lossa låsmuttern vid kulfästet på änden av anslutningsstången och placera om fästet inom överföringsarmens

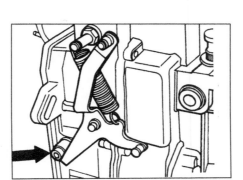

**1.5 Kontrollera att pumpens styrarm vilar
mot fullgasstoppet (vid pilen)**

spår för att erhålla rätt rörelse **(se bilder)**. Dra avslutningsvis åt låsmuttern.

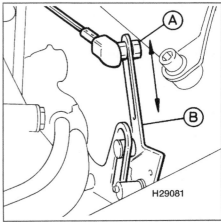

H29081

**1.6a Lossa låsmuttern vid kulfästet på
änden av anslutningsstången – 4 och 5-
cylindriga motorer visade**

A Låsmutter   B Reläarm

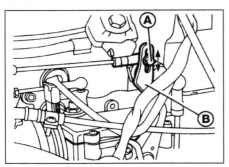

**1.6b Lossa låsmuttern vid kulfästet på
änden av anslutningsstången –
6-cylindrig motor**

A Låsmutter   B Reläarm

7 På modeller med automatväxellåda, justera styrtrycksvajern enligt följande:

a) *Haka loss styrtrycksvajern från kulleden på gaslänkaget.*

b) *Lossa klämskruven/skruvarna på gaslänkagearmens anslutningsplatta, dra sedan isär de två sektionerna på plattan ända till stoppet* **(se bild).**

c) *Dra styrtrycksvajern framåt tills ett lätt motstånd känns.*

d) *Vid den punkt när motstånd precis kan kännas skall det vara möjligt att sätta tillbaka vajeränden på gaslänkagets kulled. Om så behövs, justera längden på anslutningsplattan tills vajeränden enkelt kan fästas i kulleden.*

8 Låt en medhjälpare trycka ner gaspedalen helt, kontrollera sedan att bränsleinsprutningspumpens styrarm vilar mot fullgasstoppet. Om så behövs, vrid justermuttern vid gaslänkagestyrningens fäste för att erhålla korrekt rörelseväg – **se bild 1.2a och 1.2b.**

9 Efter avslutat arbete, upprepa momenten beskrivna i paragraf 2 och 3.

---

2 Glödstift (123-serien) – test, demontering och montering

1 Modeller i 123-serien före 1980 har glödstift av glödtrådstyp medan senare modeller är utrustade med glödstift av "penn-typ".

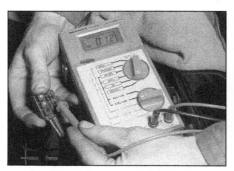

2.8 Kontrollera om glödstiften har kontinuitet vid timerreläanslutningen

---

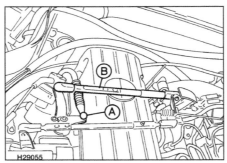

**1.7 Justering av styrtrycksvajern –
utom 6-cylindrig turbodiesel**

A Styrtrycksvajerns ändbeslag
B Gaslänkagearmens anslutningsplatta

2 Glödstiften av glödtrådstyp är seriekopplade för att uppehålla rätt motstånd genom förvärmningssystemet. Strömmen flödar från cylinder nr 4 (nr 5 på 5-cylindriga motorer) till cylinder nr 1 och sedan till jord. Följaktligen kommer ett haveri eller en kortslutning i ett stift att orsaka problem i de stift som är kopplade efter det skadade stiftet.

3 Glödstift av penn-typ är parallellkopplade så att om ett stift havererar kommer de övriga fortfarande att fungera.

4 På senare modeller styr en relä-timer strömflödet till glödstiften. Denna är placerad i motorrummet, på torpedplåten eller vänster innerskärmspanel.

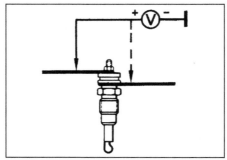

2.5 Kontroll av stift av glödtrådstyp

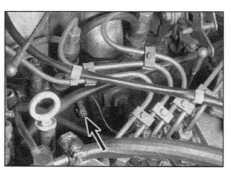

**2.10a Glödstiftets elektriska anslutning
hålls fast av en mutter (vid pilen)**

Test

Stift av glödtrådstyp

5 Med förvärmningssystemet på, anslut den negativa sonden på voltmätaren (inställd på mätområde 0 till 30 volt) till en bra jordpunkt och den positiva sonden först till ingången och därefter till utgången på glödstift nr 4 (eller nr 5 om tillämpligt) **(se bild)**.

6 Om spänning kan mätas vid glödstiftets ingång och det är 0 volt vid utgången är glödstiftet defekt och måste bytas ut mot ett nytt. Om spänning passerar genom stiftet, upprepa kontrollen på de övriga stiften i tur och ordning. Direktkoppla inte glödstiften till jord, till exempel genom att placera en skruvmejsel mellan dem och motorblocket. Detta kan allvarligt skada timer-reläet.

Stift av penn-typ

7 Koppla loss glödstiftsanslutningen vid reläet **(se bild)**.

8 Med tändningen avslagen, anslut en ohmmätare (inställd på 200-skalan) till jord och vart och ett av de numrerade glödstiftspolerna i tur och ordning **(se bild)**. En oändlighetsavläsning på något av stiften indikerar att stiftet eller dess kabelage är defekt och att ett nytt glödstift måste monteras eller kabelaget repareras.

Demontering

9 Koppla loss batteriets negativa kabel.

10 Ta bort muttern och koppla loss glödstiftets kabel. Skruva loss glödstiftet med en passande nyckel och demontera det från topplocket **(se bilder)**.

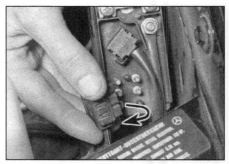

**2.7 Koppla loss glödstiftsanslutningen vid
timerreläet i pilens riktning**

2.10b Skruva ur glödstiftet ur topplocket

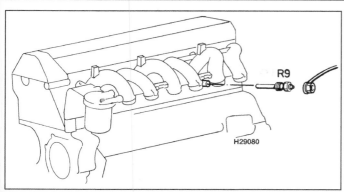

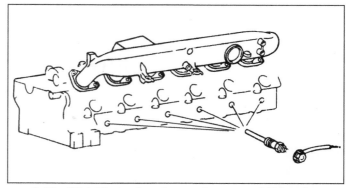

3.10a Glödstiftens placering – motorer utan turbo i 124-serien

3.10b Glödstiftens placering – turbomotorer i 124-serien

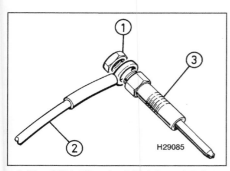

3.10c Glödstift och elektrisk anslutning

1 Terminalmutter   3 Glödstift
2 Matningskabel

Montering

11 Montering av glödstiften sker i omvänd ordning. Dra åt vart och ett av dem ordentligt i topplocket och återanslut kabeln.

3 Glödstift (124-serien) – test, demontering och montering

Test

1 Om systemet inte fungerar som det ska innebär ett slutgiltigt test att man byter ut delar mot delar som man med säkerhet vet fungerar. Några förberedande kontroller kan dock utföras.
2 Anslut en voltmätare eller en 12 volts testlampa mellan glödstiftets matningsledning och en god jordpunkt på motorn. Se till att den strömförande anslutningen hålls på säkert avstånd från motorn och karossen.
3 Låt en medhjälpare aktivera förvärmnings-systemet genom att vrida tändningsnyckeln till det andra läget och kontrollera att batterispänning matas till glödstiftets elektriska anslutning. Matningsspänningen kommer att vara mindre än batterispänningen inledningsvis men den kommer att öka och stabiliseras när glödstiften värms upp. Den kommer sedan att sjunka till noll när förvärmningsperioden är över och skydds-brytaren träder in.

4 Om spänning saknas vid glödstiftet måste antingen stiftreläet (där tillämpligt) eller ledningen till glödstiftet vara defekt.
5 För att hitta ett defekt glödstift, aktivera först förvärmningssystemet så att glödstiften når arbetstemperatur, koppla sedan loss batteriets negativa kabel och ta undan den från polen.
6 Ta bort matningsledningen från glöd-stiftspolen. Mät det elektriska motståndet mellan glödstiftspolen och motorns jord. En avläsning på mer än några ohm indikerar att stiftet är defekt.
7 Om en passande amperemätare finns till hands, anslut denna mellan glödstiftet och dess ledning och mät den stadiga ström-förbrukningen (bortse från den inledande strömtoppen som är ca 50% högre). Jämför resultatet med specifikationerna. Hög ström-förbrukning (eller ingen förbrukning alls) indikerar ett defekt glödstift.
8 Som en avslutande kontroll, demontera glödstiften och undersök dem visuellt.

Demontering

9 Koppla loss batteriets negativa kabel och flytta undan den från polen.
10 Lossa muttrarna vid glödstiftspolen. Lyft av kabelanslutningen **(se bild)**. Notera att muttrarna är integrerade med kabelanslut-ningen.
11 Skruva loss och ta bort glödstiftet **(se bilder)**.
12 Undersök om glödstiftets sond visar tecken på skador. Ett bränt eller förkolnat stift tyder oftast på en defekt bränsleinsprutare.

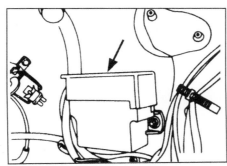

4.1 Glödstiftens styrenhet (vid pilen)

Montering

13 Montering sker i omvänd ordning. Dra åt varje glödstift till specificerat moment.

4 Glödstiftens styrenhet (124-serien) – demontering och montering

Demontering

1 Glödstiftens styrenhet finns i motorrummet, på vänster innerskärm **(se bild)**.
2 Koppla loss batteriets negativa kabel och flytta undan den från polen.
3 Bänd loss skyddshatten uppe på styr-enheten för att exponera säkringen och elektriska anslutningar.
4 Dra ut styrenhetens kontakter.
5 Ta bort fästmuttrarna och lyft bort styr-enheten från skärmen.

Montering

6 Montering sker i omvänd ordning.

5 Bränsleinsprutare – test, demontering och montering

⚠ *Varning: Var ytterst försiktig när du arbetar med bränsleinsprut-arna. Exponera aldrig händerna eller andra kroppsdelar för insprutarspray – arbetstrycket är så högt att bränslet kan tränga genom huden vilket kan vara livsfarligt. Vi rekommenderar starkt att allt arbete som omfattar test av insprutare under tryck överlämnas till en återförsäljare eller bränsleinsprutnings-specialist.*

Observera: *Var försiktig så att inte smuts kommer in i insprutarna eller bränslerören. Se till att inte tappa insprutarna eller skada deras spetsar. Insprutare är precisionstillverkade och får inte behandlas ovarsamt.*

Test

1 Insprutare försämras med lång användning och det är rimligt att förvänta sig att de

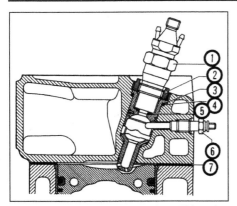

5.6 Bränsleinsprutarmunstycke – 123 serien

1 Insprutarmunstycke
2 Krage
3 Förförbrännings-
   kammare
4 Tätningsring
5 Munstyckeplatta
6 Glödstift
7 Topplocks-
   packning

behöver renoveras eller bytas ut efter ca 90 000 km. Noggrann test, renovering och kalibrering av insprutare måste utföras av en specialist. En defekt insprutare som orsakar knackning och rök kan spåras utan isärtagning enligt följande:

2 Låt motorn gå på snabb tomgång. Lossa varje insprutaranslutning i tur och ordning, lägg trasor runt ansluningarna för att fånga upp bränslespill. Var försiktig så att huden inte utsätts för bränslespray. När anslutningen på den defekta insprutaren lossas kommer knackningen eller röken att upphöra.

Demontering

123-serien

3 Koppla loss batteriets negativa kabel.
4 Eftersom insprutningsrören är så styva är det bäst att skruva loss alla rör från insprutarna, även om endast en insprutare ska åtgärdas.
5 Dra bort returröret från varje insprutare.
6 Skruva loss varje insprutare från topplocket med en hylsnyckel, som Mercedes verktyg nr 000 589 68 03 00. Om ett sådant verktyg inte finns till hands, demontera kamaxelkåpan för att skapa ordentligt utrymme och ta loss munstycket med en nyckel av passande storlek **(se bild)**.

124-serien

7 Koppla loss batteriets negativa kabel och flytta undan det från polen.
8 För att förbättra åtkomligheten, demontera insugsröret.
9 Rengör försiktigt runt insprutarna och röranslutningsmuttrarna **(se bild)**. Lossa clipsen (där tillämpligt) och dra bort avluftningsslangen/slangarna från insprutaren.
10 Lägg absorberande trasor runt insprutaranslutningarna. Torka rent röranslutningarna och lossa anslutningsmuttern som håller relevant högtrycksrör till insprutarens översida.
11 Lossa muttern till relevant högtrycksrör

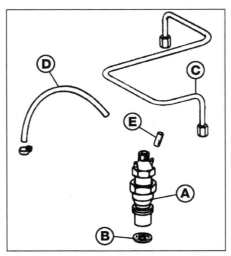

5.9 Bränsleinsprutarmunstycke – 124-serien

A Insprutare
B Bricka
C Högtrycksrör
D Avluftningsslang
E Clips

uppe på insprutningspumpen. När varje pumpanslutningsmutter lossas, håll fast mellanstycket med en passande öppen blocknyckel så att det inte skruvas loss från pumpen. När muttrarna är lossade, ta bort insprutarrören från motorn. Täck över insprutare och röranslutningar för att förhindra smutsintrång.
12 Skruva loss insprutaren med en djup hylsnyckel och ta bort den från topplocket. Skruva loss insprutaren med verktyget på den sexkantiga delen närmast topplocket, **inte** på den övre sexkantiga delen – då kommer insprutaren att gå sönder.
13 Ta reda på brickan, notera vilken väg den är monterad.

Montering

123-serien

14 Montering sker i omvänd ordning. Dra åt alla insprutare till specificerat moment.

124-serien

15 Placera en ny bricka i topplocket, skruva sedan in insprutaren och dra åt den till specificerat moment.

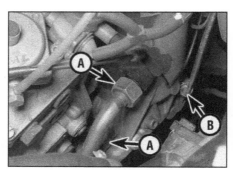

6.2 Oljekylarledningar (A) och tryckmätarlednings (B) anslutningar

16 Montera insprutarrören och dra åt anslutningsmuttrarna till specificerat åtdragningsmoment. Fäst eventuella clips till rören så som de satt innan demonteringen.
17 Återanslut avluftningsröret/rören säkert till insprutaren och dra åt slangclipsen (där tillämpligt).
18 Anslut batteriet och kontrollera motorns gång.

6 Bränsleinsprutningspump (123-serien) – demontering och montering

Demontering

1 Koppla loss kabeln från batteriets negativa pol.
2 På vissa modeller måste man demontera oljefilterhuset. Tappa av motoroljan och ta sedan loss oljekylarledningen och oljetrycksmätarens anslutning. Håll kylarledningens infästningsmutter på huset med en tunn extra nyckel medan du skruvar loss infästningen, för att undvika att ledningen vrids **(se bild)**.
3 Om bilen har turbo, ta loss turboaggregatets kylarledning från under filterhuset **(se bild)**. Ta bort bultarna med hjälp av en insexnyckel och lyft filterhuset från motorn. Det kan vara nödvändigt att skära av en liten bit av insexnyckeln med en bågfil och hålla den med en låstång för att få loss bultarna på vissa modeller, detta eftersom arbetsområdet runt oljefilterhuset är svåråtkomligt.
4 Koppla loss gaslänkaget vid bränsleinsprutningspumpen.
5 Märk insprutningspumpens vakuumslangar för att underlätta monteringen, ta sedan loss dem.
6 Demontera rörenheten mellan bränsleinsprutningspumpen och insprutarna. Håll fast infästningarna i pumpen med en extra nyckel så att de inte vrids.
7 Under motorn, koppla loss gaslänkagets returfjäder och ta bort pumpens nedre fästbultar **(se bild)**.
8 Demontera bränsleanslutningsbultarna och koppla loss ledningarna från insprutningspumpen **(se bild)**.
9 Ta loss pumpens kvarvarande fästbultar. Använd en böjd nyckel för att lossa den nedersta.

6.3 Turboaggregatets kylarledning sitter i botten på oljefilterhuset

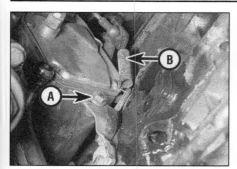

6.7 Bränsleinsprutningspumpens nedre bult (A) och returfjäder (B)

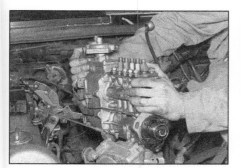

6.10 Dra pumpen bakåt och bort från motorn

10 Ta ordentligt tag i pumpen – den är tung – dra den bakåt och lyft ut den från motorrummet **(se bild)**.

Montering

11 Innan insprutningspumpen monteras, ta bort den främre kragen och ställ in märket i skårorna mot märket på huset **(se bild)**.
12 Sätt tillbaka kragen på pumpen. Motorn måste vara inställd till specificerad matningsstartpunkt.
13 Montera pumpen till motorn – försök i största möjliga mån att montera den i samma vinkel som den satt förut. Ett bra sätt att kontrollera detta är att temporärt sätta bränsleinsprutningens rörenhet på plats för att se om anslutningarna hamnar rätt.

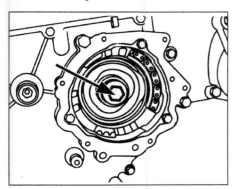

7.8 Ta bort mittbulten (vid pilen) på insprutningspumpens synkroniseringsdrev
Observera att bulten är VÄNSTERGÄNGAD

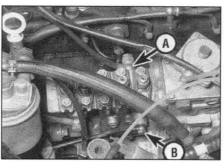

6.8 Innan pumpen demonteras, koppla bort de två bränsleledningarna (A) och oljematarledningen (B)

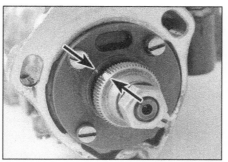

6.11 Ställ in den breda skåran med märket på insprutningspumpen (vid pilen)

14 Sätt tillbaka fästbultarna (dra åt med fingrarna) och därefter bränsleledningarna.
15 Avlufta bränslesystemet.
16 Kontrollera och justera bränslematningens start, se del A av detta kapitel. Dra åt pumpfästbultarna helt.
17 Resten av monteringen sker i omvänd ordning mot demonteringen. Lossa klämmorna mellan bränsleinsprutningsrören för att underlätta installationen och förhindra korsgängning.

7 Bränsleinsprutningspump (124-serien) – demontering och montering

Observera: *Efter demonteringen måste*

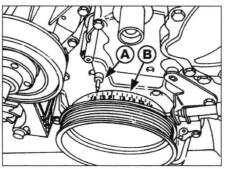

7.9 Ställ motorn vid 15° EÖD för cylinder nr 1 med hjälp av pekaren och de graderade markeringarna
A Pekare   B Graderade markeringar

pumpaxeln låsas på plats med ett speciellt utformat låsverktyg. Tillverkning av ett ersättningsverktyg skulle vara mycket svårt och det skulle också riskera inre skador på insprutningspumpen. Av denna anledning rekommenderas att ett låsverktyg lånas av en Mercedesverkstad eller en specialist på Bosch dieselinsprutningsssystem

Demontering

1 Koppla loss batteriets negativa kabel och flytta undan den från polen.
2 Lossa infästningarna och sänk ned ljudisoleringspanelen från undersidan av motorrummet.
3 Demontera spännaren till hjälpaggregatens drivrem.
4 Demontera kylfläkten och kåpan.
5 Demontera vakuumpumpen från transmissionskåpan. Notera att packningen måste bytas ut vid monteringen.
6 Åtkomligheten kan förbättras om insugsröret demonteras.
7 På 6-cylindriga motorer med farthållare, skruva loss farthållarens aktiverare och flytta den åt sidan.
8 Håll fast vevaxeln, lossa och ta bort mittbulten på insprutningspumpens synkroniseringsdrev **(se bild)**. Notera att bulten har vänstergänga. Ta vara på brickan.
9 Använd en hylsnyckel på vevaxelremskivans mittbult, vrid vevaxeln i normal rotationsriktning tills motorn är inställd på 15° efter övre dödpunkt (EÖD) för cylinder nr 1. Använd pekaren på transmissionskåpan och den graderade markeringen på vibrationsdämparen för att erhålla korrekt inställning **(se bild)**.
10 Demontera kamkedjespännaren **(se bild)**.
11 Använd en lämplig blocknyckel eller en skruvnyckel och hanfotstillsats, lossa anslutningarna och koppla loss högtrycksbränsleledningarna från insprutningspumpen. Var beredd på ett visst spill och lägg trasor runt om **(se bild)**.
12 Lossa och ta bort banjobultarna, ta sedan loss bränslematnings-, tillförsel- och returledningarna från insprutningspumpen. Kas-

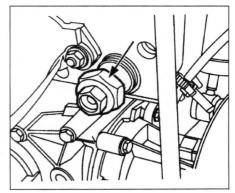

7.10 Demontera kamkedjespännaren (vid pilen)

sera tätningarna, nya måste användas vid monteringen. Kläm ihop slangarna för att förhindra ytterligare bränsleförlust.

13 Ta loss alla vakuumslangar från aktiverarna upptill och baktill på insprutningspumpen, notera hur de sitter för att underlätta monteringen.

14 Dra även ut alla kontakter från aktiverarna och givarna upptill och baktill på insprutningspumpen, notera hur de sitter för att underlätta monteringen.

15 Koppla loss gaslänkaget från insprutningspumpens styrarm.

16 Markera pumphusets förhållande till den bakre ytan på dess monteringsfläns, för att underlätta ungefärlig inställning vid monteringen.

17 När insprutningspumpen är demonterad måste man hålla drevet (och synkroniseringen) på plats i transmissionskåpan så att det inte hakas loss från kedjan, men på ett sätt som fortfarande låter det rotera om motorn dras runt för hand. På senare modeller är en speciell hållare monterad för detta syfte. Ägare som har tidigare modeller, utan denna speciella komponent, skall fortsätta från paragraf 18 och framåt.

18 För tidigare modeller utan drevhållare, skaffa en längd metallrör med ungefär samma ytterdiameter som den gängade delen på insprutningspumpdrevets mittbult.

19 Skruva loss och ta bort fästbultarna som håller framdelen av insprutningspumpen till monteringsflänsen **(se bild)**. Ta bort bulten som håller pumpens bakdel till stödfästet, lyft sedan bort pumpen från dess fästen. Stöd samtidigt pumpdrevet (och synkroniseringen) för att hålla det på plats. Var beredd på viss motoroljeförlust när insprutningspumpen demonteras från dess monteringsfläns och låt inte drevet hakas loss från kamkedjan.

20 Där så är tillämpligt på modeller utan drevhållare, dra metallröret genom hålet i mitten på drevet. Mata en bit kraftig vajer eller ett grovt nylonkabelband genom röret och säkra det och drevet ovanför kåpan.

21 Skruva loss bränsletermostaten från insprutningspumpen och flytta den åt sidan **(se bild)**. Det ska inte vara nödvändigt att koppla loss bränsleledningarna från termostaten.

22 Täck över alla öppna bränsleanslutningar för att minimera bränsleförlusten och förhindra smutsintrång.

23 Med insprutningspumpen på en arbetsbänk, skruva ur inställningspluggen på pumphusets sida **(se bild)**.

24 Använd en lämplig polygrip, vrid insprutningspumpaxeln i dess normala rotationsriktning medan du studerar regulatorns rörelse genom inställningshålet. Fortsätt vrida axeln tills klacken på regulatorn är i linje med hålet. I detta läge måste regulatorn låsas till insprutningspumpen med ett speciellt Mercedes låsverktyg, så att pumpaxeln inte längre kan röra sig **(se bild)**.

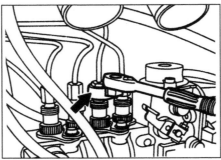

7.11 Lossa på anslutningarna och ta bort högtrycksinsprutarbränsleledningarna från insprutningspumpen

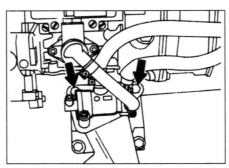

7.21 Lossa bultarna (vid pilarna) och ta bort bränsletermostaten från insprutningspumpen

25 Ta vara på O-ringen från insprutningspumpens framsida och kassera den. En ny O-ring måste användas vid montering.

Montering

26 Montera pumpen genom att följa demonteringen i omvänd ordning, notera följande punkter:

a) Montera en ny O-ring på insprutningspumpens fogyta och smörj in den lätt med ren motorolja.

b) Se till att motorn fortfarande är inställd på 15° EÖD för cylinder nr 1 innan insprutningspumpen monteras.

c) Håll fast vevaxeln och dra åt pumpens drev till angivet moment, notera att bulten är vänstergängad.

d) Ta bort låsverktyget från pumpens inställningshål (och sätt tillbaka pluggen) innan motorn dras runt.

e) Dra åt insprutningspumpens fästbultar till angivet moment.

f) Anslut högtrycksinsprutarrören och dra åt anslutningen till angivet moment.

g) Nya tätningsbrickor måste användas till banjobultarna för bränslematning, -tillförsel och -retur vid insprutningspumpen.

h) En ny tätning måste användas när vakuumpumpen monteras.

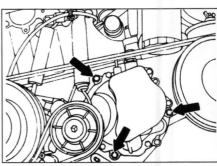

7.19 Ta bort monteringsbultarna (vid pilarna) som håller framdelen på insprutningspumpen till monteringsflänsen

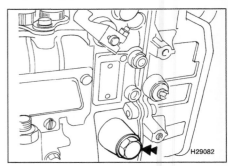

7.23 Ta bort bultarna och demontera inställningspluggen (vid pilen) från sidan på pumpen

i) Efter avslutat arbete, kontrollera och (vid behov) justera insprutningspumpens matningsstart.

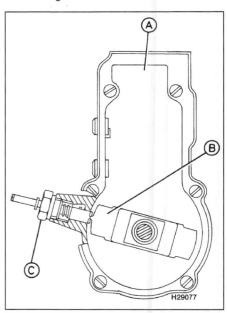

7.24 Vrid insprutningspumpaxeln tills klacken på regulatorn är i linje med hålet

A Insprutningspump – sedd bakifrån
B Regulator   C Låsverktyg

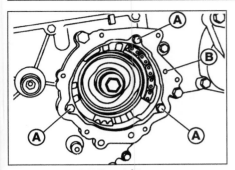

8.7 Drevhållare

A Monteringsbultar   B Låsstift

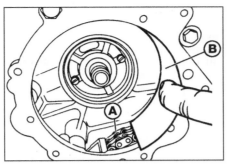

8.14 Expandera det hemmagjorda verktyget så att kedjan trycks av drevtänderna

A Kamkedja   B Hemmagjort verktyg

8 Bränsleinsprutningspumpens synkronisering och drev (124-s) – demontering och montering

Observera: *Efter demonteringen av synkroniseringsredskapet och drevet måste pumpaxeln låsas på plats med ett speciellt utformat låsverktyg. Tillverkning av ett ersättningsverktyg skulle vara mycket svårt och det skulle också riskera inre skador på insprutningspumpen. Av denna anledning rekommenderas att ett låsverktyg lånas av en Mercedesverkstad eller en specialist på Bosch dieselinsprutningssystem.*

Demontering

1 Koppla loss batteriets negativa kabel och flytta undan den från polen.

2 Lossa infästningarna och sänk ned ljudisoleringspanelen från undersidan av motorrummet.

3 Demontera hjälpaggregatdrivremmens spännare.

4 Demontera kylfläkt och kåpa.

5 Demontera vakuumpumpen från transmissionskåpan. Notera att packningen måste bytas ut vid monteringen.

6 Använd en hylsnyckel på vevaxelremskivans mittbult, vrid vevaxeln i normal rotationsriktning tills motorn är inställd på 15° efter övre dödpunkt (EÖD) för cylinder nr 1. Använd pekaren på transmissionskåpan och den graderade markeringen på vibrationsdämparen för att erhålla korrekt inställning – **se bild 7.9**.

7 Där tillämpligt, skruva loss drevhållaren framtill på insprutningspumpens drev **(se bild)**. På senare modeller är buren säkrad med ett låsstift. Ta bort stiftet genom att skruva in en M6 bult i änden av det, fäst en draghammare till bultskallen och dra gradvis ut stiftet.

8 Demontera ventilkåpan och kamkedjespännaren. Lossa och dra ut fästbulten och brickan för kamaxelns kamkedjedrev.

9 Bevara förhållandet mellan kamaxeldrevet och kamkedjan genom att trä igenom ett eller flera kabelband av nylon (eller liknande) genom båda och säkra dem ordentligt.

10 Dra av kamaxeldrevet från änden på kamaxeln, med kedjan fortfarande fastbunden i det, och låt det vila i transmissionskåpan.

11 Skruva loss och ta bort pumpdrevets mittbult, observera att den är vänstergängad.

12 I detta läge, markera förhållandet mellan insprutningspumpdrevet och kamkedjan med en färgklick. Detta kommer att underlätta monteringen.

13 Kamkedjan måste nu tryckas bort från drevtänderna för att man ska kunna dra bort drevet och synkroniseringen. Tillverka ett verktyg av en bit tunn skrotplåt – skär ut en rektangel med måtten 140 x 70 mm (ca) och böj den till en cirkeldel så att den får ungefär samma form som insprutningspumpdrevet.

14 Tryck verktyget mot drevets framsida,

expandera det sedan så att det trycker av kedjan från drevtänderna och stannar i det läget **(se bild)**.

15 När nu kedjan är lossad från drevtänderna, dra bort synkroniseringen tillsammans med drevet från transmissionskåpan med en stor tång eller en polygrip.

16 Ta bort inställningspluggen från pumphusets sida.

17 Använd en passande polygriptång, vrid insprutningspumpens axel i normal rotationsriktning medan du observerar regulatorns rörelse genom inställningshålet. Fortsätt att vrida axeln tills klacken på regulatorn är i linje med hålet. I detta läge måste regulatorn låsas till pumphuset med ett speciellt Mercedesverktyg så att axeln inte längre kan röra sig – **se bild 7.24**. Detta steg får inte uteslutas eftersom det är det enda sättet att försäkra korrekt inställning av insprutningspumpen vid ihopsättningen.

Montering

18 Montering sker i omvänd ordning, notera följande **(se bild)**:

a) *Se till att motorn fortfarande är inställd på 15° EÖD för cylinder nr 1 innan drevet och synkroniseringen monteras på insprutningspumpens axel.*

b) *Använd färgmärkena som gjordes vid demonteringen till att rikta in pumpdrevet med kamkedjan.*

c) *Håll fast vevaxeln och dra åt pumpens drev till angivet moment, notera att bulten är vänstergängad.*

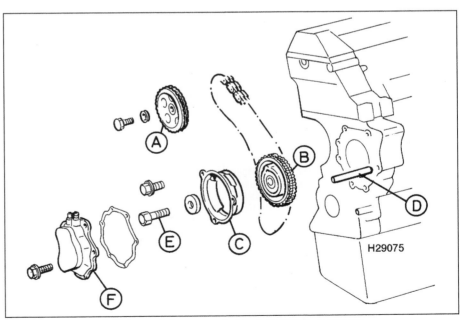

8.18 Insprutningspumpdrev och inställningsverktyg

A *Kamaxeldrev*
B *Insprutningspumpdrev och inställningsverktyg*
C *Hållare*
D *Låsstift*
E *Insprutningspumpens drevbult*
F *Vakuumpump*

d) Ta bort läsverktyget från insprutningspumpens inställningshål och sätt tillbaka pluggen innan motorn dras runt.
e) Sätt tillbaka synkroniseringsdrevet på kamaxeln. För att bekräfta kamaxelinställningen, vrid motorn ett helt vevaxelvarv och kontrollera att kamaxelns och vevaxelns ÖD-märken är i linje.
f) En ny tätning måste användas när vakuumpumpen monteras.
g) Efter avslutat arbete, kontrollera och (vid behov) justera insprutningspumpens matningsstart.

9 Bränsleinsprutningspumpens matningsstart (124-serien) – kontroll och justering

1 För att försäkra att bränsleinsprutningspumpen matar bränsle till varje cylinder vid korrekt tidpunkt under motorns arbetscykel måste matningsstarten kontrolleras och eventuellt justeras om insprutningspumpen, eller någon av dess tillhörande komponenter, har rubbats.
2 Insprutningspumpen har ett inspektionshål borrat i huset. Under normala förhållanden är hålet stängt med en gängad metallplugg. Matningsstart till cylinder nr 1 indikeras när en inställningsklack på regulatorn inuti insprutningspumpen passerar precis bakom inspektionshålet.
3 När klacken är exakt i linje med inspektionshålets mitt kan vevaxelns position avläsas med hjälp av pekaren på transmissionskåpan och den graderade markeringen på vevaxelns vibrationsdämpare. Förhållandet mellan vevaxelns vinkel och insprutningspumpen i detta läge anger indirekt tiden för matningsstart.
4 Allra helst bör mätningen utföras elektroniskt med hjälp av en sensor som skruvas in i insprutningspumpens inspektionshål. Eftersom denna utrustning dock endast är tillgänglig från Mercedesverkstäder och specialister på Bosch dieselinsprutning, beskrivs en alternativ metod nedan. Observera att denna metod endast ger en ungefärlig avläsning, för att tillåta motorn att starta. Bilen måste tas till en märkesverkstad eller Bosch insprutningsspecialist vid första möjliga tillfälle för noggrann kontroll.

Kontroll

5 Koppla loss batteriets negativa kabel och flytta undan den från polen.
6 Demontera kylfläkten och kåpan för att förbättra åtkomligheten till vevaxelremskivan och vibrationsdämparen.
7 Skruva loss inspektionshålets plugg på pumphusets sida. Var beredd på ett visst bränslespill.
8 Med hjälp av en liten spegel, observera kanten på regulatorn genom inspektionshålet.
9 Använd en hylsnyckel på vevaxelrem-

skivans mittbult, vrid motorn i normal rotationsriktning tills inställningsklacken på regulatorns kant är exakt i linje med inspektionshålets mitt – **se bild 7.24**.
10 Lås motorn så att den inte kan röras ytterligare, läs sedan av vevaxelns vinkel med hjälp av pekaren på transmissionskåpan och den graderade markeringen på vibrationsdämparen – **se bild 7.9**.
11 Jämför avläsningen med den specificerade och justera om så behövs. Sätt tillbaka inspektionshålets plugg, dra åt till angivet åtdragningsmoment.

Justering

12 Med referens till föregående underavsnitt, vrid vevaxeln för hand tills motorn är inställd till sin nominella matningsstart. Se specifikationerna för exakt värde.
13 Lossa de tre fästbultarna som håller insprutningspumpens framsida till monteringsflänsen. Lossa också bulten som håller pumpens baksida till stödfästet.
14 Skruva loss inspektionshålets plugg från pumpens sida. Var beredd på bränslespill.
15 Med hjälp av en liten spegel, observera kanten på regulatorn genom inspektionshålet. Vrid matningsjusterskruven på pumpens sida tills inställningsklacken i kanten på regulatorn är exakt i linje med hålets mitt **(se bild)**. Om skruven vrids åt höger fördröjs matningsstarten, om den vrids åt vänster påskyndas den.
16 När inställningen är korrekt, dra åt pumpens främre och bakre fästbultar till specificerat åtdragningsmoment.
17 Sätt tillbaka inspektionshålets plugg och dra åt den till angivet åtdragningsmoment.
18 Metoden som beskrivs här ger endast en

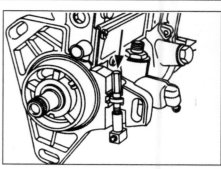

9.15 Justerskruv (vid pilen) för insprutningspumpens matningsstart

ungefärlig inställning, så att motorn kan startas. Bilen måste tas till en Mercedesverkstad eller en specialist på Bosch dieselinsprutning vid första möjliga tillfälle för noggrann avläsning.

10 Bränslelyftpump (124-serien) – demontering och montering

Demontering

1 Koppla loss batteriets negativa kabel och flytta undan den från polen.
2 På motorer utan turbo, demontera luftrenarkåpan.
3 Kläm ihop bränslematningsledningen med en passande slangklämma **(se bild)**. Lossa clipset och ta loss bränsleledningen från porten baktill på lyftpumpen. Var beredd på ett visst bränslespill. Placera en behållare under pumpen och lägg absorberande trasor runt om.

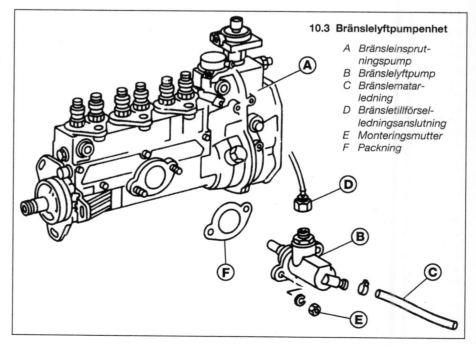

10.3 Bränslelyftpumpenhet

A Bränsleinsprutningspump
B Bränslelyftpump
C Bränslematarledning
D Bränsletillförselledningsanslutning
E Monteringsmutter
F Packning

4 Lossa anslutningen uppe på lyftpumpen och ta loss tillförselledningen till bränslefiltret. Var även nu beredd på spill.
5 När pumpen demonteras kommer det att läcka lite motorolja. Placera en behållare under pumpen.
6 Lossa och ta bort fästmuttrarna och lyft sedan bort pumpen från insprutningspumpen. Ta vara på brickorna och pumppackningen.

Montering

7 Montering sker i omvänd ordning, notera följande:
a) Om pumpen ska bytas ut, skruva loss den nedre halvan av bränslefiltrets tillförselanslutning uppe på pumpen och flytta över den till den nya enheten.
b) Använd en ny packning när lyftpumpen monteras på insprutningspumpen.
c) Efter avslutat arbete, dra åt lyftpumpens fästmuttrar ordentligt.

11 Bränsletermostat (124-serien) – demontering och montering

Demontering

1 Bränsletermostaten är fastskruvad i ett fäste intill bränsleinsprutningspumpen, uppströms ("före") bränsleförfiltret.
2 Koppla loss batteriets negativa kabel och flytta undan den från polen.
3 Kläm ihop bränsleslangarna med lämpliga slangklämmor. Lossa slangclipsen och ta loss slangarna från portarna på termostaten. Var beredd på bränslespill, lägg trasor runt om.
4 Lossa och ta bort bultarna och ta bort termostaten från dess monteringsfäste.

Montering

5 Montering sker i omvänd ordning mot demontering.

12 Bränslefilterenhet (123-serien) – demontering och montering

Observera: *Om endast bränslefilterpatronen ska bytas ut, se del A av detta kapitel.*

Demontering

1 Koppla loss batteriets negativa kabel.
2 Placera trasor under filtret för att fånga upp bränslespill.
3 Ta bort de fyra bränsleanslutningsskruvarna och koppla loss bränsleledningarna från filterhuset.
4 Demontera fästbultarna och lyft bort husenheten från motorn.

Montering

5 Montering sker i omvänd ordning, var noga med att dra åt anslutningsskruvarna

14.3 Glödstiftets timerrelä (vid pilen) – sitter på innervingen på senare modeller

ordentligt. För att förebygga läckor, använd nya tätningsringar.

13 Bränslesystem – avluftning

123-serien

1 Se avsnitt 13 i del A av detta kapitel.

124-serien

2 Bränsleinsprutningspumpen är självsnappsande men det kan ta några sekunder innan motorn startar.
3 När motorn har startat, öka motorvarvtalet till ca 2000 rpm flera gånger och återgå sedan till tomgång. Detta ska göra att luftbubblor i filterkanistern försvinner. Om tomgången är ojämn eller tveksam, upprepa momentet tills bränslesystemet rensar sig självt.

14 Förvärmningssystem (123-serien) – test, demontering och montering av komponenter

Test av systemet

1 På grund av de många olika förvärmningssystem som används och de speciella verktyg och metoder som krävs, begränsas test av systemet för hemmamekanikern till kontroll av lösa eller skadade anslutningar och kontroll av glödstiften.

Timerrelä

Demontering

2 Koppla loss batteriets negativa kabel.
3 Ta bort kåpan uppe på reläet. Koppla loss elledningens fästbult och ta loss kontakterna från reläet **(se bild)**.
4 Ta bort fästbultarna och lyft ut reläet från motorrummet.

Montering

5 Montering sker i omvänd ordning.

15 Avgasåtercirkulation (EGR) (123-serien) – test, demontering och montering

1 Vanliga motorproblem associerade med avgasåtercirkulationen (EGR) är dålig motorprestanda, svart eller blå rök, startsvårigheter och förbränningsknackning under delbelastning. När ett problem utvecklas i systemet är det vanligtvis på grund av en kärvande eller korroderad EGR-ventil.

EGR-ventil – test

2 EGR-ventilen sitter på insugsröret, nära luftrenaren.
3 Med kall motor, anslut en vakuumpump till EGR-ventilen och applicera vakuum medan du observerar EGR-axeln genom skåran i ventilen **(se bild)**.
4 Om membranet inte rör sig, byt ut EGR-ventilen mot en ny. Om du är tveksam om dess skick, jämför den gamla EGR-ventilens fria rörelse med den nya ventilen.
5 Om EGR-ventilen verkar vara i gott skick, undersök noggrant alla slangar som är anslutna till ventilen, se om de är trasiga eller veckade eller om de läcker. Byt ut eller laga ventilen/slangarna efter behov. Ytterligare kontroller skall överlämnas till din återförsäljare eller en dieselspecialist eftersom det kräver speciella verktyg och metoder.

EGR-ventil – byte

6 EGR-ventilen kan bytas genom att man kopplar loss vakuumslangen och övergångsröret mellan ventilen och avgasgrenröret och sedan tar bort fästbultarna **(se bild)**.

15.3 När vakuum appliceras ska EGR-axeln flyttas genom skåran (vid pilen)

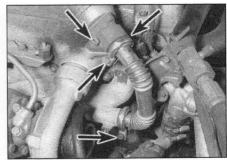

15.6 Ta bort bultar (vid pilarna) och separat böjbart rör för att demontera EGR-ventilen

16 Avgasåtercirkulation (EGR) (124-serien) – byte av komponenter

1 Flera olika versioner av systemet förekommer på bilar i 124-serien. Typen av system monterat beror på bilens ålder, motortyp och för vilken marknad bilen är specificerad.
2 Heltäckande beskrivning av varje systemtyp ligger utanför den här bokens räckvidd, därför är momenten beskrivna i detta avsnitt begränsade till byte av huvudkomponenterna som är lika i varje system.

Vakuumsolenoidventil

Demontering

3 Solenoidventilen är placerad på höger sida i motorrummet.
4 Se till att tändningen är avslagen och dra ut kontakten till solenoidventilen.
5 Anteckna noggrant hur de är anslutna, dra sedan ut vakuumslangarna från portarna på solenoidventilen.
6 Lossa skruvarna och ta ut ventilen från motorrummet.

Montering

7 Montering sker i omvänd ordning, men se till att vakuumslangarna är anslutna till rätt portar på solenoidventilen.

EGR-ventil

Demontering

8 Se till att motorn har kallnat helt innan arbetet påbörjas.
9 Ta loss vakuumslangen från porten uppe på EGR-ventilen.
10 Där tillämpligt, lossa muttrarna och separera återcirkulationsröret från EGR-ventilens fläns. Ta vara på packningen.
11 Lossa och ta bort muttrarna och lyft av EGR-ventilen från avgasgrenröret.

Montering

12 Demontering sker i omvänd ordning. Se till att fästmuttrarna dras åt till rätt åtdragningsmoment.

17 ELR elektronisk tomgångs-styrning (124-serien) – demontering och montering av komponenter

Vevaxelns hastighetsgivare

Demontering

1 Koppla loss batteriets negativa kabel och flytta undan den från polen.
2 Dra ut vevaxelgivarens kontakt från kabelaget, placerad i motorrummet bakom batteriet.
3 Givaren är placerad vid fogen mellan motorblocket och växellådshuset, ovanför

startmotoröppningen. Skruva loss fästbulten och ta bort givaren från kåpan. Ta reda på distansen (om monterad).

Montering

4 Montera givaren i omvänd ordning mot monteringen. Där så är tillämpligt, se till att distansen monteras på givaren innan den sätts in i växellådshuset.

Kylvätsketemperaturgivare

Demontering

5 Tappa delvis av kylsystemet. Försäkra dig om att tändningen är avslagen.
6 Kylvätskegivaren är gängad in i den övre ytan på topplocket på vänster sida av motorn. Blanda inte ihop dem med temperaturmätargivaren.
7 Dra ut givarens kontakt.
8 Skruva loss givaren från huset och ta reda på O-ringen.

Montering

9 Montering sker i omvänd ordning. Efter avslutat arbete, fyll på kylsystemet.

Elektronisk styrenhet

Demontering

10 Den elektroniska styrenheten för ELR är placerad baktill i motorrummet, bakom skyddspanelen.
11 Koppla loss batteriets negativa kabel och flytta undan den från polen.
12 Koppla loss ledningen från styrenheten vid flerstiftskontakten.
13 Ta bort fästskruvarna och lyft bort enheten från torpedplåten.

Montering

14 Montering sker i omvänd ordning.

17.15 Aktiverarens placering baktill på insprutningspumpen

A ELR elektromagnetisk aktiverare
B ARA elektromagnetisk aktiverare

Elektromagnetisk aktiverare

Demontering

15 Den elektromagnetiska aktiveraren för ELR är fastskruvad baktill på insprutningspumpens hus. På bilar utrustade med både ELR tomgångsstyrning och ARA elektronisk ryckreglering, är aktiveraren för ELR den övre av de två (se bild).
16 Koppla loss batteriets negativa kabel och flytta undan den från polen.
17 På motorer utan turbo, demontera hela luftrenarenheten.
18 Dra ut aktiverarens kontakt.
19 Lossa och ta bort de två fästskruvarna baktill på aktiveraren. Lyft av de tillhörande fästbyglarna.
20 Demontera aktiveraren, ta reda på O-ringen, mellanlägget/mellanläggen (där tillämpligt) och mellanplattan (där tillämpligt).

Montering

21 Montering sker i omvänd ordning mot demontering, notera följande:
  a) Flytta över mellanläggen till den nya aktiveraren om den existerande enheten skall bytas ut.
  b) Byt ut O-ringen.
  c) Se till att den elektriska kontakten är vänd uppåt när aktiveraren monteras.

18 ARA elektronisk ryckreglering (124-serien) – demontering och montering av komponenter

Elektronisk styrenhet

Demontering

1 På modeller med ELR elektronisk tomgångsstyrning är ARA-funktionen styrd av ELR-systemets elektroniska styrenhet.
2 På modeller med pneumatisk tomgångsstyrning är styrenheten för ARA placerad baktill i motorrummet, bakom skyddspanelen.
3 Koppla loss batteriets negativa kabel och flytta undan den från polen.
4 Dra ut kontakten från styrenheten vid flerstiftskontakten.
5 Ta bort fästskruvarna och lyft bort enheten från torpedplåten.

Montering

6 Montering sker i omvänd ordning.

Vevaxelns hastighetsgivare

7 Se information i avsnitt 17.

Kylvätsketemperaturgivare

8 Se information i avsnitt 17.

Elektromagnetisk givare

Demontering

9 ARA elektromagnetiska aktiverare är fastskruvad baktill på insprutningspumpen. På bilar med både ELR elektronisk tomgångsstyrning och ARA ryckreglering är aktiveraren för ARA den nedre av de två – se bild 17.15.

10 Koppla loss batteriets negativa kabel och flytta undan den från polen.
11 På motorer utan turbo, demontera luftrenaren.
12 Dra ut aktiverarens kontakt.
13 Lossa och ta bort de två fästskruvarna baktill på aktiveraren. Lyft av tillhörande fästen.
14 Ta bort aktiveraren, ta reda på O-ring och tryckstång.

Montering

15 Montering sker i omvänd ordning. Om aktiveraren ska bytas, flytta över tryckstången till den nya enheten. Använd ny O-ring.

19 EDS dieselmotorstyrning (124-serien) – demontering och montering av komponenter

Elektronisk styrenhet

Demontering

1 Styrenheten för dieselmotorstyrningen (EDS) är placerad baktill i motorrummet, bakom skyddspanelen.
2 Koppla loss batteriets negativa kabel och flytta undan den från polen.
3 Dra ut styrenhetens kontakt vid flerstiftskontakten.
4 Ta bort fästskruvarna och lyft undan enheten från torpedplåten.

Montering

5 Montering sker i omvänd ordning

Relä för överspänningsskydd

Demontering

6 Detta relä är fäst på en basenhet, nära EDS styrenhet. Det innehåller säkringar och dioder som skyddar EDS-systemet från strömöverbelastning och högspänningstoppar.

7 Koppla loss batteriets negativa kabel och flytta undan den från polen.
8 Dra försiktigt bort reläet från basen.

Montering

9 Montering sker i omvänd ordning mot demontering.

Vevaxelns hastighetsgivare

10 Se information i avsnitt 17.

Kylvätsketemperaturgivare

11 Se information i avsnitt 17.

ELR elektromagnetisk aktiverare

12 Se information i avsnitt 17.

EGR vakuumsolenoidventil

13 Se information i avsnitt 16.

Luftflödesmätare

Demontering

14 Koppla loss batteriets negativa kabel och flytta undan den från polen. Demontera luftrenarenheten.
15 Skruva loss luftrenarens stödfäste från luftflödesmätaren.
16 Lossa slangclipset och ta loss insugskröken och trumman från var sida om luftflödesmätaren. Ta vara på tätningsringarna.
17 Dra ut luftflödesmätarens kontakt.
18 Ta bort fästmuttrarna och bultarna, lyft sedan bort luftflödesmätaren från fästbygeln. Handskas varsamt med luftflödesmätaren – den är en ömtålig komponent.

Montering

19 Montering sker i omvänd ordning.

Insugsluftens temperaturgivare

20 Insugsluftens temperaturgivare är integrerad med luftflödesmätaren.

20 Motorns överbelastningsskydd (124-serien) – demontering och montering av komponenter

Observera: Detta system finns endast på turbodieselmotorer.

Tryckvakt

Demontering

1 Tryckvakten är monterad på sidan av insugsrörets kammare, nära spolvätskebehållaren.
2 Dra ut kontakten till tryckvakten.
3 Skruva loss tryckvakten från grenröret och ta vara på tätningsringen.

Montering

4 Montering sker i omvänd ordning.

Vakuumsolenoidventil

Demontering

5 Vakuumsolenoidventilen är monterad baktill i motorrummet, på den främre vänstra sidan av skyddspanelen.
6 Dra ut kontakten till ventilen.
7 Koppla loss vakuumslangarna från portarna på solenoidventilen. Anteckna noggrant hur slangarna sitter för att underlätta monteringen.
8 Lossa fästskruven och lyft bort solenoidventilen.

Montering

9 Montering sker i omvänd ordning. Se till att vakuumslangarna är ordentligt anslutna, annars kan motorns prestanda påverkas allvarligt.

Kapitel 8
Peugeot 1360cc, 1527cc, 1769cc och 1905cc motorer

Del A: Rutinunderhåll och service

Innehåll

Motortyper

1360cc och 1527cc motorer . . . . Peugeot 106 – 1991 till 1996
1769cc motor . . . . Peugeot 205, 305, 306, 309, 405 – 1982 till 1996
1905cc motor . . . . Peugeot 305, 306, 309, 405 – 1982 till 1996

Tillverkarens motorkoder

Peugeot 106
1360cc utan turbo K9A (TUD3L1)
1527cc utan turbo . . . . VJY eller VJZ (TUD5)

Peugeot 205
1769cc utan turbo . . . . 161A (XUD7) eller A9A (XUD7L)
1769cc turbo A8A/B (XUD7T/E)

Peugeot 305
1769cc utan turbo . . . . 161A (XUD7) eller A9A (XUD7L)
1905cc utan turbo . . . . 162 (XUD9) eller D9A (XUD9A och XUD9L)

Peugeot 306
1769cc utan turbo A9A (XUD7L)
1905cc utan turbo . . . . D9B (XUD9A/L) eller DJZ (XUD9Y)
1905cc turbo . . . . D8A (XUD9TE/L) eller DHY (XUD9TE/Y)

Peugeot 309
1769cc turbo A8A/B (XUD7T/E)
1905cc utan turbo . . . . 162 (XUD9) eller D9A (XUD9A och XUD9L)

Peugeot 405
1769cc turbo A8A (XUD7TE/L)
1905cc utan turbo, utan katalysator/EGR D9B (XUD9A/L)
1905cc utan turbo med katalysator/EGR . . . . DJZ (XUD9Y)
1905cc turbo, utan katalysator/EGR D8A (XUD9TE/L)
1905cc turbo med katalysator/EGR . . . . DHY (XUD9TE/Y)

Specifikationer

Oljefilter

Typ . . . . Champion F104

Ventilspel (kall motor)

Insug . . . . 0,15 ± 0,05 mm
Avgas . . . . 0,30 ± 0,05 mm

Kamrem

Peugeot 106

Typ . . . . Tandad rem
Spänning:*
  1360cc:
    Steg 1 . . . . 50 enheter
    Steg 2 . . . . 39 enheter
    Slutligt steg . . . . 51 ± 3 enheter
  1527cc:
    Ny rem:
      Steg 1 . . . . 98 enheter
      Steg 2 . . . . 54 enheter
      Slutligt steg . . . . 54 ± 3 enheter
    Använd rem:
      Steg 1 . . . . 75 enheter
      Steg 2 . . . . 44 enheter
      Slutligt steg . . . . 44 ± 3 enheter
*Använd Peugeots elektroniska mätutrustning

Alla andra modeller

Typ . . . . Tandad rem
Spänning . . . . Automatiskt fjädrande spännare

Hjälpaggregatens drivrem, spänning

Peugeot 106 . . . . 5,0 mm avböjning mitt emellan remskivorna på den längsta fria delen
Andra modeller:
  Senare modeller med servostyrning och luftkonditionering . . . . Automatisk spännare
  Alla andra modeller* . . . . 60 SEEM enheter eller 5,0 mm avböjning mellan remskivorna på den längsta fria delen
  Vakuumpump (tidiga modeller) . . . . 3,0 mm avböjning mitt emellan remskivorna på den längsta fria delen
*På modeller där hjälpaggregatens drivremsspänning görs manuellt

Luftfilter

106:
  1360cc . . . . Champion U543
  1527cc . . . . Champion V414
205:
  Utan turbo . . . . Champion W117
  Turbo . . . . Champion W233
305 . . . . Champion W117
306:
  Turbo . . . . Champion V433
  Utan turbo . . . . Champion W233
309 . . . . Champion W117
405 . . . . Champion U543

Bränslefilter

106:
  1360cc . . . . Champion L120
  1527cc . . . . Champion L113
205 och 309:
  T o m april 1992:
    Lucas pump . . . . Champion L132
    Bosch pump . . . . Champion L135
  Maj 1992 och framåt . . . . Champion L141
305:
  Lucas pump . . . . Champion L131 eller L137
  Bosch pump . . . . Champion L136

Bränslefilter (fortsättning)

306	Champion L141
405:	
Tidiga modeller – bränslefilter monterat på batteriplåten:	
Lucas filter	Champion L132
Bosch filter	Champion L135
Senare modeller – integrerat bränslefilter/termostathus	Champion L141

Glödstift

106:	
1360cc	Champion CH147
1527cc	Champion rekommendation ej tillgänglig
205	Champion CH68
305	Champion CH68
306:	
XUD9TE motor	Champion CH163
Övriga motorer	Champion CH68
309	Champion CH68
405:	
XUD9TE motor	Champion CH163
Övriga motorer	Champion CH68

Tomgångshastighet

Utan luftkonditionering	750 till 800 rpm
Med luftkonditionering	800 till 850 rpm

Snabbtomgång

Peugeot 106 – 1527cc motor	900 till 1100 rpm
Alla andra motorer	900 till 1000 rpm

Tomgångsbegränsning

Peugeot 106

1360cc (1,0 mm mellanlägg)	1600 rpm
1527cc (1,5 mm mellanlägg)	1500 till 1700 rpm

Peugeot 205, 305 och 309

Lucas insprutningspump (3,0 mm mellanlägg)	850 till 950 rpm
Bosch insprutningspump – 1984 och framåt (1,0 mm mellanlägg)	50 rpm över tomgångshastighet

Peugeot 306

Lucas insprutningspump (4,0 mm mellanlägg)	1500 rpm
Bosch insprutningspump:	
1769cc (1,0 mm mellanlägg)	770 till 820 rpm
1905cc utan turbo, DJZ (1,0 mm mellanlägg)	795 till 845 rpm
1905cc utan turbo, D9B (3,0 mm mellanlägg)	1200 till 1300 rpm
1905cc turbo (3,0 mm mellanlägg)	1200 till 1300 rpm

Peugeot 405

Lucas insprutningspump (3,0 mm mellanlägg)	850 till 950 rpm
Bosch insprutningspump (1,0 mm mellanlägg)	20 till 50 rpm över tomgångshastighet

Åtdragningsmoment

Peugeot 106

	Nm
Kamaxeldrevets navbultar (1527cc)	25
Kamaxeldrevets fästbult	80
Vevaxelremskivans bultar	16
Insprutningspumpdrevets navbultar (1527cc)	25
Insprutningspumpdrevets mutter (1360cc)	50
Sumpens avtappningsplugg	30
Transmissionskåpans bultar:	
1360cc:	
Övre kåpa	5
Mittre och nedre kåpor	8
1527cc:	
Alla kåpor	10
Kamremsspännarens remskivemutter:	
1360cc	15
1527cc	20

Atdragningsmoment	Nm
Alla andra modeller	
Vevaxelremskivans bult:	
Steg 1	40
Steg 2	Vinkeldra ytterligare 60°
Motorns högra fäste:	
Motorns (spännarenheten) fästesbultar	18
Fästkonsolens fästbultar	45
Böjd fästplatta, bultar	20
Transmissionskåpans bultar	8
Kamremsspännare:	
Justerbult	18
Pivåmutter	18

Smörjmedel, vätskor och volymer

Komponent eller system	Smörjmedel eller vätska	Volym
Peugeot 106		
Motor	Multigrade motorolja, viskositet SAE 10W/40 till 15W/50, till specifikation API SG/CD	3,2 liter – utan filter
Kylsystem	Etylenglykolbaserad frostskyddsvätska. 50% volym med vatten	6,0 liter
Bränslesystem	Kommersiellt dieselbränsle för väggående fordon	45,0 liter
Peugeot 205		
Motor	Multigrade motorolja, viskositet SAE 15W/40 till specifikation API SG/CD	4,5 liter – ej turbo, utan filter / 4,8 liter – turbo, utan filter
Kylsystem	Etylenglykolbaserad frostskyddsvätska. 50% volym med vatten	8,3 liter
Bränslesystem	Kommersiellt dieselbränsle för väggående fordon	50,0 liter
Peugeot 305		
Motor	Multigrade motorolja, viskositet SAE 15W/40 till specifikation API SG/CD	4,5 liter – utan filter
Kylsystem	Etylenglykolbaserad frostskyddsvätska. 50% volym med vatten	9,5 liter
Bränslesystem	Kommersiellt dieselbränsle för väggående fordon	43,0 liter
Peugeot 306		
Motor	Multigrade motorolja, viskositet SAE 10W/40 till 5W/50, till specifikation API SG/CD	4,5 liter – ej turbo, utan filter / 4,8 liter – turbo, utan filter
Kylsystem	Etylenglykolbaserad frostskyddsvätska. 50% volym med vatten	9,0 liter
Bränslesystem	Kommersiellt dieselbränsle för väggående fordon	60,0 liter
Peugeot 309		
Motor	Multigrade motorolja, viskositet SAE 15W/40 till specifikation API SG/CD	4,5 liter – ej turbo, utan filter / 4,8 liter – turbo, utan filter
Kylsystem	Etylenglykolbaserad frostskyddsvätska. 50% volym med vatten	7,8 liter – GRD turbo / 8,5 liter – alla andra modeller
Bränslesystem	Kommersiellt dieselbränsle för väggående fordon	55,0 liter
Peugeot 405		
Motor	Multigrade motorolja, viskositet SAE 10W/40 till 20W/50, till specifikation API SG/CD	4,5 liter – ej turbo, utan filter / 4,8 liter – turbo, utan filter
Kylsystem	Etylenglykolbaserad frostskyddsvätska. 50% volym med vatten	7,0 liter – 1905cc turbo / 7,8 liter – alla andra modeller
Bränslesystem	Kommersiellt dieselbränsle för väggående fordon	70,0 liter

Peugeot dieselmotor – underhållsschema

Följande underhållsschema är i stort sett det som rekommenderas av tillverkaren. Serviceintervallen bestäms av antal körda kilometer eller förfluten tid – detta eftersom vätskor och system slits såväl med ålder som med användning. Följ tidsintervallen om inte kilometerantalet uppnås inom den specificerade perioden.

Bilar som används under krävande förhållanden kommer kanske att behöva tätare underhåll. Med krävande förhållanden menas extrema klimat, användning som bogserbil eller taxi, körning på dåliga vägar och många korta resor. Användning av lågkvalitativt bränsle kan orsaka förtida försämring av motoroljan. Rådfråga en Peugeot-återförsäljare om dessa saker.

Var 400:e km, varje vecka eller innan en långresa – alla modeller

☐ Kontrollera motoroljans nivå och fyll på vid behov (avsnitt 3)
☐ Kontrollera kylvätskans nivå och fyll på vid behov (avsnitt 4)
☐ Kontrollera avgasutsläppen (avsnitt 5)
☐ Kontrollera glödstiftens varningslampa (avsnitt 6)

Var 10 000:e km eller var 12:e månad – alla modeller

☐ Byt motorolja och filter (avsnitt 7)
☐ Tappa av vatten från bränslefiltret (avsnitt 8)
☐ Kontrollera slangarna i motorrummet angående säkerhet och läckage

För modellerna 205, 305 och 309 tillverkade före 1989 skall detta underhållsintervall vara vid 7 500 km, medan tidsintervallet är detsamma

Var 20 000:e km – Peugeot 106

☐ Kontrollera tomgångshastighet och tomgångsbegränsning (avsnitt 9)
☐ Kontrollera avgasreningssystemet (avsnitt 10)
☐ Kontrollera skick och spänning för hjälpaggregatens drivrem(mar)
☐ Byt bränslefilter (avsnitt 11)
☐ Rengör bränsleupptagningsfiltret (vid bränsletanken)

Var 20 000:e km – Peugeot 205, 305 och 309

☐ Kontrollera tomgångshastighet och tomgångsbegränsning (avsnitt 12)
☐ Kontrollera avgasreningssystemet (avsnitt 13)
☐ Byt bränslefilter (avsnitt 14)
☐ Rengör oljepåfyllningslocket (avsnitt 15)

På modeller tillverkade innan 1989 skall detta underhållsintervall vara 15 000 km

Var 20 000:e km – Peugeot 306 och 405

☐ Kontrollera tomgångshastighet och tomgångsbegränsning (avsnitt 16)
☐ Kontrollera avgasreningssystemet (avsnitt 17)
☐ Kontrollera skick och spänning för hjälpaggregatens drivrem(mar)

Var 30 000:e km – Peugeot 205, 305 och 309

☐ Byt luftfilter
☐ Kontrollera skick och spänning för hjälpaggregatens drivrem(mar)
☐ Kontrollera vakuumpumpen (avsnitt 18)

På modeller tillverkade före 1989 skall detta underhållsintervall vara 22 500 km

Var 30 000:e km – Peugeot 306 och 405

☐ Byt luftfilter
☐ Byt bränslefilter (avsnitt 19)

Var 40 000:e km – Peugeot 106

☐ Byt luftfilter

På modeller tillverkade efter 1994 skall detta underhållsintervall vara 60 000 km

45 000:e km – Peugeot 205, 305 och 309

☐ Byt kylvätska

Var 60 000:e km – alla modeller

☐ Byt kamrem (avsnitt 20, 21 och 22)

Peugeot rekommenderar byte av kamremmen med 120 000 km intervall. Det rekommenderas starkt att detta intervall halveras på bilar som utsätts för intensiv användning – huvudsakligen till korta resor eller mycket "stopp-start" körning. Den faktiska intervallen för kamremsbyte är därför mycket upp till ägaren själv, men kom ihåg att om remmen går av kommer det att orsaka svåra skador på motorn.

Vartannat år (oavsett kilometertal) – Peugeot 106, 306 och 405

☐ Byt kylvätska

Under motorhuven på en Peugeot 106 med 1360cc dieselmotor

1 Motoroljans påfyllningslock
2 Motoroljans mätsticka
3 Batteriets jord (negativa) ledning
4 Huvudcylinder/bromsvästke-behållare
5 Extra säkringsdosa
6 Bränsleinsprutningspump
7 Expansionstankens påfyllningslock
8 Bromssystemets vakuumpump
9 Spolarvätskebehållarens påfyllningslock
10 Bromssystemets vakuumservoenhet
11 Förvärmningens styrenhet
12 Relädosa
13 Fjäderbenstornets övre fäste
14 Luftrenarhus
15 Bränslesystemets snapsningskudde

Under motorhuven på en Peugeot 205 GRD med 1769cc dieselmotor –

Luftrenaren demonterad för tydlighetens skull

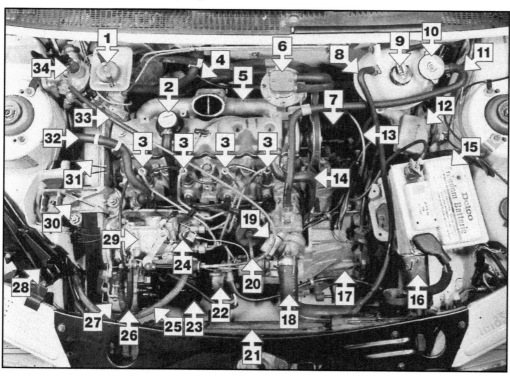

1 Bromsvätskebehållare och påfyllningslock
2 Motoroljans påfyllningslock
3 Insprutare
4 Hastighetsmätarvajer
5 Insugsgrenrör
6 Bromsvakuumpump (exhauster)
7 Styrväxel
8 Expansionstankens ventil.slang
9 Varningskontakt låg kylvätskenivå
10 Kylvätskans påfyllnings/trycklock
11 Expansionstankens matarslang
12 Förvärmarstiftsrelä
13 Backväxelns stopvajer
14 Vevhusets ventilationsslang
15 Batteri
16 Relä elektrisk kylfläkt
17 Kopplingsreläarm
18 Toppslang
19 Snabbtomgång termostatenhet
20 Motoroljans nivåmätsticka
21 Kylare
22 Startmotor
23 Oljefilter
24 Stoppsolenoid
25 Bränslematarslang
26 Bränslereturslang
27 Generator
28 Domkraft
29 Insprutningspump
30 Motorns högra monteringsfäste
31 Transmissionskåpa
32 Kylvätskans förbiledningsslang
33 Gasvajer
34 Bränslefilter

Under motorhuven på en Peugeot 306 med 1905cc dieselmotor utan turbo

1 Motoroljans påfyllningslock/-
 mätsticka
2 Motors oljefilter och oljekylare
3 Batteri
4 Huvudcylinder/bromsvätske-
 behållare
5 Relädosa
6 Generator
7 Kylarens påfyllningslock
8 Vindrutans/bakrutans spolar-
 vätskebehållares påfyllningslock
9 Servostyrningens vätske-
 behållarens påfyllningslock
10 Fjäderbenstornets övre fäste
11 Insprutningspump
12 Bränslesystemets
 snapsningspump
13 Luftrenarhus
14 Bränslefilter

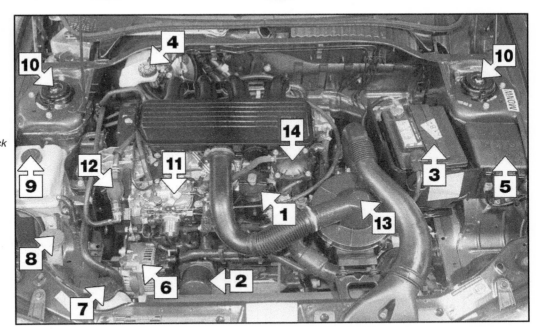

Under motorhuven på en Peugeot 306 med 1905cc turbodieselmotor

1 Motoroljans påfyllningslock/-
 mätsticka
2 Mellankylare
3 Batteri
4 Huvudcylinder/bromsvätske-
 behållare
5 Relädosa
6 Generator
7 Kylarens påfyllningslock
8 Vindrutans/bakrutans spolar-
 vätskebehållares påfyllningslock
9 Servostyrningens vätske-
 behållarens påfyllningslock
10 Fjäderbenstornets övre fäste
11 Insprutningspump
12 Bränslesystemets
 snapsningspump
13 Luftrenarhus
14 Bränslefilter

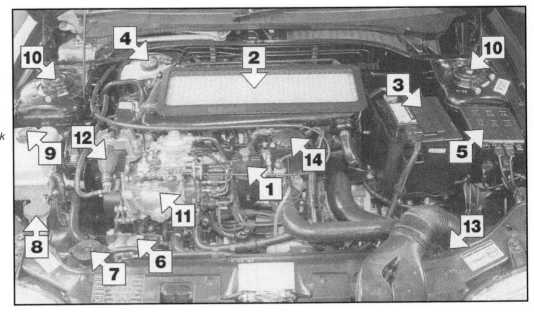

Under motorhuven på en Peugeot 309 GRD med 1769cc turbodieselmotor

1 Bromsvätskebehållare
2 Tillskottstrycksslang
3 Luftinloppstrumma
4 Vevhusventilationens oljefälla
5 Vakuumpump
6 Bränslefilter
7 Expansionstankens
   påfyllningslock
8 Glödstiftsrelä
9 Batteri
10 Luftrenarens insugsslang
11 Servostyrningens
   vätskebehållare
12 Kylarlock
13 Luftrenare
14 Termostathus
15 Motoroljans
   mätsticka/påfyllningslock
16 Oljefilter
17 Bränsleinsprutningspump
18 Bränsleinsprutare
19 Gaslänkagevajer
20 Strålkastarjusterare

Under motorhuven på en Peugeot 405 med 1905cc dieselmotor utan turbo

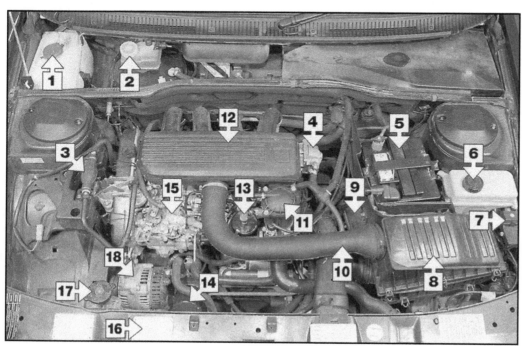

1 Spolarvätskebehållare
2 Bromsvätskebehållare
3 Bränslesystemets
   snapsningskudde
4 Bromsvakuumpump
5 Batteri
6 Servostyrningens
   vätskebehållare
7 Säkringsdosa
8 Luftrenarhus
9 Förvärmningssystemets
   styrenhet
10 Lufttrumma
11 Bränslefilterhus
12 Luftfördelarhus
13 Motoroljans nivåsticka och
   påfyllningslock
14 Oljefilter
15 Bränsleinsprutningspump
16 Bilens identifikations-
   nummerplatta
17 Kylvätskans expansionstank
18 Generator

Under motorhuven på en Peugeot 405 med 1905cc turbodieselmotor

1 Spolarvätskebehållare
2 Bromsvätskebehållare
3 Bränslesystemets
    snapsningskudde
4 Mellankylare
5 Batteri
6 Servostyrningens
    vätskebehållare
7 Säkringsdosa
8 Luftrenarhus
9 Förvärmningssystemets
    styrenhet
10 Luftintagsslang
11 Bränslefilterhus
12 Motoroljans nivåmätsticka och
    påfyllningslock
13 Bränsleinsprutningspump
14 Kylvätskans expansionstank
15 Servostyrningspump
16 Kanal från luftrenaren till
    mellankylaren
17 Säkrings-/relä-/anslutningsdosa

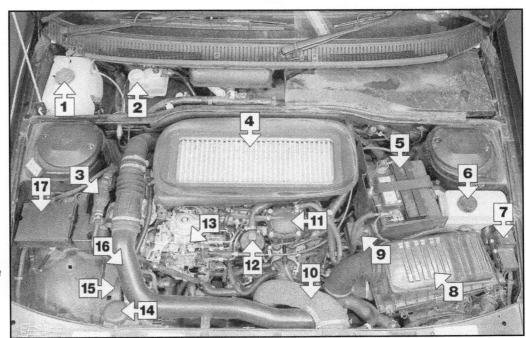

Underhållsarbeten

1 Inledning

Se kapitel 2 del A, avsnitt 1.

2 Intensivunderhåll

Se kapitel 2 del A, avsnitt 2.

400 km service – alla modeller

3 Motoroljenivå – kontroll

1 Se kapitel 2 del A, avsnitt 3 (se bilder).

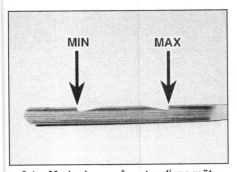

3.1a Markeringar på motoroljans mät-
sticka – Peugeot 106 visad, andra liknande

4 Kylvätskenivå – kontroll

1 Se kapitel 2 del A, avsnitt 4 och notera
följande:

3.1b Påfyllning av motorolja –
Peugeot 405 visad

Peugeot 106

2 Kylsystemets expansionskärl är placerat på höger sida i motorrummet. Med kall motor skall kylvätskenivån vara mellan MIN- och MAX-markeringarna på sidan av tanken. Med varm motor kan nivån stiga något över MAX-markeringen. Maximal kylvätskenivå är indikerad av en röd markering som kan ses inne i kärlet när trycklocket har tagits bort.

Peugeot 205, 305 och 309

3 På tidiga modeller innehåller expansions-kärlet en nivåplatta eller ett nivårör, liknande det som beskrivs i avsnitt 4 i kapitel 3A.
4 På senare modeller är expansionskärlet genomskinligt, så kylvätskenivån kan ses utan att man behöver ta av påfyllningslocket. Kylvätskenivån skall vara mellan MAX (HOT) och MIN (COLD) markeringarna ingjutna på sidan av kärlet. Om nivån är under MIN-markeringen, ta bort locket och fyll på med kylvätska upp till MAX.

**4.5 Kylvätskenivåns MAX markering –
Peugeot 405**

Peugeot 306 och 405

5 Kylsystemets expansionskärl är integrerat på höger sida av kylaren. Kylvätskenivån skall vara mellan MAX (HOT) och MIN (COLD) markeringarna ingjutna på sidan av tanken. Om nivån är under MIN-markeringen, ta bort locket och fyll på med kylvätska upp till MAX **(se bild).**

5 Avgasrök – kontroll

1 Se kapitel 2 del A, avsnitt 5.

6 Varningslampa – kontroll

1 Se kapitel 2 del A, avsnitt 6.

10 000 km service – alla modeller

7 Motorolja och filter – byte

1 Se kapitel 2 del A, avsnitt 7 **(se bilder).**

8 Bränslefilter – avtappning av vatten

1 En vattenavtappningsskruv finns längst ner på bränslefilterhuset. På 106, 306 och sena 205, 305, 309 och 405 modeller, som är utrustade med integrerat termostat-/filterhus, sätt fast ett plaströr på avtappningsskruven för att underlätta avtappningen **(se bilder).**
2 Placera en lämplig behållare under avtappningsskruven/röret. Där så behövs, täck över

**8.1a Bränslefiltrets avtappningsskruv
(vid pilen) – Peugeot 106**

**8.1b Bränslefiltrets avtappningsskruv
öppnas – Peugeot 306**

**7.1a Motoroljans avtappningsplugg
tas bort**

växellådshuset så att det inte kan komma in vatten i huset.
3 Öppna avtappningsskruven genom att vrida den moturs. Tappa av bränsle och vatten tills bränslet som kommer ut ur skruven/röret är fritt från vatten. Dra åt avtappningsskruven ordentligt.
4 Kassera det avtappade bränslet på ett säkert sätt.

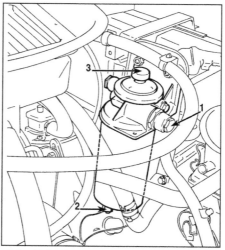

**8.6a Bränslesystemets snapsningspump
på tidiga modeller –
Bosch filterenhet**

*1 Avluftningsskruv   3 Snapsningsknapp
2 Vattenavtappningsskruv*

7.1b Motorns oljefilter tas bort

5 Starta motorn. Om svårigheter uppstår, avlufta systemet enligt följande:

"Snapsning" och avluftning av bränslesystemet

6 Alla modeller är utrustade med en handmanövrerad snapsningspump. På tidiga modeller utgörs snapsningspumpen av en tryckknapp uppe på bränslefilterlocket. På

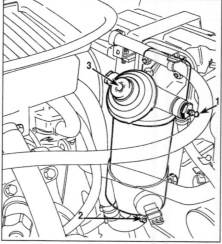

**8.6b Bränslesystemets snapsningspump
på tidiga modeller –
Lucas filterenhet**

*1 Avluftningsskruv   3 Snapsningsknapp
2 Vattenavtappningsskruv*

modeller med integrerat termostat-/bränsle-filterhus utgörs snapsningspumpen av en pumpkudde **(se bilder)**.

7 För att snapsa systemet, lossa avluftnings-skruven placerad på bränslefilterlocket eller anslutningsbulten till insprutningspumpens inloppsrör, beroende på modell **(se bild)**.

8 Pumpa snapsningspumpen tills bränsle utan luftbubblor kommer ut ur avluftnings-skruven. Dra åt skruven.

9 Slå på tändningen (för att aktivera stopp-solenoiden) och fortsätt aktivera snapsnings-pumpen tills ett stadigt motstånd känns, pumpa sedan några gånger till.

10 Om mycket luft har kommit in i bränsleinsprutningspumpen, placera trasor runt bränslereturanslutningen på pumpen (för att samla upp spillt bränsle) och lossa på anslutningen. Aktivera snapsningspumpen (med tändningen påslagen för att aktivera stoppsolenoiden) eller dra runt motorn på startmotorn i 10 sekunders intervall, tills

8.6c Bränslesystemets snapsningspump – senare modeller

bränsle utan luftbubblor kommer ut ur anslutningen. Dra åt anslutningen och torka upp spillt bränsle.

11 Om luft har kommit in i insprutarrören, placera trasor runt rörens anslutningar vid insprutarna och lossa sedan anslutningarna. Dra runt motorn på startmotorn tills bränsle

8.7 Bränslesystemets avluftningsskruv (vid pilen) placerad uppe på bränslefilterhuset

kommer ut ur anslutningarna, stanna sedan motorn och dra åt anslutningarna. Torka upp spillt bränsle.

12 Starta motorn med gaspedalen helt nedtryckt. Motorn kan behöva dras runt lite till för att systemet slutgiltigt ska avluftas innan motorn startar.

20 000 km service – Peugeot 106

9 Tomgångshastighet och tomgångsbegränsning – kontroll

1 Den vanliga typen av varvräknare som arbetar utifrån tändsystemets pulser, kan inte användas på dieselmotorer. Ett diagnosuttag

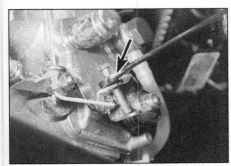

9.4a Lossa låsmuttern (vid pilen) . . .

finns för användning av Peugeot testutrustning men en sådan har man som hemmamekaniker vanligtvis inte tillgång till. Om du inte känner att justering av tomgångshastigheten genom att "lyssna" på den är tillfredsställande, måste du köpa eller hyra en varvräknare eller lämna arbetet till en Peugeot-återförsäljare eller annan specialist.

2 Innan justeringar görs, värm upp motorn till normal arbetstemperatur och se till att gasvajern är korrekt justerad.

Tomgångshastighet

3 Kontrollera att motorn går på tomgång med specificerad hastighet. Om så behövs kan justeringar göras med hjälp av justerskruven för tomgångshastighet ovanpå bränslein-sprutningspumpen.

4 Lossa på låsmuttern och justera skruven (efter behov) tills det läge hittas där motorn går på tomgång med specificerad hastighet **(se bilder)**. När skruven är korrekt placerad, dra åt låsmuttern ordentligt.

5 Kontrollera tomgångsbegränsningen.

Tomgångsbegränsning

6 Justera tomgångshastigheten och stäng av motorn.

7 Sätt in ett mellanlägg eller ett bladmått av specificerad tjocklek mellan bränsleinsprut-ningspumpens gaslänkagearm och juster-skruven för tomgångsbegränsning **(se bild)**.

8 Starta motorn och låt den gå på tomgång. Motorn skall nu gå med specificerad hastighet för tomgångsbegränsning.

9 Om justering behövs, lossa låsmuttern och vrid justerskruven för tomgångsbegränsning så mycket som behövs, tills hastigheten är korrekt **(se bild)**. Håll skruven i detta läge och dra åt låsmuttern ordentligt.

10 Ta bort mellanlägget/bladmåttet, kontrollera tomgångshastigheten igen.

11 Flytta gaslänkagearmen för att öka motor-hastigheten ca 3 000 rpm och släpp den sedan snabbt. Retardationstiden skall vara mellan 2,5 och 3,5 sekunder och motor-hastigheten skall sjunka till ca 50 rpm under tomgång.

9.4b . . . och vrid sedan tomgångsskruven som det behövs

9.7 Sätt in ett bladmått (vid pilen) mellan tomgångsbegränsningsskruven och gaslänkagearmen . . .

9.9 . . .och lossa sedan låsmuttern och vrid skruven (vid pilen) för att ställa in tomgångsbegränsningen

12 Om retardationen går för fort och motorn "tjuvstannar", skruva justerskruven för tomgångsbegränsning ett fjärdedels varv mot gaslänkagearmen. Om retardationen är för långsam, vilket ger dålig motorbroms, vrid skruven ett fjärdedels varv bort från armen. Justera efter behov och dra sedan åt låsmuttern ordentligt.

13 Kontrollera tomgångshastigheten igen och justera vid behov.

14 Med motorn på tomgång, kontrollera funktionen för den manuella stoppkontrollen genom att vrida stopparmen moturs. Motorn ska stanna på en gång.

15 Där tillämpligt, ta bort varvräknaren efter avslutat arbete.

10 Avgasreningssystem – kontroll

1 Detaljerad kontroll och test av avdunstnings- och/eller avgasreningssystemen (efter tillämplighet) bör överlämnas åt en Peugeot-återförsäljare.

11 Bränslefilter – byte

1 Bränslefiltret är inskruvat i undersidan av filter-/termostathuset i vänster ände av topplocket. För att förbättra åtkomligheten till filtret, demontera batteriet.

2 Täck över växellådshuset med ett plastskynke för att skydda det mot bränslespill.

3 Placera en lämplig behållare under änden av bränslefiltrets avtappningsslang. Öppna avtappningsskruven längst ned på filtret och låt allt bränsle rinna ut.

4 När filtret är helt tömt, dra åt avtappningsskruven och skruva loss filtret. Om du inte har tillgång till den speciella bränslefilterfattningen (Purflux nr F76, en formad fattning som passar längst ner på filtret), kan filtret skruvas loss med hjälp av ett lämpligt oljefilterverktyg **(se bild)**.

5 Ta bort filtret och kassera det på ett säkert sätt. Se till att tätningsringen följer med filtret ut och inte blir kvar i filter-/termostathusets fogyta.

6 Lägg på lite rent dieselbränsle på filtrets tätningsring och torka rent husets fogyta.

11.4 Använd ett oljefilterverktyg till att skruva ur filtret

Skruva in filtret tills dess tätningsring kommer i lätt kontakt med husets fogyta, dra sedan åt det ytterligare ett tre fjärdedels varv.

7 Snapsa bränslesystemet enligt beskrivning i avsnitt 8.

8 Öppna avtappningsskruven tills rent bränsle flödar från huset, dra sedan åt skruven och ta bort behållaren från slangen.

9 Sätt tillbaka batteriet och starta motorn. Om svårigheter uppstår, avlufta systemet enligt beskrivning i avsnitt 8.

20 000 km service – Peugeot 205, 305 och 309

12 Tomgångshastighet och tomgångsbegränsning – kontroll

Se avsnitt 16.

13 Avgasreningssystem – kontroll

1 Detaljerad kontroll och test av avdunstnings- och/eller avgasreningssystemen (efter tillämplighet) bör överlämnas åt en Peugeot-återförsäljare.

14 Bränslefilter – byte

Modeller t o m 1992

1 Se instruktionerna givna för tidiga 405 modeller i avsnitt 19 och notera följande:

2 Filtret är placerat på höger sida i motorrummet, utom på 305 modeller, där det sitter till vänster.

3 Där tillämpligt, koppla loss vattenavkännarledningen från ändkåpan eller kammaren innan den genomgående bulten skruvas loss.

Modeller fr o m 1993 (utom 205 och 309 turbo)

4 Se instruktionerna givna för 306 och senare 405 modeller i avsnitt 19.

15 Motoroljans påfyllningslock – rengöring

Observera: *Denna procedur är endast tillämplig på modeller som har locket på ventilkåpan.*

1 Ta loss oljepåfyllningslocket uppe på ventilkåpan och lossa sedan clipset och koppla loss vevhusventilationsslangen.

2 Rengör vajernätsfiltret i fotogen och låt det torka.

3 Om locket är igensatt med slam måste det bytas ut.

4 Sätt tillbaka slangen till locket och sätt tillbaka locket på ventilkåpan.

20 000 km service – Peugeot 306 och 405

16 Tomgångshastighet och tomgångsbegränsning – kontroll

1 Den vanliga typen av varvräknare som arbetar utifrån tändsystemets pulser kan inte användas på dieselmotorer. Ett diagnosuttag finns för användning av Peugeot test-utrustning, men en sådan har man som hemmamekaniker vanligtvis inte tillgång till. Om du inte känner att justering av tomgångshastigheten genom att "lyssna" på den är tillfredsställande, måste du köpa eller hyra en varvräknare eller lämna arbetet till en Peugeot-återförsäljare eller annan specialist.

2 Innan justeringar görs, värm upp motorn till normal arbetstemperatur och se till att gasvajern och snabbtomgångsvajern är korrekt justerade.

Lucas bränsleinsprutningspump

3 Placera ett mellanlägg av specificerad tjocklek mellan pumpstyrarmen och justerskruven för tomgångsbegränsning **(se bild)**.

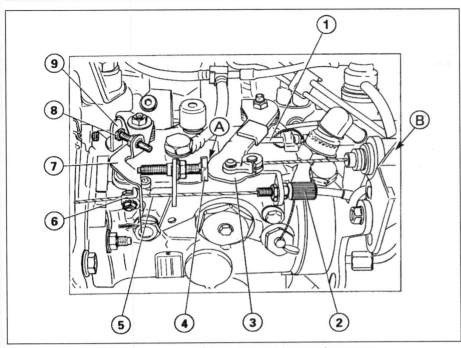

16.3 Justerpunkter på Lucas bränsleinsprutningspump

1 Skruv maximal hastighet	4 Tomgångsbegränsn.skruv	7 Snabbtomgångsarm
2 Skruv snabbtomgångsvajer	5 Snabbtomgångsvajer	8 Tomgångsskruv
3 Pumpstyrarm	6 Snabbtomg.vajerändbeslag	9 Manuell stopparm

A Placering av tomgångsbegränsn.mellanlägg   B Gasvajerclips

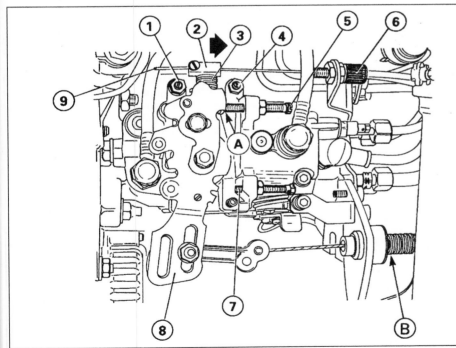

16.14 Justerpunkter på Bosch bränsleinsprutningspump – motor utan turbo (turbo likn.)

1 Snabbtomg.armens stoppskruv	4 Tomgångsskruv	7 Skruv maximal hastighet
2 Snabbtomg.vajerändbeslag	5 Tomgångsbegränsn.skruv	8 Pumpstyrarm
3 Snabbtomgångsarm	6 Snabbtomgångsvajerskruv	9 Snabbtomgångsvajer

A Placering av tomgångsbegränsn.mellanlägg   B Gasvajerclips

16.12 Handstyrd stopparm (vid pilen) – Lucas pump

4 Skjut tillbaka den manuella stopparmen mot sitt stopp och håll den i detta läge genom att sätta in ett stift/en borr med 3 mm i diameter genom hålet i snabbtomgångsarmen.

5 Motorhastigheten skall nu motsvara specifikationen för tomgångsbegränsningens hastighet.

6 Om justering behövs, lossa på låsmuttern, vrid justerskruven för tomgångsbegränsning efter behov och dra åt låsmuttern igen.

7 Ta bort stiftet/borren och mellanlägget, kontrollera sedan att tomgångshastigheten motsvarar den specificerade.

8 Om justering behövs, lossa på låsmuttern på justerskruven för tomgångshastighet. Vrid skruven så mycket som behövs och dra åt låsmuttern.

9 Flytta pumpstyrarmen för att öka motorhastigheten till ca 3 000 rpm och släpp den sedan snabbt. Retardationstiden skall vara mellan 2,5 och 3,5 sekunder och motorhastigheten skall sjunka till ca 50 rpm under tomgång.

10 Om retardationen går för fort och motorn "tjuvstannar", skruva justerskruven för tomgångsbegränsning ett fjärdedels varv mot gaslänkagearmen. Om retardationen är för långsam, vilket ger dålig motorbroms, vrid skruven ett fjärdedels varv bort från armen.

11 Dra åt låsmuttern efter justeringen. Kontrollera tomgångshastigheten igen och justera vid behov.

12 Med motorn på tomgång, kontrollera funktionen för den manuella stoppkontrollen genom att vrida stopparmen medurs (se bild). Motorn ska stanna på en gång.

13 Där tillämpligt, ta bort varvräknaren.

Bosch bränsleinsprutningspump
Modeller utan turbo

14 Lossa låsmuttern och skruva ut justerskruven för tomgångsbegränsning tills den går fri från pumpstyrarmen (se bild).

15 Kontrollera tomgångshastigheten och jämför med specifikationerna. Om justering krävs, lossa låsmuttern och vrid justerskruven för tomgångshastighet efter behov, dra sedan åt låsmuttern.

16 Sätt in ett mellanlägg eller ett bladmått av specificerad tjocklek mellan pumpstyrarmen och justerskruven för tomgångsbegränsning.

**16.21 Handstyrd stopparm (vid pilen) –
Bosch pump**

17 Starta motorn och låt den gå på tomgång. Motorhastigheten skall motsvara den som specificerats för tomgångsbegränsning.
18 Om justering behövs, lossa låsmuttern och vrid justerskruven efter behov. Dra åt låsmuttern.
19 Ta bort mellanlägget eller bladmåttet och låt motorn gå på tomgång.
20 Flytta snabbtomgångsarmen helt mot motorns svänghjulsände och kontrollera att motorhastigheten ökar till specificerad tomgångshastighet. Om så behövs, lossa låsmuttern och vrid snabbtomgångsjusterskruven efter behov, dra sedan åt låsmuttern.

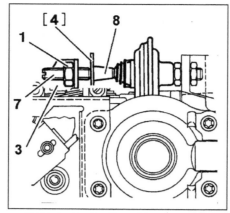

16.24 Justerdetaljer på insprutningspumpens dämpare – turbomotorer

1 Låsmutter
3 Pumpens styrarm
4 Mellanlägg
7 Justerskruv
8 Dämparstag

21 Med motorn på tomgång, kontrollera funktionen för den manuella stoppkontrollen genom att vrida stopparmen **(se bild)**. Motorn ska stanna på en gång.
22 Där sådan använts, avsluta med att ta bort varvräknaren.

Modeller med turbo

23 Utför alla moment beskrivna i paragraf 14 till 19.
24 Lossa låsmuttern och skruva loss styrarmsdämparens justerskruv, placerad baktill på armen. Sätt in ett mellanlägg eller bladmått mellan dämparstaget och justerskruven **(se bild)**.
25 Se till att pumpstyrarmen är i tomgångsläge och placera sedan justerskruven så att bladmåttet/mellanlägget har en lätt glidpassning mellan skruven och dämparstaget. Håll skruven i detta läge och dra åt låsmuttern ordentligt.
26 Utför momenten beskrivna i paragraf 19 till 22.

17 Avgasreningssystem – kontroll

1 Detaljerad kontroll och test av avdunstnings- och/eller avgasreningssystemen (efter tillämplighet) bör överlämnas åt en Peugeot-verkstad.

30 000 km service – Peugeot 205, 305 och 309

18.4 Vakuumpumpens påfyllnings-/nivåplugg (vid pilen)

18 Vakuumpump – kontroll

1 Undersök slangarna mellan bromsservoenheten och vakuumpumpen för att se om de är spruckna, slitna eller på annat sätt skadade. Byt ut dem om så behövs.
2 Undersök vakuumpumphuset och se efter om det finns tecken på att oljeläckage förekommer.
3 Dra runt motorn så att märket på pumpremskivans ansats är i linje med märket på pumpen (d v s uppåt).
4 Skruva loss påfyllnings-/nivåpluggen och kontrollera att oljenivån är upp till botten av plugghålet **(se bild)**. Om inte, fyll på med olja av viskositet 15W/40.
5 Sätt tillbaka och dra åt pluggen.

30 000 km service – Peugeot 306 och 405

19 Bränslefilter – byte

Tidiga 405 modeller

1 På dessa modeller är bränslefiltret monterat på en konsol som är fastskruvad i batteriplåten på vänster sida i motorrummet **(se bilder)**.
2 Placera en lämplig behållare under filtret.
3 Lossa vattenavtappningsskruven längst ner på filtret och lossa avluftningsskruven. Låt bränslet rinna ut helt.

4 Dra åt avtappningsskruven ordentligt, fortsätt sedan med att skruva loss den genomgående bulten, antingen uppifrån (Lucas) eller nedtill (Bosch) på filtret.
5 På Lucas filter kommer detta att frigöra ändkåpan och man kan därmed ta loss filterpatronen och tätningarna.
6 På Bosch enhet, demontera kammaren och därefter filterelementet och tätningarna.
7 Rengör filterlocket och ändkåpan eller kammaren, efter tillämplighet.
8 Se till att de gamla tätningarna tas bort, sätt sedan de nya tätningarna på plats och montera den nya patronen eller det nya elementet i omvänd ordning mot demonteringen.

9 Snapsa bränslesystemet enligt beskrivning i avsnitt 8.
10 Öppna avtappningsskruven tills rent bränsle flödar ut, dra sedan åt skruven och ta bort behållaren.

306 och senare 405 modeller

11 På dessa modeller är bränslefiltret integrerat med termostathuset och det är placerat i ett plasthus framtill på motorn.
12 Där tillämpligt, täck över växellådshuset med ett plastskynke för att skydda det mot bränslespill.
13 Placera en lämplig behållare under änden på bränslefiltrets avtappningsslang. Öppna

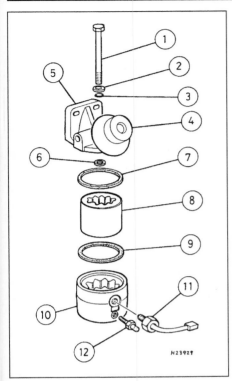

19.1a Komponenter på tidigt typ av Lucas bränslefilter

1 Genomgående bult	8 Filterpatron
2 Bricka	9 Tätning
3 Tätning	10 Ändkåpa
4 Snapsningspump	11 Vattensensor (finns inte på alla modeller)
5 Filterlock	
6 Tätning	12 Vatten-avtappningsskruv
7 Tätning	

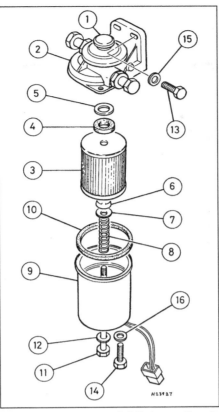

19.1b Komponenter på tidig typ av Bosch bränslefilter

1 Snapsningspump	9 Kammare
2 Filterlock	10 Tätning
3 Filterelement	11 Genomgående bult
4 Tätning	12 Bricka
5 Bricka	13 Avluftningsskruv
6 Tätning	14 Vattenavtappn.skruv
7 Bricka	15 Bricka
8 Fjäder	16 Bricka

19.13 Bränsle tappas av från filterhuset

19.14 Ta av filterhuslocket . . .

19.15a . . . och lyft sedan ut filtret ur huset – senare modeller

avtappningsskruven framtill på filterhuset och tappa av bränslet helt **(se bild)**.

14 Dra åt avtappningsskruven ordentligt, lossa sedan de fyra fästskruvarna och lyft av filterhuslocket **(se bild)**.

15 Lyft ut filtret ur huset **(se bild)**. Försäkra dig om att gummitätningsringen följer med filtret och inte blir kvar i huset/locket **(se bild)**.

16 Rengör huset noggrant, kontrollera att tätningsringen på det nya filtret sitter på plats och montera filtret.

17 Lägg gänglåsningsmedel på gängorna på filterlockets fästbultar, sätt tillbaka locket och dra åt skruvarna.

18 Att ta bort vattendetektorn är enkelt **(se bilder)**.

19 Snapsa systemet enligt beskrivning i avsnitt 8.

20 Öppna avtappningsskruven tills rent bränsle flödar ut ur slangen, dra sedan åt skruven och ta bort behållaren.

19.15b Undersök gummitätningsringen

19.18a Koppla bort kontakten . . .

19.18b . . . och demontera vattendetektorn (vid pilen)

60 000 km service – alla modeller

20 Kamrem – byte (Peugeot 106)

Observera: *Närhelst kamremmen byts är det klokt att samtidigt undersöka om kylvätske-pumpen läcker. Detta kan bespara dig demontering av kamremmen igen vid senare tillfälle, om kylvätskepumpen skulle haverera.*

Varning: Försök inte dra runt motorn medan vevaxeln/-kamaxeln/insprutningspumpen är låsta i läge.

20.3 Demontera den övre transmissionskåpan

Demontering

1 Koppla loss batteriets negativa kabel.
2 Inställningshål är borrade i kamaxeldrevet, insprutningspumpdrevet och svänghjulet. Dessa hål används för att rikta upp vevaxeln, kamaxeln och insprutningspumpen och för att förhindra risken att ventilerna kommer i kontakt med kolvarna när en kamrem monteras. När hålen är uppriktade är cylinder nr 4 (vid motorns kamremsände) vid ÖD i kompressionstakten.
3 Demontera den övre transmissionskåpan genom att ta bort dess tre fästskruvar och lyfta bort kåpan från topplocket **(se bild)**.
4 För att demontera den mittre transmissionskåpan, vrid först hjulen så långt det går åt höger, bänd sedan ut gummipluggen från under det högra främre hjulhuset. Skruva loss kåpans fästbult, som man kommer åt genom hålet i nedre delen av innervingen **(se bilder)**. Skruva loss den kvarvarande bulten i mitten av kåpan och lirka ut kåpan **(se bild)**.
5 Vevaxeln måste nu vridas tills inställnings-hålen i kamaxeldrevet och insprutnings-pumpdrevet är i linje med motsvarande hål i topplocket och pumpfästkonsolen. Hålen är i linje när kamaxeldrevets hål är i läge kl 4, sett från motorns högra sida. Vevaxeln kan vridas

med hjälp av en nyckel på vevaxeldrevets bult – notera att den alltid ska vridas medurs (sett från motorns högra sida). Om så behövs, dra upp handbromsen ordentligt, lyft upp framvagnen, stöd den på pallbockar och demontera höger hjul för att lättare komma åt vevaxelremskivan. Det blir också lättare att vrida motorn om glödstiften tas bort.
6 Med kamaxeldrevets hål korrekt placerat, sätt in en 6 mm diameter bult eller borr genom hålet i den främre vänstra flänsen på motorblocket och placera den i inställnings-hålet i svänghjulet **(se bild)**. Observera att man kan behöva vrida vevaxeln lite för att få hålen i linje med varandra.
7 Med svänghjulet korrekt placerat, sätt in en 8 mm diameter bult genom inställningshålet i kamaxeldrevet och skruva in den i topplocket. Sätt också in en 8 mm diameter bult genom vart och ett av de två inställningshålen på insprutningspumpdrevet och skruva in dem i hålen i fästkonsolen **(se bilder)**.
8 Vevaxeln, kamaxeln och insprutnings-pumpen är nu låsta i sina lägen.
9 Med hjälpaggregatens drivrem demon-terad, skruva loss vevaxelremskivans fäst-bultar och ta bort remskivan – notera vilken väg den är monterad **(se bilder)**.

20.4a Bänd ut gummipluggen från den högra innervingen . . .

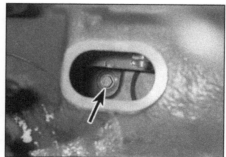

20.4b . . . för att nå den mittre transmissionskåpans bult (vid pilen)

20.4c Skruva loss den kvarvarande bulten (vid pilen) och demontera mittkåpan

20.6 Sätt in en 6 mm diameter bult (vid pilen) genom hålet i motorblockets fläns och in i inställningshålet i svänghjulet

20.7a Sätt in en 8 mm diameter bult (vid pilen) genom inställningshålet i kamaxel-drevet och skruva in den i topplocket . . .

20.7b . . . sätt sedan in två 8 mm diameter bultar (vid pilarna) i pumpdrevets inställnings-hål och skruva in dem i hålen i fästkonsolen

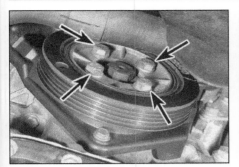

20.9a Lossa fästbultarna (vid pilarna) . . .

20.9b . . . och ta loss vevaxelns remskiva
från motorn

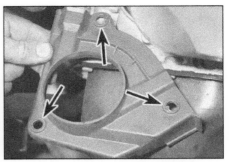

20.10 Lossa fästbultarna (vid pilarna) och
demontera den nedre kåpan

10 Lossa och ta bort de tre fästbultarna och ta bort den nedre transmissionskåpan över vevaxeldrevets yttre fläns **(se bild)**.
11 Demontera höger strålkastarenhet.
12 Lossa muttern till kamremsspännarens remskiva. Sväng remskivan medurs med hjälp av en fyrkantsnyckel i hålet i remskivans nav, dra sedan åt fästmuttern.
13 Dra av kamremmen från dreven, mellandrevet och spännaren och ta bort den från motorn.

Montering och spänning

14 Innan monteringen påbörjas, rengör kamremsdreven ordentligt. Om du hittar tecken på oljeföroreningar, leta reda på källan till oljeläckaget och åtgärda det. Rengör området kring kamremmen och alla relaterade komponenter, ta bort alla spår av olja.
15 Kontrollera att både spännaren och mellanremskivorna roterar fritt utan att kärva. Byt ut remskivorna om de är skadade. Se till att alla inställningsverktyg fortfarande är på plats.

1360cc motorer

16 Lägg den nya kamremmen på plats, försäkra att pilarna på remmen pekar i rätt rotationsriktning (medurs, sett från motorns högra sida). Undvik att vrida remmen kraftigt under monteringen.
17 Placera först remmen över vevaxeldrevet. Håll den sedan spänd och mata den över mellanremskivan, runt insprutningspump-

drevet och över kamaxeldrevet **(se bild)**. Placera remmen över spännarremskivan och slutligen över kylvätskepumpdrevet. Se till att remmens tänder sitter mitt i dreven och eventuellt slack är i den del av av remmen som är mellan kamaxel- och kylvätskedrevet.
18 Lossa spännarremskivans fästmutter. Vrid remskivan moturs för att eliminera allt fritt spel från remmen, dra sedan åt muttern **(se bild)**. Spänn kamremmen enligt beskrivning under aktuell underrubrik.

1527cc motorer

19 Lossa de sex (tre på varje) navbultarna på kamaxeldrevet och insprutningspumpdrevet **(se bild)**. Se till att dreven rör sig fritt på sina nav. Dra åt de sex bultarna för hand, lossa dem sedan med just under ett fjärdedels varv.
20 Flytta kamaxel- och insprutningspumpdreven till längst ner i sina spår genom att vrida dem i motorns rotationsriktning (medurs).
21 Placera kamremmen, helt spänd, först på vevaxeldrevet och sedan på spännarrullen närmast insprutningspumpen. Svep remmen runt insprutningspumpdrevet, se till att remmen inte "hoppar" på vevaxeldrevet. Om så behövs, flytta insprutningspumpdrevet moturs med max en tand för att få remmen att sätta sig på plats.
22 Placera remmen på kamaxeldrevet på samma sätt. Mata remmen runt den andra spännarrullen och vidare runt kylvätskepumpdrevet. Fortsätt till paragraf 32.

Spänning – utan elektroniskt mätverktyg

Observera: *Om denna metod används, se till att remspänningen kontrolleras av en Peugeot-verkstad vid första möjliga tillfälle.*

23 Peugeot-verkstäder använder ett speciellt verktyg till att spänna kamremmen **(se bild)**. Ett liknande verktyg kan tillverkas av en lämplig fyrkantsstång fäst till en arm gjord av en metallremsa. Ett hål ska borras i remsan 80 mm från mitten av fyrkantsstången Montera verktyget i hålet i spännarremskivan, håll armen så horisontellt som möjligt, och häng en 2,0 kg vikt från hålet i verktyget. Om du inte har ett objekt med exakt vikt kan en fjäderbalans användas för att applicera den kraft som behövs. Se till att fjäderbalansen hålls i 90° vinkel i förhållande till verktygs-

20.17 Sätt på kamremmen på dreven

20.18 Ta bort allt fritt spel från remmen och dra sedan åt spännarens remskivefästmutter ordentligt

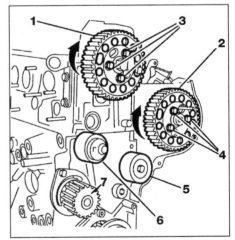

20.19 Kamaxel- och insprutningspumpdrevens navbultar – 1527cc motor

1   Kamaxeldrev
2   Insprutningspumpdrev
3   Kamaxeldrevets navbultar
4   Insprutningspumpdrevets navbultar
5 & 6   Spännarrullar
7   Kylvätskepumpens drev

20.23a Peugeots specialverktyg används till att spänna kamremmen

armen **(se bild)**. Lossa remskivans fästmutter och låt vikten eller kraften (efter tillämplighet) trycka spännarremskivan mot remmen. Tryck nu ner verktyget för att utöva extra kraft och dra åt remskivemuttern. Detta spänner i själva verket remmen för mycket, för att den ska sätta sig ordentligt innan den slutgiltiga spänningen.

24 Om specialverktyget inte finns till hands kan en ungefärlig inställning göras genom att man vrider spännarremskivan moturs tills det precis är möjligt att vrida kamremmen 45° med pekfingret och tummen, mitt emellan kamaxelns och insprutningspumpens drev. När remmen har spänts, dra åt remskivans fästmutter ordentligt.

25 Ta bort inställningsverktygen från kamaxeldrevet, insprutningspumpens drev och svänghjulet.

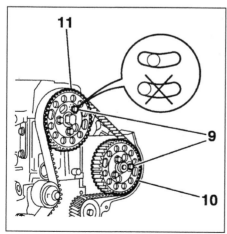

20.33 Korrekt placering för kamaxel- och insprutningspumpdrevens navbultar – 1527cc motor

20.23b Hemmagjort verktyg och fjädervåg används till att spänna kamremmen

26 Använd en passande hylsa och förlängningskaft på vevaxeldrevets bult, vrid vevaxeln fyra hela varv medurs (sett från motorns högra sida). Vrid under inga omständigheter vevaxeln moturs.

27 Låt nu remmen vara i ca en minut, lossa sedan spännarremskivans mutter.

28 Om specialverktyget används, låt verktygets tyngd spänna remmen och dra åt remskivans fästmutter till specificerat moment. Lägg inte någon extra kraft på verktyget denna gång.

29 Om spänningen utförs utan det speciella verktyget, spänn om remmen igen enligt beskrivningen i paragraf 24, dra sedan åt spännarremskivans mutter till specificerat moment. Notera att denna metod endast är en inledande inställning. Kör inte bilen längre sträckor eller höga varvtal förrän remspänningen veterligen är korrekt.

30 Rotera vevaxeln ytterligare två varv medurs, kontrollera sedan att kamaxeldrevets, insprutningspumpens och svänghjulets inställningshål fortfarande är korrekt uppriktade.

31 Om allt är som det ska, sätt tillbaka transmissionskåporna och strålkastaren.

Spänning – med elektroniskt mätverktyg

32 Montera den speciella mätutrustningen framtill på kamremmen, mitt emellan kamaxelns och insprutningspumpens drev. Placera spännarremskivan så att remmen är spänd till steg 1 av den specificerade inställningen, dra sedan åt muttern utan att rubba spännaren.

33 På 1527cc motorer, se till att navbultarna på kamaxelns och insprutningspumpens drev är placerade i mitten av spåret **(se bild)**. Om de är i ena änden, placera om kamremmen. Dra åt de sex bultarna helt till angivet åtdragningsmoment.

34 Ta bort inställningsverktygen från kamaxeldrevet, insprutningspumpdrevet och svänghjulet, ta sedan bort mätverktyget från remmen.

35 Använd en hylsa och förlängningsskaft på vevaxeldrevets bult, vrid vevaxeln fyra (två på 1527cc motorer) hela varv medurs (sett från motorns högra sida). Vrid under inga omständigheter vevaxeln moturs.

36 Sätt tillbaka inställningsverktygen och låt remmen vara i ca en minut, lossa sedan spännarremskivans fästmutter (och sex drevnavbultar) och sätt tillbaka mätverktyget på remmen. Placera spännarremskivan så att remmen spänns till steg 2, dra sedan åt remskivans fästmutter till angivet moment. På 1527cc motorer, dra åt kamaxel- och insprutningspumpdrevens sex bultar.

37 Ta bort mätverktyget från remmen. På 1360cc motorer, rotera sedan vevaxeln ytterligare två hela varv medurs, så att hålen i kamaxelns och pumpens drev och i svänghjulet åter hamnar i linje. Rotera **inte** vevaxeln moturs. Sätt tillbaka mätverktyget på remmen och kontrollera att spänningen motsvarar specifikationen för det slutliga steget.

38 Om remspänningen är inkorrekt, upprepa momenten i paragraf 36 och 37.

39 När remspänningen är korrekt, ta bort inställningsverktygen, montera transmissionskåporna och strålkastaren.

21 Kamrem – byte (Peugeot 205, 305 och 309)

1 Se avsnitt 22. Som en del av förberedelserna för demontering av remmen, notera följande:

a) *På alla modeller, ta bort motorns stänkskydd från under höger främre hjulhus.*
b) *På alla modeller, för att skapa mer utrymme, tappa av kylsystemet och koppla loss den nedre slangen från kylvätskepumpens inlopp.*
c) *Endast på 205 och 309 modeller, skruva ur stjärnskruvarna och ta bort det mellersta metallkylvätskeröret.*

22 Kamrem – byte (Peugeot 306 och 405)

Observera: *Närhelst kamremmen byts är det klokt att samtidigt undersöka om kylvätskepumpen läcker. Detta kan bespara dig demontering av kamremmen igen vid senare tillfälle, om kylvätskepumpen skulle haverera.*

Observera: *Försök inte dra runt motorn medan vevaxeln/kamaxeln/insprutningspumpen är låsta. Tre 8,0 mm diameter bultar och ett 8,0 mm stift eller borr kommer att behövas för detta arbetsmoment.*

Observera: *Det rekommenderas att man använder en ny fästbult till vevaxelremskivan vid monteringen.*

Demontering

1 Inställningshål är borrade i kamaxeldrevet, insprutningspumpdrevet och svänghjulet. Dessa hål används till att rikta in vevaxeln

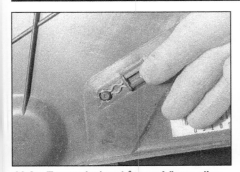

22.3a Transmissionskåpans främre clips – tidiga motorer . . .

22.3b . . . och fjäderclips

22.3c Den övre, bakre transmissionskåpan demonteras – tidiga motorer

kamaxeln och insprutningspumpen, och för att förhindra risken att ventilerna kommer i kontakt med kolvarna när en kamrem monteras.

2 När inställningshålen är i linje med sina motsvarande hål i topplocket och motorblocket (efter tillämplighet), kan bultar/stift med passande diameter stickas in för att låsa kamaxeln, insprutningspumpen och vevaxeln och förhindra att de roterar. När inställningshålen är uppriktade är cylinder nr 4 (vid motorns kamremsände) i ÖD i kompressionstakten.

3 Demontera de övre transmissionskåporna. På tidigare modeller innebär detta att man måste demontera den högra fästkonsolen mellan motorn och karossen och, där tillämpligt, lufttrumman uppe på kåpan. På senare modeller måste lufttrumman uppe på kåpan demonteras **(se bilder)**.

4 Vrid vevaxeln medurs (sett från motorns högra sida) för att rikta in inställningshålen. Vevaxeln kan vridas med en hylsa och förlängning på remskivebulten. För att komma åt remskivebulten från framvagnens undersida, bänd ut fästclipsen och ta bort skruvarna (efter tillämplighet), dra sedan bort plastkåpan från innervingen. Åtkomligheten förbättras om bilen ställs på pallbockar och hjulet demonteras. Där så behövs, lossa kylvätskeslangarna från konsolen för att förbättra åtkomligheten ytterligare.

5 Stick in en 8 mm diameter borr eller stift genom hålet i vänster fläns på motorblocket vid startmotorn. Om så behövs, vrid vevaxeln försiktigt i endera riktningen tills stiftet går in i inställningshålet i svänghjulet **(se bilder)**.

6 Stick in tre 8 mm bultar genom hålen i kamaxelns och bränsleinsprutningspumpens

drev och skruva in dem i motorn med fingrarna **(se bilder)**.

7 Vevaxeln, kamaxeln och insprutningspumpen är nu låsta i sina lägen.

8 Demontera vevaxelremskivan genom att först lossa hjälpaggregatets drivrem.

9 För att förhindra att vevaxeln vrids medan remskivans fästbult lossas, lägg i högsta växeln och låt en medhjälpare ansätta bromsarna kraftigt. Om det visar sig omöjligt att hålla bromsarna, demontera startmotorn och använd låsverktyget som visas till att hålla fast svänghjulet **(se bild)**. Om motorn har demonterats från bilen, lås svänghjulets krondrev. Försök inte låsa remskivan genom att sticka in en bult/borr genom inställningshålet. Om inställningsstiftet är på plats, ta bort det tillfälligt innan remskivebulten lossas och sätt tillbaka det när bulten är lossad.

22.3d Nedre transmissionskåpans fästbultar (vid pilarna)

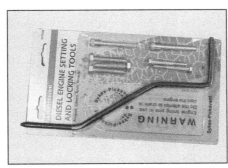

22.5a Tillgängliga verktyg lämpade att låsa fast motorn i läge

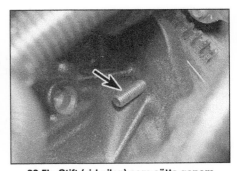

22.5b Stift (vid pilen) som sätts genom motorblocket i inställningshålet i svänghjulet

22.6a Bult (vid pilen) insatt genom inställningshålet i kamaxeldrevet

22.6b Bultar (vid pilarna) insatta genom inställningshålen i insprutningspumpdrevet

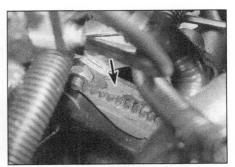

22.9 Spårat verktyg (vid pilen) på ringdrevständerna för att låsa svänghjulet

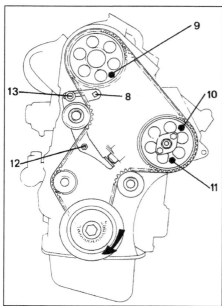

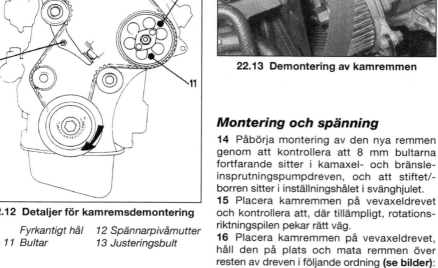

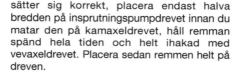

22.13 Demontering av kamremmen

22.12 Detaljer för kamremsdemontering

8 Fyrkantigt hål	12 Spännarpivåmutter
9 to 11 Bultar	13 Justeringsbult

10 Skruva loss fästbulten och brickan, dra sedan av remskivan från vevaxelns ände. Om remskivans rullstyrstift eller woodruffkil (efter tillämplighet) har lös passning, ta bort och förvara stiftet/kilen tillsammans med remskivan. Om remskivan har tät passning kan den dras av vevaxeln med en lämplig avdragare.

11 Om det inte redan gjorts, ta bort höger fästkonsol mellan motorfästet och karossen.

12 Lossa kamremsspännarens pivåmutter och justerbult, vrid sedan spännarfästet moturs för att lätta på spänningen. Dra åt justerbulten igen för att hålla spännaren i det lättade läget. Om tillgänglig, använd en 10 mm fyrkantsdrift med förlängning i hålet som finns för att vrida spännarfästet mot fjäderspänningen **(se bild)**.

13 Ta bort remmen från dreven **(se bild)**.

Montering och spänning

14 Påbörja montering av den nya remmen genom att kontrollera att 8 mm bultarna fortfarande sitter i kamaxel- och bränsleinsprutningspumpdreven, och att stiftet/-borren sitter i inställningshålet i svänghjulet.

15 Placera kamremmen på vevaxeldrevet och kontrollera att, där tillämpligt, rotationsriktningspilen pekar rätt väg.

16 Placera kamremmen på vevaxeldrevet, håll den på plats och mata remmen över resten av dreven i följande ordning **(se bilder)**:
a) Mellanrullen
b) Bränsleinsprutningspumpen
c) Kamaxeln
d) Spännarrullen
e) Kylvätskepumpen

17 Var försiktig så att du inte veckar eller vrider remmen. För att försäkra att remmen sätter sig korrekt, placera endast halva bredden på insprutningspumpdrevet innan du matar den på kamaxeldrevet, håll remman spänd hela tiden och helt ihakad med vevaxeldrevet. Placera sedan remmen helt på dreven.

18 Skruva loss och ta bort bultarna från kamaxelns och bränsleinsprutningspumpens drev och ta bort stiftet/borren från inställningshålet i svänghjulet.

19 Med pivåmuttern lossad, skruva ur spännarens justerbult medan du håller fästet mot fjäderspänningen. Frigör sakta fästet tills rullen pressas mot kamremmen. Dra åt justerbulten och pivåmuttern igen.

20 Vrid vevaxeln två hela varv i normal rotationsriktning (medurs). Vrid inte vevaxeln bakåt – remmen måste hållas spänd mellan vevaxelns, insprutningspumpens och kamaxelns drev.

21 Lossa spännarens justerbult och pivåmutter för att låta spännarfjädern trycka rullen mot kamremmen, dra sedan åt både justerbulten och pivåmuttern till angivet moment.

22 Kontrollera att alla inställningshål är korrekt placerade genom att sätta in drevlåsningsbultarna igen och stiftet/borren i svänghjulets inställningshål. Om hålen inte är korrekt placerade har kamremmen monterats fel (möjligtvis en tand fel på ett av dreven. I så fall, upprepa monteringsproceduren från början.

23 Montera transmissionskåporna i omvänd ordning mot demontering. Se till att varje kåpdel placeras rätt och att dess fästmuttrar och/eller bultar dras åt till angivet moment. Sänk inte ned bilen på marken förrän fästkonsolen mellan motorfästet och karossen har monterats.

24 Se till att vevaxelremskivans woodruffkil är korrekt placerad i vevaxelspåret, eller att rullstiftet är på plats (efter tillämplighet). Montera remskivan på vevaxeländen, rikta in dess styrspår eller hål med woodruffkilen eller stiftet.

25 Det rekommenderas att vevaxelremskivans fästbult byts ut närhelst den har rubbats. Rengör noggrant gängorna på bulten och lägg på låsningsmedel. Peugeot rekommenderar att man använder Loctite, men om detta inte finns till hands kan ett annat medel av god kvalitet användas.

26 Sätt tillbaka vevaxelremskivans fästbult och bricka. Dra åt bulten till angivet moment, håll samtidigt vevaxeln stilla med samma metod som vid demonteringen.

27 Sätt tillbaka och spänn hjälpaggregatens drivrem.

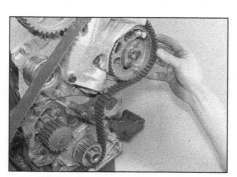

22.16a Kamrem monteras över insprutningspumpdrevet . . .

22.16b . . . kamaxeldrevet . . .

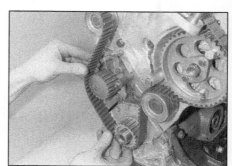

22.16c . . . och kylvätskepumpdrevet

Kapitel 8
Peugeot 1360cc, 1527cc, 1769cc och 1905cc motorer

Del B: Underhåll av bränslesystem

Innehåll

Specifikationer

Glödstift

Peugeot 106:	
1360cc	Champion CH147
1527cc	Champion rekommendation ej tillgänglig
Peugeot 205, 305 och 309	Champion CH68
Peugeot 306 och 405:	
XUD9TE motor	Champion CH163
Andra motorer	Champion CH68

Bränsleinsprutare

Typ (alla modeller)	Tapp
Öppningstryck:	
Peugeot 106:	
1360cc	125 till 130 bar
1527cc	130 till 135 bar
Peugeot 205, 305 och 309:	
Lucas:	
205 och 309 Turbo	130 ± 5 bar
Alla andra modeller	115 ± 5 bar
Bosch	130 ± 5 bar
Peugeot 306:	
Lucas insprutningspump	125 till 135 bar
Bosch insprutningspump:	
Motorer utan turbo	130 till 135 bar
Turbomotorer	175 till 180 bar
Peugeot 405:	
1769cc turbomotorer	130 bar
1905cc motorer utan turbo:	
Bosch insprutningspump	130 bar
Lucas insprutningspump	125 bar
1905cc turbomotorer	175 bar

Bränsleinsprutningspump

Rotationsriktning (alla modeller) .... Medurs, sett från kamremsänden

Peugeot 106
Statisk inställning:
    Motorns position .... Kolv nr 4 vid ÖD
    Pumpens position .... Värdet visas på pumpen
Dynamisk inställning vid tomgång
    1360cc motor utan turbo .... 12° FÖD
    1527cc motor utan turbo .... Ej tillgängligt

Peugeot 205, 305 och 309 – Lucas
Statisk förställning:
    205 och 309 turbo .... Värdet visas på pumpen
    Alla andra modeller .... 2,26 ± 0,05 mm FÖD (lika med 16° FÖD)
Dynamisk förställning:
    205 och 309 turbo .... 12° FÖD vid 775 rpm
    XUD 9 pumpar med suffix 160A .... 13,5° FÖD vid 800 rpm
    Alla andra modeller .... 14° FÖD vid 800 rpm

Peugeot 205, 305 och 309 – Bosch
Statisk förställning:
    1769cc motorer .... 0,80 ± 0,03 mm FÖD
    1905cc motorer .... 0,50 ± 0,03 mm FÖD
Dynamisk förställning:
    1769cc motorer .... 14° FÖD vid 800 rpm
    1905cc motorer .... 13,5° FÖD vid 800 rpm

Peugeot 306 – Lucas
Statisk inställning:
    Motorns position .... Kolv nr 4 vid ÖD
    Pumpens position .... Värdet visas på pumpen
Dynamisk inställning vid tomgång .... 12° ± 1°

Peugeot 306 – Bosch
Statisk inställning:
    Motorns position .... Kolv nr 4 vid ÖD
Pumpinställningsmått:
    1769cc motor .... 0,90 ± 0,02 mm
    1905cc utan turbo:
        D9B kod .... 1,07 ± 0,02 mm
        DJZ kod .... 0,77 ± 0,02 mm
    1905cc turbo:
        D8A kod .... 0,66 ± 0,02 mm
        DHZ kod .... 0,63 ± 0,02 mm
Dynamisk inställning vid tomgång:
    1769cc motor .... 15° ± 1°
    1905cc utan turbo:
        D9B kod .... 18° ± 1°
        DJZ kod .... 12° ± 1°
    1905cc turbo:
        D8A kod .... 11° ± 1°
        DHZ kod .... 10,5° ± 1°

Peugeot 405 – Lucas
Statisk inställning:
    Motorns position .... Kolv nr 4 vid ÖD
    Pumpens position .... Värdet visas på pumpen
Dynamisk inställning vid tomgång:
    A8A motor .... 9°
    D8A motor .... 11° ± 1°
    D9B motor .... 15° ± 1°
    DHY motor .... 11° ± 1°
    DJZ motor:
        T o m 1992 .... 13,5° ± 1°
        Fr o m 1993 .... 12° ± 1°

Peugeot 405 – Bosch
Statisk inställning:
    Motorns position .... Kolv nr 4 i ÖD

Pumpinställningsmått:
1769cc (A8A) turbo .... 0,80 ± 0,02 mm
1905cc utan turbo:
    D9B kod .... 0,90 ± 0,02 mm
    DJZ kod .... 0,77 ± 0,02 mm
1905cc turbo:
    D8A kod .... 0,66 ± 0,02 mm
    DHY kod .... 0,66 ± 0,02 mm
Dynamisk inställning vid tomgång:
1769cc (A8A) turbo .... $14° ± 1°$
1905cc utan turbo:
    D9B kod .... $15° ± 1°$
    DJZ kod .... $13,5° ± 1°$
1905cc turbo:
    D8A kod .... $11° ± 1°$
    DHY kod .... $11° ± 1°$

Snabbtomgång
Peugeot 106 – 1527cc motor .... 900 till 1100 rpm
Alla andra motorer .... 900 till 1000 rpm

Maximal motorhastighet

Peugeot 106
1360cc utan turbo .... 5500 rpm
1527cc utan turbo .... 5450 ± 100 rpm

Peugeot 205, 305 och 309
Ingen belastning .... 5100 ± 100 rpm

Peugeot 306
Utan turbo .... 5150 ± 125 rpm
Turbo .... 5100 ± 80 rpm

Peugeot 405
1769cc turbo .... 4800 rpm
1905cc:
    Utan turbo .... 5150 ± 125 rpm
    Turbo .... 5100 ± 80 rpm

Åtdragningsmoment

Nm

Peugeot 106
Bränsleinsprutare:
1360cc utan turbo 70
1527cc utan turbo 55
Insprutarrör:
  Anslutningsmuttrar:
    1360cc utan turbo 20
    1527cc utan turbo 25
  Anslutningsbultar 25
Insprutningspump:
  Fästmuttrar/-bultar:
    1360cc utan turbo:
      Fram 18
      Bak 23
    1527cc utan turbo 20
Glödstift 22

Peugeot 205, 305 och 309
Bränsleinsprutare:
  Bosch 90
  Lucas 130
Insprutarrörens anslutningsmuttrar 20
Insprutningspump:
  Fästmuttrar/-bultar 18
  Täckplugg (Bosch) 20
  Drevmutter 50
Glödstift 22

Atdragningsmoment (forts)

	Nm
Peugeot 306 and 405	
Bränsleinsprutare	90
Bränslerörens anslutningsmuttrar	20
Insprutningspump:	
Fästmuttrar/-bultar	20
Drevmutter	50
Drevavdragarens bultar	10
Inställningshålets täckplugg:	
Lucas	6
Bosch	15
ÖD-täckplugg för cylinder nr 4	30
Stoppsolenoid:	
Lucas pump	15
Bosch pump	20
Glödstift	22

1.1 Fjäderclipset demonteras från skåran i gasvajern

1 Gasvajer – justering

1 Ta bort fjäderclipset från gasvajerns hölje **(se bild).**
2 Se till att styrarmen är mot sitt stopp, dra försiktigt ut vajern ur sin genomföring tills allt fritt spel är eliminerat från innervajern.
3 Håll vajern i detta läge, se till att den platta brickan pressas säkert mot genomföringen.
4 Sätt tillbaka fjäderclipset i det sista exponerade spåret i vajerhöljet framför genomföringen och brickan.

5 Med clipset monterat och när man släppt vajerhöljet skall innervajern endast ha ett litet spel.
6 Låt en medhjälpare trycka ner gaspedalen och kontrollera att styrarmen öppnar helt och går tillbaka mjukt till sitt stopp.

2 Maximal motorhastighet – kontroll och justering

Varning: Justerskruven för maximal hastighet är förseglad av tillverkaren, med färg eller låsvajer och blyplomb. Rör inte skruven om bilen fortfarande har garanti – denna kommer då att förverkas. Justering av maximal hastighet kräver användning av en varvräknare.
1 Låt motorn gå tills den har normal arbetstemperatur.
2 Om bilen inte har en varvräknare, anslut ett lämpligt instrument enligt tillverkarens anvisningar.
3 Låt en medhjälpare trycka ner gaspedalen helt och kontrollera att maximal hastighet motsvarar specifikationerna. Håll inte motorn vid maximal hastighet mer än två eller tre sekunder.
4 Om justering behövs, stanna motorn. Lossa låsmuttern, vrid justerskruven så mycket som behövs och dra åt låsmuttern igen. **(se bilder).**
5 Upprepa momentet i paragraf 3 för att kontrollera justeringen.
6 Stanna motorn och koppla loss varvräknaren.

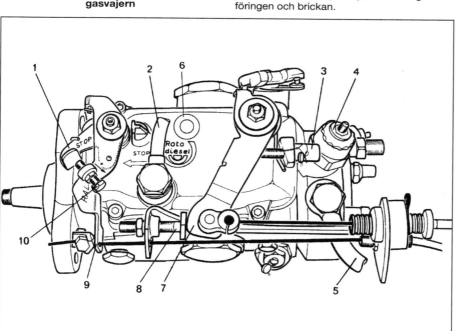

2.4a Justerpunkter på Lucas bränsleinsprutningspump

1 Manuell stopparm	4 Stoppsolenoid	8 Justerskruv tomgångs-
2 Bränslereturrör	5 Bränsleinsug	begränsning
3 Justerskruv för maximal	6 Åtkomstplugg inställning	9 Snabbtomgångsarm
motorhastighet	7 Styr- (gaslänkage) arm	10 Tomgångsjusterskruv

3 Snabbtomgångens termostatgivare (Peugeot 106) – demontering, montering och justering

Observera: *Det är tvunget att använda en ny tätningsbricka vid montering av termostatgivaren.*

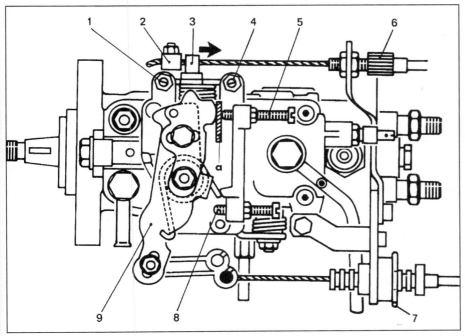

2.4b Justerpunkter på Bosch bränsleinsprutningspump

1   Justerskruv snabbtomgång
2   Vajerns ändinfästning
3   Snabbtomgångsarm
4   Tomgångsjusterskruv
5   Tomgångsbegränsningens justerskruv
6   Snabbtomgångsvajerns justerskruv
7   Gasvajerns justerclips
8   Justerskruv för maximal motorhastighet
9   Styr- (gaslänkage) arm
a   Mellanlägg för tomgångsbegränsning

Demontering

1 Koppla loss batteriets negativa kabel och tappa delvis av kylsystemet.
2 Lossa klämmuttern och dra av snabbtomgångsvajerns ändinfästning från innervajerns ände vid insprutningspumpen **(se bild)**.
3 Frigör snabbtomgångsvajern från fästet på insprutningspumpen **(se bild)**.
4 Skruva loss termostatgivaren från topplocket och ta bort givar- och vajerenheten. Ta vara på tätningsbrickan **(se bilder)**.

Montering

5 Sätt en ny tätningsbricka på givaren och skruva in givaren på plats i topplocket, dra åt den ordentligt.
6 Stick in vajern genom insprutningspumpfästet, mata sedan vajern genom snabbtomgångsarmen. Sätt på ändinfästningen på innervajern och dra åt klämmuttern lätt.
7 Fyll på kylsystemet och justera vajern enligt följande:

Justering

8 Med kall motor, pressa snabbtomgångsarmen helt till slutet av dess rörelsebana (d v s mot insprutningspumpens baksida). Håll den på plats och dra vajerändinfästningen längs vajern tills den kommer i kontakt med

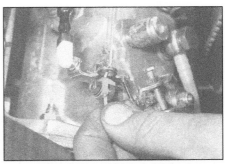

3.2 Lossa på klämmuttern och dra av änd-infästningen från snabbtomgångsvajern

3.3 Dra av snabbtomgångsvajern från justerskruven

snabbtomgångsarmen. Dra åt klämmuttern ordentligt.
9 Starta motorn. När motorn värms upp skall snabbtomgångsvajern dras ut så att snabbtomgångsarmen går tillbaka till sitt stopp.
10 Vänta tills kylfläkten har slagits på och slagits av, stäng sedan av motorn. Mät spelet mellan snabbtomgångsarmen och vajer-ändinfästningen. Där ska finnas ett gap på ca 0,5 till 1,0 mm. Om inte, lossa klämmuttern, flytta ändinfästningen till korrekt position, dra sedan åt skruven eller muttern ordentligt. Notera att den lilla justeringen av vajern kan göras med hjälp av justeraren på fästkonsolen **(se bild)**.
11 Med vajern korrekt justerad, låt motorn kallna. När den kallnar skall snabbtomgångsvajern dras tillbaka in i givaren och dra tillbaka snabbtomgångsarmen mot sitt stopp.

3.4a Skruva ur snabbtomgångsventilen (vid pilen) från topplocket . . .

3.4b . . . och demontera ventilen med tätningsbricka (vid pilen)

3.10 Finjustering av snabbtomgångsvajern görs med justeraren på fästkonsolen

4 Snabbtomgångens termostatgivare – demontering, montering och justering

Peugeot 205, 305 och 309

Observera: *Se bilderna i avsnitt 3 innan följande moment utförs.*
Observera: *En ny tätningsbricka måste användas när givaren monteras.*

Demontering

1 Demontera luftrenaren och lufttrumman, efter behov.
2 Tappa av kylsystemet.
3 Lossa klämskruven eller muttern och ta bort ändinfästningen från innervajern.
4 Skruva loss låsmuttern och ta bort justeringsbeslaget och vajerhöljet från fästet på bränsleinsprutningspumpen.
5 Skruva loss termostatgivaren från termostathuskåpan och ta vara på tätningsbrickan.

Montering

6 Montera termostatgivaren och den nya brickan, dra sedan åt den.
7 Stick in vajern och beslaget i fästkonsolen och skruva på låsmuttern med fingrarna.
8 Stick in vajeränden genom armen och sätt fast ändinfästningen löst.

Justering

9 Med kall motor, pressa snabbtomgångsarmen eller den räfflade justeraren (före januari 1984 Bosch insprutningspump) helt mot motorns svänghjulsände. Dra sedan åt klämskruven eller muttern, med ändbeslaget vidrörande armen eller justeraren.
10 Justera beslaget för att se till att snabbtomgångskammen vidrör sitt stopp, dra sedan åt låsmuttrarna.
11 Mät den synliga längden av inner-vajern.
12 Fyll på kylsystemet och låt motorn gå tills den når normal arbetstemperatur.
13 Med varm motor, kontrollera att längden på innervajern har ökat med minst 6,0 mm, vilket indikerar att termostatgivaren fungerar som den ska.
14 På Bosch insprutningspumpar före 1984, kontrollera att det är ett gap på 1,0 mm mellan vajerändbeslaget och justeraren. Om inte, justera beslaget.

15 Kontrollera att motorhastigheten ökar när snabbtomgångsarmen eller justeraren pressas framåt mot motorns svänghjulsände. På tidiga Bosch pumpar skall hastigheten vara 200 ± 50 rpm. På andra modeller ska snabbtomgångshastigheten vara 950 ± 50 rpm. Vrid den räfflade justeraren eller armstoppet efter behov.
16 Slå av motorn.

5 Snabbtomgångens termostatgivare – demontering, montering och justering

Peugeot 306 och 405

Observera: *Se bilder i avsnitt 3 innan följande moment utförs.*
Observera: *En ny tätningsbricka måste användas när givaren monteras.*

Demontering

1 Termostatgivaren sitter i sidan av termostathuskåpan (tidiga 405 modeller) eller i sidan av termostat-/filterhuset (senare 405 och alla 306 modeller).
2 För förbättrad åtkomlighet på turbomodeller, demontera mellankylaren. På modeller utan turbo med D9B motor, demontera luftfördelarhuset. Om så behövs, demontera också inloppstrumman och koppla loss ventilationsslangen från motorns oljepåfyllningsrör.
3 Tappa av kylsystemet.
4 Lossa klämskruven eller muttern (efter tillämplighet) och koppla loss snabbtomgångsvajerns ändinfästning från innervajern vid bränsleinsprutningspumpens snabbtomgångsarm.
5 Dra vajern från justerskruven placerad i konsolen på bränsleinsprutningspumpen.
6 Använd en öppen blocknyckel, skruva loss termostatgivaren från sitt hus och dra ut sensorn komplett med vajer. Ta vara på tätningsbrickan (där tillämpligt).

Montering

7 Om tätningsmedel hade använts till monteringen av givaren istället för en bricka, tvätta noggrant bort allt gammalt tätningsmedel från givaren och huset. Se till att inga spår av tätningsmedel lämnas i de interna kylvätskekanalerna i huset.

8 Montera givaren, med nytt tätningsmedel eller en ny bricka (efter tillämplighet) och dra åt den.
9 Sätt in justerskruven i konsolen på bränsleinsprutningspumpen och skruva på låsmuttern med fingrarna.
10 Stick in innervajern genom snabbtomgångsarmen och placera ändinfästningen på vajern. Dra inte åt klämskruven eller muttern (efter tillämplighet).
11 Justera vajern enligt följande:

Justering

12 Med kall motor, pressa snabbtomgångsarmen helt mot motorns svänghjulsände. Dra åt klämskruven eller muttern, vajerändbeslaget ska vidröra armen.
13 Justera skruven så att snabbtomgångsarmen vidrör sitt stopp, dra sedan åt låsmuttern.
14 Mät den exponerade längden på innervajern.
15 Där tillämpligt, montera mellankylaren eller luftfördelarhuset och anslut ventilationsslangen till oljefiltret.
16 Fyll på kylsystemet och låt motorn gå tills den når normal arbetstemperatur.
17 Kontrollera att snabbtomgångsvajern är slak. Om inte är det troligt att givaren är defekt.
18 Med varm motor, kontrollera snabbtomgångsvajerns spel. Om den är enligt följande tyder det på att termostatgivaren fungerar som den ska.
   Lucas insprutningspump – 0,5 till 1 mm
   Bosch insprutningspump – 5 till 6 mm
19 Kontrollera att motorhastigheten ökar när snabbtomgångsarmen pressas mot motorns svänghjulsände. När armen är mot sitt stopp skall snabbtomgångshastigheten vara enligt specifikationerna i del A av detta kapitel.
20 Stanna motorn.

6 Stoppsolenoid – demontering och montering

Varning: Var försiktig så att inte smuts kommer inte in i insprutningspumpen under följande moment.
Observera: *En ny tätningsbricka eller O-ring (efter tillämplighet) krävs vid monteringen.*

Demontering

1 Koppla loss batteriets negativa kabel.
2 På modeller med en Bosch bränsleinsprutningspump måste man eventuellt skruva loss snabbtomgångsvajerns stödfäste från sidan av pumpen för att skapa bättre utrymme.
3 Ta bort gummidamasken (där tillämpligt), skruva sedan loss polmuttern och koppla loss ledningen uppe på solenoiden **(se bilder)**.
4 Rengör noggrant runt solenoiden, skruva sedan loss och ta bort den. Ta vara på tätningsbrickan eller O-ringen (efter tillämplighet) **(se bild)**.

6.3a Ta bort gummidamasken . . .

6.3b . . . och skruva sedan ur fästmuttern och koppla bort stoppsolenoidens kontakt

5 Ta vara på solenoidkolven och fjädern om de blir kvar i pumpen **(se bild).**
6 Aktivera handsnapsningspumpen när solenoiden tagits bort, för att spola bort eventuell smuts.

Montering

7 Montering sker i omvänd ordning. Använd en ny tätningsbricka eller O-ring och dra åt solenoiden till angivet åtdragningsmoment (där specificerat).

7 Glödstift (Peugeot 106, 306 och 405) – demontering, undersökning och montering

Varning: Om förvärmningssystemet just har varit aktiverat, eller om motorn har varit igång, är glödstiften mycket heta.

Demontering

Peugeot 306 och 405

1 För att förbättra utrymmet på turbomodeller, demontera mellankylaren. På modeller utan turbo med D9B motor, demontera luftfördelarhuset. Om så behövs, demontera också inloppstrumman och koppla loss ventilationsslangen från motorns oljepåfyllningsrör.

Alla modeller

2 Koppla loss batteriets negativa kabel.
3 Skruva loss muttern från relevant glödstiftspol och ta vara på brickan. Notera att huvudmatningskabeln är ansluten till glöd-

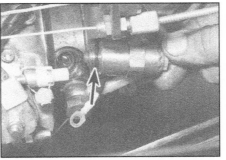

6.4 Skruva ut stoppsolenoiden ur pumpen och ta vara på O-ringen (vid pilen)

stiftet för cylinder nr 1 och en förbindelsevajer är monterad mellan de fyra stiften **(se bilder).**
4 Där tillämpligt, flytta försiktigt undan eventuella rör eller ledningar som är i vägen för att komma åt aktuellt glödstift.
5 Skruva loss varje glödstift och ta bort det från topplocket **(se bild).**

Undersökning

6 Undersök varje glödstift för att se om det är skadat. Brända eller eroderade glödstiftsspetsar kan orsakas av dåligt spraymönster från insprutare. Låt kontrollera insprutarna om denna typ av skador hittas.
7 Om glödstiften är i gott fysiskt skick, kontrollera dem elektroniskt med en 12 volts testlampa eller en kontinuitetstestare enligt beskrivning i avsnitt 17.
8 Glödstiften kan aktiveras om man ansluter 12 volt till dem, för att bekräfta att de värms

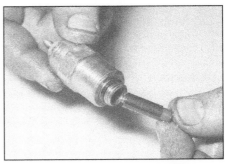

6.5 Ta ut solenoidkolven och fjädern

upp jämnt och tillräckligt snabbt. Observera följande föreskrifter:
a) *Stöd glödstiftet genom att klämma fast det försiktigt i ett skruvstäd eller en självlåsande tång. Kom ihåg att det blir glödhett.*
b) *Kontrollera att strömmatningen eller testkabeln har en säkring eller överspänningsskydd som skyddar mot skador från en kortslutning.*
c) *Efter testen, låt glödstiftet svalna i flera minuter innan du handskas med det.*
9 Ett glödstift i gott skick börjar glöda i spetsen när det dragit ström i ca 5 sekunder. Ett stift som dröjer mycket längre innan det börjar glöda, eller som börjar glöda i mitten istället för i spetsen, är defekt.

Montering

10 Montera i omvänd ordning. Lägg lite kopparbaserat antikärvningsmedel på stiftets gängor och dra åt glödstiften till angivet moment. Dra inte åt dem för hårt – detta kan skada stiftets element.

8 Glödstift (Peugeot 205, 305 och 309) – demontering, undersökning och montering

1 Se avsnitt 7 och observera följande:

a) *För att komma åt glödstiften, demontera luftrenaren och trumman, efter behov.*
b) *Bänd bort eventuella plastclips från glödstiften (se bild).*

7.3a Skruva ur fästmuttern . . .

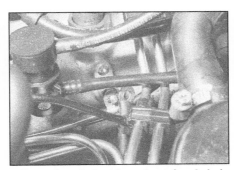

7.3b . . . koppla bort huvudmatningskabeln (där det behövs) . . .

7.3c . . . och förbindelsevajern från glödstiftet

7.5 Demontering av glödstift från topplocket

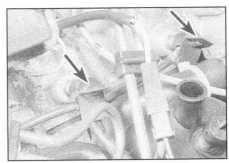

8.1 Plastclips (vid pilarna) på glödstiftsterminalerna

9 Glödstiftsrelä (Peugeot 205, 305 och 309) – demontering och montering

Demontering

1 Glödstiftsreläet är placerat på vänster sida i motorrummet, nära batteriet **(se bild)**.
2 För att demontera reläet, koppla först bort batteriets negativa ledning.
3 Skruva loss reläet från sidopanelen och koppla loss kablaget.

Montering

4 Montering sker i omvänd ordning.

10 Bränsleinsprutare – test, demontering och montering

 Varning: Var ytterst försiktig när du arbetar med bränsleinsprutarna. Exponera aldrig händerna eller andra kroppsdelar för insprutarspray – arbetstrycket är så högt att bränslet kan tränga genom huden vilket kan vara livsfarligt. Vi rekommenderar starkt att allt arbete som omfattar test av insprutare under tryck överlämnas till en återförsäljare eller bränsleinsprutningsspecialist.

Observera: *Nya kopparbrickor och brandtätningsbrickor måste användas vid monteringen.*

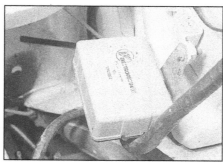

9.1 Glödstiftens styrenhet – Peugeot 205

Test

1 Bränsleinsprutarna försämras efter långvarig användning och det är rimligt att förvänta att de behöver åtgärdas eller bytas efter ca 90 000 km. Noggrann test, renovering och kalibrering av insprutare måste utföras av en specialist. En defekt insprutare som orsakar knackning och rök kan spåras utan isärtagning enligt följande:
2 Låt motorn gå på snabb tomgång. Lossa varje insprutaranslutning i tur och ordning, lägg trasor runt anslutningarna för att fånga upp bränslespill. Var försiktig så att huden inte utsätts för bränslespray. När anslutningen på den defekta insprutaren lossas kommer knackningen eller röken att upphöra.

Demontering
Peugeot 306 och 405

3 För att skapa bättre utrymme på turbomodeller, demontera mellankylaren. På

modeller med D9B motor, demontera luftfördelarhuset. Om så behövs, demontera också inloppstrumman och koppla loss ventilationsslangen från motorns oljepåfyllningsrör.

Alla modeller

4 Rengör noggrant runt insprutarna och insprutarrörens anslutningsmuttrar.
5 Dra av returrören från insprutarna **(se bild)**.
6 Skruva loss anslutningsmuttrarna som håller insprutarrören till bränsleinsprutningspumpen. Håll emot anslutningarna på pumpen när muttrarna skruvas loss. Täck över öppna anslutningar så att inte smuts kan komma in.
7 Skruva loss anslutningsmuttrarna och koppla loss rören från insprutarna **(se bild)**. Om så behövs kan insprutarrören demonteras helt. Notera noggrant placeringen för rörens klämmor för att underlätta monteringen. Täck över ändarna på insprutarna så att inte smuts kan komma in.
8 Skruva loss insprutarna med en djup 27 mm hylsnyckel och ta bort dem från topplocket **(se bild)**.
9 Ta vara på kopparbrickorna och brandtätningsbrickorna från topplocket. Ta också vara på hylsorna om de är lösa **(se bilder)**.

Montering

10 Skaffa nya kopparbrickor och brandtätningsbrickor. Byt ut hylsor om de är skadade.
11 Var noga med att inte tappa insprutarna eller skada nålarna i deras ändar. Insprutare är precisionstillverkade till fina marginaler och får inte behandlas ovarsamt. Sätt aldrig fast dem i ett skruvstäd.

10.5 Dra av returrören från insprutarna

10.7 Koppla bort insprutarrören

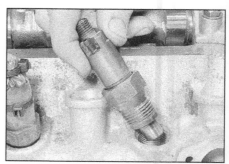

10.8 Demontering av en insprutare

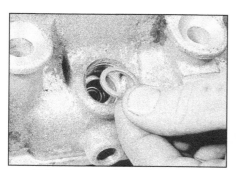

10.9a Demontering av insprutares kopparbricka . . .

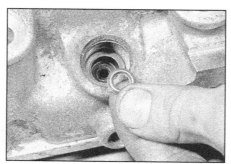

10.9b . . . brandtätningsbricka . . .

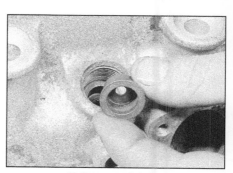

10.9c . . . och hylsa

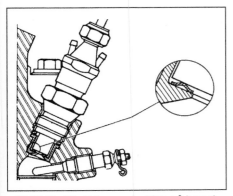

10.12 Se till att konvexa sidan på brand-tätningsbrickan är vänd mot insprutaren

12 Påbörja monteringen genom att sätta in hylsorna (om de demonterats) i topplocket, följt av brandtätningsbrickorna (den konvexa sidan uppåt) och kopparbrickorna **(se bild)**.
13 Sätt in insprutarna och dra åt dem till angivet moment.
14 Sätt tillbaka insprutarrören och dra åt anslutningsmuttrarna. Se till att rörklämmorna är i samma lägen som innan demonteringen (enligt noteringarna). Om klämmorna placeras fel eller om de saknas kan rören spricka eller skadas på annat sätt.
15 Anslut returrören.
16 Montera mellankylaren eller luftfördelar-huset, om tillämpligt.
17 Starta motorn. Om svårigheter uppstår, avlufta bränslesystemet enligt beskrivning i del A av detta kapitel.

11 Bränsleinsprutningspump (Peugeot 106) – demontering och montering

Demontering

1 Koppla loss batteriets negativa kabel.
2 Demontera höger strålkastare.
3 Demontera övre och mittre transmissions-kåporna enligt beskrivning i del A av detta kapitel.
4 Rikta in motorns inställningshål enligt beskrivning i del A av detta kapitel (byte av kamrem), lås sedan vevaxeln, kamaxeldrevet

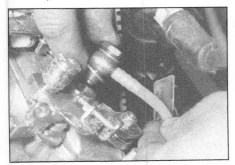

11.10 Skruva ur bränslereturslangens anslutningsbult och ta vara på tätnings-brickan från båda sidorna om slangen

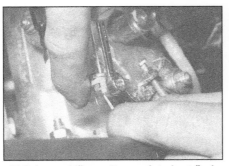

11.6 Lossa klämmuttern och ta bort änd-infästningen från snabbtomgångsvajern

och insprutningspumpens drev i sina lägen. Försök inte dra runt motorn medan stiften sitter på plats.
5 Demontera insprutningspumpdrevet.
6 Lossa klämmuttern och dra av snabbtom-gångsvajerns ändinfästning från innervajern vid insprutningspumpen **(se bild)**. Frigör snabbtomgångsvajern från konsolen på insprutningspumpen.
7 Lossa gasvajerns innervajer från pump-armen, dra sedan vajerhöljet från gummi-muffen på fästkonsolen **(se bilder)**.
8 Torka rent bränslematnings- och returan-slutningarna på insprutningspumpen. Täck över generatorn för att skydda den mot bränslespill.
9 Lossa och ta bort bränslematningsslangens anslutningsbult från insprutningspumpen. Ta vara på tätningsbrickan från var sida om slanganslutningen och placera slangen undan från pumpen. Skruva tillbaka anslutnings-bulten på plats på pumpen så att den inte tappas bort och täck över både slangänden och anslutningsbulten så att inte smuts kommer in i systemet.
10 Koppla loss bränslereturslangen från insprutningspumpen och följ beskrivningen i föregående paragraf **(se bild)**. Notera att man inte kan byta plats på anslutningsbultarna till insprutningspumpens matnings- och returslangar.
11 Torka av röranslutningarna, lossa an-slutningsmuttern som håller insprutarrören uppe på varje insprutare och de fyra anslutningsmuttrarna som håller rören baktill på insprutningspumpen. När varje mutter

11.11 Demontera insprutarrören i par

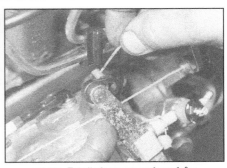

11.7a Frigör inre gasvajern från pumparmen . . .

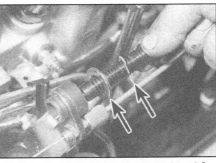

11.7b . . . och ta sedan ut yttervajern från fästkonsolen, ta vara på bricka och fjäderclips (vid pilen)

lossas, håll fast mellanstycket med en lämplig öppen nyckel för att den inte ska skruvas loss från pumpen. Med alla anslutningsmuttrar losskruvade, demontera insprutarrören (i par) från motorn **(se bild)**.
12 Demontera gummikåpan (där monterad), lossa sedan fästmuttern och koppla loss kabelaget från pumpens stopp-solenoid.
13 Gör inställningsmärken mellan insprut-ningspumpens främre fläns och den främre fästkonsolen. Dessa märken kan sedan användas till att försäkra att pumpen är korrekt placerad vid monteringen. För att förbättra åtkomligheten till pumpen, lossa de två skruvarna och ta bort täckpanelen från höger sida av kylaren **(se bilder)**.
14 Skruva loss bulten som håller in-sprutningspumpens bakre fästkonsol till motorblocket **(se bild)**.

11.13a Ta bort täckpanelen från sidan på kylaren för att förbättra åtkomsten . . .

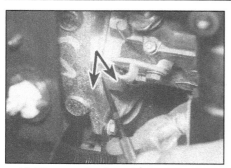

11.13b ... och gör sedan inställnings-märken (vid pilarna) mellan insprutningspumpen och fästkonsolen

15 Lossa och ta bort de tre muttrarna och brickorna som håller pumpen till dess främre fästkonsol, manövrera sedan ut pumpen ur motorrummet **(se bilder)**.

Montering

16 Om en ny pump monteras, överför inställningsmärkena från originalpumpen till monteringsflänsen på den nya.
17 Manövrera pumpen på plats och sätt tillbaka dess tre främre brickor och fäst-muttrar, därefter den bakre fästbulten. Rikta in märkena som gjordes innan demonteringen och dra åt fästmuttrarna och bulten ordentligt.
18 Montera insprutningspumpdrevet. Rikta in drevets inställningshål med hålen i fästplattan och lås drevet på plats med de två inställningsbultarna.
19 Kontrollera att vevaxelns, kamaxelns och insprutningspumpens drev är korrekt placerade, montera sedan kamremmen och spänn den enligt beskrivning i del A av detta kapitel. När kamremmen är korrekt monterad, ta bort stiften/bultarna från dreven.
20 Justera pumpinställningen enligt beskrivning i avsnitt 14.
21 När pumpens inställning är rätt, återanslut kabellaget till stoppsolenoiden och dra åt dess fästmutter ordentligt. Sätt tillbaka gummidamasken.
22 Återanslut bränslematnings- och retur-slangarnas anslutningar till pumpen, glöm inte att montera filtret i matningsslanganslutningen. Placera en ny tätningsbricka på var sida om båda anslutningarna och dra åt anslutningsbultarna till angivet moment.

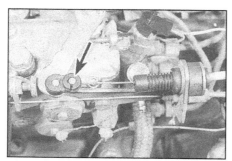

12.7 Gasvajeranslutning – Peugeot 205

11.14 Skruva ur den bakre fästkonsolbulten (vid pilen) ...

23 Sätt tillbaka insprutarrören och dra åt deras anslutningsmuttrar till angivet moment.
24 Torka upp eventuellt spillt bränsle och ta bort plastskyddet från generatorn.
25 Anslut och justera gasvajern.
26 Anslut och justera vajern till snabb-tomgångens termostatventil.
27 Montera höger strålkastare.
28 Anslut batterikabeln.
29 Avlufta bränslesystemet enligt beskrivning i del A av detta kapitel.
30 Efter avslutat arbete, starta motorn och justera tomgångshastigheten och tomgångs-begränsningen enligt beskrivning i del A av detta kapitel.

12 Bränsleinsprutningspump (Peugeot 205, 305 och 309) – demontering och montering

Observera: *Från april 1988 är Lucas pump utrustad med ett dammskydd för att skydda de främre lagertätningarna. Om en pump av tidigare typ demonteras av någon anledning bör chansen tas att införskaffa och montera ett dammskydd.*

Demontering

1 Koppla loss batteriets negativa kabel.
2 Täck över generatorn för att skydda den mot bränslespill.
3 Demontera luftrenaren, vevhusventilations-slangarna och oljeseparatorn, efter behov.
4 Dra åt handbromsen, lyft upp främre högra hörnet av bilen tills hjulet går fritt från marken.
5 Stöd bilen på pallbockar och lägg i 4:e eller

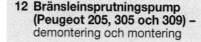

12.9 Bränslematarslang (A) och returrör (B) – tidig Bosch pump

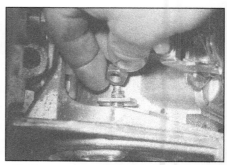

11.15a ... sedan den främre fästmuttern och brickan ...

11.15b ... och demontera insprutningspumpen från motorn

5:e växeln. Detta gör att motorn kan dras runt enkelt genom att man vrider det högra hjulet.
6 Lossa fästclipsen och ta bort den främre delen av transmissionskåpan.
7 Öppna gaslänkagearmen på bränslein-sprutningspumpen och koppla loss vajern genom att mata den genom det speciella spåret **(se bild)**. Koppla loss vajerjusterings-beslaget från konsolen.
8 Notera ändstoppets placering på snabb-tomgångsvajern och lossa sedan skruven och koppla loss innervajern. Skruva loss juster-låsmuttern och ta bort vajern och beslaget från konsolen.
9 Lossa clipset och koppla loss bränsle-matningsslangen **(se bild)**. På turbomodeller, koppla loss laddtrycksslangen från tryck-kontrollenheten.
10 Koppla loss huvudbränslereturröret och insprutarens returrör från anslutningsröret **(se bild)**.

12.10 Huvudbränslereturröret kopplas bort – Peugeot 205 med Lucas pump

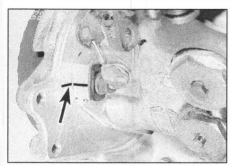

12.15 Markera insprutningspumpen i förhållande till fästkonsolen (vid pilen)

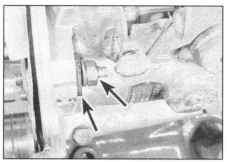

12.16a Insprutningspumpens monteringsmutter och platta (vid pilen)

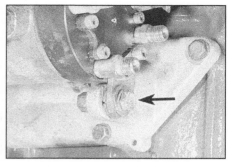

12.16b Insprutningspumpens fästkonsol (vid pilen)

11 Koppla loss ledningen från stoppsolenoiden.
12 Skruva loss anslutningsmuttrarna som håller insprutarrören till insprutningspumpen och insprutarna. Ta bort rören helt.
13 Dra runt motorn med hjälp av höger framhjul eller vevaxelremskivans bult tills de två bulthålen i insprutningspumpdrevet är i linje med motsvarande hål i motorns frontplatta.
14 Sätt in två M8 bultar genom hålen och dra åt dem för hand. Bultarna måste hålla drevet på plats medan insprutningspumpen demonteras så att man inte behöver demontera kamremmen.
15 Markera insprutningspumpens förhållande till fästkonsolen (se bild). Detta försäkrar korrekt inställning vid monteringen. Om en ny pump monteras, överför markeringarna från den gamla för att få en ungefärlig inställning.
16 Skruva loss de tre fästmuttrarna och ta bort plattorna. Skruva loss och ta bort den bakre fästbulten och stöd insprutningspumpen på ett träblock (se bilder).
17 På modeller före sent 1992, skruva ut drevmuttern tills konan frigörs från drevet. Muttern agerar som en avdragare, tillsammans med plattan som är skruvad till drevet. Från och med sent 1992 inkluderar insprutningspumpdrevets bult inte längre en avdragare. För att frigöra drevet från konan på insprutningspumpens axel måste en fläns skruvas till drevet innan bulten skruvas ur. Denna fläns kan skaffas från ett gammalt insprutningspumpdrev om ett sådant finns tillgängligt. Alternativt kan en fläns tillverkas av stålplåt. Fall inte för frestelsen att lossa drevet genom att hamra på det eller bända loss det – du riskerar att skada insprutningspumpen om detta görs.
18 Fortsätt att skruva loss drevmuttern och ta bort insprutningspumpen från fästkonsolen (se bild). Ta vara på woodruffkilen från spåret i axeln om den är lös.

Montering

19 Sätt tillbaka woodruffkilen i spåret i axeln (om den tagits bort).
20 Skruva loss avdragarplattan från insprutningspumpdrevet.
21 Sätt in insprutningspumpen bakom

drevet, se till att axelns kil går in i spåret i drevet. Skruva på muttern och dra åt den för hand.
22 Sätt på fästmuttrarna tillsammans med plattorna och dra åt muttrarna för hand.
23 Dra åt drevmuttern till specificerat moment, sätt sedan tillbaka avdragarplattan och dra åt bultarna.
24 Skruva loss och ta bort de två bultarna från insprutningspumpdrevet.
25 Om originalpumpen monteras, ställ in de ritsade märkena och dra åt fästmuttrarna. Om en ny pump monteras måste inställningen göras enligt beskrivning i avsnitt 15.
26 Sätt tillbaka den bakre fästbulten och specialmuttern, dra åt muttern sakta för att låta bussningen sätta sig så som visas (se bild).
27 Sätt tillbaka insprutarrören i insprutningspumpen och dra åt anslutningsmuttrarna.
28 Anslut ledningen till stoppsolenoiden.
29 Sätt tillbaka matnings- och returrören.
30 Montera och justera snabbtomgångs- och gasvajrarna.
31 Montera transmissionskåpan.
32 Sänk ner bilen på marken och dra åt handbromsen.
33 Ta bort skyddsplasten från generatorn och anslut batteriets negativa kabel.
34 Där tillämpligt, sätt tillbaka oljeseparatorn, vevhusventilationsslangarna, luftrenaren och trumman.
35 Snapsa bränslekretsen genom att först slå på tändningen för att aktivera stoppsolenoiden, aktivera sedan pumpen på bränslefiltret tills motstånd känns. På tidiga modeller med Lucas filter måste pumpkolven först

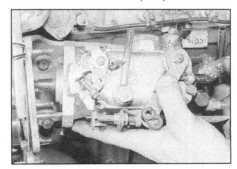

12.18 Insprutningspumpen demonteras från fästkonsolen

skruvas loss och sedan skruvas åt igen efter snapsning.
36 Vrid tändningsnyckeln till läge 'M' och vänta tills förvärmningens varningslampa slocknar. Starta motorn och justera tomgångshastigheten, se del A av detta kapitel.

13 Bränsleinsprutningspump (Peugeot 306 och 405) – demontering och montering

Varning: Var försiktig så att inte smuts kommer in i insprutningspumpen eller insprutarrören under detta moment. Nya tätningsringar bör användas på bränslerörens banjoanslutningar vid monteringen.

Demontering

1 Koppla loss batteriets negativa kabel.
2 Täck över generatorn för att skydda den mot bränslespill.
3 För att skapa bättre utrymme på turbomodeller, demontera mellankylaren. På turbomodeller med D9B motor, demontera luftfördelarhuset. Om så behövs, demontera också inloppstrumman och koppla loss ventilationsslangen från motorns oljepåfyllningsrör.
4 På modeller med manuell växellåda, klossa bakhjulen och lossa handbromsen. Lyft upp främre högra hörnet på bilen tills hjulet går fritt

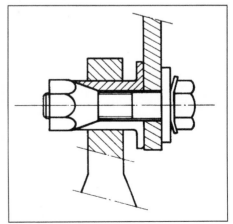

12.26 Genomskärning av insprutningspumpens bakre fäste

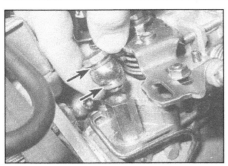

13.9a Lossa bränslematningsslangens banjoanslutning. Notera tätningsbrickorna (vid pilarna)

13.9b Bränslematarbanjobulten monteras med en liten bit bränsleslang (vid pilen) för att förhindra smutsintrång

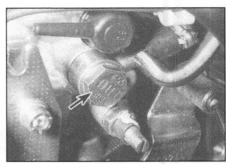

13.10 Huvudbränslereturrörets banjoanslutning (vid pilen)

från marken. Stöd bilen på en pallbock och lägg i 4:an eller 5:an. Man kan nu enkelt dra runt motorn genom att vrida hjulet. På modeller med automatväxellåda, dra runt motorn med hjälp av en nyckel på vev-axelremskivans bult. Det blir lättare att dra runt motorn om glödstiften demonteras.

5 Demontera de övre transmissionskåporna, se del A av detta kapitel.

6 Där så behövs, koppla loss slangarna från vakuumomvandlaren baktill på bränslein-sprutningspumpen.

7 Koppla loss gasvajern från bränsleinsprut-ningspumpen. På modeller med automat-växellåda, koppla också loss kickdown-vajern.

8 Koppla loss snabbtomgångsvajern från bränsleinsprutningspumpen, se avsnitt 5.

9 Lossa clipset eller banjoanslutningen och koppla loss bränslematningsslangen. Ta vara

på tätningsbrickorna från banjoanslutningen (där tillämpligt). Täck över den öppna änden på slangen och sätt tillbaka och täck över banjobulten för att skydda mot smutsintrång. Var försiktig så att inte inlopps- och utloppsbanjoanslutningarna blandas ihop **(se bilder).**

10 Koppla loss huvudbränslereturröret och banjoanslutningen till insprutarens returrör **(se bild)**. Ta vara på tätningsbrickorna från banjo-anslutningen. Täck över den öppna änden på slangen och banjobulten. Var noga med att inte blanda ihop inlopps- och utlopps-banjoanslutningarna.

11 Koppla loss alla relevanta ledningar från pumpen. Notera att på vissa Bosch pumpar kan detta göras genom att man helt enkelt drar ut kontakterna vid konsolerna på pumpen **(se bild)**. På vissa pumpar måste man koppla loss ledningarna från de individuella kompo-

nenterna (vissa kontakter kan ha gummi-skydd).

12 Skruva loss anslutningsmuttrarna som håller insprutarrören till insprutningspumpen och insprutarna. Håll emot anslutningarna på pumpen medan muttrarna skruvas loss. Ta bort rören som en uppsättning. Täck över öppna anslutningar för att undvika smuts-intrång **(se bilder)**.

13 Vrid vevaxeln tills de två bulthålen i insprutningspumpdrevet är i linje med motsvarande hål i motorns frontplatta.

14 Sätt in två M8 bultar genom hålen och dra åt dem för hand. Notera att bultarna måste hålla drevet på plats medan bränsleinsprut-ningspumpen demonteras så att man inte behöver demontera kamremmen **(se bild)**.

15 Markera pumpens förhållande till fäst-konsolen med en rits eller tuschpenna. Detta försäkrar att pumpens inställning blir korrekt vid monteringen.

13.11 Bränsleinsprutningspumpens kontakt kopplas ur

13.12a Anslutningen bränslerör-till-pump skruvas ur

13.12b Täck över den öppna änden på alla insprutarna för att förhindra smutsintrång

13.14 Bultar insatta i inställningshålen i insprutningspumpens drev

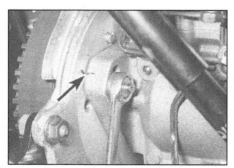

13.16a En av insprutningspumpens främre monteringsmuttrar skruvas loss

13.16b En av insprutningspumpens bakre monteringsmuttrar (vid pilen) skruvas loss

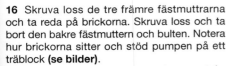

13.18 Med pumpen demonterad, ta vara på bussningen från fästkonsolens baksida

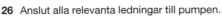

15.6 Ta bort täckpluggen från cylinder nr 4

15.8 Kolv nr 4 ställs in med en mätklocka

16 Skruva loss de tre främre fästmuttrarna och ta reda på brickorna. Skruva loss och ta bort den bakre fästmuttern och bulten. Notera hur brickorna sitter och stöd pumpen på ett träblock **(se bilder)**.
17 Frigör insprutningspumpdrevet från pumpaxeln. Notera att drevet kan lämnas ihakat med kamremmen när pumpen dras bort från sin fästkonsol. Sätt tillbaka M8 bultarna för att hålla drevet på plats när pumpen demonteras.
18 Ta försiktigt bort pumpen. Ta vara på woodruffkilen från änden av pumpaxeln om den är lös och ta vara på bussningen från fästkonsolens baksida **(se bild)**.

Montering

19 Påbörja monteringen av pumpen genom att sätta i woodruffkilen i spåret i axeln (om den tagits loss).
20 Placera pumpen mot fästkonsolen och stöd den på ett träblock som under demonteringen.
21 Haka i pumpaxeln med drevet och montera drevet. Se till att woodruffkilen inte faller ut ur axeln när drevet hakas i.
22 Ställ in märkena gjorda på pumpen och fästkonsolen före demonteringen. Om en ny pump monteras, överför märkena från den gamla för att få en ungefärlig inställning.
23 Sätt tillbaka och dra lätt åt pumpens fästmuttrar och bult.
24 Utför pumpens inställning enligt beskrivning i avsnitt 16.
25 Sätt tillbaka och anslut insprutar-bränslerören.

26 Anslut alla relevanta ledningar till pumpen.
27 Anslut bränslematnings- och returslangar och dra åt anslutningarna, efter tillämplighet. Använd nya tätningsbrickor på banjoanslutningarna.
28 Anslut snabbtomgångsvajern och justera den enligt beskrivning i avsnitt 5.
29 Anslut och justera gasvajern med referens till avsnitt 1. Anslut också kickdown-vajern där tillämpligt.
30 Där så behövs, anslut slangarna till vakuumomvandlaren.
31 Montera de övre transmissionskåporna.
32 Sänk ner bilen på marken.
33 Där tillämpligt, sätt tillbaka mellankylaren eller luftfördelarhuset.
34 Ta bort skyddet från generatorn.
35 Anslut batteriets negativa kabel.
36 Avlufta bränslesystemet enligt beskrivning i del A av detta kapitel.
37 Starta motorn och kontrollera tomgångshastigheten och tomgångsbegränsningen enligt beskrivning i del A av detta kapitel.

14 Bränsleinsprutningspump (Peugeot 106) – inställning

1 Se avsnitt 16, paragraf 1 till 21. Var extra uppmärksam på informationen under **Observera** i början av avsnittet.

15 Bränsleinsprutningspump (Peugeot 205, 305 och 309) – inställning

1 Se avsnitt 16, paragraf 1 till 3. Var extra uppmärksam på informationen under **Observera** i början av avsnittet.

Lucas pump

Modeller före 1987

2 Koppla loss batteriets negativa kabel och täck över generatorn för att skydda den mot bränslespill.
3 Dra åt handbromsen, lyft upp bilens främre högra hörn tills hjulet går fritt från marken.

Stöd bilen på en pallbock och lägg i 4:an eller 5:an. Motorn kan nu enkelt dras runt genom att man vrider på hjulet.
4 Koppla loss ledningen och skruva loss glödstiftet från cylinder nr 4 (kamremsänden). Notera att motorn är inställd med kolv nr 4 vid ÖD i kompressionstakten (d v s kolv nr 1 vid ÖD med "vaggande" ventiler).
5 Två mätklockor behövs nu för att kontrollera positionen för kolv nr 4 och insprutningspumpen.
6 Skruva loss och ta bort täckpluggen från topplocket bredvid insprutare nr 4 **(se bild)**.
7 Vrid motorn framåt tills tryck känns i cylinder nr 4, vilket indikerar att kolv nr 4 börjar sin kompressionstakt.
8 Placera mätklockan över täckpluggens hål och montera sonden **(se bild)**.
9 Vrid motorn framåt tills maximalt lyft av kolv nr 4 registreras på mätklockan. Vrid motorn lite fram och tillbaka för att avgöra den exakta punkten för maximalt lyft och nollställ sedan klockan.
10 Lossa på den nedre av de två stora sidopluggarna på sidan av insprutningspumpen. Placera en liten behållare under pluggen, ta bort pluggen och fånga upp eventuellt spill i behållaren **(se bild)**.
11 Inuti pluggens öppning finns en sondstyrning. Sätt in sonden och anslut till mätklockan direkt ovanför hålet **(se bild)**. Observera att sondens ände måste peka så att den helt kan haka i spåret i pumprotorn **(se bild)**.

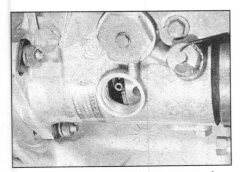

15.10 Lucas insprutningspump med inställningspluggen demonterad

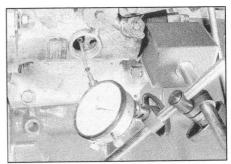

15.11a Lucas insprutningspump ställs in med mätklocka

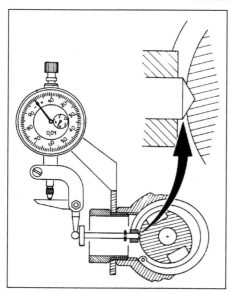

15.11b Kontrollera inställningen på Lucas bränsleinsprutningspump

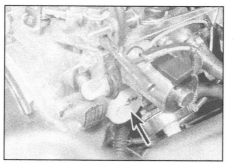

15.23 Vit plastbricka (vid pilen) indikerar den statiska inställningen

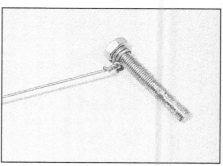

15.24 Hemmagjort ÖD-inställningsverktyg

12 Vrid motorn bakåt ca 1/8 varv eller tills kolv nr 4 har flyttat sig 4,0 mm ner i cylindern. Vrid nu motorn sakta framåt medan du observerar mätklockan på insprutnings-pumpen. När sonden har nått botten av inställningsspåret och sedan stigit med 0,01 till 0,02 mm, kontrollera att den övre mätklockan visar 2,26 ± 0,05 mm före ÖD. Om inställningen är inkorrekt, fortsätt enligt följande:
13 Kontrollera nollställningen av den övre mätklockan genom att upprepa proceduren i paragraf 9.
14 Vrid motorn bakåt ca 1/8 varv eller tills kolv nr 4 har flyttat sig 4,0 mm ner i cylindern. Vrid nu motorn sakta framåt tills kolv nr 4 är 2,26 ± 0,05 mm före ÖD.
15 Skruva loss anslutningsmuttern och koppla loss insprutarrören från insprutnings-pumpen. Lossa insprutningspumpens fäst-muttrar och bult.
16 Vrid pumphuset tills sonden är i botten av inställningsspåret i rotorn. Nollställ mät-klockan. Vrid nu pumpen medurs (från insprutarrörsänden) tills sonden har stigit 0,01 till 0,02 mm.

17 Dra åt fästmuttrarna och bultarna, se till att ingen rörelse visas på mätklockan.
18 Kontrollera inställningen igen enligt beskrivning i paragraf 12.
19 Ta bort mätklockorna och sätt tillbaka pluggarna. Anslut insprutarrören och dra åt anslutningsmuttrarna.
20 Sätt tillbaka glödstiftet och anslut led-ningen.
21 Sänk ner bilen på marken och anslut batteriets negativa ledning. Ta bort skyddet från generatorn.
22 Snapsa systemet enligt beskrivning i del A av detta kapitel.

Modeller efter 1987

23 Från och med 1987 introducerades en modifierad bränsleinsprutningspump. Denna pump kan kännas igen på att det finns en vit plastskiva på dess främre yta. Ett inställ-ningsvärde är ingraverat på skivan **(se bild)**. Om skivan är blå betyder det att det är en fabriksrenoverad pump. Inställningsvärdet kan också hittas på en plastetikett fäst på pumpens styrarm.
24 Pumpinställning utförs nu vid ÖD. Endast en mätklocka behövs men man måste tillverka en böjd stång eller liknande som ska kunna gå in i ÖD-inställningshålet. Verktyget vi till-verkade i verkstaden bestod av en M8 bult med gängorna bortfilade, fäst vid en bit svetsstav **(se bild)**. Alternativt, om start-motorn demonteras, kan en spiralborr eller ett rakt stag användas.

25 Förbered motorn enligt beskrivning i paragraf 2 och 3.
26 Vrid motorn så att cylinder nr 4 (kamremsänden) hamnar i ÖD i kompres-sionstakten. För att avgöra vilken cylinder som är i kompressionstakten, demontera glödstiftet för cylinder nr 4 eller täckpluggen intill insprutare nr 4 **(se bild 15.6)** och känn efter om du känner något tryck.
27 Sätt in ÖD-inställningsverktyget i hålet i motorblockets vänstra sida, bakom start-motorn. Vrid motorn fram och tillbaka lite tills verktyget går in i hålet i svänghjulet. Lämna verktyget i detta läge **(se bild)**.
28 Ta bort inspektionspluggen uppe på pumpen. Placera mätklockan så att den kan avläsa rörelsen av en sond instucken i hålet. Om ett magnetiskt stativ används kan det vara ett problem att det inte finns magnetisk metall i intilliggande komponenter. En bit stålplåt kan skruvas fast i motorfästet eller ventilkåpan för att hålla stativet **(se bilder)**.
29 Tillverka en sond efter de mått som visas **(se bild)**. Sätt in sonden i inspektionshålet så att sondspetsen vilar på rotorns inställnings-stycke. Placera mätklockan så att den kan avläsa sondens rörelse **(se bild)**.
30 Demontera ÖD-inställningsverktyget. Vrid motorn ca ett fjärdedels varv bakåt. Nollställ mätklockan.
31 Vrid motorn sakta framåt tills ÖD-inställningsverktyget kan sättas in igen. Läs av mätklockan. Avläsningen skall motsvara det värde som är ingraverat på pumpskivan (± 0,04 mm).

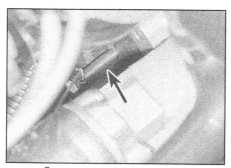

15.27 ÖD-inställningsverktyget (vid pilen) sätts in i hålet i topplocket

15.28a Ta bort inspektionspluggen uppe på pumpen

15.28b Mätklocka placerad ovanför hålet

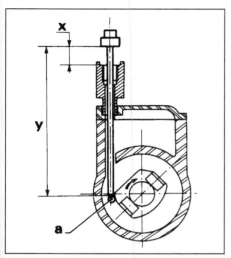

15.29a Detaljer på inställningssond – senare Lucas pump

a   Inställningsstycke
x   Inställningsvärde (på plattan)
y   95,5 ± 0,01 mm
Sondens diameter = 7 mm

32 Om avläsningen inte är den specificerade, fortsätt enligt följande:
33 Koppla loss insprutarrören från pumpen. Lossa pumpens fästmuttrar och bultar, sväng sedan pumpen bort från motorn. Nollställ mätklockan.
34 Med motorn fortfarande i ÖD, sväng sakta tillbaka pumpen mot motorn tills mätklockan visar värdet som är ingraverat på pumpskivan. I detta läge, dra åt pumpfästena. Ta bort ÖD-inställningsverktyget och kontrollera inställningen igen.
35 När inställningen är korrekt, anslut insprutarrören, ta bort mätklockan och ÖD-inställningsverktyget och sätt tillbaka inspektionspluggen.
36 Sätt tillbaka andra eventuellt rubbade

15.29b Den statiska inställningen kontrolleras på Lucas insprutningspump

1 Mätklocka   4 Fixering
3 Sond   5 Finger

komponenter, ta bort skyddet från generatorn och sänk ner bilen på marken.

Bosch pump

37 Följ beskrivningen i paragraf 2 t o m 9.
38 Skruva loss anslutningsmuttrarna och koppla loss insprutarrören för cylinder 1 och 2 från insprutningspumpen.
39 Skruva loss täckpluggen på insprutningspumpens ände, mellan insprutarrörens anslutningar. Var beredd på ett visst bränslespill.
40 Sätt in sonden och anslut den till mätklockan som skall vara placerad direkt ovanför hålet **(se bild)**.
41 Vrid motorn bakåt ca 1/8 varv eller tills kolv nr 4 har flyttat sig 4,0 mm ner i cylindern.
42 Nollställ mätklockan på insprutningspumpen.
43 Vrid motorn sakta framåt tills mätklockan på insprutningspumpen visar 0,30 mm. Kontrollera sedan att den övre mätklockan visar följande:

> 1769cc motor – 0,80 ± 0,03 mm före ÖD
> 1905cc motor – 0,50 ± 0,03 mm före ÖD

Om inställningen är inkorrekt, fortsätt enligt följande:
44 Kontrollera nollställningen av den övre mätklockan genom att upprepa momentet i paragraf 9.
45 Vrid motorn bakåt ca 1/8 varv eller tills kolv nr 4 har flyttats 4,0 mm ner i cylindern. Vrid nu motorn sakta framåt tills den övre mätklockan visar värdet givet i paragraf 43.
46 Skruva loss anslutningsmuttrarna och koppla loss övriga insprutarrör från insprutningspumpen. Lossa insprutningspumpens fästmuttrar och bult.
47 Vrid pumphuset moturs (från insprutarrörsänden) och kontrollera att mätklockan är nollställd. Vrid nu pumphuset sakta medurs tills mätklockan visar 0,30 mm.

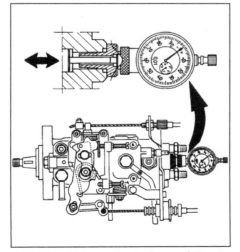

15.40 Inställningen kontrolleras på Bosch bränsleinsprutningspump

48 Fortsätt enligt beskrivningen i paragraf 17 till 22.

16 Bränsleinsprutningspump (Peugeot 306 och 405) – inställning

Observera: På vissa insprutningspumpar är inställnings- och åtkomstpluggarna förseglade av tillverkaren, med låsvajer och blyplomb. Rör inte dessa förseglingar om bilen fortfarande har gällande garanti – denna kommer då att förverkas.

Observera: Det är enklare att vrida motorn om glödstiften demonteras.
1 Kontroll av insprutningsinställningen behövs endast om bränsleinsprutningspumpen har rubbats.
2 Utrustning för dynamisk inställning finns, men det är inte troligt att den är tillgänglig för hemmamekanikern. Om sådan utrustning är tillgänglig, använd den enligt tillverkarens instruktioner.
3 Statisk inställning, enligt beskrivning i detta avsnitt, ger goda resultat om den utförs noggrant. En mätklocka behövs, med sonder och tillsatser som passar den aktuella pumptypen. Läs genom följande beskrivning innan arbetet påbörjas så att du vet vad det omfattar.

Lucas pump

4 För att kontrollera insprutningspumpens inställning krävs en speciell sond och fästkonsol (Peugeot verktyg nr 0117AM). Om denna utrustning inte finns till hands bör inställningen överlåtas till en Peugeot-verkstad eller annan lämpligt utrustad specialist.
5 Om insprutningsinställningen kontrolleras med pumpen på plats på motorn, snarare än som en del av pumpmonteringen, koppla loss batteriets negativa kabel och täck över generatorn för att skydda den mot eventuellt bränslespill. Demontera insprutarrören enligt beskrivning i avsnitt 13.
6 Se del A av detta kapitel och rikta in motorns inställningshål. Ta bort inställningsstiften, vrid sedan vevaxeln bakåt (moturs) ca 1/4 varv.
7 Skruva loss åtkomstpluggen från styrningen uppe på pumphuset och ta vara på tätningsbrickan – se bild 15.28a. Sätt in inställningssonden i styrningen och se till att den sätter sig korrekt mot styrningens tätningsbricka. Sonden måste sätta sig mot tätningsbrickans yta – inte mot styrningens övre läpp – för att mätningen ska bli korrekt.
8 Montera fästkonsolen på pumpstyrningen (Peugeot verktyg nr 0117AM) och fäst en mätklocka i konsolen så att dess spets kommer i kontakt med konsollänkaget **(se bild)**. Placera mätklockan så att dess kolv är i mitten av sin rörelsebana och nollställ klockan.

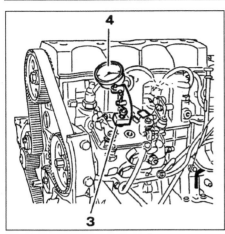

16.8 Peugeots insprutningspumps inställningsmätare (4) och fästkonsol (3) på plats på insprutningspumpen

9 Rotera vevaxeln sakta i korrekt rotationsriktning (medurs) tills vevaxelns inställningsstift kan sättas in igen.
10 Med vevaxeln låst i sitt läge, läs av mätklockan. Avläsningen skall motsvara värdet markerat på pumpen (med en tolerans på ± 0,04 mm). Värdet kan vara markerat på en plastskiva fäst framtill på pumpen eller alternativt på en etikett på pumpens styrarm (se bild).
11 Om justering behövs, lossa pumpens främre fästmuttrar och den bakre fästbulten, vrid sedan pumphuset sakta tills den punkt hittas där specificerad avläsning erhålls på mätklockan. När pumpen är i korrekt läge, dra åt dess fästmuttrar och bult till angivna åtdragningsmoment. Där så behövs, för att underlätta åtkomst av pumpmuttrarna, lossa de två skruvarna och ta bort täckpanelen från sidan av kylaren.
12 Dra undan sonden något, så att den är ur vägen för pumprotorns stift, ta sedan bort vevaxelns inställningsstift. Vrid vevaxeln 1³/₄ varv i normal rotationsriktning.
13 Flytta tillbaka sonden till sitt ursprungliga läge, se till att den sätter sig ordentligt mot tätningsbrickans yta, inte mot den övre läppen. Nollställ mätklockan.
14 Vrid vevaxeln sakta i korrekt rotations-

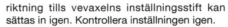

16.10 Pumpens inställningsvärden markerade på etikett (1) och skiva (2) – Lucas pump

riktning tills vevaxelns inställningsstift kan sättas in igen. Kontrollera inställningen igen.
15 Om justering behövs, lossa pumpens fästmuttrar och bult och upprepa momenten i paragraf 11 till 14.
16 När pumpinställningen är korrekt inställd, ta bort mätklockan och fästkonsolen och dra undan sonden.
17 Sätt tillbaka skruven och tätningsbrickan i styrningen och dra åt den ordentligt.
18 Om momentet utförs som en del av pumpmonteringen, följ beskrivningen i avsnitt 13.
19 Om momentet utförs med pumpen monterad på motorn, sätt tillbaka insprutarrören och dra åt deras anslutningsmuttrar till specificerat moment.
20 Återanslut batteriet och avlufta bränslesystemet enligt beskrivning i del A av detta kapitel.
21 Starta motorn och justera tomgångshastigheten och tomgångsbegränsningen enligt beskrivning i del A av detta kapitel.

Bosch pump

22 Om insprutningsinställningen kontrolleras med insprutningspumpen på plats på motorn, snarare än som en del av pumpmonteringen, koppla loss batteriets negativa kabel och täck över generatorn för att skydda den mot bränslespill.
23 Demontera insprutarrören enligt beskrivning i avsnitt 13 (se bilder).
24 Om det inte redan är gjort, lossa klämskruven och/eller muttern (efter tillämplighet) och dra snabbtomgångsvajerns ändinfästning

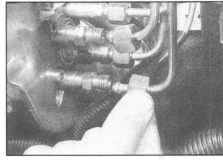

16.23a Koppla bort insprutarrören ...

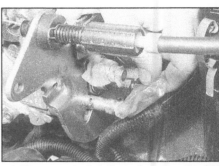

16.23b ... och täck över rörens mellandel

längs vajern så att den inte längre är i kontakt med pumpens snabbtomgångsarm (d v s så att snabbtomgångsarmen återgår till sitt stopp).
25 Se del A av detta kapitel och rikta in motorns inställningshål. Ta bort inställningsstiften, vrid vevaxeln bakåt (moturs) ca 1/4-dels varv.
26 Skruva loss åtkomstskruven (i mitten av de fyra insprutarrörens anslutningar) baktill på insprutningspumpen. När skruven tas bort, placera en lämplig behållare under pumpen för att samla upp eventuellt bränslespill. Torka upp spill med en ren trasa (se bild).
27 Skruva in en tillsats (Peugeot verktyg nr 0117F) baktill på pumpen och montera en mätklocka i tillsatsen (se bilder). En tillsats kan köpas från de flesta motorspecialister. Placera mätklockan så att dess kolv är i mitten av sin rörelsebana och dra åt tillsatsens låsmutter ordentligt.

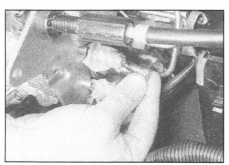

16.26 Demontera täckplugg

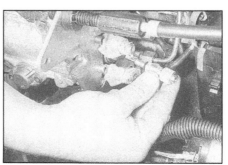

16.27a Montera mellandel ...

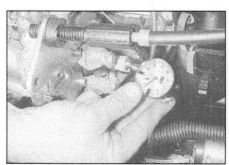

16.27b ... och mätklocka

16.29 ÖDs inställningsstift sätts in

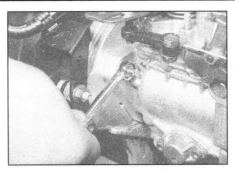

16.30 Insprutningspumpens monteringsbultar lossas

28 Vrid vevaxeln sakta fram och tillbaka medan du observerar mätklockan, för att avgöra när insprutningspumpens kolv är i botten av sin rörelsebana (nedre dödpunkt). När kolven är korrekt placerad, nollställ mätklockan.

29 Vrid vevaxeln sakta i korrekt riktning tills vevaxelns inställningsstift kan sättas in igen **(se bild)**.

30 Avläsningen på mätklockan skall motsvara specificerat värde. Om justering behövs, lossa pumpens främre och bakre muttrar och bultar och rotera pumphuset sakta tills det läge hittas där specificerad avläsning erhålls. När pumpen är korrekt placerad, dra åt de främre och bakre fästmuttrarna och bultarna ordentligt **(se bild)**.

31 Vrid vevaxeln $1^3/_4$ varv i normal rotationsriktning. Hitta insprutningskolvens nedre dödpunkt enligt beskrivning i paragraf 28 och nollställ mätklockan.

32 Vrid vevaxeln sakta i korrekt rotationsriktning tills vevaxelns inställningsstift kan sättas in igen (återställa motorn till ÖD). Kontrollera inställningen igen.

33 Om justering behövs, lossa pumpens fästmuttrar och bultar och upprepa momenten i paragraf 30 till 32.

34 När pumpen är korrekt inställd, skruva loss tillsatsen och ta bort mätklockan.

35 Sätt tillbaka skruven och tätningsbrickan på pumpen och dra åt dem ordentligt.

36 Om arbetet utförs som en del av pumpmonteringen, fortsätt enligt beskrivning i avsnitt 13.

37 Om arbetet utförs med pumpen monterad på motorn, sätt tillbaka insprutarrören och dra åt deras anslutningsmuttrar till angivet moment.

38 Anslut batteriet och avlufta bränslesystemet enligt beskrivning i del A av detta kapitel.

39 Starta motorn och justera tomgångshastigheten och tomgångsbegränsningen enligt beskrivning i del A av detta kapitel.

40 Justera snabbtomgångsvajern enligt beskrivning i avsnitt 5.

17 Förvärmningssystem – test, demontering och montering av komponenter

Systemtest

1 Om förvärmningssystemet inte fungerar som det ska innebär slutgiltig test att man byter ut delar mot delar man med säkerhet vet fungerar, men några inledande kontroller kan dock göras enligt följande.

2 Anslut en voltmätare eller en 12 volts testlampa mellan glödstiftens matningsvajer och jord (motor- eller karossmetall). Se till att den strömförande anslutningen är på säkert avstånd från motorn och karossen.

3 Låt en medhjälpare slå på tändningen och kontrollera att spänning läggs på glödstiften. Notera hur lång tid varningslampan är tänd och även den totala tiden som spänning ligger på innan systemet slås av. Slå av tändningen.

4 När temperaturen under motorhuven är 20°C bör typiska tider vara 5 eller 6 sekunder för varningslampan, följt av ytterligare 10 sekunders strömmatning efter det att lampan slocknat. Varningslampans tid ökar vid lägre temperaturer och minskar vid högre temperaturer.

5 Om det inte finns någon matning alls är reläet eller tillhörande kabelage defekt.

6 För att hitta ett defekt glödstift, koppla först loss huvudmatningsvajern och förbindelseledningen eller bandet uppe på glödstiften. Var försiktig så att du inte tappar muttrarna och brickorna. På Peugeot 306 och 405 turbomodeller, demontera mellankylaren. På Peugeot 306 och 405 modeller utan turbo med D9B motor, demontera luftfördelarhuset. Om så behövs, demontera också inloppstrumman och koppla loss ventilationsslangen från motorns oljepåfyllningsrör.

7 Använd en kontinuitetstestare eller en 12 volts testlampa ansluten till batteriets positiva pol för att kontrollera kontinuitet mellan varje glödstiftspol och jord. Motståndet hos ett glödstift i gott skick är mycket lågt (mindre än 1 ohm), så om testlampan inte tänds eller kontinuitetstestaren visar ett högt motstånd är glödstiftet defekt.

8 Om en amperemätare finns tillgänglig kan strömförbrukningen hos varje glödstift kontrolleras. Efter en inledande strömtopp på 15 till 20 ampere skall varje glödstift dra följande amperetal. Ett glödstift som drar mycket mer eller mindre än detta är förmodligen defekt:

10 ampere – Peugeot 106
12 ampere – Alla andra modeller

9 Som en sista kontroll kan glödstiften demonteras och undersökas enligt beskrivning i avsnitt 7 eller 8.

Styrenhet

Demontering

10 Förvärmningssystemets styrenhet är placerad enligt följande:

*Peugeot 106 – på höger sida i motorrummet, på kylvätskans expansionskärl **(se bilder)**.*
Peugeot 306 – på vänster sida i motorrummet, baktill på batterilådan.

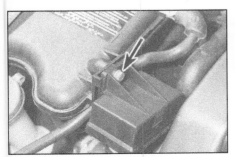

17.10a Skruva ur förvärmningsenhetens fästbult (vid pilen) och frigör enheten från expansionstanken

17.10b Koppla ur kontakten . . .

17.10c . . . och lossa sedan de två muttrar som fäster matar- och tillförselledningarna till enheten – Peugeot 106

**17.10d Placeringen för förvärmningssyste-
mets styrenhet (vid pilen) – Peugeot 405**

*Peugeot 405 – på vänster sida av
motorrummets torpedplåt, bakom
batteriet (tidiga modeller) eller på sidan av
batteriplåten (senare modeller)* **(se bild)**.
Alla andra modeller – se avsnitt 9.
11 Koppla loss batteriets negativa kabel.
12 Skruva loss enhetens fästmutter eller bult
och ta vara på brickan om sådan finns.
13 Där tillämpligt, koppla loss kontakten
längst ner på enheten, skruva sedan loss de
två fästmuttrarna och frigör huvudmatnings-
och leveransledningarna från enheten. Ta bort
enheten från motorrummet.

Montering

14 Montering sker i omvänd ordning mot
demontering. Se till att kontakterna ansluts
korrekt.

18 Eftervärmningens avstängnings-
brytare (Peugeot 405) – justering,
demontering och montering

Justering

1 Eftervärmningens avstängningsbrytare är
fäst på en konsol uppe på bränsleinsprut-
ningspumpen.
2 Innan arbetet fortsätter, kontrollera att
gasvajern är korrekt justerad enligt beskriv-
ning i avsnitt 1.
3 Markera gasvajern (innervajern) 1,0 mm från
den punkt där den går in i höljets ändbeslag
(se bild).
4 Flytta pumpens styrarm tills märket är mot
änden på höljets ändbeslag.
5 Lossa brytarens fästskruvar.
6 Flytta försiktigt brytaren tills kontakterna
precis öppnas.
7 Dra åt fästskruvarna.

Demontering

8 Lossa brytarens kabelage från eventuella
clips.
9 Koppla loss brytarens ledningsanslutning
och lossa anslutningen från konsolen på
bränsleinsprutningspumpen.
10 Skruva loss de två fästskruvarna och ta
bort brytaren.

Montering

11 Montering sker i omvänd ordning. Justera
brytaren efter avslutat arbete.

19 Avgasåtercirkulation
(Peugeot 306 och 405) – test
och byte av komponenter

Systemtest

1 Test av avgasåtercirkulationssystemet
(EGR) bör överlämnas åt en Peugeot-
verkstad.

Byte av komponenter

2 Vid bokens tillkomst fanns ingen specifik
information tillgänglig angående demontering
och montering av systemets komponenter.

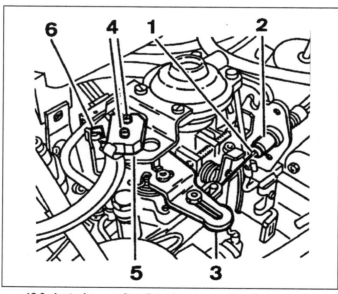

18.3 Justering av eftervärmningens avstängningskontakt

1 *Märke gjort på
   innervajern*
2 *Vajerhylsans
   ändinfattning*
3 *Pumpens
   styrarm*
4 *Brytarens
   fästskruvar*
5 *Brytare*
6 *Brytarkontakter*

Kapitel 9
Renault 1870cc, 2068cc och 2188cc motorer

Del A: Rutinunderhåll och service

Innehåll

Motortyper

1870cc motor . . . . Renault Clio och 19 - 1989 till 1996
2068cc motor . . . . Renault Espace - 1985 till 1996
2188cc motor . . . . Renault Laguna - 1994 till 1996

Tillverkarnas motorkoder

Renault 19
Ej turbo . . . . F8Q 706, F8Q 764, eller F8Q 742
Turbo . . . . F8Q 740 eller F8Q 744

Renault Clio
Koder . . . . F8Q 714, F8Q 730 och F8Q 732

Renault Espace
Kod J8S

Renault Laguna
Kod G8T

Specifikationer

Oljefilter
Renault 19 och Espace . . . . Champion F105
Renault Clio . . . . Champion F121
Renault Laguna . . . . Champions uppgifter ej tillgängliga i skrivandets stund

Ventilspel (kalla)

Renault 19 och Clio
Insug . . . . 0,20 mm
Avgas . . . . 0,40 mm

Renault Espace
Insug . . . . 0,20 mm
Avgas . . . . 0,25 mm

Renault Laguna
Insug och avgas . . . . Hydrauliska ventillyftare. Automatisk ventilspelsjustering

Kamrem

Renault 19 och Clio
Typ . . . . Tandad rem
Spänning – med Renaults verktyg Ele. 364.04 . . . . 7,0 till 8,0 mm avböjning vid 30N belastning

Renault Espace
Typ . . . . Tandad rem
Spänning – med Renaults verktyg Ele. 364.04 . . . . 3,0 till 5,0 mm avböjning vid 30N belastning

Renault Laguna
Typ . . . . Tandad rem
Spänning – med Renaults verktyg Mot. 1312 . . . . Se text

Hjälpaggregatens drivrem, spänning

Renault 19
Spänning – med Renaults verktyg:
   Med servostyrning och luftkonditionering . . . . 2,0 - 3,5 mm avböjning vid 30N belastning
   Utan servostyrning och luftkonditionering . . . . 3,0 - 6,0 mm avböjning vid 30N belastning

Renault Clio
Spänning – med Renaults verktyg:
   Kall . . . . 2,5 - 3,5 mm avböjning vid 30N belastning
   Varm . . . . 3,5 - 4,5 mm avböjning vid 30N belastning

Renault Espace
Spänning – med Renaults verktyg:
   Generator/kylvätskepump . . . . 4,5 - 5,5 mm avböjning vid 30N belastning
   Servostyrningspump . . . . 4,0 - 4,5 mm avböjning vid 30N belastning
   Luftkonditioneringskompressor . . . . 3,5 - 4,5 mm avböjning vid 30N belastning

Renault Laguna
Spänning – med Renaults verktyg . . . . Inga uppgifter om avböjning i skrivandets stund

Luftfilter
Renault 19:
   Ej turbo . . . . Champion W212
   Turbo . . . . Champions uppgifter ej tillgängliga i skrivandets stund
Renault Clio . . . . Champion V429
Renault Espace . . . . Champion W132
Renault Laguna . . . . Champion U550

Bränslefilter
Renault 19 . . . . Champion L131 eller L137
Renault Clio:
   Lucas . . . . Champion L131 eller L137
   Bosch . . . . Champion L136
Renault Espace:
   Före 1991, Lucas . . . . Champion L132
   Alla andra typer . . . . Champion L111
Renault Laguna . . . . Champion L115

Glödstift
Renault 19:
   Ej turbo . . . . Champion CH88 eller CH137
   Turbo . . . . Champion CH69
Renault Clio . . . . Champion CH155
Renault Espace . . . . Champion CH137
Renault Laguna . . . . Champions uppgifter ej tillgängliga i skrivandets stund

Tomgångshastighet
Renault 19:
   Ej turbo – utom F8Q 706 . . . . 825 ± 25 rpm
   F8Q 706 motor . . . . 800 ± 50 rpm
   Turbo . . . . 825 ± 50 rpm
Renault Clio . . . . 825 ± 25 rpm
Renault Espace . . . . 750 ± 50 rpm
Renault Laguna . . . . 775 ± 25 rpm

Snabbtomgångshastighet

Renault 19, Clio och Espace:
Bosch insprutningspump .... 1000 ± 50 rpm
Lucas insprutningspump .... Ej justerbar (fabriksinställd)
Renault Laguna .... 875 ± 25 rpm

Tomgångsbegränsning

Renault 19

Ej turbo (4,0 mm mellanlägg) .... 1350 ± 50 rpm
Turbo (4,0 mm mellanlägg) .... 1250 ± 50 rpm

Renault Clio

Lucas insprutningspump (5,0 mm mellanlägg) .... 1600 ± 100 rpm
Bosch insprutningspump:
   F8Q 714 och 730 motorer (4,0 mm mellanlägg) .... 1300 ± 50 rpm
   F8Q 732 motor (1,0 mm mellanlägg) .... Tomgångshastigheten ska stiga med 10 - 20 rpm

Renault Espace

Med snabbtomgångsventil monterad på pumpen .... Ej justerbar
Med snabbtomgångsventil monterad på topplocket
   (1,0 mm mellanlägg) .... Tomgångshastigheten ska stiga med 10 - 20 rpm

Renault Laguna

Med 1,0 mm mellanlägg .... Tomgångshastigheten ska stiga med 10 - 20 rpm

Åtdragningsmoment   Nm

Renault 19 och Clio

Sumpens avtappningsplugg .... 15 - 25
Kamremmens spännarrulles mutter 50
Vevaxelremskivans bult .... 90 - 100
Motorns högra monteringsplatta-till-kaross, muttrar 45
Motorns nedre stödfäste, muttrar 45

Renault Espace

Vevaxelremskivans bult 98

Renault Laguna

Vevaxelremskivans bult:
   Steg 1 25
   Steg 2 .... Vinkeldras 64°
Kamremsspännarens remskivemutter 32
Motor/växellåda, höger fäste:
   Monteringskonsol/insprutningspumpfäste, bultar 45
   Monteringskonsol-till-motorfäste, bultar 55
   Monteringskonsol-till-gummifäste, mutter 35
   Gummifäste till kaross, bultar 55

Smörjmedel, vätskor och volymer

Komponent eller system	Smörjmedel eller vätska	Volym
Renault 19		
Motor	Multigrade motorolja, viskositet SAE 10W/30 till 15W/40, till specifikation CCMC-PD2 eller API SG/CD	5,5 liter – med filter
Kylsystem	Etylenglykolbaserad kylvätska. 50% vätska/50% vatten	6,8 liter – ej turbo 7,1 liter – turbo
Bränslesystem	Kommersiellt dieselbränsle för väggående fordon (DERV)	55,0 liter
Renault Clio		
Motor	Multigrade motorolja, viskositet SAE 10W/30 till 15W/40, till specifikation CCMC-PD2 eller API SG/CD	5,5 liter – med filter
Kylsystem	Etylenglykolbaserad kylvätska. 50% vätska/50% vatten	6,6 liter
Bränslesystem	Kommersiellt dieselbränsle för väggående fordon (DERV)	43,0 liter
Renault Espace		
Motor	Multigrade motorolja, viskositet SAE 10W/40 till 15W/40, till specifikation API SG/CD	6,0 liter – med filter
Kylsystem	Etylenglykolbaserad kylvätska. 50% vätska/50% vatten	7,2 liter
Bränslesystem	Kommersiellt dieselbränsle för väggående fordon (DERV)	60,0 liter
Renault Laguna		
Motor	Multigrade motorolja, viskositet SAE 10W/40 till 20W/50, till specifikation API SG/CD	6,5 liter – med filter
Kylsystem	Etylenglykolbaserad kylvätska. 50% vätska/50% vatten	9,0 liter
Bränslesystem	Kommersiellt dieselbränsle för väggående fordon (DERV)	66,0 liter

Renault dieselmotor – underhållsschema

De underhållsscheman som följer är i stort de som rekommenderas av tillverkaren. Serviceintervallen anges i både körsträcka och tid – detta beror på att vätskor och system slits och försämras med ålder såväl som användning. Följ tidsintervallen om rätt kilometerantal inte täcks inom specificerat period.

Om bilen körs under särskilda förhållanden kan den behöva tätare underhåll. Med särskilda förhållanden menas bl a extrema klimat, bärgning eller taxikörning på heltid, körning på obelagd väg och en stor andel korta körsträckor. Användning av undermåligt bränsle kan orsaka tidig försämring av motoroljan. Rådfråga en Renault-handlare vid behov.

Var 400:e km, varje vecka eller före en lång resa – alla modeller
☐ Kontrollera motoroljenivån och fyll på vid behov (avsnitt 3)
☐ Kontrollera kylvätskenivån och fyll på vid behov (avsnitt 4)
☐ Kontrollera avgasröken (avsnitt 5)
☐ Kontrollera att glödstiftens varningslampa fungerar (avsnitt 6)

Var 8 000:e km – alla modeller
☐ Byt motorolja och filter (avsnitt 7)
☐ Tappa av vatten från bränslefiltret (avsnitt 8)
☐ Kontrollera slangarna i motorrummet; fästen och ev läckage
☐ Kontrollera spänning och skick för drivrem(mar) till hjälpaggregat
☐ Kontrollera avgasreningssystemet (avsnitt 9)
☐ Kontrollera turboaggregatets komponenter (avsnitt 10)

Var 16 000:e km – Renault 19, Clio och Laguna
☐ Byt bränslefilter (avsnitt 11,12 och 13)
☐ Byt luftfilter
Vissa modeller är utrustade med ett bränslefilter med dubbla element. På dessa modeller ska endast det ingående filtret (bränsletanksidan) bytas vid de specificerade intervallen. Den utgående (insprutningspumpens) sidans filter ska bytas vid vart tredje byte för det ingående filtret.

Var 16 000:e km – Renault Espace
☐ Byt bränslefilter (avsnitt 14)
☐ Kontrollera motorns tomgångshastighet och tomgångsbegränsning (avsnitt 15)

Var 24 000:e km – Renault 19, Clio och Laguna
☐ Kontrollera motorns tomgångshastighet och tomgångsbegränsning (avsnitt 16)

Var 24 000:e km – Renault Espace
☐ Byt luftfilter

Var 112 000:e km – Renault 19, Clio och Laguna

☐ Byt kamrem (avsnitt 17, 18 och 19)

Det rekommenderas starkt att intervallen för kamremsbyte reduceras till 64 000 km för fordon som används intensivt, d v s främst för korta körsträckor eller mycket körning av stopp-start typ. Intervallen för kamremsbyte är därför mycket upp till den individuelle ägaren, men kom ihåg att allvarliga motorskador blir följden om remmen brister.

Var 120 000:e km – Renault Espace

☐ Byt kamrem (avsnitt 20)

Det rekommenderas starkt att intervallen för kamremsbyte reduceras till 64 000 km för fordon som används intensivt, d v s främst för korta körsträckor eller mycket körning av stopp-start typ. Intervallen för kamremsbyte är därför mycket upp till den individuelle ägaren, men kom ihåg att allvarliga motorskador blir följden om remmen brister.

Vartannat år – alla modeller
☐ Byt motorns kylvätska

Under motorhuven på en Renault 19 med turbodieselmotor

1 Spolarvätskebehållare
2 Fjäderbenets övre fäste
3 Bromsvätskebehållare
4 Motoroljans påfyllningslock
5 Förvärmningssystemets styrenhet
6 Bromsvakuumpump
7 Kylvätskans expansionskärl
8 Extra säkrings-/relädosa
9 Mellankylare
10 Luftrenare
11 Termostathus
12 Kylfläkt
13 Motoroljans mätsticka
14 Motoroljefilter
15 Servostyrningsvätskans behållare
16 Generator
17 Bränslefilter
18 Bränslesystemets snapsnings-kolv
19 Höger motorfästeskåpa
20 Bränsleinsprutningspump
21 Gasvajer

Under motorhuven på en Renault Clio med dieselmotor

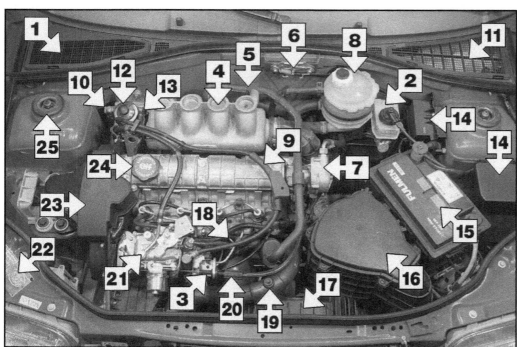

1 Domkraftens placering
2 Bromsvätskebehållare
3 Gasvajer
4 Insugsrör
5 Vevhusventilationsslang
6 Motorhuvslås
7 Bromsvakuumpump
8 Kylvätskans expansionskärl
9 Bränslefiltrets utloppsslang
10 Bränslefiltrets inlopps-
    anslutning
11 Spolarvätskebehållarens
    placering
12 Bränslesystemets snapsnings-
    kolv
13 Bränslefiltrets avluftningsskruv
14 Relädosa
15 Batteri
16 Luftrenarenhet
17 Kylarkåpa
18 Motoroljans mätsticka
19 Avluftningsskruv på kylarens
    övre slang
20 Oljefilter
21 Bränsleinsprutningspump
22 Identifikationsplåt
23 Höger motorfästeskåpa
24 Motoroljans påfyllningslock
25 Fjäderbenets övre fäste

Under motorhuven på en Phase 3 Renault Espace med dieselmotor

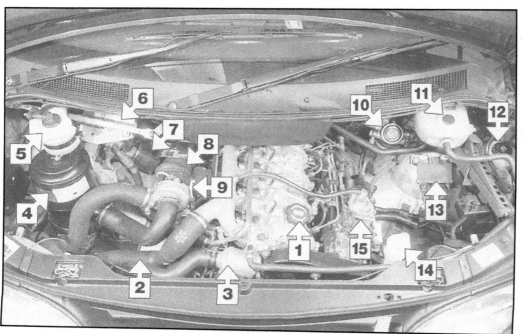

1 Oljepåfyllningslock
2 Mellankylarens trumma
3 Mellankylare
4 Luftrenare
5 Bromsvätskebehållare
6 Torkarmotor och länkage
7 Oljefilter
8 Turboaggregat
9 Motoroljans mätsticka
10 Bränslefilter
11 Kylvätskans expansionskärl
12 Servostyrningens vätske-
    behållare
13 Förvärmningens styrenhet
14 Spolarbehållare
15 Insprutningspump

Under motorhuven på en Renault Laguna med dieselmotor

1 Motoroljans påfyllningslock
2 Motoroljans mätsticka
3 Batteri
4 Bromsvätskebehållare
5 Kylvätskans expansionskärl
6 Fjäderbenets övre fäste
7 Luftrenarhus
8 Kåpa över bromsvakuum-
  pumpens/servostyrnings-
  pumpens drivrem
9 Servostyrningsvätskans
  behållare
10 Bränsleinsprutningspump
11 Bränslefilterhus och
   snapsningsknapp
12 Spolarvätskebehållare

Underhållsarbeten

1 Inledning

2 Intensivunderhåll

Se kapitel 2, del A, avsnitt 1.

Se kapitel 2, del A, avsnitt 2.

400 km service – alla modeller

3 Motoroljenivå – kontroll

1 Se kapitel 2, del A, avsnitt 3 (se bilder).

4 Kylvätskenivå – kontroll

1 Se kapitel 2, del A. avsnitt 4. Observera att tanken är genomskinlig så att kylvätskenivån

kan kontrolleras utan att man behöver ta av locket. Nivån ska vara mellan MAX (HOT) och MIN (COLD) märkena på sidan på tanken. Om nivån är under MIN märket, ta av locket och fyll på med kylvätskeblandning till MAX märket (se bild).

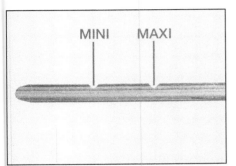

3.1a Markeringar på oljemätstickan – Renault Espace visad, andra är liknande

3.1b Påfyllning av motorolja – Renault 19 visad

4.1 MAX och MIN markeringar för kylvätskenivå – Renault Laguna

5 Avgasrök – kontroll

1 Se kapitel 2, del A, avsnitt 5.

6 Varningslampa – kontroll

1 Se kapitel 2, del A, avsnitt 6.

8000 km service – alla modeller

7 Motorolja och filter – byte

1 Se kapitel 2, del A, avsnitt 7, och observera följande **(se bilder)**.
2 På modeller utan turbo kommer det vid start att dröja några sekunder innan olje-trycksvarningslampan slocknar. Detta gäller dock inte turbomodeller, för vilka man ska

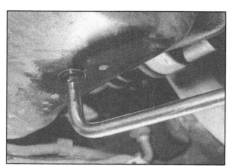
7.1a Ta bort motoroljans avtappningsplugg

7.1b Demontering av motoroljefiltret

8.8a Bränslesystemets avluftningsskruv (vid pilen) – Bosch filter

följa instruktionerna nedan innan motorn startas:

  a) *Koppla bort kabelaget från stoppsolenoiden på insprutningspumpen och isolera anslutningen.*
  b) *Dra runt motorn på startmotorn tills oljetrycksvarningslampan på instrumentpanelen slocknar (detta kan ta flera sekunder).*
  c) *Återanslut kabelaget till stoppsolenoiden och starta sedan motorn på vanligt sätt.*
  d) *Låt motorn gå på tomgång och leta efter läckor vid turboaggregatets olje- och kylvätskeanslutningar. Åtgärda eventuella problem utan dröjesmål.*

8 Bränslefilter – vattenavtappning

1 En vattenavtappningsplugg sitter i botten på bränslefilterhuset.
2 Placera en lämplig behållare under pluggen. För att göra avtappningen lättare kan man montera en slang av lämplig längd på

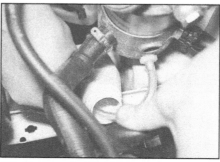
8.2 Slang ansluten till avtappningspluggen längst ner på filterhuset

8.8b Lossa avluftningsskruven (vid pilen) på bränslepumpens inloppsanslutning

pluggens utlopp för att styra bränsleflödet **(se bild)**.
3 Lossa bränsleinloppsanslutningen på den övre delen på filtret och öppna sedan avtappningspluggen genom att vrida den moturs **(se bild)**.
4 Låt allting som finns inne i filtret rinna ut i behållaren och dra sedan åt avtappningspluggen och bränsleinloppsanslutningen
5 Gör dig av med det avtappade bränslet på ett säkert sätt.
6 Snapsa och avlufta bränslesystemet enligt följande:

Bränslesystem – snapsning och avluftning

7 Alla modeller är utrustade med en manuell snapsningspump, som drivs av en kolv som sitter uppe på bränslefiltret.
8 För att snapsa systemet, lossa på avluftningsskruven som sitter på filterhuvudets utgående anslutning eller på bränslepumpens ingående anslutning **(se bilder)**. Om det inte finns någon avluftningsskruv, lossa på själva den utgående anslutningen.
9 Pumpa med snapsningskolven tills bränsle

8.3 Lossa bränsleinloppsanslutningen uppe på filtret

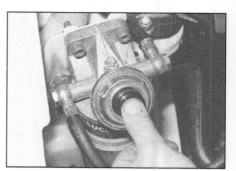
8.9 Bränslesystemets snapsningskolv aktiveras

som är fritt från luft kommer ut ur den utgående anslutningen eller avluftningsskruven (som tillämpligt) **(se bild)**. Dra åt den utgående anslutningen eller avluftningsskruven.

10 Slå på tändningen (för att aktivera stoppsolenoiden) och fortsätt pumpa med snapsningskolven tills du kan känna ett fast motstånd, pumpa då några gånger till.

11 Om det har kommit in mycket luft i bränsleinsprutningspumpen, lägg trasor runt bränslereturanslutningen på bränsleinsprutningspumpen (så att spillt bränsle kan sugas upp), och lossa sedan på anslutningen. Arbeta med snapsningarmen med tändningen påslagen så att stoppsolenoiden är aktiv, eller dra runt motorn på startmotorn i 10-sekunders intervall, tills rent bränsle utan

luftbubblor kommer ut ur bränsleanslutningen. Dra åt anslutningen och moppa upp utspillt bränsle. Var beredd på att slå av motorn om den skulle tända, för att undvika bränslespray och stor bränsleförlust.

12 Om det har kommit in luft i insprutarrören, lägg trasor runt insprutarrörsanslutningarna vid insprutarna så att spillt bränsle sugs upp och lossa sedan på anslutningarna. Dra runt motorn på startmotorn tills bränsle kommer ut ur anslutningarna, stanna sedan motorn och dra åt anslutningarna igen. Moppa upp utspillt bränsle.

13 Starta motorn med gaspedalen tryckt i botten. Motorn kan behöva gå runt några gånger till så att systemet slutgiltigt avluftas innan motorn startar.

9 Avgasreningssystem – kontroll

1 Detaljerad kontroll och testning av avgasreningssystemet bör överlåtas till en Renault verkstad.

10 Turboaggregat – komponentkontroll

1 Kontrollera turboaggregatets alla slangar och rör (olja, kylvätska och tillskottstryck) och leta efter läckor och dåliga fästen. Problem ska rättas till utan dröjesmål.

16 000 km service – Renault 19, Clio och Laguna

11 Bränslefilter (Renault 19) – byte

1 Tappa av bränslefilterskålen.
2 Skruva ur den genomgående bulten uppe på filterhuvudet och ta sedan bort bulten medan du stöder filterskålen **(se bild)**.
3 Sänk ned skålen, var försiktig så att inte kylvätskeslangarna spänns. Ta vara på den nedre tätningen och ta ur elementet **(se bilder)**. Om man vill kan skålen demonteras helt sedan kylvätskeslangarna kopplats bort.

4 Ta vara på de övre tätningarna, notera hur de sitter **(se bilder)**.
5 Rengör filterskålen.
6 Montera ett nytt filterelement med nya tätningar (kommer med det nya filtret) till skålen, var noga med att tätningarna sitter rätt.
7 Montera elementet och skålen till filterhuvudet, med avtappningspluggen på motorsidan av skålen. Montera och dra åt den genomgående bulten.
8 Snapsa och avlufta bränslesystemet enligt beskrivning i avsnitt 8.

12 Bränslefilter (Renault Clio) – byte

1 Tappa av bränslefilterskålen.
2 Placera en lämplig behållare på motorn, stor nog att rymma bränslefilterenheten när den demonterats.
3 Skruva ur monteringsmuttrarna och flytta bort bränslefilterenheten från torpedplåten **(se bild)**.
4 Lägg några absorberande trasor under den ingående anslutningen på sidan av

11.2 Skruva loss den genomgående bulten

11.3a Ta vara på den nedre tätningen . . .

11.3b . . . och lyft ut filterelementet

11.4a Ta vara på den stora . . .

11.4b . . . och den lilla övre tätningen

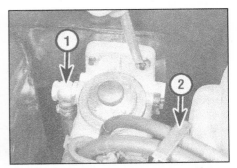
12.3 Skruva loss filtrets fästmuttrar. Notera inloppsanslutning (1) och slangklämma (2)

bränslefilterhuset och skruva sedan ur anslutningsbulten och koppla bort den ingående slangen. Ta vara på tätningsbrickorna.

5 Tejpa över ändarna på den ingående slangen för att förhindra smutsintrång.

6 Lossa den utgående slangen från fästclipset.

7 Lossa kylvätskeslangarna från torpedplåten och från clipsen på bränslefilterkammaren och lägg sedan enheten i behållaren på motorn. Bränslets utlopp ska vara uppåt (se bild).

8 Använd en insexnyckel och skruva ur den genomgående bulten från botten på bränslekammaren och ta ut kammaren.

9 Ta vara på tätningarna och notera hur de sitter.

10 Rengör filterskålen.

11 Montera ett nytt filterelement med nya tätningar (kommer med det nya filtret) till skålen, var noga med att tätningarna sitter rätt.

12 Montera elementet och skålen till filterhuvudet, med avtappningspluggen på motorsidan av skålen. Sätt i och dra åt den genomgående bulten.

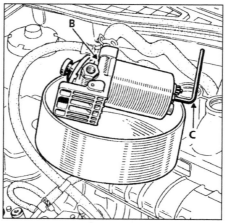

12.7 Bränslefilterenhet i behållaren
B Bränsleutlopp   C Insexnyckel

13 Montera bränslefilterenheten och var noga med att kylvätskeslangarna monteras rätt. Dra åt monteringsmuttrarna.

14 Sätt fast den utgående slangen i sitt fästclips.

15 Ta bort tejpen och återanslut sedan den ingående slangen tillsammans med nya tätningsbrickor. Dra åt anslutningsbulten.

16 Snapsa och avlufta bränslesystemet enligt beskrivning i avsnitt 8.

13 Bränslefilter (Renault Laguna) – byte

1 Tappa ur innehållet i bränslefiltret.

2 Använd ett oljefilterverktyg för att lossa filtret och skruva sedan ur det och ta bort det från botten i huset. Ta vara på filtrets tätningsring. För att komma åt bättre, skruva ur fästmuttrarna och lossa filterhuset från sitt monteringsfäste.

3 Smörj tätningsringen på det nya filtret med bränsle och skruva på det nya filtret på huset. Dra åt hårt, men endast för hand.

4 Montera filterhuset på monteringsfästet och dra åt muttrarna ordentligt.

5 Snapsa och avlufta bränslesystemet enligt beskrivning i avsnitt 8.

16 000 km service – Renault Espace

14 Bränslefilter – byte

Lucas

1 Se avsnitt 11.

Bosch

2 Tappa av bränslefilterskålen.

3 Använd ett oljefilterverktyg för att lossa filtret och skruva sedan ur det för hand (se bild). Ta vara på tätningsringen.

4 Smörj tätningsringen på det nya filtret med bränsle. Se till att tätningen sitter på plats på det nya filterelementet och skruva sedan fast elementet.

5 Dra åt elementet halvhårt för hand och sedan ytterligare ett kvarts varv med ett oljefilterverktyg.

6 Snapsa och avlufta bränslesystemet enligt beskrivning i avsnitt 8.

15 Tomgångshastighet och tomgångsbegränsning – kontroll

Observera: *Följande arbetsbeskrivning varierar beroende på vilken typ av termostatisk ventil för snabbtomgång som finns monterad. Två olika typer av kan finnas. Den ena typen är inskruvad i topplocket och den andra sitter monterad på ett fäste anslutet baktill på insprutningspumpen. Identifiera ventilen och fortsätt sedan enligt beskrivningen under relevant underrubrik.*

1 Den vanliga typen av varvräknare, som är beroende av pulser från insprutningssystemet, kan inte användas på dieselmotorer. Ett diagnostikuttag finns som kan användas med Renaults testutrustning, men denna finns normalt inte tillgänglig för hemmamekanikern. Om man inte tycker att det är tillräckligt att ställa in tomgångshastigheten med vägledning av motorljudet, kan ett av följande alternativ användas:
   a) Köp eller hyr en lämplig varvräknare.
   b) Överlåt jobbet till en Renault-återförsäljare eller annan specialist.

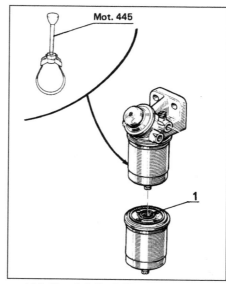

14.3 Bosch bränslefilter och demonteringsverktyg. Tätningens placering (1)

c) Använd en tändinställningslampa (strobe) som drivs av en bensinmotor som går med den hastighet man vill uppnå. Om tändinställningslampan riktas mot ett märke på kamaxelns eller insprutningspumpens drev, kommer märket att se ut som att det står stilla när de två motorerna har samma hastighet (eller multipler av den hastigheten). Drevet kommer att rotera med halva vevaxelns hastighet, men detta påverkar inte justeringen. I praktiken visade det sig vara omöjligt att använda denna metod på vevaxelns remskiva p g a den snäva synvinkeln.

2 Innan några justeringar görs, värm upp motorn till normal arbetstemperatur och var noga med att gasvajern är korrekt justerad.

Tomgångshastighet

3 Med gaslänkagearmen vilande mot tomgångsstoppet, kontrollera att motorn går på tomgång med specificerad hastighet. Om nödvändigt, justera enligt följande:

Snabbtomgångsventil på pumpen

4 Lossa tomgångsjusterskruvens låsmutter. Vrid skruven som det behövs och dra åt låsmuttern (se bild).

Snabbtomgångsventil på topplocket

5 Lossa på låsmuttern och skruva ur tomgångsbegränsningens justerskruv tills den går fri från pumpens gaslänkagearm.

6 Lossa på låsmuttern och vrid tomgångshastighetens justerskruv så mycket som behövs och dra sedan åt låsmuttern (se bild).

7 Justera tomgångsbegränsningen.

8 Stäng av motorn och koppla bort varvräknaren där sådan använts.

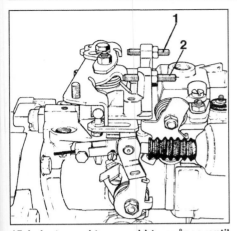

15.4 Justerpunkter – snabbtomgångsventil monterad på pumpen

1 *Justerskruv för tomgångshastighet*
2 *Justerskruv för maximal hastighet*

Tomgångsbegränsning

Snabbtomgångsventil på pumpen

9 På dessa pumpar är det inte möjligt att justera tomgångsbegränsningsinställningen.

Snabbtomgångsventil på topplocket

10 Se till att motorn har uppnått arbets-temperatur och går på specificerat tomgångs-varvtal.
11 Sätt in ett 1,0 mm mellanlägg eller blad-mått mellan pumpens gaslänkagearm och tomgångsbegränsningens justerskruv. Tom-gången ska öka med ca 10 till 20 rpm.
12 Om justering är nödvändig, lossa på låsmutter och vrid tomgångsbegränsningens justerskruv som det behövs. Dra åt låsmuttern igen.

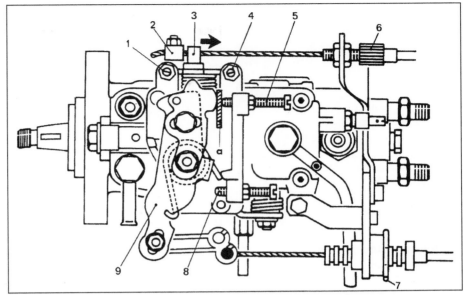

15.6 Justerpunkter – snabbtomgångsventil monterad på topplocket

1 *Justerskruv för snabbtomgång*	5 *Justerskruv för tomgångs-begränsning*	8 *Justerskruv för maximal hastighet*
2 *Vajer och krampa*	6 *Justerskruv för snabb-tomgångsvajer*	9 *Gaslänkagearm*
3 *Snabbtomgångsarm*		a *Mellanlägg för justering av tomgångsbegränsning*
4 *Tomgångsjusterskruv*	7 *Gasvajerns fjäderclips*	

13 Ta bort mellanlägget och flytta pumpens gaslänkagearm så att motorvarvtalet ökar till 3000 rpm. Släpp sedan armen snabbt och kontrollera att motorn återvänder till specifi-cerad tomgångshastighet. Kontrollera tom-gångsbegränsningsinställningen igen och justera om det behövs.
14 Med tomgångsbegränsningen korrekt inställd, för snabbtomgångsarmen helt mot motorns svänghjulsände och kontrollera att motorvarvtalet ökar till det som specificeras för snabbtomgång. Om det behövs, lossa på låsmuttern och vrid snabbtomgångens justerskruv som det behövs, och dra sedan åt låsmuttern.
15 Koppla bort varvräknaren där sådan använts.

24 000 km service – Renault 19, Clio och Laguna

16 Tomgångshastighet och tomgångsbegränsning – kontroll

1 Den vanliga typen av varvräknare, som är beroende av pulser från insprutnings-systemet, kan inte användas på diesel-motorer. Ett diagnostikuttag finns som kan användas med Renaults testutrustning, men denna är normalt inte tillgänglig för hemma-mekanikern. Om man inte tycker att det är tillräckligt att ställa in tomgångshastigheten med vägledning av motorljudet, kan ett av följande alternativ användas:
a) *Köp eller hyr en lämplig varvräknare.*
b) *Överlåt jobbet till en Renault-återförsäljare eller annan specialist.*
c) *Använd en tändinställningslampa (strobe) som drivs av en bensinmotor som går med den hastighet man vill uppnå. Om tändinställningslampan riktas mot ett märke på kamaxelns eller*

insprutningspumpens drev, kommer märket att se ut som att det står stilla när de två motorerna har samma hastighet (eller multipler av den hastigheten). Drevet kommer att rotera med halva vevaxelns hastighet, men detta påverkar inte justeringen. I praktiken visade det sig vara omöjligt att använda denna metod på vevaxelns remskiva p g a den alltför snäva synvinkeln.

2 Innan några justeringar görs, värm upp motorn till normal arbetstemperatur och var noga med att gasvajern är korrekt justerad.

Tomgångshastighet

3 Med gaslänkagearmen vilande mot tom-gångsstoppet, kontrollera att motorn går på tomgång med specificerad hastighet. Om nödvändigt, justera enligt följande:

Lucas insprutningspump

4 Lossa låsmuttern på tomgångsjuster-skruven. Vrid skruven så mycket som behövs och dra åt låsmuttern **(se bild)**.

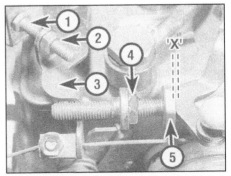

16.4 Justerpunkter för tomgångshastighet och tomgångsbegränsning – Lucas pump

1 *Justerskruv för tomgångshastighet*	5 *Justerskruv för tomgångs-begränsning*
2 *Låsmutter*	
3 *Snabbtomgångs-arm*	*X = spel - mellan gaslänkagearm och tomgångsbegräns-ningens skruv*
4 *Låsmutter*	

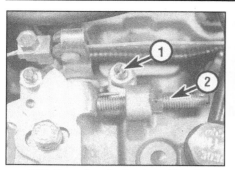

16.7 Tomgångsjusterskruv (1) och tomgångsbegränsningsskruv (2) - Bosch pump

5 Kontrollera tomgångsbegränsningen.
6 Stäng av motorn och koppla bort varvräknaren där sådan använts.

Bosch insprutningspump

7 Lossa på låsmuttern och skruva ur tomgångsbegränsningens justerskruv tills den går fri från pumpens gaslänkagearm **(se bild)**.
8 Lossa på låsmuttern och vrid tomgångshastighetens justerskruv så mycket som behövs och dra sedan åt låsmuttern.
9 Kontrollera tomgångsbegränsningen.
10 Stäng av motorn och koppla bort varvräknaren där sådan använts.

Tomgångsbegränsning

11 Se till att motorn har uppnått normal arbetstemperatur och går på specificerat tomgångsvarvtal.

Lucas insprutningspump

12 Sätt in ett mellanlägg eller bladmått av

16.19 Manuell stopparm (vid pilen) - Lucas pump

specificerad tjocklek mellan pumpens gaslänkagearm och tomgångsbegränsningens justerskruv.
13 Tomgången ska öka till specificerad tomgångsbegränsningshastighet.
14 Om justering är nödvändig, lossa på låsmuttern och vrid tomgångsbegränsningens justerskruv så mycket som behövs, dra åt låsmuttern igen.
15 Ta bort mellanlägget eller bladmåttet och kontrollera tomgångshastigheten igen.
16 Flytta pumpens gaslänkagearm så att motorvarvtalet ökar till 3000 rpm och släpp sedan armen snabbt. Retardationsperioden ska vara ca 2,5 till 3,5 sekunder och motorvarvtalet ska sjunka till ca 50 rpm under tomgång.
17 Om retardationen är för snabb och motorn tjuvstannar, skruva ur tomgångsbegränsningens justerskruv 1/4 varv mot gaslänkagearmen. Om retardationen är för långsam,

vilket resulterar i dålig motorbromsning, vrid skruven 1/4 varv bort från armen.
18 Dra åt låsmuttern sedan justeringen gjorts och kontrollera sedan tomgångshastigheten igen och justera på nytt om det behövs.
19 Med motorn på tomgång, kontrollera att det manuella stoppet fungerar genom att vrida stopparmen medurs **(se bild)**. Motorn måste stanna omedelbart.
20 Där tillämpligt, avsluta med att koppla bort varvräknaren.

Bosch insprutningspump

21 Sätt in ett mellanlägg eller bladmått av specificerad tjocklek mellan pumpens gaslänkagearm och tomgångsbegränsningens justerskruv.
22 Motorhastigheten ska vara enligt specificerad hastighet för tomgångsbegränsning.
23 Om justering behövs, lossa på låsmuttern och vrid tomgångsbegränsningens justerskruv som det behövs. Dra åt låsmuttern igen.
24 Ta bort mellanlägget eller bladmåttet och låt motorn gå på tomgång.
25 För snabbtomgångsarmen helt mot motorns svänghjulsände och kontrollera att motorvarvtalet ökar till det som specificeras för snabbtomgång. Om det behövs, lossa på låsmuttern och vrid snabbtomgångens justerskruv efter behov, och dra sedan åt låsmuttern.
26 Med motorn på tomgång, kontrollera att det manuella stoppet fungerar genom att vrida stopparmen. Motorn måste stanna omedelbart.
27 Där tillämpligt, avsluta med att koppla bort varvräknaren.

112 000 km service – Renault 19, Clio och Laguna

17 Kamrem – byte
(Renault 19)

Observera: *Ett lämpligt verktyg behövs för att kontrollera kamremsspänningen efter monteringen och en lämplig avdragare kan behövas för att demontera vevaxelns remskiva.*
Observera: *Ett stift eller en borr med 8 mm diameter behövs för att låsa vevaxeln i ÖD.*

Demontering

1 Koppla bort batteriets minuspol.
2 Lyft upp bilens främre högra hörn och ta loss hjulet och den nedre hjulhuskåpan, som sitter med plastclips.
3 Ökad åtkomst får man genom att man tar bort bultarna och demonterar förstärkningsstaget som sitter mellan de främre fjäderbenstornen.
4 Demontera drivremmen till hjälpaggregaten.

5 Skruva ur vevaxelns remskivebult medan vevaxeln hålls stilla. För att hålla vevaxeln, från under bilen, demontera svänghjulets täckplatta/stödfäste för motor och växellåda. Notera placeringen för alla fästen som sitter med bultar. Montera en av bultarna mellan täckplattan och växellådan och låt den tjäna som stödpunkt och be en medhjälpare sätta in en skruvmejsel eller liknande verktyg i startmotorns krondrevständer för att förhindra att vevaxeln roterar **(se bilder)**.

17.5a Skruva loss bultarna på sidan . . .

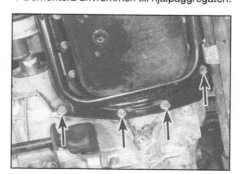

17.5b . . . och framtill (vid pilarna) . . .

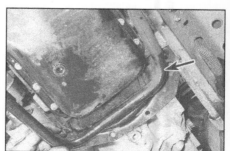

17.5c . . . och ta bort svänghjulets täckplatta/stödfäste mellan motorn och växellådan (vid pilen)

17.6a Ta bort vevaxelremskivans bult . . .

17.6b . . . och därefter remskivan

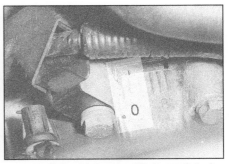

17.11 Svänghjulets inställningsmärke i linje med ÖD (0) märket på växellådshuset

6 Ta loss bulten och remskivan framtill på vevaxeln **(se bilder)**. Använd en lämplig avdragare om remskivan sitter hårt.
7 För att komma åt bättre, skruva ur de två bultarna som fäster bränslefilterenheten till karossen och lossa sedan på clipsen och ta bort filterslangarna från fästena på motorn. Enheten kan flyttas till ena sidan (uppe på motorn) tills monteringen är avklarad.
8 Sätt tillfälligtvis tillbaka vevaxelns remskivebult. Vrid vevaxeln så att kolv nr 1 (svänghjulsänden på motorn) hamnar vid ÖD i kompressionstakten och lås sedan vevaxeln på plats enligt följande:
9 Med kolv nr 1 vid ÖD ska inställningsmärket på kamaxeldrevet vara i linje med visaren på den yttre transmissionskåpan. Märket på drevet kan ses genom inspektionshålet i transmissionskåpan, under visaren. Dessutom

ska inställningsmärket på svänghjulet vara i linje med ÖD-märket på växellådshuset.
10 Vevhuset måste vridas så att inställnings-märkena kommer i linje med varandra. Detta görs med hjälp av en skiftnyckel på vevaxelns remskivebult. Motorn går runt lättare om man demonterar glödstiften eller bränsleinspru-tarna.
11 Titta genom inställningsöppningen i växel-lådshuset och vrid vevaxeln tills inställnings-märket på svänghjulet är i linje med ÖD (0°) märket på växellådshuset **(se bild)**.
12 Skruva ur de tre fästbultarna och demon-tera plastkåpan från motorns övre högra monteringsfäste **(se bild)**. Notera placeringen för alla fästen som sitter på plats med hjälp av bultarna.
13 Kontrollera att inställningsmärket på kamaxeldrevet är i linje med visaren på den

yttre transmissionskåpan **(se bild)**. Observera att märket kanske inte kommer att hamna exakt i linje beroende på att transmissions-kåpan kan röra sig lite i sina bulthål.
14 Ta bort pluggen på den nedre främre sidan på topplocket, vid svänghjulsänden, och skaffa ett metallstift som passar tätt i plugghålet (8 mm i diameter). Vrid vevaxeln lätt om det behövs för ÖD-läget och tryck sedan stiftet genom hålet så att det går i skåran i vevaxelns mellanstycke **(se bilder)**.
15 Se till att vevaxeln är exakt vid ÖD för kolv nr 1 genom att sätta inställningsmärket på svänghjulet i linje med ÖD (0°) märket på växellådshuset, som tidigare beskrivits. Om vevaxeln inte placeras rätt är det lätt hänt att man sätter in stiftet i ett balanshål i vevaxelns mellanstycke av misstag, istället för i ÖD-skåran **(se bild)**.

17.12 Demontera kåpan över motorns fäste

17.13 Kamaxeldrevets inställningsmärke i linje med visaren på transmissionskåpan

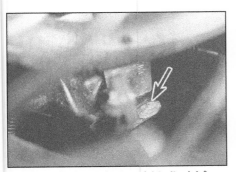

17.14a Ta bort pluggen (vid pilen) från motorblocket . . .

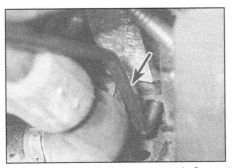

17.14b . . . och sätt in ett passande 8 mm stift (vid pilen)

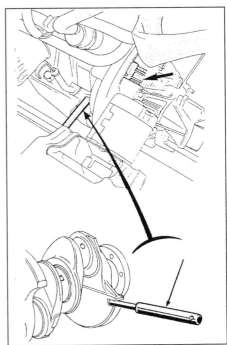

17.15 ÖD-märke på svänghjulet sett genom öppning i växellådshuset, och ÖD-låsningsverktyg ihakat i vevaxeln

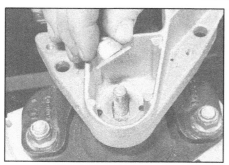

17.17 Demontera det övre monteringsfästet från fästet på karossen

17.18a Skruva loss de tre fästbultarna (vid pilarna) . . .

17.18b . . . och ta bort motorns monteringsfäste

17.19 Demontera motorns fästgummi/rörelsebegränsarenhet

17.20 Demontering av transmissionskåpan från bränsleinsprutningspumpens drev

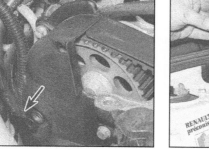

17.21a Notera placeringen för fästena (vid pilen) . . .

17.21b . . . och ta bort transmissionskåpan från kamaxeldrevet

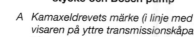

17.22a Placeringar för kamaxeldrevets och bränsleinsprutningspumpdrevets inställningsmärken med kolv nr 1 i ÖD – motorer med insprutningspumpdrev i ett stycke och Bosch pump

A Kamaxeldrevets märke (i linje med visaren på yttre transmissionskåpan - kåpan demonterad i denna bild)
B Insprutningspumpdrevets märke för användning med Bosch pump
C Woodruffkil
R Insprutningspumpdrevets märke för användning med Lucas pump

16 Motorns övre högra monteringsfäste måste demonteras så att kamremmen kan tas bort och därför måste motorn stöttas. Enheten kan stöttas med en domkraft och ett lämpligt träblock för att sprida belastningen under sumpen (demontera i detta fall motorns underredsskydd, där tillämpligt). Alternativt, anslut en lyft och lämplig talja till motorns lyftfästen. I detta fall måste bränslereturslangen kopplas bort från insprutningspumpen och tas ut ur hålet i motorns bakre lyftfäste.

17 Försäkra dig om att motorn/växellådsenheten är korrekt stöttad och skruva sedan ur muttern som fäster det övre monteringsfästet till fästet på karossen (se bild). På vissa modeller måste man hålla emot fästets gängade stag med en lämplig insexnyckel eller sexkantsbit medan man lossar muttern med en öppen blocknyckel.

18 Skruva ur de tre bultarna som fäster det övre monteringsfästet vid motorn och ta loss fästet (se bilder).
19 Skruva ur de två muttrar som fäster motorns fästgummi/rörelsebegränsarenhet vid karossen och ta ut enheten (se bild).
20 Skruva ur fästbultarna och ta loss transmissionskåpan som täcker bränsleinsprutningspumpens drev (se bild).
21 Skruva ur fästbultarna och notera placeringen för alla fästen som säkras av bultarna och ta sedan loss transmissionskåpan som täcker kamaxelns drev (se bilder).
22 Med vevaxeln låst på plats med kolv nr 1 vid ÖD, notera placeringen för inställningsmärket på bränsleinsprutningspumpens drev (se bilder). På modeller som har ett tvådelat justerbart insprutningspumpdrev kan drevets inställningsmärke vara annorlunda mot dem

på drev i ett stycke. Om så är fallet, notera vilken typ av märke som hittats och var det sitter, som hjälp vid monteringen. Observera att på modeller med drev i ett stycke finns det två inställningsmärken på drevet. Vilket märke som används beror på om det är en Bosch eller Lucas insprutningspump som är monterad.

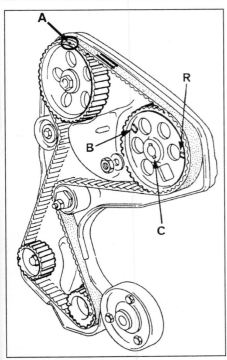

17.22b Placeringar för kamaxeldrevets och bränsleinsprutningspumpdrevets inställningsmärken med kolv nr 1 i ÖD – motorer med insprutningspumpdrev i ett stycke och Lucas pump

A *Kamaxeldrevets märke (i linje med visaren på yttre transmissionskåpan - kåpan demonterad i denna bild)*
B *Insprutningspumpdrevets märke för användning med Bosch pump*
C *Woodruffkil*
R *Insprutningspumpdrevets märke för användning med Lucas pump*

23 Lossa justermuttern och dra kamremsspännaren bakåt för att lätta på spänningen från remmen **(se bild)**. Dra år muttern igen.
24 Lossa kamremmen från kamaxelns och bränsleinsprutningspumpens drev, mellanhjul, vevaxeldrev och hjälpaxelns drev och ta sedan bort den från motorn.
25 Vrid inte kamaxeln eller vevaxeln medan kamremmen är demonterad, då det finns risk

för att kolvarna kommer i kontakt med ventilerna. Om man måste vrida kamaxeln av någon anledning, ta först bort ÖDs låsningsverktyg från topplocket och vrid vevaxeln moturs (sett från kamremsänden på motorn) 1/4 varv så att alla kolvar hamnar halvvägs i sina lopp.

Montering och spänning

26 Rengör dreven, mellanhjulet och spännaren och torka dem torra. Använd inte för mycket lösningsmedel på mellan- och spännarhjulen, då kan fettet i lagren förorenas. Rengör även den bakre transmissionskåpan och framsidan på topplocket och motorblocket.
27 Kontrollera att vevaxeln är placerad så att kolv nr 1 är vid ÖD och att den är låst på plats med hjälp av verktyget genom hålet i topplocket, såsom beskrivits tidigare. Om kolvarna har placerats halvvägs ned i sina lopp, sätt tillfälligtvis tillbaka den yttre transmissionskåpan som täcker kamremsdrevet och kontrollera att ÖD-märket på kamaxelns drev är i linje med visaren på transmissionskåpan, och vrid sedan vevaxeln medurs (sett från kamremsänden på motorn) tills ÖD-låsningsverktyget kan sättas in igen.
28 Placera inställningsmärket på den nya remmen i linje med dem på vevaxelns, kamaxelns och bränsleinsprutningspumpens drev, och var noga med att remmens rotationsriktningspilar pekar medurs (sett från kamremsänden på motorn) **(se bilder)**. Montera remmen över vevaxelns drev först,

följt av mellanhjulet, bränsleinsprutningspumpens drev, kamaxeldrevet, spännaren och hjälpaxeldrevet.
29 Kontrollera att alla inställningsmärken fortfarande är i linje.
30 Kamremmen måste nu spännas på följande sätt:

Justering med Renaults specialverktyg Ele. 346.04

Observera: *Kamremsspänningen måste justeras när motorn är kall. Renault använder en specialmätare (verktyg Ele. 346.04) för kontroll av kamremsspänningen. Om man inte har tillgång till ett lämpligt verktyg rekommenderas starkt att bilen överlåtes till en Renault-verkstad för att få remspänningen kontrollerad så snart som möjligt.*
31 Montera mätaren på motorn, som visat **(se bild)**.
32 Skruva en M6 bult genom det gängade hålet i den bakre transmissionskåpan intill spännaren. Lossa på spännarmuttern och dra åt bulten så att den trycker mot spännarrullens fäste och spänner remmen.
33 Justera bultens tryck mot spännarrullens fäste för att ge specificerad avläsning på mätaren.
34 Med korrekt spänning applicerad, dra åt spännarmuttern igen till specificerat moment. Detta åtdragningsmoment är kritiskt, för om muttern skulle lossa kan motorn skadas allvarligt. Lossa på bulten monterad till den bakre transmissionskåpan så att den inte längre vilar mot spännarrullens fäste.

17.23 Lossa kamremsspännarens justermutter

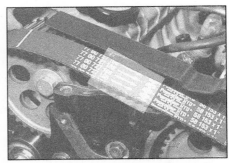

17.28a Rotationsriktningspilarna på remmen måste peka medurs

17.28b Ställ in inställningsmärkena på remmen med vevaxeldrevets . . .

17.28c . . . kamaxeldrevets . . .

17.28d . . . och insprutningspumpdrevets märken – Lucas pump visad

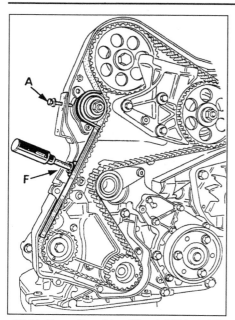

17.31 Renault verktyg (F) och M6 bult (A) används till att spänna kamremmen

35 Ta bort ÖDs låsningsverktyg från topplocket och montera sedan vevaxelns remskiva och fästbult. Hindra vevaxeln från att vridas med metoden beskriven ovan och dra sedan åt bulten till specificerat moment. Montera svänghjulets täckplatta/stödfäste för motor och växellåda.

36 Kontrollera att vevaxeln fortfarande är placerad med kolv nr 1 vid ÖD (genom att tillfälligt sätta tillbaka låsningsverktyget i topplocket) och sedan demontera ÖDs låsningsverktyg och vrida vevaxeln två hela varv i normal rotationsriktning så att den går tillbaka till ÖD. Sätt in ÖDs låsningsverktyg i topplocket.

37 Montera tillfälligtvis tillbaka transmissionskåpan som täcker kamaxeldrevet och kontrollera att drevets inställningsmärke fortfarande är i linje med visaren på kåpan, vilket noterades före demonteringen.

38 Kontrollera remspänningen igen enligt beskrivning ovan. Om spänningen är felaktig måste inställningen och kontrollen upprepas tills rätt spänning är uppnådd.

39 När remmen är korrekt spänd, demontera M6 bulten från den bakre transmissionskåpan och demontera ÖDs låsningsverktyg från topplocket, om detta inte redan gjorts. Sätt i pluggen i topplockets ÖD-hål igen.

40 Kontrollera bränsleinsprutningspumpens inställning.

41 Montera de övre transmissionskåporna och var noga med att placeringen för alla fästen som hålls på plats med bultarna noteras före demonteringen.

42 Montera motorns fästgummi/rörelsebegränsarenhet till karossen, och montera sedan det övre monteringsfästet vid motorn.

43 Montera bränslefilterenheten och clipsa slangarna på plats.

17.49 Vrid kamremmen för en ungefärlig spänningskontroll

44 Montera och spänn drivremmen till hjälpaggregaten.

45 Montera förstärkningsstaget till de främre fjädertornen.

46 Ta bort domkraften eller lyfttaljan som använts till att stödja motorn.

47 Montera hjulhuskåpan och sätt tillbaka hjulet, sätt sedan ned bilen på marken.

48 Återanslut batteriets minuspol.

Ungefärlig justering

49 Om en specialmätare inte finns att tillgå, kan kamremsspänningen kontrolleras på ett ungefär genom att man vrider remmen med tummen och pekfingret mitt på remmen mellan spännarremskivan och hjälpaxelns remskiva. Det ska precis gå att vrida remmen 90° med hjälp av måttligt tryck **(se bild)**.

50 Kontroll, justering och slutlig montering följer beskrivningen ovan, men notera följande:

a) Få remspänningen kontrollerad av en Renault-verkstad så fort som möjligt.

b) Om du tvekar, dra hellre åt en aning hårdare när du justerar remspänningen. Om remmen är för slack kan den hoppa omkring på dreven, vilket kan orsaka allvarliga motorskador.

18 Kamrem (Renault Clio) – byte

1 Följ arbetsbeskrivningen för Renault 19 i avsnitt 17, samt notera följande:

2 För att få tillgång till kamremmen så att den kan demonteras, demontera följande komponenter, som tillämpligt:

a) Motorhuven

b) Luftrenarhusenheten

c) Den elektriska kylfläkten

19 Kamrem (Renault Laguna) – byte

Observera: *På tidiga modeller med en remdriven bromsvakuumpump (drivs från kamaxeln) rekommenderar Renault att vakuumpumpens drivrem byts samtidigt som kamremmen.*

> ⚠ **Varning: Montera aldrig tillbaka en använd kamrem.**

Demontering

1 Koppla bort batteriets minuspol.

2 Dra åt handbromsen hårt och lyft sedan bilen och stöd den på pallbockar. Ta bort det högra framhjulet.

3 Skruva ut fästskruvarna och demontera motorns underredesskydd samt de främre och bakre skyddskåporna från det högra hjulhuset.

4 Demontera drivremmen för hjälpaggregaten. På modeller där kylvätskepumpen drivs av drivremmen för hjälpaggregaten, ta bort drivremmens remskiva och demontera den från pumpen.

5 Sätt cylinder nr 1 (växellådsänden på motorn) vid ÖD i kompressionstakten och lås fast vevaxeln i detta läge enligt följande:

6 Vrid vevaxeln tills inställningsmärket baktill på kamaxeldrevet är i linje med inställningsmärket i änden på kamaxelkåpan. Vevaxeln kan vridas med hjälp av en skiftnyckel eller hylsa på remskivebulten. Vrid alltid vevaxeln medurs (sett från högra sidan på bilen). På vissa modeller kommer också märket framtill på insprutningspumpens drev att vara i linje med visaren i transmissionskåpans öppning **(se bilder)**.

7 Vrid vevaxeln i normal rotationsriktning (medurs) samtidigt som du håller ett öga på

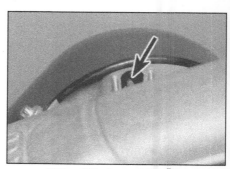

19.6a Cylinder nr 1 är i ÖD i kompressionstakten när inställningsmärket baktill på kamaxeldrevet är i linje med visaren på kamaxelkåpan (vid pilen)

19.6b På vissa motorer finns det också en ÖD-visare på insprutningspumpdrevets kåpa

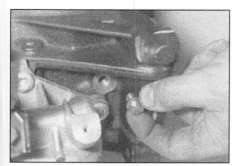

19.8a Skruva loss åtkomstbulten . . .

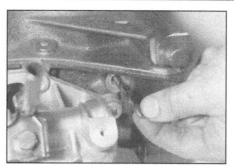

19.8b . . . och sätt in ett 7 mm stift genom motorblocket . . .

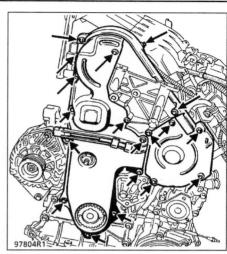

19.14 Kamremskåpornas bultar – tidiga G8T 706 och 790 motor

19.8c . . . så att det går in i inställningsskåran i vevaxeln (vid pilen)

19.11 Hemmagjort verktyg används till att låsa svänghjulets krondrev och förhindra att vevaxeln roterar

transmissionskåpans fönster. Sätt drevets inställningsmärke(n) i linje med visaren(arna) i kåpan. Motorn är nu ställd med kolv nr 1 vid ÖD i kompressionstakten.

8 För att låsa fast vevaxeln i detta läge, skruva ur åtkomstbulten från den vänstra främre änden på topplocket (sitter precis till vänster om oljefiltret) och sätt in ett stift med 7 mm diameter med lämplig längd. Sätt in stiftet i inställningsskåran som finns i vevaxeln för detta syfte, observera att det kan bli nödvändigt att vrida vevaxeln en aning **(se bilder)**. Med stiftet på plats ska det vara omöjligt att vrida vevaxeln. Försök inte vrida på motorn medan vevaxeln är låst.

9 Sätt en domkraft under motorn med ett träblock emellan. Höj domkraften tills den håller upp motorns vikt. Alternativt, sätt fast en stötta under motorn och använd den till att hålla motorns/växellådans vikt.

10 Lossa och ta bort fästmuttern och bulten och demontera motorns högra monteringsfäste. Lossa de tre bultarna och ta bort gummifästet från karossen.

11 Lossa på vevaxelns remskivebult. När bulten är lossad hindras vevaxeln från att vridas genom att man väljer den högsta växeln och ber en medhjälpare lägga i bromsen hårt. Om detta inte förhindrar rotation, demontera den nedre täckplattan och lås svänghjulets krondrev på ett sätt som liknar det som visas här intill **(se bild)**. Bli inte frestad att använda vevaxelns inställningsstift till att hindra vevaxeln från att vridas. Som en säkerhetsåtgärd, när remskivebulten lossas,

ta tillfälligt bort inställningsstiftet från vevaxeln. När bulten väl är lös, sätt tillbaka stiftet.

12 Ta bort fästbulten och remskivan från änden på vevaxeln och sätt sedan tillfälligt tillbaka bulten. En ny bult måste användas när remskivan monteras tillbaka.

13 Demontera transmissionskåporna enligt följande, observera att alla fästbultar måste bytas ut vid montering:

14 Beroende på motortyp finns det två möjliga arrangemang för transmissionskåporna. Tidiga modeller (utrustade med G8T 706 och 790 motorer) har tre kåpor – toppkåpa, insprutningspumpsdrevkåpa och huvudkåpa **(se bild)**. Senare modeller (alla motorer utom G8T 706 och 790) har fyra kåpor – toppkåpa, insprutningspumpkåpa, kamaxeldrevkåpa och vevaxeldrevkåpa.

15 Det är svårt att komma åt transmissionskåporna. För att underlätta detta är det inte endast nödvändigt att demontera monteringsfästet från motorupphängningen, utan man måste också ta loss bultarna och lossa bränslefilterhuset från sitt monteringsfäste så att det kan flyttas ur vägen för kåpan. Fortsätt enligt följande:

16 För att ta bort toppkåpan, lossa fästmuttern och lösgör kabelaget från sina clips och för undan det från transmissionskåporna. Lossa skruvarna och ta bort kåpan från motorn **(se bild)**.

17 För att demontera insprutningspumpdrevets kåpa, med toppkåpan demonterad, clipsa loss kabelaget från sidan på trans-

missionskåpan, ta bort bultarna och demontera drevkåpan från motorn **(se bild)**.

18 För att demontera kamaxeldrevets kåpa på senare modeller, med toppkåpan demonterad, clipsa loss kabelaget från sidan på transmissionskåpan, ta bort bultarna och demontera drevkåpan från motorn.

19 För att demontera huvudkåpan på tidiga modeller, med toppkåpan och insprutningspumpdrevets kåpa demonterade, lossa först fästbultarna och demontera sedan hjälpaggregatens drivrems spännarremskiveenhet

19.16 Demontering av övre transmissionskåpan

19.17 Demontering av insprutningspumpdrevets kåpa

19.19a Skruva loss fästbultarna och demontera drivremsspännaren

19.19b Skruva loss fästmuttern och ta bort drivremmens mellanremskiva

19.19c Demontering av huvudkåpan – tidig motor visad

från topplocket (se bild). Skruva ur fästmuttern och demontera mellanremskivan till hjälpaggregatens drivrem från motorn (se bild). Medan fästmuttern skruvas ur, se till att remskivans monteringspinnbult stannar på sin plats. Om nödvändigt, håll fast pinnbulten med en öppen blocknyckel medan muttern lossas. Skruva ur kåpans fästbultar, notera hur kabelagets hållare sitter och demontera sedan huvudkåpan från motorn (se bild).

20 För att demontera vevaxeldrevets kåpa på senare modeller, med toppkåpan, insprutningspumpdrevets kåpa och kamaxeldrevets kåpa demonterade, ta bort kåpan enligt beskrivning i paragraf 19.

21 Kontrollera att vevaxelns, kamaxelns och insprutningspumpens drevs inställnings-

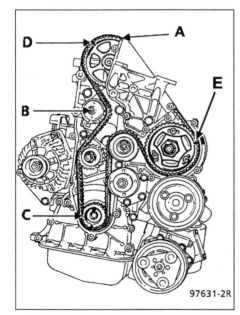

19.21 Placering för kamremsdrevens inställningsmärken med cylinder nr 1 placerad i ÖD i kompressionstakten

A *Kamaxeldrevets bakre inställningsmärke*
B *Kamremsspännarens remskivemutter*
C *Vevaxeldrev*
D *Kamaxeldrevets främre inställningsmärke*
E *Insprutningspumpdrevets inställningsmärke*

märken sitter som visat (se bild). Märket på insprutningspumpens drev ska vara i linje med märket på pumpens monteringsfäste och vevaxeldrevets Woodruffkil ska vara överst med drevets inställningsmärke nederst. Märket baktill på kamaxelns drev ska vara i linje med visaren på kamaxelkåpans öppning och märket framtill på drevet ska vara i linje med flänsen på topplocket.

22 Lossa på spännarremskivans fästmutter och, om det behövs, lossa på låsmuttern och skruva ur spännarremskivans justerbult.

23 Dra av kamremmen från dreven och ta bort den från motorn.

24 Om du hittar tecken på oljeföroreningar, leta reda på källan till oljeläckaget och åtgärda det. Tvätta bort alla spår av olja från kamremsområdet och relaterade komponenter.

25 Rengör dreven och spännaren och torka dem torra. Ha inte för mycket rengöringsmedel på spännarens hjul, då kan fettet i lagren förorenas. Rengör också framsidan på topplocket och motorblocket.

26 Kontrollera att spännarens remskiva roterar fritt, utan hinder. Om nödvändigt, byt ut den.

Montering och spänning

27 Försäkra dig om att vevaxeln är vid ÖD för cylinder nr 1 och har låsts i detta läge. Kontrollera att drevens inställningsmärken är rätt placerade (se bilder).

28 Lägg på den nya remmen, se till att pilarna

på den pekar i rotationsriktningen. Börja med vevaxeldrevet och sätt märket på insidan av remmen i linje med märket på drevet och sätt sedan remmen runt mellanremskivan och över insprutningspumpens och kamaxelns drev. Se till att märkena på utsidan av kamremmen är korrekt uppriktade med båda dreven och sätt sedan remmen helt på plats (se bilder).

29 När inställningsmärkena sitter rätt, se till att spännarremskivan går korrekt i ingrepp med den övre splinten och ta sedan bort allt slack från kamremmen genom att svänga spännaren i kontakt med remmen. Placera spännaren så att spännarens visararm lätt kommer i kontakt med dess bakplattas maxspänningsstopp, och dra sedan åt remskivemuttern till specificerat åtdragningsmoment. Tvinga inte spännarens remskiva

19.27a Se till att vevaxeldrevets inställningsmärke (vid pilen) är längst ner . . .

19.27b . . . att kamaxeldrevets inställningsmärken (vid pilarna) är rätt placerade . . .

19.27c . . . och att insprutningspumpdrevets märke är i linje med märket på konsolen

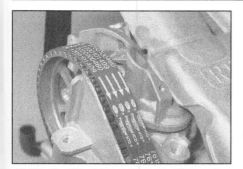

19.28a Se till att kamremmens pilar pekar i normal rotationsriktning

19.28d ... och det tredje märket mot kamaxeldrevets märke (vid pilen)

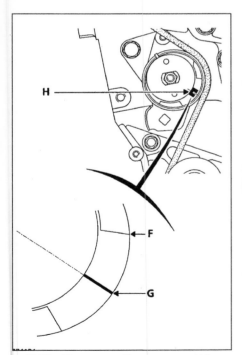

19.29a Kamremsspännarens remskiva

F Bakplattans märke för maximal spänning (används för att förbelasta remmen)
G Bakplattans märke för korrekt spänning (används för att ställa in korrekt spänning)
H Visararm

19.28b Rikta in remmens inre märke med vevaxeldrevets inställningsmärke...

mot stoppet. På tidiga modeller, justera spännaren genom att bända mellan spännarens och topplockets flänsar med ett lämpligt redskap. På senare modeller, skruva in justerbulten **(se bilder).**

30 Ta bort vevaxelns inställningsstift och vrid, med lämplig hylsa och förlängningsstång på vevaxelns drevbult, vevaxeln tre hela varv medurs (sett från högra sidan av motorn). Vrid aldrig vevaxeln moturs.

31 Håll spännarremskivan på plats och lätta försiktigt på muttern. Lossa långsamt på spännararmen tills dess visararm är i linje med referensmärket på bakplattan **(se bild).** Håll spännarremskivan i detta läge och dra åt dess fästmutter till specificerat moment. På senare modeller, dra åt justerbultens låsmutter ordentligt.

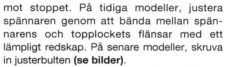

19.29b Justera spännaren med hjälp av en passande hävstång mellan spännaren och och motorblocksklackarna

19.36a Dra åt vevaxelremskivans bult till momentet specificerat för steg 1 ...

19.28c ... ställ sedan in det andra märket mot insprutningspumpdrevets märke ...

32 Vrid vevaxeln ett helt varv till och montera sedan inställningsstiftet och kontrollera att alla drevens inställningsmärken är rätt placerade.

33 Ta bort inställningsstiftet och montera åtkomstpluggen framtill på topplocket.

34 Montera transmissionskåporna med nya bultar. Se till att kåpan/kåporna sitter rätt innan fästbultarna dras åt ordentligt.

35 Ta bort allt låsningsmedel från vevaxelns gängor. Rengör gängorna på vevaxelns nya remskivebult och applicera några droppar låsningsmedel (Renault rekommenderar Loctite Autoform).

36 Montera remskivan till vevaxeln och skruva i fästbulten. Dra åt bulten först till momentet som specificeras för steg 1 och sedan genom den specificerade vinkeln för steg 2 **(se bilder).**

19.31 Lätta på spännaren och ställ in visararmen mot märket för korrekt spänning på bakplattan (vid pilen)

19.36b ... och därefter till vinkeln som anges för steg 2

37 Montera gummifästet till karossen och dra åt bultarna till angivet moment. Sätt tillbaka monteringsfästet och dra lätt åt dess mutter och bultar. Se till att fästet sitter centralt i förhållande till gummifästets fläns och dra åt

mutter och bultar till rätt moment. Ta bort domkraften/motorstöttan (som tillämpligt).
38 Montera kylvätskepumpens remskiva (om så behövs) och drivremmen för hjälp-aggregaten.

39 Montera motorns underredsskydd och hjulhuskåpor och sedan hjulet.
40 Återanslut batteriet.

120 000 km service – Renault Espace

20 Kamrem – byte

Observera: *För att förhindra att kamaxelns och insprutningspumpens drev roterar medan kamremmen är demonterad, använder Renaults mekaniker ett specialverktyg (Mot. 854) (se bild). Detta redskap sätts mellan de två dreven och går i ingrepp med deras tänder så att de låses ihop. Om man använder detta verktyg reduceras risken för att ventilens och/eller insprutningspumpens inställning blir fel när en ny kamrem monteras.*

Demontering

1 Koppla bort batteriets minuspol.
2 Sätt kolv nr 1 (svänghjulsänden på motorn) vid ÖD i kompressionstakten.
3 Med kolv nr 1 vid ÖD ska inställningsmärket på kamaxel- och insprutningspumpdreven vara i linje med visarna på den yttre transmissionskåpan (märket på drevet kan ses genom inspektionshålet i transmissions-kåpan, ovanför visarna) **(se bild)**. Dessutom

ska inställningsmärket på svänghjulet vara i linje med ÖD (0°) märket på växellådshuset. Om man inte demonterar motorn från bilen är det dock nästan omöjligt att se märkena på svänghjulet och växellådshuset.
4 För att få inställningsmärkena i linje måste vevaxeln vridas. Detta görs med en skift-nyckel på vevaxelns remskivebult.
5 Vrid vevaxeln i normal rotationsriktning tills inställningsmärkena precis blir synliga i fönstren på transmissionskåpan, och rikta sedan upp dem mot visarna.
6 För att låsa fast vevaxeln vid ÖD, demontera mässingspluggen (som sitter precis framför startmotorn) från vevhuset. Sätt in en dymling med 8,0 mm diameter genom hålet så att den går i ingrepp med skåran i vevaxelns balansvikt **(se bilder)**. Det kan bli nödvändigt att flytta vevaxeln mycket lätt fram och tillbaka för att kontrollera att dymlingen sitter ordentligt i skåran på vevaxeln. Försäkra dig om att den inte är instucken i ett av balanshålen på endera sidan av ÖD skåran. Kontrollera att vevaxeln inte kan vridas när dymlingen sitter i helt. En lätt rörelse åt ena eller andra hållet tyder på att bänkpinnen sitter i ett av balanshålen.

7 Demontera vevaxelns remskiva enligt följande: För att förhindra att inställningsstiftet skadas, ta bort det tillfälligtvis medan remskivans fästbult lossas och sätt tillbaka det när bulten är lös.
8 Tillgången till vevaxelns remskiva är mycket begränsad och därför måste kylaren och servostyrningspumpen och/eller generatorns drivrem(mar) demonteras, som tillämpligt.
9 För att förhindra att vevaxeln roterar medan remskivebulten lossas, välj den högsta växeln och be en medhjälpare lägga an bromsarna hårt. Försök inte låsa fast vevaxeln genom att sätta i inställningsstiftet.
10 Skruva ur fästbulten och demontera remskivan från änden på vevaxeln.
11 Demontera alla drivremmar till hjälp-aggregat. Observera att på bilar utrustade med luftkonditionering och vars drivrem sitter bakom kamremmen, kan denna drivrem lämnas ifred.
12 Lossa muttrarna och lösgör kabel-styrningen från framtill på transmissions-kåpan.
13 Arbeta dig runtom kåpan och demontera alla muttrar och bultar tillsammans med deras brickor.
14 Ta försiktigt ut kåpan från motorrummet och ta vara på kragen från mitten på varje kåpas gummifäste.
15 Med kåpan demonterad, dra av de tre distanserna från kåpans pinnbultar och notera hur varje distans sitter när den tas av **(se bild)**.

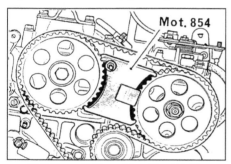
20.0 Renault låsverktyg för att hålla insprutningspumps- och kamaxeldreven på plats

20.3 Med kolv nr 1 i ÖD skall inställningsmärkena på kamaxel- och insprutningspumpdreven vara i linje med visarna på transmissionskåpan

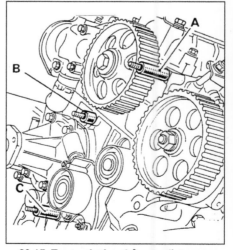
20.15 Transmissionskåpans distanser

A *Lång distans*   C *Mellandistans*
B *Kort distans*

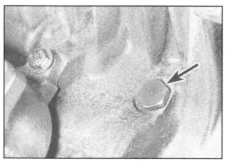
20.6a Skruva ur pluggen från motorblocket . . .

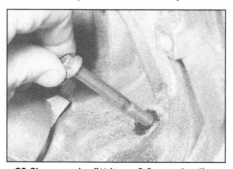
20.6b . . . och sätt in en 8,0 mm dymling för att låsa vevaxeln i ÖD-läge

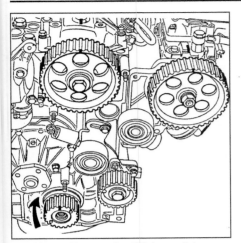

20.17a Drevens inställningsmärken

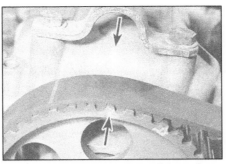

20.17b Gör uppriktningsmärken på topplocket och insprutningspumpen för drevens inställningsmärken innan remmen demonteras

16 Undersök varje kåpas gummifäste och leta efter tecken på skador eller förslitningar och byt om det behövs.

17 Kontrollera att kamaxelns, insprutningspumpens och vevaxelns drev sitter rätt **(se bild)**. Kamaxeldrevets inställningsmärke ska vara i linje med mitten av navet på insprutningspumpen. Om inställningsmärken inte redan finns, ta lite vit färg el dyl och märkt topplockskåpan och insprutningspumpen. Dessa märken kan sedan användas vid monteringen så an man kan vara säker på att ventilen och pumpen har rätt inställningar **(se bild)**.

18 Sätt in drevlåsverktyget mellan kamaxelns och insprutningspumpens drev.

19 Lossa på spännarremskivans fästmutter och bult och sväng sedan bort remskivan helt från kamremmen. Håll spännaren i detta läge och dra åt fästmuttern och bulten ordentligt.

20 Dra av remmen från dreven och ta bort det från motorn.

21 På grund av det omfattande arbetet som krävs för att byta luftkonditionerings-kompressorns drivrem rekommenderas att den byts nu, oavsett om den verkar sliten eller ej.

22 Om man hittar tecken på oljeföroreningar, spåra källan till oljeläcken och åtgärda den. Torka bort all olja från kamremsområdet på motorn och från dreven. Byt ut drev som verkar slitna, skadade eller har sprickor.

23 Rengör kamremmens mellan- och spännarremskiva, men använd inga starka rengöringsmedel som kan komma in i remskivas lager. Kontrollera att remskivorna snurrar fritt på bakplattan, utan kärvningar eller spel. Byt enheten om det finns tveksamhet angående skicket eller om det finns tydliga tecken på slitage eller skada. Det rekommenderas att spännarfjädern byts oberoende av dess synliga skick, eftersom det är mycket viktigt att den är i god form.

Montering och spänning

24 Innan den nya kamremmen monteras, kontrollera utrymmet mellan spännarrem-skivans bakplatta och justerskruven på hjälpaggregatsaxelns kåpa. Ett bladmått på 0,1 mm ska kunna glida in mellan de två komponenterna. Om inte, lossa på låsmuttern och justera skruven så mycket som behövs **(se bild)**. När utrymmet är korrekt, håll skruven stilla och dra åt dess låsmutter ordentligt.

25 Kontrollera att kamaxelns och insprutningspumpens drev är korrekt uppriktade mot märkena som gjordes eller noterades före demonteringen. Om dreven var låsta på plats ska de inte ha rörts.

26 Lägg upp kamremmen, observera markeringarna som indikerar rotationsriktning. Börja vid vevaxeldrevet och arbeta dig runt i

moturs riktning, sätt linjerna på kamremmen i linje med inställningsmärkena på varje drev och låt remmen gå i ingrepp med hjälpaxens, insprutningspumpens och kamaxelns drev **(se bilder)**.

27 Se till att remmens främre och övre delar är sträckta, vilket innebär att allt slack skall finnas på spännarremskivans sida av remmen. Vrid inte på remmen skarpt och var noga med att dess tänder sitter mitt på dreven och att inställningsmärkena stannar kvar i linje. Om remmen är korrekt monterad ska det finnas totalt tjugo tänder mellan inställningsmärkena på kamaxelns och insprutningspumpens drev.

28 Ta bort drevens låsverktyg och lossa på spännarremskivans fästmutter och bult. Kontrollera att spännarremskivan är tryckt mot kamremmen under fjädertryck och dra sedan åt spännarremskivans fästmutter och bult.

29 Montera tillfälligtvis tillbaka trans-missionskåpan och kontrollera att kamrems-drevets och insprutningspumpens inställnings-märken är i linje med sina respektive visare. Om inte måste remmen demonteras och monteringsproceduren börja om på nytt.

30 Montera vevaxelns remskiva och dra åt fästbulten löst, ta sedan bort vevaxelns inställningsstift. Vrid vevaxeln två hela varv medurs tills båda drevens inställningsmärken är i linje med sina visare igen. Vrid aldrig under några omständigheter vevaxeln moturs.

31 Demontera transmissionskåpan och lossa sedan på spännarens fästmutter och bult ett halvt varv och dra sedan åt dem ordentligt.

32 Remspänningen ska nu helst kontrolleras

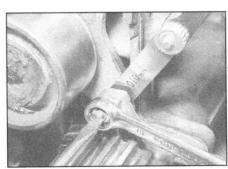

20.24 Justering av spelet för spännarremskivans bakplatta

20.26a Rikta in linjer på kamremmen mot inställningsmärken på vevaxeldrevet . . .

20.26b . . . kamaxeldrevet . . .

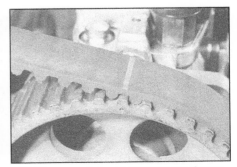

20.26c . . . och insprutningspumpdrevet

med hjälp av Renaults serviceverktyg. Om verktyget finns tillgängligt, använd det till att kontrollera att remmens avböjning är 3 till 5 mm halvvägs mellan kamaxelns och insprutningspumpens drev.

33 Om specialverktyget inte finns tillgängligt kan en ungefärlig kontroll göras med en fjädervåg och stållinjal. Mitt emellan kamaxelns och insprutningspumpens drev ska avböjningen vara 3 till 5 mm under ett tryck på 30 N **(se bild)**. Det måste dock understrykas att detta endast är en ungefärlig kontroll, spänningen kan endast mätas exakt med Renaults verktyg.

34 Med remmen korrekt spänd, montera transmissionskåpan.

35 Montera pluggen till topplockets/vevaxelns inställningsstiftshål och dra åt vevaxelns remskivebult till specificerat moment.

36 Montera kylaren och montera och spänn drivremmen(arna) till hjälpaggregaten.

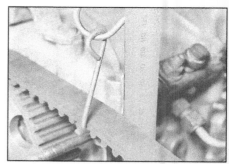

20.33 Fjädervåg och stållinjal används till att kontrollera kamremsspänningen

Kapitel 9
Renault 1870cc, 2068cc och 2188cc motorer

Del B: Underhåll av bränslesystem

Innehåll

Specifikationer

Glödstift

Renault 19:	
Ej turbo	Champion CH88 eller CH137
Turbo	Champion CH69
Renault Clio	Champion CH155
Renault Espace	Champion CH137
Renault Laguna	Information ej tillgänglig i skrivandets stund

Insprutare

Typ (alla modeller)	Tapp
Öppningstryck:	
Renault 19:	
F8Q 706 och F8Q 764 motorer med Lucas insprutningspump . . .	118 + 7 - 5 bar
Alla andra motorer	130 + 8 - 5 bar
Renault Clio:	
Bosch insprutningspump	130 + 8 - 5 bar
Lucas insprutningspump	118 + 7 - 5 bar
Renault Espace	125 till 138 bar
Renault Laguna:	
Standard	130 ± 5 bar
Maximal skillnad mellan två insprutare	8 bar

Bränsleinsprutningspump

Renault 19 – Bosch

Rotationsriktning	Medurs sett från drevänden
Statisk inställning:	
Motorläge	Cylinder nr 1 vid ÖD
Pumpläge:	
Alla motorer utom F8Q 706 från tidigt 1993*	0,70 ± 0,02 mm
F8Q 706 motor från tidigt 1993*	0,82 ± 0,02 mm
Dynamisk inställning	Ingen information tillgänglig i skrivandets stund

Fr o m tidigt 1993 ändrades pumpen på F8Q 706 motorer för att uppfylla nya europeiska krav för avgasrening. Tillämpliga pumpar kan identifieras med hjälp av inställningsvärdet markerat på pumpens gaslänkagearm.

Renault 19 – Lucas

Rotationsriktning	Medurs sett från drevänden
Statisk inställning:	
Motorläge	Cylinder nr 1 vid ÖD
Pumpläge	Värdet visas på pumpen
Dynamisk inställning	Ingen information tillgänglig i skrivandets stund

Renault Clio – Bosch

Rotationsriktning	Medurs sett från drevänden
Statisk inställning:	
Motorläge	Cylinder nr 1 vid ÖD
Pumpläge:	
F8Q 730 motor	0,82 ± 0,02 mm
F8Q 732 motor	0,70 ± 0,02 mm
Dynamisk inställning:	
F8Q 730 motor	Ingen information tillgänglig i skrivandets stund
F8Q 732 motor	12,5 ± 1° FÖD vid tomgång

Renault Clio – Lucas

Rotationsriktning	Medurs sett från drevänden
Statisk inställning:	
Motorläge	Cylinder nr 1 vid ÖD
Pumpläge	Värdet visas på pumpen
Dynamisk inställning	Ingen information tillgänglig i skrivandets stund

Renault Espace

Typ	Bosch VE4/9F2200
Rotationsriktning	Medurs sett från drevänden
Statisk inställning:	
Motorläge	Kolv nr 1 vid ÖD
Pumpläge	0,70 ± 0,02 mm
Dynamisk inställning vid tomgång	13,5° ± 1°

Renault Laguna

Rotationsriktning	Medurs sett från drevänden
Statisk inställning:	
Motorläge	Kolv nr 1 vid ÖD
Pumpläge	0,80° 0,04 mm (visas på pumpens gaslänkagearm)

Maximal motorhastighet

Renault 19

Bosch insprutningspump:	
F8Q 706 motor	5200 - 5400 rpm
F8Q 742 motor	5100 - 5300 rpm
Lucas insprutningspump:	
F8Q 706 och F8Q 764 motorer	5100 - 5300 rpm
F8Q 740 och F8Q 744 motorer	4800 - 5000 rpm

Renault Clio

Alla motorer	5100 - 5300 rpm

Renault Espace

2068 cc motor	4700 - 4800 rpm

Renault Laguna

Utan belastning	5300 - 5500 rpm
Belastning	4700 - 4900 rpm

Atdragningsmoment

	Nm
Renault 19 och Clio	
Insprutare	70
Bränslerörens anslutningsmuttrar och -bultar	25
Insprutningspump:	
Inställningshålets täckplugg:	
Lucas	5
Bosch	10
Monteringsmuttrar och -bultar	25
Drevets fästmutter	50
Drevets justerbultar (tvådelat justerbart drev)	20
Snabbtomgång, termostatisk aktiverare	35
Stoppsolenoid	20
Stoppsolenoidens terminalmutter	3,5
Glödstift	20
Renault Espace	
Insprutare:	
Klämtyp:	
Klämfästmuttrar	17
Returslang, anslutningsbultar	10
Skruvtyp	70
Insprutningsrör, anslutningsmuttrar	25
Insprutningspump:	
Matnings- och returslangar, anslutningsbultar	25
Monteringsmuttrar och -bultar	25
Drevmutter	50
Stoppsolenoid	20
Glödstift	25
Renault Laguna	
Insprutare	70
Insprutningspump, drevmutter	90
Glödstift	15

1 Gasvajer – justering

1 Be en medhjälpare trycka gaspedalen i botten och kontrollera att gaslänkagearmen på insprutningspumpen nuddar vid justerskruven för maximal motorhastighet.
2 Om justering behövs, demontera fjäderclipset från justerändbeslaget **(se bild)**, flytta beslaget så mycket som behövs och sätt sedan i clipset i nästa lediga skåra på beslaget.
3 När gaspedalen är helt uppsläppt, kontrollera att gaslänkagearmen nuddar vid tomgångsbegränsningens justerskruv.

2 Maximal motorhastighet – kontroll och justering

Varning: Justerskruven för maximal motorhastighet är plomberad med färg eller låstråd och bly av tillverkaren. Rör inte skruven om bilen fortfarande är under fabriksgaranti, då slutar den att gälla. Vid justering av maximalhastigheten behöver man en varvräknare.
1 Kör motorn tills den uppnår normal arbetstemperatur.
2 Om bilen inte har en varvräknare, anslut ett lämpligt instrument enligt tillverkarens instruktioner.

3 Be en medhjälpare att trycka ned gaspedalen helt och kontrollera att den maximala motorhastigheten är enligt specifikationerna. Låt inte motorn gå på maximal hastighet i mer än två eller tre sekunder.
4 Om justering är nödvändig, stäng av motorn och lossa på låsmuttern. Vrid justerskruven för maximal hastighet så mycket som behövs och dra sedan åt låsmuttern igen **(se bilder)**.
5 Upprepa proceduren i paragraf 3 för att kontrollera justeringen.
6 Stäng av motorn och koppla bort varvräknaren.

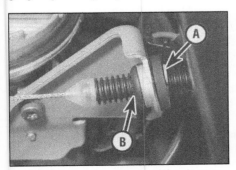

1.2 Gasvajerns fjäderclips (A) och yttre ändbeslag (B)

2.4a Justerskruv för maximal hastighet – Lucas pump

2.4b Justerskruv för maximal hastighet – Bosch pump

3.3 Snabbtomgångsvajerns ändbeslag (vid pilen) – Lucas pump

3.5 Skruva loss aktiveraren. Notera tätningsringen (vid pilen)

3 Snabbtomgång, termoaktiverare och vajer – demontering, montering och testning

Observera: *Detta arbetsmoment gäller endast Renault 19 och Clio modeller.*

Observera: *En ny tätningsring till den termostatiska aktiveraren kommer att behövas vid montering.*

Demontering

1 Den termostatiska aktiveraren sitter på vänstra sidan på topplocket.

2 Koppla bort batteriets minuspol och tappa delvis av kylsystemet.

3 Lossa på klämskruven eller -muttern (vad som finns) och ta loss snabbtomgångsvajerns ändbeslag från innervajern vid snabbtomgångsarmen på bränsleinsprutningspumpen **(se bild).**

4 Dra av yttervajern från fästet på insprutningspumpen.

5 Använd en öppen blocknyckel och skruva ur den termostatiska aktiveraren från topplocket och ta ut aktiveraren. Ta vara på tätningsringen **(se bild).**

Montering

6 Montera aktiveraren med en ny tätningsring och dra sedan åt den.

7 Fyll på kylsystemet.

8 Sätt in yttervajern genom fästet på insprutningspumpen.

9 Sätt in innervajern genom snabbtomgångsarmen och montera ändbeslaget på vajern. Dra inte åt klämskruven/muttern än.

10 Justera vajern enligt följande:

Testning och justering
Bosch pump

11 Vid detta moment är det nödvändigt att mäta motorvarvtalet. Den vanliga typen av varvräknare, som är beroende av pulser från insprutningssystemet, kan inte användas på dieselmotorer. Ett diagnostikuttag finns som kan användas med Renaults testutrustning, men denna finns normalt inte tillgänglig för hemmamekanikern. Om man inte tycker att det är tillräckligt att ställa in tomgångshastigheten med vägledning av motorljudet, kan ett av följande alternativ användas:

a) *Köp eller hyr en lämplig varvräknare.*

b) *Överlåt jobbet till en Renault-återförsäljare eller annan specialist.*

c) *Använd en tändinställningslampa (strobe) som drivs av en bensinmotor som går med den hastighet man vill uppnå. Om tändinställningslampan riktas mot ett märke på kamaxelns eller insprutningspumpens drev, kommer märket att se ut som att det står stilla när de två motorerna har samma hastighet (eller multipler av den hastigheten). Drevet kommer att rotera med halva vevaxelns hastighet, men detta påverkar inte justeringen. I praktiken visade det sig vara omöjligt att använda denna metod på vevaxelns remskiva p g a den alltför snäva synvinkeln.*

12 När motorn är varm (kylfläkten ska ha gått på och stängts av en gång) och går på rätt tomgångshastighet, fortsätt på följande sätt:

13 Flytta snabbtomgångsarmen på insprutningspumpen mot svänghjulsänden på motorn så att den kommer i kontakt med snabbtomgångens justerskruv **(se bild).**

14 Kontrollera snabbtomgångshastigheten. Om det behövs, lossa på låsmuttern och vrid justerskruven så att rätt snabbtomgångshastighet uppnås. Avsluta med att dra åt låsmuttern.

15 Stäng av motorn och koppla bort varvräknaren, där tillämpligt.

16 Snabbtomgångsvajern ska nu justeras enligt följande:

17 Med motorn fortfarande på normal arbetstemperatur och snabbtomgångsarmen vilande mot tomgångens justerskruv (inte snabbtomgångens justerskruv), dra försiktigt i snabbtomgångsvajern så att den spänns.

18 Sätt ändbeslaget på vajern så att avståndet mellan änden på snabbtomgångsarmen och ändbeslaget är som visat **(se bild).**

19 Med ändbeslaget rätt placerat, dra åt klämskruven.

20 När motorn är kall, kontrollera att vajern har dragit i snabbtomgångsarmen så att den

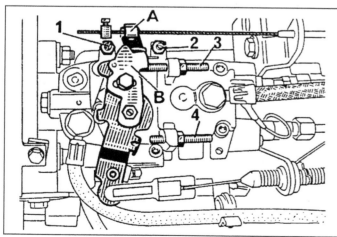

3.13 Bosch insprutningspump, justerskruvar

A Snabbtomgångsarm
B Gaslänkagearm
1 Justerskruv snabbtomgång
2 Justerskruv tomgång

3 Justerskruv tomgångsbegränsning
4 Justerskruv maximal hastighet

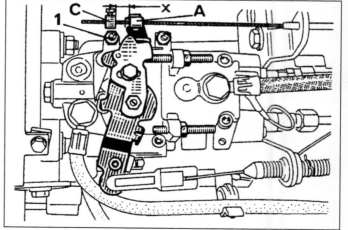

3.18 Snabbtomgångsvajerns justering (termostatisk aktiverare) – Bosch pump

A Snabbtomgångsarm
C Vajerändbeslag

1 Justerskruv snabbtomgång
x = 6,0 mm

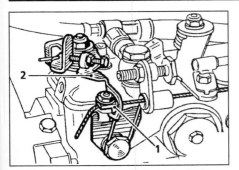

3.31 Snabbtomgångsvajerns justering (termostatisk aktiverare) – Lucas pump

1 Vajerklämma   2 Snabbtomgångsarm

vilar mot snabbtomgångens justerskruv. Kontrollera på nytt att när motorn har normal arbetstemperatur är måttet X mellan änden på snabbtomgångsarmen och vajerns ändbeslag enligt specifikationerna. Om inte är det troligt att den termostatiska aktiveraren är defekt.

Lucas pump – Clio (F8Q 730 motor) före tidigt 1993

21 Snabbtomgångshastigheten ställs in i fabriken på en testbänk och kan inte justeras.
22 När motorn är kall, lossa på vajerklammern och tryck snabbtomgångsarmen helt bort från inställningsänden på motorn. Detta är armens snabbtomgångsläge.
23 Håll armen i snabbtomgångsläget och dra i änden på vajern så att den är lätt spänd, och sätt sedan klämman på vajern så att den precis kommer i kontakt med snabbtomgångsarmen. Dra fast klämman på vajern.
24 Låt motorn gå tills den uppnår normal arbetstemperatur (kylfläkten ska ha gått på och stängts av en gång) och stäng sedan av den. Snabbtomgångsarmen ska nu ha lösgjorts helt av den termostatiska aktiveraren.
25 Dra i änden på vajern (paragraf 23) och använd sedan ett bladmått för att kontrollera att mellanrummet mellan klämman och snabbtomgångsarmen är 2,0 till 3,0 mm. Om inte, justera klämmans läge på innervajern.

Lucas pump – Clio (F8Q 714 motor) och Renault 19 efter tidigt 1993

26 Snabbtomgångshastigheten ställs in i fabriken på en testbänk och kan inte justeras.
27 När motorn är kall, notera längden på den synliga delen av snabbtomgångens innervajer, mätt från änden på vajern till punkten där den går in i vajerhöljet.
28 Låt motorn gå tills den uppnått normal arbetstemperatur (kylfläkten ska ha gått på och stängts av en gång) och stäng sedan av den.
29 Mät på nytt längden på den synliga delen av innervajern, vilken ska ha ökat med 7,0 till 8,5 mm. Om vajerlängden inte ökar enligt specifikationen mellan kall motor och normal arbetstemperatur, är det troligt att den termostatiska aktiveraren är defekt.
30 Med motorn fortfarande vid normal

arbetstemperatur och snabbtomgångsarmen i vilande läge, dra försiktigt i tomgångsvajern så att den spänns.
31 Placera snabbtomgångsvajerns ändbeslag på vajern så att måttet mellan änden på snabbtomgångsarmen och ändbeslaget är 3,0 ± 1,0 mm **(se bild)**.
32 När ändbeslaget sitter rätt, dra åt klämmuttern.

4 Snabbtomgång, termoaktiverare och vajer – demontering, montering och testning

Observera: Detta arbetsmoment gäller endast Renault Espace.
Observera: Två olika typer av termostatisk aktiverare kan påträffas. Den ena typen sitter iskruvad i topplocket och den andra är monterad på ett fäste som sitter baktill på insprutningspumpen. En ny tätningsring till den termostatiska aktiveraren kommer att behövas vid monteringen.

Demontering

Aktiveraren på topplocket

1 Fortsätt enligt beskrivning i avsnitt 3, paragraf 2 till 5.

Aktiveraren på insprutningspumpen

2 Koppla bort batteriets minuspol.
3 Använd en slangklämma och kläm ihop aktiverarens båda kylvätskeslangar för att minimera kylvätskeförlust under kommande arbete.
4 Lossa på fästclipsen och koppla bort de båda kylvätskeslangarna från aktiveraren. Var beredd på visst kylvätskespill.
5 Lossa klämskruven och muttern och dra sedan av snabbtomgångsvajerns ändbeslag från vajeränden.
6 Lossa och ta bort bultarna som fäster snabbtomgångaktiverarens monteringsfäste baktill på insprutningspumpen. Demontera fästet och aktiverarenheten från pumpen och lossa vajern från insprutningspumpen. Demontera vajerbeslaget (där sådant finns monterat) från pumparmen och förvara den säkert tillsammans med aktiveraren. Om så behövs kan aktiverarenheten tas isär enligt följande:
7 Skruva delvis ur bultarna som håller ihop aktiverarhusets två halvor. När bultarna är nära slutet på sina gängor, tryck ihop aktiverarens två halvor för att minska kraften i fjädertrycket på bultarna. När bultarna är demonterade, dela försiktigt på aktiveraren genom att gradvis upphäva fjädertrycket och demontera de två halvorna från fästet.
8 Demontera gummidamasken och vajerstyrningen från den främre halvan av aktiverarhuset och ta sedan bort vajer och fjädrar.
9 Skruva med hjälp av en lämplig pegnyckel ur den termostatiska kapselringmuttern från aktiverarens bakre halva. Lyft ut kapseln och ta vara på tätningsringen.

Montering

Aktiveraren på topplocket

10 Fortsätt enligt beskrivning i avsnitt 3, paragraf 6 till 9.
11 Justera vajern enligt beskrivning i lämpligt underavsnitt.

Aktiveraren på insprutningspumpen

12 Om aktiveraren har tagits isär, fortsätt i paragraf 13. Om inte, fortsätt till paragraf 16.
13 Montera en ny tätningsring till den termostatiska kapseln och montera kapseln till den bakre delen på aktiveraren. Montera ringmutter och dra åt den ordentligt.
14 Montera fjädrarna på vajern och sätt in vajern genom aktiverarens främre halva. Sätt vajerstyrningen i gummidamasken och för sedan damasken på plats, se till att den sätter sig korrekt i spåret framtill på aktiveraren.
15 Placera aktiverarhalvorna på varsin sida om monteringsfästet. Ta hjälp av någon och tryck ihop de två halvorna och montera tillbaka fästbultarna, dra åt dem ordentligt.
16 Montera vajerbeslaget på pumparmen och manövrera snabbtomgångsaktiveraren och fästesenheten på plats, sätt in vajern genom beslaget.
17 Montera insprutningspumpens bakre monteringsfäste och dra åt både snabbtomgångsaktiverarens och monteringsfästets fästmuttrar och bultar ordentligt.
18 Anslut kylvätskeslangarna till snabbtomgångsaktiveraren och dra åt deras fästclips ordentligt. Ta bort slangklämmorna och fyll på kylsystemet.
19 Montera ändbeslaget på vajern och dra åt dess klämskruv och mutter lätt.
20 Justera vajern enligt beskrivning i relevant underavsnitt.

Testning och justering

Aktiveraren på topplocket

21 Låt motorn gå tills den når normal arbetstemperatur. Se del A i detta kapitel och justera tomgångshastigheten, tomgångsbegränsningen och snabbtomgångshastigheten.
22 Dra i innervajern så att den spänns och mät sedan avståndet mellan vajerns ändbeslag och armen. Det ska vara ett gap på ca 6,0 mm. Om inte, lossa klämskruven eller muttern (som tillämpligt), flytta ändbeslaget till rätt läge och dra åt skruven eller muttern ordentligt.
23 Stäng av motorn och låt den kallna. När motorn kallnar ska snabbtomgångens aktiverarvajer dra sig tillbaka och slutligen dra tillbaka armen mot den bakre delen av pumpen.

Aktiveraren på insprutningspumpen

24 Lossa fästskruven till snabbtomgångsarmens stopp på insprutningspumpen och flytta stoppet bort från armen.
25 Med vajerns ändbeslag placerat så att det går fritt från snabbtomgångsarmen, flytta

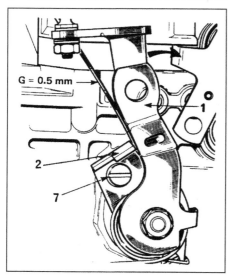

4.25 Placera snabbtomgångsarmen (1) och justera avståndet (G) genom att lossa skruven (7) och omplacera armens stopp (2) – snabbtomgångsventil monterad på pumpen

armen mot den bakre delen av pumpen tills ett läge nås där man kan känna motstånd. Det är i detta läge som armen börjar påverka snabbtomgångsmekanismen i pumpen. Håll snabbtomgångsarmen i detta läge och placera armens stopp så att det finns ett mellanrum på 0,5 mm mellan stoppet och armen (se bild). När stoppet sitter rätt, dra åt fästskruven.

26 När motorn är kall, mät noggrant

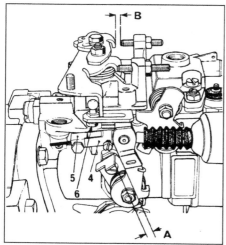

4.26 Snabbtomgångsventilens justerdetaljer – pumpmonterad ventil

4 Vajerändbeslagets främre del
5 Vajerändbeslagets bakre del
6 Kulled
A Spel mellan snabbtomgångsarm och stopp
B Spel mellan tomgångshastighetsskruv och gaslänkagearm

temperaturen på snabbtomgångsaktiverarens termostatiska kapsel som sitter i den bakre delen av aktiveraren. Se tabellen nedan och notera måtten för dimension A och B (se bild) som motsvarar kapselns temperatur.

Kapsel-temperatur	Dimension A (mm)	Dimension B (mm)
Mindre än 18°C	6,5	4,5
22°C	5,9	3,5
25°C	5,5	2,7
30°C	4,75	1,5
35°C	4,0	0,2
40°C	3,25	0

27 Sätt in mellanlägg med samma tjocklek som värdet i dimension A mellan pumpens snabbtomgångsarm och sitt stopp. Ta bort allt slack från vajern och för sedan ändbeslaget längs vajern tills det ligger an mot snabbtomgångsarmen, och dra sedan åt klämskruven och muttern ordentligt. Ta bort mellanläggen och kontrollera att spelrummet mellan snabbtomgångsarmen och dess stopp är detsamma som dimension A. Om inte, upprepa justeringen.

28 Med dimension A rätt inställd, lossa på snabbtomgångsarmens kulledsmutter och för undan kulleden från gaslänkagearmen.

29 Sätt in mellanlägg med samma tjocklek som värdet i dimension B mellan tomgångshastighetens justerskruv och gaslänkagearmen. För kulleden längs dess skåra tills den går mot gaslänkagearmen och dra sedan åt fästmuttern ordentligt. Ta bort mellanläggen och kontrollera att spelrummet mellan gaslänkagearmen och tomgångshastighetens justerskruv är detsamma som dimension B. Om inte, upprepa justeringen.

30 Kör motorn tills den når normal arbetstemperatur. När motorn värms upp ska vajerns ändbeslag långsamt sträckas ut tills snabbtomgångsarmen återvänder till sitt stopp och vajerns ändbeslag går fritt från armen. Samtidigt ska gaslänkagearmen vara tillbaka mot tomgångshastighetens justerskruv.

5 Snabbtomgång, vakuumaktiverare, vajer, solenoidventil – demontering, montering, test

Observera: Detta arbetsmoment gäller endast Renault 19.

Vakuumaktiverare och vajer

Demontering

1 Vakuumaktiveraren sitter på ett fäste på änden på bränsleinsprutningspumpen (se bilder).
2 Lossa klämskruven eller muttern (vad som finns) och ta loss snabbtomgångsvajerns ändbeslag från innervajern vid snabbtomgångsarmen på bränsleinsprutningspumpen.
3 Koppla bort vakuumslangen från aktiveraren.
4 Skruva ur muttern som håller aktiveraren vid fästet och ta loss aktiveraren samtidigt som du för vajern genom fästet.

Montering

5 Montera aktiveraren vid fästet och dra åt fästmuttern.
6 Återanslut vakuumslangen.
7 Sätt in innervajern genom snabbtomgångsarmen och sätt på ändbeslaget på vajern. Dra inte åt klämskruven eller muttern (vad som finns).
8 Justera vajern enligt följande:

Testning och justering – Bosch pump

9 Fortsätt enligt beskrivning i avsnitt 3, paragraf 11 till 19.
10 Om man misstänker en defekt aktiverare ska man först av allt testa solenoidventilen.
11 Aktiveraren kan testas med hjälp av en vakuumpump. Med motorn avstängd, koppla bort vakuumslangen från aktiveraren och anslut vakuumpumpen. Med ett vakuum på 500 mbar ska aktiveraren kunna manövrera vajern tillräckligt för att dra i

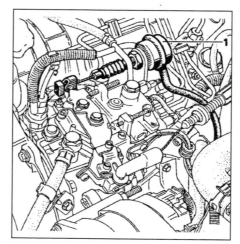

5.1a Snabbtomgångens vakuumaktiverare (1) – Bosch pump

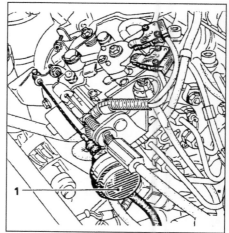

5.1b Snabbtomgångens vakuumaktiverare (1) – Lucas pump

snabbtomgångsarmen så att den vilar mot snabbtomgångens justerskruv. Om inte är det troligt att vakuumaktiveraren är defekt.

Testning och justering – Lucas pump

12 Snabbtomgångshastigheten ställs in på fabriken och kan inte justeras.
13 Med motorn avstängd och snabbtomgångsarmen i vilande läge, dra försiktigt i snabbtomgångsvajern så att den spänns.
14 Sätt snabbtomgångsvajerns ändbeslag på vajern så att måttet mellan änden på snabbtomgångsarmen och ändbeslaget är 3,0 ± 1,0 mm.
15 När ändbeslaget sitter rätt, dra åt klämmuttern.
16 Aktiveraren kan testas med hänvisning till paragraf 10 och 11, men observera att snabbtomgångsarmen ska vila mot armens stopp och inte snabbtomgångens justerskruv.

Solenoidventil

Demontering

17 Solenoidventilen sitter på ett fäste på den främre karosspanelen i motorrummet **(se bild)**.
18 Koppla bort ledningskontakten och vakuumslangarna från ventilen.
19 Skruva ur de två fästmuttrarna och ta loss ventilen, komplett med sitt fäste.

Montering

20 Montering sker i omvänd arbetsordning. Var noga med att vakuumslangarna blir ordentligt återanslutna.

Testning

21 Demontera solenoidventilen.
22 Försök att blåsa försiktigt genom en av vakuumslangarnas anslutningar. Ingen luft ska kunna passera genom ventilen.
23 Anslut 12 volts matning över solenoidens terminaler och försök på nytt att blåsa igenom ventilen. Luft ska nu kunna passera.
24 Om ventilen visar sig vara defekt ska den bytas ut.

6 Snabbtomgångssystem – byte av komponenter, demontering och montering

Observera: Detta arbetsmoment gäller endast Renault Laguna modeller.
1 På Laguna modeller utrustade med luftkonditionering samt vissa senare modeller som inte har luftkonditionering är snabbtomgångssystemet vakuumstyrt via en membranenhet och en elektriskt aktiverad solenoidventil som styrs av förvärmningsenheten. Snabbtomgångsmembranet används också som belastningskorrigerare (LDA) som finjusterar insprutningspumpens bränslemätning under vissa förhållanden. På alla andra modeller styrs tomgångssystemet av en termostatisk aktiverare som sitter iskruvad framtill på topplocket.

5.17 Snabbtomgångens solenoidventil (4) – vakuumaktiverare

Termostatisk aktiverare

Demontering

2 För att lättare komma åt aktiveraren, ta loss servostyrningsvätskans behållare från sitt clips och placera den så att den går fri från sitt fäste.
3 Fortsätt enligt beskrivning i avsnitt 3, paragraf 2 till 5.

Montering

4 Om tätningsmedel ursprungligen använts på aktiveraren, tvätta noggrant bort alla tecken på gammalt medel från aktiveraren och topplocket. Var noga med att inga spår lämnas kvar i de inre kylvätskekanalerna.
5 Montera givaren, med lämpligt tätningsmedel eller en ny bricka (som tillämpligt) och dra åt den ordentligt.
6 Sätt in justerskruven i fästet på bränsleinsprutningspumpen och skruva på låsmuttern, dra fingerhårt.
7 Sätt in innervajern genom snabbtomgångsarmen och montera ändbeslaget på vajern. Dra inte åt klämskruven eller muttern (vad som finns) än.
8 Clipsa fast behållaren till servostyrningsvätskan på sin rätta plats.
9 Fyll på kylsystemet och justera vajern enligt följande:

Justering

10 Med kall motor, tryck snabbtomgångsarmen helt mot den bakre delen på insprutningspumpen tills den kommer i kontakt med justerskruven för snabbtomgång. Håll den i detta läge och för ändbeslaget längs vajern tills den stöter på snabbtomgångsarmen och dra sedan åt dess klämmutter eller skruv (vad som finns).
11 Starta motorn och låt den nå normal arbetstemperatur. När motorn värms upp ska snabbtomgångsvajern förskjutas så att snabbtomgångsarmen återvänder till sitt stopp.
12 När kylfläkten har slagits på, mät spelrummet mellan snabbtomgångsarmen och vajerns ändbeslag. Det ska vara ett gap på 6 ± 1 mm. Om inte, lossa på klämskruven eller

muttern (som tillämpligt), flytta ändbeslaget till rätt läge och dra åt skruven eller muttern ordentligt.
13 Slå av motorn och låt den kallna. När motorn kallnar ska snabbtomgångsventilens vajer dras tillbaka och slutligen dra tillbaka armen mot snabbtomgångens justerskruv.

Vakuumstyrt system

Demontering

14 För att demontera systemets solenoidventil, koppla bort vakuumslangarna och ledningsanslutningen och lossa sedan fästmuttrarna och demontera ventilen från framtill i motorrummet.
15 För att demontera vakuummembranenheten, koppla först bort vakuumslangen. Lossa klämskruven eller muttern (vad som finns) och ta bort snabbtomgångsvajerns ändbeslag från innervajern vid insprutningspumpens snabbtomgångsarm. Skruva ur fästmuttern och demontera membranet och vajerenheten från pumpfästet.

Montering

16 Montera membranenheten och dra åt dess fästmutter ordentligt.
17 Återanslut vajern till insprutningspumpen, se till att vajerns ändbeslag sitter rätt. Dra inte åt klämskruven/muttern än.
18 Återanslut vakuumslangen till membranenheten.
19 Montera solenoidventilen och dra åt dess fästmuttrar ordentligt. Återanslut vakuumslangarna. Justera vajern enligt följande:

Justering

20 Ta loss vakuumslangen från membranenheten på insprutningspumpen. Håll membranvajern spänd och placera ändbeslaget så att det finns ett mellanrum på 2 ± 1 mm mellan ändbeslaget och snabbtomgångsarmen. Flytta ändbeslaget till rätt läge och dra åt dess klämskruv/ mutter.
21 Återanslut vakuumslangen till membranet och starta motorn. När motorn är kall ska membranet dra snabbtomgångsarmen mot den bakre delen av pumpen tills den kommer i kontakt med snabbtomgångens justerskruv. När motorn blivit varm ska solenoidventilen stänga av vakuumtillförseln till membranet och vajern kommer att förskjutas och föra tillbaka snabbtomgångsarmen till sitt stopp mot tomgångshastighetsskruven. Kontrollera att mellanrummet mellan snabbtomgångsvajerns ändbeslag och arm är 2 ± 1 mm och stäng sedan av motorn.

7 Förställningssolenoid för kallstart – testning, demontering och montering

Observera: Detta arbetsmoment gäller endast Renault 19 och Clio modeller.
Observera: Låt inte smuts komma in i insprutningspumpen när solenoiden demonteras. En ny tätningsbricka måste användas vid montering.

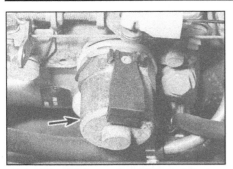

**7.4a Förställningssolenoid för kallstarts-
inställning (vid pilen) – Lucas pump**

Testning

1 För att testa hur systemet fungerar, starta motorn när den är kall och lyssna efter knackningar eller kärvningar som upphör efter mellan 30 sekunder och 2 minuter och 45 sekunder. Detta tyder på att systemet fungerar som det ska. Om utrustning för dynamisk inställning finns tillgänglig kan denna användas till att testa förinställningen.
2 Om systemet inte verkar fungera, kontrollera om det finns spänning i solenoidens matningsledning när startmotorn går runt och sedan 5 till 6 sekunder efter start. Matningen

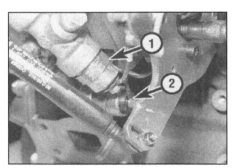

**8.1a Insprutningspumpens
förställningssolenoid för kallstart (KSB) (1)
och hydraulisk belastnings-
justeringssolenoid (AFLB) (2)**

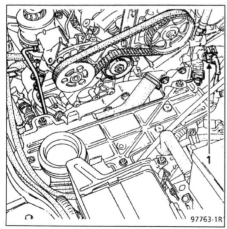

**8.1b Kylvätsketemperaturgivare (1)
inskruvad i topplockets kylvätskeutlopp**

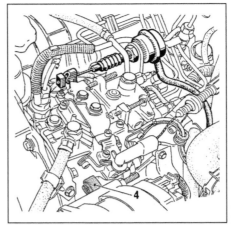

**7.4b Förställningssolenoid för kallstarts-
inställning (4) – Bosch pump**

till solenoiden styrs av förvärmningssystemets styrenhet.
3 Om det finns spänning men systemet ändå inte fungerar, är solenoidventilen förmodligen defekt och ska bytas.

Demontering

4 Koppla bort batteriets minuspol och sedan solenoidens ledningsanslutning **(se bilder)**.
5 Skruva ur solenoiden från pumpen och ta vara på tätningsbrickan, var försiktig så att det inte kommer in smuts i pumpen.

Montering

6 Montering sker i omvänd arbetsordning. Använd ny tätningsbricka.

8 Kallstartförställningssystem – testning(Renault Laguna)

1 Bränsleinsprutningspumpen som finns monterad på Renault Laguna är utrustad med en kallstartförställningssolenoid som ställer fram pumptidsinställningen när motorn är kall. Denna solenoid är den övre av två monterade

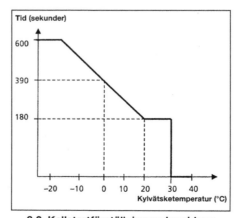

**8.2 Kallstartförställningssolenoidens
(KSB) aktiveringstid när
lufttemperaturgivaren är defekt**

framtill på pumpen. Solenoiden styrs av förvärmningsenheten, som har en luft-temperaturgivare i ett stycke och en kyl-vätsketemperaturgivare som sitter iskruvad i kylvätskeutloppets hus på vänstra sidan på topplocket **(se bilder)**. Solenoiden är aktiv när den omgivande lufttemperaturen är lägre än 15°C och motorns kylvätsketemperatur är lägre än 60°C.
2 Om kallstartförställningssystemet utvecklar ett fel, kontrollera den elektriska matningen till solenoidventilen och skicket på kabelaget som ansluter förvärmningssystemet, kyl-vätsketemperaturgivaren och solenoiden. Observera att om lufttemperaturgivaren är defekt så arbetar solenoiden under en förbestämd tidsperiod beroende på motorns kylvätsketemperatur **(se bild)**. Om kylvätske-temperaturens givare är defekt arbetare solenoiden i tre minuter, oavsett luft-temperatur. All övrig testning av systemet bör överlåtas åt en Renault-verkstad.

9 Stoppsolenoid – demontering och montering

Varning: Låt inte smuts komma in i bränsleinsprutningspumpen under detta arbetsmoment. En ny tätningsbricka eller o-ring måste användas vid montering.

Demontering

1 Koppla bort batteriets minuspol.
2 På Renault Laguna modeller måste man lossa på fästclipset och föra undan behållaren för servostyrningsvätska från insprutnings-pumpen för att förbättra åtkomsten till solenoiden.
3 Ta bort gummidamasken (där sådan finns) och skruva sedan ur ledningsfästets mutter och koppla bort ledningen från uppe på solenoiden **(se bild)**.
4 Rengör noggrant runt solenoiden, skruva sedan ur och ta bort solenoiden och ta vara på tätningsbricka eller o-ring (vad som finns).
5 Arbeta med handsnapsningspumpen när solenoiden tas bort så att eventuell smuts spolas bort.
6 Ta vara på solenoidens kolv och fjäder om de sitter kvar på pumpen.

**9.3 Koppla loss stoppsolenoidens ledning
– Lucas pump**

10.2 Koppla loss ledningen till motorbelastningskontakten

Montering

7 Kontrollera att öppningen i insprutnings-pumpen är helt fri från damm och smuts.

8 På Lucas pumpar har det hänt att det funnits små bitar av järnfilspån som hindrar ventilen från att stänga helt när tändningen slås av. Sätt in en liten magnet i öppningen så att järnfilspånet samlas upp. Blås inte in i öppningen, då kan järnfilspånet komma in i bränslekretsen.

9 Montering sker i omvänd arbetsordning. Använd ny tätningsbricka eller o-ring.

10 När man återansluter ledningen på Lucas insprutningspumpar, se till att den solfjäder-formade brickan sitter under ledningens änd-beslag. Om man inte lyckas montera brickan kan det orsaka att motorn stannar medan man kör, eller hindra motorn från att starta.

10 Motorbelastningskontakt – testning, justering, demontering och montering

Observera: *För Renault Clio gäller informa-tionen i detta avsnitt motorerna F8Q 714 och F8Q 730.*

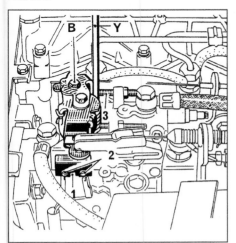

10.5a Motorbelastningsjusteringens detaljer – tidig version

1 Motorbelastnings-kontakt
2 Fästskruvar till kontakten
3 Justerskruv, tom-gångsbegränsning
B Gaslänkagearm
Y Bladmått

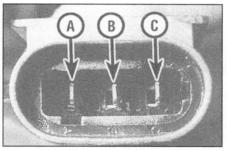

10.3 Motorbelastningskontaktens terminaler – Lucas pump

Observera: *En kontinuitetsmätare eller ohmmätare kommer att behövas för att testa belastningskontakten.*

Testning och justering

1 Försäkra dig om att tomgångshastigheten och tomgångsbegränsningen är korrekt inställda, enligt beskrivning i del A i detta kapitel.

2 Koppla bort ledningskontakten **(se bild)**.

3 För Renault 19, Clio och Espace modeller, anslut en kontinuitetsmätare eller en ohm-mätare över ledningskontakten terminal B och C **(se bild)**.

4 För Renault Laguna modeller, anslut en kontinuitetsmätare eller en ohmmätare över ledningskontaktens terminaler på insprut-ningspumpens anslutning **(se bild)**. På modeller som inte är utrustade med ett avgasåtercirkulationssystem (EGR) ska den bakre kontakten användas och mätaren ska anslutas över terminal B1 och C1. På modeller med EGR ska den främre kontakten användas och mätaren ska anslutas till terminal B2 och C2.

5 För alla modeller, sätt in bladmått av olika tjocklek mellan bränsleinsprutningspumpens gaslänkagearm och justerskruven för tom-gångsbegränsning. Läs av kontinuitets-

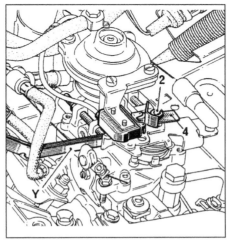

10.5b Motorbelastningsjusteringens detaljer – senare version

2 Fästmutter
4 Manövreringskam
Y Bladmått

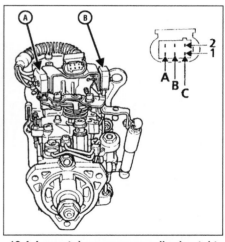

10.4 Insprutningspumpens mikrokontakt och ledningskontaktens detaljer

A Bakre kontakt använd på motorer utan EGR
B Främre kontakt använd på motorer med EGR

mätaren eller ohmmätaren, vad som finns **(se bilder)**. Avläsningarna ska vara enligt följande:

Renault 19 – Bosch pump

Distanstjocklek	Avläsning
Upp till 7,0 mm	Kontinuitet/noll motstånd
Över 8,0 mm	Ingen kontinuitet/oändligt motstånd

Renault 19 – Lucas pump

Distanstjocklek	Avläsning
Upp till 9,0 mm	Kontinuitet/noll motstånd
Över 11,0 mm	Ingen kontinuitet/oändligt motstånd

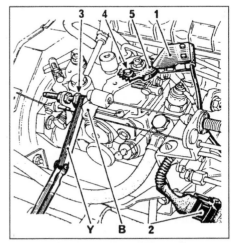

10.5c Justering av motorbelastnings-kontakt – Lucas pump (bil utan luftkonditionering)

B Gaslänkagearm
Y Bladmått
1 Motorbelastnings-kontakt
2 Kontaktens ledningsanslutning
3 Justerskruv, tom-gångsbegränsning
4 Bult
5 Kam

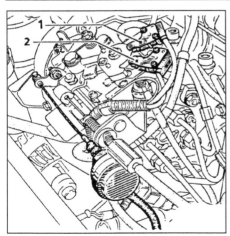

10.5d Motorbelastningskontakt – turbomotorer utrustade med EGR

1 Motorbelastnings-   2 EGR avstäng-
  kontakt   ningssolenoid

Renault Clio – Bosch pump

Distanstjocklek	Avläsning
Upp till 9,7 mm	Kontinuitet/noll motstånd
Över 10,7 mm	Ingen kontinuitet/oändligt motstånd

Renault Clio – Lucas pump

Distanstjocklek	Avläsning
Upp till 8,0 mm	Kontinuitet/noll motstånd
Över 12,0 mm	Ingen kontinuitet/oändligt motstånd

Renault Espace

Distanstjocklek	Avläsning
Upp till 10,2 mm	Kontinuitet/noll motstånd
Över 11,5 mm	Ingen kontinuitet/oändligt motstånd

Renault Laguna – utan EGR

Distanstjocklek	Avläsning
Upp till 13,1 mm	Kontinuitet/noll motstånd
Över 14,1 mm	Ingen kontinuitet/oändligt motstånd

Renault Laguna – med EGR

Distanstjocklek	Avläsning
Upp till 11,7 mm	Kontinuitet/noll motstånd
Över 12,3 mm	Ingen kontinuitet/oändligt motstånd

6 Om kontakten inte beter sig som den ska, lossa på dess monteringsskruvar och flytta på den så mycket som behövs. Observera att på vissa av Lucas bränsleinsprutningspumpar görs justeringen genom att man lossar skruven och justerar läget för kammen i förhållande till gaslänkagearmen.
7 Om kontakten är konstant öppen eller stängd, byt ut den.

Demontering

8 Koppla bort ledningskontakten och ta sedan bort de två fästskruvarna och ta loss kontakten från fästet på insprutningspumpen.

Montering

9 Montering sker i omvänd arbetsordning. Där tillämpligt, justera kontakten innan skruvarna dras åt.

11 Insprutningspump, mikro-kontakter – testning, justering, demontering och montering

Observera: Informationen i detta avsnitt gäller endast F8Q 732 motorn monterad i Renault Clio.
1 På F8Q 732 motorer monterade i Renault Clio finns det två mikrokontakter på bränsle-insprutningspumpen. Den inre kontakten är eftervärmningens frånslagningskontakt och den yttre är avgasåtercirkulationens (EGR) systemkontakt. Båda kontakterna är av fullbelastningstyp.

Testning och justering

2 Koppla bort relevant ledningskontakt.
3 Anslut en kontinuitetsmätare eller ohm-mätare över relevanta ledningskontakts-terminaler **(se bild)**.
4 Sätt in bladmått av olika tjocklek mellan bränsleinsprutningspumpens gaslänkagearm och justerskruven för tomgångsbegränsning. Läs av kontinuitetsmätaren eller ohmmätaren (vad som används) **(se bilder)**. Avläsningarna ska vara enligt följande:

Eftervärmningskontakt

Distanstjocklek	Avläsning
Upp till 7,0 mm	Kontinuitet/noll motstånd
Över 8,0 mm	Ingen kontinuitet/oändligt motstånd

EGR-systemkontakt

Distanstjocklek	Avläsning
Upp till 13,5 mm	Kontinuitet/noll motstånd
Över 14,5 mm	Ingen kontinuitet/oändligt motstånd

5 Om kontakten inte uppträder som den ska, lossa dess monteringsskruvar och flytta på den så mycket som behövs.
6 Om kontakten är konstant öppen eller stängd ska den bytas ut.

Demontering

7 Koppla bort ledningskontakten och ta sedan bort de två fästskruvarna och ta loss kontakten från fästet på insprutningspumpen. För att demontera eftervärmningens från-slagningskontakt (den inre) måste man först demontera EGR systemets kontakt (den yttre).

Montering

8 Montering sker i omvänd arbetsordning. Där tillämpligt, innan fästskruvarna dras åt, justera kontakten(erna) enligt beskrivning ovan.

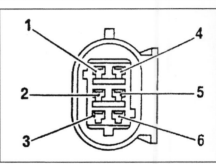

11.3 Kontaktterminaler i insprutningspumpens mikrokontakt – F8Q 732 motorer

1   Förställningssolenoid för kallstart
2, 3 Eftervärmningens mikrokontakt
4   Används ej
5, 6 EGR-systemets kontakt

12 Glödstift – demontering, inspektion och montering

Varning: Om förvärmningssystemet precis har aktiverats, eller om motorn har varit påslagen, kan glödstiften vara mycket varma.

Demontering

1 Koppla bort batteriets minuspol.
2 För Renault Laguna modeller får man tillgång till glödstiften genom att demontera insugsröret.
3 Skruva loss muttrarna från glödstifts-terminalerna och ta vara på brickorna. Koppla bort kabelaget **(se bild)**. Observera att på Renault 19 och Clio modeller är den elektriska huvudmatningsledningen ansluten till två av stiften. På Espace modeller är huvud-matningskabeln ansluten till ett stift.
4 Där tillämpligt, flytta försiktigt undan eventuella rör eller ledningar, som är i vägen för glödstiften, till ena sidan.
5 Skruva ur glödstiften och ta bort dem från topplocket **(se bild)**.

Inspektion

6 Se efter om glödstiften har några synliga skador. Brända eller eroderade glödstift kan

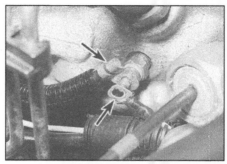

12.3 Koppla bort ledningarna (vid pilarna) från glödstiftsterminalerna

12.5 Ta bort glödstiften från topplocket

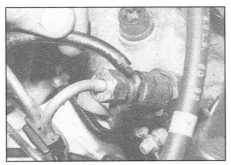

13.4 Dra av returrören från bränsleinsprutarna

13.6 Koppla loss bränslerören från insprutarna

orsakas av dåligt bränsleinsprutarspray-mönster. Låt någon undersöka glödstiften ordentligt om denna typ av skada hittas.

7 Om glödstiften är i gott fysiskt skick, kontrollera dem elektriskt med hjälp av en 12 volts testlampa eller kontinuitetsmätare, enligt beskrivning i avsnitt 23.

8 Glödstiften kan aktiveras genom att man matar 12 volt genom dem för att kontrollera att de värms upp jämnt och inom utsatt tid. Observera följande säkerhetsföreskrifter:

a) *Stöd glödstiftet genom att klämma fast det i ett skruvstäd eller en självlåsande tång. Kom ihåg att det kommer att bli glödhett.*

b) *Försäkra dig om att strömmatnings- eller testkabeln har en säkring eller maximal-utlösning till skydd mot kortslutning.*

c) *Sedan testet avslutats, låt glödstiftet svalna i flera minuter innan du försöker handskas med det.*

9 Ett glödstift som är i bra skick börjar glöda i toppen sedan det dragit ström i ca fem sekunder. Om ett glödstift tar mycket längre tid på sig att bli varmt, eller om det börjar glöda på mitten istället för toppen, så är det defekt.

Montering

10 Montering sker i omvänd ordning mot demontering. Lägg ett lager kopparbaserat antikärvningsmedel på stiftens gängor och dra åt glödstiften till specificerat åtdragnings-moment. Dra inte åt för hårt, då kan glöd-stiftens element skadas.

13 Insprutare (Renault 19, Clio och Laguna) – testning, demontering och montering

 Varning: Var ytterst försiktig vid arbete på bränsleinsprutare. Utsätt aldrig händerna eller någon annan del av kroppen för risken att komma i kontakt med insprutarspray eftersom det höga arbetstrycket kan göra att bränsle tränger igenom huden, vilket kan få fatala följder. Vi rekommenderar starkt att allt arbete som inkluderar testning av insprutarna under tryck utförs av en verkstad eller bränsleinsprutningsspecialist.

Observera: *Var försiktig så att det inte kommer in smuts i insprutarna eller bränsle-rören. Nya kopparbrickor och brandtätnings-brickor måste användas vid montering.*

Testning

1 Insprutare slits med tiden och det är skäligt att förvänta sig att de behöver genomgå service eller bytas ut efter ca 90 000 km. Korrekt testning, reparation och kalibrering av insprutarna måste överlåtas åt en specialist. En defekt insprutare som orsakar knackningar eller rök kan lokaliseras enligt följande:

2 Låt motorn gå på snabb tomgång. Lossa insprutaranslutningarna i tur och ordning, placera trasor runt anslutningarna för att fånga upp utspillt bränsle och var noga med att inte utsätta huden för risken att få spray på sig. När anslutningen på den defekta

insprutaren lossas kommer knackningarna och röken att upphöra.

Demontera

3 På Renault Laguna, ta bort den övre delen av insugsröret för att komma åt insprutarna.

4 Gör rent runt insprutarna och insprutar-rörens anslutningsmuttrar och dra sedan av returrören från insprutarna **(se bild)**.

5 Skruva loss muttrarna som fäster insprutar-rören vid bränsleinsprutningspumpen. Håll emot anslutningarna på pumpen när muttrarna skruvas ur. Täck över öppna anslutningar för att förhindra smutsintrång.

6 Skruva ur anslutningsmuttrarna och koppla bort rören från insprutarna **(se bild)**. Om det behövs kan insprutarrören demonteras helt och hållet. Notera placeringen för alla clips på rören. Täck över insprutarnas ändar för att förhindra smutsintrång.

7 Skruva ur insprutarna med en djup hylsa eller hylsnyckel (27 mm) och ta bort dem från topplocket **(se bild)**.

8 Ta vara på kopparbrickorna och brand-tätningsbrickorna från topplocket. Ta också vara på hylsorna om de är lösa **(se bilder)**.

Montering

9 Skaffa nya kopparbrickor och brand-tätningsbrickor. Byt även ut hylsorna om de är skadade.

10 Var försiktig så att du inte tappar insprutarna eller skadar nålspetsarna. Insprutarna är tillverkade med stor precision och små marginaler och får inte behandlas ovarsamt. Sätt framför allt inte fast dem i ett skruvstäd.

13.7 Demontering av insprutare från topplocket

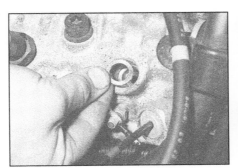

13.8a Ta vara på kopparbrickorna . . .

13.8b . . . och brandtätningsbrickorna

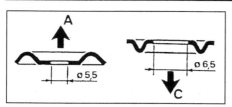

13.12 Brandtätningsbrickor

A Tidig typ av bricka – monteras med den konvexa sidan uppåt

C Senare typ av bricka – monteras med den konvexa sidan nedåt

11 Börja monteringen med att sätta i hylsorna (om de tagits bort) i topplocket.

12 Montera de nya brandtätningsbrickorna på topplocket. Observera att två typer av brandtätningsbrickor finns monterade på Renault-motorer. Var noga med att brickorna monteras rätt beroende på typ, enligt följande (se bild):

Tidig typ av bricka – 5,5 mm håldiameter, monterad med den konvexa sidan uppåt mot insprutaren.

Senare typ av bricka – 6,5 mm håldiameter, monterad med den konvexa sidan nedåt mot topplocket.

13 Montera kopparbrickorna på topplocket.

14 Sätt i insprutarna och dra åt dem till specificerat åtdragningsmoment.

15 Montera insprutarrören och dra åt anslutningsmuttrarna. Sätt tillbaka alla clips på rören såsom de satt ursprungligen.

16 Återanslut returrören.

17 Starta motorn. Om den är svårstartad, avlufta bränslesystemet enligt beskrivning i del A i detta kapitel.

14 Insprutare (Renault Espace) – testning, demontering och montering

⚠️ **Varning: Var ytterst försiktig vid arbete på bränsleinsprutare. Utsätt aldrig händerna eller någon annan del av kroppen för risken att komma i kontakt med insprutar-spray eftersom det höga arbetstrycket kan**

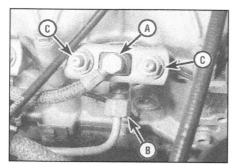

14.3 Typisk insprutare av klämtyp

A Returslangens anslutningsbult

B Insprutarrörets anslutningsmutter

C Fästmuttrar

göra att bränsle tränger igenom huden, vilket kan få fatala följder. Vi rekommenderar starkt att allt arbete som inkluderar test av insprutare under tryck utförs av en verkstad eller insprutningsspecialist.

Observera: Var försiktig så att det inte kommer in smuts i insprutarna eller bränslerören. Nya kopparbrickor och brandtätningsbrickor måste användas vid montering.

Testning

1 Se avsnitt 13, paragraf 1 till 2.

Demontering

Insprutare av klämtyp

2 Koppla bort batteriets minuspol. Täck över generatorn så att det inte kommer spillt bränsle på den.

3 Torka rent varje insprutare och skruva sedan ur anslutningsbulten och koppla bort returslangen från uppe på insprutaren (se bild). Ta vara på tätningsbrickorna som sitter på var sida om slanganslutningen och täck över slangens och insprutarens anslutning för att förhindra att det kommer in smuts i systemet.

4 Lossa anslutningsmuttern och frigör insprutarröret på sidan på insprutaren. Täck över slangens och insprutarens anslutning för att förhindra att det kommer in smuts i systemet.

5 Lossa och ta bort de två fästmuttrarna och brickorna och lyft av insprutarens fästklämma.

6 Ta ut insprutaren och ta vara på tätnings- och flamskyddsbrickorna. Ta även ut insprutarens hylsa om den sitter löst i topplocket.

Insprutare av skruvtyp

7 Koppla bort batteriets minuspol. Täck över generatorn så att det inte kommer spillt bränsle på den.

8 Fortsätt enligt beskrivning i avsnitt 13, paragraf 4 till 8.

Montering

Insprutare av klämtyp

9 Skaffa en ny tätningsbricka och flamskyddsbricka. Om den demonterats, byt också ut insprutarhylsan om den är skadad.

10 Där tillämpligt, montera insprutarhylsan i topplocket.

11 Montera den nya flamskyddsbrickan på hylsan, observera att den ska monteras med den konvexa sidan nedåt (mot topplocket).

12 Montera den nya tätningsbrickan uppe på hylsan.

13 För insprutaren på plats, se till att den går in rakt i hylsan.

14 Återanslut insprutarröret och dra åt dess anslutningsmutter, endast med fingrarna i det här stadiet.

15 Installera insprutarklämman och montera brickor och fästmuttrar. Dra åt muttrarna jämnt och progressivt till specificerat åtdragningsmoment.

16 Sätt en ny tätningsbricka på var sida om

returslangens anslutning och montera anslutningsbulten upptill på insprutaren. Dra åt både anslutningsbulten och insprutarrörets anslutningsmutter till specificerade moment.

17 Starta motorn. Om den är svårstartad, avlufta bränslesystemet ensligt beskrivning i del A i detta kapitel.

Insprutare av skruvtyp

18 Fortsätt enligt beskrivning i avsnitt 13, paragraf 9 till 17.

15 Bränsleinsprutningspump –demontering och montering (Renault 19)

Observera: Låt inte smuts komma in i bränsleinsprutningspumpen eller insprutarrören under detta arbete. Nya tätningsringar ska användas på bränslerörens banjoanslutningar vid montering.

Demontering

Modeller utan turbo med luftkonditionering

1 I skrivandets stund var det inte möjligt att hitta ett fordon att utföra detaljerat arbete på. Det är därför möjligt att vissa skillnader i arbetsbeskrivningen kan noteras. Det rekommenderas att man tar anteckningar och gör skisser under demonteringen då skillnader uppmärksammas.

2 För att få tillgång till insprutningspumpens fästbultar måste generatorn och dess monteringsfäste demonteras.

3 Koppla bort batteriets minuspol och demontera generatorn.

4 Skruva ur fästbultarna och demontera servostyrningspumpens remskiva från pumpens drivfläns. Observera att man måste hålla emot remskivan för att kunna lossa på bultarna.

5 Ta bort fästbultarna och ta ut styrrulle-/fästesenheten till hjälpaggregatens drivrem (se bild).

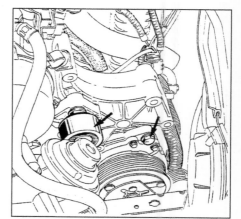

15.5 Styrrulle/fästesenhet till hjälp-aggregatens drivrem och en av de övre fästbultarna mellan luftkonditionerings-kompressorn och generatorn (vid pilarna)

6 Demontera de två övre bultarna som fäster luftkonditioneringens kompressor vid generatorns monteringsfäste.

7 Lägg i handbromsen och lyft sedan upp fören på bilen med en domkraft och stöd den på pallbockar.

8 Demontera motorns underredesskydd, där tillämpligt.

9 Ta bort det främre högra hjulet samt hjulhusets innerskärm.

10 Lossa luftkonditioneringskompressorns monteringsmuttrar och bultar och sväng sedan kompressorn nedåt så att generatorns monteringsfäste kan demonteras ovanifrån **(se bild)**.

11 Fortätt enligt beskrivning i följande paragrafer.

Alla modeller

12 Om det inte redan gjorts, koppla bort batteriets minuspol.

13 Om detta inte redan gjorts, ta bort de två bultarna som fäster bränslefilterenheten vid karosspanelen, lossa slangfästet från bränsleinsprutningspumpens monteringsfäste och flytta bränslefilterenheten till ena sidan, lämna slangarna anslutna **(se bild)**. Var försiktig så att inte slangarna spänns.

14 Vrid vevaxeln så att kolv nr 1 hamnar vid ÖD i kompressionstakten och montera sedan verktyget som låser vevaxeln på plats, enligt beskrivning i del A i detta kapitel (byte av kamrem).

15 Skruva ur fästbultarna och demontera transmissionskåpan som täcker bränsleinsprutningspumpens drev.

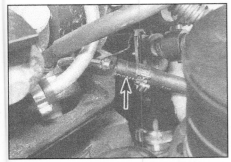

15.21 Koppla loss slangen (vid pilen) som ansluter tillskottstryckets bränslematarkorrigerare till insugsröret – turbomotor

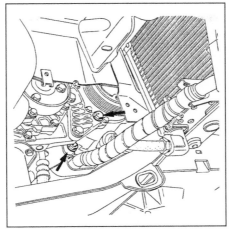

15.10 Luftkonditioneringskompressorns nedre fästmuttrar och bultar (vid pilarna)

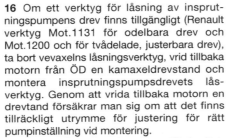

16 Om ett verktyg för låsning av insprutningspumpens drev finns tillgängligt (Renault verktyg Mot.1131 för odelbara drev och Mot.1200 och för tvådelade, justerbara drev), ta bort vevaxelns låsningsverktyg, vrid tillbaka motorn från ÖD en kamaxeldrevstand och montera insprutningspumpsdrevets låsverktyg. Genom att vrida tillbaka motorn en drevtand försäkrar man sig om att det finns tillräckligt utrymme för justering för rätt pumpinställning vid montering.

17 Om ett låsverktyg inte finns tillgängligt, demontera kamremmen enligt beskrivning i del A i detta kapitel.

18 Koppla bort gasvajern från insprutningspumpen.

19 På modeller med en termostatisk aktiverare för snabbtomgång, koppla bort snabbtomgångsvajern från insprutningspumpen.

20 På modeller med en vakuumaktiverare för snabbtomgång, koppla bort vakuumslangen från aktiveraren.

21 På turbomodeller, koppla bort slangen som ansluter tillskottstryckets bränslematarkorrigerare till insugsröret **(se bild)**.

22 Lossa clipset eller skruva ur banjobulten, vad som finns, och koppla bort bränslematarslangen från insprutningspumpen. Ta

15.13 Bränslefilterenhetens fästbultar (1) och bränsle- och kylvätskeslangarnas fästclips (2)

vara på tätningsbrickorna från banjoanslutningen, där tillämpligt. Täck över den öppna änden på slangen eller röret och plugga igen öppningen i insprutningspumpen för att hålla smuts borta. På modeller med banjoanslutning kan banjobulten monteras tillbaka på pumpen och täckas över.

23 Koppla bort huvudbränslereturslangen (ansluten till huvudbränslereturröret) från relevant bränsleinsprutare.

24 Där tillämpligt, koppla bort den extra bränslereturslangen från pumpen. På turbomodeller är den extra slangen ansluten till tillskottstryckets bränslematarkorrigerare på pumpen. Clipsa också loss den från gasvajerns fäste **(se bild)**.

25 Koppla bort huvudbränslereturrörets banjoanslutning från insprutningspumpen. Ta vara på tätningsbrickorna från banjoanslutningen. Återigen, täck över den öppna änden på slangen och banjobulten för att förhindra smutsinträng **(se bild)**. Var noga med att inte blanda ihop de ingående och utgående banjoanslutningarna.

26 Koppla bort allt relevant kabelage från pumpen **(se bild)**. På vissa pumpar måste man koppla bort ledningarna från varje individuell komponent (vissa anslutningar kan vara täckta med gummiskydd).

15.24 Koppla loss den extra bränslereturslangen – turbomotor

15.25 Koppla loss huvudbränslereturrörets anslutning – turbomotor

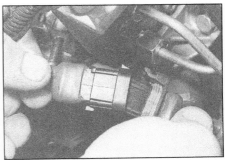

15.26 Bränsleinsprutningspumpens huvudkontakt kopplas loss – turbomotor

15.27a Skruva loss anslutningen mellan insprutarröret och insprutningspumpen

15.27b Täck över insprutarna för att hålla smuts borta

15.28 Skruven till generatorns plastsköld tas bort. Notera fästenas placeringar

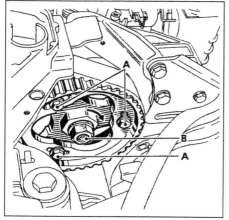

15.30 Justerbultar för tvådelat drev (A) och drevets fästmutter (B). Vrid drevets nav i pilens riktning innan pumpen demonteras

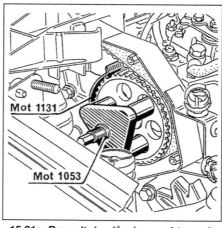

15.31a Renault drevlåsningsverktyg och avdragare på plats – drev i en del

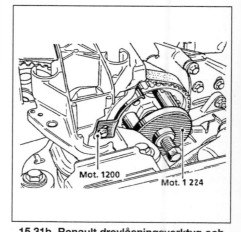

15.31b Renault drevlåsningsverktyg och avdragare på plats – 2-delat justerbart drev

27 Skruva ur anslutningsmuttern som fäster insprutarrören vid insprutningspumpen och insprutarna. Håll emot anslutningarna på pumpen när anslutningsmuttrarna mellan rör och pump skruvas ur. Demontera rören som en enhet. Täck över öppna anslutningar för att hålla smuts borta **(se bilder)**. Observera att returslangarna måste demonteras från bränsleinsprutarna för att insprutarna ska kunna täckas över.

28 Där tillämpligt, demontera generatorns plastsköld från under insprutningspumpen. Observera placeringen för alla fästen som sitter fast med sköldens mutter och bult **(se bild)**.

29 Lossa insprutningspumpens drevmutter och skruva ur den till slutet på gängan på pumpaxeln. Ta inte bort muttern i det här läget. Om ett av Renaults speciallåsverktyg inte finns att tillgå, håll emot drevet med ett improviserat verktyg som sätts i hålen i drevet, inte drevtänderna.

30 På modeller med ett tvådelat, justerbart drev, lossa drevets tre justerbultar **(se bild)**. Ta hjälp av navet och vrid drevets bakre sektion medurs (sett från kamremsänden på motorn – i själva verket vrider man pumpaxeln) så att justerbultarna sätter sig i

slutet på de långsträckta skårorna. Dra åt justerbultarna.

31 Sätt en avdragare på drevets mutter och lösgör drevet från den avsmalnande änden på pumpaxeln **(se bilder)**. Observera att avdragaren måste bäras upp på drevhålen (mellan de två drevhalvorna på modeller med tvådelade justerbara drev) och inte på tänderna. Hamra inte på änden av pumpaxeln för att lossa den eftersom detta skadar de inre komponenterna.

15.34 Skruva loss bultarna som håller insprutningspumpens bakre fästkonsol till topplocket – turbomotor visad

32 På modeller med drev i ett stycke, markera drevet i förhållande till änden på pumpaxeln för att det ska kunna monteras korrekt. Detta är nödvändigt, oberoende av om kamremmen har demonteras, eftersom det finns två kilspår i drevet som är för olika typer av insprutningspumpar och det är möjligt att montera drevet fel på pumpaxeln.

33 Ta bort avdragaren och drevmuttern. Om inte ett låsverktyg för insprutningspumpens drev har monterats, demontera drevet.

34 Skruva ur bultarna som håller insprutningspumpens bakre monteringsfäste vid topplocket **(se bild)**.

35 Gör en sista kontroll för att försäkra dig om att alla relevanta rör, slangar och ledningar har kopplats bort för att underlätta demontering av pumpen.

36 Gör ett uppriktningsmärke mellan pumpen och monteringsfästet. Detta kommer att underlätta pumpinställningen vid monteringen.

37 Skruva ur pumpens tre fästbultar och ta bort pumpen från monteringsfästet, låt drevet sitta ihop med kamremmen, där tillämpligt **(se bilder)**. Pumpens nedre monteringsbult nås lättast från baktill på pumpen med en djup hylsa och förlängningsarm.

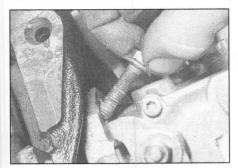

15.37a Ta bort fästbultarna . . .

38 Ta vara på Woodruff-kilen från änden på pumpaxeln om den är lös.
39 Om så önskas kan pumpens bakre monteringsfäste och gasvajerns fäste lossas från baktill på pumpen.

Montering

40 Där tillämpligt, montera det bakre monteringsfäste och gasvajerns fäste baktill på pumpen.
41 Börja med att montera Woodruff-kilen på änden på pumpaxeln, där tillämpligt.
42 Sätt pumpen mot monteringsfästet. Om drevet fortfarande är i ingrepp med kamremmen, sätt ihop pumpaxeln och drevet. På modeller med drev i ett stycke, sätt de tidigare

**15.37b . . . och dra undan bränsle-
insprutningspumpen – turbomotor visad**

gjorda märkena på drevet och pumpaxeln i linje. På detta sätt är man säker på att kilen går in i rätt väg i drevet **(se bilder)**. Var noga med att Woodruff-kilen inte lossnar från axeln när drevet monteras.
43 Där tillämpligt, placera de tidigare gjorda märkena på pumpen och monteringsfästet i linje med varandra. Om en ny pump ska monteras, för över märkena från den gamla pumpen så att man får en ungefärlig inställning.
44 Montera och dra åt pumpens främre monteringsbultar lätt.
45 Montera och dra åt bultarna som fäster pumpens bakre monteringsfäste på topplocket.

46 Där tillämpligt, montera drevet på pumpaxeln och se till att Woodruff-kilen går in korrekt. På modeller med drev i ett stycke, sätt de tidigare gjorda märkena på drevet och pumpaxeln i linje så är man säker på att kilen går in i rätt väg i drevet
47 Dra åt pumpdrevets fästmutter till specificerat moment, håll emot drevet som vid demontering **(se bild)**.
48 Om kamremmen har demonterats, montera tillbaka och spänn den enligt beskrivning i del A i detta kapitel.
49 På modeller med tvådelat, justerbart drev, lossa drevets tre justerbultar. Ta hjälp av navet och vrid drevets bakre sektion moturs (sett från kamremsänden på motorn – i själva verket vrider man pumpaxeln) så att justerbultarna sätter sig i slutet på de långsträckta skårorna. Dra åt justerbultarna lätt.
50 Där tillämpligt, ta bort drevets låsverktyg och vrid sedan vevaxeln så att kolv nr 1 hamnar vid ÖD i kompressiontakten. Montera verktyget för att låsa fast vevaxeln på plats, enligt beskrivning i del A i detta kapitel.
51 Utför insprutningsinställningen enligt beskrivning i avsnitt 19.
52 Montera plastskölden under pumpen och se till att alla fästen som noterades vid demontering sitter på plats.
53 Montera och koppla tillbaka insprutarrören och dra åt anslutningarna. Håll emot anslutningarna på pumpen när anslutningsmuttrarna mellan rör och pump dras åt.
54 Återanslut allt relevant kabelage till pumpen.
55 Återanslut alla bränsleslangar och -rör. Använd nya tätningsbrickor till banjoanslutningarna.
56 På turbomodeller, återanslut slangen som ansluter tillskottstryckets bränslematarkorrigerare till insugsröret.
57 Återanslut och justera gasvajern.
58 Återanslut bränslefilterenheten och dra åt fästbultarna, montera sedan slangfästet.
59 På modeller utan turbo med luftkonditionering, utför arbetsmomenten i paragraf 1 till 10 i omvänd ordning. Montera och dra åt drivremmen för hjälpaggregat.
60 På modeller med en termostatisk aktiverare för snabbtomgång, koppla tillbaka och justera snabbtomgångsvajern –

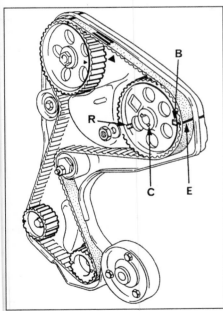

**15.42a Insprutningspumpdrev i ett stycke
– Bosch pump (kolv nr 1 i ÖD)**

B *Drevets inställningsmärke för Bosch insprutningspump*
C *Placering för insprutningspumpaxelns Woodruff-kil*
E *Drevets inställningsmärke på kamremmen*
R *Drevets inställningsmärke för Lucas insprutningspump*

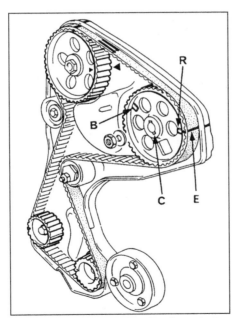

**15.42b Insprutningspumpdrev i ett stycke
– Lucas pump (kolv nr 1 i ÖD)**

B *Drevets inställningsmärke för Bosch insprutningspump*
C *Placering för insprutningspumpaxelns Woodruff-kil*
E *Drevets inställningsmärke på kamremmen*
R *Drevets inställningsmärke för Lucas insprutningspump*

15.47 Pumpdrevets bult dras åt

observera att den slutliga justeringen mäste utföras när motorn är igång och har uppnått normal arbetstemperatur.

61 På modeller med en vakuumaktiverare för snabbtomgång, återanslut slangen till aktiveraren och kontrollera justeringen av snabbtomgångsvajern.

62 Kontrollera justeringen av motorbelastningskontakten.

63 Återanslut batteriets minuspol.

64 Snapsa och avlufta systemet enligt beskrivning i del A i detta kapitel.

65 Starta motorn och kontrollera tomgångshastigheten och tomgångsbegränsningen enligt beskrivning i del A i detta kapitel.

16 Bränsleinsprutningspump – demontering och montering (Renault Clio)

Observera: Låt inte smuts komma in i bränsleinsprutningspumpen eller insprutarrören under detta arbete. Nya tätningsringar ska användas på bränslerörens banjoanslutningar vid montering.

Demontering

1 Koppla bort batteriets minuspol.

2 Lägg i handbromsen och lyft sedan upp framvagnen på bilen med en domkraft och stöd den på pallbockar.

3 Ta bort det främre högra hjulet samt hjulhusets innerskärm.

4 Demontera luftrenarhusenheten.

5 Demontera den elektriska kylfläktsenheten från baktill på kylaren.

6 Demontera generatorn.

7 Avsluta demonteringen av insprutningspumpen genom att följa arbetsbeskrivningen i avsnitt 15, paragraf 14 till 39, men borste från alla hänvisningar till turbomotorer. Observera att plastskyddet framtill på insprutningspumpen måste tas bort för att bortkopplingen av pumpkabelaget ska underlättas.

Montering

8 Följ arbetsbeskrivningen i avsnitt 15, paragraf 40 till 53 och fortsätt sedan enligt följande:

9 Återanslut alla relevanta ledningar till insprutningspumpen och montera sedan tillbaka plastskyddet framtill på pumpen.

10 Återanslut alla bränsleslangar och -rör. Använd nya tätningsbrickor till banjoanslutningarna.

11 Montera och justera gasvajern.

12 Montera och justera snabbtomgångsvajern enligt beskrivning i avsnitt 3, observera att den slutliga justeringen måste göras sedan motorn startats och uppnått normal arbetstemperatur.

13 Montera generatorn.

14 Montera den elektriska kylfläktsenheten.

15 Montera luftrenarhusenheten.

16 Sätt tillbaka det främre högra hjulet och hjulhusets innerskärm.

17 Ställ ner bilen på marken.

18 Äteranslut batteriets minuspol.

19 Kontrollera justeringen av belastningskontakten enligt beskrivning i avsnitt 10.

20 Snapsa och avlufta systemet enligt beskrivning i del A i detta kapitel.

21 Starta motorn och kontrollera tomgångshastigheten och tomgångsbegränsningen enligt beskrivning i del A i detta kapitel.

17 Bränsleinsprutningspump – demontering och montering (Renault Espace)

Observera: Låt inte smuts komma in i bränsleinsprutningspumpen eller insprutarrören under detta arbete. Nya tätningsringar ska användas på bränslerörens banjoanslutningar vid montering.

Demontering

1 Koppla bort batteriets minuspol.

2 Se del A i detta kapitel (byte av kamrem) och vrid vevaxeln så att cylinder nr 1 hamnar vid ÖD i slutet på dess kompressionstakt.

3 Demontera transmissionskåpan.

4 Kontrollera att drevets inställningsmärken sitter som beskrivet i del A i detta kapitel (byte av kamrem).

5 Vrid vevaxeln en aning bakåt så att insprutningspumsdrevets inställningsmärken flyttas tre tänder bakåt. Detta görs för att tand nummer tre framför inställningsmärket ska vara i linje med visaren i transmissionskåpans fönster.

6 Lossa på fästmuttern och bulten till kamremsspännarens remskiva och sväng bort remskivan helt från remmen. Håll spännaren i detta läge och dra åt fästmuttern och bulten för att hålla den på plats.

7 Demontera remmen från insprutningspumpens drev, var försiktig så att den inte vrids för skarpt. Använd bara fingrarna när du handskas med remmen.

8 Håll pumpdrevet stilla med en lämplig pegnyckel som går i drevets hål. Ett lämpligt hemmagjort verktyg kan tillverkas av två stålremsor (en lång och en kort) och tre muttrar och bultar – en mutter och bult utgör leden på ett gaffelformat verktyg och de två övriga muttrarna och bultarna sitter på

17.10 En avdragare används till att demontera drevet från axeln

spetsarna på gafflarna för att gå i ingrepp med drevets hål.

9 Lossa på pumpens drevfästmutter. Skruva ur muttern så att den är i jämnhöjd med änden på pumpaxeln. Muttern skyddar axelns gängor under kommande arbete.

10 En lämplig avdragare kommer sedan att behövas för att frigöra drevet från den avsmalnande änden på pumpaxeln. Avdragaren ska sättas in i hålen i dreven så att dess ben bärs upp av drevet bakre del och inte av drevets tänder. Skruva in avdragarens mittbult tills den kommer i kontakt med remskivans axel och dra av drevet från pumpaxelns avsmalnande ände **(se bild)**. Försök inte slå på pumpen med en hammare i ett försök att lossa drevet, eftersom pumpens inre delar då kommer att skadas.

11 Demontera avdragaren och ta sedan bort drevets fästmutter och bricka och dra av drevet. Observera att vevaxeln och kamaxeln absolut inte får vridas när drevet är monterat.

12 Täck över generatorn för att förhindra att det spills bränsle på den.

13 Där den termostatiska ventilen för snabbtomgång sitter iskruvad i topplocket, lossa klämskruven eller muttern (vad som finns) och dra av ändbeslaget från snabbtomgångens innervajer. Om det behövs, demontera vajerbeslaget från pumparmen och förvara det säkert tillsammans med ventilen.

14 Där den termostatiska ventilen för snabbtomgång sitter monterad på insprutningspumpen, använd en slangklämma eller liknande till att klämma fast snabbtomgångsventilens båda kylvätskeslangar för att minimera kylvätskeförlusten. Lossa på fästclipsen och koppla bort de båda kylvätskeslangarna från ventilen, var beredd på visst spill.

15 Clipsa loss gasvajerns ändbeslag från armens kulled och lossa vajern från insprutningspumpens fäste.

16 Torka rent bränslematar- och returanslutningarna på insprutningspumpen.

17 Lossa och ta bort bränslematarslangens anslutningsbult från pumpen och ta vara på tätningsbrickan på var sida om slanganslutningen. Flytta undan slangen från pumpen och skruva tillbaka anslutningsbulten på plats på pumpen så att den är i säkert förvar. Täck över slangänden och anslutningsbulten för att förhindra att det kommer in smuts i bränslesystemet.

18 Lossa bränslereturslangen från pumpen enligt beskrivning i föregående paragraf. Observera att anslutningsbultarna till insprutningspumpens matnings- och returslangar inte är utbytbara sinsemellan. Man måste vara mycket noggrann så att de inte blandas ihop.

19 Torka rent röranslutningarna och lossa sedan på anslutningsmutter som fäster insprutarrören till varje insprutare och de fyra anslutningsmuttrarna som fäster rören baktill på insprutningspumpen. Medan pumpanslutningsmuttrarna lossas, håll tillbaka mellansockeln med en lämplig blocknyckel för att förhindra att den skruvas ut ur pumpen.

När alla anslutningsmuttrar är lossade, demontera insprutarrören från motorn.

20 Lossa fästmuttern och koppla bort kabelaget från insprutningspumpens stoppsolenoid. Där det behövs, spåra ledningen tillbaka från pumpens mikrokontakt(er) och koppla bort den vid anslutningen(arna) (som tillämpligt). Lösgör alla ledningar från alla relevanta fästclips.

21 Gör uppriktningsmärken mellan insprutningspumpens främre fläns och det främre monteringsfästet (**se bild**). Dessa märken är till för att man ska veta att pumpen monteras tillbaka i rätt läge.

22 Lossa fästmuttrarna/bultarna som håller insprutningspumpens bakre monteringsfäste till topplocket.

23 Demontera de tre muttrar som fäster pumpen vid sitt främre monteringsfäste och lirka loss pumpen från fästet och ut ur motorrummet. Vrid inte vevaxeln eller kamaxeln medan pumpen är demonterad.

Montering

24 Om en ny pump ska monteras, för över uppriktningsmärkena från originalpumpen till monteringsflänsen på den nya pumpen.

25 För pumpen på plats och montera de tre främre fästmuttrarna. Placera märkena, som gjordes före demonteringen, i linje och dra sedan åt fästmuttrarna ordentligt.

26 Montera det bakre fästet på insprutningspumpen och dra åt dess muttrar/bultar.

27 Se till att pumpens drev och axel är rena och torra. Där det behövs, montera Woodruffkilen på axeln.

28 Sätt på pumpdrevet på axeln och montera bricka och fästmutter.

29 Håll drevet stilla med samma metod som användes vid demonteringen och dra åt drevets fästmutter till specificerat moment.

30 Se del A i detta kapitel och montera och spänn kamremmen.

31 När kamremmen är monterad, ställ in insprutningspumpen enligt beskrivning i avsnitt 20.

32 Koppla tillbaka allt relevant kabelage till pumpen.

33 Återanslut bränslematar- och returslangarnas anslutningar till pumpen. Sätt en ny tätningsbricka på var sida om båda anslutningarna och dra åt anslutningsbultarna till specificerat moment.

34 Montera insprutarrören och dra åt deras anslutningsmuttrar till specificerat moment.

35 Där snabbtomgångens ventil är monterad på insprutningspumpen, återanslut kylvätskeslangarna till snabbtomgångsventilen och dra åt deras fästclips ordentligt. Ta bort slangklämmorna och fyll på kylsystemet.

36 Moppa upp utspillt bränsle/kylvätska och ta sedan bort skyddet över generatorn.

37 Återanslut och justera gasvajern.

38 Återanslut och justera vajern till snabbtomgångsventilen.

39 Återanslut batteriets minuspol.

40 Avlufta bränslesystemet enligt beskrivning i del A i detta kapitel.

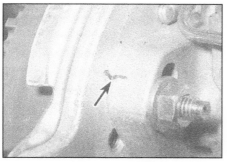

17.21 Markera insprutningspumpen i förhållande till monteringsfästet (vid pilen)

41 Avsluta med att starta motorn och justera tomgångshastigheten och tomgångsbegränsningen, se del A i detta kapitel.

18 Bränsleinsprutningspump
–demontering och montering (Renault Laguna)

Observera: *Följande arbetsmoment beskriver demontering och montering av pumpen med Renaults specialverktyg Mot. 1317 för fasthållning av insprutningspumpens drev. Detta verktyg håller drevet på plats medan pumpen demonteras, håller kamremmen korrekt spänd och gör det alltså onödigt att röra kamremmen. Om arbetet ska utföras utan detta specialverktyg måste man vara mycket noga med att pumpdrevet hålls hårt på plats så att det inte rör sig i förhållande till kamremmen. Om drevet flyttas eller kamremsspänningen lossar måste man demontera transmissionskåpan och kontrollera att drevets inställningsmärken sitter rätt innan motorn startas.*

Observera: *Nya bultar till den övre transmissionskåpan och kåpan över drevet kommer att behövas vid montering.*

Observera: *Var noga med att det inte kommer in smuts i insprutningspumpen eller insprutarrören under detta arbete. Nya tätningsringar ska användas på bränslerörens banjoanslutningar vid montering.*

Demontering

1 Koppla bort batteriets minuspol.

2 Sätt cylinder nr 1 vid ÖD i kompressionstakten och fixera sedan vevaxeln i läge enligt beskrivning i del A i detta kapitel (byte av kamrem). Försök inte vrida på motorn sedan vevaxeln har låsts på plats.

3 Lossa fästmuttern och koppla bort ledningskontakten från insprutningspumpens stoppsolenoidterminal på pumpens bakre fäste.

4 På modeller med en termostatisk snabbtomgångsventil, koppla bort vajern från insprutningspumpen.

5 På modeller med ett vakuumstyrt snabbtomgångssystem, koppla bort vakuumslangen från pumpens membranenhet.

6 Clipsa loss den inre gasvajerns ändbeslag

från insprutningspumpens arm och lossa sedan vajerhöljet från monteringsfästet och för undan det från vajern.

7 Koppla bort pumpens mikrokontaktsanslutning och lossa anslutningen från sitt fästclips.

8 Torka rent bränslematar- och returanslutningarna på insprutningspumpen. För att lättare komma åt baktill på pumpen, clipsa loss behållaren till servostyrningsvätskan och placera den ur vägen för pumpen. Ta bort bultarna och ta demontera behållarens fäste från motorn.

9 Lossa och ta bort bränslematarslangens anslutningsbult från pumpen. Ta vara på tätningsbrickan på var sida om slangen och flytta slangen ur vägen för pumpen. Skruva tillbaka anslutningsbulten på sin plats på pumpen så att den är i säkert förvar och täck över slangänden och anslutningsbulten för att förhindra att det kommer in smuts i systemet.

10 Koppla loss bränslereturslangen från pumpen, se beskrivning i paragrafen ovan. Observera att insprutningspumpens matar- och returslangars anslutningsbultar inte är utbytbara sinsemellan. Var mycket noga med att inte blanda ihop bultarna.

11 Torka rent röranslutningarna och lossa sedan på muttrarna som fäster insprutarrören upptill på varje insprutare samt de fyra muttrarna som fäster rören baktill på insprutningspumpen. När varje pumpanslutningsmutter lossas, håll emot mellansockeln med en lämplig blocknyckel så att den inte skruvas ut ur pumpen. När alla anslutningsmuttrar lossats, demontera insprutarrören som en enhet från motorn och moppa upp utspillt bränsle (**se bild**).

12 Lossa på muttern som håller bränslefilterhuset vid sitt monteringsfäste och för undan filtret från transmissionskåpan. Lossa fästbultarna och demontera den övre transmissionskåpan (toppkåpan) och insprutningspumpens drevkåpa. Kassera kåpbultarna eftersom de måste bytas om de blivit rörda.

13 Med kåpan demonterad, montera pumpdrevets låsverktyg (Renaults verktyg Mot 1317) på plats med bultar på motorfästet. Om Renaults verktyg inte finns att tillgå kan ett lämpligt alternativ tillverkas av en bit vinklad metall eller också kan drevet hållas på plats

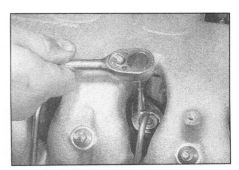

18.11 En insprutare skruvas ur – Renault Laguna

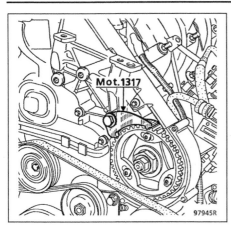

18.13a Renault specialverktyg (Mot. 1317) för att hålla pumpdrevet på plats när pumpen demonteras

genom att man sätter in två träkilar mellan drevet och fästet **(se bilder)**.

14 När drevet är låst på plats, kontrollera att uppriktningsmärket på drevet är i linje med märket på insprutningspumpens fäste, och ta sedan bort drevets fästmutter. Om man använder Renaults verktyg kommer drevet att hållas på plats. Om verktyget inte används, förhindra rotation genom att hålla drevet med en stor blocknyckel på navet **(se bild)**.

15 Lossa och ta bort fästmuttrarna/bultarna och demontera pumpens bakre monteringsfäste **(se bild)**.

16 Lossa de främre fästmuttrarna/bultarna (som tillämpligt). Observera att på tidiga G8T 706 och 790 motormodeller kan åtkomsten till den nedre pumpmuttern/bulten förbättras genom att man demonterar kylvätskepumpen.

17 Anslut en lämplig avdragare till insprutningspumpens drevnav och ta försiktigt av navet från pumpaxelns avsmalnande ände. Avdragaren från Renault ansluts till drevnavet med tre 8 mm bultar sedan drevets fälgbultar har tagits bort. Gör uppriktningsmärken mellan bultarna och drevet innan bultarna skruvas ur **(se bilder)**.

18 Sedan drevet tagits loss från pumpen, ta

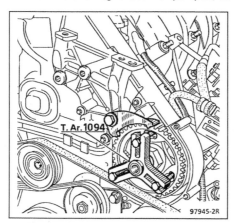

18.17b Renaults speciella avdragare (T. Ar. 1094) för lossande av pumpdrevet

18.13b Om man är försiktig kan drevet hållas på plats med hjälp av träkilar (vid pilarna)

bort de främre monteringsmuttrarna/bultarna och demontera pumpenheten **(se bilder)**. Var försiktig så att inte drevets Woodruff-kil försvinner när pumpen demonteras. Ta bort kilen och förvara den på ett säkert ställe om den sitter löst i pumpaxeln.

Montering

19 Försäkra dig om att Woodruff-kilen sitter säkert på pumpaxeln och placera axeln så att kilen kommer att gå i ingrepp med skåran i drevnavet när pumpen monteras. Om kilen sitter löst, håll den på plats med lite fett.

20 Lirka pumpen på plats. Se till att Woodruff-kilen går i skåran i drevet och montera sedan pumpens främre monteringsmuttrar/bultar löst.

21 Montera insprutningspumpens drevmutter och dra på drevet helt på pumpen. Var noga

18.15 Skruva loss insprutningspumpens bakre monteringsfäste

18.18a När drevet är demonterat, lossa de främre fästbultarna . . .

18.14 Drevet hålls på plats med en stor nyckel medan fästmuttern lossas

med att inte Woodruff-kilen faller ut ur axeln när drevet dras på.

22 När drevet sitter som det ska, dra åt pumpens främre monteringsmuttrar/bultar ordentligt.

23 Montera pumpens bakre monteringsfäste och dra åt dess monteringsmuttrar/bultar ordentligt

24 När pumpen sitter på plats, dra åt drevets fästmutter till specificerat moment. Om det behövs, förhindra rotation genom att använda samma verktyg som vid demonteringen.

25 Justera insprutningsinställningen, se beskrivning i avsnitt 20.

26 Se till att anslutningarna är rena och torra och montera sedan insprutarrören och dra åt anslutningsmuttrarna ordentligt.

27 Ta bort insprutningspumpsdrevets låsverktyg. Montera transmissionskåporna och dra åt de nya bultarna ordentligt. Montera

18.17a Använd en avdragare med ben för att demontera drevet från pumpaxeln

18.18b . . . och demontera insprutningspumpen från motorn

ledningshylsans clips på käpan och montera bränslefiltret på sitt monteringsfäste.

28 Återanslut allt relevant kabelage till pumpen.

29 Återanslut bränslematar- och retur-slangarnas anslutningar till pumpen, sätt en ny tätningsbricka på var sida om båda anslutningarna. Dra åt anslutningsbultarna ordentligt. Montera fästet och clipsa fast behållaren till servostyrningsvätskan på sin plats.

30 Återanslut och justera gasvajern.

31 På modeller med termostatisk snabb-tomgångsventil, återanslut och justera snabbtomgångsvajern.

32 På modeller med ett vakuumstyrt snabb-tomgångssystem, återanslut vakuumslangen vid membranet.

33 Återanslut batteriets minuspol och avlufta bränslesystemet enligt beskrivning i del A i detta kapitel.

34 Avsluta med att starta motorn och justera snabbtomgångshastigheten och tomgångs-begränsningen, se beskrivning i del A i detta kapitel.

19 Bränsleinsprutningspump
–inställning
(Renault 19 och Clio)

Varning: Vissa bränsleinsprutnings-pumpars inställnings- och åtkomstpluggar kan ha förseglats av tillverkaren med färg eller låstråd och blyplomberingar. Rör inte dessa förseglingar om bilen fortfarande står under fabriksgaranti, då slutar garantin att gälla. Dessutom, försök dig inte på inställningsproceduren om inte rätt verktyg finns tillgängliga. Lämplig special-utrustning för pumpinställning finns att skaffa från bildelsåterförsäljare. En mät-klocka (DTI) kommer att behövas oberoende av vilken metod som används.

Observera: *Det är mycket lättare att vrida motorn om glödstiften demonteras först.*

1 Det är bara nödvändigt att kontrollera insprutningsinställningen sedan insprutnings-pumpen har störts.

2 Utrustning för dynamisk inställning existerar men finns antagligen inte att tillgå för hemmamekanikern. Om du har tillgång till sådan utrustning, använd den enligt till-verkarens instruktioner.

3 Statisk inställning, som beskrivs i detta avsnitt, ger ett gott resultat om det görs noggrant. En mätklocka kommer att behövas, med sonder och tillsatser som lämpar sig för typen av insprutningspump **(se bild)**. Läs igenom arbetsbeskrivningen innan arbetet påbörjas, för att ta reda på vad som krävs.

Lucas pump

4 Koppla bort batteriets minuspol.

5 Lägg i handbromsen och lyft upp det främre högra hörnet på bilen så hjulet precis lyfter från marken. Stöd bilen på pallbockar och lägg i 4:e eller 5:e växeln. Detta gör att det går

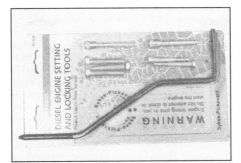

19.3 ÖD-låsverktyg för inställning av insprutningstiden på Renault dieselmotor

lätt att vrida vevaxeln genom att man vrider på det högra framhjulet. Alternativt kan motorn vridas med en blocknyckel på vevaxelns remskivebult.

6 Vrid vevaxeln så att kolv nr 1 hamnar vid ÖD i kompressionstakten. Montera verktyget som låser vevaxeln på plats, se beskrivning i del A i detta kapitel (byte av kamrem).

7 En mätklocka kommer nu att behövas, tillsammans med en lämplig sond (Renaults verktyg Mot.1079, eller lämpligt alternativ). Observera att sonden måste sitta på tätningsbrickans yta i inställningsöppningen och inte på den övre ytan på inställnings-öppningen. Sonden har en avsmalnande del för att den inte ska komma i kontakt med pumprotorn **(se bild)**.

8 Demontera inspektionspluggen från upptill på pumpen **(se bild)** och ta vara på tätnings-brickan. Placera inställningssonden i öppningen så att tippen på sonden vilar på rotorns inställningsstycke.

9 Sätt mätklockan på ett säkert sätt på själva insprutningspumpen, så att den kan avläsa rörelserna i sonden. Var noga med att mätaren sitter direkt i linje med sonden, med mätarens kolv halvvägs i sin arbetsbana.

Ej justerbart pumpdrev i ett stycke

10 Demontera vevaxelns låsverktyg och vrid sedan vevaxeln ca 1/4 varv moturs (sett från kamremsänden på motorn). Nollställ mät-klockan. Kontrollera att inställningssonden sitter mot ytan på inställningsöppningens tätningsbricka.

11 Vrid vevaxeln långsamt medurs tills

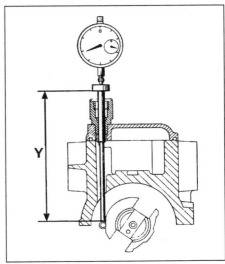

19.7 Inställningssond (Renault verktyg Mot.1079) – Lucas insprutningspump

$Y = 95,5 \pm 0,1$ mm

vevaxelns låsverktyg kan sättas in igen och ta tillbaka motorn till ÖD.

12 Läs av mätklockan. Avläsningen ska överensstämma med inställningsvärdet markerat på pumpen. Värdet kan finnas på en plastskiva framtill på pumpen, eller alternativt på en etikett uppe på pumpen eller på pumpens gaslänkagearm **(se bild)**.

13 Om avläsningen inte är enligt specifika-tionerna, fortsätt enligt följande:

14 Täck över generatorn så att den skyddas mot bränslespill.

15 Skruva ur anslutningsmuttrarna som fäster insprutarrören vid bränsleinsprutnings-pumpen och bränsleinsprutarna. Håll emot anslutningarna på pumpen när muttrarna skruvas ur. Täck över öppna anslutningar för att förhindra smutsintrång.

16 Lossa på pumpens tre främre monterings-bultar och de två bakre muttrarna. Vrid långsamt på pumpen tills du hittar det ställe där mätklockan visar specificerat avläsnings-värde. När pumpen sitter rätt, dra åt muttrar och bultar och se till att avläsningen inte ändras när anslutningarna dras åt.

17 Dra tillbaka sonden en aning så att den

19.8 Skruva ur inspektionspluggen uppe på Lucas insprutningspump

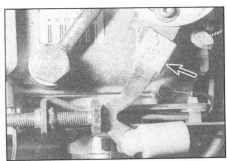

19.12 Pumpens inställningsvärde på en etikett på gaslänkagearmen – Lucas pump

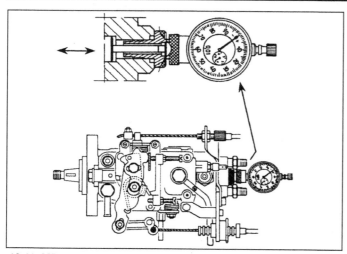

19.41 Mätklocka och sond som används tillsammans med Bosch insprutningspump

Pumpvajerlänkaget kan skilja sig något från bilden

19.64 Tre justerbultar (vid pilarna) på tvådelat justerbart insprutningspumpdrev

inte är i kontakt med pumprotorn. Demontera vevaxelns låsverktyg. Vrid vevaxeln ett och 3/4 varv medurs.

18 För tillbaka inställningssonden på plats, se till att den sätter sig korrekt mot tätningsbrickans yta. Nollställ mätklockan.

19 Vrid vevaxeln långsamt medurs tills dess låsverktyg kan sättas in igen och kolv nr 1 förs tillbaka till ÖD. Kontrollera inställningen igen.

20 Om justering behövs, lossa på pumpens monteringsmuttrar och bultar och upprepa sedan momenten i paragraf 16 till 19.

21 När inställningen är korrekt, återanslut bränsleinsprutarrören till pumpen och insprutarna och ta sedan bort mätklockan. Demontera sonden från inspektionshålet och sätt tillbaka inspektionspluggen, se till att tätningsbrickan sitter på plats.

22 Där tillämpligt, ta bort skyddet från generatorn.

23 Demontera vevaxelns låsverktyg.

24 Sänk ned bilen på marken och återanslut batteriets minuspol.

25 Avlufta bränslesystemet enligt beskrivning i del A i detta kapitel.

26 Kontrollera och, om nödvändigt, justera tomgångshastigheten och tomgångsbegränsningen enligt del A i detta kapitel.

Justerbart pumpdrev i två delar

27 Demontera vevaxelns låsverktyg och vrid sedan vevaxeln ca 1/4 varv moturs (sett från kamremsänden på motorn). Nollställ mätklockan. Kontrollera att inställningssonden sitter mot ytan på inställningsöppningens tätningsbricka.

28 Vrid vevaxeln långsamt medurs tills vevaxelns låsverktyg kan sättas in igen och ta tillbaka motorn till ÖD.

29 Läs av mätklockan. Avläsningen ska överensstämma med inställningsvärdet markerat på pumpen. Värdet kan finnas på en plastskiva framtill på pumpen, eller alternativt

på en etikett upptill på pumpen eller på pumpens gaslänkagearm.

30 Om avläsningen inte är enligt specifikationerna, fortsätt enligt följande:

31 Lossa drevets tre justerbultar. Ta hjälp av navet och vrid drevets bakre sektion moturs (sett från kamremsänden på motorn – i själva verket vrider man pumpaxeln) så att justerbultarna sätter sig i slutet på skårorna. Dra åt justerbultarna.

32 Nollställ mätklockan. Kontrollera att inställningssonden sitter korrekt mot tätningsbrickans yta.

33 Demontera vevaxelns låsverktyg och vrid sedan vevaxeln två hela varv medurs. Sätt tillbaka låsverktyget och kontrollera att mätklockan fortfarande är nollställd.

34 Lossa drevets tre justerbultar och vrid sedan, med hjälp av navet, drevets bakre sektion moturs (sett från kamremsänden på motorn – i själva verket vrida på pumpaxel) tills mätklockan visar rätt inställningsvärde för pumpen. I detta läge, dra åt drevets justerbultar. Avläsningen på mätklockan ska inte förändras när bultarna dras åt.

35 Ta bort vevaxelns låsverktyg och vrid vevaxeln två hela varv medurs. Sätt i låsverktyget och kontrollera inställningsvärdet igen.

36 Om justering är nödvändig, lossa på drevets justerbultar och upprepa arbetet beskrivet i paragraf 34 och 35.

37 När inställningen är korrekt, ta bort mätklockan. Demontera sonden från inspektionshålet och sätt tillbaka inspektionspluggen, se till att tätningsbrickan sitter på plats.

38 Fortsätt enligt beskrivning i paragraf 23 till 26.

Bosch pump

39 Fortsätt enligt beskrivning i paragraf 4 till 6.

40 Täck över generatorn för att skydda den mot bränslespill.

41 En mätklocka kommer nu att behövas,

samt en speciell sond och tillsats som skruvas in i hålet baktill på pumpen (tillverkade speciellt för Bosch pumpar och går att få tag på hos bildelsåterförsäljare **(se bild)**.

42 Skruva ur anslutningsmuttrarna som fäster insprutarrören till bränsleinsprutningspumpen. Håll emot anslutningarna på pumpen när muttrarna skruvas ur. Täck över öppna anslutningar för att förhindra smutsintrång.

43 Skruva ur täckpluggen från änden på insprutningspumpen, mellan insprutarrörens anslutningar. Var beredd på viss bränsleförlust.

44 Sätt in sonden och anslut den till mätklockan, placerad precis ovanför inspektionshålet.

Ej justerbart pumpdrev i ett stycke

45 Ta bort låsverktyget från svänghjulsänden och vrid motorn ca 1/4 varv moturs, sett från kamremsänden på motorn. Nollställ mätklockan.

46 Vrid vevaxeln långsamt medurs tills vevaxelns låsverktyg kan sättas in igen och ta tillbaka motorn till ÖD.

47 Läs av mätklockan. Avläsningen ska överensstämma med inställningsvärdet markerat på pumpen. Observera att på senare pumpar är inställningsvärdet markerat på pumpens gaslänkage.

48 Om avläsningen inte är enligt specifikationerna, fortsätt enligt följande:

49 Lossa på pumpens tre främre monteringsbultar och de bakre muttrarna och vrid långsamt på pumpen tills du hittar det ställe där mätklockan visar specificerat avläsningsvärde. När pumpen sitter rätt, dra åt muttrar och bultar och kontrollera att avläsningen inte ändras när anslutningarna dras åt.

50 Demontera vevaxelns låsverktyg och vrid vevaxeln ett och 3/4 varv medurs. Kontrollera att mätklockan fortfarande är nollställd.

51 Vrid vevaxeln långsamt medurs tills dess låsverktyg kan sättas in igen och kolv nr 1 förs tillbaka till ÖD. Kontrollera inställningsvärdet igen.

52 Om justering är nödvändig, lossa på pumpens muttrar och bultar och upprepa arbetet beskrivet i paragraf 49 till 51.

53 När inställningen är korrekt, ta bort mätklockan, demontera sonden från inspektionshålet och sätt tillbaka inspektionspluggen.

54 Återanslut bränsleinsprutarens rör till pumpen.

55 Där tillämpligt, ta bort skyddet för generatorn.

56 Ta bort vevaxelns låsverktyg.

57 Sänk ned bilen på marken och återanslut batteriets minuspol.

58 Avlufta bränslesystemet enligt beskrivning i del A i detta kapitel.

59 Kontrollera och, om nödvändigt, justera tomgångshastigheten och tomgångsbegränsningen enligt del A i detta kapitel.

Justerbart pumpdrev i två delar

60 Demontera låsverktyget från svänghjulet och vrid motorn ca 1/4 varv moturs (sett från kamremsänden på motorn). Nollställ mätklockan.

61 Vrid vevaxeln långsamt medurs tills dess låsverktyg kan sättas in igen och föra tillbaka kolv nr 1 till ÖD.

62 Läs av mätklockan. Avläsningen ska överensstämma med inställningsvärdet markerat på pumpen. Observera att på senare pumpar är inställningsvärdet markerat på pumpens gaslänkage.

63 Om avläsningen inte är enligt specifikationen, fortsätt enligt följande:

64 Lossa drevets tre justerbultar **(se bild)**. Ta hjälp av navet och vrid drevets bakre sektion moturs (sett från kamremsänden på motorn – i själva verket vrider man pumpaxel) så att justerbultarna sätter sig i slutet på de långsträckta skårorna. Dra åt justerbultarna.

65 Nollställ mätklockan.

66 Demontera vevaxelns låsverktyg och vrid sedan vevaxeln två hela varv. Sätt tillbaka låsverktyget och kontrollera att mätklockan fortfarande är nollställd.

67 Lossa drevets tre justerbultar och vrid sedan, med hjälp av navet, drevets bakre sektion medurs (sett från kamremsänden på motorn – i själva verket vrider man pumpaxel) tills mätklockan visar rätt inställningsvärde på pumpen. I detta läge, dra åt drevets justerbultar. Avläsningen på mätklockan ska inte förändras när bultarna dras åt. Ta bort vevaxelns låsverktyg.

68 Vrid vevaxeln två hela varv medurs. Sätt i låsverktyget och kontrollera inställningsvärdet igen.

69 Om justering är nödvändig, lossa på drevets justerbultar och upprepa arbetet beskrivet i paragraf 67 och 68.

70 När inställningen är korrekt, fortsätt enligt beskrivning i paragraf 53 till 59.

20 Bränsleinsprutningspump
–inställning
(Renault Espace och Laguna)

1 Se avsnitt 19, paragraf 1 till 3. Läs noggrant *"Observera"* i början på avsnittet.

2 Koppla bort batteriets minuspol.

3 Om det behövs, täck över generatorn för att skydda den mot bränslespill.

4 För Renault Espace modeller, torka rent insprutarrörens anslutningar. Lossa på anslutningsmuttern som håller insprutningsrören till var och en av insprutarna samt de fyra anslutningsmuttrarna som håller rören baktill på pumpen. Medan pumpanslutningsmuttrarna lossas, håll emot mellansockeln med en lämplig blocknyckel så att den inte skruvas ut ur pumpen. När samtliga anslutningsmuttrar har lossats, demontera insprutarrören från motorn.

5 Lossa på klämskruven och /eller muttern (som tillämpligt) och för bort snabbtomgångsvajerns ändbeslag längs vajern så att det inte längre är i kontakt med pumpens snabbtomgångsarm (d v s så att snabbtomgångsarmen återvänder till sitt stopp).

6 Vrid vevaxeln tills cylinder nr 1 är vid ÖD i slutet på kompressionstakten och vrid sedan vevaxeln bakåt (moturs) ca 1/4 varv.

7 Ta bort åtkomstskruven, som sitter i mitten av de fyra insprutarrörsanslutningarna, baktill på insprutningspumpen. När skruven lossas, sätt en lämplig behållare under pumpen för att fånga upp eventuellt utrinnande bränsle.

8 Skruva i en tillsats (del i Renaults verktygssats Mot. 856) baktill på pumpen och montera en mätklocka i tillsatsen. Placera mätklockan så att kolven är i mitten av sin arbetsbana och dra sedan åt tillsatsens låsmutter ordentligt – se bild 19.41.

9 Vrid långsamt vevaxeln fram och tillbaka samtidigt som du tittar på mätklockan för att fastställa när insprutningspumpens kolv är i botten av sin bana (ND). När kolven är i rätt läge, nollställ mätklockan.

10 Vrid vevaxeln långsamt i rätt rotationsriktning så att kolv nr 1 hamnar vid ÖD. Se del A i detta kapitel (byte av kamrem), skruva ur pluggen från topplocket/vevhuset och håll vevaxeln på plats genom att sätta in ett lämpligt inställningsstift.

11 Avläsningen på mätklockan ska vara samma som det specificerade inställningsvärdet på pumpen. Om justering är nödvändig, fortsätt enligt följande:

12 För Renault Espace modeller, lossa på de främre och bakre monteringsmuttrarna och bultarna och vrid pumpen långsamt tills man hittar punkten där specificerad avläsning uppnås. När pumpen sitter i rätt läge, dra åt de främre och bakre monteringsmuttrarna och bultarna ordentligt.

13 För Renault Laguna modeller, demontera transmissionskåpans toppkåpa samt insprutningspumpdrevets kåpa. Lossa de tre bultarna som fäster drevets fälg till navet och vrid navet långsamt tills du hittar punkten där

specificerad avläsning uppnås. När drevnavet sitter rätt, dra åt fälgens tre fästbultar ordentligt.

14 För alla modeller, ta bort inställningsstiftet och vrid vevaxeln ett och 3/4 varv i normal rotationsriktning. Hitta insprutningspumpkolvens ND-läge och nollställ mätklockan.

15 Vrid vevaxeln långsamt i rätt rotationsriktning så att vevaxelns inställningsstift (låsverktyg) kan sättas in igen (och för tillbaka motorn till ÖD). Kontrollera inställningsvärdet igen.

16 Om justering är nödvändig, upprepa arbetsmomenten i paragraf 11 till 15.

17 När pumpen är korrekt inställd, skruva ur tillsatsen och ta bort mätklockan.

18 Montera skruven och tätningsbrickan på pumpen och dra åt den ordentligt.

19 För Renault Espace modeller, montera insprutningsrören och dra åt anslutningsmuttrarna till specificerat åtdragningsmoment.

20 För Renault Laguna modeller, montera transmissionskåporna och dra åt de nya fästbultarna ordentligt. Montera kabelhylsans clips på kåpan och montera tillbaka bränslefiltret på sitt monteringsfäste.

21 Återanslut batteriet och avlufta sedan bränslesystemet enligt beskrivning i del A i detta kapitel.

22 Starta motorn och justera tomgången och tomgångsbegränsningen enligt beskrivning i del A i detta kapitel. Justera även snabbtomgångsvajern.

21 Hydraulisk belastning, justersystem – testning
(Renault Laguna)

1 Solenoiden för hydraulisk belastningsjustering reducerar bränsleinsprutningspumpens tryck vid låga motorvarvtal så att pumpens förställning reduceras Solenoiden styrs av förvärmningsenheten och kylvätsketemperaturgivaren och även av givaren och reläet för atmosfäriskt tryck, som sitter monterade på högra sidan i motorrummet, bakom strålkastaren **(se bild)**.

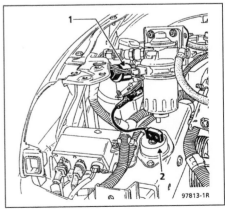

21.1 Relä för hydraulisk belastningsjustering (1) och givare för atmosfäriskt tryck (2)

2 Solenoiden för hydraulisk belastnings-justering är den nedre av de två solenoiderna som sitter framtill på insprutningspumpen och är aktiv under följande förhållanden:
- a) *När lufttemperaturen är lägre än 15° och motorns kylvätsketemperatur är lägre än 70°C.*
- b) *När det atmosfäriska trycket är lägre än 890 ± mbar.*

3 Om systemet utvecklar ett fel, kontrollera den elektriska matningen till solenoidventilen och skicket på ledningen som ansluter förvärmningssystemet, kylvätsketemperatur-givaren och solenoiden. Observera att om lufttemperaturgivaren är defekt aktiveras solenoiden när motorns kylvätsketemperatur är lägre än 70°C. Om kylvätsketemperatur-givaren är defekt är solenoiden aktiv i tio minuter, oberoende av lufttemperatur. Mer detaljerad testning av systemet bör överlåtas till en Renault-verkstad.

22 Bränslefiltrets värmarsystem – byte av komponenter (Renault Laguna)

Varning: Se till att inte smuts kommer in i bränslesystemet vid komponentbyte.

Bränslefiltrets värmarelement

1 Koppla bort batteriets minuspol.
2 Demontera bränslefiltret enligt beskrivning i del A i detta kapitel. Om filtret skadas vid demonteringen måste det bytas ut.
3 Koppla ur ledningskontakten och skruva sedan ur mittbulten och demontera värmar-elementet i botten på bränslefilterhuset. Kassera tätningsringen som sitter mellan elementet och filterhuset. En ny tätning måste användas vid montering.
4 Vid montering, sätt i den nya tätningsringen i spåret i värmarelementet och montera elementet på filterhuset, dra åt mittbulten ordentligt.
5 Återanslut ledningskontakten och montera bränslefiltret.

Temperaturkontakt

6 Koppla bort batteriets minuspol och koppla sedan bort ledningskontakten från temperaturkontakten.

7 Torka rent i området runt temperatur-kontakten och bränslefilterhuset. Ställ fram en behållare som kan fånga upp bränslespill och lossa sedan och ta bort kontakten från bränslefilterhuset. Kassera tätningsbrickorna som sitter på var sida om bränsleslangens anslutning. Nya brickor måste användas vid montering.
8 Montering sker i omvänd arbetsordning. Sätt en ny tätningsbricka på var sida om bränsleslangens anslutning.

23 Förvärmningssystem – testning, demontering och montering av komponenter

Systemtest

1 Om förvärmningssystemet inte fungerar som det ska, utförs avgörande test genom att man byter ut misstänkta komponenter mot komponenter som man vet fungerar, men vissa preliminära kontroller kan göras enligt följande:
2 Anslut en voltmätare eller en 12 volts testlampa mellan glödstiftens matningskabel och jord (motor- eller fordonsmetall). Se till att den strömförande anslutningen hålls borta från motor och kaross.
3 Be en medhjälpare slå på tändningen och kontrollera att det går spänning genom glödstiften. Notera hur länge varningslampan är tänd samt den totala tiden för hur länge spänning matas innan systemet stängs av. Slå av tändningen.
4 Vid en temperatur på 20°C under huven ska varningslampan för Renault 19, Clio och Espace normalt vara tänd i ca 5-6 sekunder, följt av ytterligare 4-5 sekunders spännings-matning sedan lampan slocknat, om start-motorn inte är på. På Renault Laguna modeller ska varningslampan vid en temperatur på 20°C under huven normalt vara tänd i ca 2 sekunder, följt av ytterligare 8 sekunders spänningsmatning sedan lampan slocknat. På alla modeller gäller att tiden då varningslampan är tänd ökar med lägre temperaturer och minskar med högre temperaturer.
5 Om det inte finns någon matning alls är reläet eller anslutande ledningar defekt/a.
6 För att hitta ett trasigt glödstift, koppla bort

huvudmatningskabeln och mellangående ledning från glödstiften. Var försiktig så att du inte tappar muttrar och brickor. På Renault Laguna modeller är det svårt att komma åt glödstiften och man måste demontera insugs-röret för att förbättra åtkomsten.
7 Anslut en kontinuitetsmätare eller en 12 volts testlampa till batteriets pluspol och kontrollera kontinuiteten mellan varje glödstiftsterminal och jord. Motståndet i ett glödstift i gott skick är mycket lågt (mindre än 1 ohm), så om testlampan inte lyser eller om kontinuitetsmätaren visar ett högt motstånd så är glödstiftet defekt.
8 Om en amperemätare finns till hands kan man undersöka hur mycket ström varje glödstift drar. Efter en inledande ökning på 15 till 20 amp, ska varje glödstift dra 10 amp. Om ett glödstift drar mycket mer eller mindre är den troligen defekt.
9 Som en sista kontroll kan glödstiften demonteras och undersökas, se beskrivning i avsnitt 12.

Styrenhet

Demontering

10 Förvärmningssystemets styrenhet sitter enligt följande:

> *Renault 19 – på torpedplåten i motorrummet (se bild).*
> *Renault Clio – på den vänstra fjäderbenstorn bakom batteriet (se bild).*
> *Renault Espace – på vänstra sidan i motorrummet, bakom batteriet.*
> *Renault Laguna – på högra sidan i motorrummet, bakom strålkastaren (se bild).*

11 Koppla bort batteriets minuspol. På Renault Laguna modeller, förbättra åtkomsten till styrenheten genom att lossa bränsle-filterhuset från sitt monteringsfäste.
12 Skruva ur fästmuttern och ta loss enheten från sitt monteringsfäste.
13 Koppla bort kabelaget i botten på enheten, notera hur kontakterna sitter.

Montering

14 Montering sker i omvänd arbetsordning. Var noga med att ledningskontakterna blir rätt anslutna.

23.10a Fästmutter för förvärmnings-systemets styrenhet – Renault 19

23.10b Förvärmningssystemets styrenhet tas bort – Renault Clio

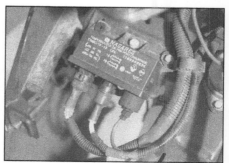
23.10c Förvärmningens styrenhet (visad med strålkastare demonterad) - Renault Laguna

24 Avgasåtercirkulation –
testning och byte av
komponenter (Renault 19)

Observera: *På Renault 19 modeller finns detta system i bilar utrustade med motorerna F8Q 742 och F8Q 744.*

Systemtest

1 Starta motorn och låt den gå tills den uppnår normal arbetstemperatur, kylfläkten ska ha gått på och av minst en gång.
2 Med motorn på tomgång, koppla bort vakuumslangen från återcirkulationsventilen. När slangen kopplas bort ska man kunna höra att ventilen stänger med ett klickande ljud. Om inget klickande hörs, fortsätt enligt följande:
3 Kontrollera att det finns vakuum i återcirkulationsventilens ände i vakuumslangen. Om en vakuummätare finns att tillgå, kontrollera att vakuumet är minst 500 mbar. Om det finns vakuum är det troligt att återcirkulationsventilen är defekt (d v s ett igensatt eller håligt membran). Om det inte finns något vakuum, gör följande tester:
4 Kontrollera skicket och säkerheten för alla vakuumslanganslutningar.
5 Kontrollera den elektriska matningen till solenoidventilen.
6 Kontrollera temperaturventilens funktion. Detta kan göras genom att man kontrollerar att vakuum passerar genom ventilen med motorn på normal arbetstemperatur. Stäng av motorn och koppla bort temperaturventilens vakuumslangar vid återcirkulationsventilen och solenoidventilen. Kontrollera att det är möjligt att blåsa genom slangarna. Om inte är det troligt att temperaturventilen är defekt eller slangarna blockerade.
7 Kontrollera funktionen för mikrokontakten på insprutningspumpen med en kontinuitetsmätare eller ohmmätare. När pumpens gaslänkagearm är i tomgångsläge ska kontakten vara öppen (ingen kontinuitet/oändligt motstånd). När gaslänkagearmen flyttas från tomgångsläget ska kontakten stänga (kontinuitet/inget motstånd), tills armen når ett förbestämt läge mot slutet på sin bana, när kontakten ska öppna igen. Observera att man inte ska försöka justera kontakten. Om man misstänker att justering behövs, eller om en ny kontakt har monterats, rådfråga en Renault-verkstad som har tillgång till speciell kalibreringsutrustning för att utföra korrekt justering.

Byte av komponenter

Observera: *Där tillämpligt ska nya packningar användas vid montering.*

Återcirkulationsventil

8 Denna ventil sitter baktill på motorn, på avgasgrenröret (F8Q 742 motorer) eller insugsröret (F8Q 744 motorer) **(se bild)**. Ventilen är ansluten till det återstående

24.8 Avgasåtercirkulation (EGR), systemets komponenter – F8Q 744 motor

1 Solenoidventil
2 Återcirkulationsventil
3 Vakuumkälla
4 Temperaturventil
5 Återcirkulationsrör

grenröret via ett metallrör som sitter fast med bultar mellan ventilen och grenröret.
9 För att demontera ventilen, koppla först bort vakuumslangen från ventilen.
10 Demontera fästbultarna och koppla bort ventilröret från rätt grenrör. Ta vara på packningen.
11 Ta bort bultarna och lossa själva ventilen från grenröret och ta vara på packningen, där tillämpligt. Demontera ventilen, komplett med rör.
12 Om en ny ventil ska monteras, skruva ur fästbultarna och för över rören till den nya ventilen, med en ny packning.
13 Montering sker i omvänd arbetsordning. Använd nya tätningar, där tillämpligt.

Solenoidventil

14 Denna ventil sitter på ett fäste på torpedplåten i motorrummet.
15 Koppla bort ledningspluggen och vakuumslangarna från ventilen.
16 Skruva ur fästmuttern/muttrarna och ta loss ventilen, komplett med sitt fäste.
17 Montering sker i omvänd arbetsordning, se till att vakuumslangarna är ordentligt återinkopplade.

Temperaturventil

18 Denna ventil sitter i kylvätskeslangen, i det vänstra främre hörnet på topplocket.
19 För att demontera ventilen, koppla helt enkelt loss kontakten och skruva loss ventilen från slangen. Var beredd på bränslespill.
20 Montering sker i omvänd arbetsordning.

Höjdmätarkapsel

21 Denna kapsel sitter på tvärbalken framtill i motorrummet **(se bild)**.
22 Koppla bort kontakten från kapseln och skruva sedan ur fästmuttern/muttrarna och ta ut kapseln.
23 Montering sker i omvänd arbetsordning.

Insprutningspumpens mikrokontakt (EGR avstängningsventil)

24 Denna kontakt sitter på ett fäste på bränsleinsprutningspumpen.
25 Demontering och montering av kontakten visar sig automatiskt, men observera att när det är gjort måste en Renault-verkstad utföra justeringen med särskild kalibreringsutrustning.

25 Avgasåtercirkulation –
testning och byte av
komponenter (Renault Clio)

Observera: *På Renault Clio modeller finns detta system på bilar utrustade med motorn F8Q 732.*

Systemtest

1 Påbörja testningen av avgasåtercirkulationssystemet (EGR) med att följa arbetsbeskrivningen i avsnitt 24, paragraf 1 till 6.
2 Kontrollera funktionen för EGR-mikrokontakten på insprutningspumpen enligt beskrivning i avsnitt 11. Om det visar sig vara omöjligt att justera kontakten är den defekt och måste bytas ut.

Byte av komponenter

Observera: *Där tillämpligt ska nya packningar användas vid montering.*

Återcirkulationsventil

3 Denna ventil sitter baktill på motorn. Den är fastbultad på avgasgrenröret och är ansluten till insugsröret via ett metallrör som sitter fast med bultar mellan ventilen och grenröret. För att förbättra åtkomsten av ventilen, skruva loss oljeseparatorn baktill på insugsröret.
4 För att byta ut ventilen, följ beskrivningen i avsnitt 24, paragraf 9 till 13.

Solenoidventil

5 Denna ventil sitter på ett fäste på torpedplåten i motorrummet, precis bakom insugsröret.
6 För att byta ut ventilen, följ beskrivningen i avsnitt 24, paragraf 15 till 17.

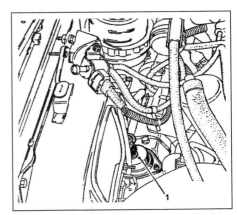

24.21 Avgasåtercirkulationssystemets höjdmätarkapsel (1)

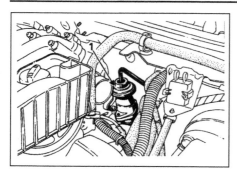

**26.3 EGR återcirkulationsventil (1) –
Renault Laguna**

Temperaturventil

7 Denna ventil sitter iskruvad i en av kylvätskeslangarna, nära den vänstra änden på topplocket. För att hitta ventilen, följ vakuumröret tillbaka från solenoidventilen och sedan till ventilen.
8 För att byta ut ventilen, följ beskrivningen i avsnitt 24, paragraf 19 och 20.

Insprutningspumpens mikrokontakt (EGR avstängningsventil)

9 För att byta ut denna kontakt, följ beskrivningen i avsnitt 24.

26 Avgasåtercirkulation –
testning och byte av komponenter (Renault Laguna)

Systemtest

1 Testning av avgasåtercirkulationssystemet (EGR) på Renault Laguna modeller ska överlåtas till en Renault-verkstad.

Byte av komponenter

Återcirkulationsventil

2 Lossa på fästclipsen och demontera ledningen som ansluter luftrenarhuset till grenrörets insugskammare.
3 Koppla bort vakuumslangen från EGR återcirkulationsventilen som sitter monterad på den vänstra änden av insugskammaren **(se bild)**.
4 Lossa och ta bort fästbultarna och frigör ventilen från insugskammaren. Kassera packningen. En ny packning måste användas vid montering.

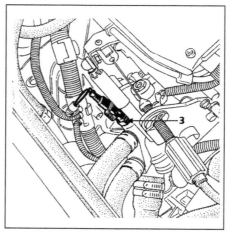

26.11 EGR-systemets temperaturgivare (3)

5 Lossa antingen bultarna som fäster ventilen vid röret eller bultarna som fäster röret vid avgasgrenröret (som tillämpligt). Ta ut packningen och demontera återcirkulationsventilen/ventil- och rörenheten från motorrummet.
6 Montering sker i omvänd arbetsordning, använd nya packningar och se till att bultarna dras åt ordentligt.

Solenoidventil

7 EGR solenoidventilen sitter i det vänstra, bakre hörnet i motorrummet.
8 För att demontera solenoiden, skruva ur fästmuttrarna och lossa ventilen från sitt monteringsfäste.
9 Koppla bort ledningskontakten och vakuumslangarna från ventilen och ta ut den ur motorrummet.
10 Montering sker i omvänd arbetsordning, se till att vakuumslangarna blir säkert återanslutna.

Temperaturgivare

11 EGR-systemets temperaturgivare sitter precis under bränsleinsprutningspumpen **(se bild)**. Det är svårt att komma åt givaren och omgivande komponenter kan komma att behöva flyttas över till ena sidan innan givaren kan nås.
12 För att demontera givaren, koppla först bort batteriets minuspol.
13 Tappa av kylsystemet till precis under givarens nivå.
14 Koppla bort kontakten från givaren.

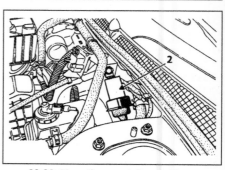

**26.22 Kopplingspedalkontaktens
fördröjningsrelä (2)**

15 Skruva försiktigt ur givaren från sitt hus och ta ut tätningsringen, där sådan finns.
16 Om givaren ursprungligen var monterad med tätningsmedel, rengör gängorna grundligt och lägg på ett nytt lager tätningsmedel.
17 Om givaren ursprungligen var monterad med en tätningsring, använd en ny vid montering.
18 Montering sker i omvänd arbetsordning. Dra åt givaren och fyll på kylsystemet.

Kopplingspedalens kontakt

19 Man kan komma åt kopplingspedalens kontakt från undersidan av instrumentbrädan. För att förbättra åtkomsten, clipsa loss locket till instrumentbrädans säkringsdosa. Lossa fästskruvarna längs den nedre kanten på täckpanelen till säkringsdosans lock och ta bort clipsen och demontera panelenheten från instrumentbrädan.
20 Sträck upp handen bakom instrumentbrädan och koppla bort ledningsanslutningen från kontakten, som sitter monterad på kopplingspedalens fäste. Vrid på kontakten och lirka försiktigt ut den från sitt fästclips.
21 Montering sker i omvänd arbetsordning, tryck kontakten på plats tills den når kopplingspedalens stopp.

Kopplingspedalkontaktens tidsfördröjningsrelä

22 Koppla bort ledningsanslutningen från reläet, som sitter i det vänstra, bakre hörnet av motorrummet **(se bild)**.
23 Lossa fästbulten och demontera reläet från motorrummet.
24 Montering sker i omvänd arbetsordning.

Kapitel 10
Opel 1488cc, 1598cc, 1686cc och 1699cc motorer

Del A: Rutinunderhåll och service

Innehåll

Motortyper

Specifikationer

Oljefilter
15D och 15DT motorer . . . . Champion F126
16D och 16DA motorer, 17D och 17DR motorer . . . . Champion G105
17DTL motor, 17DT motor . . . . Champion F208

Ventilspel (kall motor)
15D, 15DT och 17DT motorer:
  Insug 0,15mm
  Avgas . . . . 0,25 mm
16D, 16DA, 17D, 17DR och 17DTL motorer:
  Insug . . . . Automatiskt justerad
  Avgas . . . . Automatiskt justerad

Kamremmens spänning
15D och 15DT motorer . . . . Automatisk spännare
16D och 16DA motorer (använd spänningsmätare):
  Ny rem, varm 9,0
  Ny rem, kall 6,5
  Inkörd rem, varm 8,0
  Inkörd rem, kall 4,0
17D motor (använd spänningsmätare):
  Ny rem, varm 7,5
  Ny rem, kall 9,5
  Inkörd rem, varm 5,0
  Inkörd rem, kall 9,0
17DR och 17DTL motorer . . . . Automatisk spännare
17DT motor . . . . Automatisk spännare

Hjälpaggregatens drivremmar

15D, 15DT och 17DT motorer (kilrem)
Spänning (med spänningsmätare):
  Generator:
    Ny . . . . 440 till 540 N
    Använd . . . . 320 till 390 N
  Servostyrningspump:
    Ny . . . . 450 N
    Använd . . . . 250 till 300 N

16D, 16DA, 17D, 17DR och 17DTL motorer (kilrem)
Spänning (med spänningsmätare):
  Generator:
    Ny . . . . 450 N
    Använd . . . . 250 till 400 N
  Servostyrningspump:
    Ny . . . . 450 N
    Använd . . . . 250 till 300 N

Luftfilter
15D och 15DT motorer . . . . Champion U641
16D och 16DA motorer . . . . Champion U503
17D och 17DR motorer:
  Kadett 1988 t o m 1990 . . . . Champion U558
  Astra fr o m 1991 . . . . Champion U599
  Vectra fr o m 1988 . . . . Champion U554
17DTL motor . . . . Champion U548
17DT motor . . . . Champion U548

Bränslefilter
15D och 15DT motorer . . . . Champion L111
16D och 16DA motorer . . . . Champion L113
17D och 17DR motorer:
  Vectra fr o m 1988, och Kadett t o m 1990 . . . . Champion L113
  Astra fr o m 1991 . . . . Champion L111
17DTL motor . . . . Champion L111
17DT motor . . . . Champion L111

Glödstift

15D motor:	
5 volts system	Champion CH-110, eller liknande
11 volts system	Champion CH-157, eller liknande
15DT motor	Champion CH-158, eller liknande
16D och 16DA motorer	Champion CH-68, eller liknande
17D och 17DR motorer	Champion CH-68, eller liknande
17DTL motor	Champion CH-158, eller liknande
17DT motor	Champion CH-158, eller liknande

Insprutningspump, justering

Tomgångshastighet

15D och 15DT motorer	830 till 930 rpm
16D och 16DA motorer	825 till 875 rpm
17D motor	820 till 920 rpm
17DR och 17DTL motorer:	
Under 20°C	1200 rpm
Över 20°C	850 rpm
17DT motor	780 till 880 rpm

Maximal motorhastighet

15D motor	5800 rpm
15DT motor	5600 rpm
16D och 16DA motorer	5600 rpm
17D, 17DR och 17DTL motorer	5500 till 5600 rpm
17DT motor	5100 till 5300 rpm

Åtdragningsmoment

	Nm
Kamaxel – 15D och 15DT motorer	
Kamremmens styrrulle till motorblock	80
Kamremsdrev, bultar	10
Kamremsspännarens rulle, bult och mutter	19
Lageröverfall till topplock, muttrar	25
Transmissionskåpa till motorblock	8
Kamaxel – 17DT motor	
Kamremmens styrrulle till motorblock	76
Kamremsdrev, bultar	10
Kamremsspännarens rulle till motorblock	19
Lageröverfall till topplock, muttrar	19
Transmissionskåpa till motorblock	8
Vevaxel – 15D och 15DT motorer	
Remskiva till drev, bultar	20
Kamremsdrevets mittbult	133 till 161
Vevaxel – 17DT motor	
Remskiva till drev, bultar	20
Kamremsdrevets mittbult	196
Motorfäste – 15D och 15DT motorer	
Höger fästbygel:	
Till dämparblock	45
Till motorblock	45
Motorfäste – 17DT motor	
Höger fästbygel:	
Till fäste	45
Till motorblock	40
Kylvätskepump – 17DR och 17DTL motorer	
Pump till motorblock	25
Glödstift	
15D och 15DT motorer	20
16D och 16DA motorer	40
17D och 17DR motorer	20
17DT motor	20

Smörjmedel, vätskor och volymer

Komponent eller system	Smörjmedel eller vätska	Volym
Motor – 15D, 15DT	Multigrade motorolja, viskositet SAE 5W/50 till 20W/50, till specifikation API SF/CD, SG/CD eller CD	3,75 liter – med filter
Motor – 16D, 16DA	Multigrade motorolja, viskositet SAE 10W/40 till 20W/50, till specifikation API SG/CD eller bättre	3,75 liter – med filter – före 1984 / 5,0 liter – med filter – 1985 och framåt
Motor – 17D	Multigrade motorolja, viskositet SAE 10W/40 till 20W/50, till specifikation API SG/CD eller bättre	4,75 liter – med filter
Motor – 17DR, 17DTL	Multigrade motorolja, viskositet SAE 5W/50 till 20W/50, till specifikation API SG/CD, SH/CD eller CD	5,0 liter – med filter
Motor – 17DT	Multigrade motorolja, viskositet SAE 5W/50 till 20W/50, till specifikation API SF/CD, SG/CD eller CD	5,0 liter – med filter
Kylsystem	Etylenglykolbaserad frostskyddsvätska till GME specifikation 13368	6,0 liter – 15D / 6,3 liter – 15TD / 7,7 liter – 16D, 16DA / 9,1 liter – 17D, 17DR / 6,8 liter – 17DTL / 6,8 liter – 17DT
Bränslesystem	Kommersiellt dieselbränsle för väggående fordon	Beroende på modelltyp

Opel dieselmotor – underhållsschema

Följande underhållsschema är i stort sett det som rekommenderas av tillverkaren. Serviceintervallen bestäms av antal körda kilometer eller förfluten tid – detta eftersom vätskor och system slits såväl med ålder som med användning. Följ tidsintervallen om inte kilometerantalet uppnås inom den specificerade perioden.

Bilar som används under krävande förhållanden kan behöva tätare underhåll. Med krävande förhållanden menas extrema klimat, användning som bogserbil eller taxi, körning på dåliga vägar och många korta resor. Användning av lågkvalitativt bränsle kan orsaka förtida försämring av motoroljan. Rådfråga en Opelverkstad om detta.

16D och 16DA motorer

Alla modeller

Var 400:e km, varje vecka eller innan en långresa
- [ ] Kontrollera motoroljenivån och fyll på om så behövs (avsnitt 3)
- [ ] Kontrollera kylvätskenivån och fyll på om så behövs (avsnitt 4)
- [ ] Kontrollera batteriets elektrolytnivå (om tillämpligt)
- [ ] Kontrollera avgasutsläppen (avsnitt 5)
- [ ] Kontrollera funktionen för glödstiftens varningslampa (avsnitt 6)

Var 10 000:e km eller var 6:e månad
- [ ] Kontrollera tomgångshastigheten och justera vid behov (avsnitt 11)
- [ ] Byt bränslefilter (avsnitt 12)
- [ ] Byt luftfilter
- [ ] Kontrollera hjälpaggregatens drivrem angående skick och spänning
- [ ] Kontrollera koncentrationen av kylvätska
- [ ] Kontrollera kylsystemets slangar angående skick och säkerhet

Var 30 000:e km eller vartannat år
- [ ] Kontrollera kamremmens skick och spänning (avsnitt 17)
- [ ] Byt kylvätska (oavsett kilometertal)

Var 60 000:e km eller vart 4:e år
- [ ] Byt kamrem (avsnitt 24)

Var 100 000:e km eller vart 5:e år
- [ ] Byt glödstift (avsnitt 26)

Schema A – 1982/83 års modeller

Var 5 000:e km eller var 6:e månad, det som först inträffar
- [ ] Byt motorolja och filter (avsnitt 7)
- [ ] Tappa av bränslefiltret (avsnitt 8)

Schema B – 1984/85/86 års modeller

Var 5 000:e km eller var 6:e månad, det som först inträffar – endast 1984
☐ Byt motorolja och filter (avsnitt 7)
☐ Tappa av bränslefiltret (avsnitt 8)

Var 7 500:e km eller var 6:e månad 1985/86
☐ Byt motorolja och filter (avsnitt 9)
☐ Tappa av bränslefiltret (avsnitt 10)

Var 15 000:e km eller varje år
☐ Kontrollera tomgångshastigheten och justera om så behövs (avsnitt 13)
☐ Kontrollera hjälpaggregatens drivremmar angående skick och spänning
☐ Smörj gaslänkaget
☐ Kontrollera kylvätskans koncentration
☐ Kontrollera kylsystemets slangar angående skick och säkerhet

Var 30 000:e km eller vartannat år
☐ Byt bränslefilter (avsnitt 18)
☐ Byt luftfilter
☐ Kontrollera kamremmens skick och spänning (avsnitt 17)

Var 60 000:e km eller vart 4:e år
☐ Byt kamrem (avsnitt 24)

Var 105 000:e km eller vart 7:e år
☐ Byt glödstift (avsnitt 27)

Vartannat år, oavsett kilometertal
☐ Byt kylvätska

Schema C – 1987 års modeller och framåt

Var 7 500:e km eller var 6:e månad, det som först inträffar
☐ Byt motorolja och filter (avsnitt 9)
☐ Tappa av bränslefiltret (avsnitt 10)

Var 15 000:e km eller varje år
☐ Se schema B

Var 30 000:e km eller vartannat år
☐ Som schema B men utan att undersöka kamremmen

Var 45 000:e km eller vart 3:e år
☐ Om bilen används under krävande förhållanden, kontrollera kamremmens skick och spänning (avsnitt 21)

Var 60 000:e km eller vart 4:e år
☐ Om bilen används under normala förhållanden, kontrollera kamremmens skick och spänning (avsnitt 22)

Var 90 000:e km eller vart 6:e år
☐ Om bilen används under krävande förhållanden, byt kamrem (avsnitt 25)

Var 105 000:e km eller vart 7:e år
☐ Byt glödstift (avsnitt 27)
☐ Om bilen används under normala förhållanden, byt kamrem (avsnitt 28)

Vartannat år, oavsett kilometertal
☐ Byt kylvätska

15D, 15DT, 17D, 17DR, 17DTL och 17DT motorer

1992 års modeller och framåt

Observera: *Följande underhållsschema baseras på en bil som körs 15 000 km per år. Om bilen körs mycket mindre eller mer än så måste schemat anpassas efter detta. Fråga om råd hos din Opelverkstad.*

Avsnittens innehåll gäller alla motortyper om inte annat anges

Var 400:e km, varje vecka eller innan en långresa
- [ ] Kontrollera motoroljenivån och fyll på om så behövs (avsnitt 3)
- [ ] Kontrollera kylvätskenivån och fyll på om så behövs (avsnitt 4)
- [ ] Kontrollera batteriets elektrolytnivå (om tillämpligt)
- [ ] Kontrollera avgasröken (avsnitt 5)
- [ ] Kontrollera funktionen för glödstiftens varningslampa (avsnitt 6)

Var 7 500:e km eller varje år, det som först inträffar
- [ ] Byt motorolja och filter (avsnitt 9)

Var 15 000:e km eller varje år
- [ ] Kontrollera motorn och växellådan angående läckage
- [ ] Tappa av eventuellt vatten som samlats i bränslefiltret (avsnitt 16)
- [ ] Byt luftfilter
- [ ] Kontrollera tomgångshastighet (avsnitt 13)
- [ ] Kontrollera maximal motorhastighet (avsnitt 14)
- [ ] Kontrollera avgasutsläpp (avsnitt 15)
- [ ] Kontrollera skick och spänning (där tillämpligt) för hjälpaggregatens drivremmar

Var 30 000:e km eller vartannat år
- [ ] Byt bränslefilter (avsnitt 19)
- [ ] Kontrollera kamremmens skick – 17DR och 17DTL motorer (avsnitt 17)
- [ ] Kontrollera ventilspel – 15D, 15DT och 17DT motorer (avsnitt 20)
- [ ] Byt kylvätska – vartannat år oavsett kilometertal

Var 60 000:e km eller vart 4:e år
- [ ] Kontrollera kamremmens skick och spänning – 17D motor (avsnitt 22)
- [ ] Kontrollera kamremmens skick – 15D, 15DT och 17DT motorer (avsnitt 23)
- [ ] Byt kamrem oavsett dess skick – 17DR och 17DTL motorer (avsnitt 24)

Var 105 000:e km eller vart 7:e år
- [ ] Byt glödstift (avsnitt 27)

Var 120 000:e km eller vart 8:e år
- [ ] Byt kamrem oavsett skicket – 15D, 15DT, 17D och 17DT motorer (avsnitt 29)

Under motorhuven på Opel Combo med 15D motor

1 Kylsystemets påfyllnings-/
    trycklock
2 Bromsvätskebehållarlock
3 Bromsservoledning
4 Bränslefilter
5 Vindrutespolarbehållare
6 Fjäderbenstorn
7 Luftrenarhus
8 Batteri
9 Kylarfläkt
10 Motoroljans mätsticka
11 Motoroljans påfyllningslock
12 Bränsleinsprutare
13 Termostathus
14 Motorventilator
15 Kamaxelns drivremskåpa
16 Insugsgrenröret
17 Luftfördelarkammare
18 Luftresonanslåda
19 EGR-ventil
20 Avgasgrenrör
21 Identifikationsplatta
22 Kylvätskepump
23 Relädosa

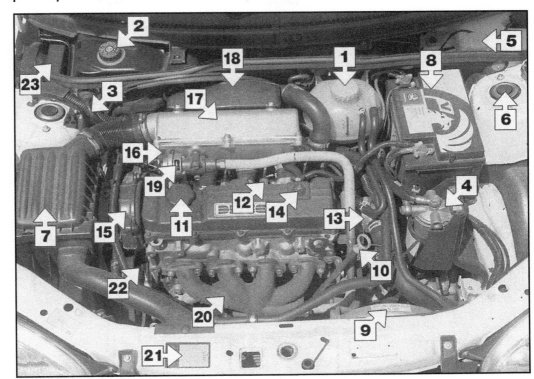

Under motorhuven på Opel Corsa med 15DT motor

1 Kylsystemets påfyllnings-/
    trycklock
2 Bromsvätskebehållarlock
3 Bromsservoledning
4 Bränslefilter
5 Bränslevärmare
6 Vindrutespolarbehållare
7 Fjäderbenstorn
8 Luftrenarhus
9 Batteri
10 Kylarfläkt
11 Motoroljans mätsticka
12 Motoroljans påfyllningslock
13 Bränsleinsprutare
14 Termostathus
    (under slang)
15 Motorventilator
16 Kamaxelns drivremskåpa
17 Insugsgrenröret
18 Luftfördelarkammare
19 Laddningsluft säkerhetsventil
20 Turboladdare
21 Avgasgrenrörets värmesköld
22 Identifikationsplatta
23 Kylvätskepump
24 Relädosa

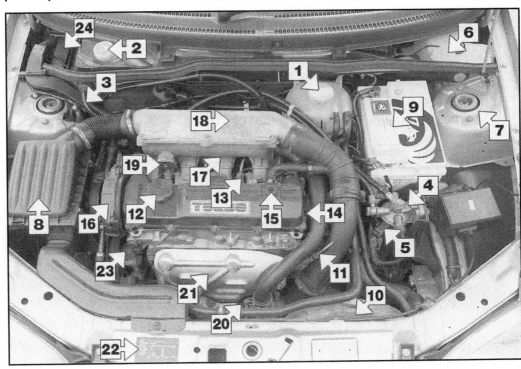

Under motorhuven på en Opel Ascona med 16D motor

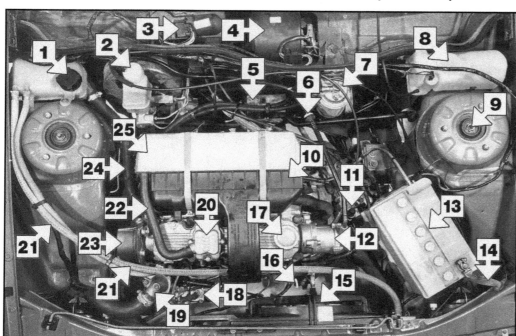

1 Kylsystemets påfyllnings-/
   trycklock
2 Bromsvätskebehållarlock
3 Vindrutetorkarmotor
4 Värmefläktmotor
5 Bränsleslangar
6 Bromsservons backventil
7 Bränslefilter
8 Vindrutespolarvätskebehållare
9 Fjäderbenstorn
10 Luftrenarhus
11 Växellådsventilator
12 Vakuumpump
13 Batteri
14 Jordfläta
15 Kylarfläkt
16 Motoroljans nivåsticka
17 Motoroljans påfyllningslock
18 Bränsleinsprutningspump
19 Termostatkrök
20 Motorventilator
21 Kylsystemets ventilationsslangar
22 Vevaxelns ventilationsslang
23 Kamaxelns drivremskåpa
24 Kylvätskeslang
    (till expansionskärl)
25 Insugsgrenrör

Under motorhuven på en Opel Vectra med 17D motor

1 Kylsystemets påfyllnings-/
   trycklock
2 Bromsvätskebehållarlock
3 Elektrisk underordnad låda
4 Bränslefilter
5 Bränslefiltrets värmarenhet
6 Bränslefiltrets temperaturgivare
7 Bränsleslangar
8 Bromsservons backventil
9 Fjäderbenstorn
10 Luftrenarhus
11 Växellådsventilator
12 Vakuumpump
13 Batteri
14 Batteriets jordfläta
15 Kylarfläkt
16 Motoroljans mätsticka
17 Motoroljans påfyllningslock
18 Bränsleinsprutningspump
19 Termostatkrök
20 Motorventilator
21 Kylsystemets ventilationsslangar
22 Vevhusets ventilationsslang
23 Kamaxelns drivremskåpa
24 Kylvätskeslang
    (till expansionskärl)
25 Insugsgrenrör
26 Kopplingsvajer
27 Vindrutespolarvätskebehållare
28 Identifikationsplatta

Under motorhuven på en Opel Astra med 17DR motor

1 Kylsystemets påfyllnings-/
   trycklock
2 Bromsvätskebehållarlock
3 Relädosa
4 Bränslefilter
5 EGR-ventil
6 Vindrutespolarvätskebehållare
7 Fjäderbenstorn
8 Luftrenarhus
9 Batteri
10 Kylarfläkt
11 Motoroljans mätsticka
12 Motoroljans påfyllningslock
13 Bränsleinsprutare
14 Bränsleinsprutningspump
15 Kallstartenhet
16 Termostatkrök
17 Motorventilator
18 Kamaxelns drivremskåpa
19 Insugsgrenrör
20 Vakuumpump
21 Relädosa
22 Kopplingsarm

Under motorhuven på en Opel Astra med 17DTL motor

1 Kylsystemets påfyllnings-/
   trycklock
2 Bromsvätskebehållarlock
3 Relädosa
4 Bränslefilter
5 Bränslevärmare
6 Vindrutespolarvätskebehållare
7 Fjäderbenstorn
8 Luftrenarhus
9 Batteri
10 Kylarfläkt
11 Motoroljans mätsticka
12 Motoroljans påfyllningslock
13 Bränsleinsprutare
14 Termostatkrök
15 Motorns ventilationsslang
16 Kamaxelns drivremskåpa
17 Insugsgrenrör
18 EGR-ventil
19 Relädosa
20 Vakuumpump
21 Bränsleinsprutningspump
22 Identifikationsplatta
23 Servostyrningsvätskebehållare

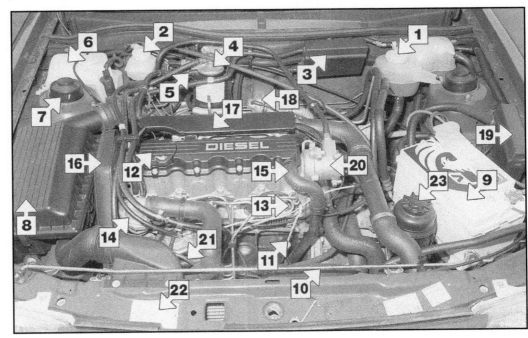

Under motorhuven på en Opel Astra med 17DT motor

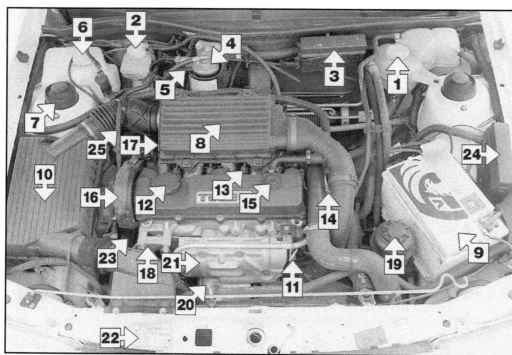

1 Kylsystemets påfyllnings-/
  trycklock
2 Bromsvätskebehållarlock
3 Relädosa
4 Bränslefilter
5 Bränslevärmare
6 Vindrutespolarvätskebehållare
7 Fjäderbenstorn
8 Luftrenarhus
9 Batteri
10 Luftansamlingslåda
11 Motoroljans mätsticka
12 Motoroljans påfyllningslock
13 Bränsleinsprutare
14 Termostathus
  (under slang)
15 Motorventilator
16 Kamaxelns drivremskåpa
17 Insugsgrenrör
18 Servostyrningspumpens fäste
19 Servostyrningsvätskebehållare
20 Turboladdarens värmesköld
21 Avgasgrenrörets värmesköld
22 Identifikationsplatta
23 Kylvätskepump
24 Relädosa
25 Bromsservoledning

Under motorhuven på en Opel Vectra med 17DT motor

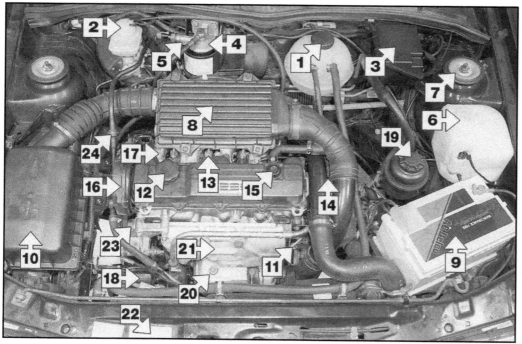

1 Kylsystemets påfyllnings-/
  trycklock
2 Bromsvätskebehållarlock
3 Extra eldosa
4 Bränslefilter
5 Bränslevärmare
6 Vindrutespolarvätskebehållare
7 Fjäderbenstorn
8 Luftrenarhus
9 Batteri
10 Luftansamlingslåda
11 Motoroljans mätsticka
12 Motoroljans påfyllningslock
13 Bränsleinsprutare
14 Termostathus
  (under slang)
15 Motorventilator
16 Kamaxelns drivremskåpa
17 Insugsgrenrör
18 Servostyrningspump
19 Servostyrningsvätskebehållare
20 Turboladdarens värmesköld
21 Avgasgrenrörets värmesköld
22 Identifikationsplatta
23 Kylvätskepump
24 Bromsservoledning

Underhållsarbeten

1 Inledning

1 Se kapitel 2 del A, avsnitt 1.

2 Intensivunderhåll

1 Se kapitel 2 del A, avsnitt 2.

400 km service

3 Motoroljenivå – kontroll

1 Se kapitel 2 del A, avsnitt 3 **(se bilder)**.

4 Kylvätskenivå

1 Se kapitel 2 del A, avsnitt 4. Observera att kärlet är genomskinligt, så kylvätskenivån kan kontrolleras utan att locket tas bort. Nivån skall vara mellan MAX (HOT) och MIN (COLD) markeringarna ingjutna på sidan av kärlet. Om den är under MAX-markeringen, ta bort locket och fyll på kylvätska till MAX-markeringen **(se bild)**.

5 Avgasrök – kontroll

1 Se kapitel 2 del A, avsnitt 5.

6 Varningslampa – kontroll

1 Se kapitel 2 del A, avsnitt 6.

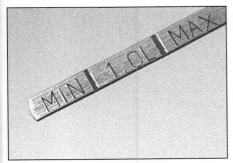

3.1a Markeringar på motoroljans mätsticka

3.1b Påfyllning av motorolja

4.1 Kylvätskenivåns MIN och MAX markeringar (vid pilen)

5 000 km service

7 Motorolja och filter – byte

16D och 16DA motorer, schema A och B

1 Se kapitel 2 del A, avsnitt 7 **(se bilder)**.

7.1a Motoroljans avtappningsplugg – 16D motor visad, andra liknande

7.1b Motorns oljefilter tas bort – 16D motor visad, andra liknande

8 Bränslefilter – avtappning av vatten

16D och 16DA motorer, schema A och B

Ouppvärmt filter

1 Bränslefiltret skall tappas av så att eventuellt vatten som har samlats avlägsnas.
2 Placera en behållare under filtrets avtappningsplugg. Lossa ventilationspluggen uppe på filterhållaren ett varv **(se bild)**.
3 Lossa avtappningspluggen längst ner på filtret ett varv och låt vattnet rinna ut ur filtret **(se bild)**.
4 När rent bränsle kommer ut, dra åt båda skruvarna och ta bort behållaren.
5 Kassera vattnet/bränslet på ett säkert sätt.

Uppvärmt filter

6 För de flesta syften kan man handskas med denna filtertyp på samma sätt som med det ouppvärmda. Det är lättare att ta loss enheten från torpedplåten för att utföra avtappningen, eftersom åtkomligheten under filtret är begränsad när det sitter på plats och arbetet kan bli väldigt kladdigt. Huvudorsaken till att utrymmet är så dåligt är att en värmesköld monterats runt filterlocket **(se bilder)**.

8.2 Bränslefiltrets ventilationsplugg lossas – 16D motor

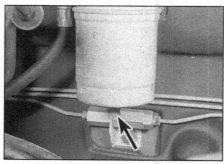
8.3 Bränslefiltrets avtappninsplugg (vid pilen) – 16D motor

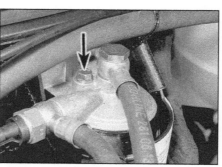
8.6a Ventilplugg uppe på det uppvärmda filtret (vid pilen) – senare 16DA motor

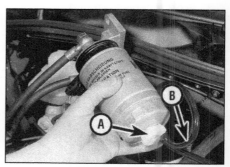
8.6b Bränslefiltrets avtappningsplugg (A) och slang (B) – senare 16DA motor

7 500 km service

9 Motorolja och filter – byte

16D och 16DA motorer, schema C. 15D, 15DT, 17D 17DR, 17DTL och 17DT motorer
1 Se avsnitt 7.

10 Bränslefilter – avtappning av vatten

16D och 16DA motorer, schema C
1 Se avsnitt 8.

10 000 km service

11 Tomgångshastighet – kontroll och justering

16D och 16DA motorer, schema A

Varning: Håll dig på avstånd från kylfläkten när justeringar görs.

16D och tidiga 16DA motorer
1 Den huvudsakliga svårigheten med att göra justeringar av motorhastigheten är att mäta hastigheten. Konventionella varvräknare kan inte användas eftersom de utlöses av tändsystemets pulser. Passande instrument finns, som arbetar på så sätt att de känner av ett märke på vevaxelremskivan, men de är dyra.
2 Om man känner till förhållandet mellan bilens hastighet och motorns varvtal i någon speciell växel kan bilen placeras med framhjulen lyfta från marken och hastighetsavläsningen omvandlas till varvtal. Dra åt handbromsen och klossa bakhjulen ordentligt om denna metod används. Hastighetsmätarens exakthet kan vara något opålitlig, speciellt vid låga hastigheter och på tomgång.
3 En tredje möjlighet är att använda en tändinställningslampa (stroboskoplampa) ansluten till tändsystemet på en bil med bensinmotor. Gör ett krit- eller färgmärke på vevaxelremskivan på dieselmotorn och lys lampan på den. Låt bensinmotorn gå med önskad hastighet. När dieselmotorn går med samma hastighet kommer märket på remskivan att verka stå stilla. Detsamma gäller vid halva eller dubbla hastigheten, så ett visst sunt förnuft måste också användas.
4 Om justering behövs, demontera luftrenarens snorkel för att förbättra åtkomligheten. Lossa låsmuttern på tomgångsjusterskruven

11.4 Justering av tomgång – 16D motor

och vrid skruven medurs för att öka hastigheten, moturs för att sänka den. När justeringen är korrekt, dra åt låsmuttern utan att ändra skruvens läge **(se bild)**. Sätt tillbaka snorkeln.

Senare 16DA motor
Bosch VE bränsleinsprutningspump
Varning: Tillverkaren varnar för att om man fingrat med stoppskruven kan inte pumpen omjusteras av en återförsäljare, vilket innebär att pumpen måste ställas in av en Boschspecialist.

5 Senare versioner av Bosch VE insprutningspump kräver ett tillvägagångssätt för tomgångsjustering som skiljer sig från det beskrivet ovan. Den senare pumpen kan kännas igen på den vertikala tomgångsjusterskruven placerad på pumpens framsida. Där denna typ av pump är monterad är det ytterst viktigt att inte stoppskruven för motorhastighetens styrarm rubbas. Placeringarna för justerskruvarna visas i bilden **(se bild)**.
6 Se paragraf 1 till 4 för information om olika metoder att mäta motorhastigheten. Det rekommenderas att metoderna i paragraf 1 eller 3 används för följande justering.
7 För att justera tomgångshastigheten, lossa låsmuttern på tomgångsjusterskruven och vrid skruven så mycket som behövs för att erhålla specificerad hastighet. Dra sedan åt låsmuttern, utan att rubba skruvens läge.

Lucas insprutningspump
8 Tomgångshastigheten på motorer med Lucas insprutningspump justeras med hjälp av stoppskruven som visas **(se bild)**. Stoppskruven för motorhastighetsstyrarmen får inte rubbas och den är täckt av en justersäkring av plast.
9 Se paragraf 1 till 4 för information om olika metoder att mäta motorhastigheten. Det rekommenderas att metoderna beskrivna i paragraf 1 eller 3 används för följande justering.
10 För att justera tomgångshastigheten, lossa låsmuttern på tomgångsstoppskruven

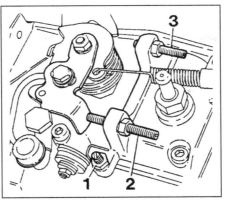

11.5 Justerpunkter på Bosch VE insprutningspump – senare 16DA och17D motorer

1 Justerskruv för tomgångshastighet
2 Motorhastighetens styrarms stoppskruv – rör ej
3 Justerskruv för maximal motrohastighet

och vrid skruven så mycket som behövs för att erhålla specificerad hastighet. Dra sedan åt låsmuttern utan att rubba skruven.

12 Bränslefilter – byte

16D och 16DA motorer, schema A

1 Rengör filterelementet och hållaren, speciellt runt fogen mellan de två.
2 Tappa av bränslet från filtret genom att öppna ventilations- och avtappningspluggarna. Samla upp bränslet i en behållare och kassera det på ett säkert sätt. Dra åt ventilationspluggarna.
3 Skruva loss filterelementet med hjälp av ett filterverktyg liknande det som används för demontering av oljefilter **(se bild)**. Kassera det gamla filterelementet och försäkra dig om att

12.3 Demontering av bränslefilterelementet – 16D motor

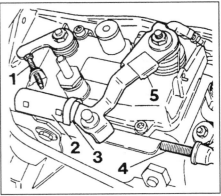

11.8 Justerpunkter på Lucas insprutningspump – senare 16DA och 17D motorer

1 Tomgångsstoppskruv
2 Justersäkring av plast
3 Motorhastighetens styrarms stoppskruv – rör ej
4 Tomgångsbegränsningsskruv
5 Inställningsvärde för individuell pump (markerat på plattan)

inga tätningsringar har lämnats kvar på filterhållaren.
4 Placera tätningsringen som medföljer det nya filtret över det mittre hålet i filtret och snäpp det på plats med hållringen **(se bild)**.
5 Smörj den yttre tätningsringen med rent bränsle. Håll filtret mot hållaren och dra åt det ordentligt för hand eller enligt filtertillverkarens anvisningar. Dra åt avtappningspluggen.
6 Starta motorn och låt den gå på snabbtomgång i ca en minut för att ventilera systemet. Leta efter tecken på läckage runt filtertätningen och dra åt lite till om så behövs.

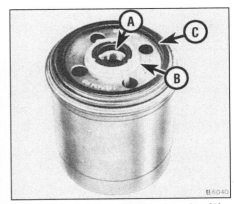

12.4 Bränslefiltrets inre tätningsring (A) hållring (B) och yttre tätningsring (C) – 16D motor

15 000 km service

13 Tomgångshastighet – kontroll och justering

16D och 16DA motorer, schema B och C

1 Se avsnitt 11.

17D motor

Bosch VE bränsleinsprutningspump

2 Se den information som ges för senare 16DA motor i avsnitt 11.

Lucas insprutningspump

3 Se den information som ges för senare 16Da motor i avsnitt 11.

17DR och 17DTL motorer

Bosch VE bränsleinsprutningspump

4 Den Bosch insprutningspump som är monterad på dessa motorer är utrustad med en vakuumstyrd kallstartenhet som låter tomgångshastigheten öka när temperaturen är under 20°C (se bild). Två justeringar av tomgångshastigheten är därför nödvändiga, en för kall motor och en för varm motor.

5 Se paragraf 1 till 4 i avsnitt 11 för information om metoder att mäta motorhastigheten. Det rekommenderas att någon av metoderna i paragraf 1 eller 3 i det avsnittet används för följande justering.

6 Med kall motor (d v s under 20°C), kontrollera att det är ca 2 till 3 mm fritt spel mellan klämhylsan på änden av kallstartenhetens manövervajer och manöverarmen (se bild). Flytta på klämhylsan om så behövs.

13.4 Kallstartenhet (vid pilen) på Bosch VE insprutningspump – 17DR och 17DTL motorer

7 Starta motorn och kontrollera att den kalla tomgångshastigheten motsvarar specifikationerna. Om justering behövs, vrid justerskruven för kall tomgång efter behov för att erhålla önskad hastighet (se bild).

8 Värm upp motorn genom att köra bilen en sväng. När motortemperaturen är över 20°C, kontrollera att kallstartenhetens manövervajer har dragits tillbaka och flyttat manöverarmen så att den är i kontakt med justerskruven för varm tomgång. Motorn skall nu gå på tomgång vid (den lägre) varma tomgångshastigheten. Om justering behövs, vrid justerskruven för varm tomgång efter behov.

Lucas bränsleinsprutningspump

9 Lucas insprutningspump är också utrustad med en vakuumstyrd kallstartenhet som låter tomgångshastigheten öka när temperaturen är under 20°. Två tomgångsjusteringar behövs därför, en för kall motor och en för varm motor.

10 Se paragraf 1 till 4 för information om metoder att mäta motorhastigheten. Det rekommenderas att någon av metoderna i paragraf 1 eller 3 används för följande justering.

11 Med kall motor (d v s under 20°C), kontrollera att den kalla tomgången är som specificerat. Om justering behövs, lossa låsmuttern på vakuumenhetens tryckstag och vrid tryckstaget efter behov för att erhålla önskad hastighet (se bild). Dra åt låsmuttern när inställningen är korrekt.

12 Värm upp motorn genom att köra bilen en sväng. När motorns temperatur är över 20°C skall den gå på tomgång med den (lägre) varma tomgångshastigheten. Om justering behövs, lossa låsmuttern och vrid justerskruven för varm tomgång efter behov. Dra sedan åt låsmuttern.

15D och 15DT motorer

Kontroll

13 Mät motorhastigheten med följande metod. Avvik inte från denna procedur – det föreligger stor risk för skada om något inte går som det ska.

14 Rengör den yttre kanten på vevaxelremskivan och markera den med en 1-2 mm bred folieremsa (se bild).

15 Sätt upp en optisk eller pulskänslig varvräknare för att avläsa motorhastigheten.

16 Starta motorn och låt den gå tills den når normal arbetstemperatur.

17 Med motorn gående på tomgång, observera varvräknaravläsningen och jämför den med specificerad siffra. Om tomgångshastigheten är inkorrekt, justera den enligt följande:

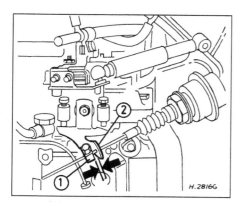

13.6 Kallstartenhetens fria spel kontrolleras på Bosch VE insprutningspump – 17DR och 17DTL motorer

1 Klämhylsa   2 Manöverarm
Pilarna visar kontrollpunkter för fritt spel – kall motor

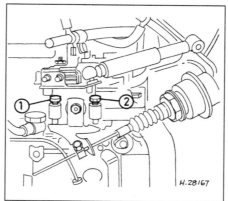

13.7 Tomgångsjusterskruvar på Bosch VE insprutningspump – 17DR och 17DTL motorer
1 Justerskruv för kall tomgångshastighet
2 Justerskruv för varm tomgångshastighet

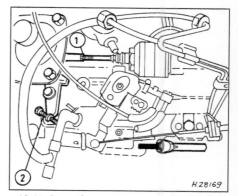

13.11 Tomgångsjusterskruvar på Lucas insprutningspump – 17DR och 17DTL motorer

1 Låsmutter på vakuumenhetens tryckstag (kall tomgångsjustering)
2 Justerskruv för varm tomgångshastighet

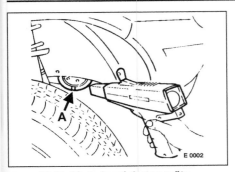

**13.14 Motorhastigheten mäts –
15D och 15DT motorer**

A 1 till 2 cm bred aluminiumfolieremsa

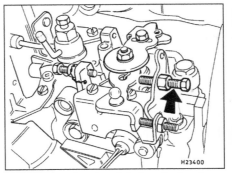

**13.18 Tomgångshastighetens justerskruv
– 15D och 15DT motorer**

**13.21 Tomgångshastigheten justeras –
17DT motor**

Justering

18 Om justering behövs, lossa tomgångs-justerskruvens låsmutter och vrid skruven tills önskat resultat erhålls **(se bild)**.
19 Dra avslutningsvis åt låsmuttern utan att rubba skruven.

17DT motor

Kontroll

20 Följ beskrivningen för 15D och 15DT motorerna. Notera tomgångshastigheten specificerad för 17DT motorn.

Justering

21 Om justering behövs, lossa tomgångs-justerskruvens låsmutter och vrid skruven tills önskat resultat erhålls **(se bild)**.
22 Dra avslutningsvis åt låsmuttern, utan att rubba skruven.

---

14 Maximal motorhastighet –
kontroll och justering

Observera: *På bränsleinsprutningspumpar är justerskruven för maximal hastighet förseglad med en blyplomb som måste tas bort för att justering ska kunna göras. Eftersom skruven helst bör återförseglas efter justering kan det vara en god idé att överlämna detta arbete till en Bosch- eller Lucasspecialist.*

15D, 15DT och 17DT motorer

1 Mät motorhastigheten med följande metod. Avvik inte från denna procedur – stor risk för person- eller materiella skador föreligger om något inte går som det ska.
2 Rengör ytterkanten på vevaxelremskivan och markera den med en 1-2 mm bred folieremsa så som visas i **bild 13.14**.
3 Montera en optisk eller pulskänslig varv-räknare för att avläsa motorhastigheten.
4 Starta motorn och låt den gå tills den har normal arbetstemperatur.
5 Öka motorhastigheten gradvis, observera varvräknaren tills maximal hastighet nås.

Accelerera inte motorn mycket över specifi-cerad maximal hastighet, om det skulle vara möjligt på grund av feljustering.
6 Om justering behövs, ta bort blyplomben från justerskruven, lossa dess låsmutter och vrid skruven tills önskad hastighet erhålls. Skruva sedan åt låsmuttern utan att rubba skruven.

17D motor

Bosch VE bränsleinsprutningspump

7 Se avsnitt 11 för metoder att mäta motorhastigheten. Det rekommenderas inte att man använder hastighetsmätarmetoden eftersom det föreligger stor risk för person-eller materiella skador om något skulle misslyckas.
8 Starta motorn, öka gradvis hastigheten medan du observerar varvräknaren eller dess motsvarighet tills maximal hastighet nås. Accelerera inte motorn mycket över specifi-cerad maximal hastighet, om detta skulle vara möjligt på grund av feljustering.
9 Om justering behövs, demontera luft-renarens snorkel för att förbättra åtkomlig-heten. Lossa låsmuttern och vrid juster-skruven för maximal hastighet tills önskat resultat erhålls, dra sedan åt låsmuttern utan att rubba skruven **(se bild)**. Sätt tillbaka snorkeln.

Lucas insprutningspump

10 Maximal (avstängnings-) hastighet ställs in

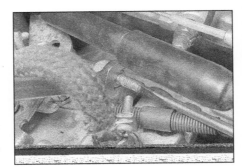

**14.9 Maximalhastigheten justeras –
17D motor**

vid tillverkningen, med stoppskruven för avstängningshastighet **(se bild)**. Skruven är förseglad med bly efter det att justeringen har gjorts. Som med alla insprutningspumpar är det normalt sett inte nödvändigt att ändra på avstängningshastighetens inställning under normala förhållanden, men om justering behövs rekommenderas det att detta överlåts till en specialist på Lucas insprutning.

17DR och 17DTL motorer

Bosch VE bränsleinsprutningspump

11 Proceduren för justering av den maximala hastigheten följer beskrivningen för 17D motorn. Placeringen av justerskruven visas i bilden **(se bild)**.

Lucas bränsleinsprutningspump

12 Justering av den maximala hastigheten följer beskrivningen för 17D motorn. Place-ringen av justerskruven visas i bilden **(se bild)**.

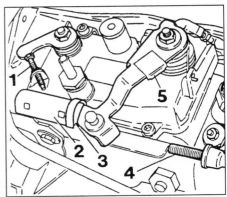

**14.10 Justerpunkter –
Lucas insprutningspump**

1 *Tomgångshastighetens stoppskruv*
2 *Justersäkring av plast*
3 *Motorhastighetens styrarms stoppskruv – rör ej*
4 *Tomgångsbegränsningsskruv*
5 *Inställningsvärde för individuell pump (markerat på plattan)*

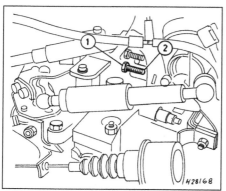

14.11 Placering av maximalhastighetens justerskruv på Bosch VE insprutningspump – 17DR och 17DTL motorer

1 Låsmutter 2 Justerskruv

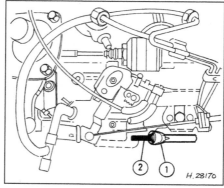

14.12 Placering av maximalhastighetens justerskruv på Lucas insprutningspump – 17DR och 17DTL motorer

1 Blytätning 2 Tomgångsbegränsningsskruv

15 Avgasutsläpp – kontroll

15D, 15DT, 17D, 17DR, 17DTL och 17DT motorer

1 Se kapitel 2 del A, avsnitt 10.

16 Bränslefilter – avtappning av vatten

15D, 15DT, 17D, 17DR, 17DTL och 17DT motorer

1 Se avsnitt 8.

30 000 km service

17 Kamrem – kontroll av skick och spänning

16D och 16DA motorer, schema A och B

Kontroll

1 Demontera generatorns drivrem.
2 Demontera transmissionskåporna. Den stora kåpan är fäst med fyra skruvar – notera bränslerörsclipset under en av dem. Insprutningspumpdrevets kåpa är fäst med tre skruvar (se bild). På 1987 års modeller

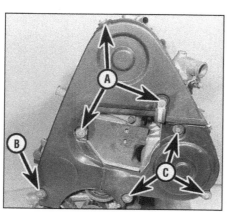

17.2 Placeringen av skruvar på kamaxelns drivremskåpa – 16D motor

A Stor kåpa – korta skruvar
B Stor kåpa – lång skruv
C Skruvar i pumpdrevets kåpa

innesluter kåporna remmen helt och extra klämmor och packningar är monterade.
3 Vrid motorn med en nyckel på vevaxelremskivans bult, ta bort höger framhjul om det behövs. Undersök om remmen är skadad eller förorenad. Var speciellt uppmärksam på tändernas rötter där sprickor kan uppstå. Byt remmen om den är skadad eller förorenad. Om så behövs, åtgärda orsaken till föroreningen.

Spänning

4 Remspänningen kan endast justeras noggrant med hjälp av spänningsmätare KM-510-A eller motsvarande (se bild). Om mätaren inte finns till hands kan en ungefärlig spänning göras om man spänner remmen så att den precis kan vridas 90° med tummen och pekfingret i mitten av dess längsta fria del. En rem som är för hårt spänd brummar vanligtvis vid användning och en rem som är för lös slits ut fort och kan hoppa över tänder.

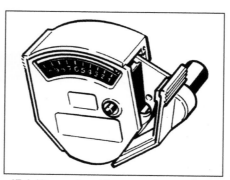

17.4 Kamaxelns drivremsspännarmätare

Användning av en riktig spänningsmätare rekommenderas starkt.
5 Låt remmen sätta sig genom att vrida vevaxeln ett halvt varv i normal rotationsriktning. Montera spänningsmätaren på remmens slacka sida (generatorsidan) och läs av spänningen. Önskade värden anges i specifikationerna.
6 Om justering behövs, lossa kylvätskepumpens bultar och vrid pumpen för att öka eller minska spänningen. Dra sedan åt pumpens bultar lätt.
7 Vrid vevaxeln ett helt varv och kontrollera spänningen igen. Fortsätt justera remspänningen tills ett stabilt värde erhålls.
8 Dra åt kylvätskepumpens bultar till specificerat moment.
9 Om remmen har spänts om eller bytts ut, kontrollera insprutningspumpens inställning.
10 Montera remkåporna, kopplings-/svänghjulskåpan och andra störda komponenter.
11 Montera hjulet, sänk ner bilen på marken och dra åt hjulbultarna.

17DR och 17DTL motorer

Kontroll

12 Transmissionskåpan är i två delar och man måste demontera den övre delen innan man tar bort den nedre.
13 Ta bort hjälpaggregatets drivrem(mar) och luftrenarenheten för att lättare komma åt kåpan. Där tillämpligt, ta bort servostyrningens drivrem.
14 För att demontera den övre delen av kåpan, lossa de fem fästbultarna och lyft av den från motorn (se bild).

17.14 Demontering av kamaxelns drivrems övre kåpa – 17DR motor

15 Från under det främre hjulhuset, lossa vevaxelremskivans fyra fästbultar och ta bort remskivan från kamremsdrevet.
16 Lossa de tre kvarvarande bultarna och demontera den nedre delen av kåpan från motorn **(se bild)**.
17 Dra runt motorn med hjälp av en nyckel på vevaxelremskivans bult, demontera höger framhjul om så behövs för åtkomlighet. Undersök om remmen är skadad eller förorenad. Var speciellt uppmärksam på tändernas rötter där sprickor kan uppstå. Byt remmen om den är skadad eller förorenad. Om så behövs, åtgärda orsaken till föroreningen.

Spänning

18 En fjäderbelastad automatisk kamremsspännare är monterad på den här motorn. Spännaren justerar automatiskt remmen till korrekt spänning vid ihopsättning och bibehåller den spänningen under remmens hela livslängd.

18 Bränslefilter – byte

16D och 16DA motorer, schema B och C

1 Se avsnitt 12.

19 Bränslefilter – byte

15D och 15DT motorer

Demontering

1 På grund av filtrets placering i motorrummet och monteringen av en värmesköld runt det, är filtret mycket svåråtkomligt **(se bild)**. För att kunna ta bort filterelementet måste man därför dra ut filterenheten ur dess värmesköld.
2 Börja med att koppla loss batteriets jordledning (den negativa).
3 Där monterade, dra ur kontakterna från värmeelementet och temperaturgivaren.

17.16 Demontering av kamaxelns drivrems nedre kåpa (vevaxelns remskiva demonterad – 17DR motor

4 Rengör runt röranslutningarna och koppla loss båda bränslerören från filterhållaren. Byt anslutningarnas tätningsbrickor.
5 Täck över de exponerade röranslutningarna för att förhindra att smuts och fukt kommer in.
6 Lossa filterenhetens fästmuttrar och dra bort enheten från dess värmesköld.
7 Tappa av allt vatten/bränsle från filtret och kassera det på ett säkert sätt medan du iakttar nödvändiga säkerhetsåtgärder.
8 Fäst filterlocket försiktigt i ett skruvstäd med vadderade käftar och skruva loss elementet med ett filterverktyg.

Montering

9 Montering av filterelementet sker i omvänd ordning mot demonteringen. Lägg lite rent dieselbränsle på tätningsringen till det nya elementet innan det monteras.
10 Håll elementet mot hållaren och dra åt det ordentligt för hand, eller efter tillverkarens anvisningar.
11 Montera filterenheten i värmeskölden.
12 Ta bort allt täckmaterial och återanslut båda bränslerören till filterhållaren, använd nya tätningsbrickor.
13 Koppla in alla elektriska anslutningar.
14 Starta motorn och låt den gå på tomgång i ca en minut för att ventilera bränslesystemet. Kontrollera att inte filtertätningarna läcker.

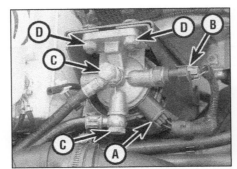

19.1 Bränslefilterenhet – 15D och 15DT motorer

A *Värmarelementets kontakt*
B *Temperaturgivarens kontakt*
C *Bränslerörsanslutningar*
D *Fästmuttrar*

17D, 17DR och 17DTL motorer

Ouppvärmt filter

15 Se avsnitt 12.

Uppvärmt filter

16 Denna filtertyp kan behandlas på samma sätt som beskrivet för den ouppvärmda typen. Beroende på åtkomligheten kan det vara lättare att dra ut filterenheten från värmeskölden och skruva fast det i ett skruvstäd för att skruva ut elementet. Se beskrivningen för 15D och 15DT motorerna.

17DT motor

Demontering

17 Tappa av allt vatten/bränsle från filtret och sluthantera det på ett säkert sätt. Vidta nödvändiga säkerhetsåtgärder.
18 Skruva loss filterelementet med ett filterverktyg. Kassera det gamla elementet, se till att ingen tätningsring har blivit kvar i filterhållaren.

Montering

19 Smörj lite rent bränsle på tätningsringen till det nya filterelementet innan det monteras.
20 Håll elementet mot hållaren **(se bild)** och dra åt det ordentligt för hand, eller enligt filtertillverkarens anvisningar.
21 Starta motorn och låt den gå på snabbtomgång ca en minut för att ventilera systemet. Undersök om filtertätningarna läcker och dra åt filtret lite till om så behövs.

20 Ventilspel – kontroll

15D, 15DT och 17DT motorer

Observera: *Försök aldrig utföra justering av ventilspelen med kolvarna i ÖD eftersom det då föreligger risk att ventilerna slår i kolvkronorna.*

Kontroll

1 Motorn måste vara kall när ventilspelen kontrolleras.
2 Motorn kan dras runt genom att man lägger i en växel och vaggar bilen fram och tillbaka. Det blir lättare att dra runt motorn om glödstiften demonteras.

19.20 Bränslefilterelementet sätts tillbaks – 17DT motor

20.6 Inställningsmärkena på vevaxelns remskiva i linje med referensvisaren på motorblocket – 17DT motor

20.7 Ett bladmått används till att mäta ventilspelet – 17DT motor

20.11 Använd den platta sidan på en stor skruvmejsel till att trycka ned ventilen och sedan demontera mellanlägget

20.12 Mellanläggets tjocklek markerat

insugs- och avgaskamloberna och deras respektive mellanlägg (se bild). Bladmåttet skall ha snäv glidpassning i gapet. Ventilordningen från motorns kamremssida är enligt följande:

In - Av - In - Av - In - Av - In - Av

8 Varje spel skall motsvara det specificerade. Om spelet är inkorrekt, justera enligt följande:

Justering

9 Vrid vevaxeln tills spetsen på kamloben till den ventil som ska justeras pekar uppåt.
10 Vrid ventillyftaren så att dess spår pekar mot motorns front.
11 Tryck ner lyftaren med GM verktyg KM - 650, eller alternativt med bladet på en stor skruvmejsel som försiktigt placeras mellan lyftarens kant och kamaxeln (se bild).
12 Använd följande formel för att avgöra hur tjockt den nya mellanlägget ska vara (se bild):

Det gamla mellanläggets tjocklek:	3,25 mm
Plus uppmätt ventilspel:	0,25 mm
Lika med:	3,50 mm
Minus specificerat ventilspel:	0,15 mm
Lika med tjocklek på nytt mellanlägg:	3,35 mm

13 När det nya mellanlägget är utvalt, täck det med ren motorolja och montera det i den nedtryckta lyftaren med storleksmarkeringen vänd nedåt.
14 När ventilspelen för alla fyra cylindrarna är kontrollerade och eventuellt justerade, dra runt motorn och kontrollera de justerade spelen igen.
15 Montera avslutningsvis topplockskåpan med en ny packning.

3 Följande procedur är för ventilerna till cylinder nr 1 och den ska sedan upprepas för ventilerna till de tre andra cylindrarna i tändföljden 1-3-4-2.
4 Ta bort topplockskåpan (med anslutet skvalpskott) för att exponera kamaxeln. Införskaffa en ny kåppackning.
5 Tillverkarna rekommenderar att man nu kontrollerar att kamaxellageröverfallens fäst-muttrar är åtdragna till specificerat moment.
6 Vrid vevaxeln i normal rotationsriktning tills inställningsmärket på remskivan är i linje med referenspekaren på motorblocket (se bild). I detta läge är kolv nr 1 i ÖD i kompressionsslaget och de två kamloberna till den cylindern är placerade med båda ventilerna stängda.
7 Använd bladmått, mät spelet mellan

45 000 km service

21 Kamrem – kontroll av skick och spänning

16D och 16DA motorer, schema C för krävande arbetsförhållanden

1 Se avsnitt 17.

60 000 km service

22 Kamrem – kontroll av skick och spänning

16D och 16DA motorer, schema C för normala arbetsförhållanden

1 Se avsnitt 17.

17D motor

2 Kamremsutförandet på denna motor är i stort sett oförändrad jämfört med dess föregångare och den kan därför behandlas enligt beskrivningen i avsnitt 17 för 16D och 16DA motorerna. Observera dock att ändringar av remkåporna och luftfilterenheten gör att metoden blir något annorlunda.

3 Både Vectra och Astra modeller har ett nytt luftfiltersystem med ett fjärrmonterat filterhus fäst vid innervingen på höger sida i motorrummet. För att komma åt transmissionskåporna måste man demontera filterhuset.

4 Två versioner av de gjutna plastkåporna har använts sedan denna motor introducerades. Den senare versionen kännetecknas av den kantiga toppytan på den yttre kåpan. På den tidigare versionen kan ett skruvmejselblad användas till att lossa den yttre kåpans fästclips och kåpdelarna kan sedan tas bort efter behov för att man ska komma åt remmen. På den senare versionen hålls kåpan med bultar i stället för clips. Detta utförande är samma som det som används på 17DR motorn.

23 Kamrem – kontroll av skick

15D och 15DT motorer

1 Transmissionskåpan är i två delar och man måste demontera den övre delen för att kunna undersöka remmen.

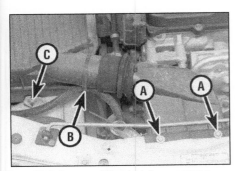

23.9 Lossa utjämningskammarens intagstrummas skruvar (A) clipsa loss kabelhärvan (B) och kammarens främre monteringsmutter (C) – 17DT motor i Astra

2 För att komma åt kåpan, demontera först luftrenarhuset från dess fäste på höger sida i motorrummet. Gör detta genom att först lossa utloppsrörets fästkrampa vid grenröret. Lossa husets inloppstrumma från den främre tvärbalken och flytta undan den från huset. Koppla loss den främre hållaren vid husets bas och dra huset framåt för att frigöra det från dess bakre hållare.

3 Där så behövs, lossa fästklämman till bromsservons vakuumledning från kåpan, dra ledningen från servoenheten och flytta den åt sidan. Flytta undan eventuella elektriska kablar från kåpan efter det att deras respektive fästklämmor har lossats.

4 Demontera den övre delen av kåpan genom att lossa dess fästbultar (notera deras respektive längd) och lyft undan den.

5 Med kamremmen exponerad, vrid motorn och undersök om remmen är skadad eller förorenad. Var speciellt uppmärksam på tändernas rötter, där sprickor kan uppstå. Byt ut remmen om den är skadad eller förorenad. Om så behövs, åtgärda orsaken till föroreningen.

17DT motor

6 Transmissionskåpan är i två delar och den övre måste demonteras för att remmen ska kunna undersökas.

7 För att komma åt kåpan, demontera först luftintagets utjämningskammare från dess

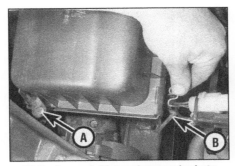

23.8a Lossa luftintagskammarlockets fästclips, skruvar (A) och generatorkabelband (B) . . .

23.10a Lossa fästclipset till bromsservons vakuumledning . . .

fäste på höger sida i motorrummet. Gör enligt följande:

Vectra

8 Ta bort fästskruvarna och clipsen från utjämningskammarens lock och utloppsrörets fästklämma vid motorns luftrenarhus. När locket är borttaget, ta bort kammarens fästmuttrar och frigör inloppsröret så att kammaren kan lyftas ut, lossa generatorkabelns band om så behövs. Notera att inloppsröret kan ha mycket snäv passning på kammaranslutningen – se till att fästtungorna är helt intryckta innan du försöker lossa röret (se bilder).

Astra

9 Lossa utjämningskammarens intagstrumma från den främre tvärbalken genom att ta bort dess två fästskruvar och sedan dra loss den från kammarens inloppsanslutning. Ta loss kabelhärvan från inloppsanslutningen (se bild). Lossa utloppsrörets fästklämma vid motorns luftrenarhus. Lossa utjämningskammarens fästmuttrar längst ner och lyft bort den från bilen.

Båda modellerna

10 Lossa fästklämman till bromsservons vakuumledning och dra ledningen från servon (se bilder).

11 Demontera den övre delen av transmissionskåpan genom att skruva loss dess nio

23.8b . . . och tryck sedan ned fästtungorna (vid pilarna) innan kammaren lossas – 17DT motor i Vectra

23.10b . . . och dra loss den från servon – 17DT motor

24.3 Demontera kopplingens/svänghjulets åtkomstkåpa – 16D motor

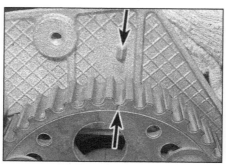

24.4 Insprutningspumpdrevets inställningsmärke i linje med märket på pumpkonsolen – 16D motor

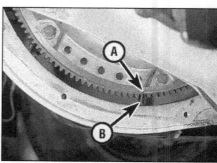

24.5 ÖD-märket på svänghjulet (A) och pekaren på kopplingshuset (B) – 16D motor

fästbultar (notera deras respektive längd) och lyfta bort den.

12 Med kamremmen exponerad, vrid motorn och undersök om remmen är skadad eller förorenad. Var speciellt uppmärksam på tändernas rötter där sprickor kan uppstå. Byt remmen om den är skadad eller förorenad. Om så behövs, åtgärda orsaken till föroreningen.

24 Kamrem – byte

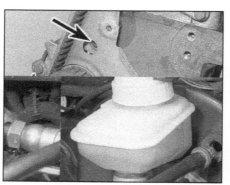

24.7 Lossa kylvätskepumpens bult – de andra två vid pilarna (motorn demonterad) – 16D motor

24.11 Kamaxelns drivrem korrekt monterad – 16D motor

16D och 16DA motorer, schema A och B

Demontering

1 Med transmissionskåporna demonterade (se avsnitt 17), demontera vevaxelremskivan. Den är fäst till drevet med fyra insexskruvar.
2 Koppla loss batteriets jordledning.
3 Demontera kopplingens/svänghjulets åtkomstkåpa längst ner på växellådshuset **(se bild)**.
4 Vrid vevaxeln i normal rotationsriktning med en nyckel på drevets bult, tills inställningsmärket på insprutningspumpdrevet är i linje med referensmärket på pumpkonsolen. I detta läge är kolv nr 1 i ÖD i kompressionstakten **(se bild)**.
5 Kontrollera att ÖD-märket på svänghjulet och pekaren på kopplingshuset är i linje **(se bild)**.
6 Om verktyg KM-537 eller liknande är tillgängligt, demontera vakuumpumpen och lås kamaxeln genom att montera verktyget. Om verktyget inte finns till hands eller kan monteras, gör inställningsmärken mellan kamaxeldrevet och dess bakplatta som referens vid monteringen.
7 Lossa de tre bultarna som håller kylvätskepumpen till blocket **(se bild)**. Använd en stor öppen nyckel på pumpens flata ytor, sväng den så att spänningen på remmen slackas.
8 Ta bort det högra främre motorfästet genom att skruva loss de två bultarna som kan nås uppifrån.
9 Dra av remmen från dreven och spännar-

hjulet. Ta bort remmen genom att mata den genom motorfästet.

Montering

10 Påbörja monteringen genom att trä remmen genom motorfästet. Sätt tillbaka och dra åt motorfästesbultarna.
11 Placera remmen över dreven och spännarhjulet **(se bild)**. Se till att kolv nr 1 fortfarande är vid ÖD, att insprutningspumpdrevets märke är uppriktat och att kamaxelläget fortfarande är korrekt.
12 Flytta kylvätskepumpen så att remmen spänns lite. Dra åt pumpens fästbultar lätt, men dra inte åt dem helt än.
13 Ta bort kamaxelns låsverktyg om sådant använts och sätt tillbaka och säkra vevaxelremskivan.

Spänning

14 Se avsnitt 17.

17DR och 17DTL motorer

Demontering

15 Detta moment är i stort sett samma som det som beskrivs för 16D och 16DA motorer, förutom att man inte behöver demontera motorfästet och inte heller lossa kylvätskepumpens fästbultar och flytta pumpen för att justera remspänning. Istället sköts remjusteringen med hjälp av den automatiska spännaren enligt följande:

16 Demontera transmissionskåporna **(se bilder)**.
17 För att lätta på remspänningen innan demontering, skruva loss remspännarens fästbult lite med en passande insexnyckel instucken i spåret på spännararmen och vrid armen tills kamremmen är slak **(se bild)**. Dra åt fästbulten lite för att hålla spännaren på plats. Remmen kan nu tas bort.

Montering

18 Innan remmen monteras, se först till att kylvätskepumpen är korrekt placerad genom att kontrollera att klacken på pumpflänsen är i linje med motsvarande klack på motorblocket.

24.16a Demontera de fem fästbultarna för att lossa kamaxelns drivrems övre kåpa – 17DR motor

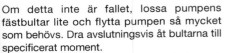

24.16b Demontera vevaxelns remskiva (sett genom det främre hjulhuset) . . .

24.16c . . . och ta bort fästbultarna (vid pilarna) för att lossa kamaxelns drivrems nedre kåpa – 17DR motor

24.17 Lossa bulten som håller drivremsspännaren och vrid spännararmen tills remmen är slack – 17DR motor

Om detta inte är fallet, lossa pumpens fästbultar lite och flytta pumpen så mycket som behövs. Dra avslutningsvis åt bultarna till specificerat moment.

19 Montera remmen, se till att kolv nr 1 fortfarande är i ÖD, att märket på insprutningspumpens drev fortfarande är uppriktat och att kamaxelns läge är korrekt

(se bild). På 17DTL motorer måste svänghjulets position för ÖD avgöras med hjälp av ett inställningsverktyg (justerare KM-851) monterat intill svänghjulet så som visas **(se bild).**

Spänning

20 Spänn remmen genom att först lossa den

automatiska spännarens fästbult och flytta spännarens arm moturs tills spännarens pekare är vid sitt stopp. Dra åt spännarens fästbult för att hålla spännaren på plats.

21 Vrid vevaxeln två hela varv i normal rotationsriktning tills kolv nr 1 åter är i ÖD-läge. Kontrollera att insprutningspumpdrevets

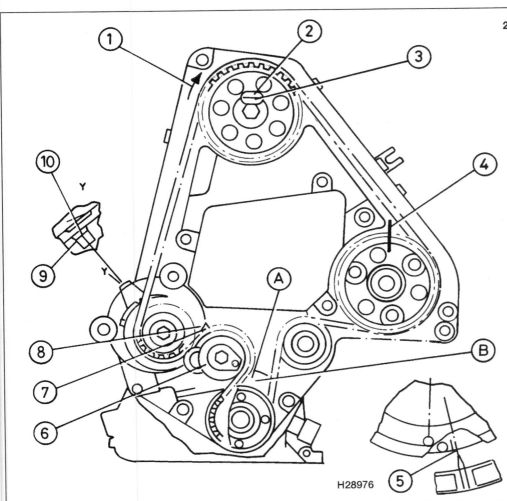

24.19a Kamaxeldrivremmens dragning – 17DR motor

A För att spänna drivremmen
B För att lossa drivremmen
1 Rotationsriktning
2 Referenshål
3 Hög punkt, flat ventillyftare – kam 2
4 Bränsleinsprutningspump märke – cylinder nr 1 vid ÖD
5 Svänghjulsmärke – Cylinder nr i vid ÖD
6 Spännarrulle
7 Spännarrullens visare
8 Uppriktningsmärke – spännarrulle
9 Uppriktningsmärke – kylvätskepump
10 Uppriktningsmärke – motorblock

H28976

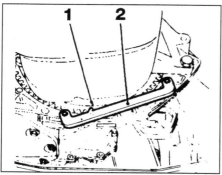

24.19b Bestäm svänghjulets position för ÖD med hjälp av inställningsverktyget KM-851 – 17DTL motor
1 Svänghjulsmärke – Cylinder nr 1 vid ÖD
2 Inställningsverktyg

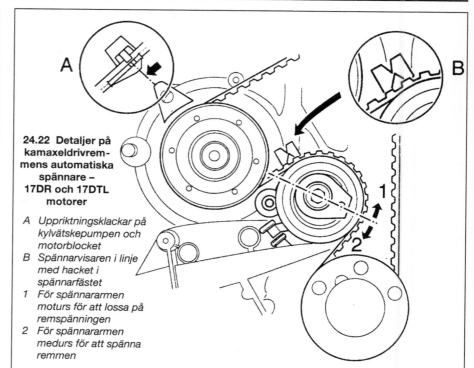

24.22 Detaljer på kamaxeldrivremmens automatiska spännare – 17DR och 17DTL motorer

A Uppriktningsklackar på kylvätskepumpen och motorblocket
B Spännarvisaren i linje med hacket i spännarfästet
1 För spännararmen moturs för att lossa på remspänningen
2 För spännararmen medurs för att spänna remmen

och kamaxeldrevets positioner fortfarande är korrekta.

22 Lossa den automatiska spännarens fästbult igen och flytta spännararmen tills spännarens pekare och spännarfästets hack sammanfaller **(se bild)**. Dra åt spännarens fästbult ordentligt.

23 Kontrollera ventilinställningen och insprutningspumpens inställning.

90 000 km service

25 Kamrem – byte

16D och 16DA motorer, schema C för krävande arbetsförhållanden

1 Se avsnitt 24.

100 000 km service

26 Glödstift – byte

16D och 16DA motorer, schema A

Demontering

1 Koppla loss batteriets jordledning (den negativa).
2 Demontera luftrenarens snorkel.
3 Koppla loss matningsledningen från glödstiftens samlingsskena **(se bild)**.
4 Skruva loss fästmuttrarna och demontera samlingsskenan och länkledningen från varje glödstift **(se bild)**. Anteckna hur brickorna sitter.
5 Skruva loss och ta bort glödstiften **(se bild)**.

Montering

6 Montera i omvänd ordning. Dra åt glödstiften till specificerat moment och se till att de elektriska anslutningarna är rena och ordentligt åtdragna.

26.3 Koppla loss matningsledningen från glödstiftens samlingsskena . . .

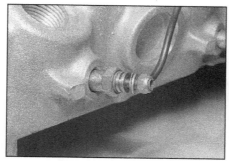

26.4 . . . skruva loss muttrarna och ta bort samlingsskena och länk från glödstiften . . .

26.5 . . . och ta sedan bort glödstiften – 16D motor

105 000 km service

27 Glödstift – byte

16D och 16DA motorer, schema B och C, 17D, 17DR och 17DTL motorer

1 Se avsnitt 26.

15D, 15DT och 17DT motorer

Demontering

2 Koppla loss batteriets jordledning.
3 Koppla loss matningsledningen från glödstiftens samlingsskena (se bild).
4 Skruva loss fästmuttrarna och ta bort

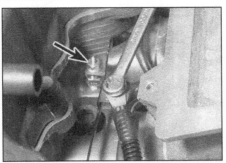

27.3 Koppla loss matningsledningen från glödstiftens samlingsskena. Stift vid pilen – 17DT motor

samlingsskenan från varje glödstift. Anteckna hur brickorna sitter.
5 Skruva loss och ta bort glödstiften.

Montering

6 Montering sker i omvänd ordning. Dra åt glödstiften till specificerat moment och se till att de elektriska anslutningarna är rena och ordentligt åtdragna.

28 Kamrem – byte

16D och 16DA motorer, schema C för normala arbetsförhållanden

1 Se avsnitt 24.

120 000 km service

29 Kamrem – byte

17D motor

1 Kamremsutförandet på denna motor är i stort sett oförändrat jämfört med dess föregångare och den kan därför behandlas enligt beskrivningen i avsnitt 17 för 16D och 16DA motorerna. Observera dock att ändringar av remkåporna och luftfilterenheten gör att metoden vid arbete med kamremskomponenterna blir något annorlunda.
2 Både Vectra och Astra modeller har ett nytt luftfiltersystem med ett fjärrmonterat filterhus fäst vid innervingen på höger sida i motorrummet. För att komma åt transmissionskåporna måste man demontera filterhuset.
3 Två versioner av de gjutna plastkåporna har använts sedan denna motor introducerades. Den senare versionen kännetecknas av den

kantiga toppytan på den yttre kåpan. På den tidigare versionen kan ett skruvmejselblad användas till att lossa den yttre kåpans fästclips och kåpdelarna kan sedan tas bort efter behov för att man ska komma åt remmen. På den senare versionen hålls kåpan med bultar i stället för clips. Detta utförande är samma som det som används på 17DR motorn.

15D och 15DT motorer

Demontering

4 Koppla loss batteriets jordledning och demontera den övre kåpan.
5 Man kan komma åt motorns sida genom höger hjulhus.
6 Stöd motorn genom att placera en domkraft under sumpen och lyfta upp den lite. Skydda sumpen med ett tjockt träblock mellan den och domkraften.
7 Demontera höger motorfäste.
8 Där tillämpligt, lossa servostyrningspumpens övre och nedre fästbultar så att

pumpen kan flyttas mot motorn. Med den första kilremmen slak, ta bort den från vevaxelns, kylvätskepumpens och servostyrningspumpens remskivor.
9 Lossa generatorns pivå- och fästbultar och flytta den mot motorn. Med den andra kilremmen slak, ta bort den från vevaxelns, kylvätskepumpens och generatorns remskivor.
10 Vrid vevaxeln i normal rotationsriktning tills inställningsmärket på dess remskiva är i linje med referenspekaren på motorblocket (se bild). I detta läge är kolv nr 1 i ÖD i kompressionstakten.
11 Kontrollera nu att låsbultshålen i kamaxelns och bränsleinsprutningspumpens drev är i linje med sina respektive gängade hål i motorhuset innan låsbultarna sätts in (bultstorlekar M6 X 1,00 för kamaxel och M8 X 1,25 för insprutningspumpen) (se bilder).
12 Markera vevaxelremskivans monteringsläge. Ta bort remskivans fästbultar och ta bort skivan, knacka försiktigt på dess kant om det behövs.

29.10 Sätt inställningsmärket på vevaxelns remskiva i linje med referenspekaren på motorblocket så kolv nr 1 är i ÖD i kompressionstakten – 15DT motor

29.11a Sätt in en låsbult (vid pilen) genom kamaxeldrevet . . .

29.11b . . . och en genom insprutningspumpdrevet – 15DT motor

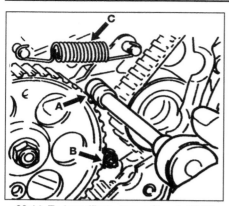

29.14 Ta bort fästbultarna (A och B) till kamaxelns drivremsspännarremskiva och demontera fjädern (C) – 15DT motor

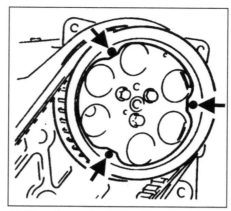

29.15 Ta bort kamaxeldrevets flänsskruvar – 15DT motor

Demontering

26 Koppla loss batteriets jordledning.

27 Demontera drivremmens övre kåpa.

28 Vrid ratten så att du kan komma åt sidan av motorn genom höger hjulhus, framför hjulet.

29 Stöd motorn genom att placera en domkraft under sumpen och höja den lite. Skydda sumpen med ett tjockt träblock mellan den och domkraften.

30 Demontera motorns högra fäste genom att först ta bort dess två mittre bultar. Skruva därefter loss de två fästbultarna mellan karossen och fästet och sedan de tre bultarna mellan fästet och motorn så att hela fästenheten kan tas bort.

31 Lossa servostyrningspumpens övre och nedre fästbultar så att pumpen kan flyttas mot motorn. Med den första kilremmen slak, ta bort den från vevaxelns, kylvätskepumpens och servostyrningspumpens remskivor.

32 Lossa generatorns pivå- och fästbultar och flytta den mot motorn. Med den andra kilremmen slak, ta bort den från vevaxelns, kylvätskepumpens och generatorns remskivor.

33 Vrid vevaxeln i normal rotationsriktning tills inställningsmärket på dess remskiva är i linje med referenspekaren på motorblocket – se bild 29.10. I detta läge är kolv nr 1 i ÖD i kompressionsslaget

34 Kontrollera nu att inställningsbultarnas hål i kamaxelns och insprutningspumpens drev är i linje med sina respektive gängade hål i motorhuset innan bultarna sätts in (bultstorlekar M6 X 1,00 för kamaxeln och M8 X 1,25 för insprutningspumpen) – se bilder 29.11A och 29.11B.

35 Markera vevaxelremskivans monteringsläge. Ta bort remskivans fyra fästbultar och ta bort skivan, knacka försiktigt på dess kant om det behövs.

36 Skruva loss de tre fästbultarna och demontera den nedre delen av transmissionskåpan från motorn.

37 Frigör kamremsspännaren genom att lossa på remskivans mittbult, den övre bulten till fjäderns fästkonsol och den nedre pivå-fästmuttern. Tryck spännarfjädern mot motorns front för att lätta på spänningen och dra sedan åt konsolens fästbult.

38 Dra av remmen från insprutningspumpdrevet först och sedan från de övriga dreven för att ta bort den från motorn.

Montering och spänning

39 Påbörja monteringen genom att först placera drivremmen över kamaxeldrevet och sedan över insprutningspumpdrevet etc. tills den är korrekt dragen – se bild 29.16. Vevaxeln får inte röras och kamaxelns och insprutningspumpens drev skall fortfarande vara låsta på plats.

40 Ta bort kamaxel- och insprutningspumpdrevens inställningsbultar.

---

13 Demontera den nedre delen av transmissionskåpan så att remmen exponeras helt.

14 Lossa drivremmens spännarremskiva och ta bort fjädern **(se bild)**.

15 Skruva loss flänsen från kamaxeldrevet **(se bild)**. Dra av remmen från kamaxeldrevet och därefter de andra dreven så att den kan tas bort från motorn.

Montering och spänning

16 Placera remmen över kamaxeldrevet och sedan insprutningspumpdrevet etc, tills den är korrekt dragen **(se bild)**. Vevaxeln får inte rubbas och kamaxelns och bränsleinsprutningspumpens drev skall fortfarande vara låsta i uppriktat läge. Sätt tillbaka flänsen på kamaxeldrevet.

17 Demontera kamaxel- och insprutningspumpdrevens inställningsbultar.

18 Sätt tillbaka drivremsspännarens fjäder och kontrollera att spännarenheten rör sig fritt innan spännarens fästbultar dras åt till specificerat moment **(se bild)**.

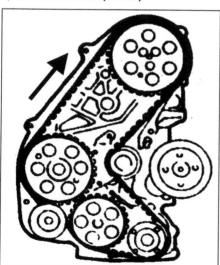

29.16 Se till att kamaxelns drivrem är rätt dragen – 15DT motor
Pilen visar remmens drivriktning

---

19 Sätt tillbaka den nedre delen av transmissionskåpan på motorn, byt ut eventuellt trasiga tätningsremsor och dra åt fästskruvarna till specificerat moment.

20 Sätt tillbaka vevaxelremskivan så som den satt innan demonteringen (enligt anteckningarna) och dra åt dess fästbultar till specificerat moment.

21 Sätt tillbaka och spänn hjälpaggregatens drivremmar.

22 Montera motorns högra fäste i omvänd ordning mot demontering, dra åt alla fästbultar till specificerat moment.

23 Sätt tillbaka den övre delen av transmissionskåpan, byt ut eventuellt skadade tätningsremsor och dra åt fästbultarna till specificerat moment.

24 Montera alla andra demonterade delar.

25 Ta bort domkraften från under motorn och anslut batteriets jordledning.

17DT motor

Observera: *Momentet beskrivet i detta avsnitt hänförs till en speciell bil, varför man måste ha i åtanke att vissa skillnader förekommer mellan olika modeller och år. Referenser till bilder av motorrummet visar detaljskillander i slang- och ledningsdragning etc.*

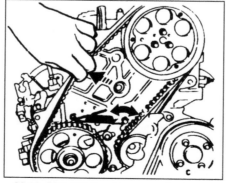

29.18 Sätt tillbaka drivremsspännarens fjäder och kontrollera att spännarenheten rör sig fritt innan spännarens fästbultar dras åt – 15DT motor

41 Lossa fästbulten till spännarfjäderns konsol så att spännaren kan påverka remmen. Vrid vevaxeln mot den normala rotationsriktningen ca 60° för att automatiskt spänna remmen och dra sedan åt spännarens mittbult, den övre bulten till spännarfjäderns fäste och den nedre pivåfästmuttern till specificerat moment (där angivet).

42 Montera den nedre delen av transmissionskåpan på motorn, byt ut eventuellt skadade tätningsremsor och dra åt fästbultarna till specificerat åtdragningsmoment **(se bild)**.

43 Sätt tillbaka vevaxelremskivan i samma läge som den satt innan demonteringen (enligt anteckningarna), dra åt fästbultarna till specificerat moment.

44 Montera och spänn hjälpaggregatens båda drivremmar.

45 Montera motorns högra fäste i omvänd ordning mot demontering och dra åt alla fästbultar till specificerat moment.

46 Montera den övre delen av transmissionskåpan, byt ut eventuellt skadade tätningsremsor och dra åt fästbultarna till specificerat moment.

47 Montera alla andra demonterade komponenter.

48 Ta bort domkraften från under motorn och anslut batteriets jordledning.

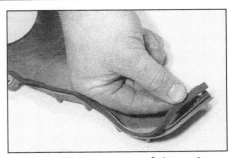

29.42 Tätningsremsan på den nedre främre delen på kamaxelns drivremskåpa kontrolleras – 15DT motor

Anteckningar

Kapitel 10
Opel 1488cc, 1598cc,1686cc och 1699cc motorer

Del B: Underhåll av bränslesystem

Innehåll

Specifikationer

Glödstift
15D motor:
    5 volts system . . . .   Champion CH-110, eller motsvarande
    11 volts system . . . .   Champion CH-157, eller motsvarande
15DT motor . . . .   Champion CH-158, eller motsvarande
16D och 16DA motorer . . . .   Champion CH-68, eller motsvarande
17D och 17DR motorer . . . .   Champion CH-68, eller motsvarande
17DTL motor . . . .   Champion CH-158, eller motsvarande
17DT motor . . . .   Champion CH-158, eller motsvarande

Bränsleinsprutare

15D och 15DT motorer
Typ . . . .   2 munstycken – Pintaux
Identifikation . . . .   NP - DN OPD N 108
Öppningstryck . . . .   142 till 162 bar

16D och 16DA motorer
Identifikation:
    16D motor (tidiga modeller) . . . .   DN 05D 193
    16D motor (senare modeller) . . . .   DN 5D 193
    16DA motor . . . .   Flat tapp
Öppningstryck:
    16D motor (ny) . . . .   140 till 148 bar
    16D motor (begagnad) . . . .   135 bar
    16DA motor . . . .   135 bar

17DT motor
Typ . . . .   2 munstycken – Pintaux
Identifikation . . . .   NP - DN OPD N 122
Öppningstryck . . . .   142 till 162 bar

Bränsleinsprutare (forts)

17D, 17DR och 17DTL motorer
Identifikation:
Bosch .... DN OSD 309
Lucas .... BDN OSD C 6751 D eller RDN OSD C 6751 D
Öppningstryck (Bosch och Lucas):
Ny .... 135 till 143 bar
Begagnad .... 130 till 138 bar

Bränsleinsprutningspump

15D och 15DT motorer
Bosch identifikation:
15D motor .... 8 970 786 380 VE R 284
15DT motor .... 8 970 786 390 VE R 305
Inställning:
15D motor .... 0,85 till 0,95 mm
15DT motor .... 0,63 till 0,73 mm

16D och 16DA motorer
Identifikation:
16D motor (tidig) .... VE 2300 R 82
16D motor (sen) .... VE 4/9 F 2400 RTV 8253
16DA motor .... VE 4/9 F 2300 R 215
Identifikation för anslutning till cylinder nr 1 .... D
Insprutningsstart vid tomgång .... 3 till 5° FÖD
Inställning:
16D motor .... 1,0 ± 0,05 mm
16DA motor .... 0,9 ± 0,05 mm

17DT motor
Identifikation:
Bosch .... 9 460 620 007 VE R 365 - 1
Zexel .... NP - VE 4/10 F 2200 R 365 - 1
Inställning .... 0,50 till 0,60 mm

17D, 17DR och 17DTL motorer
Identifikation:
Bosch:
1989 års modell .... VE 4/9F 2300 R 313 MT eller VE 4/9F 2300 R 313 - 1 AT
1991/ 1992 års modell .... VE 4/9F 2300 R 443
1993 års modell .... VE 4/9F 2300 R 487
Lucas:
1989 års modell .... OP 02 DPC R8443 B55 OA
1991/1992 års modell .... OP 02 DPC R8443 B55 OA
1993 års modell .... OP 03 DPC R8443 B85 OC
Identifikation för anslutning för cylinder nr 1 ...... D
Insprutningsstart vid tomgång .... 2° till 4° FÖD
Inställning:
Bosch .... 0,80 + 0,05 mm
Lucas .... X - 0,15 mm *(där X = tillverkarens kalibrering markerad på pumpen)*

Tomgångshastighet
15D och 15DT motorer .... 830 till 930 rpm
16D och 16DA motorer .... 825 till 875 rpm
17DT motor .... 780 till 880 rpm
17D motor .... 820 till 920 rpm
17DR och 17DTL motorer:
Under 20°C .... 1200 rpm
Över 20°C .... 850 rpm

Maximal motorhastighet
15D motor .... 5800 rpm
15DT motor .... 5600 rpm
16D och 16DA motorer .... 5600 rpm
17DT motor .... 5100 till 5300 rpm
17D, 17DR och 17DTL motorer .... 5500 till 5600 rpm

Åtdragningsmoment

	Nm

15D och 15DT motorer

Bränsleinsprutningspump:
- Pump till motorblock/fläns 25
- Drev till pump 64

Insprutare:
- Insprutarmunstyckets anslutningsmutter till munstycket 50

16D och 16DA motorer

Bränsleinsprutningspump:
- Huvudfäste till block 25
- Mindre fäste – M6 bultar 14
- Mindre fäste – M8 bultar 25
- Pumpdrevsbultar 25

Glödstift 40
Insprutare till topplock 70

17DT motor

Bränsleinsprutningspump:
- Pump till motorblock/fläns 23
- Drev till pump 70

15D, 15DT och 17DT motorer

Bränsleinsprutningspump:
- Pumpens mittplugg 20
- Bränsleledningar till pump 25
- Pump till fäste 40

Insprutare:
- Bränsleledning till munstycke 25
- Insprutarhållare till topplock 50
- Insprutarmunstycke till hållare 45
- Returledning till insprutarmunstyckets hållare 30

Glödstift 20

17D, 17DR och 17DTL motorer

EGR system:
- Klämskruv till korrugerat rör 5
- Bultar till det korrugerade rörets fläns 8

Bränslefilter:
- Filter till stödkonsol 25
- Bränsleledning till filter 30
- Termokontakt till filter 15

Bränsleinsprutningspump:
- Bränsleledningar till pump 25
- Nav till pump 25
- Pumpfäste(n) 25
- Pump till stöd – M6 bultar 12
- Drev till nav 25
- Mittplugg till pump 25

Glödstift 20

Bränsleinsprutare:
- Insprutarhållare till topplock 70
- Insprutarhållarenhet 80

1 Gasvajer – justering

1 Med gaspedalen uppsläppt skall det finnas lite slack på innervajern. Om inte, flytta clipset på vajerhöljets pumpände tills justeringen är korrekt.

2 Kallstartvajer (16D, 16DA, 17D, 17DR och 17DTL motorer) – justering

1 Kallstartvajern kan inte justeras.

3 Kallstartacceleration (15D, 15DT och 17DT motorer) – kontroll och justering

Observera: *För att kunna utföra detta moment måste man hitta ett sätt att noggrant kunna mäta motorns kylvätsketemperatur. Eftersom det innebär en stor utgift att köpa nödvändig utrustning samt att det föreligger risk för att man får het kylvätska på sig, är det bättre att överlämna detta arbete åt en Opelverkstad.*

Kontroll

1 Se del A av detta kapitel och kontrollera motorns tomgångshastighet.

3.3 Använd ett bladmått till att mäta gapet mellan tomgångshastighetens stoppbult och motorhastighetens justerarm – gasvajern demonterad för tydlighetens skull

3.4 Tomgångens stoppbult justeras till motorhastighetens justerarmsgap

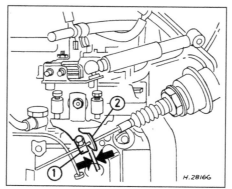

4.1 Kallstartenhetens komponenter – Bosch VE insprutningspump

1 Klämhylsa   2 Manövervajer
Pilarna visar kontrollpunkten för det fria spelet – motorn kall

2 Låt motorn gå tills den når normal arbetstemperatur.
3 Låt motorn svalna och använd ett bladmått till att mäta gapet mellan tomgångshastighetens stoppbult och motorhastighetens justerarm **(se bild)**. Gapet ska vara enligt följande:

Kylvätsketemperatur	Gap
- 20°C	1,7 ± 1,0 mm
+20°C	0,8 ± 0,3 mm

Justering

4 Om justering behövs, lossa stoppbultens låsmutter och vrid bulten tills korrekt gap erhålls **(se bild)**. Dra avslutningsvis åt låsmuttern.

4 Vakuummanövrerad kallstartenhet (17DR och 17DTL motorer) – demontering och montering

Bosch bränsleinsprutningspump

1 Lossa låsbulten och ta bort klämhylsan från änden av kallstartenhetens manövervajer **(se bild)**.
2 Koppla loss vakuumslangen, skruva loss klämmuttern och ta bort kallstartenheten från fästkonsolen.
3 Montering sker i omvänd ordning mot demontering. Justera tomgångshastigheten efter avslutat arbete.

Lucas insprutningspump

4 Lossa de två bultarna som håller kallstartenhetens fästkonsol till insprutningspumpen **(se bild)**. Notera hur änden på hastighetsstyrarmens returfjäder är placerad.
5 Lossa fästkonsolen, koppla sedan loss vakuumslangarna från kallstartenheten, notera deras placeringar.
6 Koppla loss kallstartenhetens tryckstag och demontera enheten komplett med fästkonsol. Om så behövs, separera enheten från fästkonsolen efter demonteringen.
7 Montering sker i omvänd ordning. Justera avslutningsvis tomgångshastigheten.

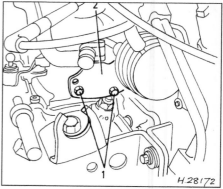

4.4 Kallstartenhetens fästpunkter – Lucas insprutningspump

1 Fästkonsolens monteringsbultar
2 Fästkonsol

5 Maximal motorhastighet (16D och 16DA motorer) – kontroll och justering

Varning: *Var försiktig så att du inte kommer i kontakt med kylfläkten när justeringarna görs.*

16D och tidiga 16DA motorer

Kontroll

1 I normala fall bör det inte vara nödvändigt att justera den maximala hastigheten, förutom efter huvudsakliga komponentbyten.
2 Se del A av detta kapitel (kontroll av tomgångshastigheten) för information om sätt att mäta motorhastigheten. Det rekommenderas inte att man använder metoden med hastighetsmätare eftersom det föreligger stor risk för skador om problem skulle uppstå.
3 Starta motorn och öka gradvis dess hastighet, observera varvräknaren eller motsvarande tills reglerad maxhastighet uppnås. Accelerera inte motorn mycket över specificerad maxhastighet om detta skulle vara möjligt på grund av feljustering.

Justering

4 Om justering behövs, demontera luftrenarens snorkel för att förbättra åtkomligheten. Lossa låsmuttern och vrid justerskruven för maximal hastighet tills önskat resultat uppnås, dra sedan åt låsmuttern utan att rubba skruven **(se bild)**. Sätt tillbaka snorkeln.

5.4 Maximala motorhastigheten justeras

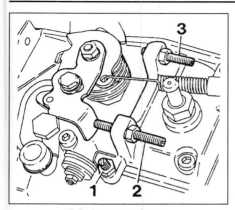

**5.5 Justerpunkter –
Bosch VE insprutningspump**

1 *Justerskruv tomgångshastighet*
2 *Motorhastighetens styrarms stoppskruv
– rör ej*
3 *Justerskruv maximalhastighet*

Senare 16DA motorer

Bosch VE bränsleinsprutningspump

5 Proceduren för justering av maxhastighet är densamma som den beskriven ovan. Notera dock att dessa senare insprutningspumpar har justerskruven för maxhastigheten låst med en blyplombering som måste tas bort för att justering ska kunna göras. Eftersom skruven helst ska plomberas igen efter justering kan det vara en god idé att överlämna detta arbete till en specialist på Bosch insprutningssystem **(se bild)**.

Lucas bränsleinsprutningspump

6 Maximal (avstängnings-) hastighet ställs in vid produktionen med hjälp av skruven för tomgångsbegränsning **(se bild)**. Skruven plomberas med bly efter justeringen. Som på alla insprutningspumpar är det under normala

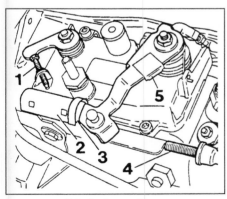

**5.6 Justerpunkter –
Lucas insprutningspump**

1 *Tomgångshastighetens stoppskruv*
2 *Justersäkring i plast*
3 *Motorhastighetens styrarms stoppskruv
– rör ej*
4 *Tomgångsbegränsningsskruv*
5 *Inställningsvärde för enskild pump
(markerat på plattan)*

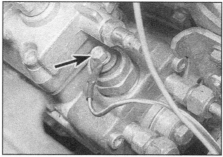

6.5 Tomgångsstoppsolenoidens skruvpol (pil)

förhållanden inte nödvändigt att rubba inställningen av tomgångsbegränsningen, men om justering behövs rekommenderas det att detta utförs av en specialist på Lucas insprutningssystem.

6 Stoppsolenoid – demontering och montering

Demontering

1 Koppla loss batteriets jordledning.
2 Där så behövs, demontera insugsgrenröret för att skapa bättre utrymme.
3 Där så behövs, rengör först runt röranslutningarna och koppla loss nödvändiga bränslematnings- och returrör från pumpen för att lättare komma åt solenoiden.
4 Täck över alla exponerade röranslutningar för att förhindra att smuts eller fukt kommer in i systemet.
5 Koppla loss den elektriska ledningen från skruvpolen uppe på solenoiden **(se bild)**.
6 Rengör runt solenoiden och skruva loss den från pumpen.
7 Ta vara på O-ring, fjäder och kolv **(se bild)**. Täck över pumpmunstycket för att undvika smutsintrång.

Montering

8 Påbörja monteringen med att sätta in kolven och fjädern i pumpmunstycket.
9 Sätt tillbaka och dra åt solenoiden, använd en ny O-ring. Dra inte åt för hårt.
10 Anslut solenoidens elektriska ledning.
11 Ta bort alla övertäckningar och anslut alla insprutningsrör – arbeta i omvänd ordning

**6.7 Tomgångsstoppsolenoid, O-ring,
fjäder och kolv**

mot demonteringen och dra åt dem till specificerade moment.
12 Sätt tillbaka andra rubbade komponenter, starta motorn och undersök om det förekommer bränsleläckor.

7 Bränsleinsprutare – demontering, renovering och montering

⚠️ **Varning: Var ytterst försiktig vid arbete med bränsleinsprutarna. Utsätt aldrig händerna eller någon annan del av kroppen för insprutarspray – arbetstrycket är så högt att bränslet kan gå igenom huden vilket kan innebära livsfara. Vi rekommenderar starkt att allt arbete som omfattar test av insprutare under tryck utförs av en Opel-återförsäljare eller specialist på bränsleinsprutning.**

15D, 15DT och 17DT motorer
Demontering
1 Demontera insugsgrenröret.
2 Rengör runt insprutningsrörens anslutningar, demontera rören från insprutarna och pumpen. Var beredd på bränslespill.
3 Täck över alla öppna röranslutningar för att förhindra att smuts eller fukt kommer in.
4 Ta bort bränslereturledningen och tätningsbrickan från varje insprutare. Skaffa nya brickor för ihopsättningen.
5 Rengör runt basen på varje insprutare och skruva loss den.
6 Ta vara på koppartätningsringen, den korrugerade brickan och värmehylsan från varje insprutare och införskaffa nya delar för ihopsättningen.
Renovering
7 Insprutare kan renoveras men detta är inte ett jobb för hemmamekanikern. Rådfråga en Opel-återförsäljare eller annan specialist.
Montering
8 Påbörja monteringen med att sätta in värmehylsorna, de korrugerade brickorna och tätningsringarna i topplocket. De måste monteras med rätt sida upp **(se bild)**.

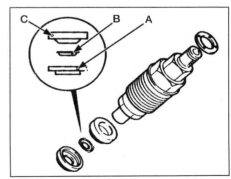

**7.8 Bränsleinsprutarens komponenter
korrekt monterade**

A *Värmehylsa*   B *Korrugerad bricka*
C *Tätningsring*

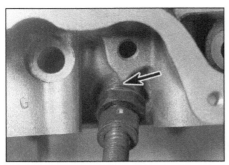

7.9 Färgklicken på insprutaren måste vara i linje med klacken på topplocket (vid pilen)

7.10a Placera en ny tätningsbricka över varje insprutare . . .

7.10b . . . och montera bränslereturledningen

9 Skruva in insprutarna, dra åt dem till specificerat moment. Notera att färgklicken eller stämpelmarkeringen på varje insprutare måste vara i linje med klacken på topplocket **(se bild)**.

10 Placera en ny tätningsbricka över varje insprutare och montera bränslereturledningen, dra åt var och en av dess fästmuttrar till specificerat moment medan du hindrar insprutaren från att röra sig **(se bilder)**.

11 Avtäck anslutningarna och sätt tillbaka alla insprutningsrör, dra åt dem till specificerat moment.

12 Montera övriga eventuellt demonterade komponenter, starta motorn och undersök om det förekommer bränsleläckage.

16D, 16DA, 17D, 17DR och 17DTL motorer

Demontering

13 Där så behövs, demontera luftrenarens snorkel.

14 Rengör runt anslutningarna, ta sedan loss insprutarrören från insprutarna och bränslepumpen. Plugga eller täck över de öppna anslutningarna på pumpen. Ta också loss bränslereturslangarna från insprutarna. Var beredd på bränslespill.

15 Rengör runt insprutarna, skruva sedan loss och ta bort dem **(se bild)**. En djup 27 mm hylsnyckel är det bästa verktyget för detta. På senare modeller (januari 1987 och framåt) är åtkomligheten av bränsleinsprutaren för cylinder nr 2 begränsad, detta på grund av att placeringen av vevhusets ventilationsslanganslutning ändrats. Om en hylsnyckel används kan man behöva minska dess diameter genom att slipa den.

16 Ta reda på insprutarbrickorna. Det finns två per insprutare – den stora tätar fogen mellan insprutarhållaren och topplocket, den lilla tätar insprutarspetsen **(se bilder)**. Skaffa nya brickor för ihopsättningen.

Renovering

17 Se paragraf 7.

Montering

18 Påbörja monteringen genom att sätta de små brickorna på plats. Notera att de måste monteras rätt väg **(se bild)**.

19 Sätt de stora brickorna på plats, vilken väg spelar ingen roll, och skruva in insprutarna. Dra åt insprutarna till specificerat moment.

20 Sätt tillbaka returslangarna och insprutarrören.

21 Låt motorn gå och kontrollera att inga läckor förekommer vid röranslutningarna. Kontrollera igen efter det att motorn stängts av.

8 Bränsleinsprutningspump – demontering och montering

⚠️ *Varning: Ett antal justersäkringar och torx-skruvar finns runt pumpen, vilka ska förhindra*

eller avslöja isärtagning utförd av ej auktoriserad person. Bryt inga plomberingar om pumpen fortfarande har garanti eller om du hoppas kunna använda den som en utbytesenhet.

15D, 15DT och 17DT motorer

Demontering

1 Koppla loss batteriets jordledning.

2 Demontera insugsgrenröret.

3 Se del A av detta kapitel och ta bort kamremmen från insprutningspumpens drev.

4 Använd ett låsverktyg liknande det som visas, förhindra att pumpdrevet vrids och ta loss dess fästmutter **(se bild)**.

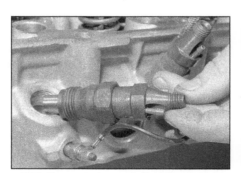

7.15 Demontering av bränsleinsprutare

7.16a Demontering av stor slät bricka . . .

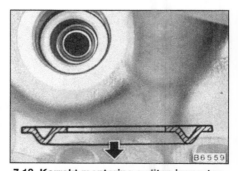

7.16b . . . och liten korrugerad bricka

7.18 Korrekt montering av liten insprutarbricka – pilen pekar mot topplocket

8.4 Ta bort bränsleinsprutnings-pumpdrevets fästmutter . . .

8.5b Ta vara på woodruffkilen från pumpaxeln

5 Använd en avdragare till att demontera drevet från pumpaxeln och ta vara på wood-ruffkilen från axeln (se bilder).
6 Skruva loss oljefiltret – samla upp spilld olja i en lämplig behållare.
7 Rengör runt röranslutningarna och koppla loss bränslematnings- och returrören från pumpen.
8 Täck över alla öppna röranslutningar för att förhindra att smuts eller fukt kommer in.
9 Koppla loss gasvajern från pumpen.
10 Tappa av kylsystemet, ta vara på kyl-vätskan om den ska återanvändas.
11 Koppla loss de två kylvätskeslangarna från kallstartacceleratorn (se bild).
12 Koppla loss ledningen från tomgångs-stoppsolenoiden. På motorer med EGR, koppla loss vakuumrören från pumpen (notera först hur de sitter).
13 Stöd pumpen och ta bort de två muttrarna som håller den och de två bultarna som håller

8.5a . . . och använd en avdragare till att demontera drevet från pumpaxeln

8.11 Kallstartaccelerator (vid pilen)

pumpfästet (se bild). Demontera pumpen från motorn.

Montering

14 Montering sker i omvänd ordning, notera följande punkter:

a) När pumpen monterats, kontrollera dess inställning.
b) Dra åt alla infästningar till specificerade moment.
c) Fyll på kylvätska och motorolja.
d) Undersök om det förekommer kylvätske-, olje- eller bränsleläckage när motorn är igång och även efter det att den stängts av.

15 Motorn kan behöva dras runt på startmotorn ett bra tag för att pumpen ska snapsas innan motorn går igång. Aktivera inte startmotorn längre än 10 sekunder åt gången,

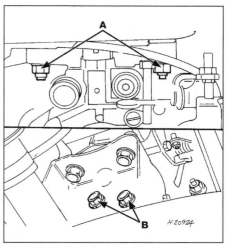

8.13 Bränsleinsprutningspumpens fästmuttrar (A) och pumpfästets bultar (B)

vänta sedan 5 sekunder för att låta batteriet och startmotorn återhämta sig.

16D, 16DA, 17D, 17DR och 17DTL motorer

Demontering

16 Lossa kamremmen och dra av den från pumpdrevet.
17 Om det inte redan gjorts, demontera luftrenarens snorkel.
18 Koppla loss bränslematnings- och returslangarna från pumpen. Koppla också loss bränslereturslangen från T-stycket (se bilder). Var beredd på bränslespill. Plugga igen eller täck över de öppna anslutningarna för att undvika smutsintrång och bränslespill.
19 Rengör runt anslutningarna och ta sedan loss insprutningsrören. Separera inte rören från deras konsoler. Plugga även nu igen de öppna anslutningarna.
20 Koppla loss ledningen från tomgångs-stoppsolenoiden. På motorer med EGR, koppla loss vakuumrören från pumpen (efter att först ha noterat deras placeringar).
21 Koppla loss gas- och kallstartvajrarna från pumpen.
22 Håll fast pumpdrevet så att det inte kan röras och ta bort fästmuttern i mitten (se bild).
23 Demontera drevet från pumpaxeln. Det

8.18a Bränslepumpens matnings- (A) och returslang (B) anslutningar

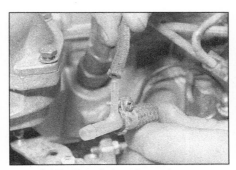

8.18b Koppla bort insprutarens bränslereturslang

8.22 Demontera insprutningspumpens drevmutter . . .

8.23 . . . och använd en avdragare till att demontera drevet . . .

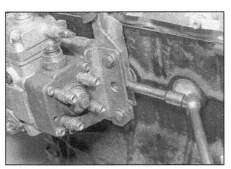

8.25 Demontering av en av insprutningspumpens fästbultar

rekommenderas att en avdragare används **(se bild)**. Om en avdragare används som den som visas, måste den fästas med de bultar som håller ihop de två delarna av drevet. Om dessa bultar har rubbats måste pumpinställningen justeras igen efter monteringen. Gör uppriktningsmärken mellan drevets delar om så önskas.
24 Ta vara på woodruffkilen från axeln om den är lös **(se bild)**.
25 Ta bort de två bultarna som fäster pumpens drevände till fästet. Man kan komma åt bulten på motorsidan med hjälp av en hylsa och förlängning **(se bild)**.
26 Ta bort de två bultarna som håller fjäder-

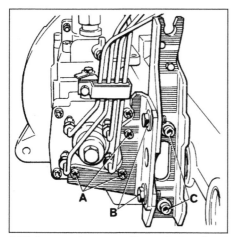

8.28 Insprutningspumpfästets bultar dras i följande ordning: A - B - C

8.24 . . . var noga med att ta reda på woodruffkilen (vid pilen)

/dämparfästet till bränslepumpfästet. Demontera pumpen komplett med det mindre fästet.

Montering

27 Om en ny pump monteras, överför fästena och andra nödvändiga komponenter till den. Dra inte åt fästenas bultar ännu.
28 Montering sker i omvänd ordning, tänk på följande punkter:
  a) Lossa det mindre fästets bultar, dra sedan åt bultarna i visad ordning **(se bild)**.
  b) Dra åt alla infästningar till specificerade moment (när dessa är kända).
  c) Kontrollera ventilinställningen.
  d) Kontrollera insprutningsinställningen om drevet har tagits isär eller om en ny pump har monterats.
29 Motorn kommer att behöva dras runt med startmotorn ett bra tag för att pumpen ska snapsas innan motorn startar. Aktivera inte startmotorn längre än 10 sekunder i taget, vänta sedan i 5 sekunder för att låta batteriet och startmotorn återhämta sig.
30 Undersök alla bränsleanslutningar för läckage när motorn är igång, och därefter när den har stängts av.

9 Bränsleinsprutningspump (15D, 15DT och 17DT motorer) – inställning

Observera: Följande procedur utfördes med motorn demonterad från bilen. Om motorn är kvar i bilen kan det vara svårt att komma åt insprutningspumpen. Beroende på bilmodell, demontera insugsröret och/eller startmotorn för att komma åt pumpen.

Observera: Ventilinställningen måste vara korrekt innan bränsleinsprutningspumpens inställning kontrolleras.

1 Inställning av insprutningspumpen bör endast vara nödvändigt under följande förhållanden:
  a) När en ny eller renoverad pump monteras.
  b) Om inställningen misstänks vara fel.
  c) Om kamremmen har spänts eller bytts ut.
2 Införskaffa en mätklocka (indikatorklocka) och en tillsats **(se bild)**. Tillverkaren specificerar användning av en tillsats som skruvas in i och tätar plugghålet.
3 Koppla loss batteriets jordledning.

4 Rengör runt insprutningsrörens anslutningar till pumpen och topplocket.
5 Koppla loss insprutningsrör nr 1 och 2 från insprutarna och pumpen och ta bort dem från motorn. Var beredd på spill under följande moment.
6 Täck över alla öppna röranslutningar för att inte smuts eller fukt ska komma in.
7 Demontera den mittre pluggen från insprutningspumpen **(se bild)**.
8 Vrid vevaxeln i normal rotationsriktning tills inställningsmärket på dess remskiva är i linje med referenspekaren på motorblocket **(se bild)**. I detta läge är kolv nr 1 i ÖD i expansionstakten.
9 Deaktivera kallstartens förställningsmekanism genom att sticka in en skruvmejsel genom de två hålen i förställningsarmen så som visas och vrida armen moturs **(se bild)**.
10 Montera tillsatsen och mätklockan så att

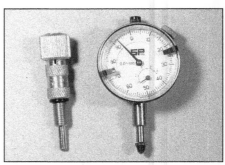

9.2 Mätklocka och tillsats behövs för korrekt inställning av insprutningspumpen

9.7 Mittpluggen demonteras från insprutningspumpen

9.8 Inställningsmärke på vevaxelns remskiva i linje med referensvisare på blocket

9.9 Deaktivera kallstartens förställnings-mekanism genom att vrida förställningsarmen moturs

9.10 Tillsats och mätklocka monterad på insprutningspump

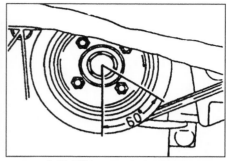

9.11 Vrid vevaxeln i normal rotationsriktning till ca 60° före ÖD (cylinder nr 1 i kompressionstakten)

indikatorsonden går in i mittpluggens hål och kommer i kontakt med pumpkolven **(se bild)**.
11 Vrid vevaxeln i normal rotationsriktning till ca 60° före ÖD (cylinder nr 1 i kompressionstakten) **(se bild)**. I detta läge är insprutningspumpens kolv i nedre dödpunkt (ND).
12 Nollställ mätklockan, kontrollera dess justering genom att rotera vevaxeln lite i endera riktningen för att försäkra ND.
13 Ta motorn tillbaka till ÖD (cylinder nr 1 i kompressionstakten). När inställningsmärket på remskivan är i linje med referenspekaren skall mätklockan visa ett lyft motsvarande den specificerade inställningen.
14 Om justering behövs, lossa de två muttrarna som håller insprutningspumpen och de två bultarna som håller pumpfästet – se bild 8.13.
15 Lossa insprutarrör nr 3 och 4 vid insprutarna och pumpen.
16 Vrid pumpen tills mätklockan visar önskat lyft, dra sedan åt de lossade muttrarna och bultarna till specificerade moment. Om man vrider pumpens överdel mot motorn sänks lyftvärdet, medan vridning i motsatt riktning höjer lyftvärdet.
17 Upprepa kontrollproceduren.
18 När pumpinställningen är korrekt, ta bort mätklockan och tillsatsen och sätt tillbaka pluggen i pumpen.
19 Ta bort eventuellt täckmaterial och anslut alla insprutarrör, arbete i omvänd ordning mot demonteringen och dra åt dem till specificerade moment.
20 Sätt tillbaka andra demonterade komponenter, starta motorn och undersök om det förekommer bränsleläckage.

10 Bränsleinsprutningspump (16D och 16DA motorer) – inställning

Observera: *Följande procedur utfördes under en motorihopsättning. Om motorn är kvar i bilen måste transmissionskåporna, luftrenarens snorkel och kopplings/svänghjulskåpan demonteras. En mätklocka (indikator-klocka) med en lång sond och ett passande stöd behövs för inställning av pumpen.*
1 Inställning av insprutningspumpen skall endast behövas under följande förhållanden:
 a) *När en ny eller renoverad pump monteras.*
 b) *Om inställningen misstänks vara fel.*
 c) *Om kamremmen har spänts eller bytts ut.*
2 Kontrollera ventilinställningen.
3 Ställ in motorn till ÖD, med cylinder nr 1 i kompressionstakten. Inställningsmärket på pumpdrevet måste vara i linje med klacken på pumpfästkonsolen **(se bild)**.
4 Vrid motorn mot normal rotationsriktning så att svänghjulets ÖD-märke är ca 5,0 cm från ÖD-pekaren.
5 Ta bort mittpluggen baktill på insprutningspumpen **(se bild)**.

6 Montera mätklockan så att dess sond går in i mittpluggens hål. Nollställ mätklockan **(se bild)**.
7 Var beredd på bränslespill under följande moment. Tillverkarna specificerar användning av en sond som skruvas in i, och antagligen tätar, plugghålet.
8 För tillbaka motorn till ÖD, med cylinder nr 1 i kompressionstakten. När inställningsmärkena är i linje skall mätklockan visa ett lyft som motsvarar specificerat inställningsvärde.
9 Om justering behövs, lossa de tre bultarna som håller ihop pumpdrevets två halvor **(se bild)**. Vrid den inre delen av drevet moturs (mot normal rotationsriktning) så långt som spåren tillåter. Passningen mellan de två drevdelarna är tät och ett stag eller en drift av

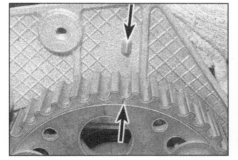

10.3 Inställningsmärket på pumpdrevet i linje med klacken på pumpfästkonsolen

10.5 Ta bort mittpluggen baktill på insprutningspumpen

10.6 Mätklockan monterad med sonden i plugghålet

10.9a Lossa på insprutningspumpdrevets klämbultar . . .

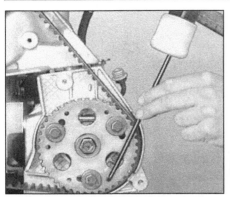

10.9b ... och använd stag eller drift för att flytta drevets innerdel

mjuk metall kan behöva användas för att den inre delen ska röras **(se bild)**.

10 Med drevet placerat så som just beskrivits och motorn fortfarande i ÖD, cylinder nr 1 i kompressionstakten, skall mätklockan åter visa noll. Återställ den vid behov.

11 Vrid den inre delen av drevet medurs tills mätklockan visar önskat lyft, dra sedan åt drevets klämbultar.

12 Upprepa kontrollproceduren från paragraf 4.

13 När insprutningsinställningen är korrekt, ta bort testutrustningen och sätt tillbaka pluggen bak på pumpen.

14 Sätt tillbaka transmissionskåpor och andra borttagna komponenter.

11.5 Inställningsmärket på insprutnings-pumpdrevet i linje med det gjutna märket på den inre transmissionskåpan

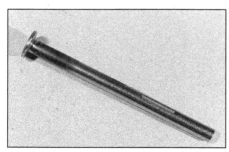

11.7a Hemmagjord sond för kontroll av Lucas pumpinställning

11.3 Svänghjulets inställningsmärken synliga genom kopplingshusets täckplatta

11 Bränsleinsprutningspump (17D, 17DR och 17DTL motorer) – inställning

Bosch och Lucas pumpar

1 Pumpinställningen är liknande den som beskrivs i avsnitt 10 för 16D och 16DA motorer, notera dock följande:

2 Efter införandet av de ändrade inre och yttre transmissionskåporna är inställnings-märket för insprutningspumpens drev nu placerat på den inre transmissionskåpan.

3 På 17D och 17DR motorer, demontera kopplingshusets täckplatta. När kolv nr 1 är i ÖD i kompressionstakten kommer ÖD-märket på svänghjulet och pekaren på kopplings-huset att vara i linje **(se bild)**.

4 På 17DTL motorer, demontera svänghjulets täckplatta. Svänghjulets läge för ÖD måste

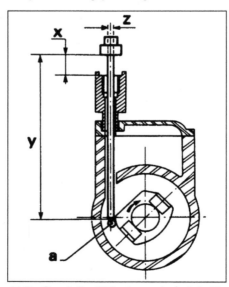

11.7b Speciell mätklockesond på plats för pumpinställningskontroll – Lucas insprutningspump

a   Inställningsbit
x   Inställningsvärde (som visas på plattan)
Y   95,5 ± 0,01 mm   z   7,00 mm dia. skaft

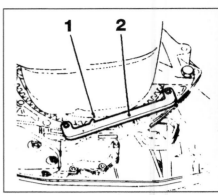

11.4 Svänghjulets läge för ÖD bestäms med justerare KM-851

1   Svänghjulets ÖD-märke   2   Justerare

bestämmas med hjälp av ett speciellt verktyg (justerare KM-851) som monteras intill sväng-hjulet så som visas **(se bild)**. När kolv nr 1 är i ÖD i kompressionstakten kommer ÖD-märket på svänghjulet och pekaren på verktyget att vara i linje.

5 På alla motorer kommer inställningsmärket på insprutningspumpdrevet att vara i linje med det gjutna märket på den inre transmis-sionskåpan **(se bild)**.

Lucas pump

6 Några små ändringar har också gjorts i inställningsproceduren för Lucas insprut-ningspump, enligt följande beskrivning.

7 Notera att täckpluggen är placerad på pumpens övre yta snarare än på änden av pumphuset som på Bosch pump. Om du inte har mätverktyg KM-690-A och mätklocka KM-571-B till hands behöver du en standard-mätklocka (DTI), tillsammans med någon metod att fästa den ovanför inställningshålet i rätt höjd. Det krävs också en sond med huvud (så att den **inte** kan trilla ner i pumpen) till-verkad med de mått som visas – denna skall placeras i inställningshålet innan mätklockan sätts på plats **(se bilder)**.

8 Kontrollera det lyft som indikeras på klock-an när vevaxelns inställningsmärken riktas in. Det finns ingen standardspecificerad lyftsiffra för Lucas pumpar. Varje pump kalibreras vid tillverkningen och lyftsiffran markeras på en plåt som sitter på pumparmen **(se bild)**. Om

11.8 Lucas pump med mätklocka monterad för kontroll. Värde för enskild pump finns på plattan (vid pilen)

12.2 Kontakten (vid pilen) till bränslefiltrets värmarelement

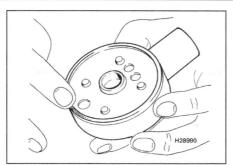

12.3 Smörj bränslefiltrets tätningsring med lite rent dieselbränsle innan den monteras

lyftsiffran som visas på mätklockan inte motsvarar den som finns på plattan, justera pumpdrevet enligt beskrivning i avsnitt 10. När justeringen är utförd, ta bort mätklockan och sonden och sätt tillbaka täckpluggen.

12 Bränslefiltrets värmeelement – byte

1 Om ett element är monterat sitter det mellan filterhuset och skålen. En sensor bevakar bränsletemperaturen som går genom filtret och om denna faller till en punkt där det finns risk för vaxkristallisering, slås värmaren på för att värma upp bränslet.
2 För att demontera elementet, dra ut dess kontakt och ta bort filterelementet följt av värmeelementet **(se bild)**.
3 Montering av värmeelementet sker i omvänd ordning. Smörj dess tätningsring med lite rent dieselbränsle innan den monteras **(se bild)**.

13 Förvärmningssystem – kontroll

Varning: Var försiktig så att du inte bränner dig. Glödstiftens spetsar blir mycket heta när de testas.

15D, 17DR och senare 17D motorer – 5 volts system

1 Dessa motorer har ett 5 volts förvärmningssystem som inte kan testas utan specialutrustning. Rådfråga en Opel-återförsäljare eller dieselspecialist.

15D, 15DT, 16D, 16DA, 17DT och tidiga 17D motorer – 11 volts system

2 Om systemet misstänks vara defekt, kontrollera först att batterispänning finns i glödstiftens samlingsskena i några sekunder när nyckeln först vrids till läge ON. Om inte är det fel på ledningen eller reläet. Det enda sättet att testa reläet är att byta ut det.
3 Om batterispänning finns vid samlingsskenan men ett eller flera glödstift inte verkar

fungera är det möjligt att identifiera ett defekt glödstift med hjälp av en amperemätare med stort mätområde (0 till 50 amp). En ohmmätare kommer förmodligen inte att kunna skilja på motståndet hos ett fungerande stift (mindre än 1 ohm) och en kortslutning.
4 Anslut amperemätaren mellan samlingsskenan och matningsledningen. Låt en medhjälpare vrida om nyckeln. Varje stift drar mellan 8 och 9 ampere efter en inledande strömvåg, så om avläsningen är mycket över eller under 32 till 36 ampere är ett eller flera stift defekta.
5 Om en amperemätare inte finns till hands kan en 12 volts testlampa användas. Ta bort samlingsskenan och anslut lampan mellan batteriets strömförande (+) pol och varje stift i tur och ordning. Om lampan lyser är antingen stiftet OK eller så har det varit en kortslutning. Om lampan inte lyser är glödstiftet defekt.
6 Utöver testen ovan är det också möjligt att utföra en visuell kontroll av ett misstänkt glödstift. Gör enligt följande:
7 Det finns glödstiftstestare som består av en kåpa i vilken stiftet kläms fast, en amperemätare, 12 volts ledningar och en enkel tidmätningskrets som tänder en rad lysdioder i 5 sekunders intervall. Med glödstiftet på plats och ledningarna anslutna till ett 12 volts batteri, notera den tid det tar innan spetsen på glödstiftet börjar glöda och strömmen faller.
8 Denna utrustning finns tillgänglig på kommersiella verkstäder, men eftersom den inte behövs regelbundet kan de flesta bilägare inte rättfärdiga den kostnad det innebär att köpa den. En motsvarande utrustning kan

13.10 Glödstiftstestutrustning används. Glödstift fastsatt mot fullgod jord (vid pilen)

dock tillverkas hemma till en liten kostnad.
9 Använd en amperemätare med ett mätområde på minst 30A, anslut en ledning till varje pol, sätt en krokodilklämma i varje ände. För säkerhets skull, montera en in-line säkringshållare till en av ledningarna, använd en 30 A säkring.
10 När det glödstift som misstänks vara defekt har demonterats från topplocket, kläm fast det med en självlåsande tång mot dess metalldel till en fullgod jordpunkt på motorn. Anslut ledningen från den positiva (+) polen på amperemätaren till glödstiftets pol **(se bild)**. Låt en medhjälpare vara redo med en klocka så att antalet sekunder kan mätas medan du observerar glödstiftets spets.
11 Anslut den kvarvarande krokodilklämman från amperemätarens negativa (-) pol till batteriets positiva pol och starta räkningen. Observera amperemätarnålen och glödstiftets spets noggrant. Glödstiftsspetsen skall börja glöda efter ca 5 sekunder. Efter ca 15 sekunder skall strömavläsningen falla från ca 25A till ca 12A.
12 Notera att de ovan nämnda tidsinställningarna och siffrorna inte är exakta. Om glödstiftet under test presterar relativt nära de ovan angivna värdena är det troligtvis i sådant skick att det kan renoveras. En onormalt hög eller låg strömavläsning (eller en trasig säkring) tyder på att byte behövs. Samma sak gäller om glödstiftsspetsen inte börjar glöda alls.

14 Avgasåtercirkulation (EGR) (17DR, 17DTL och 17DT motorer) – underhåll

17DR och 17DTL motorer

1 Systemet består av följande komponenter:
a) EGR-ventil – monterad på insugsröret och ansluten med ett korrugerat matningsrör till avgasgrenröret (se bild). Med hjälp av undertrycket som skapas av vakuumpumpen öppnas denna under kontroll av vakuumkontakterna och anslutningarna vid insprutningspumpen, för att låta en del av avgaserna flöda upp i insugsröret och in i förbränningskammaren.
b) Vakuumkontakt monterad på termostathuset (se bild). Denna är stängd tills kylvätskan når en speciell temperatur och förhindrar på så sätt att systemet är aktivt medan motorn värms upp.
c) Vakuumkontakt monterad på bränsleinsprutningspumpen. I samverkan med kallstartenheten reglerar denna enligt trottelöppningen mängden vakuum som läggs på EGR-ventilen.

Kontroll av systemet

2 Detta system är i stort sett underhållsfritt och de enda rutinåtgärder som behövs är kontroll av delarnas skick samt att de sitter säkert.

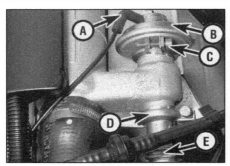

**14.1a EGR-ventil och röranslutningar –
17DTL motor visad**

A Vakuumslang   D Rörklämma
B EGR-ventil   E Korrugerat rör
C Ventilklämma

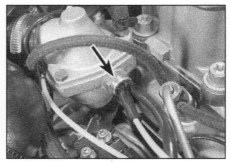

**14.1b Termostyrd vakuumkontakt
(vid pilen) – 17DR motor visad**

**14.15 Insugsrörets anslutning till EGR-
systemets korrugerade rör (vid pilen) –
17DR motor visad**

**14.5 EGR-systemets extra vakuumuttag
(vid pilen) på vakuumpumpen –
17DR motor visad**

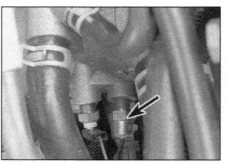

**14.17 Placering för förvärmningssyste-
mets kylvätsketempgivare – 17DT motor**

**14.28 Placering för elektro-pneumatisk
ventil – 17DT motor**

3 För att kontrollera systemets funktion, värm upp motorn till normal arbetstemperatur och låt den gå på tomgång. Koppla loss och sätt tillbaka vakuumröret uppe på EGR-ventilen flera gånger. Man ska höra ventilen arbeta varje gång.

4 Om EGR-ventilen inte arbetar och vakuum kan kännas vid röränden måste felet ligga i EGR-ventilen, som då måste bytas ut. Om ventilen skall bytas ut är det alltid värt att först försöka med att rengöra dess kanaler från sotavlagringar för att se om detta kan vara orsaken till att den inte fungerar. Om ventilens membran har havererat finns det dock inget alternativ till att byta ut hela ventilenheten.

5 Om inget vakuum kan kännas, kontrollera bakåt genom hela systemet tills läckan eller blockeringen kan hittas och åtgärdas. Vakuummatning kan erhållas från ett extra uttag från vakuumpumpen **(se bild)**.

**Termostatmonterad vakuumkontakt –
demontering och montering**

6 Tappa av kylsystemet, antingen helt eller ner till termostaten.

7 Koppla loss vakuumrören från kontakten, notera var/hur de är monterade.

8 Skruva loss vakuumkontakten.

9 När den nya kontakten monteras, se till att en ny tätningsbricka används. Dra åt kontakten ordentligt.

10 Fyll på kylsystemet.

**Pumpmonterad vakuumkontakt
– demontering och montering**

Observera: För demontering och montering av kallstartenheten, se avsnitt 4.

11 I skrivande stund finns ingen information tillgänglig angående den exakta placeringen av denna enhet, eller om den är tillgänglig separat från vakuumrören. Kontakta din lokala Opel-återförsäljare för information.

**EGR-ventil – demontering och
montering**

12 Koppla loss vakuumröret uppe på ventilen.

13 Lossa ventilens fästklämma och dra bort ventilen från insugsröret. Knacka försiktigt på endera sidan med en mjuk hammare om den är svår att få loss.

14 Montering sker i omvänd ordning. Använd inte onödigt stor kraft när ventilen sätts på plats i insugsröret.

**Korrugerat matningsrör –
demontering och montering**

15 Koppla loss det korrugerade matnings-röret från insugs- och avgasgrenrören genom att ta bort dess flänsfästbultar och fäst-klämmans skruv **(se bild)**. Kassera fläns-packningen (-packningarna).

16 Montering sker i omvänd ordning. Lägg nya packningar på plats och dra åt rörets fästbultar ordentligt till specificerat moment.

17D och 17DT motorer

17 Den mängd avgaser som släpps in i återcirkulationssystemet styrs av förvärm-ningssystemets styrenhet. Denna använder information från en motorhastighetsgivare (monterad på bränsleinsprutningspumpen), en potentiometer (även den monterad på insprutningspumpen, för att bevaka mängden insprutat bränsle) och från förvärmnings-systemets kylvätsketemperaturgivare **(se bild)**. Förvärmningssystemets styrenhet bestämmer EGR-ventilens korrekta öppnings-tid och öppnar och stänger den, efter behov, via en elektro-pneumatisk solenoidventil som styr anslutningen mellan vakuumpumpen och EGR-ventilen. En omåttlig minskning i trycket vid EGR-ventilen (under inbromsning) för-hindras av anslutningen av EGR-vakuum-passagen nedströms vakuumservoenhetens envägsventil. Ett korrugerat matningsrör låter avgaser passera från avgasgrenröret till inloppet via EGR-ventilen som är monterad på insugsröret.

Kontroll av system

18 Detta system är i stort sett underhållsfritt och de enda rutinåtgärder som behövs är kontroll av delarnas skick samt att de sitter säkert.

19 Felsökning av systemet följer beskriv-ningen i paragraf 3 till 5 ovan.

EGR-ventil – demontering och montering

20 Koppla loss vakuumröret upptill på ventilen.

21 Koppla loss det korrugerade matningsröret från ventilen enligt beskrivningen nedan.

22 Skruva loss ventilen från insugsröret och dra bort den. Kassera flänspackningen.

23 Montering sker i omvänd ordning. Använd inte onödigt stor kraft när ventilen sätts på plats i insugsröret.

Korrugerat matningsrör – demontering och montering

24 Koppla loss matningsröret från EGR-ventilen genom att skruva loss anslutningsmuttern.

25 På modeller med turbo, skruva loss och ta bort värmeskölden från turbon.

26 Skruva loss bulten som håller röret till topplocket, skruva sedan loss de bultar som håller dess fläns till avgasgrenröret. Dra bort röret och kassera flänspackningen.

27 Montering sker i omvänd ordning. Använd en ny flänspackning och dra åt infästningarna ordentligt.

Elektro-pneumatisk ventil

28 Ta loss ventilen från dess fästkonsol på torpedplåten, bakom kylsystemets expansionskärl **(se bild)**.

29 Koppla loss batteriets jordpol (den negativa), dra sedan ut ventilens elkontakt.

30 Koppla loss vakuumrören från ventilen, efter att ha noterat hur de sitter.

31 Montering sker i omvänd ordning. Var noga med att ansluta rören korrekt.

Anteckningar

Kapitel 11
Volkswagen 1896cc motor

Del A: Rutinunderhåll och service

Innehåll

Motortyper

1896cc motor .... Volkswagen Golf och Vento – 1992 till 1996

Specifikationer

Oljefilter
Typ .... Champion C150

Kamrem
Typ .... Tandad rem
Spänning .... Se text

Drivrem för hjälpaggregat
Typ .... Ribbad eller kilrem
Avböjning .... 5,0 mm på mitten av den längsta fria delen

Luftfilter
Typ .... Champion U583

Bränslefilter
Typ .... Champion L114

Glödstift
Typ CH160

Tomgångshastighet
Motorkod AAZ och 1Y .... 900 ± 30 rpm

Åtdragningsmoment | Nm
	Nm
Kamaxelns drev, bult	45
Kylvätskepumpens remskiva, bultar	25
Vevaxelremskiva för hjälpaggregatens drivrem, skruvar	25
Glödstift:	
Motorkod 1Z	15
Motorkod 1Y, AAZ	25
Sumpens avtappningsplugg	30
Kamremsspännare, låsmutter	20

Smörjmedel, vätskor och volymer

Komponent eller system	Smörjmedel eller vätska	Volym
Motor	Multigrade motorolja, viskositet SAE 10W/40 till 20W/50, till specifikation API SG/CD	4,3 liter – med filter
Kylsystem	Etylenglykolbaserat frostskydd. 50% vätska/50% vatten	6,3 liter
Bränslesystem	Kommersiellt dieselbränsle för väggående fordon (DERV)	62 liter

Volkswagen dieselmotor – underhållsschema

De underhållsscheman som följer är i stort de som rekommenderas av tillverkaren. Serviceintervallen anges i både körsträcka och tid – detta beror på att vätskor och system slits och försämras med ålder såväl som användning. Följ tidsintervallen om rätt kilometerantal inte täcks inom specificerad period.

Om bilen körs under särskilda förhållanden kan den behöva tätare underhåll. Med särskilda förhållanden menas bl a extrema klimat, bärgning eller taxikörning på heltid, körning på obelagd väg och en stor andel korta körsträckor. Användning av undermåligt bränsle kan orsaka tidig försämring av motoroljan. Rådfråga en Volkswagen-handlare vid behov.

Alla VW Golf/Vento modeller är utrustade med en display för serviceintervall i instrumentpanelen. Varje gång motorn startas tänds displayen i några sekunder och visar något av följande. Detta ger en praktisk påminnelse om när nästa service ska göras:

Displayen visar IN 00 – ingen service nödvändig
Displayen visar OEL – 7500 km service behövs för modeller utan turbo
Displayen visar OEL – 15 000 km service behövs för modeller med turbo
Displayen visar IN 01 – 12 månaders service behöver göras
Displayen visar IN 02 – 30 000 km service behöver göras

Var 400:e km, varje vecka eller före en lång resa

- [ ] Kontrollera motoroljenivån och fyll på vid behov (avsnitt 3)
- [ ] Kontrollera kylvätskenivån och fyll på vid behov (avsnitt 4)
- [ ] Kontrollera avgasröken (avsnitt 5)
- [ ] Kontrollera att glödstiftens varningslampa fungerar (avsnitt 6)

Var 7 500:e km – modeller utan turbo (OEL på intervalldisplayen)

- [ ] Byt motorolja och filter (avsnitt 7)
- [ ] Tappa av vatten från bränslefiltret (avsnitt 8)
- [ ] Återställ displayen för serviceintervall (avsnitt 9)

Var 15 000:e km – modeller med turbo (OEL på intervalldisplayen)

- [ ] Byt motorolja och filter (avsnitt 10)
- [ ] Tappa av vatten från bränslefiltret (avsnitt 11)
- [ ] Återställ displayen för serviceintervall (avsnitt 12)

En gång per år – (IN 01 på intervalldisplayen)

Om bilen är en modell utan turbo som körs mindre än 7500 km per år, eller en turbomodell som körs mindre än 15 000 km per år, utför även följande:

- [ ] Kontrollera motorns tomgångshastighet (avsnitt 13)
- [ ] Leta efter eventuellt vätskeläckage för alla komponenter under motorhuven
- [ ] Kontrollera skicket på avgassystemet och alla fästen
- [ ] Återställ displayen för serviceintervall (avsnitt 14)

Var 30 000:e km – (IN 02 på intervalldisplayen)

Om bilen körs mer än 30 000 km per år, utför även samtliga arbetsmoment beskrivna ovan

- [ ] Byt bränslefilter (avsnitt 15)
- [ ] Byt luftfilterelement
- [ ] Kontrollera skicket för kamremmen och justera om det behövs (avsnitt 16)
- [ ] Kontrollera skicket för drivrem(mar) till hjälpaggregat och byt om nödvändigt
- [ ] Återställ displayen för serviceintervall (avsnitt 17)

Var 90 000:e km

- [ ] Byt kamrem (avsnitt 18)

Vartannat år (oberoende av antalet körda kilometer)

- [ ] Byt motorns kylvätska
- [ ] Kontrollera avgasutsläppen (avsnitt 19)

Tidig VW Golf och Vento turbodieselmotor

1 Motoroljans påfyllningslock
2 Motoroljans mätsticka
3 Oljefilterhus
4 Huvudcylinderns bromsvätske-
  behållare
5 Luftrenarhus
6 Generator
7 Kylvätskans expansionskärl
8 Vindrute-/bakrutespolar-
  vätskans behållare
9 Fjäderbenets övre fäste
10 Bränslefilter
11 Insprutningspump
12 Batteri
13 Turboaggregat
14 Servostyrningens
  vätskebehållare

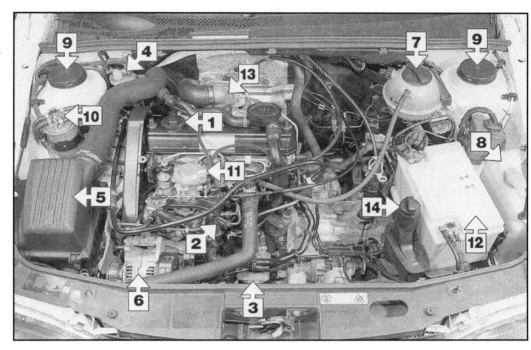

Beskrivning av underhållsarbeten

1 Inledning

Se kapitel 2, del A, avsnitt 1.

2 Intensivunderhåll

Se kapitel 2, del A, avsnitt 2.

400 km service

3 Motoroljenivå – kontroll

1 Se kapitel 2, del A, avsnitt 3 (se bild).

4 Kylvätskenivå – kontroll

1 Se kapitel 2, del A, avsnitt 4. Observera att tanken är genomskinlig så att kylvätskenivån kan kontrolleras utan att man behöver ta av locket. Nivån ska vara mellan MAX (HOT) och MIN (COLD) märkena på sidan på tanken. Om nivån är under MIN märket, ta av locket och fyll på med kylvätskeblandning till MAX märket (se bild).

5 Avgasrök – kontroll

1 Se kapitel 2, del A, avsnitt 5.

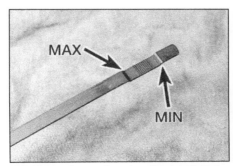

3.1 Markeringar på motoroljans mätsticka

6 Varningslampa – kontroll

1 Se kapitel 2, del A, avsnitt 6.

4.1 Kylvätskebehållarens MIN och MAX markeringar

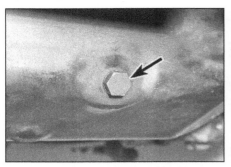

7.1a Motoroljans avtappningsplugg (vid pilen)

7.1b Demontering av motoroljefilter

8.5 Skruva ur avtappningsventilen (vid pilen) i botten på filtret

7 500 km service – OEL på intervalldisplayen

7 Motorolja och filter – byte (ej turbo)

1 Se kapitel 2, del A, avsnitt 7 **(se bilder)**.

8 Bränslefilter – avtappning (ej turbo)

1 Vatten som samlats upp av filtret från bränslematningen måste tappas av från enheten.
2 Bränslefiltret sitter på den inre vingen, ovanför det högra hjulhuset. Lossa clipset i toppen på filterenheten och ta ut styrventilen, lämna bränsleslangarna anslutna.
3 Lossa på skruven och höj upp filtret i sitt fäste.
4 Placera en behållare under filterenheten och lägg trasor runt omkring så att de kan suga upp eventuellt utspillt bränsle.
5 Skruva ur avtappningsventilen i botten på filterenheten tills bränsle börjar rinna ut i behållaren **(se bild)**. Håll ventilen öppen tills ca 100 cm³ bränsle har samlats upp.

6 Montera tillbaka styrventilen uppe på filtret och sätt in fästclipset. Stäng avtappningsventilen och torka bort allt överflödigt bränsle från munstycket.
7 Ta undan uppsamlingsbehållaren och trasorna och tryck sedan tillbaka filterenheten in i fästet och dra åt fästets skruv.
8 Låt motorn gå på tomgång och leta efter läckage runt bränslefiltret.
9 Öka motorvarvtalet till ca 2000 rpm flera gånger och låt sedan motorn gå på tomgång igen. Studera bränsleflödet genom den genomskinliga slangen som leder till bränsleinsprutningspumpen och kontrollera att det är fritt från luftbubblor.

9 Display för serviceintervall – återställning (ej turbo)

1 När allt nödvändigt underhållsarbete har gjorts måste den relevanta koden på displayen för serviceintervall återställas. Om mer än en service har utförts måste relevanta intervall på displayen återställas individuellt.
2 Displayen återställs med återställningsknappen på vänster sida på instrument-panelen (under hastighetsmätaren) samt inställningsknappen för klockan på panelens högra sida (under klockan/varvräknaren). På modeller med digital klocka används den nedre (minut)knappen. Återställningen görs enligt följande:
a) Vrid på tändnyckeln och kontrollera att hastighetsmätarens kilometermätare är inställd på kilometerinställning och inte trippmätare.
b) Tryck in och håll inne knappen på vänster sida på instrumentpanelen.
c) Håll knappen intryckt, slå av tändningen och släpp upp knappen.
d) Ordet OEL ska nu visas på displayen.
e) När man trycker in den vänstra knappen igen kommer displayen att visa IN 01, följt av IN 02.
f) Ställ in displayen så att den servicerutin som just utförts kommer upp och tryck sedan kort in klockans justerknapp tills "——-" visas. Detta betyder att displayen har återställts.
g) Upprepa återställningsproceduren för alla relevanta serviceintervall.
3 Avsluta med att slå på tändningen och kontrollera att IN 00 visas på displayen.

15 000 km service – OEL på intervalldisplayen

10 Motorolja och filter – byte (turbo)

Se avsnitt 7.

11 Bränslefilter – avtappning (turbo)

Se avsnitt 8.

12 Display för serviceintervall – återställning (turbo)

Se avsnitt 9.

Årlig service – IN 01 OEL på intervalldisplayen

13 Tomgångshastighet – kontroll och justering

Motorkod AAZ och 1Y

1 Starta motorn och låt den uppnå normal arbetstemperatur. Lägg i handbromsen, sätt växellådan i neutralläge och låt motorn gå på tomgång. Kontrollera att kallstartknoppen är intryckt till helt avstängt läge.

2 Använd en varvräknare för dieselmotorer och kontrollera att motorns tomgång är enligt specifikationerna.

3 Om det behövs, justera tomgångshastigheten genom att vrida på justerskruven vid bränsleinsprutningspumpen (se bild).

Motorkod 1Z

4 Motorns tomgångshastighet måste kontrolleras och justeras av en VAG-verkstad med speciell elektronisk testutrustning.

14 Display för serviceintervall – återställning

Se avsnitt 9.

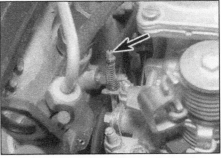

13.3 Tomgångshastighetens justerskruv (vid pilen)

30 000 km service – IN 02 på intervalldisplayen

15 Bränslefilter – byte

1 Bränslefiltret sitter på den inre vingen, ovanför det högra hjulhuset. Placera en behållare under filterenheten och lägg trasor runt omkring så att de kan suga upp eventuellt utspillt bränsle.

2 Lossa clipset i toppen på filterenheten och ta ut styrventilen, lämna bränsleslangarna anslutna (se bilder).

3 Lossa slangclipsen och dra loss slangarna från portarna på filterenheten. Om clips av crimptyp är monterade, skär loss dem med en plåtsax och använd skruvclips av motsvarande storlek vid montering. Notera varje

slangs ursprungliga plats så blir det lättare att montera tillbaka dem korrekt senare. Var beredd på en viss bränsleförlust.

4 Lossa på skruven och lyft upp filtret ur sitt fäste (se bilder).

5 Montera ett nytt bränslefilter i fästet och dra åt fästskruven.

6 Montera tillbaka styrventilen uppe på filtret och sätt in fästclipset.

7 Återanslut slangarna till och från filtret (se bild). Observera riktningspilarna för bränsleflödet intill varje port.

8 Låt motorn gå på tomgång och leta efter läckage runt bränslefiltret. Det kan ta några sekunder innan motorn går igång.

9 Öka motorvarvtalet till ca 2000 rpm flera gånger och låt sedan motorn gå på tomgång igen. Studera bränsleflödet genom den

genomskinliga slangen som leder till bränsleinsprutningspumpen och kontrollera att det är fritt från luftbubblor.

16 Kamrem – kontroll och justering

1 Se avsnitt 18, demontera transmissionskåpan och undersök kamremmen, leta efter tecken på skada eller förslitning.

2 Undersök noggrant om kamremmen visar tecken på ojämn förslitning, sprickor eller oljeföroreningar. Var särskilt uppmärksam på tandrötterna. Byt ut kamremmen om det råder något om helst tvivel om skicket.

3 Om det finns tecken på oljeföroreningar, leta reda på källan till oljeläckan och åtgärda den. Spola ner i kamremsområdet och över alla relaterade komponenter för att få bort alla oljefläckar.

4 Kontrollera och, om det behövs, justera remspänningen, se beskrivning i avsnitt 18. Avsluta med att montera tillbaka transmissionskåpan.

17 Display för serviceintervall – återställning

Se avsnitt 9.

15.2b . . . och lyft ut styrventilen, med bränsleslangarna anslutna

15.2a Lossa clipset . . .

15.4a Lossa fästskruven . . .

15.4b . . . och lyft ut filtret ur fästet

15.7 Återanslut bränsleslangarna

18.1 Bränsleavstängningsventilens kontakt (vid pilen)

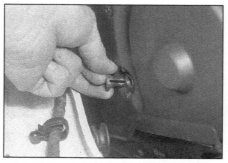

18.3 En tryckplugg tas bort från den övre transmissionskåpan

18.6a Koppla loss vevhusventilationens reglerventil . . .

90 000 km service

18 Kamrem – byte

Observera: *För att låsa motorn i ÖD-läge måste man antingen låna eller hyra en sats låsverktyg.*

Demontering

1 Sätt motorn ur funktion genom att koppla bort bränsleavstängningens solenoidvajer **(se bild)**. Förhindra att bilen rör sig genom att lägga i handbromsen och klossa bakhjulen.
2 Det är lättare att komma åt transmissionskåporna om man demonterar luftrenarhuset.
3 Lossa den översta delen av den yttre transmissionskåpan genom att öppna metallclipset

och, där tillämpligt, ta bort tryckpluggarna **(se bild)**. Lyft undan kåpan från motorn.
4 Demontera drivremmen/remmarna för hjälpaggregat. Lossa och ta bort skruvarna och lyft av kylvätskepumpens remskiva.
5 Ställ motorns cylinder nr 1 vid ÖD, enligt följande:
6 Demontera kamaxelkåpan **(se bilder)**.
7 Ta bort inspektionsproppen från växellådshuset. Vrid vevaxeln medurs tills inställningsmärket som har gjorts på kanten på svänghjulet är i linje med visaren på växellådshusets gjutstycke **(se bild)**.
8 För att kunna låsa motorn i ÖD-läge måste kamaxeln (inte drevet) och bränsleinsprutningspumpens drev fixeras i normalläge med speciella låsverktyg. Hemmagjorda verktyg kan användas, men p g a den precision och

exakta mätning som krävs rekommenderas starkt att en låsverktygssats antingen lånas eller hyrs från en VAG-verkstad, eller införskaffas från en välkänd verktygs-tillverkare. Sykes Pickavant tillverkar en sats låsverktyg för kamaxel och bränsleinsprutningspumpdrev speciellt för de motorer som tas upp i detta avsnitt **(se bild)**.
9 Låt kanten på låsstången gå i ingrepp med skåran i änden på kamaxeln **(se bild)**.
10 Med låsstången fortfarande på plats, vrid kamaxeln lätt (genom att vrida på vevaxeln medurs, som tidigare), så att låsstången vippar över till ena sidan och den ena änden på stången kommer i kontakt med topplocksytan. På andra sidan om låsstången, mät mellanrummet mellan änden på stången och topplocket med ett bladmått.

18.6b . . . ta loss kamaxelkåpans fästmuttrar . . .

18.6c . . . lyft bort kamaxelkåpan från topplocket . . .

18.6d . . . och ta vara på kåpans packning

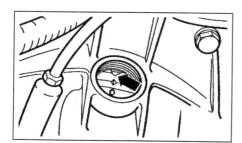

18.7 Ta bort inspektionsproppen från växellådshuset så att du kan se att inställningsmärket på svänghjulet (vid pilen) är i linje med visaren på huset

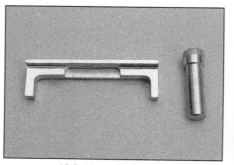

18.8 Motorlåsverktyg

18.9 Haka i låsstången i skåran i kamaxeln

18.11 Kamaxeln centrerad och låst med hjälp av låsstång och bladstift

18.12 Bränsleinsprutningspumpdrevet låst med låsverktyg (vid pilen) – motorkod AAZ shown

18.14 Demontering av vevaxelremskivor till hjälpaggregatens drivrem

11 Vrid tillbaka kamaxeln en aning och ta sedan ut bladmåttet. Idén är nu att sätta låsstången i nivå genom att sätta in två bladmått (båda med en tjocklek motsvarande halva det ursprungliga mellanrummet) på endera sidan av kamaxeln mellan inställnings-stiftets båda ändar och topplocket. Detta centrerar kamaxeln och ställer in ventil-inställningen normalläge **(se bild)**.

12 Sätt in låsstången i bränsleinsprutnings-pumpens drevs uppriktningshål och gänga in den i stödfästet bakom drevet. Detta låser fast bränsleinsprutningspumpen normalläge **(se bild)**.

13 Motorn är nu inställd med ÖD vid cylinder nr 1.

14 Lossa och ta bort fästskruvarna, och sedan loss remskivan från hjälpaggregatens ribbade drivrem (tillsammans med kilremmens remskiva, där sådan finns) från vevaxelns drev **(se bild)**. För att hindra remskivan till hjälp-aggregatens drivrem från att rotera medan monteringsbultarna lossas, lägg i den högsta växeln (manuell växellåda) eller PARK (automatväxellåda) och be en medhjälpare lägga i fotbromsen hårt. Om detta inte fungerar, håll fast drevet genom att vira en gammal slang eller innerslang runt det. Avsluta med att kontrollera att motorn fortfarande är inställd vid ÖD.

15 Ta bort fästskruvarna och clipsen och ta loss den nedre transmissionskåpan.

16 På motorer med ett tvådelat bränsle-insprutningspumpdrev, se till att drevets inställningsstift sitter stadigt på plats och lossa sedan på drevets yttre fästbultar ett halvt varv. Lossa inte på drevets mittbult eftersom detta kommer att förändra insprut-ningspumpens grundinställning.

17 Lätta på spänningen på kamremmen genom att lossa på spännarens monterings-mutter en aning, så att den kan svänga bort från remmen.

18 På motorer med kod 1Z, ta bort bulten och demontera mellanrullen från den inre transmissionskåpan.

19 Dra av remmen från dreven.

20 Undersök remmen och leta efter tecken på föroreningar av kylvätska eller smörjmedel. Om så är fallet, leta reda på och åtgärda orsaken till föroreningen innan tillståndet förvärras.

Montering och spänning

21 Se till att vevaxeln fortfarande är inställd med cylinder nr 1 vid ÖD.

22 Lossa kamaxelns drevbult ett halvt varv. Lossa drevet från kamaxelns konformade ände genom att försiktigt knacka på det med en pinndorn som satts in genom hålet i den inre transmissionskåpan **(se bild)**.

23 Krök kamremmen lätt under vevaxel-drevet samtidigt som du observerar riktningen för rotationsmarkeringarna på remmen.

24 Låt kamremmens tänder gå i ingrepp med vevaxelns drev och för den sedan på plats över kamaxelns och bränsleinsprutnings-pumpens drev. Se till att remmens tänder sätter sig korrekt på drevet. Observera att en lätt justering av kamaxeldrevets position (och där tillämpligt, bränsleinsprutningspumpens drev) kan behövas för att uppnå detta.

25 För den platta sidan på remmen över mellanaxelns remskiva samt spännarrullen. Undvik att böja tillbaka remmen över sig själv eller att vrida på den när du gör detta.

26 Endast på motorer med kod 1Z, montera mellanrullen på den inre transmissionskåpan och dra åt fästbulten till specificerat moment.

27 På motorer med ett insprutningspump-drev i ett stycke, demontera inställningsstiftet från bränsleinsprutningspumpens drev.

28 Se till att den främre delen av remmen är spänd. Med detta menas att allt slack ska vara i den delen av remmen som går över spännarrullen.

29 Spänn remmen genom att vrida den excentriskt monterade spännaren medurs. Det finns två hål i sidan på spännarnavet för detta syfte. En bastant rätvinklig låsringstång är ett lämpligt substitut för det rätta VAG-verktyget **(se bilder)**.

30 På motorer med halvautomatisk rem-spännare, vrid spännaren medurs tills uppriktningsmärkena på remskivan och navet är i linje **(se bild)**.

31 Testa kamremsspänningen genom att hålla den med fingrarna på en punkt halvvägs mellan mellanaxelns och kamaxelns drev och

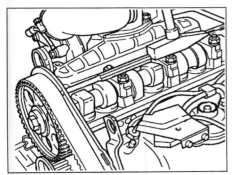

18.22 Lossa kamaxeldrevet från axeln med hjälp av en pinndorn

18.29a Kamremmen spänns med hjälp av en låsringstång

18.29b Kamremmen korrekt monterad

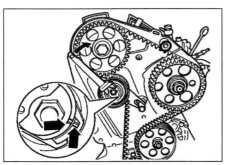

18.30 Inställningsmärken på remskiva och nav – motorer med halvautomatisk remspänning

sedan vrida den. Remspänningen är korrekt när remmen precis kan vridas 90° (ett fjärdedels varv) och inte längre.

32 När korrekt remspänning har uppnåtts, dra åt spännarens låsmutter till specificerat moment.

33 På motorer utan halvautomatisk spännare måste remspänningen bli korrekt testad och, om nödvändigt, justeras. Detta inbegriper användningen av ett särskilt instrument för mätning av remspänning (Volkswagen verktyg

18.39 Se till att kamaxelkåpans packning sitter korrekt i topplocket

Nr VW 210) och det rekommenderas att man överlåter detta till en VAG-verkstad.

34 I detta läge, kontrollera att vevaxeln fortfarande är ställd med cylinder nr 1 vid ÖD.

35 Dra åt kamaxelns drevbult till specificerat moment.

36 På motorer med ett tvådelat bränsleinsprutningspumpdrev, dra åt de yttre drevbultarna och ta sedan bort drevets inställningsstift.

37 Ta bort kamaxelns låsstift.

38 Använd en skiftnyckel eller skruvnyckel

och hylsa på vevaxelremskivans mittbult och vrid vevaxeln två hela varv. Återställ motorn till ÖD för cylinder nr 1 och kontrollera att bränsleinsprutningspumpens drevinställningsstift kan sättas in. Kontrollera på nytt kamremsspänningen och justera om det behövs.

39 Montera de övre och nedre delarna av den yttre transmissionskåpan och dra åt fästskruvarna ordentligt. Montera kamaxelkåpan **(se bild)**.

40 Där tillämpligt, montera kylvätskepumpens remskiva och dra åt fästskruvarna till specificerat moment.

41 Montera remskivan till vevaxelns extra drivrem och dra åt fästskruvarna till specificerat moment, använd samma metod som vid demontering. Observera att remskivans monteringshål är förskjutna och därför endast tillåter ett monteringsläge.

42 Montera och spänn drivremmen(arna) till hjälpaggregaten.

43 Återställ bränslesystemet genom att återansluta bränsleavstängningssolenoidens kabelage.

44 Avsluta med att kontrollera bränsleinsprutningspumpens inställning.

Vartannat år, oberoende av kilometerantal

19 Avgasutsläpp – kontroll

1 Denna uppgift bör överlåtas åt en VW-verkstad eller lämplig specialist utrustad med den avgasanalyserare som behövs för att kontrollera avgasutsläpp på dieselmotorer.

Kapitel 11
Volkswagen 1896cc motor

Del B: Underhåll av bränslesystem

Innehåll

Specifikationer

Glödstift
Typ CH160
Elektriskt motstånd:
    Motorkoder AAZ, 1Y . . . .   1,5 ohm (ca)
    Motorkod 1Z . . . .   Ingen information tillgänglig
Strömförbrukning:
    Motorkoder AAZ, 1Y . . . .   8 amp (per glödstift)
    Motorkod 1Z . . . .   Ingen information tillgänglig

Bränsleinsprutningspump
Inställning – avläsning på mätklocka (motorkod AAZ och 1Y):
    Test . . . .   0,83 – 0,97 mm
    Inställning . . . .   0,90 ± 0,02 mm

Tomgångshastighet
Motorkod AAZ och 1Y . . . .   900 ± 30 rpm

Snabbtomgångshastighet
Motorkod AAZ och 1Y . . . .   1050 ± 50 rpm

Maximal motorhastighet
Motorkod AAZ och 1Y . . . .   5200 ± 100 rpm

Åtdragningsmoment   Nm
Glödstift:
    Motorkod 1Z   15
    Motorkoder 1Y, AAZ   25
Insprutningspumpens bränslematning och retur, banjobultar   25
Insprutningspumpens bränsleanslutningar, låsmuttrar   20
Insprutningspumphuvudets bränsleanslutningar   25
Insprutningspumpens inställningsplugg   15
Insprutningspump-till-främre stödfäste, bultar   25
Insprutningspump-till-bakre stödfäste, bultar   25
Insprutningspumpens toppkåpa, skruvar (motorkod 1Z)   10
Insprutarnas bränslerörsanslutningar   25
Insprutare   70

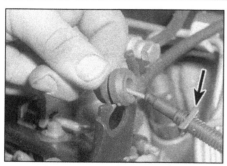

1.2 Gasvajerns justerclips (vid pilen)

1 Gasvajer – justering

Observera: *Detta avsnitt gäller endast motorkod 1Y och AAZ. Motorkod 1Z är utrustad med en elektronisk gaslänkage-lägesgivare, se avsnitt 11.*
1 När gaspedalen är helt nedtryckt måste gaslänkagearmen på bränsleinsprutningspumpen hållas helt öppen till sitt ändstopp.
2 Om det är nödvändigt för att uppnå korrekt justering, ta bort metallclipset från sin lokaliseringsskåra i yttervajerns ände och justera yttervajerns läge i monteringsfästet innan clipset sätts in igen **(se bild)**.

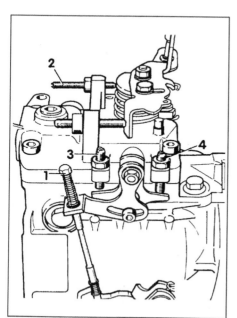

4.3 Bränsleinsprutningspumpens juster-punkter – motorkod AAZ och 1Y

1 Justerskruv för tomgångshastighet
2 Justerskruv för maximal motorhastighet
3 Stoppskruv för min. tomgångshastighet
4 Stoppskruv för max. tomgångshastighet

2 Gasvajer för kallstart (CSA) – justering

1 Tryck in kallstartknoppen i "helt av"-läge.
2 Gänga CSA-vajern genom det borrade hålet i armen på insprutningspumpen. Håll insprutningspumpens kallstartarm i stängt läge och sträck sedan innervajern så att det inte finns något slack och dra åt låsskruven.
3 Aktivera kallstartknoppen och kontrollera att det går att föra insprutningspumpens arm genom hela dess arbetsbana.
4 Tryck in kallstartknoppen i "helt av"-läge och starta sedan motorn och kontrollera tomgångshastigheten.
5 Dra ut kallstartknoppen helt och kontrollera att tomgångshastigheten stiger till ca 1050 rpm. Justera vajern igen om det behövs.

3 Snabbtomgångshastighet – kontroll och justering

Observera: *Detta avsnitt gäller ej motorkod 1Z.*
1 Se del A i detta kapitel och kontrollera och om det behövs justera motorns tomgångs-hastighet.
2 Dra ut instrumentbrädans kallstartknopp helt och kontrollera med hjälp av en diesel-varvräknare att tomgångshastigheten stiger till det specificerade värdet.
3 Om nödvändigt, justera inställningen genom att lossa på låsmuttern och vrida på justerskruven – se bild 4.3.
4 Avsluta med att dra åt låsmuttern.

4 Maximal motorhastighet – kontroll och justering

Observera: *Detta avsnitt behandlar ej motorkod 1Z.*

> ⚠ **Varning: Låt inte motorn gå på maximalt varvtal mer än 2 eller 3 sekunder.**

5.2 Bränsleavstängningsventilens kontakt (vid pilen)

1 Starta motorn, lägg i handbromsen och sätt växellådan i neutralläge och be sedan en medhjälpare att trycka ned gaspedalen helt.
2 Använd en dieselvarvräknare och kontrol-lera att den maximala motorhastigheten är enligt specifikationerna.
3 Om nödvändigt, justera motorvarvtalet genom att lossa på låsmuttern och vrida på justerskruven **(se bild)**.
4 Avsluta med att dra åt låsmuttern.

5 Bränsleavstängnings-solenoid – demontering och montering

Demontering

1 Bränsleavstängningssolenoiden sitter bak-till på bränsleinsprutningspumpen.
2 Koppla bort batteriets negativa kabel och placera den bort från polen. Koppla loss kabelaget från anslutningen uppe på ventilen **(se bild)**.
3 Lossa och ta bort själva ventilen från insprutningspumpen. Ta vara på tätnings-bricka, O-ring och kolv.

Montering

4 Montering sker i omvänd arbetsordning. Använd en ny tätningsbricka och O-ring.

6 Glödstift – testning, demontering och montering

Testning

1 Anslut en voltmätare eller 12 volts test-lampa mellan glödstiftets matarvajer och god jord på motorn. Se till att den strömförande ledningen hålls på säkert avstånd från motor och kaross.
2 Be en medhjälpare aktivera förvärmnings-systemet (antingen med tändnyckeln eller genom att öppna förardörren, efter tillämplig-het) och kontrollera att batterispänning går genom glödstiftets elektriska anslutning. Observera att spänningen kommer att falla till noll när förvärmningsperioden slutar.
3 Om ingen matningsspänning kan upp-täckas vid glödstiftet så är antingen glöd-stiftets relä (där tillämpligt) eller matarvajern defekt.
4 För att hitta ett defekt glödstift ska man börja med att koppla bort batteriets minuskabel och flytta undan den från polen.
5 Demontera matarvajern från glödstifts-terminalen. Mät det elektriska motståndet mellan glödstiftsterminalen och motorjord. En avläsning på mer än några få ohm tyder på att stiftet är defekt.
6 Om en lämplig amperemätare finns till hands, koppla in den mellan glödstiftet och dess matarvajer och mät den stadiga strömförbrukning. Bortse från den inledande strömtoppen som kommer att vara ca 50% högre. Hög strömförbrukning (eller ingen

strömförbrukning alls) tyder på att det är fel på glödstiftet.

7 Som en sista kontroll, demontera ett glödstift i taget och undersök dem visuellt, enligt följande:

Demontering

8 Koppla bort batteriets minuskabel och håll den borta från polen.
9 Ta bort muttrar och brickor. Ta loss samlingsskenan **(se bild)**.
10 Lossa och ta bort glödstiftet **(se bild)**.
11 Undersök glödstiftets sond och leta efter tecken på skador. En svårt bränd eller förkolnad sond är vanligen ett tecken på en defekt bränsleinsprutare.

Montering

12 Montering sker i omvänd arbetsordning. Dra åt glödstiften till specificerat moment.

7 Insprutare – demontering och montering

⚠ **Varning: Var ytterst försiktig vid arbete med bränsleinsprutare. Låt aldrig händerna eller någon annan del av kroppen komma i kontakt med insprutarspray, eftersom det höga trycket kan göra att bränsle pene-trerar huden, vilket kan få fatala följder. Det rekommenderas starkt att allt arbete som omfattar test av bränsleinsprutare under tryck överlåts till en verkstad eller bränsleinsprutningsspecialist.**

Observera: *Var mycket försiktig så att inte smuts kommer in i insprutarna eller bränsle-rören under arbetets gång. Tappa inte insprutarna och var noga med att inte skada nålspetsarna. Bränsleinsprutare är tillverkade och inställda med stor precision och ska inte behandlas vårdslöst.*

1 Bränsleinsprutare slits med tiden och det är normalt att de kan behöva genomgå service eller bytas ut efter ca 90 000 km. Korrekt testning, reparation och kalibrering av insprutarna måste överlåtas till en specialist. En defekt insprutare som orsakar knackningar eller rök kan identifieras utan isärtagning på följande sätt:
2 Låt motorn gå på snabb tomgång. Lossa på

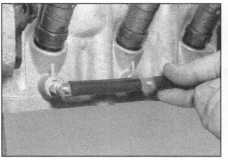
6.9 Ta loss glödstiftens samlingsskena

alla insprutningsanslutningar i tur och ordning, lägg trasor runt anslutningarna för att suga upp spillt bränsle och var mycket noga med att inte låta huden utsättas för risken att komma i kontakt med bränslespray. När anslutningen till den defekta insprutaren lossas upphör knackningarna och röken.

Demontering

3 Koppla bort batteriets minuspol och täck över generatorn med en ren trasa eller plastpåse för att förhindra risken att det kommer bränsle på den.
4 Rengör försiktigt runt insprutarna och rörens anslutningsmuttrar och koppla bort returröret från insprutaren.
5 Torka rent röranslutningarna och lossa sedan på muttern som fäster relevanta insprutarrör till varje insprutare samt relevanta anslutningsmuttrar som fäster rören baktill på bränsleinsprutningspumpen (rören demon-teras som en enhet). Medan varje pump-anslutning lossas, håll emot mellanstycket med en lämplig blocknyckel för att förhindra att det skruvas ut ur pumpen. Med lossade anslutningsmuttrar, demontera insprutarrören från motorn. Täck över insprutaren och röranslutningarna för att förhindra att det kommer in smuts i systemet.
6 Skruva ur insprutaren med en djup hylsa eller hylsnyckel och ta loss den från topp-locket **(se bild)**.
7 Ta vara på värmesköldens bricka **(se bild)**.

Montering

8 Montera en ny värmesköldsbricka på topplocket, observera att den måste sättas med den konvexa sidan nedåt, mot topp-locket **(se bild)**.

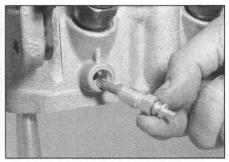
6.10 Demontering av ett glödstift

9 Skruva fast insprutaren på plats och dra åt den till specificerat moment.
10 Montera insprutarrören och dra åt anslut-ningsmuttrarna till specificerat åtdragnings-moment. Sätt tillbaks alla clips som hör till rören på sina ursprungliga platser.
11 Återanslut returröret ordentligt till insprutaren.
12 Återanslut batterianslutningen och kon-trollera att motorn går som den ska.

8 Bränsleinsprutningspump – demontering och montering

Observera: *På motorkod 1Z måste inställ-ningen av pumpens insprutningsstart kon-trolleras och om nödvändigt justeras efter montering. Insprutningsstarten styrs av bränsleinsprutningens elektroniska styrenhet och påverkas av flera andra motorparametrar, inklusive kylvätsketemperatur och motor-varvtal och -läge. Även om justeringen är en mekanisk operation kan kontrollen endast utföras av en VAG-verkstad, eftersom speciell elektronisk testutrustning behövs för att anpassas till bränsleinsprutarnas elektroniska styrenhet.*

Demontering

1 Koppla bort batteriets negativa kabel och flytta undan den från polen.
2 Gör följande:
  a) *Demontera luftrenaren (och luftflödesmätaren för motorkod 1Z) samt tillhörande luftkanaler.*

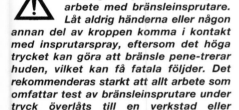
7.6 En insprutare demonteras

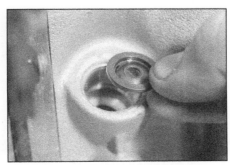
7.7 Ta vara på värmesköldens bricka

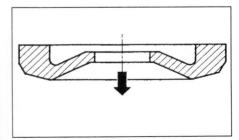
7.8 Värmesköldens brickor måste monteras med den konvexa sidan nedåt (pilen pekar mot topplocket)

8.3 Lossa insprutningspumpdrevets fästmutter

8.4 Dra av pumpdrevet . . .

8.5 . . . och ta vara på Woodruff-kilen

b) *Demontera topplockskåpan och den yttre transmissionskåpan, se del A i detta kapitel (byte av kamrem).*

c) *Ställ in motorn till ÖD för cylinder nr 1, se del A i detta kapitel (byte av kamrem).*

d) *Demontera kamremmen från kamaxelns och bränsleinsprutningspumpens drev, se del A i detta kapitel.*

3 Lossa muttern eller bulten (vad som finns) som fäster kamremsdrevet vid insprutningspumpens axel. Drevet måste stödjas när dess fixturer är lösa. Ett hemmagjort verktyg kan lätt tillverkas för detta ändamål **(se bild)**. På motorkod AAZ och 1Y fr o m oktober 1994 är drevet tvådelat och hålls fast med tre bultar. Under inga förhållanden får axelns mittmutter lossas, eftersom det skulle ändra på den grundläggande insprutningsinställningen.

4 Sätt en tvåarmad avdragare till insprutningspumpens drev och dra sedan gradvis åt avdragaren tills drevet är under högt tryck **(se bild)**. För att förhindra skador på insprutningspumpens axel, sätt in en bit skrapmetall mellan änden på axeln och avdragarens mittbult.

5 Knacka hårt på avdragarens mittbult med en hammare. Detta kommer att lösgöra drevet från den koniskt formade axeln. Ta loss avdragaren, lossa sedan helt på drevets fixturer ta bort dem, lyft av drevet och ta vara på Woodruff-kilen **(se bild)**.

6 Använd ett par skiftnycklar och lossa på de fasta bränslerörsanslutningarna baktill på insprutningspumpen och i var ände på insprutarna, och lyft sedan bort bränslerörsenheten från motorn **(se bilder)**. Var

beredd på bränsleläckage under detta arbete. Ställ en liten behållare under den anslutning som ska lossas och täck området med gamla trasor som suger upp eventuellt utspillt bränsle. Var mycket noga med att inte belasta de styva bränslerören när de demonteras.

7 Täck över öppna rör och portar för att förhindra smutsintrång och överdriven bränsleförlust.

8 Lossa bränslematar- och returbanjobultarna vid insprutningspumpens portar, återigen, vidtag säkerhetsföreskrifter för att minimera bränslespill. Täck över de öppna rören och portarna för att förhindra smutsintrång och överdriven bränsleförlust.

9 Koppla bort insprutarens avluftningslang från porten på bränslereturanslutningen **(se bild)**.

10 Koppla bort kabelaget från stoppstyrningsventilen.

Alla motorkoder utom 1Z

11 Koppla bort kallstartgasvajern och gasvajern från insprutningspumpen.

Endast motorkod 1Z

12 Koppla loss det elektriska kabelaget från bränsleavstängningsventilen/insprutningsstartventilen och mängdjusterarmodulen

Alla motorkoder utom AAZ och 1Y efter oktober 1994

13 Om den existerande insprutningspumpen ska monteras tillbaka senare, märk ut förhållandet mellan själva insprutningspumpen och den främre delen av monteringsfästet. Detta gör att en ungefärlig

insprutningstidsinställning kan uppnås när pumpen monteras tillbaka.

Motorkoder AAZ och 1Y efter oktober 1994

14 Koppla ur det elektriska kabelaget från följande komponenter och märk ut anslutningarna för att underlätta monteringen:

a) *Insprutningsstartventil.*

b) *Insprutningsperiodgivare.*

c) *Motorkod AAZ: Tillskottstryckets berikningsavstängningsventil.*

d) *Motorkod 1Y: Fullgasstoppventil.*

e) *Fordonets luftkonditionering: Tomgångshastighetens tillskottsaktiverare.*

15 På senare modeller där bränsleinsprutningspumpens kabelage inte har individuella kontaktstift, lossa motorkabelagets multikontakt från sin hållare och ta bort bulten och lossa jordledningen. Observera att nya insprutningspumpar levereras med en multikontakt utan individuella stift. Om pumpen ska bytas ut måste de relevanta flatstiften tryckas ut ur existerande kontakt, så att de från den nya pumpen kan sättas in.

16 På fordon med luftkonditionering, koppla bort vakuumslangen från tomgångshastighetens tillskottsaktiverare.

Alla motorer

17 Lossa och ta bort bulten som håller fast bränsleinsprutningspumpen till det bakre monteringsfästet **(se bild)**. Lossa inte på pumpfördelarens huvudbultar eftersom detta skulle kunna orsaka allvarliga skador på pumpen.

8.6a Lossa de fasta bränslerörens anslutningar baktill på pumpen

8.6b Lyft bort rörenheten från motorn

8.9 Koppla loss avluftningsslangen från porten på returanslutningen (vid pilen)

8.17 Ta bort insprutningspumpens bakre fästbult

18 Lossa och ta bort de tre muttrar/bultar som fäster insprutningspumpen vid det främre monteringsfästet. Observera att där fästbultar används hålls de två yttre bultarna fast med metallfästen. Stötta pumpen när den sista fixeringen lossas.
19 Kontrollera att det inte sitter något anslutet till insprutningspumpen och lyft sedan bort den från motorn.

Montering

20 Håll upp bränsleinsprutningspumpen mot motorn, sätt in bulten som går från pumpen till det bakre stödfästet och dra den till specificerat moment.
21 Sätt in bultarna från insprutningspumpen till det främre stödfästet och dra dem till specificerat moment. Observera att på motorkod 1Z samt koderna AAZ och 1Y före oktober 1994 är monteringshålen förlängda för att tillåta justering. Om det är en ny pump som monteras, sätt den så att bultarna till en början är mitt i hålen så att man får största möjliga utrymme för pumpinställnings-justering. Om det är den ursprungliga pumpen som monteras tillbaka, använd uppriktnings-märkena som gjordes vid demontering.
22 På motorkod 1Z samt motorkoder AAZ och 1Z efter oktober 1994 utrustade med en ny insprutningspump, snapsa pumpen genom att sätta en liten tratt till bränslereturrörets anslutning och fylla hålrummet med ren diesel. Lägg rena trasor i området runt anslutningen så att eventuellt spill kan sugas upp.
23 Återanslut insprutarrören till insprutarna och insprutningspumpens huvud och dra sedan åt anslutningarna till rätt åtdragnings-moment.
24 Återanslut matar- och returrören till bränsleinsprutningspumpen och dra åt banjo-bultarna till specificerat moment, använd nya tätningsbrickor. Observera att den inre diametern på bränslereturrörets banjobult är mindre än den till matarröret och är markerad OUT.
25 Tryck fast insprutaravluftningsslangen på porten på returslangens anslutning.
26 Montera kamremsdrevet på insprutnings-pumpens axel, se till att Woodruff-kilen hamnar rätt. Montera bricka och fästmutter/

bultar (som tillämpligt), dra endast åt dem med fingrarna i detta läge.
27 Lås fast insprutningspumpens drev på plats genom att sätta in en liten stång eller en bult genom uppriktningshålet och i det borrade hålet i pumpens främre monterings-fäste. Försäkra dig om att det finns minimalt spel i drevet sedan det låsts fast.
28 Enligt beskrivning i del A i detta kapitel, montera kamremmen, kontrollera sedan och justera insprutningspumpen till kamaxel-inställningen. Avsluta med att spänna kamremmen och dra åt bränsleinsprutnings-pumpens drev till specificerat moment. Montera den yttre transmissionskåpan och topplockskåpan, använd ny packning där det behövs.
29 Resten av monteringen sker i omvänd arbetsordning mot demontering, observera följande:
a) *Återanslut alla elektriska kontakter till pumpen med hjälp av markeringarna som gjordes vid demonteringen. När en ny insprutningspump för motorkoderna AAZ och 1Z efter oktober 1994 monteras, tryck fast pumpens kontaktstift på sina respektive platser i motorns existerande multikontakt.*
b) *Alla motorkoder utom 1Z: Återanslut gasvajern och gasvajern för kallstart till pumpen och justera dem som det behövs.*
c) *Montera luftrenaren (och luftflödesmätaren för motorkod 1Z) med tillhörande ledningar.*
d) *Återanslut batteriets minuspol.*

Motorkod 1Z

30 Insprutarstarten måste nu kontrolleras dynamiskt och om nödvändigt justeras av en VAG-verkstad.

Motorkod AAZ och 1Y

31 Utför följande:
a) *Endast motorkod AAZ och 1Z före oktober 1994: Kontrollera och om nödvändigt justera insprutningspumpens statiska inställning.*
b) *Kontrollera och om så behövs justera motorns tomgångshastighet.*
c) *Kontrollera och om så behövs justera motorns maximala hastighet utan belastning.*

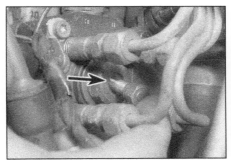

9.3 Skruva ur pluggen (vid pilen) från pumphuvudet

d) *Endast modeller efter oktober 1994: Kontrollera och om så behövs justera motorns snabbtomgångshastighet.*

9 Bränsleinsprutningspump – inställning

Observera: *För motorkod 1Z kan bränsle-insprutningspumpens inställning endast testas och justeras med särskild testutrustning. Rådfråga en VAG-verkstad.*
1 Koppla bort den negativa batterikabeln och flytta undan den från polen.
2 Se del A i detta kapitel, ställ motorn med cylinder nr 1 vid ÖD och kontrollera sedan ventilinställningen, justera om det behövs. Avsluta med att ställa tillbaka motorn så att cylinder nr 1 är vid ÖD.
3 Baktill på insprutningspumpen, skruva ur pluggen från pumphuvudet och ta vara på tätningen (se bild).
4 Använd ett lämpligt, gängat mellanstycke och skruva i en mätklocka (DTI) i pump-huvudet (se bild). Förbelasta mätaren med en avläsning på ca 2,5 mm.
5 Sätt en hylsa och skruvnyckel på vevaxelns bult och vrid långsamt vevaxeln moturs. Mätklockan kommer att visa rörelse. Fortsätt vrida vevaxeln tills rörelsen precis upphör.
6 Nollställ mätklockan, med en förbelastning på ca 1,0 mm.
7 Vrid nu vevaxeln medurs för att få tillbaka motorläget så att cylinder nr 1 är vid ÖD. Notera avläsningen på mätklockan och jämför med specifikationerna.
8 Om avläsningen är inom de specificerade testtoleranserna, demontera mätklockan och sätt tillbaka pluggen i pumphuvudet. Använd en ny tätning och dra åt pluggen till specificerat moment.
9 Om avläsningen inte är inom det specifi-cerade värdet, fortsätt enligt följande:
10 Lossa på pumpens bultar vid de främre och bakre fästena.
11 Vrid på insprutningspumpen tills det specificerade värdet visas på mätklockan.
12 Avsluta med att dra åt pumpens fästbultar till specificerat moment.
13 Demontera mätklockan och skruva tillbaka pluggen i pumphuvudet. Använd en ny

9.4 Skruva in mätklockan med mellanstycket i pumphuvudet

tätning och dra åt pluggen enligt specifikationerna.

10 Glödstiftens styrenhet – demontering och montering

Observera: *På motorkod 1Z kontrolleras förvärmningssystemet av motorstyrningssystemets elektroniska styrenhet.*

Demontering

1 Glödstiftens styrenhet sitter bakom instrumentbrädan, över huvudrelädosan. Demontera relevant klädsel för att komma åt den.
2 Koppla bort den negativa batterikabeln och flytta undan den från batteripolen.
3 Koppla ur kabelhärvan från styrenheten vid anslutningen.
4 Demontera fästskruvarna och ta loss styrenheten från sitt monteringsfäste.

Montering

5 Montering sker i omvänd arbetsordning.

11 Motorstyrningssystem – demontering och montering av komponenter

Observera: *Detta avsnitt gäller endast motorkod 1Z.*

Gaslänkagets lägesgivare

Demontering

1 Koppla bort den negativa batterikabeln och flytta undan den från batteripolen.
2 Demontera klädseln från under rattstångsområdet på instrumentbrädan för att komma åt pedalernas inre komponenter.
3 Ta loss clipsen från änden på gaspedalens spindel och ta sedan loss spindeln och ta vara på bussning och fjäder.

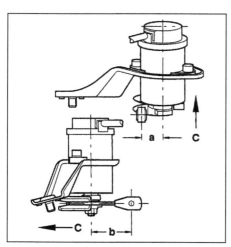

11.9 Montering för lägesgivarvajerns kamplatta

a 22 ± 0,5 mm   C Mot bilens front
b 41± 0,5 mm

4 Lyft loss gaspedalen från pedalfästet samtidigt som den lossas från lägesgivarvajerns kamplatta.
5 Lossa lägesgivaren från kabelhärvan vid kontakten.
6 Ta bort skruven som fäster lägesgivarens fäste vid pedalfästet.
7 Demontera givaren från pedalfästet och lossa sedan fixturerna och ta bort den från monteringsfästet.
8 Lossa och ta bort spindelmuttern och dra sedan av vajerns kamplatta från spindeln.

Montering

9 Montering sker i omvänd arbetsordning, observera följande:
a) *Vajerns kamplatta måste monteras på lägesgivarspindeln enligt dimensionerna som visas* **(se bild)**.
b) *Avslutningsvis måste justeringen av lägesgivaren verifieras elektroniskt, med speciell testutrustning. Rådfråga en VAG-verkstad.*

Kylvätsketemperaturgivare

Demontering

10 Koppla bort den negativa batterikabeln och flytta undan den från batteripolen, tappa sedan av 1/4 av kylvätskan från motorn.
11 Givaren sitter monterad vid det övre kylvätskeutloppets krök framtill på topplocket. Koppla loss kabelhärvan från givaren.
12 Demontera fästclipset och ta ut givaren från huset, ta vara på O-ringen. Var beredd på visst kylvätskespill.

Montering

13 Montering av kylvätsketemperaturgivaren sker i omvänd arbetsordning, använd en ny O-ring. Fyll på kylsystemet.

Bränsletemperaturgivare

Demontering

14 Koppla bort den negativa batterikabeln och flytta undan den från batteripolen.
15 Lossa och ta bort fästskruvarna och lyft av toppkåpan från insprutningspumpen. Ta vara på packningen.
16 Ta bort skruvarna ta ut givaren.

Montering

17 Montering sker i omvänd arbetsordning. Dra åt skruvarna till pumpens toppkåpa enligt specifikationerna.

Insugsluftens temperaturgivare

Demontering

18 Koppla bort den negativa batterikabeln och sätt den ur vägen för batteripolen.
19 Givaren sitter i ventilationskanalen mellan mellankylaren och insugsröret. Koppla loss kopplingshärvan från den vid anslutningen.
20 Demontera fästclipset och ta ut givaren från huset, ta vara på O-ringen.

Montering

21 Montering av insugsluftens temperaturgivare sker i omvänd arbetsordning, använd en ny O-ring. Fyll på kylsystemet.

Signalgivare för motorhastighet

Demontering

22 Motorns hastighetsgivare sitter framtill på topplocket, intill topplockets och växellådshusets kontaktytor.
23 Koppla bort den negativa batterikabeln och flytta undan den från batteripolen, koppla sedan bort kabelagekontakten från givaren.
24 Demontera fästskruven och ta loss givaren från topplocket.

Montering

25 Montering sker i omvänd arbetsordning.

Luftflödesmätare

Demontering

26 Koppla bort den negativa batterikabeln och flytta undan den från batteripolen.
27 Lossa clipsen och koppla bort ventilationskanalen från luftflödesmätaren, baktill på luftrenarhuset.
28 Koppla loss kabelhärvans kontakt från luftflödesmätaren.
29 Ta bort fästskruvarna och ta ut mätaren från luftrenarhuset. Ta vara på O-ringen. Handskas försiktigt med luftflödesmätaren eftersom dess inre komponenter lätt skadas.

Montering

30 Montering sker i omvänd arbetsordning. Byt ut O-ringen om den är skadad.

Givare för grenrörstryck

31 Givaren för grenrörstryck sitter som en integrerad del av den elektroniska styrenheten och kan därför inte bytas ut seperat.

Givare för absolut tryck

Fordon t o m juli 1994

32 Givaren sitter monterad bakom instrumentbrädan, över reläplattan. Demontera relevanta delar av instrumentbrädan för att komma åt den.
33 Koppla bort den negativa batterikabeln och flytta undan den från batteripolen. Clipsa loss givaren från sitt fäste och koppla loss den från kabelhärvan vid anslutningen.

Fordon fr o m augusti 1994

34 Givaren för absolut tryck sitter som en integrerad del av den elektroniska styrenheten och kan därför inte bytas ut seperat.

Tillskottstryckventil

Demontering

35 Tillskottstryckventilen finns på den inre vingen, bakom luftrenarhuset.
36 Koppla bort den negativa batterikabeln och flytta undan den från batteripolen. Koppla loss kabelhärvan från ventilen vid anslutningen.
37 Demontera vakuumslangarna från portarna på tillskottsstyrningsventilen, notera noggrant i vilken ordning de anslutits för att underlätta korrekt montering.
38 Demontera fästskruven och ta loss ventilen från innervingen.

Montering

39 Montering sker i omvänd arbetsordning.

Kapitel 12
Felsökning

Innehåll

1 Inledning

Majoriteten av startproblemen med små dieselmotorer är ursprungligen elektriska. Den mekaniker som är mer van vid bensinmotorer än dieselmotorer, kan ha en benägenhet att se på dieselmotorns insprutare och pump på samma sätt som tändstift och fördelare, men detta är oftast ett misstag.

När klagomål om startsvårigheter undersöks för någon annans räkning, försäkra dig om att korrekt startprocedur är förstådd och följs. Vissa bilförare är inte medvetna om betydelsen av förvärmningens varningslampa – på många moderna motorer spelar detta ingen större roll så länge väderleken är mild, men när vintern gör sitt intåg börjar problemen.

Som en tumregel, om motorn är svår att starta men går bra när den väl startat, är problemet elektriskt (batteriet, startmotorn eller förvärmningssystemet). Om motorn är svår att starta och dessutom går dåligt, ligger problemet troligtvis i bränslesystemet. Lågtryckssidan (matningen) i bränslesystemet bör kontrolleras innan man misstänker insprutarna och insprutningspumpen. Normalt sett är pumpen den komponent man sist ska misstänka – om denna inte har rörts finns det egentligen ingen anledning till att det skulle vara något fel på den.

Tabellen nedan innehåller ett antal möjliga orsaker till fel.

2 Felsökning – symptom och orsaker

Motorn går runt men startar inte (kall)

☐ Felaktig användning av förvärmningssystemet
☐ Fel i förvärmningssystemet
☐ Vaxkristaller i bränslet (i mycket kallt väder)
☐ Tryckkontrollenheten eller kallstartförställningsmekanismen defekt

Motorn går runt men startar inte (varm eller kall)

☐ Motorn dras runt för långsamt (se nedan)
☐ Dålig kompression (avsnitt 3)
☐ Inget bränsle i tanken
☐ Luft i bränslesystemet (avsnitt 4)
☐ Bränslematning begränsad (avsnitt 5)
☐ Bränslet förorenat
☐ Stoppsolenoiden defekt (avsnitt 17)
☐ Stort mekaniskt fel
☐ Internt fel i bränsleinsprutningspumpen

Motorn dras runt långsamt

☐ Dålig batterikapacitet
☐ Fel typ av olja
☐ Högt motstånd i startmotorkretsen
☐ Internt fel i startmotorn

Motorn är svårstartad

☐ Felaktig startprocedur
☐ Batteri eller startmotor defekt
☐ Förvärmningssystem defekt
☐ Luft i bränslesystemet (avsnitt 4)
☐ Bränslematning begränsad (avsnitt 5)
☐ Dålig kompression (avsnitt 3)
☐ Ventilspel inkorrekt
☐ Ventiler kärvar
☐ Blockering i avgassystemet
☐ Ventilinställning inkorrekt
☐ Insprutare defekt(a)
☐ Insprutningspumpens inställning felaktig
☐ Internt fel i insprutningspumpen

Motorn startar men stannar igen

☐ Mycket lite bränsle i tanken
☐ Luft i bränslesystemet (avsnitt 4)
☐ Tomgångsjustering inkorrekt
☐ Bränslematning begränsad (avsnitt 5)
☐ Bränsleretur begränsad
☐ Luftrenaren smutsig
☐ Blockering i insugssystemet
☐ Blockering i avgassystemet
☐ Insprutare defekt(a)

Motorn stannar inte när den stängs av

☐ Stoppsolenoid defekt (avsnitt 17)

Misständning/ojämn tomgång

☐ Luftrenaren smutsig
☐ Blockering i insugssystemet
☐ Luft i bränslesystemet (avsnitt 4)
☐ Bränslematning begränsad (avsnitt 5)
☐ Ventilspel inkorrekt
☐ Ventil(er) kärvar
☐ Ventilfjäder/fjädrar svaga eller brustna
☐ Dålig kompression (avsnitt 3)
☐ Överhettning (avsnitt 15)
☐ Insprutarrör felaktigt anslutet eller av fel typ

☐ Ventilinställning inkorrekt
☐ Bränsleinsprutare defekt(a) eller av fel typ
☐ Insprutningspumpens inställning inkorrekt
☐ Insprutningspumpen defekt eller av fel typ

Kraftförlust (avsnitt 6)

☐ Gaslänkaget rör sig inte genom hela sin bana (vajern slack eller pedalen hindrad)
☐ Insprutningspumpens styrlänkage kärvar eller är feljusterat
☐ Luftrenaren smutsig
☐ Blockering i insugssystemet
☐ Luft i bränslesystemet (avsnitt 4)
☐ Bränslematning begränsad (avsnitt 5)
☐ Ventilinställning inkorrekt
☐ Insprutningspumpens inställning inkorrekt
☐ Blockering i avgassystem
☐ Turbotrycket otillräckligt (om tillämpligt) (avsnitt 7)
☐ Ventilspel inkorrekt
☐ Dålig kompression (avsnitt 3)
☐ Insprutare defekt(a) eller av fel typ
☐ Insprutningspump defekt

Omåttlig bränsleförbrukning (avsnitt 8)

☐ Yttre läckage
☐ Bränsle kommer in i sumpen (avsnitt 9)
☐ Luftrenaren smutsig
☐ Blockering i insugssystemet
☐ Ventilspel inkorrekt
☐ Ventil(er) kärvar
☐ Ventilfjäder/fjädrar svag(a)
☐ Dålig kompression (avsnitt 3)
☐ Ventilinställning inkorrekt
☐ Insprutningspumpens inställning inkorrekt
☐ Bränsleinsprutare defekt(a) eller av fel typ
☐ Insprutningspumpen defekt

Motorn knackar (avsnitt 10)

☐ Luft i bränslesystemet (avsnitt 4)
☐ Bränsle av fel typ eller dålig kvalitet
☐ Bränsleinsprutare defekt(a) eller av fel typ (avsnitt 10)
☐ Ventilfjäder/fjädrar svag(a) eller trasig(a)
☐ Ventil(er) kärvar
☐ Ventilspel inkorrekt
☐ Ventilinställning inkorrekt
☐ Insprutningspumpens inställning inkorrekt
☐ Kolv sticker ut för mycket/topplockspackning ej tillräckligt tjock (efter reparation)
☐ Ventilens försänkning felaktig (efter reparation)
☐ Kolvringar trasiga eller slitna
☐ Kolvar och/eller lopp slitna
☐ Vevaxellager slitna eller skadade
☐ Kolvbultslager slitna
☐ Kamaxeln sliten

Svart rök i avgaserna (avsnitt 11)

☐ Luftrenaren smutsig
☐ Blockering i insugssystemet
☐ Ventilspel inkorrekt
☐ Dålig kompression (avsnitt 3)
☐ Turbotrycket otillräckligt (om tillämpligt) (avsnitt 7)
☐ Blockering i avgassystem
☐ Ventilinställning inkorrekt
☐ Insprutare defekt(a) eller av fel typ
☐ Insprutningspumpens inställning inkorrekt
☐ Insprutningspumpen defekt

Blå eller vit rök i avgaserna (avsnitt 11)

☐ Motoroljan av fel typ eller dålig kvalitet
☐ Glödstift defekt(a), eller styrenheten defekt (rök endast vid starten)
☐ Luftrenaren smutsig
☐ Blockering i insugssystemet
☐ Ventilinställning inkorrekt
☐ Insprutningspumpens inställning inkorrekt
☐ Insprutare defekt(a), eller värmeskölden är skadad eller saknas
☐ Motorn blir för kall
☐ Olja kommer in via ventilskaften (avsnitt 12)
☐ Dålig kompression (avsnitt 3)
☐ Topplockspackning trasig
☐ Kolvringar trasiga eller slitna
☐ Kolvar och/eller lopp slitna

Omåttlig oljeförbrukning (avsnitt 13)

☐ Yttre läckage (bilen parkerad eller när man kör)
☐ Ny motor som ännu inte körts in
☐ Motorolja av fel typ eller dålig kvalitet
☐ Oljenivån för hög
☐ Vevhusventilationssystemet begränsat
☐ Oljeläckage från oljematningsröret in i bränslematningsröret
☐ Oljeläckage från hjälpaggregat (vakuumpump etc)
☐ Olja läcker in i kylvätskan
☐ Olja läcker in i insprutningspumpen
☐ Luftrenaren smutsig
☐ Blockering i insugssystem
☐ Glaserade cylinderlopp (avsnitt 14)
☐ Kolvringar trasiga eller slitna
☐ Kolvar och/eller lopp slitna
☐ Ventilskaft eller styrningar slitna
☐ Ventilskaftens oljetätningar slitna

Överhettning (avsnitt 15)

☐ Kylvätskeläckage
☐ Motoroljenivån för hög
☐ Elektrisk kylfläkt defekt
☐ Kylvätskepumpen defekt
☐ Kylaren igensatt externt
☐ Kylaren igensatt internt
☐ Kylvätskeslangarna blockerade eller trasiga
☐ Kylvätskebehållarens trycklock defekt eller av fel typ
☐ Kylvätsketermostaten defekt eller av fel typ
☐ Termostat saknas
☐ Luftrenaren smutsig
☐ Blockering i insugssystemet
☐ Blockering i avgassystemet
☐ Topplockspackning trasig
☐ Topplocket sprucket eller skevt
☐ Ventilinställning inkorrekt
☐ Insprutningspumpens inställning inkorrekt (för tidig)
☐ Insprutare defekt(a) eller av fel typ
☐ Insprutningspump defekt
☐ Kolvarna har börjat kärva

Omåttligt vevhustryck (olja blåses ut)

☐ Blockering i vevhusventilationssystemet
☐ Kolvringar trasiga eller kärvar
☐ Kolvar eller lopp slitna
☐ Topplockspackning trasig

Ojämn gång

☐ Arbetstemperaturen inkorrekt
☐ Gaslänkage feljusterat eller kärvar
☐ Luftrenaren smutsig
☐ Blockering i insugssystemet
☐ Luft i bränslesystemet (avsnitt 4)
☐ Insprutarrör fel anslutna eller av fel typ
☐ Bränslematning begränsad (avsnitt 5)
☐ Bränsleretur begränsad
☐ Ventilspel inkorrekt
☐ Ventil(er) kärvar
☐ Ventilfjäder/fjädrar trasig(a) eller svag(a)
☐ Ventilinställning inkorrekt
☐ Dålig kompression (avsnitt 3)
☐ Insprutare defekt(a) eller av fel typ
☐ Insprutningspumpens fästen lösa
☐ Insprutningspumpens inställning inkorrekt
☐ Insprutningspumpen defekt

Vibration

☐ Gaslänkaget kärvar
☐ Motorfästen lösa eller slitna
☐ Kylfläkten skadad eller lös
☐ Vevaxelremskivan/dämparen skadad eller lös
☐ Insprutarrör fel anslutna eller av fel typ
☐ Ventil(er) kärvar
☐ Svänghjul eller (där tillämpligt) svänghjulshus löst
☐ Dålig (ojämn) kompression (avsnitt 3)

Lågt oljetryck

☐ Låg oljenivå
☐ Fel oljetyp eller olja av dålig kvalitet
☐ Oljefilter igensatt
☐ Överhettning (avsnitt 15)
☐ Oljan förorenad (avsnitt 16)
☐ Mätare eller varningslampans givare felaktig
☐ Oljepumpens upptagningssil igensatt
☐ Oljepumpens sugrör lös eller sprucket
☐ Oljeavlastningsventil defekt eller har fastnat i öppet läge
☐ Oljepump sliten
☐ Vevaxellager slitna

Högt oljetryck

☐ Olja av fel typ eller dålig kvalitet
☐ Mätaren felaktig
☐ Oljeavlastningsventil har fastnat i stängt läge

Insprutarrör går sönder eller spricker upprepade gånger

☐ Klämmor saknas eller är felplacerade
☐ Fel typ av rör eller fel längd på röret
☐ Defekt insprutare
☐ Defekt leveransventil

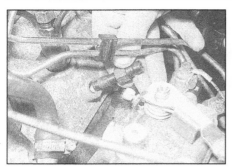

3.14a Tillsatsen för tryckförlusttest monteras i ett glödstiftshål

3.14b Visselpipa ansluten till tillsatsen för att hitta ÖD

3 Dålig kompression

1 Dålig kompression kan orsaka ett antal olika problem, inklusive startsvårigheter, kraftförlust, misständning eller ojämn gång och rök i avgaserna.
2 Innan du börjar leta efter mekaniska orsaker till den låga kompressionen, kontrollera att problemet inte finns på insugssidan. En smutsig luftrenare eller någon annan blockering i insugssystemet kan begränsa luftintaget till den grad att kompressionen blir lidande.
3 Mekaniska orsaker till för låg kompression omfattar:

a) *Felaktigt ventilspel*
b) *Kärvande ventiler*
c) *Svaga eller trasiga ventilfjädrar*
d) *Inkorrekt ventilinställning*
e) *Slitna eller brända ventilhuvuden och säten*
f) *Slitna ventilskaft och styrningar*
g) *Trasig topplockspackning*
h) *Trasiga eller kärvande kolvringar*
i) *Slitna kolvar eller lopp*
j) *Topplockspackningens tjocklek inkorrekt (efter ombyggnad)*

4 Kompressionsförlust för endast en cylinder kan bero på ett defekt eller illa monterat glödstift, eller en läckande tätningsbricka på insprutaren. Vissa motorer har också en topplocksplugg där man kan sätta in en mätklockas sond när ÖD ska bestämmas och denna får inte heller glömmas bort.
5 Kompressionsförlust i två närliggande cylindrar beror nästan alltid på att topplockspackningen gått sönder mellan dem. Ibland korrigeras detta fel när man byter ut packningen. På motorer med cylinderfoder, kontrollera också fodrens utstick.

Kompressionstest

6 En kompressionstestare speciellt ämnad för dieselmotorer måste användas på grund av de höga trycken. Testaren är ansluten till en tillsats som skruvas in i glödstiftets eller insprutarens hål. Vanligtvis måste tätningsbrickor användas på båda sidor om tillsatsen.

7 Om inte specifika instruktioner medföljer testaren, observera följande punkter:

a) *Batteriet måste vara väl laddat, luftfiltret måste vara rent och motorn ska ha normal arbetstemperatur*
b) *Alla bränsleinsprutare eller glödstift skall demonteras innan testet påbörjas. Om insprutarna demonteras, ta också bort deras värmesköldar (om monterade), annars kan de blåsas ut.*
c) *Stoppkontrollarmen på insprutningspumpen måste aktiveras, eller stoppsolenoiden kopplas loss, för att förhindra att motorn går eller bränsle matas ut.*

8 Man behöver inte hålla ner gaspedalen under detta test eftersom dieselmotorns luftintag har någon strypning. Det finns dock ovanliga undantag till detta, där en strypventil används för att producera vakuum för servons eller styrmekanismens funktion.
9 De faktiska kompressionstrycken som uppmäts är inte lika viktiga som balansen mellan cylindrarna. Typiska värden vid den hastighet där motorn dras runt med startmotorn är:

Gott skick – 25 till 30 bar
Minimum – 18 bar
Max skillnad mellan cylindrar – 5 bar

10 Orsaken till låg kompression är svårare att avgöra på en dieselmotor än på en bensinmotor. Effekten av att hälla olja i cylindrarna (våt testning) är inte avgörande eftersom det finns risk för att oljan stannar i skålen i

3.15 Tryckförlusttest utförs

kolvkronan (motorer med direktinsprutning) eller i virvelkammaren (indirekt insprutning) i stället för att gå vidare till ringarna.

Tryckförlusttest

11 Ett tryckförlusttest mäter hastigheten med vilken sammantryckt luft som matats in i cylindern går förlorad. Det är ett alternativ till kompressionstestet och är på många sätt bättre, eftersom det lätt identifierar var tryckförlusten inträffar (kolvringar, ventiler eller topplockspackning). Det kräver dock att man har tillgång till tryckluft.
12 Innan testet påbörjas, ta bort kylsystemets trycklock. Detta måste göras – om det skulle finns en läcka in i kylsystemet kan tillförseln av tryckluft annars skada kylaren. På samma sätt rekommenderas det att man tar bort mätstickan eller oljepåfyllningslocket för att undvika överdrivet tryck i vevhuset.
13 Anslut testaren till en tryckluftsledning och justera avläsningen till 100% enligt tillverkarens instruktioner.
14 Demontera glödstiften eller insprutarna och skruva in tillsatsen i ett glödstifts- eller insprutarhål. Montera visselpipan på tillsatsen och vrid vevaxeln. När visselpipan börjar ljuda går kolven i fråga uppåt i kompressionsslaget. När pipan tystnar har den nått ÖD (se bilder).
15 Lägg i en växel och dra åt handbromsen för stoppa motorn från att rotera. Ta bort visselpipan och anslut testaren till tillsatsen. Anteckna testaravläsningen, denna indikerar den hastighet med vilken luften går ut. Upprepa testet på de andra cylindrarna (se bild).
16 Testaravläsningen ges i form av procent, där 100% är perfekt. Avläsningar på 80% och bättre ska förväntas av en motor i gott skick. Den faktiska avläsningen är mindre viktig än balansen mellan cylindrarna, vilken skall vara inom 5%.
17 De områden varifrån luft kommer ut visar var ett fel ligger, enligt följande:

Luft kommer ut ur	Trolig orsak
Oljepåfyllningsrör eller mätstickerör	*Slitna kolvringar eller cylinderlopp*
Avgasrör	*Slitna eller brända avgasventiler*
Luftrenare/insugsrör	*Slitna eller brända insugsventiler*
Kylsystem	*Trasig topplockspackning eller sprucket topplock*

18 Kom ihåg att om topplockspackningen är trasig mellan två närliggande cylindrar kan luft som kommer ut ur cylindern under testet komma via en öppen ventil i den intilliggande cylindern.

4 Luft i bränslesystemet

1 Dieselmotorn kommer inte att gå alls, eller i

bästa fall gå mycket ojämnt, om det finns luft i bränsleledningarna. Om bränsletanken har tillåtits torka ut, eller efter arbeten där bränsleledningarna har öppnats, måste bränslesystemet avluftas innan motorn körs.

2 Till skillnad från vissa äldre system är manuell avluftning eller ventilering av bränslesystemet monterat på de motorer som behandlas i denna handbok inte nödvändigt, även om bränsletanken är torr. Förutsatt att batteriet är i gott skick kommer systemet så småningom att avluftas om man drar runt motorn på startmotorn. Observera att startmotorn inte ska aktiveras längre än 10 sekunder åt gången, med fem sekunders mellanrum.

3 Luft kan också komma in i bränsle-ledningarna genom en läckande skarv eller tätning, eftersom matningssidan är under negativt tryck hela tiden som motorn är i gång.

5 Bränslematning begränsad

1 Begränsning i bränslematningen från tanken till pumpen kan orsakas av något av följande fel:
   a) Blockerat bränslefilter
   b) Blockerad tankventilation
   c) Matningsrör blockerat eller trasigt
   d) Vaxkristaller i bränslet (i mycket kall väderlek)

Vaxkristaller i bränslet

2 När vaxkristallisering uppstår sker detta vanligtvis först i filtret. Om filtret kan värmas upp gör detta ofta att bilen kan köras igen. *Varning: Använd inte en öppen låga för detta.* Endast i extremt svåra väderförhållanden kommer vax att förhindra vinterbränsle att pumpas ut ur tanken.

Mikrobiologisk förorening

3 Under vissa förhållanden är det möjligt för mikroorganismer att slå sig ned i bränsle-tanken och matningsledningarna. Dessa mikroorganismer producerar svart slem som kan blockera filtret och orsaka korrosion på metalldelar. Problemet visar sig vanligtvis först som en oväntad blockering av filtret.

4 Om sådan förorening hittas, töm bränsle-tanken och kassera det avtappade bränslet. Spola tanken och bränsleledningarna med rent bränsle och byt ut bränslefiltret. I riktigt svåra fall, ångtvätta också tanken. Om det visar sig att föroreningen har gått genom filtret, låt en specialist rengöra insprutnings-pumpen.

5 Ytterligare problem kan undvikas om man endast använder bränsle från välkända försälj-ningsställen med hög omsättning. Passande tillsatser finns också för att förhindra tillväxt av mikroorganismer i lagringstankar eller i bilens bränsletank.

6 Kraftförlust

1 Klagomål om brist på kraft är inte alltid berättigade. Om så behövs, utför ett väg- eller dynamometertest för att fastställa motorns skick. Även om den definitivt saknar kraft, beror det inte nödvändigtvis på ett fel i motorn eller insprutningssystemet.

2 Innan detaljerad undersökning påbörjas, kontrollera att gaslänkaget rör sig genom hela sin bana. Försäkra dig också om att den synbara kraftförlusten inte beror på någonting som kärvande bromsar, för lite luft i däcken, att bilen är överbelastad eller något speciellt karaktärsdrag hos just den motorn.

7 Turbotrycket otillräckligt

1 Om tillskottstrycket är lågt kommer bilen att sakna kraft och för mycket bränsle kan matas vid höga motorvarvtal (beroende på metoden för pumpstyrning). Möjliga orsaker för lågt tillskottstryck omfattar:
   a) Smutsig luftrenare
   b) Läckor i insugssystemet
   c) Blockering i avgassystemet
   d) Turbostyrningsfel (wastegate elller aktiverare)
   e) Mekaniskt fel i turbon

8 För hög bränsleförbrukning

1 Klagomål om omåttlig bränsleförbrukning, som med kraftförlust, behöver inte betyda att ett fel existerar. Om klagomålet är berättigat och det inte finns några uppenbara bränsle-läckor, kontrollera samma externa faktorer som vid kraftförlust innan du börjar koncen-trera dig på motorn och insprutningssystemet.

9 Bränsle i oljesumpen

1 Om bränsleolja blandar ut oljan i sumpen kan denna endast ha kommit in genom cylinderloppen. Förutsatt att problemet inte är överdriven bränslematning tyder det på kolv-och loppslitage.

2 Bränsleförorening av oljan kan upptäckas genom lukten och i svåra fall kan man märka en tydlig minskning i viskositet.

10 Knackning orsakad av insprutarfel

1 En defekt bränsleinsprutare som orsakar knackningsoljud kan identifieras enligt följande:

2 Rengör runt insprutarrörens anslutningar. Kör motorn på snabb tomgång så att knack-ningen kan höras. Använd helst en öppen blocknyckel, lossa och dra åt insprutar-anslutningarna i tur och ordning.

 Varning: Skydda dig mot kontakt med dieselbränsle genom att täcka över alla anslutningar med trasor för att absorbera bränslet som sprutar ut.

3 När den anslutning som matar den defekta insprutaren lossas kommer knackningen att upphöra. Stanna motorn och demontera insprutaren för undersökning.

11 Omåttlig avgasrök

1 Kontrollera först att röken fortfarande är lika kraftig när motorn har nått normal arbets-temperatur. En kall motor kan producera viss blå eller vit rök tills den har värmts upp och detta betyder inte nödvändigtvis att något är fel.

Svart rök

2 Detta produceras av ofullständig för-bränning av bränslet på så sätt att sotpartiklar formas. Ofullständig förbränning visar att det är brist på syre, antingen för att för mycket bränsle matas till cylindrarna eller för att inte tillräckligt mycket luft dras in i dem. En smutsig luftrenare är en uppenbar orsak till brist på luft; inkorrekta ventilspel bör också övervägas. Förbränningen kan också vara ofullständig för att insprutningsinställningen är inkorrekt (för sen) eller för att spraymönstret är dåligt.

Blå rök

3 Detta produceras antingen av ofullständig förbränning av bränslet eller av bränd smörj-olja. Denna typ av ofullständig förbränning kan orsakas av felaktig insprutningsinställning (för tidig), av defekta insprutare eller av skadade eller saknade värmeskôldar.

4 Alla motorer bränner en viss mängd olja, speciellt när det är kallt, men om så mycket bränns att det orsakar mycket avgasrök tyder detta på kraftigt slitage eller något annat problem.

Vit rök

5 Vit rök, som inte får förväxlas med ånga, produceras av obränt eller delvis bränt bränsle i avgaserna. Viss vit rök är normalt under och direkt efter start, speciellt i kalla förhållanden. Omåttliga mängder vit rök kan orsakas av ett fel i förvärmningssystemet, av inkorrekt inställning för insprutningspumpen, eller av att för mycket bränsle matas av pumpen (tryckkontrollenheten defekt). Använd-ning av lågkvalitativt bränsle med lågt cetantal, och därmed lång tändning-för-dröjning, kan också öka utsläpp av vit rök.

6 Exakt mätning av avgaserna kräver en rökmätare. Detta är inte ett jobb för

hemmamekanikern, men vissa verkstäder eller Svensk Bilprovning har tillgång till ett sådant instrument.

12 Olja kommer in i motorn via ventilskaften

1 Överdriven oljeförbrukning på grund av olja som passerar ventilskaften kan ha tre orsaker:
   a) *Slitet ventilskaft*
   b) *Sliten ventilstyrning*
   c) *Slitna oljetätningar till ventilskaft*
2 I de två första fallen måste topplocket demonteras och tas isär så att ventilerna och styrningarna kan inspekteras och mätas för slitage.

13 Omåttlig oljeförbrukning

1 När klagomål om onormalt hög olje-förbrukning undersöks, försäkra att korrekt procedur för nivåkontroll följs. Om man inte ger oljan tillräckligt med tid att rinna ner efter det att motorn stannats, eller om oljenivån mäts när bilen står sluttande, blir avläsningen inte korrekt. Den onödiga påfyllningen som följer kan i sig själv orsaka ökad olje-förbrukning som ett resultat av att nivån är för hög.

14 Glaserade cylinderlopp

1 Motorer som får gå på tomgång under långa perioder kan lida av glasering i cylinder-loppen, vilket leder till hög oljeförbrukning

även om inget märkvärt slitage har uppstått. Glasering kan också vara resultatet av fel-aktiga inkörningsförfaranden, eller använd-ning av fel oljetyp under inkörningen. Lösning-en är att demontera kolvarna, avglasera loppen med ett honingsverktyg eller liknande och montera nya kolvringar.

15 Överhettning

1 En modern motor kommer absolut att få allvarliga skador om överhettning tillåts. Vikten av regelbundet och noggrant underhåll av kylsystemet kan inte nog betonas. Använd alltid frostskyddsvätska av god kvalitet och byt ut den regelbundet. När kylsystemet fylls på, följ specificerade procedurer noggrant för att eliminera luftfickor.
2 Om överhettning inträffar, fortsätt inte att köra. Stanna genast och fortsätt inte förrän problemet är åtgärdat.

16 Oljeförorening

1 Oljeförorening faller under tre kategorier – smuts, slagg och utspädning.

Smuts

2 Smuts eller sot byggs upp i olja under normala förhållanden. Detta är inte ett problem om olja och filter byts regelbundet. Om avlagringarna blir så kraftiga att de orsakar lågt oljetryck, byt omedelbart olja och filter.

Slagg

3 Detta uppstår när olja av dålig kvalitet används, eller när oljan inte har bytts regel-bundet. Det är mer troligt att det uppkommer

17.3 Stoppsolenoidens ledning säkrad med en mutter (vid pilen)

på motorer som sällan uppnår arbets-temperatur. Om slagg hittas vid avtappning kan en spololja användas om motor-tillverkaren tillåter detta. Motorn skall sedan fyllas på med ny olja av rätt typ och ett nytt oljefilter ska monteras.

Varning: Vissa motortillverkare förbjuder användning av spololja eftersom den inte kan tappas av efteråt. Om du är osäker, rådfråga en återförsäljare eller en specialist.

Utspädning

4 Detta kan vara av två slag – bränsle och kylvätska. I båda fallen, om utspädningen är kraftig nog kommer oljenivån att verka stiga med användning.
5 Kylvätskeutspädning av oljan indikeras av att olje- och vattenblandningen se ut ungefär som majonnäs. Ibland kan man också se olja i kylvätskan. Möjliga orsaker är:
   a) *Trasig topplockspackning*
   b) *Sprucket eller poröst topplock eller motorblock*
   c) *Trasigt cylinderfoder (där tillämpligt)*
   d) *Läckande oljekylare för olja-till-kylvätska (om monterad)*
6 Med båda typerna av utspädning måste orsaken åtgärdas och olja och filter måste bytas.

17.5a Stoppsolenoidens kolv demonteras från pumpen

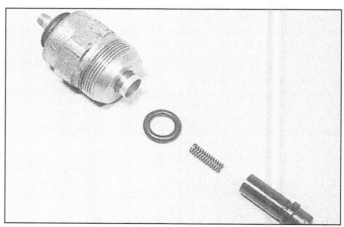

17.5b Stoppsolenoidens komponenter

17 Motorns stopp- (bränsleavstängnings-) solenoid – nödreparation

1 Solenoidventilen stänger av matningen av bränsle till högtryckssidan av insprutnings- pumpen när motorn är avstängd. Om sole- noiden går sönder elektriskt eller mekaniskt så att dess kolv är i stängt läge, kommer inte motorn att gå. En möjlig orsak till ett sådant haveri är att tändningen har slagits av när motorvarvtalet fortfarande har varit högt. I ett sådant fall sugs kolven in i sitt säte med stor kraft och kan då fastna.

2 Om ventilen skulle haverera under körning och en reservdel inte finns till hands, kan följande procedur hjälpa till att få igång motorn igen.
Varning: Inget smuts får komma in i insprutningspumpen via solenoidhålet.
3 Med tändningen avstängd, koppla loss ledningen från solenoiden. Rengör noggrant runt solenoiden där den skruvas in i pumpen **(se bild)**.
4 Skruva loss solenoiden och ta bort den. Om en handmanövrerad snapsningspump är monterad, aktivera pumpen några gånger medan solenoiden lyfts ut så att smuts- partiklar spolas bort. Tappa inte bort tätnings- brickan.

5 Ta bort kolven från solenoiden (eller från urtaget i pumpen om den sitter kvar inuti) **(se bilder)**. Sätt tillbaka solenoidhuset, se till att tätningsbrickan är på plats, och aktivera samtidigt snapsningspumpen igen för att spola bort smuts.
6 Tejpa upp änden av solenoidvajern så att den inte kan komma i kontakt med bar metall.
7 Motorn kommer nu att starta och gå som vanligt, men den stannar inte när tändningen stängs av. Man måste använda den manuella stopparmen (om monterad) på insprutning- spumpen eller driva motorn till motorstopp med en växel ilagd.
8 Montera en ny solenoid och tätningsbricka vid första möjliga tillfälle.

Anteckningar

Kapitel 13
Verktyg och utrustning

Innehåll

1 Vanliga garageverktyg

1 Beslutet om vilka verktyg som behövs beror på vilket arbete som ska utföras, vilka typer av fordon det förväntas gälla och inte minst vilka finansiella resurser som finns att tillgå. Verktygen i listan nedan, med nödvändiga tillägg från de olika kategorierna av särskilda dieselverktyg senare i kapitlet, bör vara tillräckligt för att utföra de flesta underhålls- och reparationsarbeten.

Blocknycklar (se nedan)
Hylsnycklar (se nedan)
Spärrskaft, förlängare och universalknut (för användning med hylsor)
Momentnyckel
Vinkeldragningsinstrument (se nedan)
Skiftnyckel
Sats sumpavtappningspluggnycklar
Verktyg för demontering av olje- och bränslefilter
Behållare för avtappning av olja
Bladmått
Kombinationstång
Spetsnostång/plattstång

Självlåsande tång (griptång)
Skruvmejslar (stora och små, spårmejsel och stjärnmejsel)
Sats insexnycklar
Sats splines- och Torx-nycklar samt hylsor (se nedan)
Kulhammare
Mjuk klubba
Avdragare (universaltyp, med utbytbara käftar))
Huggmejsel
Ritspets
Skrapa
Körnare
Bågfil
Fil
Ställinjal/rak kant
Pallbockar och/eller ramper
Garagedomkraft
Arbetslampa
Inspektionsspegel
Teleskopisk magnet/upptagningsverktyg

Storlekar på hylsor och nycklar

2 En god spridning av block-, ring- och hylsnycklar kommer att behövas.
3 Bromsrörsnycklar är särskilt användbara när man ska handskas med bränslerörsanslutningar, på vilka vanliga ring- eller hyls-nycklar inte kan användas därför att rören är i vägen. De vanligaste storlekarna är 17 mm och 19 mm.
4 Hylsor finns tillgängliga i många storlekar. 1/4" fyrkantsfästet är vanligast och kan användas på de flesta momentnycklar. Mindre fästen (3/8" eller 1/4") är användbara när man arbetar i slutna ytor medan det för stora, hårt åtdragna fixeringar (drivaxel- eller navmuttrar, vevaxelns remskivebult) är bäst med ett 3/4" fäste.
5 Den enkla hylsnyckeln ska inte förringas. Hylsnycklar är billiga och kan ibland tjäna som alternativ till en djup hylsa, även om den inte kan användas med en momentnyckel och lätt deformeras.

Vinkeldragning

6 För fästen som t ex topplocksbultar specificerar många biltillverkare numera åtdragningen som en vinkeldragning snarare än ett absolut moment. Efter en inledande tät åtdragning specificeras efterföljande åtdragningssteg som vinklar genom vilka varje bult måste dras. Variationer i åtdragningsmomenten som kan orsakas av närvaro eller frånvaro av smuts, olja etc på bultgängorna har alltså ingen effekt. Ytterligare en fördel är att man inte behöver någon momentnyckel med hög åtdragningskapacitet.

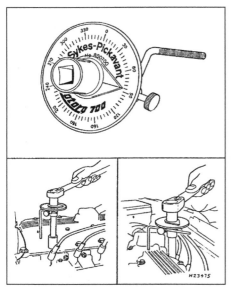

1.7 Sykes-Pickavant 800700 vinkeldragningsinstrument

7 Ägaren/mekanikern som förväntas använda denna metod för åtdragning endast en eller två gånger under bilens livstid kan nöja sig med att göra en kartongmall, eller markera bultskallarna med lite färg, för att indikera den vinkel som krävs. Jobbet utförs snabbare och med större korrekthet om man använder ett av de många vinkeldragningsinstrument som finns på marknaden. De flesta är avsedda att användas med ett 1/2" fyrkantsfäste eller nycklar (se bild).

Bultskallar med splines

8 De konventionella sexkantiga bultarna ersätts på många områden med splinesbultar eller Torx-bultar. Denna typen av bult har multipla splines istället för sexkantsform En sats splines- eller Torx-nycklar kommer att behövas till honsplinesskallarna. Torx-bultar med hanskallar finns också och till dessa behövs Torx-hylsor. Både nycklar och hylsor finns att tillgå som tillåter 1/2" fyrkantsfästen.

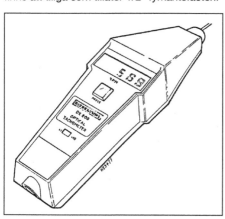

2.5 Dieseltune DX.800 optisk varvräknare

2 Speciella dieselverktyg

Grundläggande finjustering och underhåll

1 Förutom den vanliga uppsättningen skiftnycklar, skruvmejslar osv, kommer följande utrustning att behövas för grundläggande finjustering och underhåll på de flesta modeller:

> Djup hylsa för demontering och åtdragning av iskruvade insprutare
> Avdragare för demontering av insprutare av klämtyp
> Optisk eller pulskänslig varvräknare
> Elektrisk multimätare eller särskild glödstiftstestare
> Kompressions- eller tryckförlusttest
> Vakuumpump och/eller -mätare

Insprutarhylsa

2 Den vanligaste storleken är 27 mm/ 1 1/16". Vissa japanska insprutare kräver 22 mm / 7/8". Hylsan måste vara djup så att inte insprutaren förorenas. På vissa motorer måste den även vara tunnväggad. Lämpliga hylsor säljs av Dieseltune, Sykes-Pickavant och Snap-On, bland andra.

Varvräknare

3 Den typen av varvräknare som känner av tändsystemets högspänningspulser via en induktiv sensor kan inte användas på dieselmotorer om inte en anordning som Sykes-Pikavants tillsats för tändinställningslampa finns att tillgå.
4 Om en motor är utrustad med en ÖD givare och en diagnostiksockel, kan en elektronisk varvräknare som läser av signalerna från ÖD givaren användas.
5 Alla motorer är inte utrustade med ÖD givare. På dem som inte har någon måste en optisk eller pulskänslig varvräknare användas (se bild).
6 Den optiska varvräknaren registrerar passerandet av ett målat märke eller (oftare) en remsa reflekterande folie på vevaxelns remskiva. Den är inte lika behändig att använda som de elektroniska och pulskänsliga typerna eftersom den måste hållas så att den kan "se" remskivan, men den har fördelen av att kunna användas på alla motorer, bensin och diesel, med eller utan diagnostiksockel.
7 Den pulskänsliga varvräknaren använder en omvandlare som liknar den till en tändinställningslampa. Omvandlaren gör om hydrauliska eller mekaniska inpulser i insprutarrör till elektriska signaler, som visas på varvräknaren som motorhastighet.
8 Viss dynamisk inställningsutrustning för dieselmotorer innefattar ett sätt att visa motorhastigheten. Om denna utrustning finns att tillgå behövs inte en separat varvräknare.
9 Både optiska och pulskänsliga varvräknare säljs av A. M. Test Systems och Kent-Moore. Optiska varvräknare säljs av bl a Dieseltune, och pulskänsliga av Souriau och Bosch.

Alternativ varvräknare för hemmamekanikern

10 Hemmamekanikern som endast vill kontrollera tomgångshastigheten då och då kanske tycker att det är onödigt att skaffa en speciell varvräknare. Under förutsättning att nätanslutet elektriskt ljus finns att tillgå, är en stroboskopisk skiva ett billigt alternativ. Principen känns igen av alla som har använt en sådan skiva till att mäta hastigheten på en skivspelartallrik.
11 Skivan måste göras av styvt papper eller kartong för att passa på vevaxelns remskiva (eller kamaxelns remskiva, om tillämpligt – men kom ihåg att den roterar på halv hastighet). Skivan ska vara vit eller i någon annan ljus färg och delas upp med en gradskiva i lika stora bitar med tjocka, svarta linjer (se bild). Hur många bitar det ska vara beror på den önskade tomgångshastigheten och frekvensen för växelströmsmatningen. För de 50 Hz matning som används i Europa är specifikationerna enligt följande:

Hastighet (rpm)	Antal bitar	Vinkel per bit
706	17	21° 11'
750	16	22° 30'
800	15	24°
857	14	25° 43'
923	13	27° 42'

12 Sätt på skivan på vevaxelns remskiva och ställ bilen så att skivan kan ses i endast artificiellt ljus.
13 Ett lysrör är bäst. Finns inget sådant ger en vit glödlampa med lågt watt-tal bättre resultat än en med högt watt-tal. Låt motorn gå på tomgång och studera skivan.

> ⚠ **Varning: Låt inte motorn vara igång i ett slutet rum utan möjlighet att vädra ut avgaserna.**

14 Om motorvarvtalet överensstämmer med skivans uträknade hastighet kommer skivan att se ut som att den står still. Om hastigheten inte överensstämmer kommer skivan att se ut som om den rör sig i motorns rotationsriktning (för snabb) eller mot rotationsriktningen (för långsam). Skivan kommer också att se ut som om den står stilla vid multipler eller sub-multipler av den uträknade hastigheten – två gånger eller

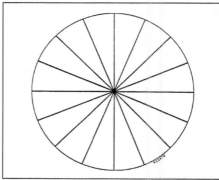

2.11 Hemmagjord stroboskopisk skiva

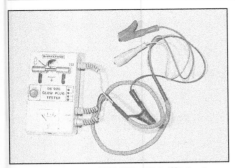

2.15 Dieseltune DX.900 glödstiftstestare

en halv gång hastigheten – så lite sunt förnuft måste användas.

Elektrisk multimätare eller glödstiftsmätare

15 Det är möjligt att testa glödstift och deras styrkretsar med en multimätare, eller t o m (till en viss utsträckning) med en 12 volts testlampa. En särskild glödstiftstestare gör jobbet fortare och är mycket lättare att använda, men å andra sidan gör den ingenting annat **(se bild)**.

16 Om du beslutar dig för att köpa en multimätare, var noga med att den har stor strömvidd – idealiskt är 0 till 100 ampere – för kontroll av glödstiftens strömförbrukning. Vissa mätare kräver att en extern shunt monteras för detta. En induktiv klamanslutning är att föredra för högspänningsmätningar eftersom den kan användas utan att bryta in i kretsen. Andra värden som behöver kunna mätas är likströmsspänning (0 till 20 eller 30 volt är lämpligt i flesta fall) och motstånd. Visa mätare har en kontinuitetssummer förutom en motståndsskala; summern är särskilt användbar när man arbetar ensam **(se bild)**.

17 Glödstiftstestare finns att köpa från bl a Beru, Dieseltune och Kent-Moore. Vissa har också en "hettestskammare" i vilken upp-

värmningen av de enskilda stiften kan studeras.

Kompressionsmätare

18 En särskild mätare för dieselmotorer måste användas **(se bild)**. Kontakterna av itryckningstyp som används till vissa kompressionsmätare för bensinmotorer kan inte användas kan inte användas på dieselmotorer p g a det högre trycket. Istället skruvas kompressionsmätaren till dieselmotorn in i ett insprutar- eller glödstiftshål med en av de tillsatser som medföljer mätaren.

19 De flesta kompressionsmätare används när motorn dras runt på startmotorn. Några, som t ex Dieseltune DX 511, kan användas medan motorn går på tomgång. Detta ger mer tillförlitliga resultat, eftersom det är svårt att garantera att hastigheten med vilken motorn går runt inte kommer att falla under den tid det tar att testa alla fyra cylindrarna, medan däremot tomgången är konstant.

20 Registrerande testare, som ritar ett märke på varje cylinder, finns att få tag på från A. M. Test Systems och Kent-Moore. Ej registrerande testare är vanligare och finns att köpa från Dieseltune och Sykes-Pickavant, och även tillverkarna ovan.

Tryckförlusttest

21 Tryckförlusttestare mäter hur fort lufttryck förloras från de olika cylindrarna, och kan också användas för att precisera källan till tryckförlusten (ventiler, packning eller cylinderlopp). Den mäter tillgången på komprimerad luft, normalt 5 till 10 bar. Samma mätare (med olika tillsatser) kan användas på både bensin- och dieselmotorer **(se bild)**.

22 Vid användning är mätaren ansluten till en luftledning och en tillsats som skruvats in i insprutar- eller glödstiftshålet, med kolven i fråga vid ÖD i kompressionstakten. Tryckförlusttestare kan köpas från Dieseltune, Sykes-Pickavant m fl.

Vakuumpump och/eller mätare

23 En vakuummätare, med lämpliga tillsatser, är användbar till att lokalisera blockeringar eller luftläckage i matarsidan på bränslesystemet. En enkel mätare används när motorn är igång så att det skapas vakuum i matarledningarna. En handmanövrerad

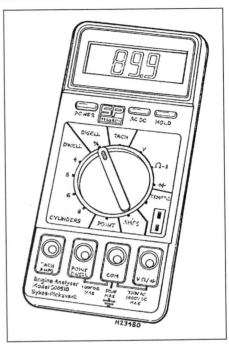

2.16 Sykes-Pickavant 300510 motoranalyserare/multimätare

vakuumpump med egen mätare kan användas utan att motorn behöver vara påslagen, och är också användbar för att avlufta systemet om det inte finns någon snapsningspump **(se bild)**.

3 Inställningsverktyg till insprutningspump

1 Om man ska utföra arbeten som stör läget på bränsleinsprutningspumpen, kommer man att behöva vissa verktyg för att kontrollera insprutarinställningen vid monteringen. Detta gäller även när pumpdrivningen har störts – även vid byte av kamrem på vissa modeller.

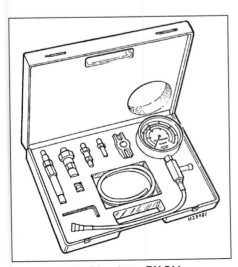

2.18 Dieseltune DX.511 kompressionstestare

2.21 Sykes-Pickavant 013800 tryckförlusttestare

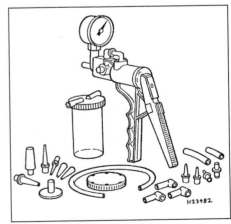

2.23 Dieseltune DX 760 'Mityvac' testsats

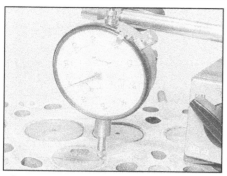

3.4 Mätklocka och stativ används till att kontrollera virvelkammarens utsprång

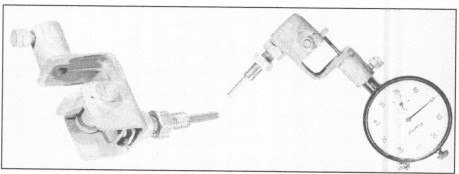

3.6a Mätklocka och hemmagjord tillsats för inställning av Bosch VE pump

Kontroll av inställningen är också en nödvändig del av felsökningen när man undersöker klagomål på t ex effektförlust, knackningar och rök.

Statiska inställningsverktyg

2 Statisk inställning är fortfarande den mest använda metoden för inställning av dieselinsprutningspumpar. Det är tidsödande och ibland trassligt. Instrument för precisionsmätning behövs ofta för att handskas med fördelarpumparna. Gott resultat beror på erfarenheten och tålamodet hos den som utför arbetet.
3 Hemmamekanikern som endast utför arbete på en motor hänvisas till relevant text för att se vilka verktyg som behövs. Dieseljusteringsspecialisten behöver normalt följande:

Mätklockor med magnetiska stativ
Mätklocketillsatser och sonder för Bosch och Lucas fördelarpumpar
Överflödesrör för in-line pumpar
Inställningsstift
Inställningsstift till vevaxel eller svänghjul

Mätklocka och magnetiskt stativ

4 Detta är ett användbart garageverktyg för många arbeten förutom inställning. Det är den mest korrekta metoden för kontroll av utsprång eller indragning av virvelkammare,

kolvar och cylinderfoder vid byte av topplockspackningar. Vid större reparationsarbeten kan den också användas till att mäta värden som vevaxelns axialspel **(se bild)**.
5 Två mätklockor kan behövas för inställning av vissa motorer – en som mäter pumpkolvens eller -rotorns rörelse och en som mäter motorns kolvläge.

Tillsatser till mätklocka

6 De tillsatser och sonder som används för montering av mätklockan på fördelarpumpen är av olika utseende, delvis beroende på att man behöver kunna använda dem på ställen där det är svårt att komma åt på bilen **(se bilder)**. Detta betyder att samma tillsats inte nödvändigtvis kan användas på samma typ av pump och motor om inte uppläggningen under huven är densamma. På arbetsbänken är det oftast möjligt att använda enklare utrustning.
7 En fjäderbelastad sond används på vissa av Lucas pumpar för att hitta inställningsskåran i pumprotorn **(se bild)**.

Inställningsstift

8 Stift används på vissa motorer för att låsa fast pumpen och/eller kamaxeln i ett visst läge. De är i allmänhet specialtillverkade för en viss motor eller märke. Ibland är det möjligt att använda bultar, borrstift eller bänkpinnar (dubb) av lämplig storlek istället.

Låsstift till vevaxel eller svänghjul

9 Dessa används för att låsa fast vevaxeln vid ÖD (eller vid insprutningspunkten på vissa modeller).
10 Vevaxelns låsstift sätts in genom ett hål i sidan på vevaxeln sedan man tagit bort en plugg, och går in i en motvikt eller vevarm. Svänghjulsstiftet går in genom ett hål i svänghjulsänden på vevaxeln och in i ett hål i svänghjulet. Återigen, pinnar eller bultar av lämplig storlek kan ibland användas istället för låsstift.

Dynamiska inställningsverktyg

11 Dynamisk inställning på dieselmotorer är fortfarande inte särskilt vanligt, med säkerhet delvis beroende på den dyra utrustning som krävs. Dessutom är det inte alla biltillverkare

som anger värden för dynamisk inställning. I princip ger det dock möjlighet till mycket snabbare och mer korrekt kontroll av insprutningsinställningen, precis som på bensinmotorer. Det kan också användas till att kontrollera funktionen för förinsprutningssystemen för kallstart.
12 De flesta typerna av dynamisk inställningsutrustning fungerar genom att de omvandlar mekaniska eller hydrauliska impulser i insprutningssystemet till elektriska signaler. En alternativ metod används av två tillverkare som använder en optisk-till-elektrisk omvandling, med en givare som skruvas in i ett glödstiftshål och "ser" flamman från förbränningen. De elektriska signalerna används till att utlösa ett inställningsljus, eller som en del av den information som matas in i en diagnostikanalyserare.
13 Alla dieselmotorer har inte färdiggjorda inställningsmärken. Om motorn har en ÖD-givare (eller om det går att montera en) och inställningsutrustningen kan läsa av givarens

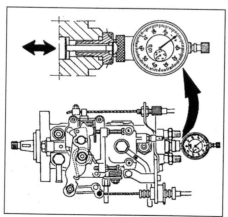

3.6b Mätklocka och in-line tillsats för inställning av Bosch VE pump

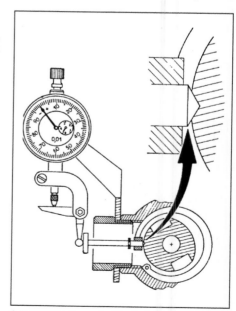

3.7 Mätklocka och tillsats för inställning av Lucas pump

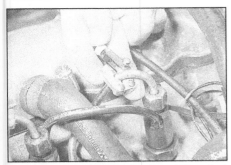

3.14 Inställningsljusomvandlare kläms fast på ett insprutarrör

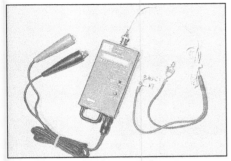

3.22a Sykes-Pickavant 300540 dieseltillsats för inställningsljus

information så är det inget problem. Vissa motorer har varken inställningsmärken eller ÖD-givare. I dessa fall har man inget val utom att sätta ÖD i rätt läge och göra markeringar på svänghjulets eller vevaxelns remskiva.

Inställningsljus

14 Den enklaste dynamiska inställningsutrustningen använder en omvandlare till att konvertera tryckpulsen i insprutarröret till en elektrisk signal som utlöser ett inställningsljus. Sådana omvandlare är av två slag – in-line och av klämtyp **(se bild)**.

15 In-line omvandlaren är ansluten till insprutarrör nr 1 med tillsatser som passar bränslerörsanslutningarna. Den elektriska anslutningen från omvandlaren går till inställningsljuset, som också behöver 12 volt eller nätström för att strömsätta röret.

16 Omvandlare av klämtyp används på liknande sätt, men istället för att knackas in i insprutarröret så kläms det fast på det. Omvandlaren måste vara av rätt storlek för röret i fråga och all smuts, rost och skyddande medel måste tas bort från röret.

17 Det är viktigt på vilket sätt omvandlaren av klämtyp sätts fast på röret. Insprutningspulsen tar en viss bestämd tid på sig att gå från den ena änden av röret till den andra. Om omvandlaren sitter på fel ställe kan man få fel resultat. Sätt omvandlaren enligt tillverkarens instruktioner.

18 Själva inställningsljuset kan vara en existerande induktiv lamptyp som normalt används på bensinmotorer, om omvandlarens form är lämpligt. Andra typer av omvandlare kan endast användas med sina egna inställningsljus.

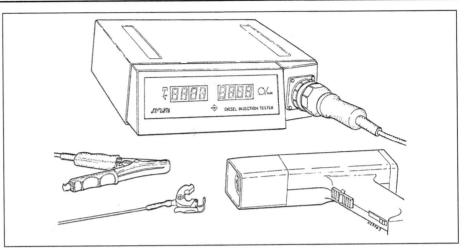

3.22b AVL dieselinsprutartestare 873

Diagnostikanalyserare

19 Diagnostiska motoranalyserare (Crypton, AVL, Souriau etc) visar information om inställlning och hastighet med hjälp av dieseltillsatser eller anpassningsenheter. Dessa är normalt specialtillverkade för den berörda utrustningen; rådfråga tillverkaren.

20 Uteffekten från Sykes-Pickavant dieseltillsats kan användas till att driva den induktiva högspänningsupptagaren på diagnostikanalyserare.

Insprutningstestare

21 Insprutningstestare är någonting mitt emellan enkla inställningsljus/varvräknarkombinationer och fullfjädrade diagnostikanalyserarer. De tolkar omvandlarens information för att kunna ge en "start för insprutning"-signal, som gör det möjligt att jämföra alla insprutarna på en motor, så att den defekta insprutaren kan hittas.

22 Den dieseltillsats som säljs av Sykes-Pickavant för användning tillsammans med ett konventionell induktivt inställningsljus, har en inbyggd insprutartestare **(se bild)**. Mer sofistikerad utrustning, som t ex AVL Diesel Injection Tester 873 **(se bild)**, tar även emot information från motorn ÖD-givare (om sådan finns) och ger en digital avläsning av insprutningsinställningen utan att man behöver använda tändinställningslampa.

4 Testutrustning för insprutare

⚠ *Varning: Utsett aldrig händer, ansikte eller annan del av kroppen för risken att komma i kontakt med insprutarspray. Det höga arbetstrycket kan gå igenom huden, vilket kan få fatala följder. Där möjligt, använd insprutartestolja istället för bränsle vid testning. Följ säkerhetsföreskrifterna så att du undviker att andas in insprutartestvätska. Kom ihåg att t o m dieselbränsle är lättantändligt när det är förångat.*

1 Någon typ av insprutartestare kommer att behövas om man vill hitta defekta insprutare, eller testa dem efter att de rengjorts eller legat i förvaring en längre tid. Det finns många olika märken och modeller att tillgå, men de viktiga delarna på samtliga är en högtryckshandpump och en tryck-mätare.

2 Av säkerhetsskäl bör insprutartest- eller kalibreringsolja användas för bänktest istället för dieselbränsle eller fotogen. Om möjligt, använd vätskan som specificerats av tillverkaren av testutrustningen.

3 Ett av de enklaste testerna som finns att köpa för tillfället är Dieseltunes DX 710 **(se bilder)**. Detta test har fördelen att det (om

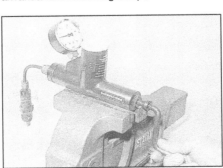

4.3a Dieseltune DX 710 testare på arbetsbänk . . .

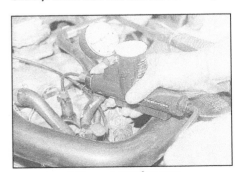

4.3b . . . och på motor

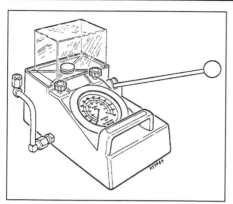

4.5 Dieseltune 111 insprutartestare

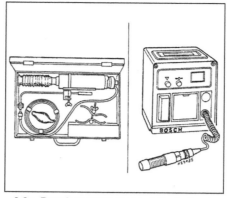

**6.3a Bosch avgastestsats (vänster) och
mätutrustning**

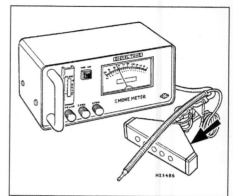

6.3b Dieseltune Smokemeter

man kan komma åt) kan användas för att testa öppningstryck och internt läckage utan att man behöver demontera insprutarna från motorn. Dess lilla behållare medför begränsad användning för bänktest, men bra resultat kan uppnås med övning.

4 En annan metod för testning av insprutarna på motorn är ansluten till en tryckmätare in i ledningen mellan insprutningspumpen och insprutaren. Detta test kan även hitta fel som orsakats av insprutningspumpens högtryckskolv eller matarventil.

5 Verkstäder som regelbundet testar och kalibrerar insprutare behöver en bänkmonterad testare. Dessa testare har en armaktiverad pump och en större vätskebehållare än den handmanövrerade testaren. De bästa modellerna har även en genom-skinlig kammare så att man på ett ofarligt sätt kan se insprutarens spraymönster och kanske ett återcirkulationssystem för testvätska **(se bild)**.

6 Något sätt att ta ut ångan som bildas vid testet, som t ex en huva ansluten till verkstadens avgasutsläppningssystem, är önskvärt. Även om insprutartestvätska är relativt ofarligt, är dess ånga inte särskilt angenäm att andas in.

5 Utrustning för insprutningspumptest och kalibrering

1 Utrustningen som behövs för testning och kalibrering av insprutningspumpar är för komplicerad för att tas upp i den här boken. Allt arbete av denna typ bör överlåtas till en representant för pumptillverkaren – även om det måste sägas att insprutningspumpar ofta beskylls för fel när problemet i själva verket finns någon annanstans.

6 Utrustning för avgastest

1 Avgastest är obligatoriskt för alla dieseldrivna bilar och lastbilar.

2 Utrustning för avgastest faller inom två kategorier – indirekt och direkt avläsning. Med det indirekta systemet passeras ett avgasprov över ett filterpapper och förändringen i papperets opacitet mäts av en separat maskin. Med det direkta systemet mäter en optiskt känslig sond avgasens opacitet och man kan få en direkt utskrift.

3 Avgastestsatsen från Bosch är ett exempel på indirekt avläsningssystem och används med en fotoelektrisk mätenhet. Dieseltunes Smokemeter är ett exempel på direkt avläsningsutrustning **(se bilder)**.

Anteckningar